## 编委名单

# 图解资产证券化
## 政策法规指引与重点提示

TU JIE ZI CHAN ZHENG QUAN HUA
ZHENG CE FA GUI ZHI YIN YU ZHONG DIAN TI SHI

余文恭◎主编

中国法制出版社
CHINA LEGAL PUBLISHING HOUSE

# 前　言

资产证券化指的是企业表内流动性不佳但是现金流稳定的资产，经过结构重组后成为具有流动性的证券，以提前回收未来的现金流，换言之，也就是将未来收入现值化的一种金融产品。由于近年来资产证券化市场的规模大幅提升、监管机构不断改善、产品设计日趋成熟、市场参与主体对于资产证券化产品的认可持续提高，市场总体保持持续健康发展。回首我国资产证券化的发展历程，可以分为以下四个阶段：

（一）第一阶段是2004年~2008年第一轮试点阶段

中国证监会于2004年2月1日起实施《证券公司客户资产管理业务试行办法》，根据该办法，证监会于2005年8月审批设立“中国联通CDMA网络租赁费收益计划”，该专项资产管理计划成为我国首单试点的企业资产证券化项目。2005年银监会与人民银行先后发布了《信贷资产证券化试点管理办法》《金融机构信贷资产证券化试点监督管理办法》，为信贷资产证券化业务的试点提供法律基础。

（二）第二阶段是2009年~2011年4月试点中断阶段

由于2009年美国爆发次贷危机造成全球经济危机，很多人质疑资产证券化产品结构过于复杂，使得产品的风险很难识别，因而导致风险大量地扩散与传递，所以试点业务中断了2年多。

（三）第三阶段是2011年5月~2014年11月第二及第三轮试点阶段

2011年5月国务院决定启动第二轮的试点，2012年5月人民银行、银监会、财政部下发《关于进一步扩大信贷资产证券化试点有关事项的通知》，正式重启信贷资产证券化，额度为500亿元，试点标的资产多集中于大型企业贷款和住房抵押贷款。在完成500亿元试点额度后，2013年8月28日，国务院常务会议决定进一步扩大信贷资产证券化试点，国家重大基础设施项目贷款、棚户区改造、涉农贷款、小微企业贷款、合规的地方政府融资平台贷款等均在试点之列。

（四）第四阶段是2014年11月以后业务显著增长阶段

2014年11月证监会和银监会分别发布《证券公司及基金管理公司子公司资产证券化业务管理规定》以及《关于信贷资产证券化备案登记工作流程的通知》，明确要求证监会主管资产证券化项目和银监会主管信贷资产证券化项目，从原本的审批制改成备案制，使得资产证券化业务有了更为明显的增长。

由于我国金融行业分业监管的格局，资产证券化业务分别由证监会、银监会、交易商协会、保监会分别监管，各监管部门出台各自的监管规则，因此根据监管机构的不同，可以将资产证券化进行分类如下：

1. 资产支持专项计划（ABS）是指以基础资产所产生的现金流为偿付支持，通过结构化等方式进行信用增级，在此基础上发行资产支持证券的业务活动；资产支持专项计划业务目前由证监会负责监管，由上交所及深交所负责挂牌审核，由基金业协会负责事后备案。

2. 信贷资产证券化是指由银行业金融机构作为发起机构，将信托资产信托给信托公司作为受托机构，由受托机构以资产支持证券的形式，向投资机构发行受益证券，以该资产所产生的现金流支付资产支持证券收益的结构性融资活动。信贷资产证券化目前采取银监会备案和央行注册的方式进行监管，这里的银行业金融机构是指中国境内依法设立的商业银行、政策性银行、信托投资公司、财务公司、城市信用社、农村信用社以及银监会依法监督管理的其他金融机构。

3. 资产支持票据（ABN）是指非金融企业在银行间债券市场发行的，由基础资产所产生的现金流作为还款支持的，约定在一定期限内还本付息的债务融资工具。目前已发行的资产支持票据均未设置SPV，主要依靠资金监管和基础资产质押来进行风险阻隔，因此有人认为资产支持票据只是一种“抵押债券”。资产支持票据和资产支持专项计划的区别在于：第一，主管机关不同：前者是交易商协会，后者是基金业协会；第二，交易场所不同：前者是银行间债券市场，后者是上交所与深交所；第三，登记机构不同：前者为银行间市场清算所股份有限公司，后者为中国证券登记结算有限责任公司；第四，核准方式不同：前者事前注册，后者事后备案；第五，主要投资者不同：前者是商业银行，后者是银行理财、券商资管、公私募基金；第六，前者为表内融资，后者为表外融资；第七，发债规模不同：两者不受净资产40%的限制。

4. 资产支持计划是指保险资产管理公司等专业管理机构作为受托人设立支持计划，以基础资产产生的现金流为偿付支持，面向保险机构等合格投资者发行受益凭证的业务活动。资产支持计划业务目前由保监会负责监管并实行“初次申报核准、同类产品事后申报”制度。

虽然近年来我国资产证券化市场成长迅速，但是与美欧等成熟市场相比，我国资产证券化业务依然处于起步阶段，市场创新推动中国资产证券化业务发展的同时，也留下了许多值得关注、研究和改善的环节，尤其是资产证券化相关政策法规的合理性与完整性，在政府、市场及社会各界之间一直受到高度的关注，为此我们精心编辑出版了这本《图解资产证券化政策法规指引及重点提示》，希望可以帮助资产证券化的从业人员，彻底掌握资产证券化业务政策法规的具体内容。本书具有以下特色：

第一，收录全面、随时更新

本书全面收录自2004年起第一轮资产证券化试点阶段，至截稿日期止，所有出台的资产证券化业务政策法规，时间横跨我国资产证券化业务发展的四个阶段，是国内第一本完整收录资产证券化业务政策法规。本书截稿日期后最新出台的政策法规，笔者将随时于公众号“ABSPPP这群人”（ABSPPPer）发布。

第二，体系清晰、纲举目张

本书的体系编排总共分为三个章节，第一章是企业资产证券化相关政策法规，第二章是信贷资产证券化相关政策法规，第三章是PPP项目资产证券化相关政策法规，由于篇幅的关系，资产支持票据以及资产支持计划相关政策法规的整理与重点提示，笔者将整理至公众号供读者免费下载。

第三，重点提示、图表指引

本书每篇政策法规都分为两个部分，分别是“重点提示”与“文件内容”，“重点提示”部分笔者**通过树状图、鱼骨图或是比较表格等较为直观的方式，将政策法规中最精华的部分加以整理提炼，**希望能帮助读者在多如牛毛的法规条文中，能够有效率地掌握文件的核心思想。

第四，查询方便、一目了然

为了能够提高查询条文内容的效率，本书“文件内容”的部分，特别将**每篇政策法规中的每个条文都编上了条旨，并且针对关键字和重点内容都标上了粗体，**希望通过这样的编写方式，可以达到一目了然、快速搜寻的效果，进而减轻读者阅读文件的负担。

最后，笔者有几点要特别说明的是：第一，本书收录内容是通过公开信息整理所取得，虽然我们已经尽力复核所有收录的文件，但还是不敢担保文件没有任何错误，请读者使用时务必注意。第二，笔者要特别对段和段研究院资产证券化研究中心的所有编委表示感谢，没有你们的帮助，我自己一人很难完成本书的编辑。第三，感谢叶峰新律师同意我们收录他为上海律协所起草的《律师办理信贷资产证券化法律业务操作指引》。第四，**本书的截稿日期是2019年6月26日，**读者有任何问题，欢迎和本人联系，我的联系方式是：电子邮箱1438448366@qq. com、微信号yuwengong1001、手机号码18018647177。

微信公众号：ABSPPP这群人
微信号：ABSPPPer

段和段金牌律师

# 目　录

# 1. 企业资产证券化

# 1.1 中国证券监督管理委员会

## 1.1.1 《证券公司及基金管理公司子公司资产证券化业务管理规定》（2014 年 11 月 19 日　证监会公告〔2014〕49 号，附件 1）

**【重点提示】**

本规定是证监系统资产证券化业务管理操作的基本法规，其重要性不言而喻，内容共有 7 个章节 51 个条文内容，本书将从资产证券化、原始权益人、管理人、投资人、基础资产、专项计划等 6 个方面整理如下：

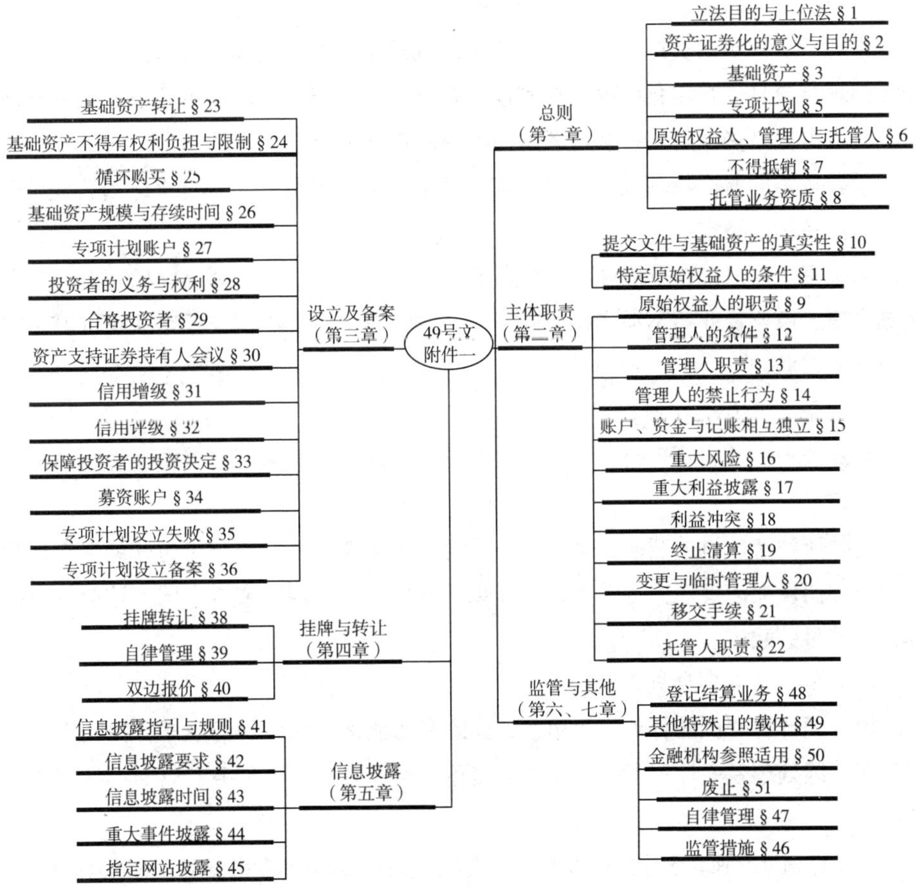

**【文件内容】**

## 第一章 总 则

第一条 【立法目的与上位法规】①

为了规范证券公司、基金管理公司子公司等相关主体开展资产证券化业务，保障投资者的合法权益，**根据《证券法》、《证券投资基金法》、《私募投资基金监督管理暂行办法》和其他相关法律法规**，制定本规定。

第二条 【资产证券化意义与业务资格】

本规定所称资产证券化业务，是指**以基础资产所产生的现金流为偿付支持，通过结构化等方式进行信用增级，在此基础上发行资产支持证券的业务活动**。

开展资产证券化业务的证券公司须具备**客户资产管理业务资格**，基金管理公司子公司须由证券投资基金管理公司设立且具备**特定客户资产管理业务资格**。

第三条 【基础资产】

本规定所称基础资产，是**指符合法律法规规定，权属明确，可以产生独立、可预测的现金流且可特定化的财产权利或者财产**。基础资产可以是**单项**财产权利或者财产，也可以是**多项**财产权利或者财产构成的资产组合。

前款规定的财产权利或者财产，其交易基础应当**真实**，交易对价应当**公允**，现金流应当**持续**、**稳定**。

基础资产可以是**企业应收款**、**租赁债权**、**信贷资产**、**信托受益权**等财产权利，**基础设施**、**商业物业**等不动产财产或不动产收益权，以及中国证监会**认可**的其他财产或财产权利。

第四条 【专项计划】

证券公司、基金管理公司子公司通过设立特殊目的载体开展资产证券化业务适用本规定。

前款所称特殊目的载体，是指证券公司、基金管理公司子公司**为开展资产证券化业务专门设立的资产支持专项计划（以下简称专项计划）或者中国证监会认可的其他特殊目的载体**。

第五条 【专项计划资产】

**因专项计划资产的管理、运用、处分或者其他情形而取得的财产，归入专项计划资产**。因处理专项计划事务所支出的**费用**、对第三人所负**债务**，以专项计划资产承担。

专项计划资产**独立**于原始权益人、管理人、托管人及其他业务参与人的**固有财产**。

① 条文主旨为编者所加，下同。

原始权益人、管理人、托管人及其他业务参与人因依法解散、被依法撤销或者宣告破产等原因进行清算的，专项计划资产**不属于其清算财产**。

第六条 【原始权益人、管理人与托管人】

原始权益人是指按照本规定及约定**向专项计划转移其合法拥有的基础资产以获得资金的主体**。

管理人是指**为资产支持证券持有人之利益，对专项计划进行管理及履行其他法定及约定职责**的证券公司、基金管理公司子公司。

托管人是指**为资产支持证券持有人之利益，按照规定或约定对专项计划相关资产进行保管，并监督**专项计划运作的商业银行或其他机构。

第七条 【不得抵销】

管理人管理、运用和处分专项计划资产所产生的**债权**，不得与原始权益人、管理人、托管人、资产支持证券投资者及其他业务参与人的**固有财产产生的债务相抵销**。管理人管理、运用和处分**不同专项计划资产所产生的债权债务，不得相互抵销**。

第八条 【托管业务资质】

专项计划资产应当由具有相关业务资格的**商业银行、中国证券登记结算有限责任公司、具有托管业务资格的证券公司或者中国证监会认可**的其他资产托管机构托管。

## 第二章 原始权益人、管理人及托管人职责

第九条 【原始权益人的职责】

原始权益人不得侵占、损害专项计划资产，并应当履行下列职责：

（一）依照法律、行政法规、公司章程和相关协议的规定或者约定**移交基础资产**；

（二）**配合并支持**管理人、托管人以及其他为资产证券化业务提供服务的机构履行职责；

（三）专项计划法律文件约定的其他职责。

第十条 【提交文件与基础资产的真实性等】

原始权益人向管理人等有关业务参与人所提交的文件应当**真实、准确、完整**，不存在虚假记载、误导性陈述或者重大遗漏；原始权益人应当确保基础资产**真实、合法、有效**，不存在虚假或欺诈性转移等任何影响专项计划设立的情形。

第十一条 【特定原始权益人条件】

业务经营可能对专项计划以及资产支持证券投资者的**利益产生重大影响**的原始权益人（以下简称特定原始权益人）还应当符合下列条件：

（一）**生产经营**符合法律、行政法规、特定原始权益人公司章程或者企业、事

业单位内部规章文件的规定；

（二）**内部控制**制度健全；

（三）具有**持续经营能力**，无重大经营风险、财务风险和法律风险；

（四）**最近三年**未发生重大违约、虚假信息披露或者其他**重大违法违规行为**；

（五）法律、行政法规和中国证监会规定的其他条件。

上述特定原始权益人，**在专项计划存续期间，应当维持正常的生产经营活动或者提供合理的支持，为基础资产产生预期现金流提供必要的保障**。发生重大事项可能损害资产支持证券投资者利益的，应当**及时书面告知**管理人。

第十二条 【管理人条件】

管理人设立专项计划、发行资产支持证券，除应当具备本规定第二条第二款的相关资格外，还应当符合以下条件：

（一）具有完善的**合规、风控制度**以及**风险处置应对措施**，**能有效控制业务风险**；

（二）**最近1年**未因**重大违法违规行为**受到**行政处罚**。

第十三条 【管理人职责】

管理人应当履行下列职责：

（一）按照本规定及所附《证券公司及基金管理公司子公司资产证券化业务尽**职调查**工作指引》（以下简称《尽职调查指引》）对**相关交易主体和基础资产进行全面的尽职调查**，可聘请具有从事证券期货相关业务资格的会计师事务所、资产评估机构等相关中介机构出具专业意见；

（二）在专项计划存续期间，**督促原始权益人以及为专项计划提供服务的有关机构**，履行法律规定及合同约定的义务；

（三）办理**资产支持证券发行**事宜；

（四）按照约定**及时将募集资金支付**给原始权益人；

（五）为资产支持证券投资者的**利益管理**专项计划资产；

（六）建立相对封闭、独立的基础资产**现金流归集机制**，切实防范专项计划资产与其他资产混同以及被侵占、挪用等风险；

（七）**监督、检查特定原始权益人持续经营情况和基础资产现金流状况**，出现重大异常情况的，管理人应当采取必要措施，维护专项计划资产安全；

（八）按照约定向资产支持证券投资者**分配收益**；

（九）履行**信息披露**义务；

（十）负责专项计划的**终止清算**；

（十一）法律、行政法规和中国证监会规定以及计划说明书约定的其他职责。

第十四条 【管理人禁止行为】

管理人不得有下列行为：

（一）**募集资金不入账**或者进行其他任何形式的**账外经营**；

（二）**超过**计划说明书约定的**规模募集资金**；

（三）**侵占**、**挪用**专项计划资产；

（四）以专项计划资产**设定担保**或者形成其他**或有负债**；

（五）**违反**计划说明书的约定管理、运用专项计划资产；

（六）法律、行政法规和中国证监会禁止的其他行为。

第十五条 【账户、资金与记账相互独立】

管理人应当为专项计划**单独记账**、**独立核算**，不同的专项计划在账户设置、资金划拨、账簿记录等方面应当相互独立。

第十六条 【重大风险】

管理人应当针对专项计划存续期内可能出现的重大风险，制订切实可行的**风险控制措施和风险处置预案**。在风险发生时，管理人应当勤勉尽责地执行风险处置预案，最大程度地保护资产支持证券投资者利益。

第十七条 【重大利益披露】

有下列情形之一的，管理人应当在**计划说明书**中充分披露有关事项，并对可能存在的风险以及采取的风险防范措施予以说明：

（一）**管理人持有**原始权益人5%以上的股份或出资份额；

（二）**原始权益人持有**管理人5%以上的股份或出资份额；

（三）管理人与原始权益人之间**近三年**存在**承销保荐**、**财务顾问**等业务关系；

（四）管理人与原始权益人之间存在**其他重大利益关系**。

第十八条 【利益冲突】

管理人与原始权益人**存在第十七条所列情形**，或者管理人以**自有资金**或者**其管理的资产管理计划**、**其他客户资产**、**证券投资基金**认购资产支持证券的，应当采取有效措施，防范可能产生的**利益冲突**。

管理人以自有资金或其管理的资产管理计划、其他客户资产、证券投资基金**认购资产支持证券的比例上限**，由其按照有关规定和合同约定确定。

第十九条 【终止清算】

专项计划终止的，管理人应当按照计划说明书的约定成立**清算组**，负责专项计划资产的**保管**、**清理**、**估价**、**变现和分配**。

管理人应当自**专项计划清算完毕之日起10个工作日内**，向托管人、资产支持证券投资者出具**清算报告**，并将清算结果向**中国证券投资基金业协会（以下简称中**

国基金业协会）报告，同时抄送对管理人**有辖区监管权的中国证监会派出机构**。

管理人应当聘请**具有证券期货相关业务资格的会计师事务所**对清算报告出具**审计意见**。

第二十条　【变更与临时管理人】

专项计划**变更管理人**，应当充分说明理由，并向中国基金业协会报告，同时抄送变更前后对管理人有辖区监管权的中国证监会派出机构。

管理人出现**被取消资产管理业务资格、解散、被撤销或宣告破产以及其他不能继续履行职责情形的**，在依据计划说明书或者其他相关法律文件的约定选任符合本规定要求的新的管理人之前，由中国基金业协会指定**临时管理人**。计划说明书应当对此作出明确提示。

第二十一条　【移交手续】

管理人职责终止的，应当及时办理**档案和职责移交手续**。管理人完成移交手续前，应当妥善保管专项计划文件和资料，维护资产支持证券投资者的合法权益。

管理人应当自完成移交手续之日起 5 个工作日内，向中国基金业协会报告，同时抄送对移交双方有辖区监管权的中国证监会派出机构。

第二十二条　【托管人职责】

托管人办理专项计划的托管业务，应当履行下列职责：

（一）**安全保管**专项计划相关资产；

（二）**监督**管理人专项计划的运作，发现管理人的管理指令违反计划说明书或者托管协议约定的，应当**要求改正**；未能改正的，应当拒绝执行并及时向中国基金业协会**报告**，同时**抄送**对管理人有辖区监管权的中国证监会派出机构；

（三）**出具资产托管报告**；

（四）计划说明书以及相关法律文件约定的其他事项。

## 第三章　专项计划的设立及备案

第二十三条　【基础资产转让】

法律法规规定基础资产转让应当办理批准、登记手续的，应当依法办理。法律法规没有要求办理登记或者暂时不具备办理登记条件的，**管理人应当采取有效措施，维护基础资产安全**。

基础资产为**债权**的，应当按照有关法律规定将**债权转让事项通知债务人**。

第二十四条　【基础资产不得有权利负担与限制】

基础资产**不得附带抵押、质押等担保负担或者其他权利限制**，但通过专项计划相关安排，在原始权益人**向专计划转移基础资产时**能够解除相关担保负担和其他权利限制的除外。

第二十五条　【循环购买】

以基础资产产生**现金流循环购买**新的**同类基础资产**方式组成专项计划资产的，专项计划的法律文件应当明确说明基础资产的购买条件、购买规模、流动性风险以及风险控制措施。

第二十六条　【基础资产规模与存续期间】

基础资产的**规模**、**存续期限**应当与资产支持证券的规模、存续期限相匹配。

第二十七条　【专项计划账户】

专项计划的**货币收支活动**均应当通过专项计划账户进行。

第二十八条　【投资者的义务与权利】

资产支持证券**是投资者享有专项计划权益的证明**，可以依法继承、交易、转让或出质。资产支持证券投资者**不得主张分割专项计划资产**，**不得要求专项计划回购资产支持证券**。

资产支持证券投资者享有下列权利：

（一）**分享专项计划收益**；

（二）按照认购协议及计划说明书的约定**参与分配清算后**的专项计划剩余资产；

（三）按规定或约定的时间和方式**获得资产管理报告**等专项计划信息披露文件，查阅或者复制专项计划相关信息资料；

（四）依法以**交易**、**转让或质押**等方式**处置**资产支持证券；

（五）根据证券交易场所相关规则，**通过回购**进行融资；

（六）认购协议或者计划说明书约定的其他权利。

第二十九条　【合格投资者】

资产支持证券应当面向**合格投资者**发行，发行对象**不得超过二百人**，**单笔认购不少于100万元人民币发行面值或等值份额**。合格投资者应当符合《私募投资基金监督管理暂行办法》规定的条件，依法设立并受国务院金融监督管理机构监管，并由相关金融机构实施主动管理的投资计划**不再穿透核查最终投资者是否为合格投资者和合并计算投资者人数**。

第三十条　【资产支持证券持有人会议】

发行资产支持证券，当在**计划说明书中约定**资产支持证券持有人会议的召集程序及持有人会议规则，明确资产支持证券持有人通过持有人会议行使权利的范围、程序和其他重要事项。

第三十一条　【信用增级】

专项计划可以通过**内部或者外部信用增级**方式提升资产支持证券信用等级。

同一专项计划发行的资产支持证券可以划分为**不同种类**。同一种类的资产支持证券，享有同等权益，承担同等风险。

第三十二条 【信用评级】

对资产支持证券进行评级的，应当由取得中国证监会核准的证券市场资信评级业务资格的资信评级机构进行**初始评级和跟踪评级**。

第三十三条 【保障投资者的投资决定】

**专项计划的管理人**以及**资产支持证券的销售机构**应当采取下列措施，保障投资者的投资决定是在**充分知悉**资产支持证券**风险收益特点**的情形下作出的审慎决定：

（一）了解投资者的财产与收入状况、风险承受能力和投资偏好等，推荐**与其风险承受能力相匹配**的资产支持证券；

（二）向投资者**充分披露**专项计划的基础资产情况、现金流预测情况以及对专项计划的影响、交易合同主要内容及资产支持证券的风险收益特点，告知投资资产支持证券的权利义务；

（三）制作**风险揭示书**充分揭示投资风险，在接受投资者认购资金前应当确保投资者已经知悉风险揭示书内容并在风险揭示书上签字。

第三十四条 【募资账户】

专项计划应当指定资产支持证券**募集资金专用账户**，用于资产支持证券**认购资金的接收与划转**。

第三十五条 【专项计划设立失败】

资产支持证券按照计划说明书约定的条件发行完毕，专项计划设立完成。

发行期结束时，资产支持证券**发行规模未达到计划说明书约定的最低发行规模**，或者专项计划**未满足计划说明书约定的其他设立条件**，专项计划设立失败。管理人应当自发行期结束之日起10个工作日内，**向投资者退还认购资金，并加算银行同期活期存款利息**。

第三十六条 【专项计划备案】

管理人应当自**专项计划成立日起5个工作日**内将设立情况报中国基金业协会**备案**，同时抄送对管理人有辖区监管权的中国证监会派出机构。

中国基金业协会应当制定备案规则，对备案实施自律管理。

未按规定进行备案的，本规定第三十八条所列证券交易场所**不得为其提供转让服务**。

第三十七条 【负面清单】

中国基金业协会根据基础资产风险状况对可证券化的基础资产范围实施**负面清单管理**，并可以根据市场变化情况和实践情况，适时调整负面清单。

## 第四章 资产支持证券的挂牌、转让

第三十八条 【挂牌转让】

资产支持证券可以按照规定在**证券交易所、全国中小企业股份转让系统、机构间私募产品报价与服务系统、证券公司柜台市场**以及中国证监会认可的其他证券交易场所进行**挂牌、转让**。

资产支持证券仅限于在**合格投资者**范围内转让。转让后，持有资产支持证券的合格投资者合计不得超过二百人。

资产支持证券**初始挂牌交易单位**所对应的发行面值或等值份额应不少于 100 万元人民币。

第三十九条　【挂牌、转让的自律管理】

资产支持证券申请在证券交易场所挂牌转让的，**还应当符合证券交易所或其他证券交易场所规定的条件**。

证券交易所、全国中小企业股份转让系统应当制定挂牌、转让规则，对资产支持证券的挂牌、转让进行自律管理。

中国证券业协会应当制定挂牌、转让规则，对资产支持证券在机构间私募产品报价与服务系统、证券公司柜台市场的挂牌、转让进行自律管理。

证券交易所、全国中小企业股份转让系统、中国证券业协会可以根据市场情况对投资者适当性管理制定更为严格的标准。

第四十条　【双边报价】

证券公司等机构可以为资产支持证券转让提供**双边报价服务**。

## 第五章　资产支持证券信息披露

第四十一条　【信息披露指引与规则】

管理人及其他信息披露义务人应当按照本规定及所附《证券公司及基金管理公司子公司资产证券化业务信息披露指引》（以下简称《信息披露指引》）履行信息披露和报送义务。证券交易所、全国中小企业股份转让系统、中国证券业协会、中国基金业协会可以根据本规定及《信息披露指引》制定信息披露规则。

第四十二条　【信息披露的要求】

管理人及其他信息披露义务人应当**及时、公平地**履行披露义务，所披露或者报送的信息必须**真实、准确、完整**，不得有**虚假记载、误导性陈述或者重大遗漏**。

第四十三条　【信息披露的时间】

管理人、托管人应当在**每年 4 月 30 日**之前向资产支持证券合格投资者披露上年度**资产管理报告、年度托管报告**。每次收益分配前，管理人应当及时向资产支持证券合格投资者披露专项计划**收益分配报告**。

年度资产管理报告、年度托管报告应当由管理人向中国基金业协会报告，同时抄送对管理人有辖区监管权的中国证监会派出机构。

第四十四条 【重大事件的披露】

发生可能对资产支持证券**投资价值或价格**有**实质性影响的重大事件**，管理人应当及时将有关该重大事件的情况向资产支持证券合格投资者披露，说明事件的起因、目前的状态和可能产生的法律后果，并向证券交易场所、中国基金业协会报告，同时抄送对管理人有辖区监管权的中国证监会派出机构。

第四十五条 【指定网站披露】

管理人及其他信息披露义务人应当按照相关规定在证券交易场所或中国基金业协会指定的网站向合格投资者披露信息。

## 第六章 监督管理

第四十六条 【监管措施】

中国证监会及其派出机构依法对资产证券化业务实行监督管理，并根据监管需要对资产证券化业务开展情况进行检查。对于违反本规定的，中国证监会及其派出机构可采取责令改正、监管谈话、出具警示函、责令公开说明、责令参加培训、责令定期报告、认定为不适当人选等监管措施；依法应予行政处罚的，依照《证券法》、《证券投资基金法》等法律法规和中国证监会的有关规定进行处罚；涉嫌犯罪的，依法移送司法机关，追究其刑事责任。

第四十七条 【自律管理】

中国证券业协会、中国基金业协会等证券自律组织应当根据本规定及所附指引对证券公司、基金管理公司子公司开展资产证券化业务过程中的尽职调查、风险控制等环节实施自律管理。

## 第七章 附 则

第四十八条 【登记结算业务】

资产支持证券的登记结算业务应当由**中国证券登记结算有限责任公司**或中国证监会认可的其他机构办理。

第四十九条 【其他特殊目的载体】

证券公司、基金管理公司子公司通过其他特殊目的载体开展的资产证券化业务，参照本规定执行。中国证监会另有规定的，从其规定。

第五十条 【金融机构参照适用】

经中国证监会认可，**期货公司、证券金融公司、中国证监会负责监管的其他公司以及商业银行、保险公司、信托公司等金融机构**，可参照适用本规定开展资产证券化业务。

第五十一条 【废止】

本规定及所附《信息披露指引》、《尽职调查指引》自公布之日起施行。《证券公司资产证券化业务管理规定》(证监会公告 2013〔16〕号) 同时废止。

### 1.1.2 《证券公司及基金管理公司子公司资产证券化业务信息披露指引》(2014 年 11 月 19 日　证监会公告〔2014〕49 号，附件 2)

**【重点提示】**

本规定是证监系统资产证券化业务管理操作的基本法规，其重要性不言而喻，内容共有 4 个章节 24 个条文内容，本书将从基本规定、发行阶段的披露、存续阶段的披露、报告和备案 4 个方面整理如下：

**一、关于信息披露的基本规定**

| | |
|---|---|
| 制定依据 §1① | 根据《证券公司及基金管理公司子公司资产证券化业务管理规定》，制定本指引。 |
| 信息披露义务的主体 §2 | 管理人及其他信息披露人，包括但不限于托管人、资信评级机构等。 |
| 信息提供义务的主体 §3 | 原始权益人；其他服务机构，包括但不限于资产服务机构、托管人、信用增级机构、律师事务所、会计师事务所、流动性支持机构、销售机构等。 |
| 信息披露的场所 §4 | 在证券交易场所挂牌、转让的，应当在证券交易场所指定的网站向合格投资者披露信息。<br>不在证券交易场所挂牌转让的，应当在中国证券投资基金业协会（以下简称中国基金业协会）指定的网站向合格投资者披露信息。 |

**二、发行环节的信息披露**

| | |
|---|---|
| 应当披露的文件类型 | (1) 应当披露的文件 §6：1) 计划说明书；2) 法律意见书；3) 评级报告（如有）；4) 其他等。<br>(2) 法律意见书 §10：1) 由管理人聘请律所完成；2) 任何可能影响投资者的重大事项都应披露。<br>(3) 信息评级报告 §11：1) 由资信评级机构出具；2) 如有该报告也应披露。 |

① “§1”为第 1 条的意思，下同。

续表

| | |
|---|---|
| 计划书必须披露的内容 §9 §13 | 对基础资产的披露 §9/13：1）在计划说明书中以列举式详细披露；2）如有资产池底层基础资产或也应当一并披露。<br>管理人对投资者的提示义务：1）应在显著位置进行提示性披露；2）投资风险自担的提示性告知义务。 |
| 发行结果的披露 §12 | （1）每期发行结束的当日或次一工作日；（2）管理人向认购人披露。 |

## 三、存续期间的信息披露

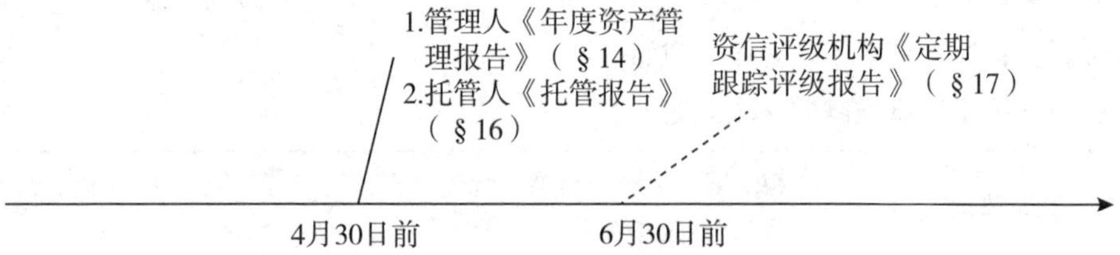


| | |
|---|---|
| 存续期间应披露的信息或文件 | 收益分配报告：收益分配日的两个交易日前 §14<br>年度资产管理报告：每年 4 月 30 日前 §14<br>托管报告：每年 4 月 30 日前，与年度资产管理报告同时披露 §18<br>评级报告：年度评级报告（6 月 30 日前）、不定期追踪评级报告（及时披露）§17<br>持有人会议决议 §18<br>对投资价格或价格有重大影响时间的披露（及时）§19<br>清算结果的披露（清算完毕之日起 10 个工作日内）§20<br>循环购买事项的披露 §21 |
| 重大事件的披露和报告 §19 | 前提：发生可能对资产支持证券投资价值或价格有实质性影响的重大事件时，重大事件范围不作限制；<br>披露和报告的义务人：管理人；<br>披露和报告的对象：向合格投资者披露，向中国基金业协会报告；<br>两个被量化的重大事件：1）发生超过资产支持证券未偿还本金余额 10% 以上的损失；2）预计基础资产现金流相比预期减少 20% 以上。 |

## 四、备案和报告

| | |
|---|---|
| 备案 §22 | 披露日后的 5 个工作日内由管理人报中国基金业协会备案。 |
| 报告 §19 | 重大事件披露的同时向中国基金业协会报告。 |

【文件内容】

## 第一章　总　　则

第一条　【立法目的】

为规范资产证券化业务的信息披露行为，保障投资者的合法权益，推动资产证券化业务的发展，**根据《证券公司及基金管理公司子公司资产证券化业务管理规定》，制定本指引**。

第二条　【信息披露义务的主体】

**管理人及其他信息披露义务人**应当及时履行信息披露义务，所披露的信息必须真实、准确、完整，不得有虚假记载、误导性陈述或者重大遗漏。

本指引所称**其他信息披露义务人包括但不限于托管人、资信评级机构等**。

第三条　【信息提供义务的主体】

**原始权益人和除管理人以外的其他服务机构**应当按照合同约定，及时向管理人**提供**有关信息，并保证所提供信息真实、准确、完整。

本指引所称的**其他服务机构包括但不限于资产服务机构、托管人、信用增级机构、律师事务所、会计师事务所、流动性支持机构、销售机构等**。

第四条　【信息披露的场所】

**资产支持证券在证券交易场所挂牌、转让的**，管理人及其他信息披露义务人应当在证券交易场所指定的网站向合格投资者披露信息。**资产支持证券不在证券交易场所挂牌转让的**，管理人及其他信息披露义务人应当在中国证券投资基金业协会（以下简称中国基金业协会）指定的网站向合格投资者披露信息。

第五条　【相关知情人的保密义务】

管理人、其他服务机构、证券交易场所及登记托管机构等相关知情人在信息披露前不得泄露拟披露的信息。

## 第二章　资产支持证券发行环节信息披露

第六条　【应当披露的文件】

管理人**应当在资产支持证券发行前**向合格投资者披露计划说明书、法律意见书、评级报告（如有）等文件。

第七条　【应在计划说明书中披露的内容】

计划说明书由管理人编制，应当包括但不限于以下内容：

（一）资产支持证券的基本情况，包括：发行规模、品种、期限、预期收益率（如有）、资信评级状况（如有）以及登记、托管、交易场所等基本情况；

（二）专项计划的**交易结构**；

（三）资产支持证券的**信用增级方式**；

（四）原始权益人、管理人和其他服务机构情况；

（五）**基础资产情况及现金流预测分析**；

（六）专项计划**现金流归集、投资及分配**；

（七）专项计划**资产的构成及其管理、运用和处分**；

（八）专项计划的有关税务、费用安排；

（九）原始权益人风险自留的相关情况；

（十）风险揭示与防范措施；

（十一）专项计划的**设立、终止等事项**；

（十二）资产支持证券的**登记及转让安排**；

（十三）**信息披露安排**；

（十四）资产支持证券持有人会议相关安排；

（十五）主要交易文件摘要；

（十六）《证券公司及基金管理公司子公司资产证券化业务管理规定》**第十七条、第十九条和第二十条**要求披露或明确的事项；

（十七）备查文件（包括与基础资产交易相关的法律协议等）**存放及查阅方式**。

第八条 【如实告知与显著提示义务】

管理人应当在计划说明书的显著位置提示投资者：“**资产支持证券仅代表专项计划权益的相应份额，不属于管理人或者其他任何服务机构的负债。投资者应当认真阅读有关信息披露文件，进行独立的投资判断，自行承担投资风险。**”

第九条 【基础资产应披露的信息】

管理人**应当在计划说明书中**披露有关基础资产的相关信息，包括但不限于以下内容：

（一）基础资产符合法律法规规定，权属明确，能够产生稳定、可预测现金流的有关情况；

（二）基础资产是否存在附带抵押、质押等担保负担或其他权利限制的情况以及解除前述权利负担或限制的措施；

（三）基础资产构成情况；

（四）基础资产的运营及管理；

（五）风险隔离手段和效果；

（六）基础资产循环购买（如有）的入池标准、计划购买规模及流程和后续监督管理安排；

（七）资金归集监管情况。

若专项计划由类型相同的多笔债权资产组成基础资产池的，管理人还应在计划说明书中针对该基础资产池披露以下信息：

（一）基础资产池的遴选标准及创建程序；

（二）基础资产池的总体特征；

（三）基础资产池的分布情况；

（四）基础资产池所对应的单一债务人未偿还本金余额占比超过 15%，或债务人及其关联方的未偿还本金余额合计占比超过 20% 的，应披露该等债务人的相关信用情况。

第十条　【法律意见书应披露的内容】

管理人应当聘请律师事务所对专项计划的有关法律事宜发表专业意见，并向合格投资者披露法律意见书，包括但不限于以下内容：

（一）管理人、销售机构、托管人等服务机构的资质及权限；

（二）计划说明书、资产转让协议、托管协议、认购协议等法律文件的合规性；

（三）基础资产的真实性、合法性、权利归属及其负担情况；

（四）基础资产转让行为的合法有效性；

（五）风险隔离的效果；

（六）循环购买（如有）安排的合法有效性；

（七）专项计划信用增级安排的合法有效性；

（八）对有可能影响资产支持证券投资者利益的其他重大事项的意见。

第十一条　【信息评级报告应披露的内容】

信用评级报告（如有）应由取得中国证监会核准的证券市场资信评级业务资格的资信评级机构（以下简称资信评级机构）出具，报告内容应当包括但不限于：

（一）评级基本观点、评级意见及参考因素；

（二）基础资产池及入池资产概况、基础资产（池）信用风险分析；

（三）特定原始权益人的信用风险分析及法律风险分析；

（四）专项计划交易结构分析；

（五）管理人、托管人等服务机构的履约能力分析；

（六）现金流分析及压力测试；

（七）跟踪评级安排。

设置循环购买的交易，还需对基础资产的历史表现进行量化分析。

第十二条　【发行结果的披露】

管理人应在每期资产支持证券发行结束的当日或次一工作日向资产支持证券认购人披露资产支持证券发行情况。

第十三条 【对底层基础资产的披露】

管理人或其他信息披露义务人应当根据不同的基础资产类别特征，**依据穿透原则对底层基础资产的情况按照本指引第九条的规定进行信息披露**。

## 第三章 资产支持证券存续期间信息披露

第十四条 【定期披露】

资产支持证券存续期内，管理人应在每期资产支持证券**收益分配日的两个交易日前**向合格投资者披露专项计划收益分配报告，**每年 4 月 30 日前**披露经具有从事证券期货相关业务资格的**会计师事务所审计的上年度资产管理报告**。

对于设立不足两个月的，管理人可以不编制年度资产管理报告。

第十五条 【年度报告应披露的内容】

年度资产管理报告应当包括但不限于下列内容：

（一）基础资产的运行情况；

（二）原始权益人、管理人和托管人等资产证券化业务参与人的履约情况；

（三）特定原始权益人的经营情况；

（四）专项计划账户资金收支情况；

（五）各档次资产支持证券的本息兑付情况；

（六）管理人以自有资金或者其管理的资产管理计划、其他客户资产、证券投资基金等认购资产支持证券的情况；

（七）需要对资产支持证券投资者报告的其他事项。

第十六条 【托管报告的同期披露】

托管人应当在管理人**披露资产管理报告的同时披露相应期间的托管报告**，托管报告应当包括但不限于下列内容：

（一）专项计划资产托管情况，包括托管资产变动及状态、托管人履责情况等；

（二）对管理人的监督情况，包括管理人的管理指令遵守计划说明书或者托管协议约定的情况以及对资产管理报告有关数据的真实性、准确性、完整性的复核情况等；

（三）需要对投资者报告的其他事项。

第十七条 【年度评级报告、不定期跟踪评级报告】

聘请资信评级机构针对资产支持证券出具评级报告的，在评级对象有效存续期间，**资信评级机构应当于资产支持证券存续期内每年的 6 月 30 日前向合格投资者披露上年度的定期跟踪评级报告，并应当及时披露不定期跟踪评级报告**。

**定期跟踪评级报告应包括但不限于以下要点**：评级意见及参考因素、基础资产（池）的变动概况、专项计划交易结构摘要、当期资产支持证券的还本付息情况、基础资产现金流运行情况、现金流压力测试结果、基础资产（池）信用质量分析、特定原始权益人的信用分析、资产证券化交易结构相关各方情况分析和评级结论等。设置循环购买交易的，还需包括循环购买机制有效性的分析。

第十八条 【持有人会议决议的披露】

**资产支持证券持有人会议**的召集人应及时向资产支持证券持有人通知会议的召开时间、会议形式、审议事项、议事程序和表决方式等事项，并于会议结束后及时披露持有人会议决议。

第十九条 【重大事项的及时披露和报告】

在发生可能对资产支持证券投资价值或价格**有实质性影响的重大事件**时，管理人应及时向合格投资者**披露**相关信息，并向中国基金业协会**报告**。重大事件包括但不限于以下事项：

（一）未按计划说明书约定**分配收益**；

（二）资产支持证券**信用等级**发生不利调整；

（三）专项计划资产**发生**超过资产支持证券未偿还本金余额10%以上的损失；

（四）基础资产的运行情况或产生**现金流的能力发生重大变化**；

（五）特定原始权益人、管理人、托管人等资产证券化业务参与人或者基础资产**涉及法律纠纷，可能影响**按时分配收益；

（六）**预计**基础资产现金流相比预期减少20%以上；

（七）原始权益人、管理人、托管人等资产证券化业务参与人违反合同约定，对资产支持证券投资者利益产生不利影响；

（八）特定原始权益人、管理人、托管人等资产证券化业务参与人的经营情况发生重大变化，或者作出减资、合并、分立、解散、申请破产等决定，可能影响资产支持证券投资者利益；

（九）管理人、托管人、资信评级机构等资产证券化业务参与人发生变更；

（十）特定原始权益人、管理人、托管人等资产证券化业务参与人信用等级发生调整，可能影响资产支持证券投资者利益；

（十一）可能对资产支持证券投资者利益产生重大影响的其他情形。

第二十条 【清算结果的披露】

管理人应当自专项计划**清算完毕之日起10个工作日内**，向合格投资者披露清算报告。

第二十一条 【购买循环事项的披露】

以基础资产产生现金流循环购买新的同类基础资产方式组成专项计划资产的，管理人及其他信息披露义务人应当按照计划说明书的约定，定期披露循环购买符合入池标准的资产规模及循环购买的实际操作情况。

**第四章　附　　则**

第二十二条　【信息披露文件的备案】资产支持证券存续期间信息披露文件应于披露日后的5个工作日内由管理人报中国基金业协会备案。

第二十三条　【解释机关】本指引由中国证监会负责解释。

第二十四条　【实施日期】本指引自发布之日起施行。

## 1.1.3　《证券公司及基金管理公司子公司资产证券化业务尽职调查工作指引》（2014年11月19日　证监会公告〔2014〕49号，附件3）

### 【重点提示】

本规定是证监系统资产证券化业务管理操作的基本法规，其重要性不言而喻，内容共有4个章节22个条文内容，本书将从基本规定和尽职调查的对象两个大方面整理如下：

- 尽调指引
  - 基本规定
    - §3：应当尽职调查的事项：一切对投资决策有重大影响的事项
    - §5－1：无三方意见时的独立判断
    - §5－2：有第三方意见时的审慎核查、调查复核
    - §17：建立真实、完整的尽调工作底稿，根据底稿形成尽调报告
    - §18：管理人必须对项目的合法性发表意见
    - §19：持续尽调义务（备案完成后，挂处于转让前）
    - §20：底稿应在计划终止后保存10年
  - 尽调对象
    - 业务参与人
      - §7：特定原始权益人
      - §8：资产服务机构
      - §9：托管人
      - §10：增信机构（尽调应充分反映其资信水平及偿付能力）
      - §11：重要债务人（全面调查：入池应收款占比超过15%、20%）
      - §12：其他重要业务参与人
    - 基础资产
      - §13：尽调要点（应包括对基础资产未来现金流的合理预测与分析）
      - §14：基础资产法律权属的合法性
      - §15：基础资产转让行为的合法性
      - §17：区分基础资产性质调查现金流

【文件内容】

## 第一章　总　　则

第一条　【立法目的】

为规范和指导资产证券化业务的尽职调查工作，提高尽职调查工作质量，根据《证券公司及基金管理公司子公司资产证券化业务管理规定》，制定本指引。

第二条　【尽职调查的对象】

本指引所称尽职调查是指证券公司及基金管理公司子公司（以下简称管理人）勤勉尽责地通过查阅、访谈、列席会议、实地调查等方法**对业务参与人以及拟证券化的基础资产**进行调查，并有充分理由确信相关发行文件及信息披露真实、准确、完整的过程。

**本指引所称业务参与人，包括**原始权益人、资产服务机构、托管人、信用增级机构以及对交易有重大影响的其他交易相关方。

第三条　【应当尽职调查的事项】

本指引是对管理人尽职调查工作的一般要求。**凡对投资者作出投资决策有重大影响的事项，不论本指引是否有明确规定，管理人均应当勤勉尽责进行尽职调查。**

第四条　【建立全面完整的尽调制度和流程】

**管理人应当根据本指引的要求制定完善的尽职调查内部管理制度，建立健全业务流程**，并确保参与尽职调查工作的相关人员能够恪守独立、客观、公正的原则，具备良好的职业道德和专业胜任能力。

第五条　【独立判断与审慎核查】

对计划说明书等相关文件中**无中介机构出具专业意见的内容**，管理人应当在获得充分的尽职调查证据材料并对各种证据材料进行综合分析的基础上**进行独立判断**。

对计划说明书等相关文件中**有中介机构出具专业意见的内容**，管理人应当结合尽职调查过程中获得的信息对专业意见的内容**进行审慎核查**。对专业意见有异议的，应当要求中介机构做出解释或者出具依据；发现专业意见与尽职调查过程中获得的信息存在重大差异的，应当对有关事项进行调查、复核，并可聘请其他中介机构提供专业服务。

## 第二章　尽职调查内容及要求

### 第一节　对业务参与人的尽职调查

第六条　【对业务参与人的尽调内容】

对业务参与人尽职调查的主要内容包括业务参与人的法律存续状态、业务资质及相关业务经营情况等。

第七条 【对特定原始权益人的尽调】

对特定原始权益人的尽职调查应当**包括但不限于**以下内容：

（一）基本情况：特定原始权益人的设立、存续情况；股权结构、组织架构及治理结构；

（二）主营业务情况及财务状况：特定原始权益人所在行业的相关情况；行业竞争地位比较分析；最近三年各项主营业务情况、财务报表及主要财务指标分析、资本市场公开融资情况及历史信用表现；主要债务情况、授信使用状况及对外担保情况；对于设立未满三年的，提供自设立起的相关情况；

（三）**与基础资产相关的业务情况**：特定原始权益人与基础资产相关的业务情况；相关业务管理制度及风险控制制度等。

第八条 【对资产服务机构的尽调】

对资产服务机构的尽职调查应当**包括但不限于**以下内容：

（一）基本情况：资产服务机构设立、存续情况；最近一年经营情况及财务状况；资信情况等；

（二）**与基础资产管理相关的业务情况**：资产服务机构提供基础资产管理服务的相关业务资质以及法律法规依据；资产服务机构提供基础资产管理服务的相关制度、业务流程、风险控制措施；基础资产管理服务业务的开展情况；基础资产与资产服务机构自有资产或其他受托资产相独立的保障措施。

第九条 【对托管人的尽职调查】

对托管人的尽职调查应当**包括但不限于**以下内容：

（一）托管人资信水平；

（二）托管人的托管业务资质；托管业务管理制度、业务流程、风险控制措施等。

第十条 【对增信机构的尽调】

对提供信用增级的机构的尽职调查，**应当充分反映其资信水平及偿付能力，包括但不限于**以下内容：

（一）基本情况：公司设立、存续情况；股权结构、组织架构及治理结构；公司资信水平以及外部信用评级情况；

（二）主营业务情况及财务状况：公司最近三年各项主营业务情况、财务报表及主要财务指标分析及历史信用表现；主要债务情况、授信使用状况及对外担保情况等；对于设立未满三年的，提供自设立起的相关情况；

（三）其他情况：业务审批或管理流程、风险控制措施；包括杠杆倍数（如有）在内的与偿付能力相关的指标；公司历史代偿情况等。

第十一条 【对重要债务人的全面调查】

尽职调查过程中，对于**单一应收款债务人**的入池应收款的本金余额占资产池比例超过15%，或者**债务人及其关联方**的入池应收款本金余额合计占资产池的比例超过20%的，**应当视为重要债务人。对于重要债务人，应当全面调查**其经营情况及财务状况，反映其偿付能力和资信水平。

第十二条 【其他重要业务参与人的尽调】

对与基础资产的形成、管理或者资产证券化交易相关的**其他重要业务参与人**的尽职调查，应当包括但不限于以下内容：参与人的基本情况、资信水平；参与人的相关业务资质、过往经验以及其他可能对证券化交易产生影响的因素。

第二节 对基础资产的尽职调查

第十三条 【基础资产尽调要点、对未来现金流的合理预测与分析】

对基础资产的尽职调查包括基础资产的**法律权属、转让的合法性、基础资产的运营情况或现金流历史记录**，同时应当对基础资产**未来的现金流情况**进行**合理预测和分析**。

第十四条 【对客观合法性的法律尽调】

对基础资产**合法性的尽职调查**应当包括但不限于以下内容：基础资产形成和存续的真实性和合法性；基础资产权属、涉诉、权利限制和负担等情况；基础资产可特定化情况；基础资产的完整性等。

第十五条 【对转让行为合法性的尽调】

对基础资产转让合法性的尽职调查应当包括但不限于以下内容：基础资产是否存在法定或约定禁止或者不得转让的情形；基础资产（包括附属权益）转让需履行的批准、登记、通知等程序及相关法律效果；基础资产转让的完整性等。

第十六条 【区分不同资产性质开展现金流尽调】

管理人应当**根据不同基础资产的类别特性对基础资产现金流状况进行尽职调查**，应当包括但不限于以下内容：基础资产质量状况；基础资产现金流的稳定性和历史记录；基础资产未来现金流的合理预测和分析。

## 第三章 尽职调查报告

第十七条 【真实准确记录尽调工作底稿】

管理人应当建立尽职调查工作底稿制度。

**尽职调查工作底稿是指**管理人在尽职调查过程中获取和制作的、与资产证券化业务相关的各种工作记录和重要资料的总称。

尽职调查工作底稿应当真实、准确、完整地反映尽职调查工作。

第十八条 【对项目的合法性必须发表明确调查意见】

管理人应当在尽职调查的基础上形成尽职调查报告。

尽职调查报告应当说明调查的**基准日、调查内容、调查程序**等事项。

尽职调查报告应当对资产证券化项目是否符合相关法律法规、部门规章以及规范性文件的相关规定**发表明确意见**。

尽职调查工作组全体成员应当在尽职调查报告上签字，并加盖管理人公司公章和注明报告日期。

### 第四章　附　则

第十九条　【转让前的持续尽调义务】

对于资产支持证券申请在证券交易场所转让的，在资产支持证券**备案完成后、挂牌转让前**，管理人应当参照本指引的规定，**持续履行尽职调查义务**。

第二十条　【工作底稿等尽调资料的留档】

管理人应当保留尽职调查过程中的相关资料并存档备查，全面、如实反映尽职调查全过程，相关资料**自资产支持专项计划终止之日起至少保存十年**。

第二十一条　【解释机关】

本指引由中国证监会负责解释。

第二十二条　【实施日期】

本指引自发布之日起施行。

## 1.1.4　《证监会、住房城乡建设部关于推进住房租赁资产证券化相关工作的通知》(2018年4月24日　证监发〔2018〕30号)

**【重点提示】**

| | |
|---|---|
| 资本市场首个明确“租购并举”的政策 | 1. 符合十九大报告指出“坚持房子是用来住的、不是用来炒的定位，加快建立多主体供给、多渠道保障、租购并举的住房制度让全体人民住有所居”；<br>2. 贯彻落实十九大“租购并举”的精神。**意味着首个资本市场支持，租购并举政策落地**。 |
| 多种措施落实租购并举 | 住房租赁资产证券化，有助于盘活住房租赁存量资产、加快资金回收、提高资金使用效率，引导社会资金参与住房租赁市场建设；有利于降低住房租赁企业的杠杆率，服务行业供给侧结构性改革，促进形成金融和房地产的良性循环；可丰富资本市场产品供给，提供中等风险、中等收益的投资品种，满足投资者多元化的投资需求。 |

续表

| | |
|---|---|
| 准入资格宽松，政策倾斜力度大 | 发行住房租赁资产证券化产品应当符合下列条件：（1）物业已建成并权属清晰，工程建设质量及安全标准符合相关要求，已按规定办理住房租赁登记备案相关手续；（2）物业正常运营，且产生持续、稳定的现金流；（3）发起人（原始权益人）公司治理完善，具有持续经营能力及较强运营管理能力，最近2年无重大违法违规行为。 |

**【文件内容】**

中国证监会各派出机构，各省、自治区、直辖市住房城乡建设厅（建委、房地局），新疆生产建设兵团建设局，上海证券交易所、深圳证券交易所，中国证券业协会（报价系统），中国证券投资基金业协会，中国房地产估价师与房地产经纪人学会：

为贯彻落实党的十九大精神和2017年中央经济工作会议提出的关于加快建立多主体供给、多渠道保障、租购并举的住房制度要求，按照《国务院办公厅关于加快培育和发展住房租赁市场的若干意见》（国办发〔2016〕39号）和《关于在人口净流入的大中城市加快发展住房租赁市场的通知》（建房〔2017〕153号），**加快培育和发展住房租赁市场特别是长期租赁，支持专业化、机构化住房租赁企业发展，鼓励发行住房租赁资产证券化产品**，现就有关事宜通知如下：

一、总体要求

（一）重要意义。**住房租赁资产证券化，有助于盘活住房租赁存量资产、加快资金回收、提高资金使用效率，引导社会资金参与住房租赁市场建设；有利于降低住房租赁企业的杠杆率**，服务行业供给侧结构性改革，促进形成金融和房地产的良性循环；可丰富资本市场产品供给，提供中等风险、中等收益的投资品种，满足投资者多元化的投资需求。

（二）基本原则。坚持市场化、法治化原则，充分发挥资本市场服务实体经济和国家战略的积极作用；明确优先和重点支持的领域；加强监管协作，推动业务规范发展；积极履行监管职责，切实保护投资者合法权益，合力防范风险。

二、住房租赁资产证券化业务的开展条件及其优先和重点支持领域

（三）**发行住房租赁资产证券化产品应当符合下列条件：一是物业已建成并权属清晰，工程建设质量及安全标准符合相关要求，已按规定办理住房租赁登记备案相关手续；二是物业正常运营，且产生持续、稳定的现金流；三是发起人（原始权益人）公司治理完善，具有持续经营能力及较强运营管理能力，最近2年无重大违法违规行为。**

（四）优先支持大中城市、雄安新区等国家政策重点支持区域、利用集体建设

用地建设租赁住房试点城市的住房租赁项目及国家政策鼓励的其他租赁项目开展资产证券化。

（五）鼓励专业化、机构化住房租赁企业开展资产证券化。支持住房租赁企业建设和运营租赁住房，并通过资产证券化方式盘活资产。支持住房租赁企业依法依规将闲置的商业办公用房等改建为租赁住房并开展资产证券化融资。优先支持项目运营良好的发起人（原始权益人）开展住房租赁资产证券化。

（六）**重点支持住房租赁企业发行以其持有不动产物业作为底层资产的权益类资产证券化产品，积极推动多类型具有债权性质的资产证券化产品，试点发行房地产投资信托基金（REITs）**。

**三、完善住房租赁资产证券化工作程序**

（七）**支持住房租赁企业开展资产证券化**。住房租赁企业可结合自身运营现状和财务需求，自主开展住房租赁资产证券化，配合接受中介机构尽职调查，提供相关材料，协助开展资产证券化方案设计和物业估值等工作，并向证券交易场所提交发行申请。

（八）**优化租赁住房建设验收、备案、交易等程序**。各地住房建设管理部门应对开展住房租赁资产证券化中涉及的租赁住房建设验收、备案、交易等事项建立绿色通道。对于在租赁住房用地上建设的房屋，允许转让或抵押给资产支持专项计划等特殊目的载体用于开展资产证券化。

（九）**优化住房租赁资产证券化审核程序**。各证券交易场所和中国证券投资基金业协会应根据资产证券化业务规定，对申报的住房租赁资产证券化项目进行审核、备案和监管，研究建立受理、审核和备案的绿色通道，专人专岗负责，提高审核、发行、备案和挂牌的工作效率。

**四、加强住房租赁资产证券化监督管理**

（十）建立健全业务合规、风控与管理体系。中国证监会和住房城乡建设部推动建立健全住房租赁资产证券化业务的合规、风控与管理体系，指导相关单位完善自律规则及负面清单，建立住房租赁资产证券化的风险监测、违约处置、信息披露和存续期管理等制度规则，引导相关主体合理设计交易结构，切实做好风险隔离安排，严格遵守执业规范，做好利益冲突防范以及投资者保护，落实各项监管要求。研究探索设立专业住房租赁资产证券化增信机构。

（十一）建立健全自律监管体系。中国证券业协会、中国证券投资基金业协会、中国房地产估价师与房地产经纪人学会要加强配合，搭建住房租赁资产证券化自律监管协作平台，加强组织协作，加快建立住房租赁企业、资产证券化管理人、物业运营服务机构、房地产估价机构、评级机构等参与人的自律监管体系，研究推动将住房租赁证券化项目运行表现纳入住房租赁企业信用评价体系考核指标，依法依规对严重失信主体采取联合惩戒措施。

（十二）**合理评估住房租赁资产价值。房地产估价机构对住房租赁资产证券化底层不动产物业进行评估时，应以收益法作为最主要的评估方法，严格按照房地产资产证券化物业评估有关规定出具房地产估价报告。**承担房地产资产证券化物业估值的机构，应当为在住房城乡建设部门备案的专业力量强、声誉良好的房地产估价机构。资产支持证券存续期间，房地产估价机构应按照规定或约定对底层不动产物业进行定期或不定期评估，发生收购或者处置资产等重大事项的，应当重新评估。

（十三）积极做好尽职调查、资产交付与持续运营管理工作。资产证券化管理人、房地产估价机构、评级机构等中介机构应勤勉尽责，对有关交易主体和基础资产进行全面的尽职调查，确保符合相关政策和监管要求。发起人（原始权益人）应切实履行资产证券化法律文件约定的基础资产移交与隔离、现金流归集、信息披露、提供增信措施等相关义务，并积极配合中介机构做好尽职调查。

**五、营造良好政策环境**

（十四）培育多元化的投资主体，提升资产支持证券流动性。中国证监会、住房城乡建设部将共同努力，积极鼓励证券投资基金、政府引导基金、产业投资基金、保险资金等投资主体参与资产证券化业务，建立多元化、可持续的资金保障机制。

（十五）鼓励相关部门和地方政府通过市场化方式优先选择专业化、机构化或具有资产证券化业务经验的租赁住房建设或运营机构参与住房租赁市场，并就其开展租赁住房资产证券化予以政策支持。

（十六）建立健全监管协作机制。中国证监会、住房城乡建设部建立住房租赁资产证券化项目信息共享、日常监管及违规违约处置的工作机制，协调解决住房租赁资产证券化过程中存在的问题与困难，推动住房租赁资产证券化有序发展。中国证监会各派出机构及上海、深圳证券交易所等单位与各省级住房城乡建设主管部门应加强合作，充分依托资本市场，积极推进符合条件的企业发行住房租赁资产证券化产品，拓宽融资渠道；加强资产证券化的业务过程监管，防范资金违规进入房地产市场，严禁利用特殊目的载体非法转让租赁性质土地使用权或改变土地租赁性质的行为。

### 1.1.5 《资产证券化业务知识问答》[①]（2018 年 6 月　中国证券监督管理委员会）

【重点提示】

| |
|---|
| 1. 什么是资产证券化？ |
| 2. 国内资产证券化业务发展至今可以分为哪些阶段？ |
| 3. 资产支持专项计划涉及的主要法规及指引有哪些？ |
| 4. 目前企业资产证券化产品以什么为特殊目的载体？ |
| 5. 哪些机构可以担任资产支持专项计划的管理人？ |
| 6. 什么是资产证券化的基础资产？ |
| 7. 专项计划基础资产怎么分类？ |
| 8. 专项计划可以在哪几个场所挂牌？ |
| 9. 什么是资产证券化的负面清单管理？ |
| 10. 哪家机构负责负面清单管理工作？ |
| 11. 专项计划资产是否属于清算资产？ |
| 12. 参与资产支持证券认购的合格投资者，应当符合哪些条件？ |
| 13. 资产证券化交易结构设计中一般涉及哪些参与方，分别需要签署什么交易合同？ |
| 14. 什么是资产证券化的原始权益人？ |
| 15. 资产支持专项计划的特定原始权益人需具备哪些基本要求？ |
| 16. 资产证券化业务对原始权益人的关注要点有哪些？ |
| 17. 什么是资产证券化的管理人？ |
| 18. 什么是资产证券化的托管人？ |
| 19. 什么是资产证券化的资产服务机构？ |
| 20. 资产服务机构的主要作用是什么，是否必须由原始权益人担任？ |
| 21. 在资产证券化项目中，信用增级机构的作用是什么？ |
| 22. 在资产证券化项目中，信用评级机构的作用是什么？ |
| 23. 在资产证券化项目中，律师事务所的作用是什么？ |
| 24. 在资产证券化项目中，会计师事务所的作用是什么？ |
| 25. 一般而言，资产支持证券投资者享有哪些权利？ |
| 26. 资产支持专项计划的发行方式目前有哪些？ |
| 27. 资产证券化融资规模是否有限制？ |

① 来源：中国证监会投资者保护局、中国证监会公司债券监管部。

续表

| |
|---|
| 28. 管理人能否以自有资金或者管理的资产管理计划参与资产支持证券投资？ |
| 29. 专项计划基本监管审核流程是怎样的？ |
| 30. 无异议函的有效期是多久？ |
| 31. 资产支持证券销售机构是否需提供风险揭示书？ |
| 32. 资产支持证券转让有何限制条件？ |
| 33. 如何判断资产支持证券发行成功？ |
| 34. 认购专项计划时认购资金划拨到何账户？ |
| 35. 资产证券化产品常用信用增级措施有哪些？ |
| 36. 什么是资产证券化的结构化设计？ |
| 37. 什么是超额利差的增信方式？ |
| 38. 什么是资产证券化的超额覆盖？ |
| 39. 什么是资产证券化的现金储备账户制度？ |
| 40. 什么是资产证券化的流动性支持？ |
| 41. 什么是资产证券化的差额支付？ |
| 42. 什么是信用触发机制？ |
| 43. 资产证券化中的“真实出售”是指什么？ |
| 44. 资产证券化中的“破产隔离”是什么？ |
| 45. 企业资产证券化是否可以与原始权益人的破产风险进行有效隔离？ |
| 46. 资产支持证券的还本方式有哪些？ |
| 47. 投资者如何对资产证券化产品进行信息搜集及跟踪？ |
| 48. 《资产管理报告》主要包括哪些披露信息？ |
| 49. 债权类基础资产和收益权类基础资产分析方法有何不同？ |
| 50. 对类 REITs 产品的分析主要关注哪些因素？ |
| 51. 互联网消费金融类资产证券化如何运作，发展情况如何？ |

**【文件内容】**

**1. 什么是资产证券化？**

答：资产证券化是指**以基础资产所产生的现金流为偿付支持，通过结构化等方式进行信用增级**，在此基础上发行资产支持证券的业务活动。

**2. 国内资产证券化业务发展至今可以分为哪些阶段？**

答：国内资产证券化业务发展至今可以分为试点阶段、常态化发展阶段、备案制后快速发展阶段。

2005－2008 年，**是资产证券化业务试点阶段**。这个阶段围绕业务实操中遇到的各种问题，政策在不断进行丰富完善，市场处于培育期。2005 年，我国开始出现在证券交易所市场和银行间市场挂牌的资产证券化产品

2011－2014 年，**是资产证券化业务常态化发展阶段**。在此阶段，扩大了开展资产证券化业务的业务主体以及基础资产范围，明确了 SPV 独立于原始权益人、管理人和投资人的法律地位，为资产证券化的快速发展奠定了基础。

2014 年底至今，**资产证券化业务实施备案制，进入快速发展阶段**。2014 年底，我国资产证券化业务监管完成了从过去的逐笔审批制向备案制的转变，通过完善制度、简化程序、加强信息披露和风险管理，促进市场良性快速发展。

**3. 资产支持专项计划涉及的主要法规及指引有哪些？**

答：资产支持专项计划（俗称“企业资产证券化”）涉及的法规及指引目前主要包括：

（1）《公司法》《证券法》《证券投资基金法》等。

（2）证监会发布的《私募投资基金监督管理暂行办法》《证券公司及基金管理公司子公司资产证券化业务管理规定》《证券公司及基金管理公司子公司资产证券化业务尽职调查工作指引》《证券公司及基金管理公司子公司资产证券化业务信息披露指引》等。

（3）中国证券投资基金业协会发布的《资产支持专项计划备案管理办法》《资产证券化业务基础资产负面清单指引》《资产证券化业务风险控制指引》《资产支持专项计划说明书内容与格式指引（试行）》《资产支持证券认购协议与风险揭示书（适用个人投资者）》《资产支持证券认购协议与风险揭示书（适用机构投资者）》等。

（4）上海证券交易所发布的《上海证券交易所资产证券化业务指引》、深圳证券交易所发布的《深圳证券交易所资产证券化业务指引》、机构间私募产品报价与服务系统发布的《机构间私募产品报价与服务系统资产证券化业务指引（试行）》，以及上述自律组织不定期更新的业务指南及相关大类基础资产信息披露指南。

**4. 目前企业资产证券化产品以什么为特殊目的载体？**

答：资产支持专项计划或中国证监会认可的其他特殊目的载体。

**5. 哪些机构可以担任资产支持专项计划的管理人？**

答：目前符合《证券公司及基金管理公司子公司资产证券化业务管理规定》相关要求的**证券公司和基金管理公司子公司**，可以担任资产支持专项计划的管理人。

**6. 什么是资产证券化的基础资产？**

答：基础资产，是指符合法律法规规定，**权属明确，可以产生独立、可预测的**

**现金流且可特定化**的财产权利或财产。基础资产可以是单项财产权利或者财产，也可以是多项财产权利或者财产构成的资产组合。

其中财产权利或财产，其**交易基础应当真实，交易对价应当公允，现金流应当持续、稳定**。

基础资产可以是**企业应收款、租赁债权、信贷资产、信托收益权等财产权利，基础设施、商业物业等不动产财产或不动产收益权，以及中国证监会认可的其他财产或财产权利**。

**7. 专项计划基础资产怎么分类？**

答：一般而言，可以分为**债权类型、收益权类型以及权益类型等**。(1) 债权类基础资产，如企业应收账款、融资租赁债权、消费贷款等。(2) 收益权类（企业经营收入类）基础资产，如公用事业收入、企业经营收入等。(3) 权益类基础资产，如商业物业、租赁住房等不动产财产，主要表现为通过持有股权而间接持有不动产资产，将不动产资产产生的现金流作为资产支持证券分配现金流来源。

**8. 专项计划可以在哪几个场所挂牌？**

答：专项计划可以按照规定在**证券交易所、全国中小企业股份转让系统、机构间私募产品报价与服务系统、证券公司柜台市场**以及中国证监会认可的其他证券交易场所进行挂牌、转让。

**9. 什么是资产证券化的负面清单管理？**

答：**负面清单管理主要是指列明不适宜采用资产证券化业务形式，或者不符合资产证券化业务监管要求的基础资产**。具体可参见基金业协会发布的《资产证券化业务基础资产负面清单指引》。实行资产证券化的基础资产应当符合《证券公司及基金管理公司子公司资产证券化业务管理规定》等相关法规的规定，且不属于负面清单范畴。

**10. 哪家机构负责负面清单管理工作？**

答：**中国证券投资基金业协会**负责资产证券化业务基础资产负面清单管理工作，研究确定并在基金业协会网站及时公开发布负面清单。

**11. 专项计划资产是否属于清算资产？**

答：原始权益人、管理人、托管人及其他业务参与人因依法解散、被依法撤销或者宣告破产等原因进行清算的，专项计划资产不属于其清算财产。

**12. 参与资产支持证券认购的合格投资者，应当符合哪些条件？**

答：根据《证券公司及基金管理公司子公司资产证券化业务管理规定》，资产支持证券应当**面向合格投资者发行，发行对象不得超过二百人，单笔认购不少于100万元人民币发行面值或等值份额**。合格投资者应当符合《私募投资基金监督管理暂行办法》规定的条件，依法设立并受国务院金融监督管理机构监管，且由相关金融机构实施主动管理的投资计划不再穿透核查最终投资者是否为合格投资者，也不再合并计算投资者人数。

**13. 资产证券化交易结构设计中一般涉及哪些参与方，分别需要签署什么交易合同？**

答：资产证券化交易中主要涉及：**原始权益人、资产服务机构（一般由原始权益人担任）、管理人、投资人、托管人、监管银行、评级机构、会计师事务所、律师事务所**等，主要涉及的交易合同包括：（1）原始权益人与管理人签署的《资产买卖协议》；（2）资产服务机构与管理人签署的《资产服务协议》；（3）管理人与投资人签署的《认购协议及风险揭示书》；（4）资产服务机构、监管银行与管理人签署的《监管协议》；（5）管理人与托管人签署的《托管协议》；（6）原始权益人签署的《差额支付承诺函》（如有）；（7）担保人与管理人、原始权益人签署的《担保协议》（如有）；（8）其它协议。

**14. 什么是资产证券化的原始权益人？**

答：原始权益人是**证券化基础资产的原始所有者，通常是金融机构或大型工商企业，是按照相关规定及约定向资产支持专项计划转移其合法拥有的基础资产以获得资金的主体**。

**15. 资产支持专项计划的特定原始权益人需具备哪些基本要求？**

答：**特定原始权益人是指业务运营可能对专项计划及资产支持证券投资者的利益产生重大影响的原始权益人**，对于特定原始权益人的基本要求如下：（1）生产经营符合法律、行政法规、特定原始权益人公司章程或者企业、事业单位内部规章文件的规定；（2）内部控制制度健全；（3）具有持续经营能力，无重大经营风险、财务风险和法律风险；（4）最近三年未发生重大违约、虚假信息披露或者其他重大违法违规行为；（5）法律、行政法规和中国证监会规定的其他条件。

**16. 资产证券化业务对原始权益人的关注要点有哪些？**

答：（1）基础资产现金流来源于原始权益人经营性收入的，原始权益人应具备持续经营能力，关注**其盈利能力、业务经营前景、偿债能力**等；

（2）原始权益人承担差额补足、资产回购等增信义务的，关注**其资产负债状况、偿债能力、资产质量和现金流**情况；

（3）原始权益人作为资产服务机构的，应**具有相关业务管理能力，包括规则、技术与人力配备**。

**17. 什么是资产证券化的管理人？**

答：**为资产支持证券持有人之利益对专项计划进行管理及履行其他法定及约定**

**职责**的证券公司、基金管理公司子公司；经中国证监会认可，期货公司、证券金融公司、中国证监会负责监管的其他公司以及商业银行、保险公司、信托公司等金融机构，可参照适用。

**18. 什么是资产证券化的托管人？**

答：**为资产支持证券持有人之利益按照规定或约定对专项计划相关资产进行保管，并监督专项计划运作**的商业银行或其他机构。

**19. 什么是资产证券化的资产服务机构？**

答：资产服务机构为基础资产提供管理服务，通常原始权益人会承担资产服务机构的角色。

**20. 资产服务机构的主要作用是什么，是否必须由原始权益人担任？**

答：（1）**资产服务机构承担证券化基础资产的管理、运营与服务责任，肩负着资产证券化交易从证券开始发行到资产全部处置完毕整个期间的管理。**资产服务机构的主要工作是收取基础资产产生的本金和利息现金流，负责相应的监理、保管，将收取的这些本金和利息现金流到期本息交给受托人，对过期欠款进行催收，确保资金及时、足额到位，向受托人和投资人提供有关出售或者作为抵押的特定资产组合的定期财务报告（包括收支资金来源、应支付费用、纳税情况等必要信息）。

（2）**资产服务机构不是必须由原始权益人担任。**但是由于原始权益人拥有现成的资产信息等系统以及相应的客户关系，负责证券化资产出售后继续管理资产的资产服务机构，通常由原始权益人担任，或者由其附属公司担任。

**21. 在资产证券化项目中，信用增级机构的作用是什么？**

答：**信用增级分为外部增级和内部增级。**此类机构负责提升证券化产品的信用等级，为此有可能要向特定目的机构收取相应费用，并在证券违约时承担赔偿责任。有些证券化交易中，并不需要外部增级机构，而是采用超额抵押等方法进行内部增级。

**22. 在资产证券化项目中，信用评级机构的作用是什么？**

答：通过**收集资料、尽职调查、信用分析及后续跟踪**，对原始权益人和增信主体的信用水平、基础资产的信用质量、产品的交易结构进行分析，并开展现金流分析与压力测试，出具初始评级报告和跟踪评级报告。

**23. 在资产证券化项目中，律师事务所的作用是什么？**

答：**对原始权益人及基础资产的法律状况进行评估和调查，出具法律意见书，对其他项目参与者的权利义务进行明确，拟定交易过程中的相关协议和法律文件，并提示法律风险，提供法律相关建议。**

**24. 在资产证券化项目中，会计师事务所的作用是什么？**

答：对基础资产财务状况进行尽职调查和现金流分析，提供会计和税务咨询，在专项计划成立时进行募集资金验资，并在产品存续期间对专项计划进行专项审计，对清算报告进行审计等。

**25. 一般而言，资产支持证券投资者享有哪些权利？**

答：（1）分享专项计划收益；（2）按照认购协议及计划说明书的约定参与分配清算后的专项计划剩余资产；（3）按规定或约定的时间和方式获得资产管理报告等专项计划信息披露文件，查阅或者复制专项计划相关信息资料；（4）依法以交易、转让或质押等方式处置资产支持证券；（5）根据证券交易场所相关规则，通过回购进行融资；（6）认购协议或者计划说明书约定的其他权利。

**26. 资产支持专项计划的发行方式目前有哪些？**

答：目前资产支持专项计划业务主要采取**簿记建档发行方式**，有些规模较小的项目采取的是协议定价发行模式（即直接由原始权益人和计划管理人协商确定发行价格，不采用严格的簿记建档流程）。

**27. 资产证券化融资规模是否有限制？**

答：（1）资产证券化融资规模目前**无特别限制**；（2）根据《证券公司及基金管理公司子公司资产证券化业务管理规定》第十四条，管理人不能超过计划说明书约定的规模募集资金；（3）根据《证券公司及基金管理公司子公司资产证券化业务管理规定》第二十六条，基础资产的规模、存续期限应当与资产支持证券的规模、存续期限相匹配。

**28. 管理人能否以自有资金或者管理的资产管理计划参与资产支持证券投资？**

答：根据《证券公司及基金管理公司子公司资产证券化业务管理规定》第十八条，管理人与原始权益人存在第十七条所列情形，或者管理人以自有资金或者其管理的资产管理计划、其他客户资产、证券投资基金认购资产支持证券的，**应当采取有效措施，防范可能产生的利益冲突**。管理人以自有资金或其管理的资产管理计划、其他客户资产、证券投资基金认购资产支持证券的比例上限，由其按照有关规定和合同约定确定。

**29. 专项计划基本监管审核流程是怎样的？**

答：（1）交易所或中证报价系统对项目申报材料进行审查，对于满足挂牌条件的项目出具无异议函；（2）项目取得无异议函后进行发行，设立资产支持专项计划；（3）资产支持专项计划成立后5个工作日内向基金业协会申请备案；（4）管理人持备案证明办理交易所挂牌转让。

30. 无异议函的有效期是多久？

答：一次发行的，无异议函有效期为6个月。储架发行的，无异议函有效期为1－2年，首期应当于6个月内完成发行。

31. 资产支持证券销售机构是否需提供风险揭示书？

答：资产支持证券销售机构应制作风险揭示书充分揭示投资风险，在接受投资者认购资金前应当确保投资者已经知悉风险揭示书内容并在风险揭示书上签字。

32. 资产支持证券转让有何限制条件？

答：资产支持证券仅限于在合格投资者范围内转让。转让后，持有资产支持证券的合格投资者合计不得超过二百人。

33. 如何判断资产支持证券发行成功？

答：资产支持证券按照计划说明书约定的条件发行完毕，专项计划设立完成。发行期结束时，资产支持证券发行规模未达到计划说明书约定的最低发行规模，或者专项计划未满足计划说明书约定的其他设立条件，专项计划设立失败。管理人应当自发行期结束之日起10个工作日内，向投资者退还认购资金，并加算银行同期活期存款利息。

34. 认购专项计划时认购资金划拨到何账户？

答：专项计划应当指定资产支持证券募集资金专用账户，用于资产支持证券认购资金的接收与划转。

35. 资产证券化产品常用信用增级措施有哪些？

答：资产证券化的信用增级分为内部增信和外部增信两种方式。内部增信是从基础资产的结构设计角度出发，主要包括结构化分层、超额抵押、超额利差、现金储备账户等；外部增信则是以主体信用担保为主，主要包括原始权益人差额支付承诺、第三方担保、土地/房产抵押、股权质押等。

36. 什么是资产证券化的结构化设计？

答：将专项计划分为优先、次优、次级等结构，次级资产支持证券可由原始权益人或合格投资人认购。根据具体设计，优先级和次优级投资人在收益分配上享有优先受偿权。

37. 什么是超额利差的增信方式？

答：超额利差是指基础资产池所产生的利息流入大于资产支持证券支付给投资者的利息和各类税费的总和，一般在债权类基础资产中使用较多。

采用超额利差增信的资产证券化产品会建立相应的储备制度，当发生违约事件时可通过储备的资金对投资者提供一定的损失保护。

**38. 什么是资产证券化的超额覆盖？**

答：**指基础资产特定期间能够产生的现金流超过资产支持证券特定期间内预计支付的本息金额**，并以此提供一定的信用增级。

**39. 什么是资产证券化的现金储备账户制度？**

答：**现金储备账户制度是指设置一个特别账户存放准备金的制度，当基础资产产生的现金流入不足时，使用现金储备账户内的准备金弥补投资者的损失。**

**40. 什么是资产证券化的流动性支持？**

答：在资产证券化产品存续期内，当基础资产产生的现金流短期波动，无法满足资产支持证券本息支付时，由流动性支持机构提供资金支持。

**41. 什么是资产证券化的差额支付？**

答：**指以差额支付承诺人担保的方式，承诺对基础资产收益与投资者预期收益的差额承担不可撤销、无条件的补足义务**。

**42. 什么是信用触发机制？**

答：**信用触发机制是指与原始权益人/资产服务机构或担保人的主体评级或运营状况、资产池的累计违约率等指标相挂钩的机制**，例如：现金流划转机制、权利完善事件、加速清偿事件、违约事件、提前终止循环购买（如有）事件、提前终止事件等。

**43. 资产证券化中的“真实出售”是指什么？**

答：资产证券化中“真实出售”即原始权益人真正把证券化基础资产的收益和风险转让给了特别目的载体（SPV）。基础资产只有经过真实出售，才能够和原始权益人的经营风险相隔离。**基础资产一旦实现真实出售，即使原始权益人由于经营不善而破产，原始权益人的债权人和股东对基础资产也没有任何追索权**。同样，如果基础资产不足以偿还本息，投资者的追索权也仅限于基础资产，对原始权益人的其他资产也没有任何追索权。

**44. 资产证券化中的“破产隔离”是什么？**

答：资产证券化中的“破产隔离”包括两层含义：第一，**证券化基础资产与原始权益人的破产风险相隔离；第二，证券化基础资产与管理人及其他业务参与人的破产风险相隔离。**

**45. 企业资产证券化是否可以与原始权益人的破产风险进行有效隔离？**

答：债权类、权益类资产的证券化**在法律上可以实现破产隔离**，具体可从以下两个方面进行理解：

（1）基础资产的真实出售是企业资产证券化与原始权益人破产风险隔离的前提，不同基础资产类型均可以实现法律上的真实出售。其中债权类和权益类资产可以通过依法合规的资产买卖行为实现真实出售。

收益权类资产虽然并未在原始权益人的资产负债表内体现，但有相关规则或文件授权基础，真实存在，可以通过法律界定和交易安排实现收益权类资产的真实出售。

（2）企业资产证券化产品是否最终受到原始权益人破产的影响因基础资产类型及具体产品的设计不同而存在差异。其中主要的影响因素在于原始权益人真实出售资产后是否仍需履行资产运营及服务责任以及是否提供主体信用增级安排两个方面。比如在以债权类或权益类资产为基础形成的资产证券化产品中，如不存在原始权益人或其关联方的信用增级安排且无需其提供后续资产的运营与服务，则原始权益人的破产风险不会传导至该资产证券化产品，即可实现破产风险隔离。反之，如收益权类资产证券化产品，在实现真实出售的情况下，仍然需要原始权益人稳定的运营以产生持续现金流，原始权益人破产将直接影响资产支持证券的资产收益，可能存在无法完全实现破产隔离的风险。

投资者在进行资产证券化产品的投资价值判断时，应更多关注基础资产的质量及交易结构安排，并综合考虑自身风险偏好及风险承受能力。

**46. 资产支持证券的还本方式有哪些？**

答：资产支持证券的还本方式主要分为**固定摊还和过手摊还**两种。固定摊还是指按照计划说明书中约定的产品还本计划进行本金兑付，过手摊还是指产品本金兑付与基础资产的现金流实际回收情况相匹配。**对于过手摊还型证券来说，由于基础资产债务人可能会因为多种原因提前偿还全部或部分本金，因此将引起该类证券的提前偿付，存在一定再投资风险。**

**47. 投资者如何对资产证券化产品进行信息搜集及跟踪？**

答：投资者可以在初始投资前通过计划管理人、销售机构、评级机构等对资产支持证券的信息进行搜集和分析，另外还需重视产品存续期的信息分析，可以查阅计划管理人、托管人、评级机构发布的《资产管理报告》《托管报告》《跟踪评级报告》等信息，分析专项计划运作是否正常、产品评级是否有调整、基础资产是否存在提前还款、违约等情况，从而对证券化产品和基础资产进行持续性的跟踪评估。

**48. 《资产管理报告》主要包括哪些披露信息？**

答：《资产管理报告》主要包括如下内容：基础资产运营情况，原始权益人、管理人和托管人等资产证券化业务参与人的履约情况，特定原始权益人的经营情况，专项计划账户资金收支情况，各档次资产支持证券的本息兑付情况，管理人以自有资金或者其管理的资产管理计划、其他客户资产、证券投资基金等认购资产支持证券的情况，需要对资产支持证券持有人报告的其他事项。

**49. 债权类基础资产和收益权类基础资产分析方法有何不同？**

答：**债权类基础资产是指有明确债权债务关系，可以产生确定现金流的资产**，如应收账款、租赁债权、保理债权、小额贷款等。此类基础资产的标准化程度高，且法律结构清晰，其风险识别内容主要包括基础资产的信用资质、分散性、收益率、违约率、早偿率、担保措施、现金流分布等。

**收益权类基础资产则是指未来通过持续经营可以产生独立、稳定、可预测现金流的资产**，例如各类市政收费权、**PPP项目收益权**、门票收益权等。由于收益权的现金流需要依据未来经营实体的实际运作状况进行推断，因此不可预计的经营风险相较于债权资产更大，风险测量也更严格一些。对于基础资产的考察需更多地通过基础资产所在行业未来发展前景、实际运营方的经营实力、现金流稳定性、抵质押状况、现金流历史记录和分布测算等方面对基础资产的偿还能力进行分析。

**50. 对类REITs产品的分析主要关注哪些因素？**

答：类REITs产品的分析可以从以下几个维度考虑：

（1）**运营收益的稳定性**，包括对租户结构及种类、租约期限及相对租金价格、地区新增供给、历史经营数据等的考察；

（2）**物业价值变动**，包括对城市、地段、交通、建筑质量等多方面的考察；

（3）**增信主体的增信作用**，增信主体在基础资产的运营收益层面、证券的还本付息、证券的回售、评级下调等层面进行了何种增信；

（4）**交易结构的合理性**，类REITs产品结构较为复杂，建议投资者重点关注**基础资产现金流归集中的资金混同风险、增信手段的有效性**等。

**51. 互联网消费金融类资产证券化如何运作，发展情况如何？**

答：互联网消费金融类资产证券化底层资产为债权类资产，其基本原理及运作方式与其他债权类基础资产证券化无重大差别。以某互联网龙头企业消费金融资产证券化产品为例：

（1）该企业通过建立互联网生态圈，运用大数据计算方式，对客户进行信用等级评级和授信额度服务，创新的消费金融风险控制模式下其项目资产不良率较低。

（2）该企业借助科技手段，通过IT系统进行自动化的资产转让，大大提高了循环购买资产的转让效率，同时，通过资产支持专项计划管理人与项目律师对原始权益人IT系统进行现场随机抽样，核实系统数据的真实性、准确性，确认其对每笔资产转让进行明确标识，有效防范资产混同风险。

（3）在资产证券化产品存续期间，管理人借助资产转让平台实现了对资产池逐日监控，对资产收益率、资金闲置情况、逾期率及不良率等重要指标进行重点监测，并形成定期抽样机制，做到事前、事中、事后全流程主动管理，以最大限度保障投资者利益。

现阶段，**交易所市场消费金融资产证券化仍坚持渐进式发展思路，发行主体主要为互联网消费金融行业的龙头企业**，要求具有良好历史运营记录和强大系统支撑，通过加大信息披露力度、贷后持续跟踪等动态监控力度、不断提升互联网消费金融企业内部风控、系统建设、运营管理能力，促进行业的健康发展。

### 1.1.6 《中国证券监督管理委员会资产证券化监管问答（一）、（二）、（三）》①

**【重点提示】**

| 监管对象 | 监管要点 |
|---|---|
| 基础资产 | 先上缴地方财政后返还企业的污水处理费等收费权类资产，可以纳入资产证券化的基础资产； |
| 基础资产 | 中央财政补贴部分可以纳入资产证券化的基础资产； |
| PPP 的范围 | 原则上应当进入财政部项目库或发改委推介库，但支出责任应当纳入中期财政规划； |
| 基础资产 | 单一信托受益权为基础资产：（1）现金流独立、持续、稳定、可预测；（2）穿透锁定底层资产的现金流来源，无底层现金流锁定作为还款来源的单笔或少笔信托受益权不得作为基础资产。 |
| 基础资产 | 融资租赁债权为基础资产：（1）租赁合同的商业合理性、租赁物评估价值的合理性、承租人偿还租金的还款安排、租赁公司的内控制度和资产服务能力等；（2）基础资产的风险分散程度以及资产支持证券是否有足够的信用增级作出相关披露和说明。 |
| 通道类业务 | （1）应依规独立进行尽职调查和存续期管理；<br>（2）不推荐不符合自身合规、风控要求的项目，不参与不符合他方合规、风控要求的项目；<br>（3）不得将法定职责予以外包，法定责任不因聘请第三方而减轻或免除；<br>（4）对于证券经营机构未独立审慎履行职责、让渡管理责任、开展“通道”类资产证券化业务的行为以及规避合规风控要求、借外部“通道”开展资产证券化业务的行为，监管部门将对相关机构和人员严肃查处。 |
| | 《资产证券化监管问答（三）》于 2019 年 4 月 19 日发布，对基础设施类资产支持证券的监管提出了新要求。主要包括如下四个方面：1）基础设施收费等未来经营收入类证券化产品的现金流来源，2）特定原始权益人的持续经营能力，3）专项计划期限，4）现金流归集和收益分配。 |

① 来源：中国证监会公司债券监管部。

【文件内容】

《中国证券监督管理委员会资产证券化监管问答（一）》

（2016年5月13日　中国证监会）

一、对于污水处理费、垃圾处理费、政府还贷高速公路通行费等收费，其按照“污染者/使用者付费”原则由企业或个人缴纳，全额上缴地方财政，专款专用，并按照约定返还给公共产品或公共服务的提供方。请问**上述收费权类资产是否可以作为资产证券化的基础资产**？

答：上述为社会提供公共产品或公共服务，最终由使用者付费，实行收支两条线管理，专款专用，并约定了明确的费用返还安排的相关收费权类资产，**可以作为基础资产开展资产证券化业务。该类基础资产应当取得地方财政部门或有权部门按约定划付购买服务款项的承诺或法律文件。**

以该类资产为基础资产的，管理人应当在尽职调查过程中详细了解提供公共产品或公共服务企业的历史现金流情况，约定明确的现金流返还账户。管理人应当对现金流返还账户获得完整、充分的控制权限。

二、对于现金流入中包含中央财政补贴的可再生能源发电、节能减排技术改造、能源清洁化利用、新能源汽车及配套设施建设、绿色节能建筑等领域的项目，请问**现金流中的中央财政补贴部分是否可以作为资产证券化的基础资产**？

答：我会积极支持鼓励绿色环保产业相关项目比照各交易场所关于开展绿色公司债券试点通知的相关要求，通过资产证券化方式融资发展。上述项目现金流中来自按照国家统一政策标准发放的中央财政补贴部分（包括价格补贴），**可纳入资产证券化的基础资产。**

三、对于政府与社会资本合作（PPP）项目开展资产证券化，请问**相关PPP项目的范围应当如何界定**？

答：政府与社会资本合作（PPP）项目开展资产证券化，原则上**需为纳入财政部PPP示范项目名单、国家发展改革委PPP推介项目库或财政部公布的PPP项目库的项目。**PPP项目现金流可来源于有明确依据的政府付费、使用者付费、政府补贴等。其中涉及的政府支出或补贴应当纳入年度预算、中期财政规划。

四、对于**单一信托受益权进行资产证券化**，请问有哪些关注要点？

答：以单一信托受益权为基础资产，基础资产除必须满足现金流独立、持续、稳定、可预测的要求之外，还应当依据穿透原则对应和锁定底层资产的现金流来源，同时现金流应当具备风险分散的特征。无底层现金流锁定作为还款来源的单笔或少笔信托受益权不得作为基础资产。

五、对于以**融资租赁债权为基础资产进行资产证券化**，请问有哪些关注要点？

答：以融资租赁债权为基础资产的，管理人除应当对出租人与承租人租赁合同的商业合理性、租赁物评估价值的合理性、承租人偿还租金的还款安排、租赁公司的内控制度和资产服务能力等出具核查意见以外，还应对基础资产所实现的风险分散程度以及资产支持证券是否有足够的信用增级做出相关披露和说明。

## 《中国证券监督管理委员会资产证券化监管问答（二）》

（2018 年 12 月 24 日　中国证监会）

问：对于资产证券化业务中个别管理人让渡管理责任、开展**“通道”类业务**的情形，监管部门如何应对，以防止相关业务风控合规失效、风险外溢、扰乱市场秩序？

答：前期，我部组织开展了资产证券化项目现场检查，发现部分管理人（尤其是部分基金管理公司子公司）内部控制不健全，风控意识淡薄，让渡管理责任、开展“通道”类业务，形成风险事件并造成了不良影响。为维护市场秩序，推进资产证券化市场高质量健康发展，现将有关事项重申并明确如下：

第一，证券公司、基金管理公司子公司等开展资产证券化业务，应当严格按照《证券公司及基金管理公司子公司资产证券化业务管理规定》（以下简称《管理规定》）等法律法规要求，建立健全内控机制，切实履行管理人职责，依规独立进行尽职调查和存续期管理。

第二，证券公司、基金管理公司子公司应恪守独立履责、勤勉尽责义务，不得将不符合其合规风控要求的资产证券化项目以各种方式推荐给其他证券经营机构，**也不得为其他证券经营机构提供规避其合规、风控要求的“通道”服务。**

第三，证券公司、基金管理公司子公司根据法律法规规定和客观需要合理使用第三方服务的，应当严格按照《关于加强证券公司在投资银行类业务中聘请第三方等廉洁从业风险防控的意见》（证监会公告〔2018〕22 号）的要求规范开展业务，**不得将法定职责予以外包，其依法应当承担的责任不因聘请第三方而减轻或免除。**

第四，对于证券经营机构未独立审慎履行职责、让渡管理责任、**开展“通道”类资产证券化业务的行为以及规避合规风控要求、借外部“通道”开展资产证券化业务的行为**，监管部门将对相关机构和人员严肃查处。

## 《中国证券监督管理委员会资产证券化监管问答（三）》

（2019 年 4 月 19 日　中国证监会）

2018 年 6 月，我会指导交易场所发布了《基础设施类资产支持证券挂牌条件确认指南》（以下简称《指南》），为进一步明确准入监管执行标准，在防范业务风险、规范市场运作的同时，切实加强基础设施领域补短板的金融支持力度，现就未来经营收入类资产证券化的有关事项明确如下。

**一、对于基础设施收费等未来经营收入类资产证券化产品，其现金流来源于特定原始权益人未来经营性收入，依赖于特定原始权益人的持续经营。对该类资产证券化产品的现金流来源有哪些要求？**

答：基础设施收费等未来经营收入类资产证券化产品，其现金流应当来源于特定原始权益人**基于政府和社会资本合作（PPP）项目、国家政策鼓励的行业及领域**的基础设施运营维护，或者来自从事**具备特许经营或排他性质的**燃气供电、供水、供热、污水及垃圾处理等**市政设施**，公路、铁路、机场等交通设施，教育、健康养老等公共服务所形成的债权或者其他权利。

对于电影票款、**不具有垄断性和排他性的**入园凭证等未来经营性收入，不得作为资产证券化产品的基础资产现金流来源。物业服务费、**缺乏实质抵押品的**商业物业租金（不含住房租赁）参照执行。

**二、特定原始权益人的持续经营能力有哪些要求**

答：**特定原始权益人或者资产服务机构**应当具有运营基础资产或底层资产的相关特许经营许可或其他经营资质，具有持续经营能力及对相关资产的控制能力，并在资产支持专项计划（以下简称专项计划）存续期间持续提供与基础资产或底层资产相关的服务。**专项计划存续期间内，特定原始权益人经营现金流入扣除向专项计划归集的基础资产现金流后应当能够覆盖维持基础资产运营必要的成本、税费等支出。**原始权益人及资产服务机构资信状况良好，且专项计划设置担保、差额支付等有效增信措施的，可免于前述成本税费等支出覆盖要求。

**管理人、现金流预测机构**应当对专项计划存续期内维持基础资产运营必要的成本、税费等支出进行合理、谨慎地测算，并在计划说明书、现金流预测报告中披露相关测算的假设及结果。

**三、专项计划期限有哪些要求**

答：在符合《指南》关于专项计划期限规定的前提下，**专项计划期限原则上不超过5年**，其中，**基础资产现金流来源于政府和社会资本合作（PPP）项目，或者交通运输、能源、水利以及重大市政工程等基础设施的，可以适当延长。**

**四、在现金流归集和收益分配方面有哪些要求？**

答：自专项计划设立日起，资产证券化产品的基础资产或底层资产产生的现金**流应当全额归集至专项计划账户或管理人有效监管的账户**。资产支持证券的收益分配应当按照相关规则和流程要求通过登记结算机构办理。

**管理人应当合理设置次级资产支持证券的收益留存机制**，以保障专项计划存续期间内优先级资产支持证券的收益分配。**管理人应当在计划说明书中披露次级资产支持证券分配期间收益的方式及对优先级资产支持证券本息覆盖率的影响，并应当针对原始权益人或资产服务机构经营情况出现不利变化等情形合理设置次级资产支持证券收益分配方式调整的信用触发机制。**

# 1.2 上海证券交易所

## 1.2.1 《上海证券交易所关于发布实施上海证券交易所资产证券化业务指引的通知》（2014年11月26日 上证发〔2014〕80号）

**【重点提示】**

本指引是企业资产证券化的重要指引，由自律组织上海证券交易所发布，共8章51条，是对法律、证监会规定、中基协规定的重要补充。

- 上交所业务指引
  - 申请挂牌
    - §9：挂牌条件（权属明确，有可预测现金流）
    - §10：发行与挂牌应同时申请
    - §11：先签协议后挂牌
    - §12：准予挂牌的条件（申请材料的完备性核对）
  - 交易过程
    - 认购转让
      - §14：合格投资者的认定（证监会和交易所标准）
      - §15：发行挂牌合并认定合格投资者
      - §16：对合格投资者的提示和确认义务
      - §17：依时间先后转让，投资者不应超过200人
      - §18：转让方式、其中现货转让适用债券规定
      - §19：净价转让与全价转让
      - §20：未如实披露导致的停牌
      - §25：定期信息披露
    - 管理人义务
      - §32：风控四原则（全面、规范、审慎、妥当）
      - §33：适当安排（基础资产交易事项）、恰当完善（附属权利）
      - §34：合理审慎预测现金流
      - §35：现金流归集划转的及时披露
      - §36：现金流再投资风控义务
      - §37：资产服务机构的持续关注义务
      - §38：资产池循环购买的风控义务
      - §40：守约义务
      - §42：关联交易披露义务

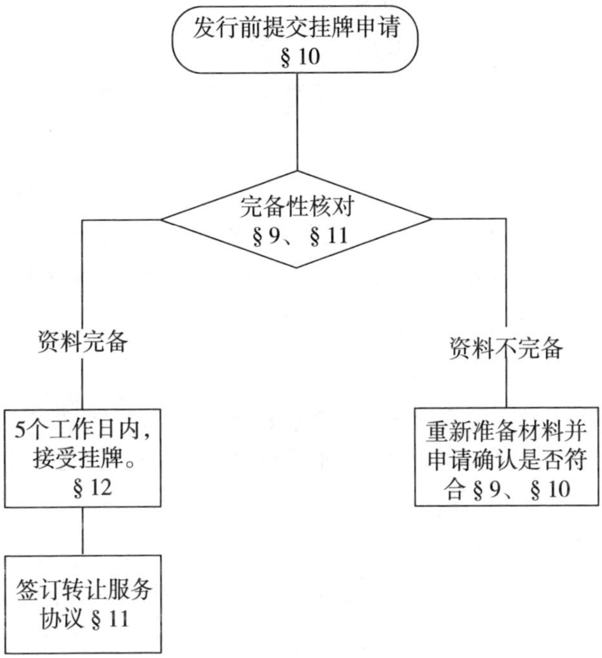


**【文件内容】**

## 上海证券交易所资产证券化业务指引

### 第一章　总　　则

第一条　【制定目的】

为规范资产证券化业务，维护正常市场秩序和投资者合法权益，根据《证券公司及基金管理公司子公司资产证券化业务管理规定》（证监会公告〔2014〕49号，以下简称“《管理规定》”）、《证券公司及基金管理公司子公司资产证券化业务信息披露指引》（以下简称“《信息披露指引》”）、《证券公司及基金管理公司子公司资产证券化业务尽职调查工作指引》以及上海证券交易所（以下简称“本所”）相关业务规则，制定本指引。

第二条　【设立子公司担任管理人】

具备客户资产管理业务资格的**证券公司、证券投资基金管理公司设立**且具备特定客户资产管理业务资格的**子公司担任管理人**，通过设立资产支持专项计划（以下简称“专项计划”）等特殊目的载体开展资产证券化业务，并申请资产支持证券在本所挂牌转让的，适用本指引。

第三条　【自律管理原则】

本所为资产支持证券的转让和信息披露提供服务，并实施自律管理。

第四条 【投资者自担风险原则】

本所为资产支持证券的转让和信息披露提供服务，**不表明本所对资产支持证券的投资风险或收益等判断或保证。资产支持证券的投资风险由投资者自行判断和承担。**

第五条 【指引的约束力】

管理人申请资产支持证券在本所挂牌转让的，应当根据本指引的要求，对资产证券化业务开展过程中存在的风险进行识别、评估及管理，制定和执行风险控制措施，并协调和督促其他参与主体履行相关责任。

第六条 【向合格投资者发行】

管理人申请资产支持证券在本所挂牌转让的，**应当向具备相应风险识别和承担能力且符合本所投资者适当性管理规定的合格投资者发行资产支持证券。**每期资产支持证券的投资者合计不得超过200人。

第七条 【公正有序发行】

原始权益人、管理人、证券服务机构及相关人员在资产支持证券发行过程中，不得有违反公平竞争、进行利益输送、直接或间接谋取不正当利益以及其他破坏市场秩序的行为。

第八条 【遵守登记结算业务规定】

资产支持证券的登记和结算，由登记结算机构按照其业务规则办理。

## 第二章 挂 牌 申 请

第九条 【挂牌条件】

资产支持证券在本所挂牌转让的，应当符合以下条件：

（一）基础资产符合相关法律法规的规定，**权属明确，可以产生独立、可预测的现金流；**

（二）资产支持证券的交易结构设置合理；

（三）**资产支持证券已经发行完毕并且按照相关规定完成备案；**

（四）资产支持证券的投资者符合本所投资者适当性管理的相关规定；

（五）资产支持证券采取的风险控制措施符合本指引要求；

（六）本所规定的其他条件。

第十条 【发行与挂牌应同步进行】

资产支持证券拟在本所挂牌转让的，**管理人应当在资产支持证券发行前向本所申请确认是否符合挂牌转让条件，并向本所提交转让申请书、专项计划的拟备案文件及本所要求的其他材料。**

**本所与专项计划备案机构建立挂牌转让与备案的沟通衔接机制**，并建立与中国证监会、相关自律组织之间的信息共享机制。

第十一条 【先签协议后挂牌】

专项计划备案后，管理人申请资产支持证券在本所挂牌转让时，应当**提交以下材料**，并在**挂牌转让前与本所签订转让服务协议**：

（一）专项计划完成备案的证明文件；

（二）计划说明书、主要交易合同文本、相关决议和承诺以及证券服务机构出具的意见或报告等资产支持证券发行文件；

（三）特定原始权益人最近3年（未满3年的自成立之日起）经审计的财务会计报告及融资情况说明；

（四）资产支持证券实际募集数额的文件；

（五）资产支持证券的登记托管文件；

（六）专项计划是否发生重大变化的说明；

（七）本所要求的其他材料。

第十二条 【准予挂牌的条件】

本所对挂牌申请材料进行**完备性核对**。挂牌申请材料完备的，本所自接受挂牌申请材料之日起五个交易日内，出具接受挂牌的通知书。

第十三条 【勤勉真实义务】

管理人、证券服务机构及相关人员为资产证券化业务出具相关文件或专业意见应当勤勉尽责，保证所出具文件或专业意见真实、准确、完整，不得有虚假记载、误导性陈述或者重大遗漏。

## 第三章 投资者适当性管理

第十四条 【合格投资者】

参与资产支持证券**认购和转让的合格投资者**，应当符合以下条件：

（一）经有关金融监管部门批准设立的**金融机构**，包括银行、证券公司、基金管理公司、信托公司和保险公司等；

（二）上述金融机构面向投资者发行的**理财产品**，包括但不限于银行理财产品、信托产品、保险产品、基金产品、证券公司资产管理产品等；

（三）经有关金融监管部门认可的境外金融机构及其发行的**金融产品**，包括但不限于合格境外机构投资者（QFII）、人民币合格境外机构投资者（RQFII）；

（四）社会保障基金、企业年金等养老基金，慈善基金等**社会公益基金**；

（五）在行业自律组织备案或登记的**私募基金**及符合本条第（六）款规定的**私募基金管理人**；

（六）其他**净资产不低于人民币1000万元**的单位；

（七）符合中国证监会相关规定及经本所认可的**其他合格投资者**。

资产支持证券的原始权益人，可以参与相应资产支持证券的认购和转让。

第十五条 【发行挂牌合并认定】

投资者认购或者买入资产支持证券，除符合本指引第十四条规定外，还应当**同时符合发行文件对投资者范围的约定**。每期资产支持证券的投资者合计不超过200人，单笔认购金额不低于人民币100万元。

第十六条 【对合格投资者的提示和确认义务】

证券经营机构应当建立完备的投资者适当性管理制度，了解和评估投资者对资产支持证券的风险识别和承担能力，充分揭示风险，确认参与资产支持证券认购和转让的投资者为具备风险识别与承担能力的合格投资者。

## 第四章 转让服务

第十七条 【依时间先后转让，投资者不应超过200人】

资产支持证券在本所挂牌转让的，本所按照申报时间先后顺序对资产支持证券转让进行确认，对导致资产支持证券持有人数超过200人的转让不予确认。

第十八条 【转让方式、现货转让应适用债券交易的规定】

资产支持证券以**现货或本所认可的其他方式转让**，并可以根据本所相关规则通过债券质押式回购融资。资产支持证券的现货转让**适用本所债券交易**的相关规定，单笔申报数量应当不低于100万元发行面值。

第十九条 【净价转让与全价转让】

优先级档资产支持证券按**净价方式转让**，次级档资产支持证券按**全价方式**转让，本所另有规定的除外。

第二十条 【停牌】

发生尚未披露且可能对资产支持证券投资价值或价格产生实质性影响的重大事件并经管理人向本所申请的，或者发生本所认定的其他情形的，本所可对资产支持证券进行停牌。相关情形消除后，本所可以视情况复牌。

第二十一条 【终止转让的情形】

资产支持证券出现下列情况之一的，本所终止提供资产支持证券转让服务：

（一）资产支持证券到期前2个交易日；

（二）资产支持证券未到期，但专项计划根据计划说明书约定终止的；

（三）**管理人或本所认定需要终止转让的其他情形**。

## 第五章 信息披露

第二十二条 【信息披露】

管理人、托管人和其他信息披露义务人（以下简称“信息披露义务人”）应当指定专人负责信息披露事务，按照《管理规定》、《信息披露指引》和计划说明书的约定履行信息披露义务，所披露的信息必须真实、准确、完整、不得有虚假记载、误导性陈述或者重大遗漏。

第二十三条 【信息披露途径】

信息披露应当通过本所网站或以本所认可的方式进行。

第二十四条 【挂牌前披露职责】

资产支持证券通过本所转让的，管理人**应当不晚于挂牌日**披露资产支持证券基本信息以及《信息披露指引》中要求披露的计划说明书等发行文件。

第二十五条 【定期报告义务】

管理人应当履行下列**定期报告义务**：

（一）在每期资产支持证券收益分配日的两个交易日前披露专项计划收益分配报告。

（二）每年4月30日前披露上年度资产管理报告。

（三）中国证监会、本所规定和计划说明书约定的其他定期报告义务。

对设立不足两个月的专项计划，管理人可以不编制年度资产管理报告。

第二十六条 【托管报告的同步披露】

**托管人应当在管理人披露资产管理报告的同时披露相应期间的托管报告**。

第二十七条 【年度信用评级报告、不定期跟踪评级报告】

资产支持**证券出具信用评级报告的**，资信评级机构应当于资产支持证券存续期内**每年的6月30日前披露上年度的定期跟踪评级报告**，并应当及时披露**不定期跟踪评级报告**。

第二十八条 【对持有人会议的披露】

召开资产支持证券持有人会议的，召集人应及时公布会议相关信息，并于会议结束后及时披露持有人会议决议。

第二十九条 【实质性影响时间的及时披露】

资产支持证券在存续期间发生《信息披露指引》中所列可能对资产支持证券投资**价值或价格有实质性影响的重大事件时**，管理人应及时通过本所向投资者披露相关信息。

第三十条 【披露清算报告】

管理人应当自专项计划清算完毕之日起10个工作日内**披露清算报告**。

第三十一条 【循环购买的持续定期披露】

以基础资产产生现金流循环购买新的同类基础资产方式组成专项计划资产的，管理人及其他信息披露义务人应当按照计划说明书的约定，**定期披露循环购买符合**

**入池标准的资产规模及循环购买的实际操作情况**。

## 第六章 风险控制及持续性义务

第三十二条 【风控四原则】

管理人在开展资产证券化业务过程中进行风险控制应当遵循**全面性、规范性、审慎性、适当性原则**。

第三十三条 【适当安排基础资产交易事项、恰当完善附属权益手续】

管理人**应当根据基础资产类型**对基础资产转让环节的转让登记、通知债务人、附属担保权益等事项**作出适当安排**。

基础资产存在**附属担保权益无法完成转让变更手续**等其他影响基础资产转让有效性的情形的，管理人应当**采取恰当的权利完善措施**。

第三十四条 【管理人的现金流合理、审慎预测义务】

管理人**对基础资产现金流预测应当遵循合理、审慎的原则**，充分考虑影响未来现金流变化的各种因素，并在专项计划存续期间持续关注基础资产现金流的运行状况，发现可能影响兑付的情况，应当协调相关方做好应对方案。

第三十五条 【管理人的现金流风险披露和防范义务】

管理人应当在计划说明书等法律文件中**披露基础资产现金流归集、划转流程及账户设置安排**，明确可能面临的风险和防范措施。管理人应当重点关注现金流在流转环节中的混同及挪用风险，建立相关风险防范机制。

第三十六条 【管理人的现金流再投资风险关注义务】

管理人**应当关注基础资产产生现金流的再投资风险**，确保再投资在约定范围内进行，并充分考虑投资标的的相关风险。

第三十七条 【管理人的资产服务机构关注义务】

专项计划交易结构中设置资产服务机构的，**管理人应当关注资产服务机构的持续服务能力，并设置后备服务机构替换机制**。原始权益人担任资产服务机构的，应当确保基础资产的独立性，防范利益冲突及道德风险。

第三十八条 【管理人的循环购买风控义务】

以基础资产产生现金流循环购买新的同类基础资产方式组成专项计划资产的，管理人应当设置适当的入池标准，通过管理流程安排对后续购买的资产进行审查和执行确认，并**持续关注符合入池标准的资产规模是否满足循环购买需求，制定相应风险控制措施**。

第三十九条 【专项计划法律文件应明确的内容】

专项计划法律文件应当明确各项信用增级措施的触发条件、操作流程。管理人应当督促相关方严格按照专项计划法律文件的约定履行相应义务。

第四十条　【管理人的守约义务】

管理人应当严格按照合同约定进行收益分配，控制现金流划转、兑付的操作风险，按照合同约定及时向投资者披露收益分配信息。

第四十一条　【聘用符合条件的评估机构】

管理人应当委托符合条件的专业评估机构对不动产等专业性较强的基础资产价值进行评估，并出具评估报告。

第四十二条　【管理人的关联交易披露义务】

交易结构中存在**关联交易的，管理人应当维护投资者权益，按照公允价值公平交易，及时履行信息披露义务**。

## 第七章　自律监管及纪律处分措施

第四十三条　【违反规定的自律监管与纪律处分】

**特定原始权益人及其董事、监事和高级管理人员或其他相关人员**，未履行资产支持证券发行文件约定、违反本指引、本所其他相关规定或者其所作出的承诺的，本所可以根据相关规定采取**自律监管及纪律处分**措施。

第四十四条　【违反法律或交易所规定的后果】

**管理人、证券服务机构等信息披露义务人**违反法律、法规、规章和本指引及本所其他相关规定，未履行信息披露义务或所出具的文件含有虚假记载、误导性陈述、重大遗漏，本所可以根据相关规定采取**自律监管及纪律处分**措施。情节严重的，本所可以上报相关主管机关查处，追究相关当事人的法律责任。

第四十五条　【对未正确识别合格投资者行为的处分】

证券经营机构和资产管理机构**未按照投资者适当性管理的要求确定具有风险识别和风险承受能力的合格投资者的**，本所可以视情节轻重采取相应的自律监管及纪律处分措施。

第四十六条　【对违规和违法转让行为的监管】

资产支持证券转让双方转让行为违反本指引、本所其他相关规定的，本所可以责令其改正，并视情节轻重采取相应的监管措施。原始权益人、证券经营机构、资产管理机构、转让双方及相关人员涉嫌操纵市场、内幕交易等违法犯罪行为的，本所上报相关主管机关查处，追究相关当事人的法律责任。

第四十七条　【未如实申报资料的后果】

管理人、证券服务机构及相关人员所提交的挂牌转让申请材料不能做到真实、准确、完整、专业的，本所可视情节轻重暂停接受相关挂牌转让申请材料。

## 第八章　附　　则

第四十八条　【挂牌免费、转让双向封顶收费】

本所对资产支持证券挂牌暂免收费；对资产支持证券的转让收取经手费，收费标准为：按成交金额的百万分之一，双向收取，最高不超过100元/笔。

第四十九条　【其他主体申请挂牌的参照适用】

资产管理机构通过其他特殊目的载体开展资产证券化业务，期货公司、证券金融公司和中国证监会负责监管的其他公司，以及商业银行、保险公司、信托公司等金融机构开展资产证券化业务，并申请资产支持证券在本所挂牌转让的，参照适用本指引。本所另有规定的，从其规定。

第五十条　【生效日期】

本指引自发布之日起施行。

第五十一条　【解释主体】

本指引由本所负责解释。

### 1.2.2　《上海证券交易所资产支持证券转让服务协议》（2015年11月　上海证券交易所）

**【重点提示】**

本协议是交易所提供的参考文本，来源于上交所2016版《资产证券化业务指南》，计划管理人可以从上交所网站直接下载本协议，彩色打印并签署。实践中，计划管理人多数不会对协议的条款进行实质性修改，多数条款都会被直接采用。我们总结了合同中的重要条款，供大家参考。

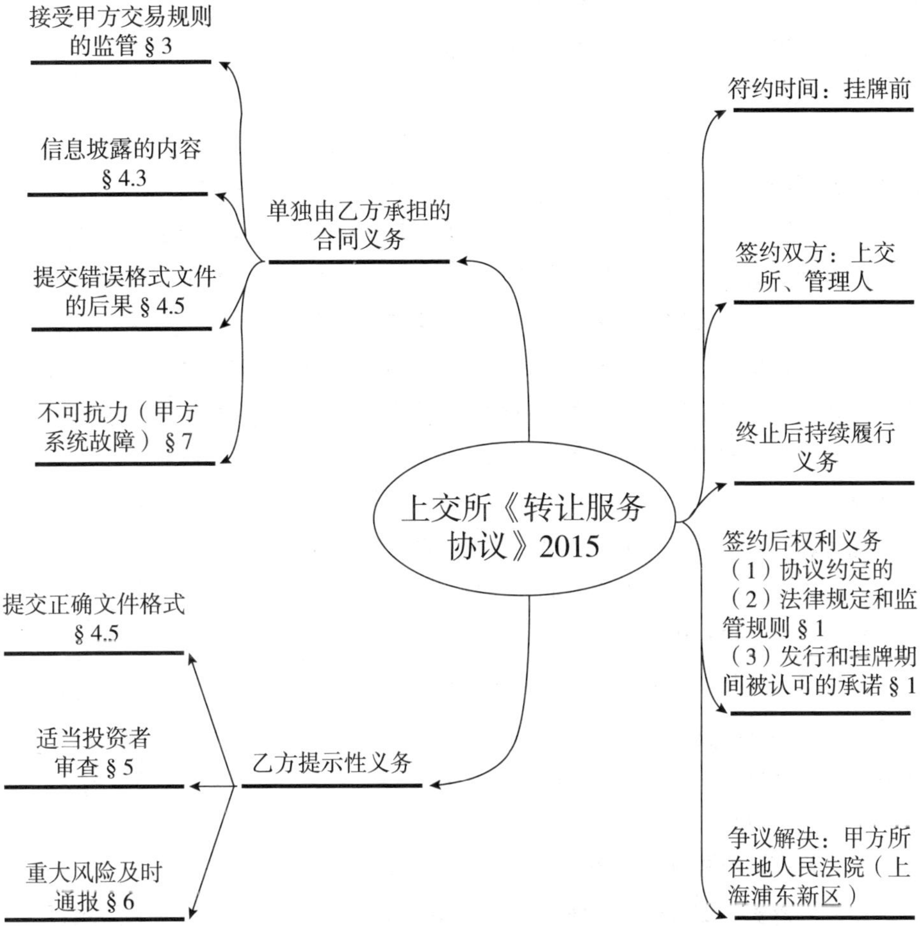


**【协议内容】**

**甲方：**上海证券交易所

住所：上海市浦东南路 528 号证券大厦

**乙方：**____________________

住所：____________________

依照中国证监会发布的《证券公司及基金管理公司子公司资产证券化业务管理规定》（证监会公告〔2014〕49 号，以下简称“《管理规定》”）、甲方发布的《上海证券交易所资产证券化业务指引》（上证发〔2014〕80 号）和其他相关规定，双方订立本协议，并共同遵守。

**第一条　基本条款**

甲方同意乙方发行的资产支持证券在甲方交易系统进行挂牌转让，并为乙方资产支持证券的转让提供交易设施和服务便利。

乙方在甲方挂牌的资产支持证券基本情况为：

证券全称：____________________

证券简称：____________________

证券代码：____________________

发行总额：____________________亿元（资产支持证券募集资金总额）

乙方资产支持证券的上述情况或其他内容如有变更，乙方应向甲方提交相关申请、报告或证明等文件。经甲方认可后，该文件亦作为本协议的一部分。

除本协议规定事项外，国家现行有效及不时调整的有关证券的法律、法规、行政规章及其他规范性文件（以下统称“法律法规”）和甲方现行有效和未来发布及不时调整的有关规则、公告、通知（以下统称“业务规则”）的规定，甲乙双方均应当遵守。

**乙方在资产支持证券发行、申请转让服务及资产支持证券存续期间做出的各种承诺，经甲方认可后，是本协议的一部分。**

**第二条　登记托管**

乙方承诺，其在甲方市场挂牌转让的资产支持证券，已依法完成发行，并在甲方指定的机构办理登记托管手续。除法律、法规和甲方另有规定或甲乙双方另有约定外，资产支持证券不得在甲方以外的其他场所转让。

**第三条　权利义务**

甲方依据法律法规、业务规则以及本协议，对乙方资产支持证券转让实施监管。**乙方同意积极配合甲方行使监管职能，并承诺接受甲方依规定对其违规行为采取的相应监管及处罚措施**。乙方承诺按照资产支持证券有关募集文件的规定，按时还本付息，有义务督促原始权益人、托管人及其他业务参与人遵守有关法律法规、甲方业务规则以及本协议。

**第四条　信息披露**

4.1 乙方应当根据《管理规定》及《证券公司及基金管理公司子公司资产证券化业务信息披露指引》的要求、甲方的相关规定和要求及计划说明书的约定履行信息披露义务。

4.2 乙方应当指定专人负责与甲方联系，并及时履行信息披露工作。若指定专人发生变更时，乙方应当及时通知甲方。

4.3 乙方应当保证信息披露内容真实、准确、完整、及时，没有虚假记载、误导性陈述或者重大遗漏。**甲方对其信息披露内容不作审查，亦不承担任何责任。**

4.4 乙方应当按照甲方规定的途后、格式等具体要求，向甲方报送信息披露文件。甲方网站可提供信息披露服务。

4.5 **乙方报送的信息披露文件的途后及格式等不符合甲方的具体要求，甲方有权不予发布，由此造成的一切后果由乙方自行承担。**

**第五条　投资者适当性**

乙方认可，其发行的资产支持证券系在甲方市场进行转让，参与转让的投资者应当是符合《管理规定》及甲方相关规定的合格投资者，**其资质由乙方以及其他证券公司审查**。

对于导致资产支持证券持有人超过200人的转让申报，以及其他不符合法律法规、甲方业务规则的转让申报，**甲方可不予确认**。

**第六条　重大风险处置**

资产支持证券在存续期内出现重大风险的，乙方应当按照法律法规、业务规则及计划说明书的规定，最大程度地保护资产支持证券投资者的利益。**并将重大风险及处理情况在发生之日起3个工作日内通报甲方**。

投资者因资产支持证券转让产生争议或纠纷的，乙方应当及时采取有效 措施妥善处理，并向甲方报告。

**第七条　不可抗力**

乙方认可，因不可抗力、意外事件以及**甲方系统故障等原因**导致资产支持证券转让、信息披露以及行情发布等出现异常情况，以及甲方采取相应措施而造成的损失，**甲方不承担民事责任**。

**第八条　暂停及终止**

资产支持证券转让期间，甲方有权依据有关法律法规、业务规则的规定，暂停或终止为乙方资产支持证券提供转让服务。乙方应及时向其资产支持证券持有人及合格投资者披露相关信息。

自资产支持证券约定的到期偿付日（T日）前的第2个交易日（T-2日）起，甲方即终止提供转让服务（甲方提前终止服务的除外）。

乙方应当向就上述事项其资产支持证券持有人及合格投资者做出充分提示。

**第九条　收费事宜**

乙方向甲方缴纳的挂牌费用及其标准，按照甲方的有关规定执行。

甲方可以对上述收费标准进行调整。乙方应当按照调整后的收费标准缴纳挂牌费用，双方不再另行签订协议。

**第十条　协议期间**

本协议由甲乙双方盖公章并由双方法定代表人或授权代表签字，自甲方为乙方资产支持证券提供转让服务首日起生效，自甲方终止为乙方资产支持证券提供转让服务之日起终止，**但乙方应当继续履行本协议第第四条、第六条等条款中的义务**。

**第十一条 补充及修改**

双方可以书面方式对本协议做出修改或补充，经双方签字盖章后，有关本协议的修改协议和补充协议作为本协议的组成部分。

**第十二条 管辖**

双方因本协议的签订及履行发生争议而引发诉讼的，应向甲方所在地的人民法院提起诉讼，并适用中华人民共和国大陆地区的法律。

本协议一式二份，双方各执一份，均具有相同的法律效力。

**《上海证券交易所资产支持证券转让服务协议》签署声明**

乙方声明：

1. 乙方已阅知甲方发布在甲方官方网站（www. sse. com. cn）上的《关于债券上市、转让申请材料电子化申报相关事宜的通知》。

2. 乙方完全同意以上述该通知所述的方式签署《上海证券交易所资产支持证券转让服务协议》，并**完全认可**《上海证券交易所资产支持证券转让服务协议》中的**全部条款**。乙方**承诺未**对提交至甲方的《上海证券交易所资产支持证券转让服务协议》文本**进行任何修改**，如乙方上传的电子版本与甲方网站公布的版本**不一致的，视为已经按照甲方网站公布的版本签署协议**。现乙方在协议文本及本签署声明页上需填注的相应空白处填妥内容、签字盖章并加盖骑缝章，并同意提交至甲方的已签署的协议彩色扫描件和纸质协议**具有同等效力**。

乙方（公章）：

法定代表人或授权代表（签章）：

## 1.2.3 《上海证券交易所资产证券化业务指南》（2016 年 10 月上海证券交易所 2016 年 10 月修订）

**【重点提示】**

本《指南》是自 2015 年 1 月上交所版本《资产证券化业务指南》以来的第 10 次修订，本次修订主要完善了挂牌转让流程，对应当提供的申请材料作出更加明确具体的规定，如在材料清单中新增了第 15 项《转让申请承诺履行事项登记表》，第 16 项《资产支持证券多起发行挂牌转让申请文件信息对照表》；以及对其他应当提交的申请文件名称和内容作出了细化要求。

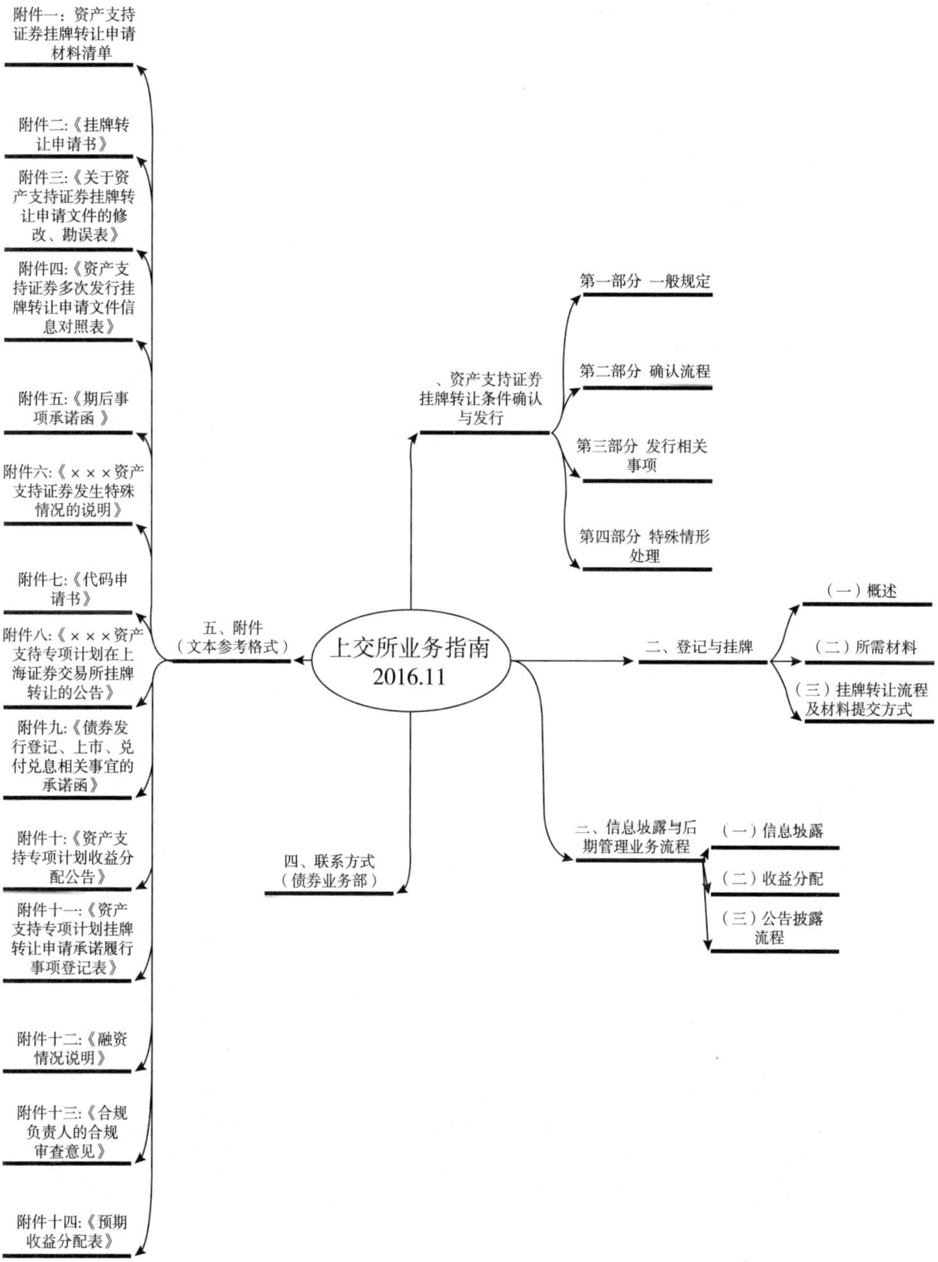
上交所业务指南
2016.11
、资产支持证券挂牌转让条件确认与发行
第一部分 一般规定
第二部分 确认流程
第三部分 发行相关事项
第四部分 特殊情形处理
二、登记与挂牌
（一）概述
（二）所需材料
（三）挂牌转让流程及材料提交方式
三、信息披露与后期管理业务流程
（一）信息披露
（二）收益分配
（三）公告披露流程
四、联系方式（债券业务部）
五、附件（文本参考格式）
附件一：资产支持证券挂牌转让申请材料清单
附件二:《挂牌转让申请书》
附件三:《关于资产支持证券挂牌转让申请文件的修改、勘误表》
附件四:《资产支持证券多次发行挂牌转让申请文件信息对照表》
附件五:《期后事项承诺函》
附件六:《×××资产支持证券发生特殊情况的说明》
附件七:《代码申请书》
附件八:《×××资产支持专项计划在上海证券交易所挂牌转让的公告》
附件九:《债券发行登记、上市、兑付兑息相关事宜的承诺函》
附件十:《资产支持专项计划收益分配公告》
附件十一:《资产支持专项计划挂牌转让申请承诺履行事项登记表》
附件十二:《融资情况说明》
附件十三:《合规负责人的合规审查意见》
附件十四:《预期收益分配表》

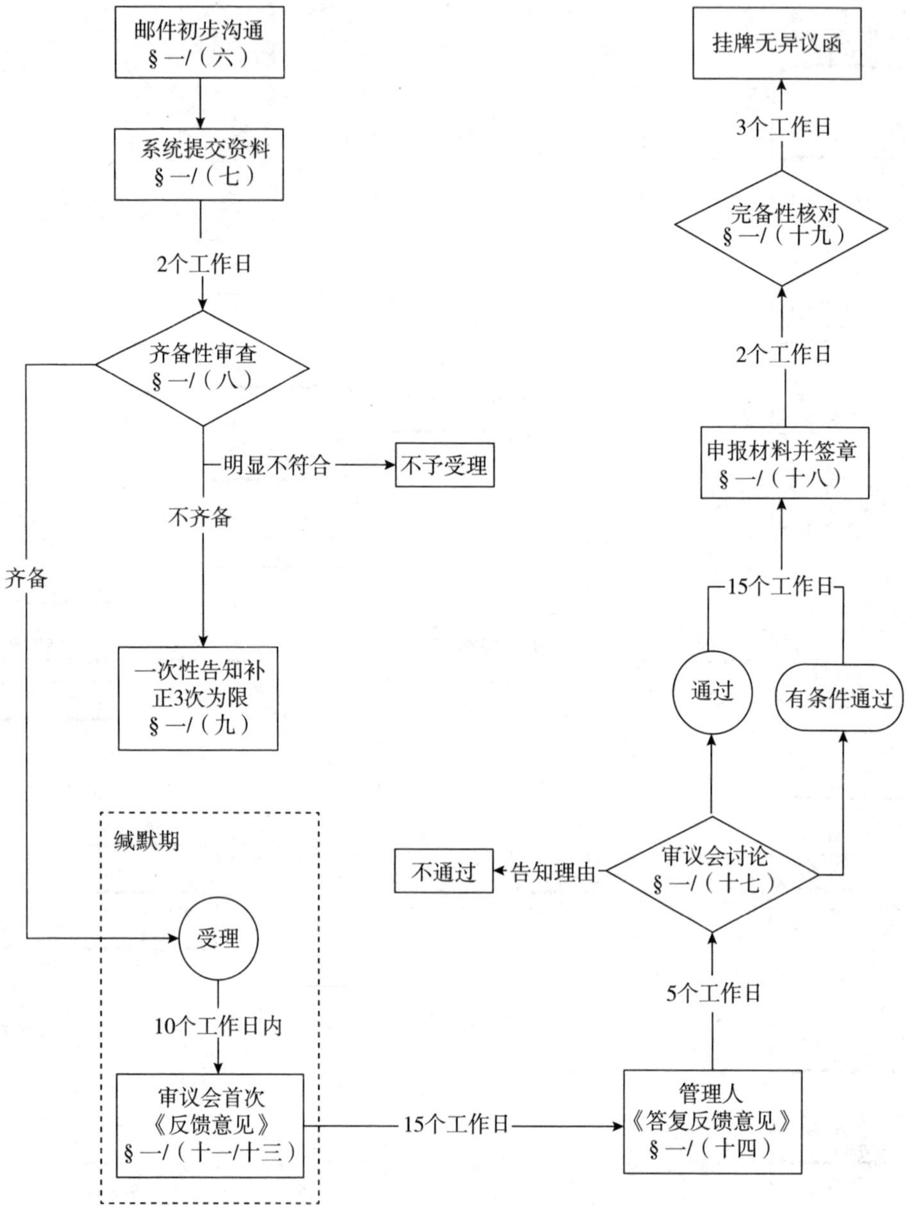


## 【文件内容】

### 一、资产支持证券挂牌转让条件确认与发行

### 第一部分 一般规定

（一）【确认主体】资产支持证券拟在本所挂牌转让的，管理人应当在资产支持证券发行前向本所提交挂牌转让申请文件，由本所确认是否符合挂牌转让条件。

（二）【确认依据】本所根据《证券公司及基金管理公司子公司资产证券化业务管理规定》《上海证券交易所资产证券化业务指引》及相关法律、法规、规章、规范性文件及本所业务规则，对资产支持证券挂牌转让申请文件进行审议，**符合挂牌转让条件的，本所予以确认并出具无异议函**。

（三）【确认原则】本所对资产支持证券挂牌条件的确认工作遵循公平、公正、公开原则，实行双人双审、集体决策、书面反馈，并通过“公司债券项目信息平台”（http：//bond. sse. com. cn/bridge/home/）公布确认流程、进度、结果等信息，接受社会监督。

（四）【沟通机制】本所与资产支持专项计划备案机构建立挂牌转让与备案的沟通衔接机制，并与中国证监会、相关自律组织之间建立信息共享机制。

若基础资产类型属于重大无先例事项，本所将就基础资产类型是否符合负面清单管理要求与中国证券投资基金业协会（以下简称“基金业协会”）沟通确认。

（五）【回避要求】本所对资产支持证券挂牌转让条件的确认工作实行回避制度。本所工作人员在审议申请文件时，如果存在利益冲突或者潜在利益冲突，可能影响公正履行职责的，应当予以回避。

## 第二部分　确认流程

（六）【项目沟通】资产支持证券拟在本所挂牌转让的，管理人可以事先**通过邮件**①与本所就创新、疑难项目的特定原始权益人基本情况、基础资产情况、交易结构设计、风险控制和需确认的问题进行**初步沟通**。本所将及时给予管理人回复意见。

（七）【项目申报】管理人应当通过“债券项目申报系统”②（以下简称“申报系统”）向本所提交资产支持证券挂牌转让申请文件③。

单个或多个管理人向本所提交同一原始权益人开展的多个同类资产支持证券挂牌转让申请的，本所在前次资产支持证券发行完成之前，对其它同类申请将不予受理。

（八）【项目受理】本所接收管理人提交的挂牌转让申请文件后，在2个工作日内对申请文件是否符合《资产支持证券挂牌转让申请材料清单》及《上海证券交易所资产支持证券挂牌转让申请受理审查指南－申请文件的签章》的要求进行核对。文件齐备的，予以受理；**文件不齐备的，一次性告知补正**；明显不符合本所挂牌条件的，不予受理。

---

① 邮件抬头为【项目预沟通】：项目名称，管理人名称，邮件应包含咨询人姓名和所属单位。

② 关于上海证券交易所债券项目申报系统的使用说明详见上证债券信息网（http：//bond. sse. com. cn/fisp/index. html）“规则指引－业务规则”中《关于上海证券交易所债券项目申报系统上线有关事项的通知》（2015－05－21）与《上海证券交易所债券项目申报系统用户数字证书申请流程说明》（2015－05－20）。

③ 材料清单请见（附件一）和（附件二），申请文件应为 . pdf 格式。

（九）【材料补正】申请文件需要补正的，管理人应按要求及时提交补正后的申请文件。补正后符合要求的，工作人员在收到补正材料后 2 个工作日内确认受理。**补正超过三次仍不符合要求的，本所将终止申请文件的申报**。管理人需要再次申请的，应重新报送申请文件。

（十）【人员安排】本所受理申请文件后，确定两名工作人员进行审议。工作人员对申请文件进行审议后提出**审议意见，并提交审议会集体讨论**。

（十一）【审议内容】审议会依据中国证监会、基金业协会及本所的相关规定，主要以信息披露为核心对申请文件是否符合本所挂牌转让条件进行审议，重点关注信息披露的完备性、基础资产和交易结构的合法合规性、现金流预测、风险控制及投资者适当性，通过集体决策方式确定需要管理人补充披露、解释说明、中介机构进一步核查落实的问题，并以**书面反馈意见**形式送达管理人。

（十二）【静默期】自申请文件**受理至首次反馈意见发出期间**，审议人员不接受管理人及相关中介机构就本次资产支持证券审议事宜的来访或其他形式的主动沟通，但发生第四部分所列特殊情形除外。

审议人员在审议期间，对申请文件中不清晰的问题，可以通过电话、电子邮件等方式询问管理人或中介机构相关人员。被询问人员应积极配合，如实、准确回答相关询问。

（十三）【反馈意见】**本所自受理申请文件之日起 10 个工作日内**，通过申报系统出具书面反馈意见。

管理人对书面反馈意见有疑问的，可与审议人员进行沟通。需进行当面沟通的，应当在本所办公场所进行并有两名以上工作人员同时在场。

（十四）【反馈回复】**管理人应当于收到本所书面反馈意见之日起 15 个工作日内通过申报系统提交《关于反馈意见的答复》**，在《关于反馈意见的答复》中对反馈意见进行逐项回复并包含具体文件修订内容，同时由管理人加盖公章；回复涉及申请文件修改的，应当在回复同时提交修改后的申请文件及《修改勘误表》（附件三），修订内容应以楷体加粗或黄色高亮的方式注明。

回复意见及经修改的申请文件不符合要求或者存在其他需要落实的重要事项的，本所可在收到反馈意见回复后 5 个工作日内再次出具反馈意见。

（十五）【延期回复】因特殊情形需延期回复的，管理人应当在反馈意见回复期限届满前通过申报系统向本所提交延期回复申请，说明延期理由和拟回复时间。回复延期时间最长不得超过 15 个工作日。

管理人未及时回复且未按规定申请延期回复，或者在延期回复期限内仍不能提交回复文件的，本所将按照中止情形处理。

（十六）【审议会确认】审议人员在管理人提交反馈意见回复后 5 个工作日内，就反馈意见回复及申请文件修改情况**再次提交审议会讨论，确定是否符合挂牌转让条件**。

（十七）【审议会意见】**审议会意见分为"通过"、"有条件通过"和"不通过"三种**。本所于审议会召开当日通过申报系统通知管理人会议结果。

审议会"通过"，或者审议会"有条件通过"的相关事项落实完毕后，进入封卷流程。

审议会"不通过"的，本所向管理人出具不符合挂牌条件的相关文件并告知理由。

申请文件存在严重质量问题或存在中介机构明显不勤勉尽责的情形的，本所可以不出具书面反馈意见，由审议会直接作出"不通过"的会议意见。

（十八）【封卷】**审议会通过的项目，或者审议会"有条件通过"**的相关事项落实完毕的，管理人应当在 15 个工作日内按资产支持证券申报材料清单所列的要求安排签字盖章，并上传扫描件至申报系统。因特殊情形需延期提交的，延期相关要求按照第十五条执行。

（十九）【无异议函】本所收到封卷材料 2 个工作日内进行**完备性核对**，对封卷材料无异议的，将在 3 个工作日内出具挂牌转让无异议函。无异议函自出具之日起 6 个月内有效。

管理人应委托工作人员携带介绍信与身份证复印件至本所④领取纸质版无异议函，同时可通过申报系统下载电子版无异议函。

（二十）【多次发行绿色通道】同一管理人申请同一原始权益人再次发起的资产支持证券挂牌转让申请，若基础资产类型和交易结构相同，管理人可在申报时提交《资产支持证券多次发行挂牌转让申请文件信息对照表》（附件四）。本所可视情况缩短出具反馈意见的时间。

（二十一）【分期发行】管理人申报分期发行资产支持证券挂牌转让申请的，原始权益人应当资质优良、具有良好的资本市场融资记录、交易结构相同且基础资产具有较高的同质性，本所将经过审慎评估后予以受理。

资产支持证券挂牌转让分期发行的，申请文件分为首次申请文件和补充文件，补充文件在每期证券发行前备案时提交。分期发行的申请文件应按照附件（一）附注的要求编制。

本所对分期发行的资产支持证券挂牌转让申请进行一次确认，出具一次无异议

---

④ 上交所债券业务部地址：上海市浦东新区迎春路 555 号 6 楼。

函。分期发行的无异议函自出具之日起 12 个月内有效。分期发行的发行规模、期数应当不超过本所无异议函限定的额度、期数。

## 第三部分　发行相关事项

（二十二）【发行启动】取得本所无异议函后，管理人方可按照相关规定启动资产支持专项计划发行程序。

（二十三）【发行前备案程序】管理人取得无异议函三个月后发行的，应当在资产支持证券发行前履行发行前备案程序。管理人取得无异议函三个月以内发行的，财务数据须处于有效期，若资产支持专项计划或参与主体发生重大变化需向本所报告。

管理人应通过本所资产证券化业务公共邮箱⑤提交《期后事项承诺函》（附件五），说明财务数据是否处于有效期，以及是否发生影响资产支持证券发行、挂牌及对投资者做出投资决策有重大影响的事项。

《期后事项承诺函》应由管理人加盖公章，内容包括但不限于模板中的信息，并逐条说明相关事项，涉及与封卷时项目文件不一致的，应明确说明差异内容。相关事项如有重大变化、或因财务数据过期或发生重大变化需更新财务数据，涉及修改项目文件的，应一并提交修订后的材料。原始权益人年度财务数据更新的，资信评级机构应根据新的财务数据重新出具评级报告。上述材料应于发行前至少提前 3 个工作日通过本所资产证券化业务公共邮箱一次递交齐备。

**本所将评估相关重大事项是否影响资产支持专项计划在本所的挂牌条件，并在收到管理人《期后事项承诺函》后 2 个工作日内邮件答复是否有异议。如有异议，本所将简要回复原因和需补充回复的事项。**管理人在收到本所邮件反馈“无异议”后方可组织发行及后续挂牌事项。

（二十四）【发行后事项】资产支持证券发行完成后，管理人应当及时按基金业协会的格式要求向基金业协会提交备案文件，并在备案完成后 5 个工作日内向本所提交资产支持证券挂牌与登记申请⑥。

## 第四部分　特殊情形处理

（二十五）【中止情形】审议过程中发生下列情形之一的，本所可中止审议并通知管理人：

1. 原始权益人、管理人因涉嫌违法违规，被有权机关立案调查或侦查尚未终结，对资产支持证券是否符合挂牌条件可能产生重大影响的；

---

⑤ 邮件抬头为【发行前备案】：×××资产支持专项计划，涉及计划说明书修改的，计划说明书命名为×××专项计划－计划说明书－发行前备案稿。

⑥ 具体内容请见“二、登记与挂牌”。

2. 原始权益人、管理人、增信机构（如有）及其他中介机构被主管部门采取限制参与资产证券化相关业务活动、责令停业整顿、指定其他机构托管或接管等监管措施，尚未解除的；

3. 管理人未及时回复且未按规定申请延期回复，或者在延期回复期限内仍不能提交回复文件的；

4. 原始权益人财务报告、相关资质许可等申请文件已超过有效期，且短期内难以重新提交的；

5. 本所收到涉及资产支持证券挂牌转让申请的相关举报材料并需进一步核查的；

6. 管理人因正当理由主动要求中止审议的；

7. 本所认为需要中止的其他情形。

上述第1、2、4项及第6项情形消除后，管理人要求恢复审议的，应当向本所提交恢复审议的书面申请；经本所确认后，于2个工作日内恢复审议。

（二十六）【举报处理】发生本指南第二十四条第5项情形的，本所可采取核查、要求原始权益人、管理人和相关中介机构自查、委托独立第三方核查以及移交相关部门调查等措施，原始权益人、管理人及相关中介机构应当积极配合，并按要求向本所提交自查、核查报告。

经核查，未发现所举报事项影响资产支持证券挂牌转让条件的，本所恢复审议并通知原始权益人和管理人；经核查所举报事项影响挂牌转让条件或原始权益人存在违法违规行为等情形的，本所按照有关规定进行处理。

（二十七）【终止情形】**审议过程中发生下列情形之一的，本所终止审议并通知管理人：**

1. 管理人主动要求撤回申请的；

2. 原始权益人、管理人发生解散、清算或者宣告破产等原因依法终止的；

3. 中止审议超过3个月的；

4. 本所认为需要终止审议的其他情形。

（二十八）【中止或终止材料要求】发生中止或终止情形的，原始权益人和管理人需要及时向本所提交《×××资产支持证券发生特殊情况的说明》（格式见附件六），说明相关情况、事由，提请中止或终止审议等。管理人、原始权益人律师应进行核查，出具明确的核查意见。

（二十九）【重要事项报告】发生可能影响挂牌转让条件、资产支持证券投资价值或价格等需要补充披露的其他重要事项，管理人及相关中介机构应当及时向本所报告，提交相关事项的书面说明和中介机构意见，说明事件起因、目前的状态和可能产生的法律后果。

（三十）【其他事项】挂牌转让申请受理过程中，本所可根据需要调阅管理人及相关中介机构的工作报告、工作底稿或其他备查资料。对未能尽职的中介机构，本所可要求其重新开展工作。

## 二、登记与挂牌

（一）概述

本所对依据《证券公司及基金管理公司子公司资产证券化业务管理规定》（《管理规定》）和《上海证券交易所资产证券化业务指引》设立的资产支持证券提供挂牌服务。

本所对经同意挂牌的资产支持证券提供挂牌和登记申请材料“一站式”受理服务。资产支持证券的现券转让代码段为 142000 至 142999[7]（。资产支持证券的现券交易仅在上交所的固定收益平台上进行，并且资产支持证券可以根据本所相关规则通过债券质押式协议回购融资。

管理人应当指定至少一名资产支持证券业务负责人及一到两名业务联络人，负责办理资产支持证券的挂牌转让申请、后续信息披露及其它相关业务。

资产支持证券的登记挂牌业务目前应通过本所债券业务管理系统（https：//222. 66. 87. 193/bms 或 https：//120. 204. 69. 22/bms）123500 - 123599、131000 - 131999 代码段已使用完毕办理。资产支持证券挂牌转让具体分为“ABS 代码申请”、“ABS 登记挂牌申请”、“资产支持证券挂牌”三个流程。

债券业务管理系统须使用数字证书登录，管理人应根据业务开展情况，为项目人员申请办理债券业务管理系统数字证书（该证书区别于申报系统数字证书，申请方式见 http：//biz. sse. com. cn/sseportal/ps/zhs/ca/ca_ sq. jsp#19）。

管理人所在机构已办理债券专区（债券业务管理系统）数字证书的，无需重新办理。

登录该系统前需下载并安装 CnSCA Ekey 管理工具（http：//biz. sse. com. cn/sseportal/ps/zhs/ca/download. jsp）。

（二）所需材料

（1）上交所根据一站式服务相关通知，统一受理中国结算要求的登记申请材料，该材料清单由中国结算负责制定、修改并负有解释权，具体参考中国结算官方网站相关规定。**资产支持证券登记申请材料包括：**

1. 《证券登记表》⑦；

---

⑦ 电子化后，由债券业务管理系统确认，不再要求提供纸质版，具体以中国结算上海分公司业务指南为准。

2. 计划管理人签署的《债券发行登记、上市、兑付兑息相关事宜的承诺函》（见附件九）；

3. 上交所无异议函；

4. 产品备案登记表；

5. 基金业协会备案函；

6. 证券登记及服务协议（文本见业务管理系统帮助支持栏目）；

7. 债券持有人名册数据电子件（xls，xlsx）（模板见业务管理系统帮助支持栏目）⑧；

8. 计划管理人企业法人营业执照副本；

9. 验资报告；

10. 承销协议；

11. 担保协议；

12. 委托代理资产支持证券兑付兑息协议；

13. 其他文件。

**（2）资产支持证券挂牌申请材料：**

1. 资产支持证券转让公告书（见附件八）；

2. 资产支持证券转让服务协议（文本见业务管理系统帮助支持栏目）；

3. 资产支持证券基本信息表（xls，xlsx）；

4. 资产支持证券基本信息表（pdf）；

5. 预期收益分配表（见附件十四）；

6. 其他文件。

上述资产支持证券登记挂牌材料请按下文时间节点要求提交。

（三）挂牌转让流程及材料提交方式

T 日为资产支持证券挂牌日。

**1. T－4 日前：**

（1）“ABS 代码申请”流程。

管理人拿到无异议函后应当通过债券业务管理系统中的“ABS 代码申请”流程申请资产支持证券代码和简称。具体包括从系统上传无异议函和代码申请书⑨，并在主界面填写无异议函号、申报系统项目编号、特殊条款等相关事项，本所将于 1 个工作日内通过债券业务管理系统给予反馈。

---

⑧ 管理人必须在“ABS登记挂牌申请”流程中接收登记数据，查看、下载“持有人明细信息”，确认持有人名册无误。

⑨ 见附件七，其中简称不要超过 8 个字符，同时确保和主界面填列的一致。

（2）相关协议的签署流程。

具体包括《上海证券交易所资产支持证券转让服务协议》、《证券登记及服务协议》、《委托代理债券兑付、兑息协议》。管理人可以通过【本所网站－业务规则－本所业务指南与流程－债券业务指南与流程】下载《上海证券交易所资产支持证券转让服务协议》[⑩]《证券登记及服务协议》在【中国结算官网－资讯中心－公告与动态－通知公告－关于对《证券登记及服务协议》、《证券持有人大会网络投票服务协议》中国结算签字事项进行更新的通知】中下载模板，《委托代理债券兑付、兑息协议》在【中国结算的官网法律规则－登记与存管－关于简化沪市发行人服务协议签署流程相关事宜的通知】中下载模板。

**2.“ABS登记挂牌申请”流程。**

管理人应当在T－2日上午前（T日为资产支持证券挂牌日）通过上交所债券业务管理系统提交前述登记申请材料和挂牌申请电子材料，登记申请材料包括：

1）《证券登记表》[⑪]；

2）计划管理人签署的《债券发行登记、上市、兑付兑息相关事宜的承诺函》（见附件九）；

3）上交所无异议函；

4）产品备案登记表；

5）基金业协会备案函；

6）证券登记及服务协议（文本见业务管理系统帮助支持栏目）；

7）债券持有人名册数据电子件（xls，xlsx）（模板见业务管理系统帮助支持栏目）[⑫]；

8）计划管理人企业法人营业执照副本；

9）验资报告；

10）承销协议；

11）担保协议；

12）委托代码资产支持证券兑付兑息协议；

13）其他文件。

挂牌申请材料包括：

1）资产支持证券转让公告书（见附件八）；

2）资产支持证券转让服务协议（文本见业务管理系统帮助支持栏目）；

---

⑩ 彩色打印并签署，后续作为挂牌申请电子版材料上传系统。

⑪ 电子化后，由债券业务管理系统确认，不再要求提供纸质版，具体以中国结算上海分公司业务为准。

⑫ 管理人必须在“ABS登记挂牌申请”流程中接收登记数据，查看、下载“持有人明细信息”，确认持有人名册无误。

3）资产支持证券基本信息表（xls，xlsx）；

4）资产支持证券基本信息表（pdf）；

5）预期收益分配表（见附件十四）；

6）其他文件。

上述登记挂牌申请材料审核无误后，电子版材料将发送至登记公司进行登记，在T－2日13点前登记公司完成登记，管理人通过债券业务管理系统“ABS登记挂牌申请”流程确认登记完成情况（主要是投资者信息）是否正确，若投资者信息有误按“债券非交易过户”流程办理。

**3. T－2日14点前：**

（1）管理人通过上交所债券业务管理系统中的“资产支持证券挂牌”流程提交《××资产支持专项计划在上海证券交易所挂牌转让的公告》，公告的落款日不得晚于公告日⑬。

**资产支持证券的次级产品也必须挂牌，不允许只登记不挂牌，不能转让流通的可申请暂停交易。**

**4. T－1日：公告书上网、登报（如有）。**

**5. T日：资产支持证券正式挂牌转让⑭。**

**6. T＋5日前：**

原始权益人和管理人应当在资产支持证券挂牌后五个交易日内将证券登记及服务协议原件、委托代理资产支持证券兑付、兑息协议原件、《××公司债券发行登记、上市、兑付兑息相关事宜的承诺函》原件邮寄至中国结算上海分公司⑮，并划付登记费至指定银行账户⑯。（联系人：上海市浦东新区陆家嘴东路166号34层王瑞；联系电话：68873897）

原始权益人和管理人通过上交所“债券业务管理系统”完成ISIN代码申请。

原始权益人和管理人可以向中国结算业务专管员申请书面《证券登记证明》和托管费、兑付兑息手续费增值税发票（以上两项自愿申请，申请时需提交相关身份证明文件）。

**三、信息披露与后期管理业务流程**

资产支持证券在本所挂牌后的日常信息披露和后续管理业务由管理人递交本所债券业务部受理。管理人应当根据《证券公司及基金管理公司子公司资产证券化业

---

⑬ 公告日为挂牌日前1个交易日。

⑭ 若有上市仪式请提前与债券业务部联系，准备相关事宜。

⑮ 上交所不再收取登记申请材料和上市申请材料的纸质版。

⑯ 具体查看中国结算发布在其官网上的《中国结算上海分公司证券发行人业务指南》。

务信息披露指引》和《上海证券交易所资产证券化业务指引》的规定履行信息披露义务。

（一）信息披露

1. 管理人应在本所网站专区或以本所认可的方式进行资产支持证券挂牌环节及存续期间的信息披露。

2. 资产支持证券存续期内，管理人应在每期资产支持证券收益分配日的6个交易日前上传专项计划收益分配报告，并不晚于T-4日刊登收益分配公告。

3. **管理人应于每年4月30日前向本所提交上年度资产管理报告和托管报告（对于设立不足两个月的，在符合专项计划文件约定的前提下，管理人可以不编制年度资产管理报告和相应期间的托管报告）。**

4. 资产支持证券聘请资信评级机构针对资产支持证券出具评级报告的，管理人或资信评级机构应当于资产支持证券存续期内每年的6月30日前向本所递交跟踪评级报告，并应当及时向本所递交不定期跟踪评级报告。（对于设立不足两个月的，在符合专项计划文件约定的前提下，资信评级机构可以不编制跟踪评级报告）。

5. 发生《管理规定》所述重大事件时，管理人应及时向本所提交重大事项公告。

6. 管理人应当自专项计划清算完毕之日起10个工作日内，向本所提交清算报告。

（二）收益分配

1. 管理人应当在约定的收益分配日（T）6个交易日前上传《××资产支持专项计划收益分配公告》（见附件十），并不晚于T-4日刊登收益分配公告。

2. 收益分配的债权登记日为T-1日。到期兑付债权登记日为T-3日。

3. 管理人应当根据中国结算上海分公司的有关规定在T-8日向其申请付息事宜，并递交有关的申请材料，申请材料包括《委托代理债券兑付、兑息确认表》。

4. 分配日前2个工作日，发行人将分期偿还本金和收益划付中登。

5. 资产支持证券应当从到期日（T）前2个交易日（T-2）起停牌，并于到期日摘牌。

6. 收益分配公告经审核通过后上网披露。

（三）公告披露流程

1. 收益分配公告：

1）涉及摘牌的收益分配公告应从资产证券化摘牌通道上传收益分配公告。

2）涉及本金偿还的收益分配公告应从按面值分期偿还通道上传收益分配公告。

3）涉及利率调整的收益分配公告应从利率调整通道上传收益分配公告。

4）其他情况下，应从资产支持证券信息披露通道内上传收益分配公告，系统内的公告类型应选临时公告。

5）若存在产品在挂牌前分配过收益的情况，需要在系统内 ABS 挂牌流程显示“已办结”时上传收益分配公告。

2. 年度资产管理报告以及年度托管报告

年度资产管理报告以及年度托管报告应从资产支持证券信息披露通道上传，系统内的公告类型应选定期报告。

3. 其他公告

其他公告包括但不限于重大事项公告、评级报告、持有人会议通知、持有人会议决议等，以上公告均从资产支持证券信息披露通道上传，系统内的公告类型应选临时公告。

**四、联系方式**

上海证券交易所资产支持证券挂牌转让申请及信息披露事宜由本所**债券业务部管理**，具体联系方式如下：

（一）资产证券化业务公共邮箱：sseabs@ sse. com. cn

管理人可通过该邮箱就拟申报项目与本所进行初步沟通，或通过该邮箱提交本所要求的、与挂牌转让申请相关的文件，如《×××资产支持证券发生特殊情况的说明》、《期后事项承诺函》等。

（二）资产证券化挂牌转让登记邮箱：ssebond@ sse. com. cn

管理人可通过该邮件与本所沟通挂牌登记阶段相关事宜，或索取登记挂牌相关文件模板。

（三）资产证券化业务联系人

1. 刘鑫，负责挂牌转让申请受理

电话：021 －5049 6270

电子邮箱：xinliu@ sse. com. cn

2. 邱兆东，负责挂牌事宜和登记申请

电话：021 5049 6237

电子邮箱：zdqiu@ sse. com. cn

3. 李恒，负责存续期信息披露

电话：021 5018 7123

电子邮箱：hengli@ sse. com. cn

## 五、附件

### 附件一：资产支持证券挂牌转让申请材料清单

<table>
<tr><th>序号</th><th>材料名称</th><th>说明</th></tr>
<tr><td rowspan="4">一、</td><td>挂牌转让申请书（附件二）</td><td>首次申请时提交盖章版扫描件，抬头为上海证券交易所，签章处由管理人加盖公章。</td></tr>
<tr><td>计划说明书内容与格式指引登记表</td><td rowspan="3">首次申请时提交盖章版扫描件。</td></tr>
<tr><td>尽职调查报告内容与格式指引登记表</td></tr>
<tr><td>资产支持证券信息披露要素表</td></tr>
<tr><td>二、</td><td>计划说明书</td><td>计划说明书格式指引请参照中国证券投资基金业协会相关规定。</td></tr>
<tr><td>三、</td><td>法律意见书</td><td>须包含以下内容：<br>1. 原始权益人、管理人、销售机构、托管人、增信机构等证券化服务机构的资质及权限；<br>2. 计划说明书、资产转让协议、托管协议、认购协议等法律文件的合规性；<br>3. 基础资产的真实性、合法性、权利归属及其负担情况、特定化、完整性；<br>4. 基础资产转让行为的合法性；<br>5. 基础资产未被列入负面清单的相关意见；<br>6. 风险隔离的效果；<br>7. 循环购买（如有）安排的有效性；<br>8. 专项计划信用增级安排的合法性、有效性；<br>9. 有可能影响资产支持证券投资者利益的其他重大事项的意见。请专项计划律师通过央行出具的《企业信用报告》、被执行人信息查询系统（http://zhixing.court.gov.cn/）和最高人民法院的“全国法院失信被执行人名单信息公布与查询系统”查询特定原始权益人的资信情况，明确说明其是否为失信被执行人；<br>通过环境保护部网站、“信用中国”网站、国家企业信用信息公示系统查询特定原始权益人是否存在环境保护领域失信记录。</td></tr>
</table>

续表

| | | |
|---|---|---|
| 四、 | 信用评级报告（若有） | 须包含以下内容：<br>1. 评级基本观点、评级意见及其参考因素；<br>2. 基础资产池及入池资产概况、基础资产池信用风险分析；<br>3. 特定原始权益人的信用风险分析及法律风险分析；<br>4. 专项计划交易结构分析；<br>5. 管理人、托管人等服务机构的履约能力分析；<br>6. 现金流分析及压力测试；<br>7. 跟踪评级安排；<br>8. 设置循环购买的交易，还需对基础资产的历史表现进行量化分析。 |
| 五、 | 主要交易合同文本 | |
| 1. | 专项计划标准条款 | |
| 2. | 资产支持证券认购协议与风险揭示书 | 请严格按照中国证券投资基金业协会要求格式起草，新增内容可以加在协会提供的格式版本条款之后。 |
| 3. | 专项计划资产买卖协议 | 专项计划增信方式包括担保、差额支付承诺的，首次申请时应提供担保人、差额支付承诺人关于提供担保、差额支付的盖章版内部授权文件。须经主管机关批准、核准或同意的，应提供相应主管部门的批准、核准或同意的文件。 |
| 4. | 专项计划托管协议 | |
| 5. | 专项计划监管协议（若有） | |
| 6. | 担保协议或担保函、担保人就提供担保获得的授权文件（若有） | |
| 7. | 差额支付承诺函、差额支付承诺人就提供差额支付获得的授权文件（若有） | |
| 8. | 专项计划资产服务协议 | |
| 9. | 其他补充合同（若有） | |
| 六、 | 其他中介报告 | |
| 1. | 特定原始权益人最近3年（未满3年的自成立之日起）经审计的财务报告、融资情况说明（截至最近一期）（附件十二）、最近一期财务报告或会计报表 | 首次申请时提交盖章版扫描件。 |

续表

| | | |
|---|---|---|
| 2. | 担保人（差额支付承诺人参照）最近一年经审计的财务报告、最近一期财务报表（若有） | 首次申请时提交盖章版扫描件。 |
| 3. | 关于专项计划会计处理意见的说明（若有） | 会计出表的需提供专项计划会计处理意见的说明。 |
| 4 | 基础资产转让评估报告/现金流预测分析报告 | 若基础资产为少数几笔已形成的金钱债权，且不进行循环购买，则无需提供现金流预测报告。管理人应当提交关于不提交现金流预测报告的原因说明。<br>现金流预测报告应详细披露现金流预测方法、基准、假设前提、假设依据和预测结果。<br>若基础资产涉及不动产，需提供房地产评估报告或资产评估报告，内容包括但不限于：<br>1. 估价假设和限制条件<br>2. 估价结果报告，包括估价目的、估价对象、市场背景分析、价值时点、价值类型、估价原则、估价依据、估价方法、估价结果等。 |
| 5. | 专项计划尽职调查报告 | 请管理人通过央行出具的《企业信用报告》、被执行人信息查询系统（http：//zhixing. court. gov. cn/）和最高人民法院的“全国法院失信被执行人名单信息公布与查询系统”查询特定原始权益人的资信情况，明确说明其是否为失信被执行人；<br>通过环境保护部网站、“信用中国”网站、国家企业信用信息公示系统查询特定原始权益人是否存在环境保护领域失信记录。 |
| 七、 | 法律法规或原始权益人公司章程规定的有权机构关于开展资产证券化融资相关事宜的决议 | 相关决议首次提交材料时原始权益人盖章。须经主管机关批准、核准或同意的，应提供相应主管部门的批准、核准或同意的文件。 |
| 八、 | 原始权益人募集资金用途专项说明与承诺 | |
| 九、 | 原始权益人关于基础资产及其转让安排真实性、合法性的承诺函 | |

续表

| | | |
|---|---|---|
| 十、 | 管理人，托管人有关防范利益冲突的说明（无特殊利益冲突情况，可并入计划说明书） | |
| 十一 | 基础资产未被列入负面清单的专项声明 | 首次提交材料时由管理人盖章。针对项目具体情况，特别是对基础资产可能会被列入负面清单的情况做详细说明。举例：租赁债权的承租人不违反负面清单第一条及第二条的相关要求，须对上述核查情况补充说明。 |
| 十二 | 合规负责人的合规审查意见（附件十三） | 首次提交材料时由管理人盖章。<br>同时以附件形式提交管理人合规、风控、内核等内部审批的主要文件，包括但不限于立项报告、立项通过决议纪要、项目承做部门及公司内核会议决议纪要以及承做团队对所提问题的解决情况（或体现内核主要关注问题、解决情况和内核意见的其他相关文件）。 |
| 十三 | 本所要求的其他文件 | |
| 十四 | 反馈意见答复、勘误表 | 答复反馈意见时须提交。反馈意见答复请一并展示修改后的内容，勘误表格式见附件三。 |
| 十五 | 《资产支持专项计划挂牌转让申请承诺履行事项登记表》（附件十一） | 管理人应当在首次提交材料时就其知晓或应当知晓的待履行事项填写本表。获得无异议函前，管理人应当向本所提交《登记表》及承诺性文字的签章版原件扫描件。登记事项完成后，应当及时再次提交更新后的上述文件签章版原件扫描件及证明材料。若资产支持专项计划挂牌转让申请不涉及调整事项，应当在本表注明“无调整事项”，并提交本表签章版原件扫描件。 |
| 十六 | 《资产支持证券多期发行挂牌转让申请文件信息对照表》（附件四） | 同一管理人申请同一原始权益人发起的同类型基础资产的资产支持证券挂牌转让申请的，可在申报时同时提交。 |

附注：资产支持证券**采用分期发行的，申请材料还应符合下列要求：**

1. 挂牌转让申请书应注明本资产支持证券为分期发行，并披露总发行规模、期数。

2. ABS 信息录入模板（. xlsm 文件）应准确填写分期发行的总规模，不可留空。申请分期发行时基础资产、资产支持证券分层结构尚未确定的，管理人及其他信息披露义务人应当在首次申请文件中披露资产支持证券的基本信息、分期发行总规模、基础资产的合格标准与总体特征，并对上述标准、特征的合法性、合理性，资产支持证券整体风险与防范情况、资信评级状况（如有）发表专业意见。管理人还应当在首次申请文件中披露补充文件的信息披露时间节点、途径与方式。

3. 补充文件应披露当期发行的资产支持证券基础资产情况以及对当期入池基础资产发表的补充法律意见、补充尽职调查报告与补充信用评级报告（如有）。

4. 首次法律意见书中应对基础资产的合格标准发表法律意见。补充法律意见书应对当期发行的资产支持证券所涉基础资产的合法性及其是否符合合格标准发表法律意见。

5. 管理人应当于每期发行时提交原始权益人有效期内的财务报告，同步更新计划说明书和评级报告等文件。

**附件二：《挂牌转让申请书》参考格式**

**××资产支持专项计划资产支持证券挂牌转让申请书**

上海证券交易所：

××公司拟通过设立资产支持专项计划，发行××资产支持证券并申请在贵所挂牌转让。

××公司承诺，本转让申请书所列明的信息及向贵所提交的挂牌转让申请材料真实、准确、完整，本资产支持证券的参与方具有相关业务资质，符合《证券公司及基金管理公司子公司资产证券化业务管理规定》和《上海证券交易所资产证券化业务指引》等相关规定，并愿就此承担相应法律责任。

现特就××资产支持证券向贵所提交挂牌转让申请材料，请予接受。

【管理人名称】（盖章）××年××月××日

附表：××资产支持专项计划资产支持证券挂牌转让申请信息披露表

1. 计划说明书内容与格式指引

（具体格式请见文件包中的单独表格）

2. 尽职调查报告内容与格式指引登记表

（具体格式请见文件包中的单独表格）

3. 资产支持证券信息披露要素表

（具体格式请见文件包中的单独表格）

附件三：《关于资产支持证券挂牌转让申请文件的修改、勘误表》参考格式

**关于资产支持证券挂牌转让申请文件的修改、勘误表**

| 修订文件名称 | 章节 | 页码 | 修订/勘误的内容 | 备注 |
|---|---|---|---|---|
| 【文件1】 | 【请按顺序逐一注明修订内容所在部分的一级、二级、三级标题等】 | 【】 | 【请简述修订或勘误的类别（如“风险提示”、“现金流预测数据”等）及原因（如“回复反馈意见”、“现金流预测数据数据更新”等）】 | |
| | | | | |
| 【文件2】 | | | | |
| | | | | |
| …… | | | | |
| 【文件n】 | | | | |
| | | | | |

（表格内容至此）

【管理人名称】承诺，除本表格登记、说明的内容外，本期资产支持证券挂牌申请材料历次修订稿中不存在其他与前次相应申请文件不一致的内容。本方亦承诺，本表格填写的内容真实、准确、完整，不存在重大遗漏及误导性陈述。

承诺人：××年××月××日

**附件四：《资产支持证券多次发行挂牌转让申请文件信息对照表》参考格式**

**资产支持证券多次发行挂牌转让申请文件信息对照表**

| 修订文件名称 | 页码 | 【本次申报项目简称】(例：××二期) | 【往期项目简称】(例：××一期) | 备注 |
| --- | --- | --- | --- | --- |
| 【文件一】 | 【】 | 【修改后内容】<br>＊变更内容请以加粗格式显示。<br># 若为本期新增内容或往期内容在本<br>期中删除，请加粗注明。 | (往期内容) | |
| 【文件二】 | | | | |
| 【文件 n】 | | | | |

(表格内容至此)

【管理人名称】承诺，除本表格登记、说明的内容外，本次资产支持证券挂牌申请材料中不存在其他与前次申请材料不一致的内容。本方亦承诺，本表格填写的内容真实、准确、完整，不存在重大遗漏及误导性陈述。

承诺人：

××年××月××日

**附件五：《期后事项承诺函》参考格式 期后事项承诺函**

上海证券交易所：

＊＊公司（以下简称“管理人”）提交的＊＊资产支持证券挂牌转让申请已于20＊＊年＊月＊日获得贵所挂牌转让无异议函（上证函〔〕号），并拟于20＊＊年＊月＊日发行。管理人＊＊公司对领取上述文件之日起至本承诺函签署日的期后事项进行了审慎核查，具体如下：

1. 项目交易结构、参与方基本信息、参与方所担任的角色和相关权利义务（有/无）变化。

2. 资产支持证券的基本情况（有/无）变化。

3. 资产支持证券的信用增级方式（有/无）变化。

4. 原始权益人基本情况（有/无）重大变化，（有/无）重大违法违规行为，（存在/不存在）影响资产支持证券发行的诉讼、仲裁和纠纷。

5. 管理人、资产服务机构、托管人以及信用增级机构的基本情况（有/无）变化。

6. 管理人、托管人与原始权益人之间的重大利益关系（有/ 无）变化。

7. 专项计划的基础资产情况、债务人的相关信用情况（有/无）变化。

8. 专项计划的账户设置、现金流归集、投资及分配安排（有/无）变化。

9. 专项计划资产的管理安排（有/无）变化。

10. 专项计划的设立、终止与清算安排（有/无）变化。

11. 资产支持证券的登记、转让安排（有/无）变化。

12. 资产支持证券的信息披露安排（有/无）变化。

13. 资产支持证券持有人会议安排（有/无）变化。

14. 资产支持证券的违约责任与争议解决安排（有/无）变化。

15. 资产支持证券相关事项（有/无）其他影响发行、挂牌和投资者判断的重大变化。

16. 专项计划文件涉及的财务报表和数据根据信息披露规则要求（处于/未处于）有效期内，（不需要/需要）更新。

17. 《资产支持专项计划挂牌转让申请承诺履行事项登记表》中关于承诺履行事项的执行完成情况。

〔发生变化〕综上所述，自领取无异议函之日起至本承诺函盖章日止，资产支持专项计划发生上述变化后，不会对专项计划新增实质性风险，不影响资产支持专项计划在贵所的挂牌条件。管理人已充分披露上述重大变化事项及相关风险和风险缓释措施。除前述明确列示的事项外没有发生其他影响本次资产支持证券发行、挂牌及对投资者做出投资决策有重大影响的应予披露的事项。并且承诺公告文件与申报文件一致。

或

〔未发生变化〕综上所述，自领取无异议函之日起至本承诺函盖章日止，没有发生影响本次资产支持证券发行、挂牌及对投资者做出投资决策有重大影响的应予披露的事项。并且承诺公告文件与申报文件一致。

特此说明。

【管理人名称】（盖章）

××年×月×日⑰

⑰ 管理人落期日期应为向本所提交发行前备案邮件之日或前一日。

**附件六：《×××资产支持证券发生特殊情况的说明》参考格式**

**×××资产支持证券发生特殊情况的说明**

上海证券交易所：

×××公司于××年××月××日向贵所申报了×××资产支持证券的申请文件，××年××月××日因［ ］等情况，特向贵所说明具体情况如下：

1. 事件具体内容；

2. 中介机构核查情况及意见；

上述事项影响\不影响本次资产支持证券挂牌转让条件，×××提请\不提请中止\撤回\终止×××资产支持证券挂牌转让的申请。

特此说明。

【管理人名称】（盖章）

××年××月××日

**附件七：《代码申请书》参考格式**

**代码申请书**

上海证券交易所：

我公司于××年××月××日收到贵所出具的《关于××资产支持证券在上交所挂牌转让的无异议函》。××资产支持专项计划将于/已于近日完成发行。该产品将在固定收益平台挂牌转让，现向贵所申请债券代码。证券信息见附表。

特此申请。

**附：挂牌转让资产支持证券信息表**

| 序号 | 产品简称（8个字符） |
|---|---|
| 1 | |
| 2 | |
| 3 | |

发行人：（盖章）

管理人：（盖章）××年××月××日

**附件八：《×××资产支持专项计划在上海证券交易所挂牌转让的公告》参考格式**

**×××资产支持专项计划在上海证券交易所挂牌转让的公告**

自××年××月××日起，上海证券交易所将在固定收益证券综合电子平台（以下简称“固定收益平台”）为“××资产支持专项计划”（以下简称“××”）提供转让服务。现就有关事项公告如下：

一、已在中国证券登记结算有限责任公司上海分公司开立证券账户的资产支持证券合格投资者可以参与“××”转让业务；经上海证券交易所核准的固定收益平台交易商可以进行“××”的转让和转让代理业务；经上海证券交易所核准的固定收益平台一级交易商可以对“××”持续提供双边报价及对询价提供成交报价。

二、上海证券交易所固定收益平台的交易时间为每个交易日的上午9:30－11:30、下午13:00－15:00。固定收益平台用户可在交易日的9:00－9:30登录上海证券交易所固定收益平台，进行转让开始前的准备工作。

三、“××”共有××个品种。“优先级资产支持证券01”预期到期日为××年××月××日，转让简称为“××”，转让代码为××；“优先级资产支持证券02”预期到期日为××年××月××日，转让简称为“××”，转让代码为××××××。上海证券交易所将于××年××月××日开始为“××资产支持专项计划”提供转让服务。

四、“××资产支持专项计划”的转让计价单位为份（面值100元人民币），转让价格最小变动单位为人民币0.001元，转让按净价申报；转让单位为手，1手等于10份；转让数量最少为50手，转让数量最小变动量为50手；转让申报价格实行涨跌幅限制，涨跌幅比例为10%。转让数量和价格由交易商根据前款规定进行报价交易或询价交易。

五、××公司将根据有关规定在其网站上公布“××资产支持专项计划”定期报告和临时报告。

特此公告。

**附件：资产支持证券信息表（参考格式，具体格式请见文件包中的单独表格）**

| | |
|---|---|
| 产品全称 | ××× |
| 证券简称 | ××× |
| 证券代码 | 123520 |
| 发行量（亿元） | 1.1 |
| 期限（天） | 196 |
| 计划起息日（（YYYY/MM/DD）） | 2014/6/13 |

续表

| | |
|---|---|
| 到期日（YYYY/MM/DD） | 2014/12/26 |
| 年收益率（%） | 6.60% |
| 利息种类 | 固定利率 |
| 付息方式 | 每年12月26日付息一次<br>（遇到2月29日调整为28日） |
| 总付息次数 | 1 |
| 发行价格（元） | 100 |
| 收益分配日期 | 到期日前每年的12月26日 |
| 信用等级（如AAA，若有） | AA+ |
| 信用等级评定单位（若有） | ××× |
| 专项计划计划备案日 | |
| 管理人 | ××× |

【管理人名称】（盖章）

××年 ×× 月 ×× 日

**附件九：《债券发行登记、上市、兑付兑息相关事宜的承诺函》参考格式**

**××公司债券发行登记、上市、兑付兑息相关事宜的承诺函**

上海证券交易所、中国证券登记结算有限责任公司上海分公司：

××公司（以下简称发行人）和××公司（以下简称承销机构）办理××公司债券（债券代码：××，债券简称：××）发行登记、上市、兑付兑息业务相关事宜作出承诺如下：

一、发行登记、上市相关事宜的承诺

1. 发行人及承销机构承诺遵守法律、法规、规章、规范性文件，以及上海证券交易所和中国证券登记结算有限责任公司上海分公司的业务规则、指南、流程等。

2. 发行人已经授权承销机构通过上海证券交易所债券业务管理系统提交债券发行登记、上市或挂牌转让业务申报，并对授权行为承担相应法律后果。发行人及承销机构已知悉通过该系统填报的电子数据为办理发行登记、上市或挂牌转让的原始业务凭证。发行人及承销机构保证并承诺所提交的上述材料的电子申报信息和纸质文档一致，如电子申报信息与纸质材料存在不一致的，以上海证券交易所收到的电子申报信息内容为准。

3. 发行人及承销机构承诺所提交相关文件的内容真实、准确、完整，没有虚假记载、误导性陈述或重大遗漏，不符合前述要求的一切法律责任和后果由发行人及承销机构承担。

4. 发行人和承销机构承诺通过上海证券交易所债券业务管理系统申报登记的债券不存在冻结、质押及持有人不明的情况，登记申报前因历史遗留问题所造成的任何法律纠纷与上海证券交易所和中国证券登记结算有限责任公司上海分公司无关。

5. 发行人和承销机构需及时核对上海证券交易所债券业务管理系统列示的登记结果，核对无误的方可提出上市申请；经核对发现登记结果有误的，应按照法律法规和相关业务规则要求向中国证券登记结算有限责任公司上海分公司提出证券变更申请。因未履行核对义务导致相关资产持有人利益受损的，由发行人和承销机构承担责任。

6. 上述申报材料的纸质文档由发行人或者承销机构自行保存，保存期限不低于债券全部兑付之日起3年。

7. 发行人及承销机构承诺最迟在上市或挂牌转让后一周内负责完成债券登记费用缴纳工作，对逾期未完成缴纳的，由承销机构督促发行人完成该笔登记费用缴纳，在此期间中国证券登记结算有限责任公司上海分公司有权暂停承销机构其他债券登记业务。

二、兑付兑息相关事宜的承诺

1. 发行人是否授权承销机构通过中国证券登记结算有限责任公司电子化业务系统（PROP系统、网上业务平台等具有债券业务网上申报功能的系统）提交债券兑付/兑息/赎回业务申报：

[ ] 是，发行人授权承销机构提交业务申报，发行人认可该承销机构提交的业务申报，并承担因该申请而引起的所有相关义务和责任。

[ ] 否，发行人自行申报。

2. 发行人认可通过上述系统申报方式，委托中国证券登记结算有限责任公司上海分公司代理本债券的兑付/兑息/赎回业务。发行人及其授权的承销机构已知悉通过上述系统填报的电子数据为办理业务的原始业务凭证。发行人及其授权的承销机构保证并承诺所提交的上述材料的电子申报信息和纸质文档一致，如电子申报信息与纸质材料存在不一致的，以电子申报信息内容为准。

3. 发行人及其授权的承销机构保证通过电子化业务系统向中国证券登记结算有限责任公司上海分公司提交的申报材料与信息的真实性、准确性和完整性，不符合前述要求的一切法律责任和后果由发行人及其授权的承销机构承担。

4. 发行人承诺在兑付、兑息、赎回日前第二个交易日的16：00时前将本债券兑付、兑息、赎回资金和手续费一并足额划入中国证券登记结算有限责任公司上海分公司指定的银行帐户，由于发行人违反前述要求，导致中国证券登记结算有限责任公司上海分公司未能按时足额发放兑付、兑息、赎回款，中国证券登记结算有限责任公司上海分公司有权终止公司债券委托代理兑付兑息关系，由此所致的一切法律责任均由发行人承担。

5. 发行人已知悉：债券持有人证券账户已办理指定交易的，中国证券登记结算有限责任公司上海分公司结算系统自动将债券兑付/兑息/赎回资金划付指定的结算参与人；债券持有人证券账户未办理指定交易的，相关资金暂由中国证券登记结算有限责任公司上海分公司保管且不计利息。

本承诺书同样适用于企业债券及资产支持证券等固定收益类产品。

发行人（盖章）：

承销机构（盖章）：

法定代表人 或授权代表（签字）：

日期：

法定代表人 或授权代表（签字）：

日期：

**附件十：《资产支持专项计划收益分配公告》参考格式**

**××公司关于××资产支持专项计划第＊期收益分配报告**

××资产支持专项计划（以下简称“本专项计划”）自××年××月××日由××公司（以下简称“管理人”）设立并开始运作。本专项计划设置优先级资产支持证券和次级资产支持证券两种资产支持证券，其中优先级资产支持证券共分为××个品种，分别为：××。截至目前，本次发行的资产支持证券各类别情况如下表所示：

| 证券代码 | 系列 | 按面值分期偿还后的简称 | 起息日 | 到期日 | 还本付息方式 | 评级 | 预期年收益率 | 剩余规模（亿元） |
|---|---|---|---|---|---|---|---|---|
| | 14＊＊A1 | | yyyy/mm/dd | yyyy/mm/dd | | | | |
| | 14＊＊A2 | | yyyy/mm/dd | yyyy/mm/dd | | | | |
| | 14＊＊A3 | | yyyy/mm/dd | yyyy/mm/dd | | | | |
| | 14＊＊A4 | | yyyy/mm/dd | yyyy/mm/dd | | | | |
| | 次级资产支持证券 | | yyyy/mm/dd | yyyy/mm/dd | | | | |

注1：如涉及利率调整，请在预期年收益率中表述具体情况。

注2：如涉及分期偿还，请在下表中表述具体情况。

根据《××计划说明书》的约定，本专项计划优先级资产支持证券投资者获得分配本金的具体情况如下表所示：

| 兑付日期 | 14＊＊A1 本金兑付比例 | 14＊＊A2 本金兑付比例 | 14＊＊A3 本金兑付比例 | 14＊＊A4 本金兑付比例 |
|---|---|---|---|---|
| yyyy/mm/dd | | | | |
| yyyy/mm/dd | | | | |
| yyyy/mm/dd | | | | |
| yyyy/mm/dd | | | | |
| 合计 | 100.00% | 100.00% | 100.00% | 100.00% |

现将有关分配的具体事宜公告如下：

一、分配对象

本专项计划优先级资产支持证券本次分配对象为权益登记日登记在册的全体持有人。

本专项计划次级资产支持证券共计＊份。

二、分配方案

本次优先级资产支持证券的分配资金为＊元。

4＊＊A1

每份优先级资产支持证券 A1 分配资金＝＊元

其中：

每份优先级资产支持证券 A1 分配本金＝＊元

每份优先级资产支持证券 A1 分配预期收益＝＊元

优先级资产支持证券 A1 投资者应得分配资金＝＊元×持有份额。

优先级资产支持证券 A1 分配资金合计＝＊元×＊份＝ ＊元。

三、资产支持专项计划分期偿还情况

14＊＊A1 本次分配后，本金兑付完毕，14＊＊A1 将不再进行交易。（14＊＊A1 本次分配后，剩余本金面值调整为＊＊。）

四、分配时间

1. **14＊＊A1** 的权益登记日为××年××月××日。份额持有人对应登记日登记在中国证券登记结算有限责任公司上海分公司（以下简称“中证登上海公司”）所提供的本专项计划持有人名册上的优先级资产支持证券投资者可获得相应的收益分配资金款项。

2. 兑付（息）日××年××月××日。中证登上海公司于该日将实际分配资金直接划付至优先级资产支持证券投资者的资金账户。

五、分配方式

1. 现金分配。

2. 本专项计划优先级资产支持证券分配将由托管人根据管理人发出的分配指令，将本期分配资金划至中证登上海公司，再由中证登上海公司支付至优先级资产支持证券投资者的资金账户。

3. 本专项计划次级资产支持证券分配将由托管人根据管理人发出的分配指令，将本期分配资金支付至次级资产支持证券投资者的资金账户。

六、关于本专项计划优先级资产支持证券利息所得税的征收

**1. 关于向个人投资者征收企业债券利息所得税的说明**

根据《中华人民共和国个人所得税法》和《企业债券管理条例》等相关法规和文件的规定，本专项计划优先级资产支持证券个人投资者应缴纳企业债券个人利息收入所得税，征税税率为利息额的20%。

按照《国家税务总局关于加强企业债券利息个人所得税代扣代缴工作的通知》（国税函〔2003〕612 号）规定，本专项计划优先级资产支持证券利息个人所得税

将统一由各兑付机构负责代扣代缴并直接向各兑付机构所在地的税务部门缴付。请各兑付机构按照个人所得税法的有关规定做好代扣代缴个人所得税工作。如各兑付机构未履行上述债券利息个人所得税的代扣代缴义务，由此产生的法律责任由各兑付机构自行承担。

**本专项计划优先级资产支持证券利息个人所得税的征缴说明如下：**

（1）纳税人：本专项计划优先级资产支持证券的个人投资者

（2）征税对象：本期资产支持证券的利息所得

（3）征税税率：按利息额的20%征收

（4）征税环节：个人投资者在付息网点领取利息时由付息网点一次性扣除

（5）代扣代缴义务人：负责本期资产支持证券付息工作的各兑付机构

（6）本期资产支持证券利息税的征管部门：各付息网点所在地的税务部门

**2. 关于向非居民企业征收企业债券利息所得税的说明**

对于持有本专项计划优先级资产支持证券的合格境外机构投资者等非居民企业（其含义同《中华人民共和国企业所得税法》），根据2008年1月1日起施行的《中华人民共和国企业所得税法》及其实施条例、2009年1月1日起施行的《非居民企业所得税源泉扣缴管理暂行办法》（国税发〔2009〕3号）以及2009年1月23日发布的《关于中国居民企业向QFII支付股息、红利、利息代扣代缴企业所得税有关问题的通知》（国税函〔2009〕47号）等规定，非居民企业取得的发行人本期资产支持证券利息应当缴纳10%的企业所得税，中国证券登记结算有限责任公司上海分公司将按10%的税率代扣相关非居民企业上述企业所得税，在向非居民企业派发债券税后利息，将税款返还管理人，然后由管理人向当地税务部门缴纳。

七、咨询方式

××公司

地址：××

电话：××

传真：××

特此公告。

××公司<br>××年××月

## 附件十一：《资产支持专项计划挂牌转让申请承诺履行事项登记表》参考格式

### 资产支持专项计划挂牌转让申请承诺履行事项登记表

| 承诺履行事项 | 成因 | 涉事主体 | 履行计划 | 材料清单 | 日期（预期） | 日期（实际） | 备注 |
|---|---|---|---|---|---|---|---|
| 【事项1，如：解除基础资产权利负担】 | 【请简述事项无法在挂牌转让申请取得无异议函前履行完毕的原因】 | 【请披露事项履行所涉及的各主体名称】 | 【请简要叙述事项的拟定履行流程及各主体履行该事项的义务】 | 【请列明事项履行完毕的证明性文件名称及签署、出具方】 | 【可填写如：T＋30日，而非实际日历日期】 | 【待事项实际履行完毕后填写】 | |
| | | | | | | | |
| 【事项2】 | | | | | | | |
| | | | | | | | |
| …… | | | | | | | |
| 【事项n】 | | | | | | | |
| | | | | | | | |

（表格内容至此）

【管理人名称】承诺，除本表格登记、说明的内容外，本期资产支持证券挂牌转让申请中不存在其它提交申请时知晓或应当知晓的待履行事项。【管理人名称】将根据承诺的计划与日期履行或督促涉事各方履行相关事项，并及时、真实、完整地提交证明材料。

如在获得无异议函后出现其它可能影响本资产支持专项计划设立与资产支持证券发行的事项，应当通过《关于资产支持专项计划资产支持证券发生重大变化的专项说明》向上海证券交易所提交申请。

本方亦承诺，本表格填写的内容真实、准确、完整，不存在重大遗漏及误导性陈述。

承诺人：

××年 ×× 月 ×× 日

备注：管理人应当在获得无异议函前向上海证券交易所提交《登记表》及承诺性文字的签章版原件扫描件。登记事项完成后，应当及时再次提交更新后的上述文件签章版原件扫描件及证明材料。若资产支持专项计划挂牌转让申请不涉及调整事项，应当在本表注明“无调整事项”，并提交本表签章版原件扫描件。

**附件十二：《融资情况说明》参考格式**

**融资情况说明**

特定原始权益人×××，成立于××年××月××日，截至××年××月 ××日，公司融资余额××亿元。(提供三年及一期融资情况每年余额和明细)

一、20×× 年融资情况如下：

1. 融资发生额

20×× 年，特定原始权益人总融资发生额为×× 亿元，具体明细如下：

（1）直接融资（如公司债券、资产支持证券、增发股份等)

| 产品名称 | 发行规模 | 存续期间 | 发行利率 | 评级 | 用途 |
|---|---|---|---|---|---|
| | | | | | |

（2）间接融资（如银行贷款、信托贷款等)

| 借款人 | 产品名称 | 金额 | 期限 | 利率 | 担保条件 |
|---|---|---|---|---|---|
| | | | | | |

（3）对外担保情况

包括对外担保金额及对外担保金额占原始权益人净资产比例。

2. 融资余额

截止20××年12月31日，特定原始权益人融资余额为××亿元，具体明细如下：

（1）直接融资（如公司债券、资产支持证券、增发股份等）

| 产品名称 | 发行规模 | 存续期间 | 发行利率 | 评级 | 用途 |
| --- | --- | --- | --- | --- | --- |
| | | | | | |

（2）间接融资（如银行贷款、信托贷款等）

| 借款人 | 产品名称 | 金额 | 期限 | 利率 | 担保条件 |
| --- | --- | --- | --- | --- | --- |
| | | | | | |

（3）对外担保情况

包括对外担保金额及对外担保金额占原始权益人净资产比例。

二、20××年融资情况如下：

…

三、20××年融资情况如下：

…

四、最近一期融资情况如下：

…

五、最近一期至申报日之间公司债券、资产支持证券申报及发行情况如下：

…

特定原始权益人（盖章）

××年××月××日

**附件十三：《合规负责人的合规审查意见》参考格式**

**合规负责人的合规审查意见**

×××公司（管理人）作为专项计划管理人设立“×××资产支持专项计划”，以×××为原始权益人，×××作为资产服务机构，×××作为托管人，××作为监管银行，×××作为评级机构，×××作为律师事务所，×××作为会计师事务所。×××公司（管理人）依据《…》等（法律、法规名称），对业务的可行性和合规性作出评估，出具合规意见如下：

一、关于×××公司是否符合资产支持专项计划管理人条件依据《证券公司及基金管理公司子公司资产证券化业务管理规定》进行逐条说明。

二、关于×××公司是否履行了内部程序，包括内部授权程序、风控部门程序和相应内核程序。

三、关于×××公司申报材料的真实性和合规性的专项说明。

合规负责人（签章）

管理人（盖章）

××年 ×× 月 ×× 日

**附件十四：《预期收益分配表》参考格式**

| 日期 | 优先级资产支持证券A1本金 | 优先级资产支持证券A2本金 | 优先级资产支持证券A3本金 | 优先级资产支持证券B本金 | 次级本金 | 次级收益 |
|---|---|---|---|---|---|---|
| 各档金额 | 150000000.00 | 1000000000.00 | 30000000.00 | 70000000.00 | 267546678.00 | |
| 各档占比 | 9.88% | 65.90% | 1.98% | 4.61% | 17.63% | |
| 2016/7/10 | 20000000.00 | | 7948830.00 | | | |
| 2016/10/10 | 16000000.00 | | 827122.00 | | | |
| 2017/1/10 | 16000000.00 | | 618850.00 | | | |
| 2017/4/10 | 70000000.00 | | 2441979.00 | | | |
| 2017/7/10 | 14000000.00 | | 1207871.00 | | | |
| 2017/10/10 | 14000000.00 | | 1121974.00 | | | |
| 2018/1/10 | | 290000000.00 | 8780584.00 | | | |
| 2018/4/10 | | 270000000.00 | 3489088.00 | | | |
| 2018/7/10 | | 325000000.00 | 1710026.00 | | | |
| 2018/10/10 | | 115000000.00 | 1853676.00 | 70000000.00 | 88488351.00 | |
| 2019/1/10 | | | | | 179058327.00 | 14896-387.00 |
| 2019/4/10 | | | | | | 82567-84.00 |
| 2019/7/10 | | | | | | 56489-43.00 |
| 2019/10/10 | | | | | | 89484-93.00 |

填写要求：

1. 上例中，A1、A2 为到期还本档，A2 还本在 A1 之后；A3 为过手摊还档；优先 B 档为次优先，在优先档全部偿还后还本偿还；次级若挂牌，也须提供其本金、收益的预期到账时间。

2. 表格是在现金流预测的前提下的预测数据，现金流预测的假设为 0 逾期、0 早偿。对于出现逾期、早偿导致收益分配出现变化的，请及时提交修改后的收益分配表格。涉及到循环购买的，循环期本金兑付为 0，摊还期数据参考过手档填写。

3. 收益分配数量：每百元发行面值每次收益分配的最小单位为三位小数，超过三位小数无效。

4. 收益分配要求规律性：尽量设置成按年分配、按半年分配、按季分配，尽量不要按月分配，上述分配中要求同日，如每年的＊月＊日（节假日顺延）分配，每年的＊月＊日和＊月＊日。

5. 涉及过手摊还的，偿还本金每百元发行面值的最小单位为两位小数。并且偿还本金要与收益分配日保持一致性。

## 1.2.4 《上海证券交易所资产支持证券挂牌条件确认业务指引》(2017 年 6 月 20 日　上证发〔2017〕28 号)

**【重点提示】**

2017 年 6 月，深交所与上交所先后发布《深圳证券交易所资产支持证券挂牌条件确认业务指引》和《上海证券交易所资产支持证券挂牌条件确认业务指引》（以下简称《指引》)。上交所的《指引》全文共 6 章 37 条，在挂牌程序的规定上与《上海证券交易所资产证券化业务指南》基本保持一致，重点加强挂牌申请过程中的信息披露，并强调自律管理，加大投资者权益的保护力度。

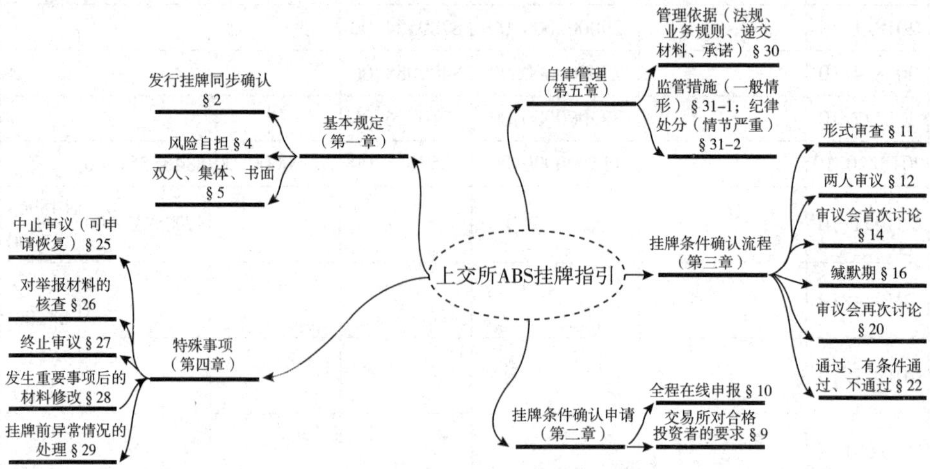

【文件内容】

## 第一章　总　　则

第一条　【制定目的】

为规范资产支持证券挂牌条件确认相关业务行为，维护正常市场秩序，保护投资者合法权益，根据中国证监会《证券公司及基金管理公司子公司资产证券化业务管理规定》（以下简称《管理规定》）及上海证券交易所（以下简称本所）相关业务规则，制定本指引。

第二条　【发行挂牌同步确认】

符合《管理规定》要求的**证券公司、基金管理公司子公司**（以下统称管理人）设立资产支持专项计划（以下简称专项计划），并拟申请资产支持证券在本所挂牌转让的，管理人应当在**发行前向本所提交挂牌条件确认申请文件，由本所确认是否符合挂牌条件**。

第三条　【符合法规及交易所规定】

本所根据相关法律、法规、规章、规范性文件、本指引及本所其他业务规则，**对资产支持证券挂牌条件确认申请文件进行审议；符合条件的，本所予以确认并出具相关文件**。

第四条　【投资风险自担】

本所确认挂牌条件，不表明本所对资产支持证券的投资风险或收益等作出判断或者保证。资产支持证券的**投资风险由投资者自行判断和承担**。

第五条　【接受公众监督】

本所对资产支持证券挂牌条件的确认工作**遵循公平、公正、公开原则**，并实行**双人双审、集体决策、书面反馈**，并公布确认流程、进度、结果等信息，接受社会监督。

第六条　【利益冲突的回避】

本所对资产支持证券挂牌条件的确认工作实行**回避制度**。本所工作人员在审议申请文件时，如果存在利益冲突或者**潜在利益冲突**，可能影响公正履行职责的，应当予以回避。

## 第二章　挂牌条件确认申请

第七条　【挂牌应符合法律法规、交易所规定】

资产支持证券在本所挂牌转让，应当符合《管理规定》等法律法规、部门规章、规范性文件和本所业务规则的规定。

资产支持证券在本所挂牌转让，**应不具有中国证券投资基金业协会《资产证券化基础资产负面清单》列示情形或不符合本所确定的挂牌条件的情形**。

第八条 【各方应对提交文件的真实性负责】

**管理人、托管人及其他业务参与人应当具备相应资质**，严格遵守执业规范和监管规则，勤勉尽责履行尽职调查和核查、风险防范及揭示等职责，保证其向本所**提交的申请文件**不存在**虚假记载、误导性陈述或者重大遗漏**，就申请文件的**真实性、准确性和完整性**承担相应的法律责任，确保申请文件的**电子件、传真件、复印件等与原件一致**。

第九条 【合格投资者的标准不应低于交易所的要求】

管理人应当向**符合本所规定的合格投资者**发行资产支持证券，且每期资产支持证券的投资者合计不超过200人。

管理人可以根据自身情况和发行需求，**制定更高的投资者适当性管理要求**，并在计划说明书中披露。

第十条 【在线申报】

管理人应当通过**本所电子申报系统**提交以下资产支持证券挂牌条件确认申请文件：

（一）**资产支持证券挂牌转让申请书**；

（二）**专项计划说明书**；

（三）**法律意见书**；

（四）信用评级报告（如有）；

（五）**主要交易合同文本**，包括但不限于专项计划标准条款、认购协议与风险揭示书，资产买卖协议、托管协议、监管协议（如有）、资产服务协议（如有）；

（六）特定原始权益人最近3年（未满3年的自成立之日起）经审计的**财务报告及融资情况说明**；

（七）基础资产评估报告、现金流预测分析报告（如有）；

（八）差额支付承诺函、担保协议或担保函以及其他增信措施文件（如有）；

（九）**尽职调查报告**；

（十）**法律法规或原始权益人公司章程等规定的有权机构关于开展资产证券化融资相关事宜的决议**；

（十一）**管理人合规审查意见**；

（十二）本所要求的其他文件、材料。

专项计划说明书等申请文件的内容和格式应当符合本所的相关要求，所披露内容应当**充分、一致、可理解**。

## 第三章 挂牌条件确认流程

第十一条 【对提交申请文件的形式审查】

本所接收管理人提交的挂牌条件确认申请文件后，在2个交易日以内对申请文件是否齐全和符合形式要求进行核对。文件齐备的，予以受理；文件不齐备的，一次性告知补正；明显不符合本所挂牌条件的，不予受理。

第十二条　【受理后的初步审议】

本所受理申请文件后，**确定两名工作人员进行审议**。相关工作人员对申请文件进行审议，**提出意见，并提交审议会集体讨论**。

第十三条　【审议会组成】

审议会一般由**本所债券业务中心相关人员参加**，并可以根据需要，安排业内专业人士参与讨论。

本所根据需要，可以要求管理人及其他业务参与人工作人员参加审议会并说明相关情况。

第十四条　【审议会首次讨论】

**审议会**依据法律、行政法规、部门规章、规范性文件以及本所业务规则对专项计划涉及的基础资产、现金流预测、交易结构、风险控制以及信息披露等事项进行审议，**主要讨论审议中关注的主要问题**，确定需要管理人补充披露、解释说明、中介机构**进一步核查落实的问题**和其他需讨论的事项，并**确定书面反馈意见**。

第十五条　【初步反馈意见】

首次书面反馈意见在**受理之日起10个交易日以内**，通过本所电子申报系统，送达管理人，特殊情况除外。

第十六条　【缄默期】

受理之日起至首次书面反馈意见发出期间，相关工作人员不接受管理人及其他业务参与人就本次资产支持证券申请挂牌条件确认事宜的来访或其他形式的沟通。

第十七条　【管理人的逐项回复】

管理人应当于收到本所书面反馈意见之日起**20个交易日**以内，通过本所电子申报系统，提交书面回复文件，对反馈意见进行逐项回复；回复意见涉及申请文件修改的，应当同时提交修改后的申请文件及修改说明。

第十八条　【延期回复】

因特殊情形需延期回复的，管理人应当在书面反馈意见回复期限届满前向本所提交延期回复申请，说明延期理由和拟回复时间。**回复延期时间最长不得超过20个交易日**。在延期回复期限内仍未回复的，管理人可以申请中止审议。

第十九条　【反馈意见答疑】

管理人对书面反馈意见有疑问的，可与相关工作人员进行沟通。需进行当面沟通的，应当在本所办公场所进行并有两名以上本所工作人员同时在场。

第二十条　【审议会再次讨论】

如无特殊情况，相关工作人员应当在管理人提交反馈意见回复后**5个交易日以内**，就反馈意见回复及申请文件修改情况，提交审议会集体讨论。

第二十一条　【补充反馈意见】

反馈意见回复及经修改的申请文件不符合要求或者存在其他需要落实的重要事项的，审议会可以出具补充的书面反馈意见。

第二十二条　【通过、有条件通过、不通过】

无需出具书面反馈意见或补充反馈意见的，由审议会作出“通过”“有条件通过”“不通过”3种会议意见。

**申请文件存在严重质量问题或存在中介机构明显不勤勉尽责的其他情形的，本所可以不出具书面反馈意见**，由审议会直接作出“不通过”的会议意见。

第二十三条　【交易所出局书面通知或告知理由】

审议会意见为“通过”的，本所向管理人**出具符合挂牌条件的相关文件**。

审议会意见为“有条件通过”的，**在相关事项落实完毕后，本所向管理人出具符合挂牌条件的相关文件**。

审议会意见为“不通过”的，**本所向管理人出具不符合挂牌条件的相关文件并告知理由**。

第二十四条　【申请材料的封卷】

管理人应当根据本所相关要求对资产支持证券挂牌条件确认申请文件等材料原件进行**封卷、归档和留存**。

## 第四章　特殊事项

第二十五条　【中止审议、申请恢复审议】

审议过程中，发生下列情形之一的，本所可以中止审议并通知管理人：

（一）管理人因**正当理由主动要求**中止审议的；

（二）管理人、原始权益人因**涉嫌违法违规，被有权机关立案调查或侦查尚未终结**，对其资产支持证券是否符合挂牌条件**可能产生不利影响**的；

（三）管理人、原始权益人、增信机构（如有）或其他业务参与人**被主管部门采取限制参与资产证券化相关业务活动、责令停业整顿、指定其他机构托管或接管等监管措施，尚未解除的**；

（四）**管理人未及时回复**且未按规定申请延期回复，或者在延期回复期限内仍不能提交回复文件的；

（五）原始权益人的**财务报告、相关资质许可等申请文件已超过有效期，且短期内难以重新提交的**；

（六）本所收到涉及资产支持证券挂牌条件确认申请的相关**举报材料并需要进一步核查**的；

（七）本所认为需要中止审议的**其他情形**。

**上述第（一）至（五）项情形消除后，管理人可以向本所申请恢复审议**。本所自收到申请之日起2个交易日以内确定是否恢复审议。

第二十六条　【对举报材料的核查方式】

发生本指引第二十五条第（六）项情形的，本所可采取核查、要求管理人及其他业务参与人**自查**、**委托独立第三方核查**以及**移交相关部门调查**等措施。管理人及其他业务参与人应当积极配合，并按要求向本所提交自查、核查报告。

经核查，未发现所举报事项影响资产支持证券挂牌条件的，本所恢复审议并通知管理人；经核查所举报事项影响挂牌条件或存在违法违规行为等情形的，本所按照有关规定进行处理。

第二十七条　【终止审议】

审议过程中，发生下列情形之一的，本所可以终止审议并通知管理人：

（一）管理人**主动要求**撤回申请的；

（二）原始权益人或管理人发生**解散、清算或者宣告破产等原因依法终止**的；

（三）**中止审议超过3个月**的；

（四）本所认为需要终止审议的**其他情形**。

第二十八条　【发生重要事项后的材料修改】

本所受理后至出具符合挂牌条件的相关文件前，基础资产或其他相关方面发生**重大事项**、**可能影响资产支持证券投资价值及投资决策判断的事项**，以及**认为需要补充披露的其他重要事项**时，管理人及其他业务参与人应当及时向本所报告，提交相关事项的书面说明和中介机构意见，**并修改申请材料**。

第二十九条　【挂牌前异常情况的处理】

本所**确认符合挂牌条件并出具相关文件后**至为资产支持证券**提供挂牌转让服务前**，发生不符合本指引第七条、第八条、第九条规定情形，或者出现本指引第二十五条、第二十七条规定的情形，或者存在其他可能影响挂牌条件、资产支持证券投资价值、投资决策判断等事项的，**管理人及其他业务参与人应当及时向本所报告，本所根据具体情况按相关规定进行处理**。

## 第五章　自律管理

第三十条　【对参与主体的自律管理】

管理人、原始权益人、其他业务参与人及其相关人员**违反相关法律法规、监管部门规定、本所业务规则、计划说明书约定或其所作承诺的**，本所按照相关业务规则进行自律管理。

第三十一条 【监管措施、纪律处分】

管理人、原始权益人、其他业务参与人及其相关人员存在下列情形的，**本所可以实施相关监管措施**：

（一）不勤勉尽责或尽职调查不符合相关规定和要求；

（二）对相关事项的核查、安排或承诺不符合相关规定和要求；

（三）出具文件或发表意见、披露或报送信息存在虚假记载、误导性陈述或者重大遗漏；

（四）提交的申请文件不符合相关规定或存在严重质量问题、内容存在明显错误、遗漏、前后表述不一致；

（五）未向规定范围的合格投资者发行或未履行投资者适当性管理职责；

（六）**其他违反**相关法律法规、监管部门规定、本所业务规则、计划说明书约定或其所作承诺**等情形**。

**情节严重的，本所可以实施相关纪律处分**。

第三十二条 【违规行为记入诚信档案】

存在本指引第三十一条规定情形的，本所根据相关要求记入诚信档案。相关行为构成违法违规的，本所移交中国证监会或其他有权机构依法查处。

本所可以审慎受理和审议前款规定的当事人提交的相关申请或出具的相关文件。

## 第六章 附 则

第三十三条 【符合交易所其他业务规定】

本所为资产支持证券提供挂牌转让服务，签订挂牌转让服务协议等，适用本所有关规定。

第三十四条 【参照执行】

**经中国证监会或本所认可的其他金融机构或通过其他特殊目的载体**开展资产证券化业务，在本所挂牌条件的确认，参照本指引执行。

第三十五条 【术语定义】

本指引所称“以内”“以上”含本数，“超过”不含本数。

第三十六条 【解释主体】

本指引由本所负责解释。

第三十七条 【实施日期】

本指引自发布之日起实施。本指引实施前本所发布的通知、指南与本指引不一致的，以本指引为准。

### 1.2.5 《上海证券交易所企业应收账款资产支持证券挂牌条件确认指南》(2017 年 12 月 15 日 上海证券交易所)

**【重点提示】**

2017 年 12 月 15 日，上海证券交易所、深圳证券交易所和机构间报价系统三大资产支持证券挂牌交易场所同步发布了《企业应收账款资产支持证券挂牌条件确认指南》、《企业应收账款资产支持证券信息披露指南》。三大交易场所分别发布的两指南实质内容基本相同，体现了证监会在资产证券化领域统一监管的态度。

本《指南》以下两点值得关注：第一，根据《指南》第 4 条，应收账款应当支付完毕转让对价，合同合法有效，且债权人已经履行了基础资产设计的交易合同项下的义务，不存在预付款的情形；第二，第 15 条第 2 款对于原始权益人、重要债务人的信用状况增加了“最近两年”的规定。

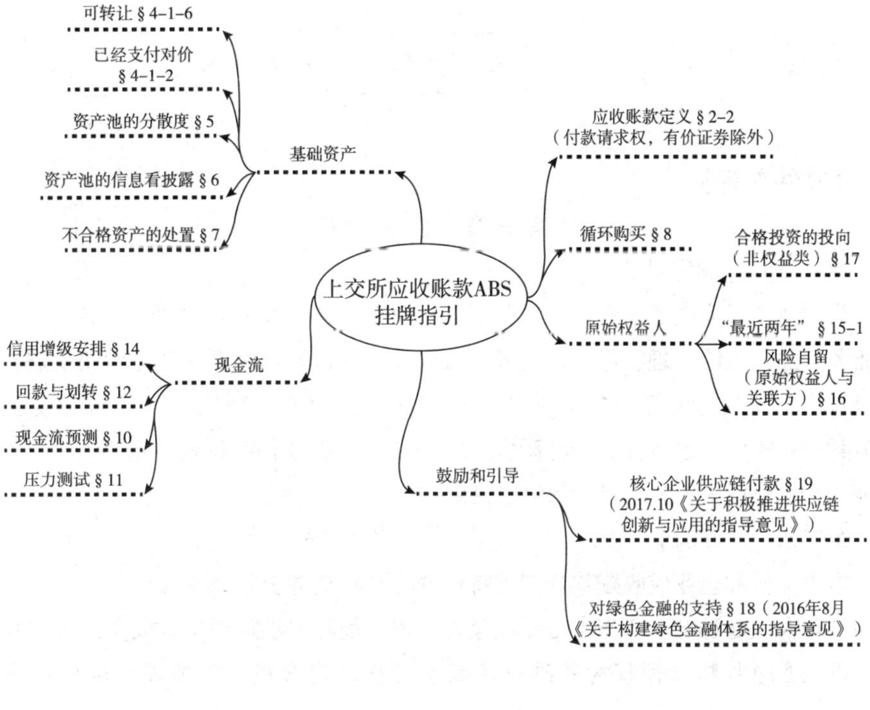

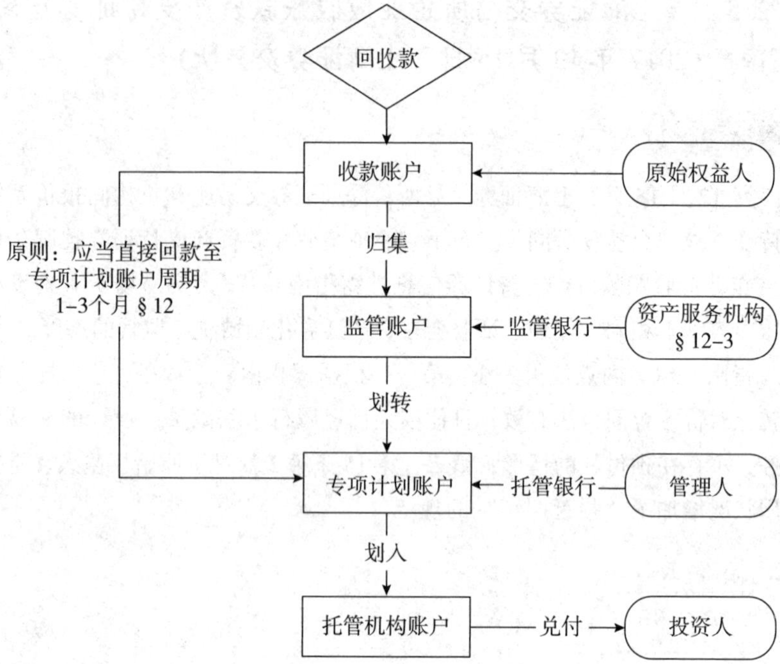


【文件内容】

## 第一章　总　　则

第一条　【制定目的】

为规范企业应收账款资产证券化业务，便于管理人和原始权益人等参与机构开展业务和加强风险管理，保护投资者合法权益，促进资产证券化业务健康发展，根据《证券公司及基金管理公司子公司资产证券化业务管理规定》（证监会公告〔2014〕49 号）、《上海证券交易所资产支持证券挂牌条件确认业务指引》（上证发〔2017〕28 号）等相关规定，制定本指南。

第二条　【定义】

本指南所称**企业应收账款资产支持证券，是指**证券公司、基金管理公司子公司作为管理人，通过设立资产支持专项计划（以下简称专项计划）开展资产证券化业务，**以企业应收账款债权为基础资产或基础资产现金流来源**所发行的资产支持证券。

本指南所称**应收账款，是指**企业因履行合同项下销售商品、提供劳务等**经营活动的义务后获得的付款请求权，但不包括因持有票据或其他有价证券**而产生的付款请求权。

第三条　【适用条件】

本指南适用于企业应收账款资产支持证券在上海证券交易所（以下简称本所）挂牌转让申请。

融资租赁合同债权、消费贷款债权等其他债权类资产证券化的挂牌条件确认指南，由本所另行规定。

## 第二章 挂牌条件

第四条 【基础资产的合格标准】

**以企业应收账款作为基础资产发行资产支持证券**，初始入池和后续循环购买入池（如有）的基础资产在基准日、初始购买日和循环购买日（如有）**除满足基础资产合格标准的一般要求外，还需要符合以下要求**：

（一）基础资产界定应当清晰，附属担保权益（如有）的具体内容应当明确。

（二）原始权益人应当合法拥有基础资产，涉及的应收账款应当基于真实、合法的交易活动（包括销售商品、提供劳务等）产生，交易对价公允，且不涉及《资产证券化业务基础资产负面清单指引》。应收账款系从第三方受让所得的，**原始权益人应当已经支付转让对价**，且转让对价应当公允。

（三）基础资产涉及的交易合同应当合法有效，债权人已经履行了合同项下的义务，合同约定的付款条件已满足，不存在属于预付款的情形，且债务人履行其付款义务不存在抗辩事由和抵销情形。

（四）基础资产涉及的应收账款应当可特定化，且应收账款金额、付款时间应当明确。

（五）基础资产的权属应当清晰明确，不得附带抵押、质押等担保负担或者其他权利限制。已经存在抵押、质押等担保负担或者其他权利限制的，应当能够通过专项计划相关安排在原始权益人向专项计划转移基础资产时予以解除。

**（六）基础资产应当具有可转让性**。基础资产的转让应当合法、有效，转让对价应当公允，存在附属担保权益的，应当一并转让。

（七）应收账款转让应当通知债务人及附属担保权益义务人

（如有），并在相关登记机构办理应收账款转让登记。

若存在特殊情形未进行债权转让通知或未办理转让登记，管理人应当在计划说明书中披露未进行转让通知或未办理转让登记的原因及合理性，充分揭示风险，设置相应的权利完善措施进行风险缓释。

第五条 【资产池的分散度要求】

基础资产池应当具有一定的分散度，至少包括 10 个相互之间不存在关联关系的债务人且单个债务人入池资产金额占比不超过 50%。

**符合以下条件之一的，可免于上述关于债务人分散度的要求：**

（一）基础资产涉及核心企业供应链应付款等情况的，资产池包括至少10个相互之间不存在关联关系的债权人且债务人资信状况良好；

（二）原始权益人资信状况良好，且专项计划设置担保、差额支付等有效增信措施。

**符合条件并免于债务人分散度要求的，管理人应当在计划说明书中披露基础资产池集中度较高的原因及合理性，充分揭示风险，设置相应的风险缓释措施。**

第六条 【对基础资产池基本信息的披露】

**管理人应当在专项计划文件中披露基础资产池的基本情况**，包括但不限于入池应收账款总金额、笔数、单笔金额分布、贸易类型分布、区域分布、行业分布、账龄及剩余账期分布、结算支付方式分布、影子评级分布及加权结果（如有）、债权人和债务人数量及集中度、重要债务人情况、关联交易笔数与金额及其占比、关联交易方情况等。

第七条 【对不合格基础资产的处置】

**管理人应当设置专项计划不合格基础资产处置机制**，并在专项计划文件中披露处置机制的触发条件、处置流程、信息披露要求以及处置义务人的履责能力。

第八条 【循环购买】

**基础资产涉及循环购买的，应当满足以下要求：**

（一）计划说明书、标准条款（如有）应当详细披露循环购买的相关安排，包括但不限于循环购买入池标准、资产筛选及确认流程、确认资产符合入池标准的主体、购买频率、资金与资产交割方式、循环购买账户设置、可供购买的资产规模与循环购买额度的匹配性、尽职调查安排、购买定价的公允性、可供购买的资产不足时的防范和处理机制、循环购买与专项计划现金流分配的衔接安排、管理人监督管理机制安排等。

（二）循环购买应当在专项计划账户进行。循环购买资金的支出应当得到管理人的事前审查和执行确认。

**特殊情形下循环购买难以在专项计划账户进行的，管理人应当设置专项监管账户**。专项监管账户资金应当与原始权益人的自有资金等进行**有效隔离**，禁止资金混同或挪用。同时，管理人应充分披露在专项监管账户进行循环购买的合理性、必要性和安全性，并就专项监管账户的开立、资金收支和账户管理等情况定期进行信息披露。

（三）循环购买的入池资产应当由管理人、律师等相关中介机构确认是否符合入池标准，**相关中介机构应当勤勉尽责，对拟入池资产进行充分尽职调查**。

（四）循环购买通过原始权益人信息化系统进行的，管理人应当对信息化系统的有效性、可靠性和稳定性等进行充分尽职调查，说明并披露原始权益人信息化系统的功能机制、循环购买操作流程、系统的有效性、可靠性和稳定性、系统应急机制和备选方案等。

（五）管理人应当定期和不定期对入池资产的运行状况、现金流回款情况等进行核查和**动态监测**，在合格资产规模不足时及时进行信息披露并采取风险缓释措施。

第九条　【抽样的尽职调查】

**入池资产符合笔数众多、资产同质性高、单笔资产占比较小等特征的，可以采用抽样尽职调查方法**。采用抽样尽职调查方法的，管理人及其他中介机构应当设置科学合理的抽样方法和标准，并对抽取样本的代表性进行分析说明。对于对基础资产池有重要影响的入池资产应当着重进行抽样调查。

第十条　【现金流预测】

基础资产现金流预测**应当遵循合理、谨慎的原则**。管理人和现金流预测机构（如有）应当在计划说明书和现金流预测报告（如有）中披露预测假设因素、预测方法和预测结论，并结合基础资产相关历史数据说明预测方法和相关指标设置的合理性。

第十一条　【现金流压力测试】

管理人和评级机构应当在计划说明书和评级报告披露现金流压力测试的假设条件、压力因素、各压力情形现金流覆盖情况，其中，压力因素可以包括基础资产违约率、违约回收率、循环购买安排及预期收益率等指标。

第十二条　【现金流归集与监管】

基础资产的现金流回款路径应当清晰明确，**管理人应当在专项计划文件中明确专项计划账户设置、现金流自产生至当期分配给投资者期间在各账户间划转时间节点安排等**。

**基础资产现金流应当由债务人直接回款至专项计划账户**，难以直接回款至专项计划账户的，应当直接回款至专项监管账户。专项监管账户资金应当与原始权益人的自有资金进行有效隔离，禁止资金混同或挪用。特殊情形下，基础资产现金流难以直接回款至专项计划账户或专项监管账户的，管理人应当充分披露基础资产现金流未能直接回款至专项计划账户或专项监管账户的原因和必要性，揭示资金混同或挪用等风险以及相应的风险缓释措施。

基础资产现金流未直接回款至专项计划账户的，**应当由资产服务机构或管理人指定的机构负责基础资产现金流归集**，且自专项计划设立之日起，基础资产回款归集至专项计划账户的周期应当不超过1个月。资产服务机构或管理人指定的机构可根据专项计划的约定，提高资金归集频率。原始权益人资信状况良好，且专项计划设置担保、差额支付等有效增信措施的，现金流归集周期可以适当延长，但最长不得超过3个月。

第十三条 【合理分配】

专项计划应当设置合理的基础资产现金流分配流程和分配顺序。

第十四条 【披露信用增级安排】

专项计划存在信用增级安排的，管理人应当在计划说明书等专项计划文件中披露各项信用增级措施的启动时间、触发机制、保障内容及操作流程、增信安排法律效力及增信效果等。

第十五条 【原始权益人的违法失信】

**原始权益人最近两年**不存在因严重违法失信行为，被有权部门认定为失信被执行人、失信生产经营单位或者其他失信单位，并被暂停或限制进行融资的情形。**重要债务人（如有）最近两年内**不存在因严重违法失信行为，被有权部门认定为失信被执行人、重大税收违法案件当事人或涉金融严重失信人的情形。管理人和律师应当就上述事项是否影响原始权益人进行融资或重要债务人的偿债能力进行核查，并在专项计划文件中发表明确意见。

第十六条 【风险自留机制】

**原始权益人及其关联方应当保留一定比例的基础资产信用风险**，具体比例按照以下第（一）款或第（二）款要求进行：

（一）持有最低档次资产支持证券，且持有比例不得低于所有档次资产支持证券发行规模的5%，持有期限不低于资产支持证券存续期限；

（二）若持有除最低档次之外的资产支持证券，各档次证券均应当持有，且应当以占各档次证券发行规模的相同比例持有，总持有比例不得低于所有档次资产支持证券发行规模的5%，持有期限不低于各档次资产支持证券存续期限。

原始权益人及其关联方按照上述要求进行风险自留后，除非根据生效判决或裁定，不得将其持有的资产支持证券进行转让或者以任何形式变相转让。

符合以下两种条件之一的，原始权益人可免于上述风险自留要求：

（一）基础资产涉及核心企业供应链应付款等情况的，基础资产池包含的债权人分散且债务人资信状况良好；

（二）原始权益人资信状况良好，且专项计划设置担保、差额支付等有效增信措施。

符合条件并免于上述风险自留要求的，管理人应当在计划说明书中充分披露原始权益人未进行风险自留的原因及合理性，并揭示相关风险。

第十七条 【合格投资的投向】

若专项计划涉及合格投资安排，合格投资应当仅限在专项计划账户内进行。**合格投资不得投资权益类产品**，投资固定收益类产品的，应当防范投资标的的信用、市场和流动性等相关风险。

第十八条 【对资金用途为绿色金融等领域的支持】

本所将视情况对涉及绿色金融、创新创业、住房租赁等政策支持鼓励领域的资产证券化项目，实行“即报即审、专人专岗负责”，提升受理、评审和挂牌转让工作效率。

## 第三章 附 则

第十九条 【核心企业供应链付款】

本指南所称**核心企业供应链应付款，是指**上游供应商或服务提供方向核心企业或其下属公司销售商品或提供服务等经营活动后产生的、以核心企业或其下属公司为付款方的应付款。

第二十条 【最终解释权】

本所将根据业务发展情况不定期修订本指南并发布更新版本。本所对本指南保留最终解释权。

第二十一条 【生效日期】

本指南自发布之日起施行。

### 1.2.6 《上海证券交易所企业应收账款资产支持证券信息披露指南》(2017年12月15日 上海证券交易所)

**【重点提示】**

《披露指南》全文4章15条，主要从发行（第2章）与发行后（第3章）两个阶段规定了信息披露的具体规定，其中发行阶段提交的系列申请材料是信息披露的重点。

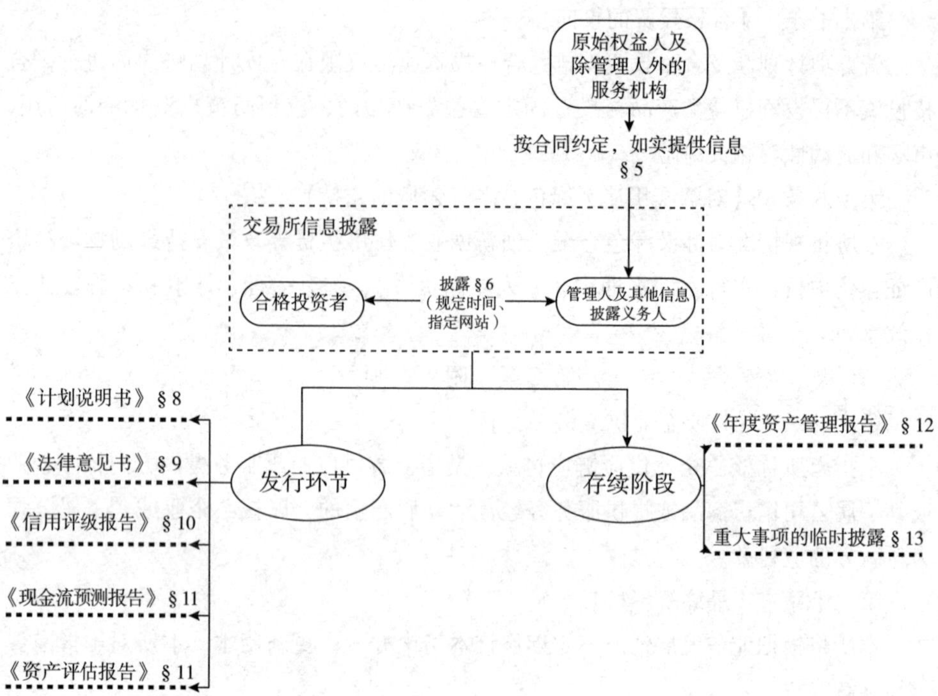


【文件内容】

## 第一章　总　　则

第一条　【制定目的】

为规范企业应收账款资产证券化业务，便于管理人和原始权益人等参与机构开展业务和加强风险管理，保护投资者合法权益，促进资产证券化业务健康发展，根据《证券公司及基金管理公司子公司资产证券化业务管理规定》（证监会公告〔2014〕49 号，以下简称《管理规定》）、《证券公司及基金管理公司子公司资产证券化业务信息披露指引》（证监会公告〔2014〕49 号，以下简称《信息披露指引》）、《上海证券交易所资产支持证券挂牌条件确认业务指引》（上证发〔2017〕28 号，以下简称《业务指引》）等相关规定，制定本指南。

第二条　【定义】

**本指南所称企业应收账款资产支持证券**，是指证券公司、基金管理公司子公司作为管理人，通过设立资产支持专项计划（以下简称专项计划）开展资产证券化业务，以企业应收账款债权为基础资产或基础资产现金流来源所发行的资产支持证券。

**本指南所称应收账款**，是指企业因履行合同项下销售商品、提供劳务等经营活动的义务后获得的付款请求权，但不包括因持有票据或其他有价证券而产生的付款请求权。

第三条　【适用对象】

本指南适用于企业**应收账款资产支持证券**在上海证券交易所（以下简称本所）挂牌转让的信息披露专项要求。

融资租赁合同债权、消费贷款债权等其他债权类资产证券化的信息披露指南，由本所另行规定。

第四条　【交易所信息披露主体】

**管理人及其他信息披露义务人**应当按照《管理规定》、《信息披露指引》、《业务指引》及本指南的规定以及计划说明书的约定履行信息披露义务，及时、公平地披露可能对资产支持证券产生重大影响的信息，并保证所披露的信息真实、准确、完整，不得有虚假记载、误导性陈述或者重大遗漏。

本指南所称**其他信息披露义务人包括但不限于**托管人、律师事务所、会计师事务所、资信评级机构、资产服务机构、现金流预测机构、资产评估机构等。

第五条　【服务机构的信息提供义务】

**原始权益人和除管理人以外的其他服务机构**应当按照合同约定，及时向管理人提供相关信息，并保证所提供信息真实、准确、完整。

本指南所称的其他服务机构包括但不限于资产服务机构、托管人、信用增级机构、律师事务所、会计师事务所、资信评级机构、现金流预测机构、流动性支持机构、销售机构等。

第六条　【按时合规披露信息】

资产支持证券在本所挂牌转让的，管理人及其他信息披露义务人应当于**规定时间内通过指定网站**或以本所认可的其他方式**向合格投资者披露信息**。

第七条　【保密义务】

管理人、其他信息披露义务人、其他服务机构及登记托管机构等相关知情人在信息披露前不得泄露拟披露的信息。

## 第二章　发行环节信息披露

第八条　【计划说明书应当披露的内容】

专项计划**以企业应收账款作为基础资产的**，计划说明书除按照资产支持证券一般要求进行编制和披露外，**还应当详细披露基础资产池、现金流预测、现金流归集、原始权益人、增信主体（如有）及循环购买（如有）、风险自留等相关情况**，包括但不限于以下内容：

（一）基础资产**初始入池标准及创建程序**。

（二）基础资产池的**基本情况**，包括但不限于入池应收账款总金额、笔数、单笔金额分布、贸易类型分布、区域分布、行业分布、账龄及剩余账期分布、结算支付方式分布、影子评级分布及加权结果（如有）、债权人和债务人数量及集中度、重要债务人情况、关联交易笔数与金额及其占比、关联交易方情况等。

（三）基础资产池的**分散度情况**及是否符合最低分散度要求，如不满足最低分散度要求，应披露基础资产池集中度较高的原因及合理性，因此产生的风险情况及采取的相关风险缓释措施等。

（四）基础资产系从第三方受让所得（如有）的，应当披露**交易对价支付情况**、交易对价的公允性。

（五）基础资产池所**对应重要债务人的主营业务、财务数据、信用情况、偿债能力及资信评级情况（如有）等**。重要债务人是指单一债务人未偿还本金金额占比超过15%的，或债务人及其关联方的未偿还本金金额合计占比超过20%的情形。

**（六）入池应收账款**抵押、质押等担保负担或者其他**权利限制情况**，若存在担保负担或者其他权利限制，还应当披露解除前述担保负担或者权利限制的相关安排、相关资产入池时是否已合法有效地解除了担保负担或者权利限制。

**（七）增信措施或安排**（如有）的具体情况及其合法性和有效性等。

**（八）不合格基础资产处置机制**（如有），包括但不限于处置机制的触发条件、处置流程、信息披露要求及处置义务人的履责能力分析。

**（九）循环购买的相关安排**（如有），包括但不限于循环购买入池标准、资产筛选及确认流程、确认资产符合入池标准的主体、购买频率、资金与资产交割方式、循环购买账户设置、可供购买的资产规模与循环购买额度的匹配性、尽职调查安排、购买定价的公允性、可供购买的资产不足时的防范和处理机制、循环购买与专项计划现金流分配的衔接安排、管理人监督管理机制安排等。循环购买通过原始权益人信息化系统进行的，管理人应当充分披露原始权益人信息化系统的功能机制、循环购买的操作流程、系统的有效性、可靠性和稳定性情况、系统应急机制和备选方案等。

**（十）现金流预测假设因素、预测方法和预测结论**，并结合基础资产相关历史数据说明预测方法和相关指标设置的合理性。

**（十一）现金流压力测试**的假设条件、压力因素及各压力情形现金流覆盖情况。

（十二）为入池应收账款的偿付提供信用支持或对专项计划**提供流动性支持、差额补足、担保等增信安排主体**（如有）的基本情况、财务数据、偿债能力和资信状况，及对其增信效力的分析说明。

**（十三）基础资产现金流归集路径和资金监管措施**，包括但不限于专项计划账户设置、现金流自产生至分配给投资人期间在各账户间划转时间节点安排等。现金流未直接回款至专项计划账户的，还应当披露转付安排的合理性、现金流混同和挪用等风险的防范机制及资产支持证券存续期间设置防范混同和挪用等风险的持续检查机制等，揭示资金混同和挪用等风险。

（十四）合格投资（如有）相关安排，包括但不限于投资范围、账户安排、投资标的的信用、市场和流动性等相关风险及防范措施等。

（十五）原始权益人与基础资产相关的业务制度、业务流程及与基础资产同类型业务的历史回款情况（包括但不限于历史账期、历史坏账情况、逾期率、违约率、回收情况等）等。如原始权益人需承担基础资产回收款转付义务，或涉及循环购买机制的，应当对原始权益人的持续经营能力进行分析。

**（十六）失信记录特别核查情况**，包括但不限于原始权益人**最近两年**内是否存在严重违法失信行为，是否存在被有权部门认定为失信被执行人、失信生产经营单位或者其他失信单位，并被暂停或限制进行融资的情形；重要债务人（如有）最近两年内是否存在因严重违法失信行为，被有权部门认定为失信被执行人、重大税收违法案件当事人或涉金融严重失信人的情形；上述事项是否影响原始权益人进行融资或重要债务人的偿债能力的明确核查意见等。

（十七）相关中介机构采取**抽样调查方法情况**（如有），包括但不限于抽样方法、抽样标准设置的合理性，及抽取样本的代表性等。

（十八）原始权益人风险自留情况，若免于风险自留情形的，管理人应当充分披露未进行风险自留的原因及合理性，并揭示相关风险。

第九条　【聘请律师事务所出具法律意见】

**管理人应当聘请律师事务所对专项计划的有关法律事宜发表专业意见**，并向合格投资者披露法律意见书，法律意见书除按照资产支持证券一般要求进行编制和披露外，还应当包括以下内容：

**（一）基础资产界定**的具体范围和法律依据。

**（二）基础资产涉及交易合同**的合法有效性、债权人履行合同义务情况、合同付款条件满足情况，及债务人履行其付款义务的抗辩事由和抵销情形。

**（三）基础资产转让**的合法有效性，包括但不限于应收账款转让通知安排、应收账款转让登记情况。

（四）基础资产涉及关联交易（如有）的**交易背景真实性、交易对价公允性**。

**（五）原始权益人、增信主体**（如有）等相关主体的**内部授权**情况。

**（六）增信措施**或安排（如有）的具体情况及其**合法性和有效性**等。

**（七）失信记录特别核查情况**，包括但不限于**原始权益人最近两年**内是否存在严重违法失信行为，是否存在被有权部门认定为失信被执行人、失信生产经营单位或者其他失信单位，并被暂停或限制进行融资的情形；**重要债务人（如有）最近两年**内是否存在因严重违法失信行为，被有权部门认定为失信被执行人、重大税收违法案件当事人或涉金融严重失信人的情形；上述事项是否影响原始权益人进行融资或重要债务人的偿债能力的明确核查意见等。

（八）循环购买（如有）的具体安排及其合法性和有效性。

（九）抽样调查方法（如有）具体内容，包括但不限于抽样方法、抽样标准设置等。

第十条 【信用评级报告】

信用评级报告（如有）应当由具有中国证监会核准的证券市场资信评级业务资格的资信评级机构出具，评级报告除按照资产支持证券一般要求进行编制和披露外，还应当包括以下内容：

（一）专项计划涉及信用增级方式的增信效果分析。

（二）现金流归集路径、监管措施及混同和挪用等风险分析。

第十一条 【现金流预测机构、资产评估机构】

现金流预测机构（如有）、资产评估机构（如有）等应当按照相关规则及规定要求编制现金流预测报告和资产评估报告。

现金流预测报告应当披露基础资产现金流预测的假设因素、预测方法、预测结论，并结合基础资产相关历史数据说明预测方法和相关指标设置的合理性。

## 第三章 存续期间信息披露

第十二条 【年度资产管理报告】

年度资产管理报告除按照资产支持证券一般要求进行编制和披露外，还应当包括以下内容：

**（一）基础资产的运行情况，包括但不限于**：循环购买（如有）情况，应收账款回收资金的归集、划转情况，应收账款的追索（如有）和不合格基础资产处置情况，以及应收账款相关的争议、纠纷、诉讼、仲裁、保险赔偿情况等。

（二）原始权益人**风险自留及次级资产支持证券期间分配收益情况**。

第十三条 【重大事项的临时披露】

资产支持证券存续期间，发生《信息披露指引》第十九条规定的重大事件及下列**可能影响基础资产现金流和资产支持证券本息偿付等的重大事项**，信息披露义务人应在相关事件或事项发生后两个交易日内及时进行**临时信息披露**：

（一）存在循环购买安排的，可供购买资产不足。

（二）重要债务人的经营情况出现重大变化，可能影响资产支持证券投资者利益。

（三）基础资产池的信用状况出现重大不利变化，如发生违约率、逾期率等指标大幅提升等可能影响基础资产现金流流入的事项。

（四）触发权利完善事件（如有）、加速清偿事件（如有）、提前终止事件（如有）等可能影响资产支持证券投资者利益的事项。

（五）其他可能影响基础资产现金流和资产支持证券本息偿付的重大事项。

### 第四章　附　　则

第十四条　【最终解释主体】

本所将根据业务发展情况不定期修订本指南并发布更新版本。本所对本指南保留最终解释权。

第十五条　【生效日期】

本指南自发布之日起施行。

## 1.2.7　《上海证券交易所融资租赁债权资产支持证券挂牌条件确认指南》（2018 年 2 月 9 日　上海证券交易所）

**【重点提示】**

三大交易所的融资租赁 ABS 挂牌指南关于风险自留、循环购买等问题的退订均与应收账款 ABS 挂牌指南保持一致。读者应当重点关汻两点特殊规定，一是关于融资租赁债权基础资产的入池标准，需权属明确、内容界定明确、可特定化、真实合法有效，转让基础资产应当通知债务人。二是对基础资产的分散度要求和免于分散度要求的标准。即基础资产应至少包括 10 个相互之间不存在关联关系的债务人，单个债务人入池资产金额占比不超过 50%，且前 5 大债务人入池资产金融占比不超过 70%；当原始权益人资信状况良好，且专项计划设置担保、差额支付等有效措施的，可以免于上述关于债务人分散度的要求。

## 【重点提示】

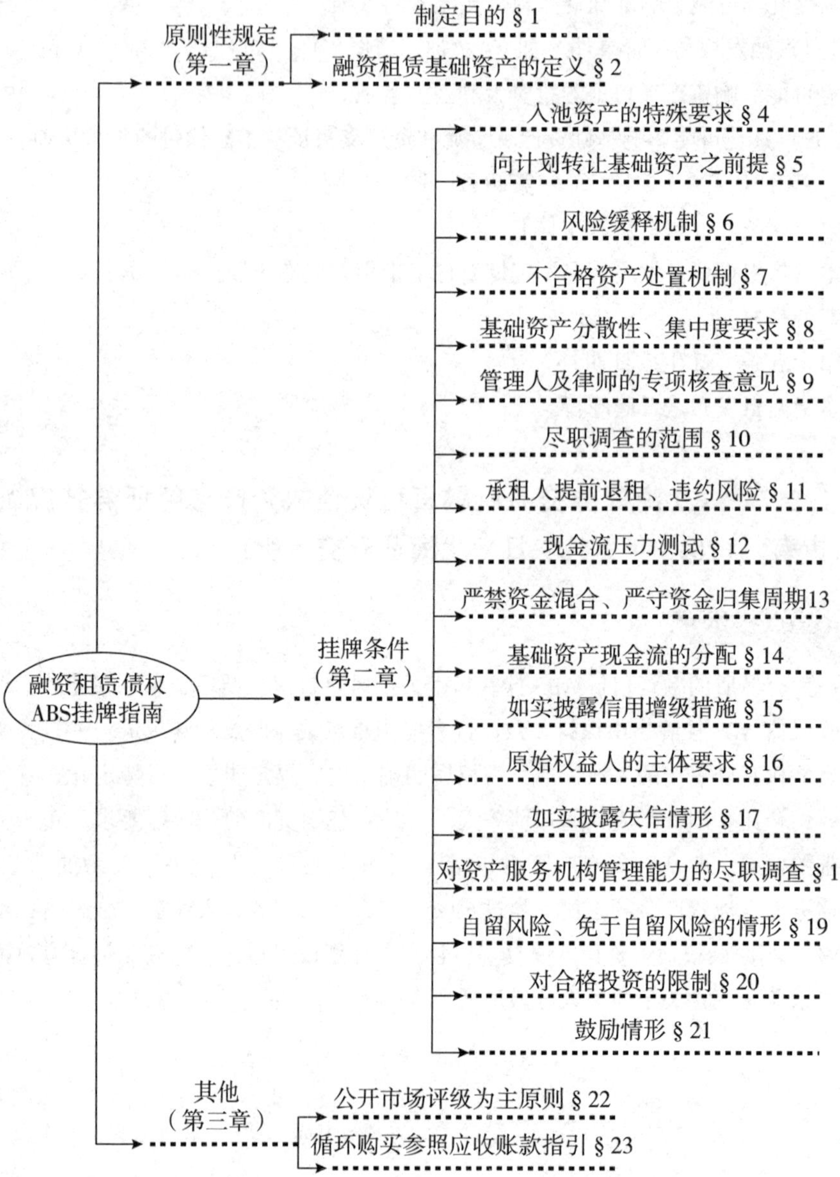
融资租赁债权ABS挂牌指南
原则性规定（第一章）
制定目的§1
融资租赁基础资产的定义§2
挂牌条件（第二章）
入池资产的特殊要求§4
向计划转让基础资产之前提§5
风险缓释机制§6
不合格资产处置机制§7
基础资产分散性、集中度要求§8
管理人及律师的专项核查意见§9
尽职调查的范围§10
承租人提前退租、违约风险§11
现金流压力测试§12
严禁资金混合、严守资金归集周期13
基础资产现金流的分配§14
如实披露信用增级措施§15
原始权益人的主体要求§16
如实披露失信情形§17
对资产服务机构管理能力的尽职调查§18
自留风险、免于自留风险的情形§19
对合格投资的限制§20
鼓励情形§21
其他（第三章）
公开市场评级为主原则§22
循环购买参照应收账款指引§23

【文件内容】

## 第一章 总 则

第一条 【制定目的】

为规范发展融资租赁债权资产证券化业务，便于管理人和原始权益人等参与机构开展业务和加强风险管理，保护投资者合法权益，促进资产证券化业务健康发展，根据《证券公司及基金管理公司子公司资产证券化业务管理规定》（证监会公告〔2014〕49 号）、《上海证券交易所资产支持证券挂牌条件确认业务指引》（上证发〔2017〕28 号）等相关规定，制定本指南。

第二条 【融资租赁基础资产的定义】

本指南所称融资租赁债权资产支持证券，是指证券公司、基金管理公司子公司作为管理人，通过设立资产支持专项计划（以下简称专项计划）开展资产证券化业务，以**融资租赁债权为基础资产**或**基础资产现金流来源**所发行的资产支持证券。

本指南所称**融资租赁债权，是指**融资租赁公司依据融资租赁合同对债务人（承租人）享有的租金债权、附属担保权益（如有）及其他权利（如有）。

第三条 【适用情形】

本指南适用于融资租赁债权资产支持证券在上海证券交易所（以下简称本所）的挂牌转让申请。

## 第二章 挂牌条件

第四条 【入池基础资产的特殊要求】

以融资租赁债权作为基础资产发行资产支持证券，入池的基础资产在基准日、专项计划设立日**除满足基础资产合格标准的一般要求外，还需要符合以下要求：**

（一）原始权益人**应当合法拥有基础资产及对应租赁物的所有权**。除租赁物以原始权益人为权利人设立的担保物权外，基础资产及租赁物**均不得附带抵押、质押等担保负担或者其他权利限制**。已经存在抵押、质押等担保负担或者其他权利限制的，应当能够通过专项计划相关安排在原始权益人向专项计划转移基础资产时予以解除。租赁物状况良好，**不涉及诉讼、仲裁、执行或破产程序，且应当不涉及国防、军工或其他国家机密**。

（二）基础资产**界定应当清晰**，附属担保权益（如有）、其他权利（如有）及租赁物的**具体内容应当明确**。

（三）基础资产涉及的**租赁物及对应租金应当可特定化**，且租金数额、支付时间应当明确。

（四）基础资产涉及的融资租赁债权应当**基于真实、合法的交易活动产生，交易对价公允，具备商业合理性**。基础资产不属于《资产证券化业务基础资产负面清单指引》列示的负面清单范畴，不属于以地方政府为直接或间接债务人、以地方融资平台公司为债务人的基础资产，不存在违反地方政府债务管理相关规定的情形。

（五）基础资产涉及的**交易合同应当合法有效**。出租人应当已经按照合同约定向出卖人**支付了租赁物购买价款**；出卖人不存在转让租赁物所有权给出租人的抗辩事由。出租人应当已经按照合同约定向承租人履行了合同项下的义务；相关租赁物**已按照合同约定交付**给承租人；租金支付条件已满足，**历史租金支付情况良好**；除以保证金冲抵租赁合同项下应付租金外，**承租人履行其租金支付义务不存在抗辩事由和抵销情形**。

（六）按照国家法律法规规定**租赁物的权属应当登记**的，原始权益人须已依法办理相关登记手续；租赁物不属于依法需要登记的财产类别，原始权益人应当在主管部门指定或行业组织鼓励的相关的登记系统进行融资租赁业务登记，登记的租赁物财产信息应与融资租赁合同及租赁物实际状况相符。

若存在汽车融资租赁债权等特殊情形**未进行权属登记的**，管理人应当在计划说明书中**披露未进行权属登记的原因及合理性，充分揭示风险，并设置相应的权利完善措施**。

第五条 【向计划转让基础资产之前提】

基础资产**转让应当满足以下要求**：

（一）基础资产应当**具有可转让性**，转让应当合法、有效，转让对价应当公允。

（二）基础资产转让应当**通知债务人**、附属担保权益义务人（如有）及其他权利义务人（如有），并在**相关登记系统办理转让登记**。

若存在特殊情形未进行债权转让通知或未办理转让登记的，管理人应当在计划说明书中披露未进行转让通知或未办理转让登记的原因及合理性，充分揭示风险。

（三）基础资产包含附属担保权益及其他权利（如有）的，**附属担保权益及其他权利（如有）应当随融资租赁债权一同转让**给专项计划，管理人应当明确附属担保权益及其他权利（如有）的权利变更登记事宜或交付事宜。

**保证金、抵押权、质权等附属担保权益**及其他权利（如有）未在专项计划设立日转付至专项计划账户或未办理转让变更登记的，应当在《资产服务协议》等文件中约定相关权益的管理及运作方式，并充分揭示风险。

**（四）租赁物所有权随基础资产转让**给专项计划且租赁物权属变更依法应当登记的，**应当办理变更登记手续**。

租赁物所有权转让给专项计划但存在**特殊情形未办理权属变更登记或租赁物所有权不随基础资产转让给专项计划的**，管理人**应当在计划说明书中披露**租赁物所有权未办理权属变更登记或未转让给专项计划的原因及合理性，需采取有效措施防止第三方获取租赁物所有权，**并充分揭示风险**。

第六条 【风险缓释机制】

管理人应当设置相应的权利完善措施进行**风险缓释**。**权利完善措施的触发事件，可以包括但不限于**资产服务机构解任、原始权益人或资产服务机构主体信用评级下降、原始权益人丧失清偿能力、基础资产违约、租赁物出现不可修复性损坏或灭失等。

存在本指南**第五条列示的须充分揭示风险相关情形的，管理人应当设置有针对性的权利完善措施**。

第七条 【不合格资产处置机制】

管理人应当设置专项计划**不合格基础资产处置机制**，并在专项计划文件中披露处置机制的触发条件、处置流程、信息披露要求以及处置义务人的履责能力。

第八条 【基础资产分散性、承租人行业集中度和区域集中度】

基础资产池**应当具有一定的分散度**，至少包括10个相互之间不存在关联关系的债务人，单个债务人入池资产金额占比不超过50%，且前5大债务人入池资产金额占比不超过70%。上述债务人之间存在关联关系的，应当合并计算。

原始权益人资信状况良好，且专项计划设置担保、差额支付等有效增信措施的，**可以免于上述关于债务人分散度的要求**。

符合条件并免于债务人分散度要求的，管理人应当在计划说明书中披露基础资产池集中度较高的原因及合理性，充分揭示风险，设置相应的风险缓释措施。

第九条 【管理人及律师的专项核查意见】

满足相关条件免于本指南第八条债务人分散度要求或租赁物涉及无形资产等情形的，**管理人及律师应当**结合租赁物的性质和价值、基础资产的构成、租赁本金和利率、出租人与承租人的合同权利和义务，对入池资产对应的租赁物买卖合同及融资租赁合同的**商业合理性**、相关财产作为租赁物是否**符合相关法律法规**等进行**专项核查**，并**出具核查意见**。

**商业合理性核查，包括但不限于**租赁物评估价值、租赁物的可处置性、租赁物买卖合同的交易对价、融资租赁合同的租金确定的依据及合理性等情况。

第十条 【尽职调查的覆盖范围】

管理人应当按照《证券公司及基金管理公司子公司资产证券化业务尽职调查工作指引》要求开展尽职调查工作，**尽职调查范围原则上应当覆盖全部入池资产**。

入池资产满足相关条件**免于本指南第八条债务人分散度要求的**，管理人应当强化对原始权益人、增信机构及债务人的尽职调查要求，应当就增信合同、债务人底层现金流锁定相关业务合同以及上述合同签署的相关授权、审批等情况进行充分尽职调查，发表明确的尽职调查意见。

入池资产符合笔数众多、资产同质性高、单笔资产占比较小等特征的，可以采用抽样尽职调查方法。**采用抽样尽职调查方法的，管理人及其他中介机构应当设置科学合理的抽样方法和标准，并对抽取样本的代表性进行分析说明**。对于基础资产池有重要影响的入池资产应当着重进行抽样调查。

第十一条 【承租人提前退租、违约风险】

基础资产**现金流预测**应当遵循合理、谨慎的原则，并**充分考虑**基础资产违约率、违约回收率、提前退租、预期收益率变动和相关税费是否由专项计划承担等**因素对基础资产现金流的影响**。

管理人和现金流预测机构（如有）应当在计划说明书和现金流预测报告（如有）中**披露预测假设因素、预测方法和预测结论**，并结合基础资产相关历史数据说明预测方法和相关指标设置的合理性。

第十二条 【现金流压力测试】

管理人和评级机构应当在计划说明书和评级报告中**披露现金流压力测试的假设条件、压力因素、各压力情形可承受的违约率情况**，其中，压力因素可以包括基础资产违约率、违约回收率、提前退租及预期收益率等指标。管理人应当在计划说明书中披露各压力情形下的现金流覆盖情况。

第十三条 【严禁资金混同、严守资金归集周期】

基础资产的**现金流回款路径应当清晰明确**，管理人应当在专项计划文件中明确专项计划账户设置、现金流自产生至当期分配给投资者期间在各账户间划转时间节点安排等。

基础资产现金流应当**由债务人直接回款至专项计划账户**，难以直接回款至专项计划账户的，应当直接回款至专项监管账户。专项监管账户资金应当与原始权益人的自有资金进行有效隔离，**禁止资金混同或挪用**。特殊情形下，基础资产现金流难以直接回款至专项计划账户或专项监管账户的，管理人应当充分披露基础资产现金流未能直接回款至专项计划账户或专项监管账户的原因和必要性，揭示资金混同或挪用等风险，并设置相应的风险缓释措施。

基础资产现金流**未直接回款至专项计划账户的**，应当由资产服务机构或管理人指定的机构负责**基础资产现金流归集**，且自专项计划设立之日起，基础资产回款归集至专项计划账户的周期**应当不超过 1 个月**。资产服务机构或管理人指定的机构可以根据专项计划的约定，提高资金归集频率。原始权益人资信状况良好，且专项计划设置担保、差额支付等有效增信措施的，现金流归集周期可以适当延长，**但最长不得超过 3 个月**。

第十四条 【基础资产现金流的分配】

专项计划应当设置合理的基础资产**现金流分配流程和分配顺序**。

第十五条 【如实披露信用增级措施】

专项计划存在信用增级安排的，管理人应当在计划说明书等专项计划文件中**披露各项信用增级措施**的启动时间、触发机制、保障内容及操作流程、增信安排法律效力及增信效果等。

增信机构为原始权益人及其关联方或重要债务人的，管理人应当结合风险相关性情况，详细核查并披露前述情况对增信效果的影响，并充分揭示风险。

第十六条 【原始权益人的主体要求】

原始权益人开展业务应当满足相关主管部门监管要求、正式运营满2年、具备风险控制能力且为符合下列条件之一的融资租赁公司：

（一）境内外**上市公司**或者境内外**上市公司的子公司**。为境内外上市公司子公司的，其总资产、营业收入或净资产等指标占上市公司的比重应当超过30%。

**（二）主体评级达AA级**及以上的融资租赁公司。

符合以下条件之一的，原始权益人可以为前款第（一）项和第（二）项规定以外的融资租赁公司：

**（一）单笔入池资产信用等级A-级**及以上资产的未偿还本金余额对优先级本金覆盖倍数大于100%，且入池资产对应的租赁物为能产生持续**稳定的经营性收益、处置时易于变现**的租赁物。

（二）入池资产为**汽车融资租赁债权**，承租人高度分散，**单笔入池资产占比均不超过0.1%**，基础资产相关业务的逾期率、违约率等风控指标处于较低水平，且原始权益人**最近一年末净资产超过人民币2亿元、最近一个会计年度净利润为正**。

（三）专项计划设置担保、差额支付等有效增信措施，提供担保、差额支付等增信机构的主体评级为AA级及以上。

第十七条 【如实披露失信情形】

原始权益人**最近两年不存在因严重违法失信行为**，被有权部门认定为失信被执行人、失信生产经营单位或者其他失信单位，并被暂停或限制进行融资的情形。重要债务人（如有）最近两年内不存在因严重违法失信行为，被有权部门认定为失信被执行人、重大税收违法案件当事人或涉金融**严重失信人的情形**。管理人和律师应当就上述事项是否影响原始权益人进行融资或重要债务人的偿债能力进行核查，并**在专项计划文件中发表明确意见**。

第十八条 【对资产服务机构管理能力的尽职调查】

资产服务机构应当**具备融资租赁相关业务管理能力**，包括但不限于回收租金、附属担保权益及其他权利（如有）管理、租赁项目的跟踪评估等。**管理人需对资产**

**服务机构的资产服务能力进行尽职调查。**

第十九条 【自留风险、免于自留风险的情形】

原始权益人及其关联方应当**保留一定比例的基础资产信用风险**，具体比例按照以下第（一）款或第（二）款要求进行：

（一）持有最低档次资产支持证券，且持有比例不得低于所有档次资产支持证券发行规模的5%，持有期限不低于资产支持证券存续期限。

（二）若持有除最低档次之外的资产支持证券，各档次证券均应当持有，且应当以占各档次证券发行规模的相同比例持有，总持有比例不得低于所有档次资产支持证券发行规模的5%，持有期限不低于各档次资产支持证券存续期限。

原始权益人及其关联方按照上述要求进行风险自留后，除非根据法院生效判决或裁定，不得将其持有的最低比例要求的资产支持证券进行转让或者任何形式的变相转让。

原始权益人资信状况良好，且专项计划设置担保、差额支付等有效增信措施的，**可以免于上述风险自留要求。符合条件并免于上述风险自留要求的，管理人应当在计划说明书中充分披露原始权益人未进行风险自留的原因及合理性，并揭示相关风险。**

第二十条 【对合格投资限制】

若专项计划涉及合格投资安排，**合格投资应当仅限在专项计划账户内进行。**合格投资**不得投资**权益类产品，投资固定收益类产品的，应当防范投资标的的信用、市场和流动性等相关风险。

第二十一条 【鼓励情形】

本所鼓励积极服务“一带一路”、京津冀协同发展、长江经济带、“中国制造2025”和新型城镇化建设等国家重大战略的融资租赁公司开展资产证券化业务，鼓励在飞机、船舶、工程机械等传统领域以及新一代信息技术、高端装备制造、新能源、节能环保和生物等战略性新兴产业展业的融资租赁公司发行资产证券化产品。**针对前述鼓励情形，本所将提升受理、评审及挂牌转让工作效率。**

## 第三章 附 则

第二十二条 【公开市场评级为主的评级原则】

**涉及主体评级要求的，原则上应当为公开市场评级，可以引用相关主体公司债券或债务融资工具有效期内的评级报告。**

第二十三条 【循环购买参照应收账款规定执行】

融资租赁债权资产证券化基础资产确**需设置循环购买的**，参照本所《企业应收账款资产支持证券挂牌条件确认指南》中有关循环购买的要求办理，并做好信息披露。

第二十四条 【解释主体】

本所将根据业务发展情况不定期修订并发布更新版本。本所对本指南保留最终解释权。

第二十五条 【生效日期】

本指南自发布之日起施行。

### 1.2.8 《上海证券交易所融资租赁债权资产支持证券信息披露指南》(2018年2月9日 上海证券交易所)

**【重点提示】**

2018年2月9日，沪深交易所、机构间私募产品报价与服务系统相继发布了《融资租赁债权资产支持证券挂牌条件确认指南》和配套的《融资租赁债权资产支持证券信息披露指南》，出于统一监管的需要，各交易所指南内容基本保持一致，对于披露指南，需要读者重点关注第8条对融资租赁披露义务19个方面的特别要求。

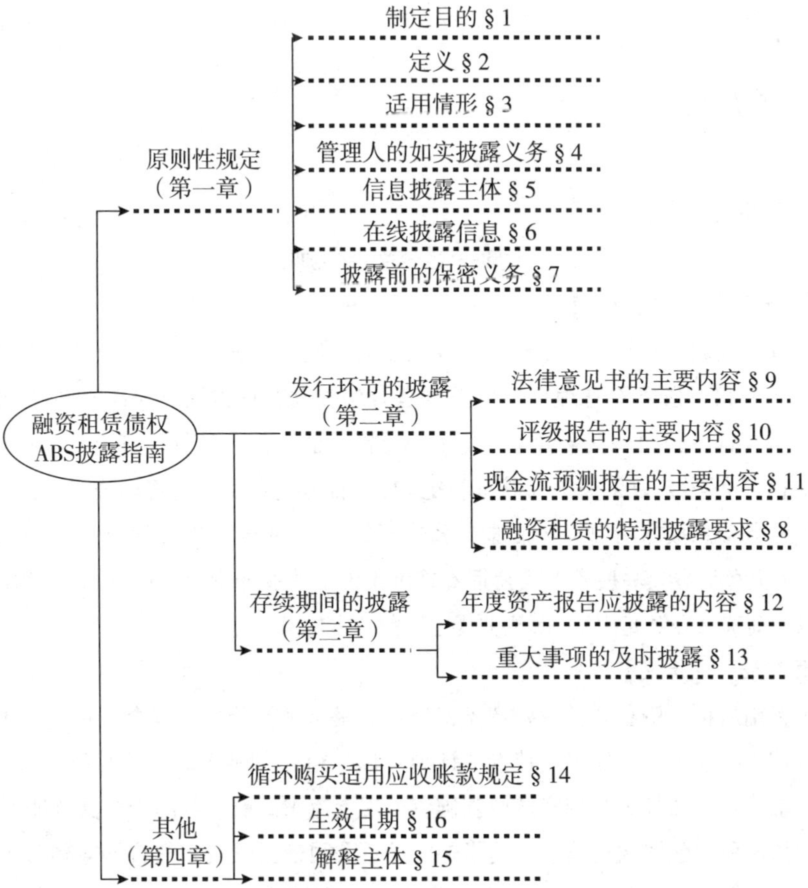

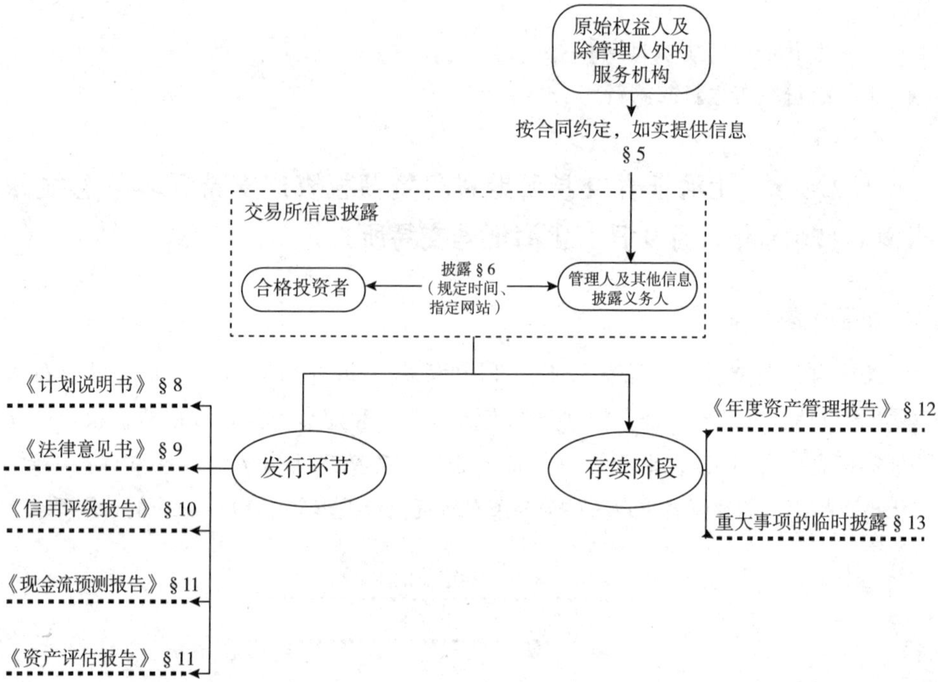


**【文件内容】**

## 第一章　总　　则

第一条　【制定目的】

为规范发展融资租赁债权资产证券化业务，便于管理人和原始权益人等参与机构开展业务和加强风险管理，保护投资者合法权益，促进资产证券化业务健康发展，根据《证券公司及基金管理公司子公司资产证券化业务管理规定》（证监会公告〔2014〕49号，以下简称《管理规定》）、《证券公司及基金管理公司子公司资产证券化业务信息披露指引》（证监会公告〔2014〕49号，以下简称《信息披露指引》）、《上海证券交易所资产支持证券挂牌条件确认业务指引》（上证发〔2017〕28号，以下简称《业务指引》）等相关规定，制定本指南。

第二条　【定义】

本指南所称融资租赁债权资产支持证券，是指证券公司、基金管理公司子公司作为管理人，通过设立资产支持专项计划（以下简称专项计划）开展资产证券化业务，以融资租赁债权为基础资产或基础资产现金流来源所发行的资产支持证券。

**本指南所称融资租赁债权，是指**融资租赁公司依据融资租赁合同对债务人（承租人）享有的租金债权、附属担保权益（如有）及其他权利（如有）。

**第三条 【适用情形】**

本指南适用于融资租赁债权资产支持证券在上海证券交易所（以下简称本所）挂牌转让的信息披露专项要求。

第四条 **【管理人的如实披露义务】**

**管理人及其他信息披露义务人**应当按照《管理规定》《信息披露指引》《业务指引》及本指南的规定以及计划说明书的约定履行信息披露义务，及时、公平地披露可能对资产支持证券产生重大影响的信息，并保证所披露的信息真实、准确、完整，不得有虚假记载、误导性陈述或者重大遗漏。

本指南所称**其他信息披露义务人**包括但不限于托管人、律师事务所、会计师事务所、资信评级机构、资产服务机构、现金流预测机构、资产评估机构等。

第五条 **【信息披露主体】**

原始权益人和除管理人以外的其他服务机构应当按照合同约定，及时向管理人提供相关信息，并保证所提供信息真实、准确、完整。

本指南所称的**其他服务机构包括但不限于**资产服务机构、托管人、信用增级机构、律师事务所、会计师事务所、资信评级机构、现金流预测机构、流动性支持机构、销售机构等。

第六条 **【在线披露信息】**

资产支持证券在本所挂牌转让的，管理人及其他信息披露义务人应当于规定时间内通过指定网站或以本所认可的其他方式向合格投资者披露信息。

第七条 **【披露前的保密义务】**

管理人、其他信息披露义务人、其他服务机构及登记托管机构等相关知情人在信息披露前不得泄露拟披露的信息。

## 第二章 发行环节信息披露

第八条 **【融资租赁的特别披露要求】**

专项计划以融资租赁债权作为基础资产的，**计划说明书**除按照资产支持证券一般要求进行编制和披露外，还应当详细披露基础资产池、交易结构、现金流预测及压力测试、现金流归集、原始权益人、增信方式、增信主体（如有）及风险自留等相关情况，包括但不限于以下内容：

（一）**基础资产入池标准及创建程序**。

**（二）基础资产池的基本情况**，包括但不限于租赁业务形式占比情况（直接租赁、售后回租等）、租赁物描述等情况、原始权益人在获取租赁物时的付款情况、租赁物交付情况、租赁物投保情况、债务人行业及地区分布、入池资产信用等级分布（如有）、未偿本金余额分布、剩余期限分布、利率与计息方式、租金偿还方式及分布、首付款比例分布（如有）、担保人、担保形式及担保物/保证金对债务的覆盖比例（如有）、保证金收取及管理情况、债务人数量及集中度、重要债务人情况、关联交易笔数与金额及其占比、关联方情况、涉及关联方交易相关的风险及风险缓释措施等，并以计划说明书附件列表形式披露基础资产未偿本金余额占比最大的20笔基础资产的上述信息。

基础资产所涉租赁合同中存在采用浮动利率计息方式的，管理人需披露该等利率的浮动方式与基准利率的关系等相关信息，并说明利率浮动是否会对专项计划的超额利差增信方式产生影响。

基础资产所涉及提前退租的相关约定，包括但不限于提前退租的条件，提前退租是否可以减免租赁利息和相关费用等。

**（三）入池融资租赁债权及对应租赁物的抵押、质押等担保负担或者其他权利限制情况**，若存在担保负担或者其他权利限制，还应当披露解除前述担保负担或者权利限制的相关安排、资金监控措施、风险处置安排、基础资产向专项计划转移时是否已合法有效地解除了担保负担或者权利限制。

**（四）权利完善措施的具体情况**，包括但不限于触发条件、完善措施的具体内容及流程等。

**（五）不合格基础资产处置机制**，包括但不限于处置机制的触发条件、处置流程、信息披露要求及处置义务人的履责能力分析。

**（六）基础资产池的分散度情况及是否符合最低分散度要求**，如依照相关规定免于最低分散度要求的，应披露基础资产池集中度较高的原因及合理性，因此产生的风险情况及设置的相关风险缓释措施等。

**（七）基础资产池所对应重要债务人的主营业务、财务数据**、信用情况、偿债能力及资信评级情况（如有）等。重要债务人是指单一债务人未偿还本金金额占比超过15%的，或债务人及其关联方的未偿还本金金额合计占比超过20%的情形。

未达到重要债务人要求但单笔未偿还本金金额占比较大的，管理人应当结合对专项计划现金流影响情况，对债务人经营状况及财务状况进行必要的信息披露，并披露相关尽职调查的程序、范围及方式等。

**（八）相关中介机构采取抽样调查方法的情况**（如有），包括但不限于抽样方法、抽样标准设置的合理性，及抽取样本的代表性等。

**（九）现金流预测假设因素、预测方法和预测结论**，并结合基础资产相关历史数据说明预测方法和相关指标设置的合理性。

**（十）现金流压力测试的假设条件**、压力因素及各压力情形可承受的违约率情况。

**（十一）基础资产现金流归集频率、路径和资金监管措施**，包括但不限于专项计划账户设置、现金流自产生至分配给投资人期间在各账户间划转时间节点安排等。现金流未直接回款至专项计划账户的，还应当披露转付安排的合理性、资金混同和挪用等风险的防范机制及资产支持证券存续期间设置防范混同和挪用等风险的持续检查机制等，揭示资金混同和挪用等风险，并披露设置的风险缓释措施。

**（十二）增信措施或安排（如有）的具体情况及其合法性和有效性**，增信机构为原始权益人及其关联方或重要债务人的，管理人应有针对性加强对相关主体经营财务信息的披露，并结合风险相关性情况，详细披露前述情况对增信效果的影响，并充分揭示风险。

（十三）为入池融资租赁债权的偿付提供信用支持或对专项计划提供流动性支持、差额补足、担保等增信安排主体（如有）的基本情况、财务数据、偿债能力和资信状况，及对其增信效力的分析说明。

**（十四）原始权益人融资租赁业务开展情况**。包括但不限于主营业务概况、业务开展的时间、经营模式、承租人集中度、行业分布、期限分布、盈利和现金流的稳定性、业务开展的资金来源、风险资产规模、既有负债、或有负债等情况，以及自展业以来融资租赁业务的展期、早偿、逾期、违约以及违约后回收等情况的定义、具体计算方式及相关历史数据。

**（十五）原始权益人与融资租赁业务相关的风险控制制度**。包括但不限于风险分类管理制度、承租人信用评估制度、事后追偿和处置制度、风险预警机制、风险准备金计提情况及风险资产占净资产的比重等。其中关于风险分类管理制度，应当就其分类管理标准、定义、方式等进行披露。

**（十六）失信记录特别核查情况**，包括但不限于原始权益人最近两年内是否存在严重违法失信行为，是否存在被有权部门认定为失信被执行人、失信生产经营单位或者其他失信单位，并被暂停或限制进行融资的情形；重要债务人（如有）最近两年内是否存在因严重违法失信行为，被有权部门认定为失信被执行人、重大税收违法案件当事人或涉金融严重失信人的情形；上述事项是否影响原始权益人进行融资或重要债务人的偿债能力的明确核查意见等。

**（十七）资产服务机构融资租赁相关的业务管理能力**，包括但不限于回收租金的资金管理、附属担保权益及其他权利的管理（如有）、租赁项目的跟踪评估等。

**（十八）原始权益人风险自留情况**，若免于风险自留的，管理人应当充分披露未进行风险自留的原因及合理性，并揭示相关风险。

**（十九）合格投资（如有）相关安排**，包括但不限于投资范围、账户安排、投资标的的信用、市场和流动性等相关风险及防范措施等。

第九条 **【法律意见书的主要内容】**

专项计划应当由律师事务所对专项计划的有关法律事宜发表专业意见，并向合格投资者披露法律意见书，法律意见书除按照资产支持证券一般要求进行编制和披露外，还应当包括以下内容：

（一）**基础资产界定的具体范围和法律依据**。

（二）**基础资产涉及交易合同的合法有效性**、出租人履行合同义务情况、出卖人交付及转让租赁物所有权情况、融资租赁合同租金给付条件满足情况及承租人履行其租金给付义务的抗辩事由和抵销情形。

（三）**基础资产转让的合法有效性**，包括但不限于融资租赁债权转让通知安排及转让登记情况、附属担保权益及其他权利的转让及转付安排（如有）、租赁物的转让安排（如有）等。

（四）**基础资产涉及关联交易（如有）的交易背景真实性、交易对价公允性**。

（五）**基础资产与原始权益人的破产隔离效果**。

（六）原始权益人、增信主体（如有）等**相关主体的内部授权情况**。

（七）**增信措施或安排（如有）的具体情况及其合法性等**。

（八）**失信记录特别核查情况**，包括但不限于原始权益人最近两年内是否存在严重违法失信行为，是否存在被有权部门认定为失信被执行人、失信生产经营单位或者其他失信单位，并被暂停或限制进行融资的情形；重要债务人（如有）最近两年内是否存在因严重违法失信行为，被有权部门认定为失信被执行人、重大税收违法案件当事人或涉金融严重失信人的情形；上述事项是否影响原始权益人进行融资或重要债务人的偿债能力的明确核查意见等。

（九）抽样调查方法（如有）具体内容，包括但不限于抽样方法、抽样标准设置等。

第十条 **【评级报告的主要内容】**

信用评级报告（如有）应当由具有中国证监会核准的证券市场资信评级业务资格的资信评级机构出具，评级报告除按照资产支持证券一般要求进行编制和披露外，还应当包括以下内容：

（一）专项计划涉及信用增级方式的增信效果分析。

（二）基础资产影子评级分布（如有）以及加权影子评级（如有）。

（三）现金流归集路径、监管措施及混同和挪用等风险分析。

（四）现金流压力测试的假设条件、压力因素、各压力情形下压力测试结果。

第十一条 **【现金流预测报告的主要内容】**

现金流预测机构（如有）、资产评估机构（如有）等应当按照相关规则及规定要求编制现金流预测报告和资产评估报告。

现金流预测报告应当披露基础资产现金流预测的假设因素、预测方法、预测结论，并结合基础资产相关历史数据说明预测方法和相关指标设置的合理性。

## 第三章　存续期间信息披露

第十二条　**【年度资产报告应披露的内容】**

年度资产管理报告除按照资产支持证券信息披露规则要求进行编制和披露外，还应当包括以下内容：

（一）**基础资产的运行情况**，包括但不限于：入池资产早偿、逾期、违约、不良等运行表现情况，各预测周期基础资产实际现金流及与预测比较情况，融资租赁款的归集、划转情况，租赁物价值的变动情况，现金流混同和挪用风险防范落实情况，以及基础资产相关的争议、纠纷、诉讼、仲裁、保险赔偿情况等。

（二）**报告期内特定原始权益人与增信机构的股权结构、公司治理**、经营情况、财务情况、资信情况以及相关重大变化情况。

（三）**专项计划不合格基础资产处置**、权利完善事件、增信措施（如有）等相关投资者保护条款的触发与执行情况。

**（四）原始权益人风险自留及次级资产支持证券期间分配收益情况**。

第十三条　**【重大事项的临时披露】**

资产支持证券存续期间，发生《信息披露指引》第十九条规定的重大事件及下列可能影响基础资产现金流和资产支持证券本息偿付等的重大事项，信息披露义务人应在相关事件或事项发生后**两个交易日内**及时进行临时信息披露：

（一）重要债务人的经营情况出现重大变化，可能影响资产支持证券投资者利益。

（二）基础资产池的信用状况出现重大不利变化，如发生违约率、逾期率等指标大幅提升等可能影响基础资产现金流流入的事项。

（三）触发权利完善事件（如有）、加速清偿事件（如有）、提前终止事件（如有）等可能影响资产支持证券投资者利益的事项。

**（四）其他可能影响基础资产现金流和资产支持证券本息偿付的重大事项。**

## 第四章　附　　则

第十四条　【循环购买规则】

融资租赁债权资产证券化基础资产确需设置循环购买的，信息披露参照本所《企业应收账款资产支持证券信息披露指南》中有关循环购买的相关要求办理。

第十五条　【解释主体】

本所将根据业务发展情况不定期修订本指南并发布更新版本。本所对本指南保留最终解释权。

第十六条　【生效日期】

本指南自发布之日起施行。

## 1.2.9 《上海证券交易所基础设施类资产支持证券挂牌条件确认指南》(2018年6月8日 上海证券交易所)

【重点提示】

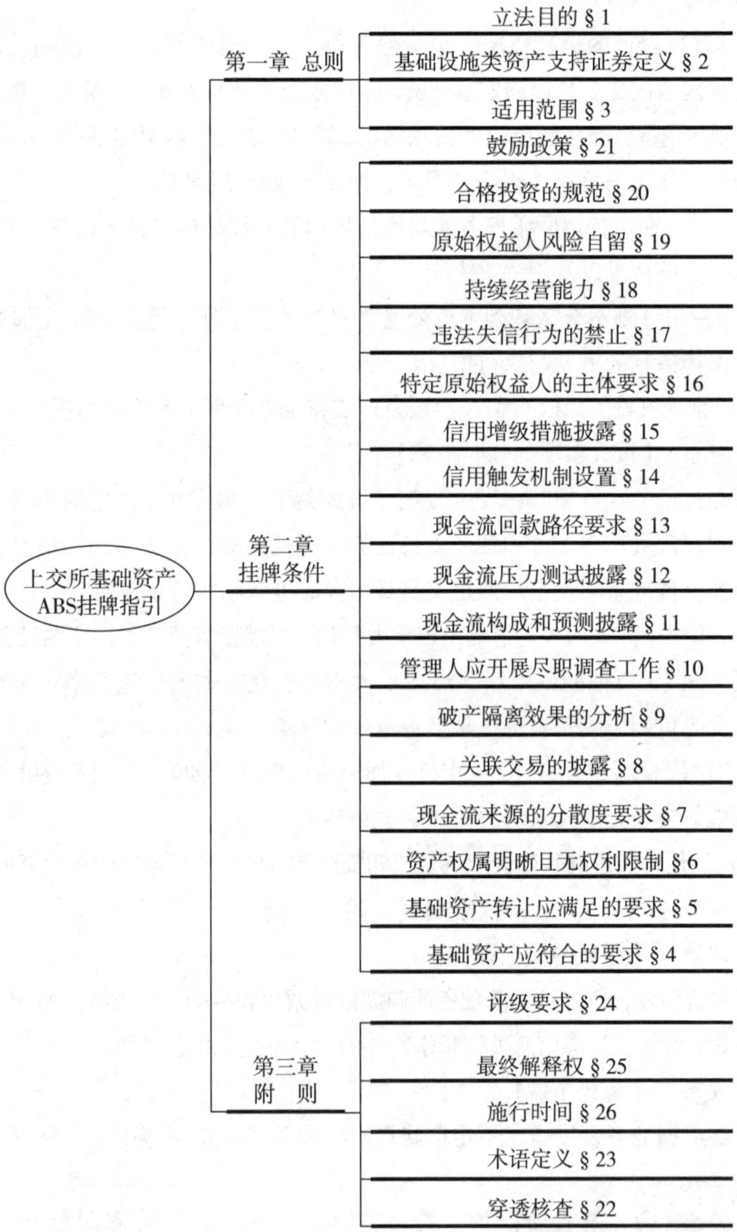

【文件内容】

## 第一章 总 则

**第一条 【立法目的】**

为规范基础设施类资产证券化业务，便于管理人和原始权益人等参与机构开展业务和加强风险管理，保护投资者合法权益，促进资产证券化业务健康发展，根据《证券公司及基金管理公司子公司资产证券化业务管理规定》（证监会公告〔2014〕49 号）、《上海证券交易所资产支持证券挂牌条件确认业务指引》（上证发〔2017〕28 号）等相关规定，制定本指南。

**第二条 【基础设施类资产支持证券定义】**

本指南所称基础设施类资产支持证券，是指证券公司、基金管理公司子公司作为管理人，通过设立资产支持专项计划（以下简称专项计划）开展资产证券化业务，**以燃气、供电、供水、供热、污水及垃圾处理等市政设施，公路、铁路、机场等交通设施，教育、健康养老等公共服务产生的收入为基础资产现金流来源**所发行的资产支持证券。

**第三条 【适用范围】**

本指南适用于基础设施类资产支持证券在上海证券交易所（以下简称本所）挂牌转让申请。

**涉及政府和社会资本合作项目的基础设施类资产支持证券申请在本所挂牌的，应当适用本所《上海证券交易所政府和社会资本合作（PPP）项目资产支持证券挂牌条件确认指南》**的要求。

## 第二章 挂牌条件

**第四条 【基础资产应符合的要求】**

基础设施类资产支持证券的基础资产、底层资产及相关资产应当符合以下要求：

（一）基础资产的界定应当清晰，具有法律、法规依据，附属权益（如有）的内容应当明确。

（二）基础资产、底层资产及相关资产应当合法、合规，已按相关规定履行必要的审批、核准、备案、登记等相关程序。

**（三）基础资产、底层资产的运营应当依法取得相关特许经营等经营许可或其他经营资质，且特许经营等经营许可或其他经营资质应当能覆盖专项计划期限。**经营资质在专项计划存续期内存在展期安排的，管理人应当取得相关授权方或主管部门关于经营资质展期的书面意向函，在计划说明书中披露按照相关规定或主管部门要求办理展期手续的具体安排，说明专项计划期限设置的合理性，充分揭示风险并设置相应的风险缓释措施。

（四）基础资产现金流应当基于真实、合法的经营活动产生，形成基础资产的法律协议或文件（如有）应当合法、有效，价格或收费标准符合相关规定。**基础资产不属于《资产证券化基础资产负面清单》列示的范畴。**

（五）原始权益人应当合法拥有基础资产。基础资产系从第三方受让所得的，原始权益人应当已经支付转让对价，且转让对价应当公允。

（六）基础资产、底层资产应当可特定化，其产生的现金流应当独立、稳定、可预测。基础资产及底层资产的规模、存续期限应当与资产支持证券的规模、存续期限相匹配。

**第五条　【基础资产转让应满足的要求】**

基础资产转让应当满足以下要求：

（一）基础资产应当具有可转让性，转让应当合法、有效，转让对价应当公允，存在附属权益（如有）的，应当一并转让。

（二）基础资产转让依法须取得的授权、批准等手续应当齐备，并在相关登记机构办理转让登记（如需）。

若存在特殊情形未办理登记的，管理人应当在计划说明书中披露未办理登记的原因及合理性，充分揭示风险，并设置相应的风险缓释措施。

**第六条　【资产权属明晰且无权利限制】**

基础资产、底层资产及相关资产的权属应当清晰明确，不得附带抵押、质押等担保负担或者其他权利限制。基础资产或底层资产已经存在抵押、质押等担保负担或者其他权利限制的，应当能够通过专项计划相关安排在原始权益人向专项计划转移基础资产时予以解除。

**底层资产、相关资产应当向专项计划或其相关方进行质押、抵押以保障基础资产现金流的回收**，其授权、批准等手续应当齐备，并在相关登记机构办理质押、抵押登记。底层资产、相关资产质押或抵押未进行登记的，管理人应当在计划说明书中说明未进行登记的原因及合理性，充分揭示风险，并设置相应的风险缓释措施。相关资产由于特殊情形未能进行质押或抵押的，管理人应当在计划说明书中披露合理性，充分揭示风险，并设置相应的风险缓释措施。

**第七条　【现金流来源的分散度要求】**

基础资产及底层资产的现金流来源应当具备一定的分散度。管理人应当结合基础资产或底层资产涉及的地区概况、区域经济、行业政策、供需变化等因素，对专项计划的集中度风险进行分析。管理人应当说明基础资产或底层资产现金流来源的集中度情况，集中度较高的应当进行风险提示，并披露重要现金流提供方的经营情况及财务状况。

第八条 【关联交易的披露】

**基础资产或底层资产涉及关联交易的，管理人、律师等应当在专项计划文件中披露基础资产或底层资产涉及的关联关系、关联交易的金额及占比情况，并就交易背景的真实性、交易对价的公允性及其对基础资产现金流预测的影响发表明确意见。**

第九条 【破产隔离效果的分析】

**律师应当在法律意见书中分析基础资产的破产隔离效果，包括但不限于基础资产转让、基础资产交割、基础资产现金流归集和违约处置等方面，说明基础资产与原始权益人之间的风险隔离措施，并对其是否可以实现与原始权益人之间的破产隔离发表明确法律意见。**

第十条 【管理人应开展尽职调查工作】

管理人应当按照《证券公司及基金管理公司子公司资产证券化业务尽职调查工作指引》（证监会公告〔2014〕49 号）的要求开展尽职调查工作，尽职调查范围应当覆盖基础资产、底层资产及主要相关资产。

对特定原始权益人的尽职调查应当包括但不限于基本情况、主营业务情况、财务情况以及与基础资产相关的业务情况。对资产服务机构的尽职调查应当包括但不限于基本情况、与基础资产管理相关的业务情况。对基础资产的尽职调查应当包括基础资产的法律权属、转让的合法性、基础资产的运营情况和现金流历史记录，同时应当对基础资产未来的现金流情况进行合理预测和分析。

第十一条 【现金流构成和预测披露】

管理人应当在计划说明书中披露基础资产及底层资产的现金流构成以及至少最近三年（未满三年的自开始运营之日起）的历史现金流情况、波动情况及波动原因，分析现金流的独立性、稳定性。基础资产或底层资产历史现金流波动较大的，管理人应当在计划说明书中充分揭示风险，并设置相应的风险缓释措施。

**管理人应当聘请具备证券期货相关业务资格的现金流预测机构编制现金流预测报告，对专项计划存续期内的基础资产或底层资产现金流状况进行预测。**现金流预测应当遵循合理、谨慎的原则，并充分考虑宏观及区域经济发展、行业政策及发展、原始权益人资质取得及持续经营能力、价格规制、供需关系、结算方式、预付或延迟支付、收缴率、相关税费是否由专项计划承担等因素对基础资产现金流的影响。基础资产或底层资产现金流预测周期应当与资产支持证券兑付周期匹配。

管理人、现金流预测机构应当在计划说明书、现金流预测报告中披露预测假设因素、预测方法和预测结论，并结合基础资产或底层资产相关历史数据说明预测方法和相关指标设置的合理性。对于面向特定领域服务或者现金流来源行业较为集中

的基础设施，应当结合宏观经济政策对现金流作出更为谨慎的测算，并增强风险缓释措施。

**第十二条　【现金流压力测试披露】**

**管理人和评级机构应当在计划说明书和评级报告中披露现金流压力测试的相关方法以及结果，**包括但不限于涉及的压力因素、参数设置以及取值原因和合理性等，并应当披露压力情况下各兑付期间的现金流覆盖倍数。

**第十三条　【现金流回款路径要求】**

基础资产及底层资产的现金流回款路径应当清晰明确，管理人应当在专项计划文件中明确专项计划的账户设置、现金流自产生至当期分配给投资者期间在各账户间划转时间节点安排等。

基础资产现金流应当由现金流提供方直接支付至专项计划账户。现金流提供方无法将基础资产现金流直接支付至专项计划账户的，管理人应当聘请资产服务机构负责基础资产或底层资产的现金流归集。资产服务机构可以由原始权益人担任，资产服务机构不由原始权益人担任的，管理人应当充分披露该机构的资产服务能力、担任资产服务机构的必要性和合理性，同时应当明确原始权益人在现金流归集与划转中的责任和义务。资产服务机构应当设置专项监管账户，基础资产或底层资产现金流应当由资产服务机构从专项监管账户全部划付至专项计划账户。专项监管账户资金应当与资产服务机构的自有资金进行有效隔离，禁止资金混同或挪用。

**自专项计划设立之日起，基础资产或底层资产回款自产生至归集进入专项计划账户的周期应当不超过1个月。资产服务机构可以根据专项计划的约定，提高资金归集频率。原始权益人及资产服务机构资信状况良好，且专项计划设置担保、差额支付等有效增信措施的，现金流归集周期可以适当延长，但最长不得超过3个月。**

**第十四条　【信用触发机制设置】**

管理人应当针对各项不利于专项计划资产安全、现金流归集的情形设置合理的信用触发机制，并在专项计划文件中披露各信用触发机制的触发条件、处置流程、触发结果、风险缓释效果和信息披露要求。

上述相关情形可以包括：(1) 原始权益人丧失所需的经营资质、丧失持续经营能力或经营权利；(2) 特定原始权益人、资产服务机构、增信机构等主体评级下降、丧失清偿能力、金融债务违约、涉及重大诉讼、相关账户查封或冻结；(3) 原始权益人发生安全生产或环境污染重大事故，受到主管部门重大行政处罚；(4) 基础资产、底层资产的现金流回收出现大幅波动，或者相较现金流预测出现重大偏差；(5) 相关资产的权属出现重大不利变化、出现不可修复性损坏或灭失；(6) 专项计划现金流入严重依赖于重要现金流提供方或单一下游行业，且该现金流提供方或该行业发生重大不利情形；(7) 其他可能影响基础资产运行、投资者收益分配的不利情形。

**第十五条 【信用增级措施披露】**

专项计划存在信用增级安排的，管理人应当在计划说明书等专项计划文件中披露各项信用增级措施的启动时间、触发机制、保障内容及操作流程、增信安排的法律效力及增信效果等。

增信机构为原始权益人及其关联方或现金流提供方的，管理人应当结合风险相关性情况，详细核查并披露前述情况对增信效果的影响，并充分揭示风险。

**第十六条 【特定原始权益人的主体要求】**

特定原始权益人开展业务应当满足相关主管部门监管要求、取得相关特许经营等经营许可或其他经营资质、基础资产或底层资产相关业务**正式运营满 2 年**、具备资产运营能力且符合下列条件之一：

**（一）主体评级达 AA 级及以上。**

**（二）专项计划设置担保、差额支付等有效增信措施，提供担保、差额支付等增信机构的主体评级为 AA 级及以上。**

**第十七条 【违法失信行为的禁止】**

原始权益人最近两年不存在因严重违法失信行为，被有权部门认定为失信被执行人、失信生产经营单位或者其他失信单位，并被暂停或限制进行融资的情形；重要现金流提供方（如有）最近两年内不存在因严重违法失信行为，被有权部门认定为失信被执行人、重大税收违法案件当事人或涉金融严重失信人的情形。**管理人和律师应当就上述事项是否影响原始权益人进行融资或重要现金流提供方的偿债能力进行核查，并在专项计划文件中发表明确意见。**

**第十八条 【持续经营能力】**

特定原始权益人应当具备持续经营能力，管理人应当在专项计划文件中测算专项计划存续期间特定原始权益人经营现金流入扣除向专项计划归集的现金流后对经营成本、税费的覆盖情况，并分析其对相关资产的控制程度和持续运营能力。若覆盖存在缺口或相关资产控制、运营能力存在潜在不利影响，管理人应当设置合理的运营保障措施，并在计划说明书中进行充分的风险揭示。

**第十九条 【原始权益人风险自留】**

**原始权益人及其关联方应当保留一定比例的基础资产信用风险，持有最低档次资产支持证券，且持有比例不得低于所有档次资产支持证券发行规模的 5%，持有期限不低于资产支持证券存续期限。**

原始权益人及其关联方按照上述要求进行风险自留后，除非根据生效判决或裁

定，不得将其持有的资产支持证券进行转让或者以任何形式的变相转让。

**第二十条 【合格投资的规范】**

若专项计划涉及合格投资安排，合格投资应当仅限在专项计划账户内进行。合格投资不得投资权益类产品，投资固定收益类产品的，应当防范投资标的的信用、市场和流动性等相关风险。

**第二十一条 【鼓励政策】**

本所鼓励**积极服务绿色发展、"一带一路"、精准扶贫、京津冀协同发展、长江经济带、雄安新区建设、"中国制造 2025"和新型城镇化建设等国家重大战略**的基础设施类资产证券化业务。针对前述鼓励情形，本所将提升受理、评审及挂牌转让工作效率。

## 第三章 附 则

**第二十二条 【穿透核查】**

对专项计划中以其持有的底层资产作为基础资产现金流来源并获得融资的主体，**应当穿透核查其是否符合本指南中对原始权益人的相关要求**，并由其按照本指南第十九条的相关要求进行风险自留。

**第二十三条 【术语定义】**

本指南相关用语的含义：

（一）底层资产，是指**根据穿透原则在专项计划中作为专项计划现金流最终偿付来源的资产**。

（二）相关资产，是指**基础资产或底层资产所依附的土地使用权、建筑物、设施、设备等财产或财产权利**。

（三）重要现金流提供方，是指现金流预测基准日基础资产或底层资产现金流单一提供方按照约定未支付现金流金额占基础资产未来现金流总额比例超过 15%，或该单一提供方及其关联方的未支付现金流金额合计占基础资产未来现金流总额比例超过 20% 的现金流提供方。

**第二十四条 【评级要求】**

涉及主体评级要求的，原则上应当为公开市场评级，可以引用相关主体公司债券或债务融资工具有效期内的评级报告。

**第二十五条 【最终解释权】**

本所将根据业务发展情况不定期修订本指南并发布更新版本。本所对本指南保留最终解释权。

**第二十六条 【施行时间】**

本指南自发布之日起施行。

## 1.2.10 《上海证券交易所基础设施类资产支持证券信息披露指南》(2018年6月8日 上海证券交易所)

【重点提示】

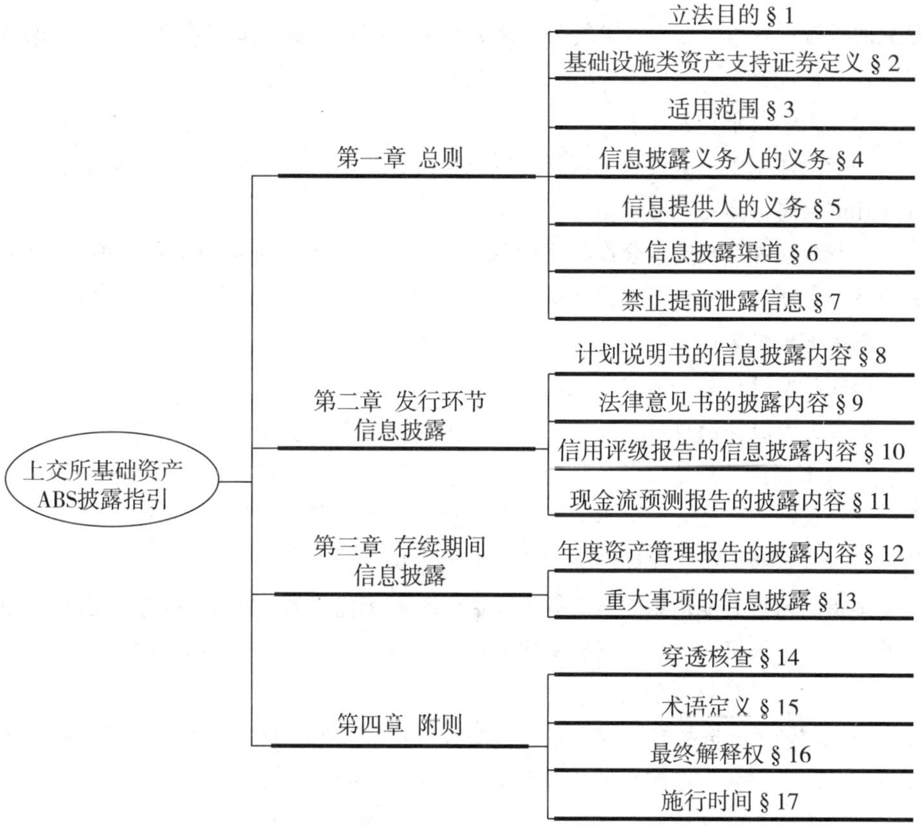


【文件内容】

### 第一章 总　　则

第一条 【立法目的】

为规范基础设施类资产证券化业务，便于管理人和原始权益人等参与机构开展业务和加强风险管理，保护投资者合法权益，促进资产证券化业务健康发展，根据《证券公司及基金管理公司子公司资产证券化业务管理规定》（证监会公告〔2014〕49号，以下简称《管理规定》）、《证券公司及基金管理公司子公司资产证券化业务信息披露指引》（证监会公告〔2014〕49号，以下简称《信息披露指引》）、《上海证券交易所资产支持证券挂牌条件确认业务指引》（上证发〔2017〕28号，以下简称《业务指引》）等相关规定，制定本指南。

第二条 【基础设施类资产支持证券定义】

本指南所称基础设施类资产支持证券，是指证券公司、基金管理公司子公司作为管理人，通过设立资产支持专项计划（以下简称专项计划）开展资产证券化业务，**以燃气、供电、供水、供热、污水及垃圾处理等市政设施，公路、铁路、机场等交通设施，教育、健康养老等公共服务产生的收入为基础资产现金流来源**所发行的资产支持证券。

第三条 【适用范围】

本指南适用于基础设施类资产支持证券在上海证券交易所（以下简称本所）挂牌转让的信息披露专项要求。

**涉及政府和社会资本合作项目的基础设施类资产支持证券申请在本所挂牌的，应当适用本所《上海证券交易所政府和社会资本合作（PPP）项目资产支持证券信息披露指南》的要求。**

第四条 【信息披露义务人的义务】

管理人及其他信息披露义务人应当按照《管理规定》《信息披露指引》《业务指引》及本指南的规定以及计划说明书的约定履行信息披露义务，及时、公平地披露可能对资产支持证券产生重大影响的信息，并保证所披露的信息真实、准确、完整，不得有虚假记载、误导性陈述或者重大遗漏。

本指南所称**其他信息披露义务人包括但不限于托管人、律师事务所、会计师事务所、资信评级机构、资产服务机构、现金流预测机构、资产评估机构等。**

第五条 【信息提供人的义务】

原始权益人和除管理人以外的其他服务机构应当按照合同约定，及时向管理人提供相关信息，并保证所提供信息真实、准确、完整。

**本指南所称的其他服务机构包括但不限于资产服务机构、托管人、信用增级机构、律师事务所、会计师事务所、资信评级机构、现金流预测机构、流动性支持机构、销售机构等。**

第六条 【信息披露渠道】

资产支持证券在本所挂牌转让的，管理人及其他信息披露义务人应当于规定时间内通过指定网站或以本所认可的其他方式向合格投资者披露信息。

第七条 【禁止提前泄露信息】

管理人、其他信息披露义务人、其他服务机构及登记托管机构等相关知情人在信息披露前不得泄露拟披露的信息。

## 第二章 发行环节信息披露

第八条 【计划说明书的信息披露内容】

基础设施类资产支持证券的计划说明书除按照资产支持证券的一般要求进行编制和披露外，还应当详细披露基础资产、底层资产、相关资产、现金流预测、现金流归集与分配机制、原始权益人、重要现金流提供方、增信主体（如有）及风险自留等相关情况，包括但不限于以下内容：

（一）基础资产的界定情况以及相关的法律、法规依据，附属权益（如有）的具体内容。

（二）基础资产入池标准（如有）及创建程序。

（三）基础资产、底层资产及相关资产的基本情况及其合法合规性，包括但不限于：涉及规定的审批、核准、备案、登记等相关程序的履行情况；取得特许经营等经营许可或其他经营资质的情况，以及该等特许经营等经营许可或其他经营资质的期限覆盖专项计划期限的情况；基础资产现金流涉及的经营活动及其基础合同的真实性、合法性、有效性及价格或收费标准符合相关规定的情况；**基础资产涉及《资产证券化基础资产负面清单》的情况，以及基础资产涉及使用者付费、实行收支两条线管理、专款专用的取得地方财政部门或有权部门按照约定划付购买服务款项的承诺或法律文件的情况**；基础资产或底层资产涉及的关联交易情况；现金流提供方集中度情况，以及基础资产或底层资产涉及的地区概况、区域经济、行业政策、供需变化等情况。

（四）**基础资产或底层资产的特定化情况，以及现金流的构成和独立性、稳定性或可预测性情况**，至少最近三年（未满三年的自开始运营之日起）的历史现金流情况、波动情况及波动原因。基础资产或底层资产的规模、存续期限与资产支持证券的规模、存续期限的匹配情况。

（五）基础资产、底层资产及相关资产的权属情况及存在的担保负担或者其他权利限制情况。若存在担保负担或者其他权利限制，还应当披露解除前述担保负担或者权利限制的相关安排、向专项计划转移资产时是否已合法有效地解除了担保负担或者权利限制。

（六）基础资产转让的真实性、合法性、有效性、完整性及转让对价公允性情况，附属权益（如有）的转让情况。

基础资产系从第三方受让所得（如有）的，应当披露交易对价的支付情况、交易对价的公允性。

（七）基础资产、附属权益（如有）转让或底层资产、相关资产向专项计划质押（如有）、抵押（如有）的授权、批准等情况，在相关登记机构的登记办理情况（如需）。

**基础资产未进行转让登记、底层资产及相关资产未进行质押或抵押登记的，应**

**当说明原因及合理性，充分揭示风险，设置相应的风险缓释措施。**

（八）基础资产或底层资产涉及的重要现金流提供方的基本情况、财务数据、信用情况、偿债能力及资信评级情况（如有）等。

**未达到重要现金流提供方要求但单笔付款金额占比较大的，管理人应当结合对专项计划现金流影响情况，对现金流提供方经营状况及财务状况进行必要的信息披露，并披露相关尽职调查的程序、范围及方式等。**

（九）相关尽职调查方法、尽职调查范围等。

（十）现金流预测假设因素、预测方法和预测结论，并结合基础资产相关历史数据说明预测方法和相关指标设置的合理性。

（十一）现金流压力测试的假设条件、压力因素及各压力情形现金流覆盖情况。

（十二）基础资产或底层资产现金流归集路径和资金监管措施，包括但不限于专项计划账户设置、现金流自产生至分配给投资者期间在各账户间划转时间节点安排等。**现金流未直接回款至专项计划账户的，还应当披露现金流归集安排及其合理性、专项监管账户设置、归集频率、现金流混同和挪用等风险的防范机制及资产支持证券存续期间设置防范混同和挪用等风险的持续检查机制等，揭示资金混同和挪用等风险。**

（十三）增信措施或安排（如有）的具体情况及其合法性和有效性。为基础资产或底层资产的收入提供信用支持（如有）或对专项计划提供流动性支持、差额补足、担保等增信安排的主体（如有）的基本情况、财务数据、偿债能力和资信评级情况，及对其增信效力的分析说明。

增信机构为原始权益人及其关联方或现金流提供方的，管理人应有针对性加强对相关主体经营财务信息的披露，并结合风险相关性情况，详细披露前述情况对增信效果的影响，并充分揭示风险。

（十四）信用触发机制（如有），包括但不限于信用触发机制的触发条件、处置流程、触发结果、风险缓释措施、对专项计划相关安排的影响以及信息披露要求。

（十五）专项计划回售、赎回机制（如有）的流程、安排以及投资者回售权的保障措施。

（十六）合格投资（如有）的相关安排，包括但不限于投资范围、账户安排、投资标的的信用、市场和流动性等相关风险及防范措施等。

（十七）原始权益人与基础资产、底层资产及相关资产相关的业务制度、业务流程及历史业务情况（包括但不限于历史回款情况、逾期情况及回收情况等）等。原始权益人的持续经营能力、经营成本覆盖以及相应的持续经营支持措施情况。

（十八）特定原始权益人符合《上海证券交易所基础设施类资产支持证券挂牌条件确认指南》第十六条要求的相关情况。

（十九）失信记录特别核查情况，包括但不限于原始权益人最近两年内是否存在严重违法失信行为，是否存在被有权部门认定为失信被执行人、失信生产经营单位或者其他失信单位，并被暂停或限制进行融资的情形；重要现金流提供方（如有）最近两年内是否存在因严重违法失信行为，被有权部门认定为失信被执行人、重大税收违法案件当事人或涉金融严重失信人的情形。上述事项是否影响原始权益人进行融资或重要现金流提供方的偿债能力的明确核查意见等。

（二十）原始权益人及其关联方的风险自留情况。

第九条　【法律意见书的披露内容】

**管理人应当聘请律师事务所对专项计划的有关法律事宜发表专业意见，并向合格投资者披露法律意见书。**法律意见书除按照资产支持证券一般要求进行编制和披露外，还应当包括以下内容：

（一）基础资产界定的具体范围和法律、法规依据。

（二）基础资产、底层资产及相关资产，取得特许经营等经营许可或其他经营资质的合法性、有效性，以及该等经营许可或经营资质的期限涵盖专项计划期限的情况；涉及相关规定的审批、核准、备案、登记等相关程序的履行情况；涉及的经营活动及其基础合同的真实性、合法性、有效性及价格或收费标准是否符合相关规定的情况；**涉及《资产证券化基础资产负面清单》的情况，以及涉及使用者付费、实行收支两条线管理、专款专用的取得地方财政部门或有权部门按照约定划付购买服务款项的承诺或法律文件的情况。**

（三）基础资产、附属权益（如有）转让以及底层资产、相关资产质押（如有）、抵押（如有）的合法性、有效性，包括但不限于转让登记情况、质押或抵押登记情况等。

（四）基础资产或底层资产涉及的关联交易（如有）的交易背景真实性、交易对价公允性。

（五）原始权益人、增信主体（如有）等相关主体的内部授权情况。

**（六）基础资产的破产隔离效果，包括但不限于基础资产转让、基础资产交割、基础资产现金流归集和违约处置等方面，以及与原始权益人之间的风险隔离措施。**

（七）增信措施或安排（如有）的具体情况及其合法性和有效性等。

（八）失信记录特别核查情况，包括但不限于原始权益人最近两年内是否存在严重违法失信行为，是否存在被有权部门认定为失信被执行人、失信生产经营单位或者其他失信单位，并被暂停或限制进行融资的情形；重要现金流提供方（如有）

最近两年内是否存在因严重违法失信行为，被有权部门认定为失信被执行人、重大税收违法案件当事人或涉金融严重失信人的情形。上述事项是否影响原始权益人进行融资或重要现金流提供方的偿债能力的明确核查意见等。

（九）原始权益人等公共服务提供方最近三年内发生安全生产或环境污染重大事故，受到主管部门重大行政处罚的情况。

第十条 【信用评级报告的信息披露内容】

信用评级报告（如有）应当由**具有中国证券监督管理委员会核准的证券市场资信评级业务资格的资信评级机构**出具，评级报告除按照资产支持证券一般要求进行编制和披露外，还应当包括以下内容：

（一）影响基础资产或底层资产运营状况的地区概况、区域经济、行业政策、供需变化等各种因素及历史运营状况分析。

（二）原始权益人的持续经营能力分析。

（三）专项计划涉及信用增级方式的增信效果分析。

（四）现金流归集路径、监管措施及混同和挪用等风险分析。

（五）特定期间内各兑付期间的现金流覆盖倍数、现金流压力测试的结果以及相关方法。

第十一条 【现金流预测报告的披露内容】

现金流预测机构、资产评估机构（如有）等应当按照相关规则及规定要求编制现金流预测报告和资产评估报告。

**现金流预测报告应当披露基础资产现金流预测的假设因素、预测方法、预测结论**，结合基础资产或底层资产相关历史数据说明预测方法和相关指标设置的合理性，并说明宏观及区域经济发展、行业政策及发展、原始权益人资质取得及持续经营能力、价格规制、供需关系、结算方式、预付或延迟支付、收缴率和相关税费是否由专项计划承担等因素对基础资产现金流的影响。基础资产或底层资产现金流预测周期应当与资产支持证券兑付周期匹配。

## 第三章 存续期间信息披露

第十二条 【年度资产管理报告的披露内容】

年度资产管理报告除按照资产支持证券一般要求进行编制和披露外，还应当包括以下内容：

**（一）基础资产、底层资产及相关资产的运行情况，包括但不限于：基础资产或底层资产的回款金额，实际回款金额与现金流预测金额的差异及原因，回款资金的归集及划转情况，回款追索（如有）情况，以及与回款、基础资产、底层资产或相关资产相关的争议、纠纷、诉讼、仲裁、保险赔偿情况等。**

（二）报告期内原始权益人与增信机构的股权结构、公司治理、经营情况、财务情况、资信情况以及相关重大变化情况。

（三）专项计划信用触发机制、增信措施（如有）等相关投资者保护条款的触发与执行情况。

（四）原始权益人及其关联方风险自留、优先档及次级档资产支持证券期间分配收益情况。

第十三条 【重大事项的信息披露】

资产支持证券存续期间，发生《信息披露指引》第十九条规定的重大事件及下列可能影响基础资产现金流和资产支持证券本息偿付等的重大事项，信息披露义务人应在相关事件或事项发生后两个交易日内及时进行临时信息披露：

（一）原始权益人、重要现金流提供方（如有）或增信机构（如有）的经营情况出现重大变化，可能影响资产支持证券投资者利益。

（二）基础资产、底层资产或相关资产及其运营出现重大不利变化，可能影响资产支持证券投资者利益。

（三）**触发权利完善事件（如有）、加速清偿事件（如有）、提前终止事件（如有）等可能影响资产支持证券投资者利益的事项。**

（四）其他可能影响基础资产现金流和资产支持证券本息偿付的重大事项。

## 第四章 附 则

第十四条 【穿透核查】

对专项计划中以其持有的底层资产作为基础资产现金流来源并获得融资的主体，**应当穿透核查并按照本指引对原始权益人的相关要求进行信息披露。**

第十五条 【术语定义】

本指南下列用语的含义：

（一）底层资产，是指根据穿透原则在专项计划中作为专项计划现金流最终偿付来源的资产。

（二）相关资产，是指基础资产或底层资产所依附的土地使用权、建筑物、设施、设备等财产或财产权利。

（三）**重要现金流提供方，是指现金流预测基准日基础资产或底层资产现金流单一提供方按照约定未支付现金流金额占基础资产未来现金流总额比例超过15%，或该单一提供方及其关联方的未支付现金流金额合计占基础资产未来现金流总额比例超过20%的现金流提供方。**

第十六条 【最终解释权】

本所将根据业务发展情况不定期修订本指南并发布更新版本。本所对本指南保留最终解释权。

第十七条 【施行时间】

本指南自发布之日起施行。

### 1.2.11 《上海证券交易所资产证券化业务问答（一）、（二）、（三）》

【重点提示】

| 上海证券交易所资产证券化业务问答（一） |
|---|
| 一、什么情形下可就资产证券化项目进行申报前沟通？ |
| 二、资产支持专项计划项目命名有何规范性要求？ |
| 三、计划管理人能否就同一原始权益人同类基础资产同时提交多个资产支持证券挂牌转让申请？ |
| 四、现金流预测分析报告有哪些要求？ |
| 五、管理人提交申请和封卷文件时有哪些注意事项？ |
| 六、审议会通过后，如何获取挂牌转让无异议函？ |
| 七、挂牌转让无异议函有效期是多长时间？ |
| 八、取得无异议函后、资产支持证券启动发行前，若资产支持专项计划发生变化，管理人需要向交易所履行何种程序？ |
| **上海证券交易所资产证券化业务问答（二）——绿色资产支持证券** |
| 一、上海证券交易所《关于开展绿色公司债券试点的通知》中明确符合要求的绿色资产支持证券申请在上交所挂牌转让相关事项参照绿色公司债券执行。哪些项目可以认定为符合要求的绿色资产支持证券？ |
| 二、绿色资产支持证券的绿色项目及绿色产业领域认定、第三方评估认证、存续期间信息披露等事项如何执行？ |
| **上海证券交易所资产证券化业务问答（三）——资产支持证券分期发行** |
| 一、资产证券化项目“一次申报、分期发行”需满足哪些条件？ |
| 二、“一次申报、分期发行”资产证券化项目的申请文件有何要求？ |
| 三、“一次申报、分期发行”的资产证券化项目，如何履行发行前备案程序？ |

【文件内容】

#### 上海证券交易所资产证券化业务问答（一）

（2018年8月15日 上海证券交易所）

一、什么情形下可就资产证券化项目进行申报前沟通？

计划管理人应当依据《上海证券交易所资产证券化业务指引》《上海证券交易所资产支持证券挂牌条件确认业务指引》相关要求，向本所提交资产支持证券挂牌转让申请，申报前无需沟通。涉及新增基础资产类型、新设交易结构等创新、疑难项目，管理人确有需求的，可以发送邮件至本所资产证券化业务公共邮箱（sseabs@sse.com.cn），本所将视情况回复。

**二、资产支持专项计划项目命名有何规范性要求？**

资产支持专项计划项目命名应明确、简短、不易产生歧义和误导。不应采用夸大、不切实际的用语。若项目名称包括多项信息，可按照计划管理人、原始权益人、基础资产类型、年份（如2018）、期数（如1－8期）的顺序进行命名，中间需要连接符的均以“－”体现。项目名称中不应出现特殊符号、字母等，如（）、“”、&、【】、N、X等字样。在本所申报的资产支持专项计划名称不应与其他市场的产品名称重复。

**三、计划管理人能否就同一原始权益人同类基础资产同时提交多个资产支持证券挂牌转让申请？**

原始权益人应根据自身业务发展需求、基础资产现存规模等情况合理确定资产支持证券发行方案。**就同一原始权益人的同类基础资产同时提交多个资产支持证券挂牌转让申请的，管理人应结合原始权益人主体资质、基础资产质量等情况说明申报合理性、明确基础资产的筛选标准、确认流程及各项目的发行安排、加强尽职调查以确保各个资产支持证券对应的基础资产真实、合法、有效。**

**四、现金流预测分析报告有哪些要求？**

现金流预测分析报告原则上应当由具备证券、期货业务从业资质的第三方机构出具，或由具备证券、期货业务从业资质的会计师事务所进行鉴证。

**基础资产为债权，现金流回款金额和期限确定，支付未附加条件，笔数不多且不进行循环购买，投资者可清晰识别基础资产现金流状况的，可不提交现金流预测分析报告，管理人应在计划说明书中详细披露现金流回款的基础数据、测算过程及结论。**

**五、管理人提交申请和封卷文件时有哪些注意事项？**

（一）申请文件注意事项

管理人向本所提交资产支持证券挂牌转让申请文件时，计划说明书、法律意见书、担保协议或担保函/差额支付承诺函（如有）及授权文件（如有）需加盖相关机构公章，可标注申请稿字样。

各季末结束前5日内，管理人新申报资产支持证券项目的，原则上应当提交特定原始权益人最新一期的财务报告或会计报表、增信方最新一期的财务报告或会计报表（如有），并更新计划说明书、评级报告及相关申请文件中相应财务数据。涉及境外上市主体的，原则上参照执行。特定原始权益人资信状况良好、且近一年内无重大不利变化或其他特殊情形的，管理人可以申请财务报告有效期适当延长，申报延期最长不超过1个月。本所将视情况决定是否同意该申请。

（二）申请文件与封卷文件签章注意事项

管理人应当按照《上海证券交易所资产支持证券挂牌转让申请受理审查指南－申请文件的签章》要求提交申请文件与封卷文件，并严格落实签章要求。

申请文件中所有需要自然人签名处，均应由签名人亲笔签名或本人签名章盖印，不得由他人代为签字。法律法规、文件出具机构明确规定或约定可以由授权代表签字的，应当提供授权委托书。

申请文件中所有需要加盖公章处，均应加盖相关机构总部公章，或有权加盖相应公章的独立法人实体公章，法律法规或本所另有规定的除外。每份已签章的申请文件应注明签章日期。签章页原则上应为原件的彩色电子扫描件。

审计报告原则上应提供原件的彩色电子扫描件。审计报告签章处应由注册会计师签名及签章，并加盖会计师事务所公章。审计报告后应附会计师事务所的营业执照、执业证书、签字注册会计师执业证、并逐页加盖会计师事务所公章。财务报告或会计报告（如季度或中期报告）应逐页加盖财务报告或会计报表编制单位的公章或统一加盖骑缝章，报表下方由该单位的法定代表人、会计主管、会计机构负责人签名或签章。

尽职调查工作组全体成员应当在尽职调查报告上签字，并加盖管理人公司公章和注明报告日期。

**六、审议会通过后，如何获取挂牌转让无异议函？**

**资产支持证券经本所审议会通过、管理人收到封卷通知后，应当在二十个交易日内，通过债券项目申报系统，提交盖章版全套电子封卷材料。本所收到后进行完备性核对、对封卷材料无异议的，出具关于对资产支持证券挂牌转让无异议的函。**管理人在收到短信、邮件或电话的出函通知后，可通过债券项目申报系统下载电子版无异议函。管理人如需领取纸质版无异议函的，可至本所债券业务中心领取。

**七、挂牌转让无异议函有效期是多长时间？**

资产支持证券一次发行的，无异议函自出具之日起12个月内有效。资产支持证券采取分期发行方式的，无异议函自出具之日起24个月内有效，管理人应当自无异议函出具之日起12个月内完成首期发行。

**八、取得无异议函后、资产支持证券启动发行前，若资产支持专项计划发生变化，管理人需要向交易所履行何种程序？**

根据《上海证券交易所资产支持证券挂牌条件确认业务指引》的规定，本所确认资产支持证券符合挂牌条件并出具无异议函后至资产支持证券发行前，如发生可能影响本次资产支持证券挂牌条件、投资价值，投资决策判断等事项，以及认为需要补充披露的其他重要事项时，管理人及其他业务参与人应当及时向本所报告，提交相关事项的书面说明书和中介机构意见（如有），并修改申请材料，本所根据具体情况按相关规定进行处理，书面说明内容可参照《上海证券交易所资产证券化业务指南（2016年10月）》附件《期后事项承诺函》相关要求。

## 上海证券交易所资产证券化业务问答（二）

——绿色资产支持证券

（2018年8月15日　上海证券交易所）

一、上海证券交易所《关于开展绿色公司债券试点的通知》中明确符合要求的绿色资产支持证券申请在上交所挂牌转让相关事项参照绿色公司债券执行。哪些项目可以认定为符合要求的绿色资产支持证券？

答：符合以下条件之一可以认定为绿色资产支持证券：

1. **基础资产属于绿色产业领域。基础资产现金流主要来源于绿色项目所产生的收入或者基础资产主要是为绿色项目融资所形成的债权**。上述绿色产业领域的基础资产占全部入池基础资产的比例应不低于70%。专项计划涉及循环购买安排的，应当明确相应的入池标准、资产筛选及确认流程、确保专项计划存续期间基础资产属于绿色产业领域。

2. 转让基础资产所取得的资金用于绿色产业领域。所得资金应主要用于建设、运营、收购绿色项目、偿还绿色项目贷款或为绿色项目提供融资等。上述用于绿色项目的金额不应低于转让基础资产所得资金总额的70%。用于为绿色项目提供融资的，应明确拟支持的绿色项目类别，筛选标准、决策程序和资金管理制度等。

3. 原始权益人主营业务属于绿色产业领域。**原始权益人最近一年合并财务报表中绿色产业领域营业收入比重超过50%（含），或绿色产业领域营业收入比重虽小于50%，但绿色产业领域业务收入和利润均为所有业务中最高，且均占到总收入和总利润的30%以上的，转让基础资产所取得的资金可不对应具体绿色项目，但应主要用于原始权益人绿色产业领域的业务发展，其金额应不低于所得资金总额的70%。**

计划管理人应对资产支持证券是否符合上述认定条件进行核查并出具核查意见。

**二、绿色资产支持证券的绿色项目及绿色产业领域认定、第三方评估认证、存续期间信息披露等事项如何执行？**

答：绿色资产支持证券的绿色项目、绿色产业领域认定以及第三方评估认证事项参照《上海证券交易所公司债券融资监管问答（一）——绿色公司债券》的相关要求执行。

专项计划存续期内，计划管理人应在年度资产管理报告中披露绿色资产支持证券的认定情况、认定涉及的绿色项目、具体领域及其产生的环境效益等。

## 上海证券交易所资产证券化业务问答（三）

——资产支持证券分期发行

（2019年2月 上海证券交易所）

一、**资产证券化项目"一次申报、分期发行"需满足哪些条件？**

答：资产证券化项目同时符合以下条件的，适用**"一次申报、分期发行"**：

1. 基础资产具备**较高同质性**，法律界定及业务形态属于相同类型，且风险特征不存在较大差异；

2. **分期发行的各期资产**支持证券**使用相同的交易结构和增信安排**，设置相同的基础资产合格标准，且合格标准包括相对清晰明确的基础资产质量控制条款，比如资产池分散度、债务人影子评级分布等；

3. 原始权益人能够**持续产生**与分期发行规模**相适应的基础资产规模；**

4. **原始权益人或专项计划增信主体资质良好，**原则上主体信用评级为AA**级或以上；**

5. 资产证券化项目的**计划管理人和相关参与方**具备良好的**履约能力**和较为丰富的资产证券化**业务经验**。

申请"一次申报、分期发行"的资产证券化项目，其计划管理人及律师应当对项目是否符合以上要求进行核查并发表明确意见。

资产证券化项目交易结构**存在重大创新**的，计划管理人和原始权益人等参与机构应**充分评估业务风险，审慎论证分期发行的可行性**。

二、**"一次申报、分期发行"资产证券化项目的申请文件有何要求？**

答："一次申报、分期发行"的资产证券化项目，申请文件**应按照《上海证券交易所资产证券化业务指南》附件一的要求编制，**其中专项计划托管协议、专项计划监管协议（若有）可以提供拟签署的文本。

计划说明书及相关申请文件中应**当明确"一次申报、分期发行"的总体安排，**包括**拟发行总额、发行期数、各期发行规模**。分期发行的各期在循环购买、证券期限及分层等方面存在的差异性安排的，计划说明书及相关申请文件中应当予以明确说明。计划管理人、律师及相关中介机构应当明确对各期资产支持证券的尽职调查安排，包括但不限于**开展时点、方法、内容、范围、程序**等。

**三、"一次申报、分期发行"的资产证券化项目，如何履行发行前备案程序？**

答：分期发行项目各期资产支持证券均应履行发行前备案程序，计划管理人应至少在**发行前 2 个工作日**通过本所资产证券化项目发行前备案邮箱（absissue@sse.com.cn）提交相关材料。**申报时首期基础资产池已明确，且符合《上海证券交易所资产证券化业务指南》第二十三条规定的，首期资产支持证券发行可豁免发行前备案程序。**

### 1.1.12 《上海证券交易所资产支持证券存续期信用风险管理指引（试行）》（2018 年 5 月 11 日　上证发〔2018〕28 号）

**【重点提示】**

为加强资产支持证券存续期风险管理机制，落实资产支持证券信用风险体系建设，上海证券交易所在参照固定收益产品监管经验的基础上，指定了本指引。本指引由 8 章 61 条以及两个附件组成。主要内容包括三块，一是根据信用风险为依据对专项计划进行分类管理；二是旨在建立对信用风险的监测、预警和化解机制；三是明确各参与主体的风险管理职责并建立了管理人的集体决策机制。

《上海证券交易所资产支持证券存续期信用风险管理指引（试行）》

- 总则（第一章）
  - 制定目的 § 1
  - 信用风险管理定义 § 2
  - 投资人风险自担原则 § 3
  - 风险管理的最低要求 § 4
  - 及时报告义务 § 5
- 信用风险管理职责（第二章）
  - 信用风险管理主体 § 6
  - 管理人的职责 § 7
  - 集体决策与负责人决策 § 8
  - 原始权益人的管理职责 § 9
  - 资产服务机构的管理职责 § 10
  - 增信机构的管理职责 § 11
  - 托管人的管理职责 § 12
  - 评级机构的管理职责 § 13
  - 专项计划应对风险管理细化约定 § 14
  - 中介机构的管理职责 § 15
  - 其他参与机构的管理职责 § 16
  - 投资者适当管理制度 § 17
  - 风险隔离防止内幕信息滥用 § 18
- 信用风险检测与分类（第三章）
  - 动态收集风险信息 § 19
  - 动态监测风险 § 20
  - 对专项计划的初步分类结果 § 21
  - 动态管理分类结果 § 22
  - 初步划分为关注类的情形 § 23
  - 初步划分为风险类的情形 § 24
  - 管理人对初步风险分类的调整 § 25
- 信用风险排查与预警（第四章）
  - 根据分类结果进行风险排查 § 26
  - 对现金流和增信措施的风险排查 § 27
  - 正常类计划收益分配前义务 § 28
  - 关注类计划收益分配前义务 § 29
  - 风险类计划的及时风险排查义务 § 30
  - 管理人对风险排查计划的制定和统筹安排 § 31
  - 全面风险排查和专项风险排查 § 32
  - 初步分类后应立即开展风险排查 § 33
  - 收益分配不能时应及时发布临时公告 § 34
  - 预计违约时启动不定期跟踪评级 § 35
  - 基础资产与现金流不利情形的及时告知 § 36
  - 积极配合管理人的风险排查 § 37
- 信用风险化解与处置（第五章）
  - 关注类计划的及时反馈义务 § 38
  - 风险类和违约类的及时披露义务 § 39
  - 风险类和违约类的立即报告义务 § 40
  - 风险化解和处置预案的内容 § 41
  - 管理人的风险化解和处置措施 § 42
  - 原始权益人的风险化解和处置措施 § 43
  - 增信机构的义务 § 44
  - 风险化解和处置领导小组 § 45
  - 及时披露风险化解和处置进展 § 46
  - 风险舆情应对机制 § 47
  - 投资人的自我风险防范和救济 § 48
  - 相关参与人违法行为的后果 § 49
- 信用风险管理报告（第六章）
  - 定期风险管理报告 § 50
  - 风险管理临时报告 § 51
  - 对其他监管规定的执行 § 52
  - 相关参与机构的重大事项报告 义务 § 53
- 自律监管（第七章）
  - 交易所的检查 § 54
  - 交易所的管理措施 § 55
  - 参与人违反指引等的后果 § 56
  - 投资人违反指引等的后果 § 57
- 附则（第八章）
  - 证券信用风险档案 § 58
  - 相关术语 § 59
  - 解释主体 § 60
  - 施行日期 § 61

【文件内容】

## 第一章　总　　则

第一条　【制定目的】为加强资产支持证券存续期信用风险管理，指导资产证券化业务参与机构及投资者管理信用风险，根据《证券公司及基金管理公司子公司资产证券化业务管理规定》和资产支持证券存续期信用风险管理实际情况，制定本指引。

第二条　【信用风险管理定义】本指引所称资产支持证券信用风险管理是指在上海证券交易所（以下简称本所）挂牌资产支持证券的管理人、原始权益人、资产服务机构、增信机构、托管人、资信评级机构、会计师事务所、律师事务所、资产评估机构及其他参与机构，**在资产支持证券存续期内持续动态监测、排查、分类、预警资产支持证券信用风险，及时主动采取有效措施防范、化解风险和处置违约事件，以及投资者依法维护合法权益的行为。**

第三条　【投资人风险自担原则】资产支持证券信用风险管理应当遵循市场化、法治化原则，依照相关规定和约定，管理人、原始权益人、资产服务机构、增信机构、托管人、资信评级机构、会计师事务所、律师事务所、资产评估机构及其他参与机构应当切实履职、勤勉尽责，**投资者自行承担投资风险**。

第四条　【风险管理的最低要求】本指引的规定是对资产支持证券存续期信用风险管理的最低要求。管理人、原始权益人、资产服务机构、增信机构、托管人、资信评级机构、会计师事务所、律师事务所、资产评估机构及其他参与机构和投资者根据信用风险管理需要，可以约定更高的风险管理要求。**相关规定或约定对资产支持证券信用风险管理有更高要求的，从其规定或约定**。

第五条　【及时报告义务】管理人、原始权益人、资产服务机构、增信机构、托管人、资信评级机构、会计师事务所、律师事务所、资产评估机构及其他参与机构和投资者应当按照本指引开展资产支持证券信用风险管理工作，**及时向本所报告资产支持证券风险管理中的重要情况，按照规定履行信息披露义务**，接受本所自律管理。

## 第二章　信用风险管理职责

第六条　【信用风险管理主体】管理人、原始权益人、增信机构、资产服务机构、托管人、资信评级机构及其他参与机构和投资者应当按照法律、行政法规、部门规章、规范性文件及本所业务规则等规定或者协议约定切实履行职责，加强相互配合，共同做好资产支持证券信用风险管理工作。

第七条　【管理人的职责】**管理人应当在资产支持证券存续期履职过程中，重点加强信用风险管理，履行的职责包括但不限于：**

（一）建立资产支持证券信用风险管理制度，细化信用风险管理业务流程。设立专门机构或专门人员从事信用风险管理相关工作，确保信用风险管理责任落实到岗、到人；

（二）按照规定或约定管理、运用、处分资产支持专项计划（以下简称专项计划）资产，向资产支持证券投资者分配收益（含按约定支付资产支持证券本金及收益、其他权利行权等，下同）；

（三）按照规定或约定落实基础资产循环购买、不合格基础资产赎回或替换、现金流归集和维护专项计划资产安全的机制；

（四）监测基础资产质量变化情况，持续跟踪基础资产现金流产生、归集和划转情况，检查或协同相关参与机构检查原始权益人、资产服务机构、增信机构、基础资产现金流重要提供方经营、财务、履约等情况，督促相关参与机构履行规定或约定的职责、义务，排查资产支持证券信用风险，进行风险分类管理；

（五）按照规定和约定履行信息披露义务，必要时召集资产支持证券持有人会议，及时披露影响资产支持证券信用风险的事件，进行风险预警；

（六）协调原始权益人、增信机构、资产服务机构、基础资产现金流重要提供方等机构，采取有效措施，防范并化解资产支持证券信用风险，及时处置预计或已经违约的资产支持证券风险事件；

（七）按照规定或约定开展专项计划终止清算，并披露清算报告；

（八）按照规定、约定或投资者委托，代表投资者维护合法权益；

（九）接受托管人监督，配合托管人办理托管业务。

第八条　【集体决策与负责人决策】管理人应当建立资产支持证券信用风险管理的**集体决策机制，由相关负责人**（管理人的主要负责人或分管资产支持证券、风险管理等高级管理人员，下同）和专职人员对开展资产支持证券风险监测、排查、分类、预警中的重要事项以及采取的风险化解、处置措施等**做出判断和决策**。

**相关负责人的职责主要包括以下事项：**

（一）审议资产支持证券信用风险管理制度、流程和机制安排；

（二）对信用风险监测与分类、排查与预警中的重要事项作出决策；

（三）开展风险类及相关专项计划的现场风险排查；

（四）推动信用风险化解与处置相关工作；

（五）签发定期及临时信用风险管理报告；

（六）相关规定或约定的其他信用风险管理职责。

第九条　【原始权益人的管理职责】**原始权益人在资产支持证券存续期信用风险管理中应当履行的职责包括但不限于：**

（一）**确保基础资产真实、合法、有效**。承担未按规定或约定转移基础资产的责任，并对相关后果采取有效应对措施，解决产生的问题；

（二）采取有效措施，**确保转移给专项计划的资产独立于其固有财产**，防止基础资产及现金流与其固有财产混同，不得以任何方式侵占、损害专项计划资产；

（三）原始权益人未实质转移除底层资产收益权之外的相关资产占有、使用、处置等权利或负有建设、运营、维护、监督使用、催收或收回、依法维权等义务的，应当积极行使权利、履行义务，**确保基础资产质量，为其产生现金流提供保障**；

（四）特定原始权益人应**维持正常的生产经营活动，为基础资产产生预期现金流积极提供支持与保障**；

（五）配合管理人及其他参与机构和投资者开展信用风险管理，**发现影响专项计划资产安全、投资者利益等风险事项及时告知管理人**。

第十条 【资产服务机构的管理职责】**资产服务机构在资产支持证券存续期信用风险管理中应当履行的职责包括但不限于**：

（一）按照约定积极履行基础资产管理、运营、维护职责，**监测基础资产质量变化情况**；

（二）按照约定及时归集和划转现金流，**防范基础资产及其现金流与自身或相关参与机构固有财产混同**，维护专项计划资产安全；

（三）按照约定**落实现金流归集、不合格基础资产赎回或替换、基础资产循环购买和维护专项计划资产安全的机制**；

（四）积极配合管理人及其他参与机构和投资者开展风险管理工作，**发现影响专项计划资产安全、投资者利益等风险事项及时告知管理人**。

第十一条 【增信机构的管理职责】**增信机构在资产支持证券存续期信用风险管理中应当履行的职责包括但不限于**：

（一）持续了解所增信资产支持证券的风险情况；

（二）资产支持证券预计或已经违约的，增信机构应按照规定和约定承担增信责任，及时**落实资金或履行增信义务，不得拖延或拒绝**；

（三）积极配合管理人及其他参与机构和投资者开展风险管理工作，**出现影响增信措施有效性的重大事项及时告知管理人**。

第十二条 【托管人的管理职责】**托管人在资产支持证券存续期信用风险管理中应当履行的职责包括但不限于**：

（一）安全保管专项计划资产；

（二）监督管理人对专项计划资产管理、运用、处分情况，**发现管理人的管理指令违反专项计划说明书或者托管协议约定的，应当要求改正；未能改正的，应当**

**拒绝执行并及时向本所及相关监管机构报告；**

（三）履行信息披露义务，**出具资产托管报告；**

（四）配合管理人及其他参与机构和投资者开展风险管理工作。

第十三条 【评级机构的管理职责】**资信评级机构在资产支持证券存续期信用风险管理中应当履行的职责包括但不限于：**

（一）按照规定或约定开展**定期跟踪评级并及时公布定期跟踪评级结果；**

（二）持续了解所评级资产支持证券基础资产质量变化及其产生现金流的情况，及时**开展不定期跟踪评级并公布不定期跟踪评级结果；**

（三）配合管理人及其他参与机构和投资者履行信息披露义务，开展风险管理工作。

第十四条 【专项计划应对风险管理细化约定】管理人、原始权益人、资产服务机构、增信机构、托管人、资信评级机构应当在**专项计划说明书和相关协议中细化约定**履行本指引第七条、第九条、第十条、第十一条、第十二条、第十三条规定相关职责的具体安排并予以披露。

第十五条 【中介机构的管理职责】**会计师事务所、律师事务所、资产评估机构等**应当按照规定或约定履行相关职责，积极配合管理人及其他参与机构和投资者开展资产支持证券信用风险管理工作。

第十六条 【其他参与机构的管理职责】**基础资产现金流重要提供方及其他参与机构**应当按照规定和相关协议约定履行职责、义务，积极配合管理人及其他参与机构和投资者开展资产支持证券信用风险管理工作。

第十七条 【投资者适当管理制度】投资者应当遵守**投资者适当性管理制度，**持续评估所投资资产支持证券的风险，积极配合管理人落实投资者保护措施，**依法维护自身合法权益。**

第十八条 【风险隔离防止内幕信息滥用】管理人及其他相关机构应当建立**内部信息隔离及保密制度，**防止相关人员利用资产支持证券信用风险管理过程中掌握的内幕信息实施违法违规行为，扰乱资产支持证券市场秩序。

## 第三章 信用风险监测与分类

第十九条 【动态收集风险信息】管理人应当通过多种方式和渠道，持续动态收集可能影响资产支持证券信用状况的信息，及时准确掌握信用变化情况。

**可能影响资产支持证券信用状况的信息包括但不限于：**

（一）基础资产类型、特征、权属、担保负担及其他权利限制以及质量变化情况；

（二）基础资产现金流归集、划转以及预计基础资产产生现金流能力的变化情况；

（三）基础资产现金流重要提供方所处行业环境或政策变化情况，股权结构、内部治理结构、生产经营和财务状况变化等情况；

（四）特定原始权益人股权结构、内部治理结构、生产经营和财务状况变化等情况；

（五）资产服务机构提供基础资产管理服务的相关业务资质、风险控制措施以及经营情况、财务状况、资信情况等情况；

（六）专项计划交易结构各环节实施情况及风险控制措施的落实情况；

（七）各参与机构按照规定或约定履行职责、义务情况；

（八）增信措施有效性的变化情况；

（九）资产支持证券评级变化情况；

（十）公众投诉、媒体报道情况；

（十一）**其他可能影响资产支持证券信用状况的信息。**

第二十条　【动态监测风险】鼓励管理人结合基础资产类型和特征、基础资产现金流最终提供方情况、交易结构安排等因素，**有针对性地建立资产支持证券风险监测指标体系或模型，运用风险监测技术手段强化风险持续动态监测。**

管理人可以聘请外部专业机构协助开展资产支持证券风险监测和分析中的部分具体工作，但不能免除其自身应承担的风险管理责任。

第二十一条　【对专项计划的初步分类结果】管理人根据资产支持证券风险监测和分析结果，可将专项计划初步划分为**正常类、关注类、风险类及违约类。**

**正常类专项计划**指基础资产质量、产生现金流能力、交易结构有效性和增信措施有效性未发生不利变化，预计能够按照约定向非次级档资产支持证券投资者分配收益的专项计划。

**关注类专项计划**指基础资产质量、产生现金流能力、交易结构有效性和增信措施有效性中一项或多项已经或正在发生不利变化，需要持续关注按照约定向非次级档资产支持证券投资者分配收益是否存在较大风险的专项计划。

**风险类专项计划**指基础资产质量、产生现金流能力、交易结构有效性和增信措施有效性中一项或多项严重恶化，按照约定向非次级档资产支持证券投资者分配收益存在重大不确定性且预计将发生违约的专项计划。

**违约类专项计划**指已经发生未能按照约定向非次级档资产支持证券投资者分配收益的专项计划。

第二十二条　【动态管理分类结果】管理人应当对**专项计划信用风险分类结果进行动态管理。**确有理由认为基础资产质量、产生现金流能力、交易结构有效性和增信措施有效性发生重大变化的，管理人应当**及时调整相应专项计划的信用风险分类**。

第二十三条 【初步划分为关注类的情形】专项计划出现**下列情形之一的，管理人可以将其初步划分为关注类**：

（一）基础资产现金流重要提供方、特定原始权益人、资产服务机构生产经营、财务状况、信用状况等发生明显恶化的；

（二）基础资产及其他相关资产因政策变化、质量变化、涉及法律纠纷等，产生的现金流可能不足以按约定分配非次级档资产支持证券收益的；

（三）基础资产现金流归集等账户被冻结或限制使用，现金流未按约定足额归集、划转或者被截留、挪用的；

（四）专项计划交易结构安排的基础资产循环购买、现金流归集、不合格基础资产赎回或替换、权利完善等维护专项计划资产安全的机制未能有效实施或不足以防范风险的；

（五）增信机构生产经营、财务状况、信用状况等发生明显恶化或在其他债务中拖延、拒绝承担增信责任，抵押、质押财产的价值明显减少的；

（六）原始权益人、资产服务机构、托管人及其他参与机构发生重大变化或不履行规定或约定的职责、义务，可能影响专项计划资产安全或投资者利益的；

（七）非次级档资产支持证券评级下调或评级展望为负面；

（八）管理人认为可能对资产支持证券收益分配产生重要影响的其他情形；

（九）**监管部门或本所规定的其他情形**。

本所可以根据日常监管情况，要求管理人将相关专项计划初步划分为关注类。

第二十四条 【初步划分为风险类的情形】出现本指引第二十三条所列情形之一，且专项计划交易结构安排中无其他保障专项计划资产安全、投资者权益的有效措施或相关措施未能有效实施，按照约定向非次级档资产支持证券投资者分配收益存在重大不确定性且预计将发生违约的，**管理人可以将其初步划分为风险类**。

本所可以根据日常监管情况，要求管理人将相关专项计划初步划分为风险类。

第二十五条 【管理人对初步风险分类的调整】按照本指引第二十三条、第二十四条规定应当初步划分为相应风险分类，但管理人根据相关参与机构、基础资产及其现金流、内外部增信措施、交易结构安排等**综合分析并经适当风险排查**，确有合理依据和理由认为有必要调整相关专项计划风险分类的，**管理人可以自行调整该专项计划的初步风险分类**。

## 第四章 信用风险排查与预警

第二十六条 【根据分类结果进行风险排查】管理人应当根据初步划分的专项计划风险分类情况，**组织对专项计划信用风险状况及程度进行排查**。

风险排查可以采取现场、非现场或现场与非现场相结合的方式进行，确认基础资产质量、产生现金流能力、交易结构有效性和增信措施有效性变化等情况。

第二十七条 【对现金流和增信措施的风险排查】管理人应当结合本指引第十九条、第二十三条、第二十四条相关内容开展风险排查，并**重点查明特定原始权益人、基础资产现金流重要提供方是否具有按照约定支付现金流的意愿和资金来源，以及增信机构是否具有落实增信措施的意愿和资金来源。**

第二十八条 【正常类计划应在收益分配前15日的提醒落实】对初步划分为正常类的专项计划，管理人应当至少在约定的**每个收益分配日前15个工作日**，采取非现场等方式了解相关情况，提醒相关机构落实资金，按时支付、划转基础资产现金流。

第二十九条 【关注类计划应在收益分配前1个月风险排查】**对初步划分为关注类的专项计划，管理人应当至少在约定的每个收益分配日前1个月开展风险排查。**关注类专项计划存在以下情形之一，导致管理人对初步划分为关注类专项计划的风险状况及程度不清的，应当及时以适当方式开展风险排查：

（一）出现关于专项计划或基础资产现金流重要提供方、特定原始权益人、增信机构及其他参与机构重大市场不利传闻；

（二）相关参与机构未及时提供相关信息，可能对专项计划按时分配收益产生影响的；

（三）其他规定、约定或管理人认为的情形。

管理人根据专项计划信用风险程度高低、到期或分配收益时间远近等因素，对关注类专项计划可以作进一步区分，明确需要重点关注的专项计划并优先排查。

管理人每年采取现场方式进行风险排查的关注类专项计划个数不得少于当年末管理的全部关注类专项计划个数的三分之一。如管理的全部关注类专项计划不足3个，管理人每年至少应对一个专项计划以现场方式进行风险排查。

第三十条 【风险类计划应在被划分之日起一个月内完成风险排查】对初步划分为风险类的专项计划，管理人应当在相关专项计划被划分为风险类之日起1个月内完成风险排查，且必须至少在该专项计划约定的每个收益分配日前1个月完成一次排查，并视风险状况增加后续风险排查的频次。

风险类专项计划的风险排查应当以现场方式进行，管理人相关负责人应当参加风险类专项计划的首次现场排查，并每年至少参加一次现场排查。

经排查发现不影响当期分配收益，但后续分配收益仍存在重大不确定性的专项计划，管理人仍应当将其列为风险类专项计划管理。

第三十一条 【管理人对风险排查计划的制定和统筹安排】管理人应当结合专

项计划风险程度等因素，统筹安排风险排查工作，**优先排查风险程度较高的专项计划。**

管理人应提前做好次年到期资产支持证券的风险排查，**制定次年信用风险排查工作计划**，确定风险类和需要重点关注的关注类专项计划及其信用风险管理工作安排。

第三十二条 【全面风险排查和专项风险排查】本所可以根据日常监管情况和风险管理需要，要求管理人实施**全面风险排查**或对特定类别基础资产及特定风险事项实施专项风险排查。

第三十三条 【初步分类后应立即开展风险排查】初步分类确定后，管理人应当开展信用风险排查，根据排查结果正式确定专项计划的风险分类。

管理人认为相关专项计划风险程度较为明确或者风险状况恶化较快、应当及时进行风险预警的，可以不经初步风险分类及风险排查，直接正式确定其风险分类。

正式确定风险分类后，专项计划风险程度发生变化的，管理人应当及时调整其风险分类。

本所可以根据日常监管情况，要求管理人正式确定相关专项计划的风险分类。

第三十四条 【收益分配不能时应及时发布临时公告】管理人在信用风险管理中，**预计或已经不能按照约定向投资者分配收益**，或发生《证券公司及基金管理公司子公司资产证券化业务信息披露指引》第十九条或本所业务规则规定的可能影响资产支持证券投资价值或价格以及投资者利益的重大事件的，应当及时披露临时公告，说明重大事件的起因、目前的状况、对投资者权益的影响以及已采取、拟采取的投资者保护措施等。

第三十五条 【预计违约时的不定期跟踪评级】预计或已经不能按照约定向投资者分配收益或发生影响资产支持证券信用的重大事件的，评级机构应当及时开展不定期跟踪评级并公布不定期跟踪评级结果。

第三十六条 【基础资产与现金流不利情形的及时告知】原始权益人、资产服务机构、增信机构、托管人、资信评级机构及其他参与机构应当按照规定或约定开展风险排查，发现基础资产及其现金流发生不利变化的，应及时告知管理人。

第三十七条 【积极配合管理人风险排查】原始权益人、基础资产现金流重要提供方、资产服务机构、增信机构、托管人及其他参与机构应当接受并积极配合管理人开展风险排查和预警，及时提供相关资料，如实说明相关情况。

## 第五章 信用风险化解与处置

第三十八条 【关注类计划应对重要风险事项及时反馈】专项计划被正式确定为关注类的，管理人应当将可能影响按约定向投资者分配收益的**重要风险事项及时反馈给相关参与机构**，与相关参与机构共同确定和采取切实可行的风险应对措施，并跟踪措施落实情况。

第三十九条 【风险类和违约类正式确定后的及时披露义务】专项计划被正式确定为风险类或违约类的，管理人、原始权益人、增信机构及其他参与机构应当按照法律、行政法规、部门规章、规范性文件及本所业务规则等规定或者协议约定开展风险化解和处置工作，并履行相应信息披露和报告义务。

第四十条 【风险类和违约类正式确定后的立即报告义务】**专项计划被正式确定为风险类或违约类的，管理人应当立即制定并向本所报告信用风险化解和处置预案，及时启动实施。**

专项计划被正式确定为风险类或违约类的，原始权益人、增信机构及其他参与机构应当制定并向本所报告信用风险化解和处置预案，管理人应当积极协调和督促实施，并避免预案存在相互冲突或责任推诿等情形。

在信用风险化解和处置预案制定及实施过程中，管理人、原始权益人、增信机构及其他参与机构应当加强沟通，密切协作，充分征求各利益相关方的意见，并根据利益相关方的意见以及风险化解或处置工作的进展情况及时调整和完善预案。

信用风险化解和处置预案涉及需要召开资产支持证券持有人会议事项的，管理人或资产支持证券持有人应当按照相关规定或约定及时召开持有人会议，并履行相应的信息披露义务。

第四十一条 【风险化解和处置预案的内容】管理人、原始权益人、增信机构及其他参与机构制定的**信用风险化解和处置预案应当包括但不限于以下内容：**

（一）风险化解和处置的组织机制、人员及其职责；

（二）风险化解和处置的具体措施，以及各项措施的实施顺序、时间；

（三）持续信息披露安排；

（四）投资者关系管理；

（五）与其他利益相关方的沟通协调机制；

（六）舆情应对措施；

**（七）其他有利于风险化解和处置的工作机制。**

**专项计划说明书等协议和资产支持证券持有人会议决议对风险化解和处置措施有特别约定的，管理人、原始权益人、增信机构及其他参与机构应当按约定履行相应义务。**

第四十二条 【管理人的风险化解和处置措施】**管理人可以采取的信用风险化解和处置措施包括但不限于：**

（一）处置专项计划的资产；

（二）督促或协同原始权益人督促增信机构落实增信措施，包括协调差额支付人履行差额支付义务、担保人履行担保义务、其他增信机构落实增信责任、处置担保物，增加新的增信措施等；

（三）协调原始权益人置换不合格基础资产或向专项计划增加新的资产；

（四）按照规定或约定，督促或协同原始权益人督促基础资产现金流提供方支付、处置资产、重组或通过协商、司法途径解决违约事件；

（五）与投资者协商解决资产支持证券违约事件的具体安排；

（六）通过仲裁或诉讼解决资产支持证券违约事件的具体安排；

（七）按照规定或约定，对专项计划进行终止清算的安排；

**（八）化解和处置信用风险的其他措施。**

第四十三条 【原始权益人的风险化解和处置措施】**原始权益人可以采取的信用风险化解和处置措施包括但不限于：**

（一）按照规定或约定，对转移至专项计划的不合格基础资产进行赎回或替换，或向专项计划增加新的资产；

（二）按照规定或约定，督促或协同管理人督促基础资产现金流提供方支付、处置资产、重组或通过协商、司法途径解决违约事件；

（三）按照规定或约定，督促或协同管理人督促落实增信措施，包括协调差额支付人履行差额支付义务、担保人履行担保义务、其他增信机构落实增信责任、处置担保物，增加新的增信措施等；

（四）特定原始权益人通过外部融资、处置资产、重组或通过协商、司法途径解决违约事件；

（五）**化解和处置信用风险的其他措施。**

第四十四条 【增信机构的义务】增信机构按照规定和约定履行增信义务的措施包括但不限于：

（一）承诺进行差额支付的，差额支付人筹措资金，履行差额支付义务；

（二）采取保证担保的，保证人筹措资金，履行担保义务；

（三）采取抵押、质押的，按照规定或约定配合债权人处置担保物；

（四）采取其他增信措施的，按照规定或约定履行增信义务。

第四十五条 【成立风险化解和处置领导小组】资产支持证券信用风险化解和处置预案启动实施的，管理人、原始权益人、增信机构及其他参与机构**应当立即分别成立具有决策能力的资产支持证券信用风险化解和处置领导小组**，根据预案及实际情况，及时确定具体工作安排，落实风险化解和处置的措施。

第四十六条 【及时披露风险化解和处置进展】在信用风险化解和处置过程中，管理人应当**及时披露信用风险化解和处置进展情况**，及时披露召开资产支持证券持有人会议等情况，已采取的化解和处置措施以及拟采取的措施等信息。

原始权益人、增信机构、资信评级机构、资产服务机构、托管人及其他参与机构应当配合管理人履行相关信息披露义务。

本所对风险类、违约类专项计划的信息披露另有规定的，从其规定。

第四十七条 【风险舆情应对机制】在信用风险化解和处置过程中，管理人、原始权益人、增信机构、托管人及其他参与机构应当加强投资者关系管理，**建立舆情应对机制**，及时说明情况，回应社会关注的问题，防范和化解相关矛盾。

第四十八条 【投资人自我风险防范和救济】投资者应当支持和配合管理人的工作，积极参加资产支持证券持有人会议，参加相关协商谈判、申请仲裁、提起民事诉讼等，依法、理性维护合法权益。

第四十九条 【相关参与人违法行为的后果】管理人、原始权益人、增信机构、资产服务机构、托管人、资信评级机构及其他参与机构**违反相关法律、行政法规、部门规章规定或相关协议约定的，应当承担相应责任。**

## 第六章 信用风险管理报告

第五十条 【定期风险管理报告】管理人应当于每年5月31日、11月30日前，向本所提交半年度资产支持证券信用风险管理报告。5月31日前提交报告的报告期为前一年11月1日至当年4月30日；11月30日前提交报告的报告期为当年5月1日至10月31日。

半年度信用风险管理报告包括但不限于以下内容（参考格式详见附件1）：

（一）资产支持证券信用风险管理制度、流程、机制安排、决策程序的建立及变动情况；

（二）资产支持证券信用风险管理部门及岗位设置情况，相关负责人变动及履职情况，从事资产支持证券信用风险管理的人员配备、专职人员及联络人相关信息及其变动情况；

（三）报告期内开展资产支持证券信用风险管理情况；

（四）正常类、关注类、风险类、违约类专项计划分类情况、报告期内的变动情况及变动原因；

（五）次年到期的风险类和需要重点关注资产支持证券及其信用风险管理工作安排（仅适用于下半年度风险管理报告）；

（六）管理人认为需要向本所报告的其他重要情况或本所规定的其他事项。

第（一）、（二）款规定的相关事项已于前次报告中报送的，可只报送变化或变动情况。

第五十一条 【风险管理临时报告】**管理人应当按照下列要求，向本所、管理人所在地证监局等监管机构提交资产支持证券信用风险管理临时报告：**

（一）根据本指引第三十条完成风险类专项计划的每次现场排查并正式确定为风险类专项计划5个工作日内，报告专项计划的风险状况、形成原因、影响、已采取的措施及其效果、后续工作计划和拟采取的措施；

（二）专项计划违约前，及时报告资产支持证券即将违约情况、形成原因、影响、已采取的措施及其效果、后续工作计划和拟采取的措施；

（三）对风险类、违约类专项计划风险化解和处置过程的重要节点，及时报告已采取的措施及其效果，下一步工作计划和拟采取的措施；

（四）对风险类、违约类专项计划的风险化解和处置工作完成后，及时报告风险化解和处置过程、结果、经验教训总结及改进建议等；

（五）在专项计划风险监测、排查、预警、化解和处置工作中需要报告的特定重要事项，或者本所、管理人所在地证监局等监管机构要求报告的重要事项，应当及时报告。

情况紧急的，管理人应当先及时口头报告，再提交相关书面临时报告(**前款第（一）、（二）、（三）项情形提交的资产支持证券信用风险管理临时报告参考格式详见附件2**)。

第五十二条　【对其他监管规定的执行】相关行政监管机构、自律组织对管理人资产支持证券信用风险管理报告另有规定的，按照相关规定执行。

第五十三条　【相关参与机构的重大事项报告义务】管理人、原始权益人、资产服务机构、增信机构、托管人、资信评级机构及其他参与机构在履行信用风险管理职责过程中，发现按照约定向投资者分配收益存在重大不确定性或风险管理、化解和处置中的其他重大事项，**应当通过适当方式，及时向本所报告。**

## 第七章　自律监管

第五十四条　【交易所对相关参与机构的现场和非现场检查】本所可以对管理人、原始权益人、资产服务机构、增信机构、托管人、资信评级机构、会计师事务所、律师事务所、资产评估机构及其他参与机构履行资产支持证券信用风险管理职责和开展资产支持证券风险管理工作情况进行**现场或者非现场检查**，相关机构应当积极配合，及时提供相关资料，如实说明相关情况。

第五十五条　【交易所对风险类计划的管理措施】本所可以根据相关规定、约定和风险管理需要，对出现信用风险情形的资产支持证券**作出调整投资者适当性、停牌、暂停或终止挂牌转让决定**，督促管理人、原始权益人、资产服务机构、增信机构、托管人、资信评级机构、会计师事务所、律师事务所、资产评估机构及其他参与机构采取风险管理措施。

第五十六条　【相关参与人违反指引与相关约定的后果】管理人、原始权益人、资产服务机构、增信机构、托管人、资信评级机构、会计师事务所、律师事务所、资产评估机构**及其他参与机构及其人员违反本指引、相关约定**、承诺或者本所其他规定的，本所可以采取口头警示、书面警示、监管谈话、要求限期改正、要求公开更正、澄清或者说明、要求公开致歉、暂不受理其出具的相关文件等措施；情节严重的，可以给予通报批评、公开谴责、收取惩罚性违约金以及本所规定的其他纪律处分，并可提请监管机构采取行政监管等措施。

本所可以将实施的纪律处分或监管措施、导致资产支持证券违约情形记入相关主体诚信档案并予以公布。

第五十七条 【投资人违反指引等的后果】投资者及其人员**违反本指引、相关约定、承诺或者本所其他规定的**，本所可以采取口头警示、书面警示、监管谈话、要求限期改正、列为不合格投资者、限制相关证券账户交易等措施；情节严重的，可以给予通报批评、公开谴责以及本所规定的其他纪律处分。

## 第八章 附　则

第五十八条 【证券信用风险档案】管理人应当建立资产支持**证券信用风险管理档案**，记录管理的每个专项计划基本要素、存续期基础资产质量及其现金流变化情况、采取的风险管理措施等。

管理人开展风险监测、分类、排查、预警、化解、处置及风险管理报告等工作应当制作相关工作底稿，并归入资产支持证券信用风险管理档案。

资产支持证券信用风险管理档案应当至少保存至专项计划按约定分配全部收益或违约类专项计划完成化解和处置工作后5年。

第五十九条 【相关术语】本指引相关术语的含义：

（一）本指引所称**基础资产现金流重要提供方**，指资产支持证券每次收益分配之后，基础资产现金流单一提供方按照约定未支付现金流金额占基础资产未来现金流总额比例超过15%，或该单一提供方及其关联方的未支付现金流金额合计占基础资产未来现金流总额比例超过20%的现金流提供方。

（二）本指引所称**基础资产均包含底层基础资产**。

（三）若无特殊说明，本指引所称**原始权益人包含特定原始权益人**。

第六十条 【解释主体】本指引由本所负责解释。

第六十一条 【施行日期】本指引自发布之日起实施。

附件：1. 关于××××年上/下半年度资产支持证券存续期信用风险管理情况的报告（参考格式）

2. ××××（资产支持专项计划全称）信用风险管理临时报告（参考格式）

附件 1

## 关于××××年上/下半年度资产支持证券存续期信用风险管理情况的报告

（参考格式）

上海证券交易所：

截至××××年×月末，我公司管理的资产支持专项计划较上一报告期末新增×个，本报告期内到期全部兑付×个，报告期末合计存量×个，未到期本金余额×亿元。根据《上海证券交易所资产支持证券存续期信用风险管理指引（试行）》规定，现将××××年上/下半年我公司资产支持专项计划信用风险管理情况报告如下：

一、风险管理总体情况

（一）信用风险管理制度建立及变动情况

（二）信用风险管理流程、机制安排建立及变动情况

（包括《指引》第八条规定的集体决策机制建立及运行情况）

（三）信用风险管理业务组织架构及人员配备情况

（包括部门及岗位设置情况，相关负责人、专职人员及联络人变动情况及相关负责人履职情况）

（四）信用风险管理负责人、专职人员相关信息

| | |
|---|---|
| 信用风险管理负责人姓名 | |
| 负责人职务 | |
| 联系电话（手机） | |
| 电子邮箱 | |
| 专职人员姓名 | |
| 专职人员所属部门及职务 | |
| 联系电话（手机） | |
| 电子邮箱 | |
| 联络人姓名 | |
| 联络人所属部门及职务 | |
| 联系电话（手机） | |
| 电子邮箱 | |

（五）管理人认为需要报告的其他重要事项。

二、风险分类情况

（一）报告期内开展资产支持证券信用风险管理情况

（包括进行风险监测的方式和渠道、进行现场排查和非现场排查的统计情况等）

（二）资产支持专项计划风险分类情况

经我公司组织监测、排查，截至××××年×月末，我公司管理的正常类资产支持专项计划×个（未到期本金余额共×亿元）、关注类资产支持专项计划×个（未到期本金余额共×亿元）、风险类资产支持专项计划×个（未到期本金余额共×亿元）、违约类资产支持专项计划×个（未到期本金余额共×亿元）。

（专项计划分类明细情况用表格列明，包括风险排查方式、排查时间、排查过程、排查结果）

较上一报告期末，风险分类发生变动的资产支持专项计划×个（未到期本金余额共×亿元），具体如下：

| 资产支持专项计划名称 | 资产支持证券代码段 | 原始权益人 | 证券余额 | 本期风险分类 | 上期风险分类 | 变动原因 |
|---|---|---|---|---|---|---|
| | | | | | | |
| | | | | | | |

三、关于次年到期的资产支持证券的信用风险管理工作（仅适用于下半年度信用风险管理报告）

（一）次年到期的资产支持证券总体情况

经统计，截至××××年10月末，我公司担任管理人的资产支持专项计划中，于明年到期的资产支持证券共×只，涉及×个资产支持专项计划，未到期本金余额合计×亿元。其中，风险类资产支持证券共×只，涉及×个资产支持专项计划，未到期本金余额合计×亿元；需要重点关注的关注类资产支持证券共×只，涉及×个资产支持专项计划，未到期本金余额合计×亿元。

（二）次年到期的风险类和需要重点关注的关注类资产支持证券的信用风险管理工作安排及风险排查工作计划

1. 经我公司组织监测、排查，明年到期的资产支持证券中，风险类和需要重点关注的关注类资产支持证券情况如下：

| 资产支持专项计划名称 | 证券代码 | 证券简称 | 原始权益人 | 到期日 | 证券余额 | 风险分类 |
|---|---|---|---|---|---|---|
| | | | | | | |
| | | | | | | |

2. 风险类和需要重点关注的关注类资产支持证券的信用风险管理工作安排及风险排查工作计划

四、需要报告的重要事项

（包括违约类、风险类、关注类资产支持专项计划信用风险的重要事项、管理人开展信用风险管理工作中的重要事项等。如无重要事项，则不需报告）

单位负责人姓名：　　　　联系电话（手机）：

部门名称及其负责人姓名：　　　　联系电话（手机）：

经办人姓名：　　　　联系电话（手机）：

（单位负责人指按照本指引第八条确定的管理人相关负责人，部门及其负责人指管理人从事资产支持证券风险管理工作的专门机构及其相关负责人）

附件：××××年上/下半年资产支持专项计划信用风险管理分类表

管理人名称（印章）

××××年××月××日

## 附件

**××××年上/下半年资产支持专项计划信用风险管理分类表**

| | 序号 | 资产支持专项计划名称 | 资产支持证券代码段 | 原始权益人 | 监测与排查过程 | | | | | 监测与排查结果 | 化解与处置情况 | | | 是否初步分类 | 备注 |
|---|---|---|---|---|---|---|---|---|---|---|---|---|---|---|---|
| | | | | | 现场排查 | | | 非现场排查 | | | | | | | |
| | | | | | 时间 | 参与人员/部门/职务 | 简述方法、过程等 | 时间或频率 | 简述方法、过程等 | | 是否报送临时风险管理报告 | 是否报送风险化解处置预案 | 简述处置情况 | | |
| 违约类 | 1 | | | | | | | | | | | | | | |
| | 2 | | | | | | | | | | | | | | |
| 风险类 | 1 | | | | | | | | | | | | | | |
| | 2 | | | | | | | | | | | | | | |
| 关注类 | 1 | | | | | | | | | | | | | | |
| | 2 | | | | | | | | | | | | | | |
| 正常类 | 1 | | | | | | | | | | | | | | |
| | 2 | | | | | | | | | | | | | | |

注:1. 截至报告期末资产支持证券本金及收益尚未全部兑付或已违约尚未完成化解和处置的,均需填入本表。

2.“监测与排查过程”重点说明:按照本指引第 28 至 30 条是否对正常类资产支持专项计划进行提醒,对关注类资产支持专项计划是否进行排查及排查的方式,对关注类、风险类资产支持专项计划最近一次排查时间,对最近违约资产支持专项计划违约前的监测、排查情况等。如尚未进行、按照本指引第 33 条第 2 款未进行或对过往已经违约无需再进行风险排查的,予以说明。对本所按照第 23 条第 2 款、第 24 条第 2 款要求列为相应初步风险分类的资产支持专项计划的排查情况以及按照第 32 条要求开展风险排查的情况,予以说明。

3.“监测与排查结果”重点说明:经监测、排查,将资产支持专项计划列为相应风险类别的简要原因,引发风险的主要因素、风险程度的判断等。对本所按照第 23 条第 2 款、第 24 条第 2 款要求将列为相应初步风险分类的资产支持专项计划的排查结果以及按照第 32 条要求开展风险排查的结果,予以简要说明。

4.“化解与处置情况”重点说明:关注类资产支持专项计划按照本指引第 33 条规定督促整改落实等情况,风险类、违约类资产支持专项计划则需要简述报告期内各方制定资产支持专项计划风险化解和处置预案情况、采取的主要风险化解和处置措施最新进展、实施效果、后续工作计划,及履行相关信息披露义务的情况等。风险管理临时报告已反映相关内容,此处仅需列明相应的临时报告名称、报告时间。

附件 2

## ××××（资产支持专项计划全称）信用风险管理临时报告
## （参考格式）

上海证券交易所：

根据《上海证券交易所资产支持证券存续期信用风险管理指引（试行）》规定，我公司开展存续期风险管理过程中，发现于××××（发行日期）发行的原始权益人为××××（原始权益人全称）的××××（资产支持专项计划名称）存在违约风险（或已于××××年×月×日出现违约）。现将相关情况、已经采取和拟采取的风险化解和处置措施报告如下：

一、资产支持专项计划基本情况（包括基础资产相关情况，原始权益人基本情况，以及资产支持证券收益分配及其他权利行权日期、金额、资产支持专项计划是否有增信措施及增信措施的有效性情况等）。

| | |
|---|---|
| 专项计划全称 | xx 专项计划 |
| 包含代码段 | xxxxxx – xxxxxx |
| 基础资产类型 | xx 类 |
| 起息日期 | yyyy/mm/dd |
| 挂牌日期 | yyyy/mm/dd |
| 原始权益人名称 | xx 公司 |
| 是否特定原始权益人 | 是/否 |
| 原始权益人行业 | xx 行业 |
| 原始权益人注册地（市） | xx 省 xx 市 |
| 资信评级机构 | xx 公司 |
| 托管人 | xx 银行 |
| 增信机构 | xx 公司 |
| 增信措施的有效性 | |
| （律师事务所等其他业务参与人添加行） | |

| 资产支持证券简称 | 资产支持证券代码 | 到期日 | 剩余金额 | 评级调整情况 | 还本付息方式 | 历史及预期兑付日 | 历史预期本金及收益兑付金额 | 历史实际本金及收益兑付金额 | 本金及收益兑付是否一致及原因 |
|---|---|---|---|---|---|---|---|---|---|
| xxxxxx | xxxxxx | yyyy/mm/dd | Xx万元 | AAA下调至AA+/不适用 | 过手摊还/固定摊还 | yyyy/mm/dd | xx 万元 | xx 万元 | 一致 |
| | | | | | | yyyy/mm/dd | xx 万元 | xx 万元 | 不一致，发生 xx |
| | | | | | | | | | |
| | | | | | | | | | |

二、资产支持专项计划的风险程度及形成风险的主要原因等。

三、已采取的风险化解和处置措施（包括管理人及其协调、督促原始权益人、增信机构等启动实施资产支持证券风险化解和处置预案情况，成立领导小组情况，已采取的风险化解和处置措施及实施效果情况，履行信息披露职责、加强投资者关系管理和应对舆论情况等）。

四、下一步工作计划及安排（包括管理人、原始权益人、增信机构下一步化解和处置违约风险的措施及具体安排等）。

单位负责人姓名：　　　　　　联系电话（手机）：

部门名称及其负责人姓名：　　联系电话（手机）：

经办人姓名：　　　　　　　　联系电话（手机）：

（单位负责人指按照本指引第八条确定的管理人相关负责人，部门及其负责人指管理人从事资产支持证券风险管理工作的专门机构及其相关负责人）

（原始权益人、增信机构、相关中介机构、相关政府监管部门等设置违约风险化解和处置领导小组或类似机构的，管理人应以附件形式将相关人员姓名、职务、手机号码、邮箱、办公场所等联系方式一并报送本所。）

管理人名称（印章）

××××年××月××日

## 1.3 深圳证券交易所

### 1.3.1 《深圳证券交易所资产证券化业务指引》(2014 年 11 月 25 日 深证会〔2014〕130 号)

【重点提示】

深交所指引与上交所同期发布，出于统一监管的要求，两者基本内容保持一致。与2013年的业务指引相比，新的业务指引修改主要针对以下重点：一是细化挂牌转让条件，明确要求管理人在资产支持证券发行前向深交所申请确认是否符合挂牌转让条件；二是明确产品挂牌要求，对基础资产转让、附属担保权益转让和现金流预测等重要环节提出明确的挂牌要求；三是强化投资者适当管理，明确合格投资者的范围；四是突出信息披露监管，明确挂牌初始信息、跟踪评级信息等披露要求，充分揭示风险；五是为便于投资者了解熟悉资产支持证券转让机制，将深交所其他业务规则中有关资产支持证券转让的规定一并纳入业务指引。

归纳如下，供大家参考。

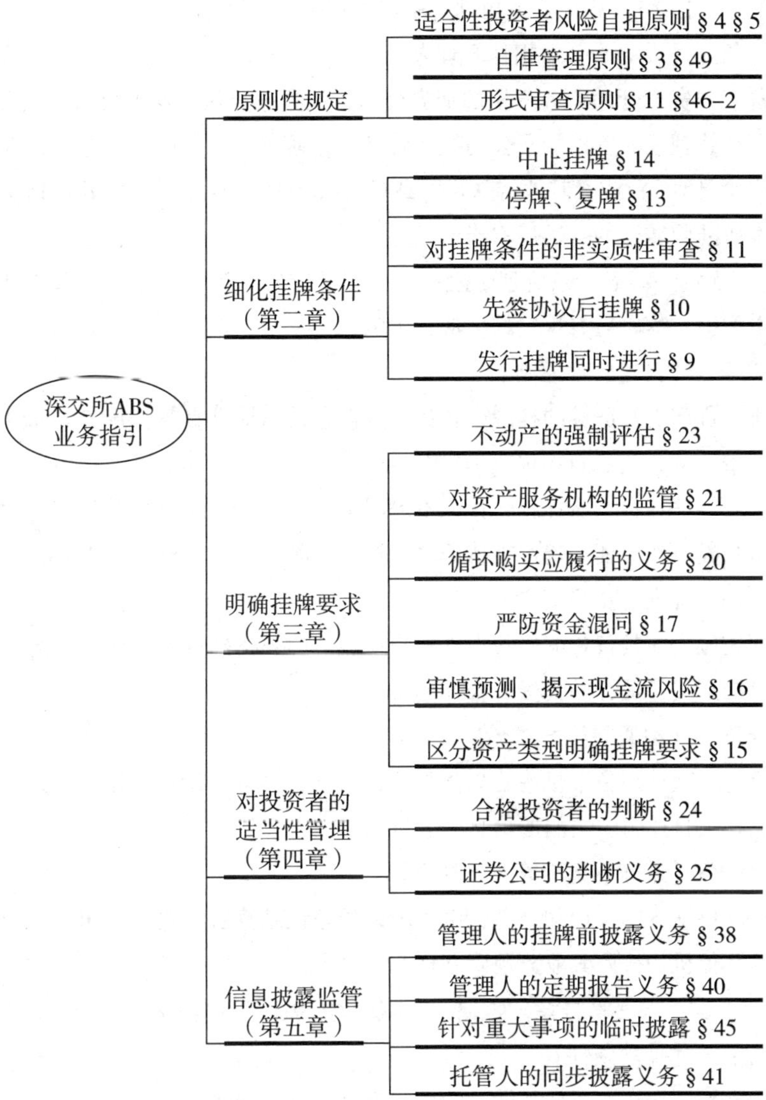


**【文件内容】**

## 第一章　总　　则

第一条　【制定目的】

为了规范资产证券化业务，维护正常市场秩序和投资者的合法权益，根据《证券公司及基金管理公司子公司资产证券化业务管理规定》（证监会公告〔2014〕49号，以下简称“《管理规定》”）、《证券公司及基金管理公司子公司资产证券化业务信息披露指引》（以下简称“《信息披露指引》”）等有关规定以及深圳证券交易所

（以下简称“本所”）相关业务规则，制定本指引。

第二条 【设立子公司担任管理人】

具备客户资产管理业务资格的**证券公司**、**证券投资基金管理公司**设立且具备特定客户资产管理业务资格的**子公司担任管理人**，通过设立资产支持专项计划（以下简称“专项计划”）或者其他特殊目的载体开展资产证券化业务，并申请资产支持证券在本所挂牌转让的，适用本指引。

《管理规定》第五十条所列**金融机构发行资产支持证券在本所挂牌转让的，参照适用本指引**。本所另有规定的，从其规定。

第三条 【自律管理原则】

本所为资产支持证券的挂牌、转让以及信息披露提供服务，并实施自律管理。

第四条 【投资者自担风险原则】

资产支持证券在本所挂牌转让，不表明本所对资产支持证券的投资风险或者收益等作出判断或者保证。资产支持证券的投资风险由投资者自行判断和承担。

第五条 【向合格投资者发行】

管理人应当向具备相应风险识别和承担能力的合格投资者发行资产支持证券。

单只资产支持证券的投资者合计不得超过二百人。

第六条 【沟通与信息共享】

本所与专项计划备案机构建立挂牌转让与备案的沟通衔接机制，并建立与中国证监会、相关自律组织之间的信息共享机制。

第七条 【遵守登记结算业务规定】

资产支持证券的登记和结算，由中国证券登记结算有限责任公司或者中国证监会认可的其他机构按照其业务规则办理。

## 第二章 挂牌、停牌、复牌、终止挂牌

第八条 【挂牌条件】

资产支持证券在本所挂牌转让的，应当符合以下条件：

（一）基础资产符合相关法律法规以及负面清单的规定，权属明确，可特定化，可以产生独立、可预测的现金流；

（二）产品结构设计符合中国证监会以及本指引的相关要求；

（三）本所规定的其他条件。

第九条 【发行与挂牌应同步进行】

资产支持证券拟在本所挂牌转让的，**管理人应当在资产支持证券发行前向本所申请确认是否符合挂牌转让条件**。

第十条 【先签协议后挂牌】

专项计划备案后，管理人申请资产支持证券在本所挂牌的，**应当经本所同意，与本所签订转让服务协议，并提交下列文件**：

（一）挂牌申请书；

（二）专项计划备案证明文件；

（三）计划说明书、交易合同文本以及法律意见书等专项计划法律文件；

（四）资信评级机构出具的报告（如有）；

（五）特定原始权益人最近三年（未满三年的自成立之日起）经具有从事证券期货相关业务资格的会计事务所审计的财务会计报告及融资情况说明；

（六）募集完成后经具有从事证券期货相关业务资格的会计师事务所出具的验资报告；

（七）本所指定登记结算机构出具的登记托管证明文件；

（八）专项计划是否发生重大变化的说明；

（九）本所要求的其他文件。

第十一条 【准予挂牌的条件】

本所对挂牌申请文件进行**完备性核对**。挂牌申请文件完备的，本所自接受挂牌申请文件之日起五个交易日内，出具接受挂牌通知书。

第十二条 【勤勉真实义务】

管理人、托管人等为专项计划提供服务的机构及其相关人员为资产证券化业务制作计划说明书及交易合同文本、出具专业意见或者报告，应当勤勉尽责，对所制作、出具的文件内容的真实性、准确性、完整性进行核查和验证，保证制作、出具的文件不存在虚假记载、误导性陈述或者重大遗漏。

第十三条 【停牌事由、复牌条件】

专项计划存续期间出现下列情形之一的，本所可以对资产支持证券进行停牌处理：

（一）《信息披露指引》第十九条所列情形之一的；

（二）资产支持证券转让价格异常波动的；

（三）本所认为需要停牌的其他情形。

前款规定所列相关情形**消除后，本所可以视情况复牌**。

第十四条 【终止挂牌事由】

资产支持证券出现下列情况之一的，本所可以**终止其挂牌**：

（一）资产支持证券**到期**的；

（二）资产支持证券**未到期**，但根据计划说明书**约定终止**的；

（三）**发生对投资者利益重大不利影响的情形，本所认为需要**终止挂牌的。

## 第三章 挂牌要求

第十五条 【管理人应当区分基础资产类型适当安排】

管理人应当**根据基础资产类型**对基础资产转让环节的转让登记、通知债务人、附属担保权益等事项**作出适当安排**。

第十六条 【管理人的风险揭示义务、金流预测结果说明义务】

管理人及相关机构**应当合理、审慎地预测基础资产现金流状况**，结合影响未来现金流变化的各种因素，**充分揭示相关风险**。

管理人及相关机构应当在专项计划法律文件中**对现金流预测的假设、依据、各期预测结果及存续期间现金流跟踪监测机制进行说明**，定期监测预测结果与实际情况的差异，并分析其原因。

第十七条 【管理人的严格防范资金混同义务】

管理人应当针对现金流**归集环节中的资金混同风险**建立相应风险防范机制，并在计划说明书等专项计划法律文件中披露基础资产现金流归集、划转以及分配流程，明确账户设置、归集时点，说明可能面临的风险。

第十八条 【管理人的金流持续监督义务】

管理人应当建立**基础资产现金流持续监督机制**。发现影响兑付的情况，管理人应当协调相关主体做好应对方案，维护基础资产现金流的安全。

第十九条 【禁止投资权益类、谨慎投资固定收益类】

专项计划资金**不得投资权益类产品**。专项计划法律文件对专项计划资金再投资有约定的，管理人应当确保再投资限于约定范围内。**投资固定收益类产品**的，应当防范投资标的的信用、市场和流动性等相关风险。

第二十条 【循环购买应履行的义务】

以基础资产产生现金流**循环购买**新的**同类基础资产**方式组成专项计划资产的，管理人应当**设置适当的入池标准**，通过流程安排对后续购买的资产进行事前审查和执行确认，并定期进行信息披露。

管理人应当核实符合入池标准的资产规模是否满足循环购买要求，在合格资产规模不足时及时进行信息披露并采取风险缓释措施。

第二十一条 【对资产服务机构的监管】

**管理人应当核查**资产服务机构的持续服务能力，并设置后备服务机构替换机制。**原始权益人担任资产服务机构的，应当**使基础资产与其自有资产或者管理的其他受托资产**相隔离**，防范利益冲突和道德风险。

第二十二条 【计划应当明确约定增信措施有关事项】

**专项计划法律文件应当设置**各项信用增级措施的触发条件、操作流程，管理人应当督促相关方严格按照专项计划法律文件的约定履行相关义务。

第二十三条 【不动产的强制评估】

**基础资产为不动产的**，管理人应当委托符合条件的专业评估机构对不动产价值进行评估，出具评估报告。

专项计划法律文件应当约定，**在专项计划存续期间，不动产发生收购或者处置等影响其价值判断的重大事项的，管理人应当及时组织专业评估机构进行评估。**

## 第四章 转　　让

第二十四条 【对适当投资者的约定】

参与资产支持证券认购、转让的合格投资者，应当符合**下列条件之一**：

（一）经有关金融监管部门批准或者备案设立的金融机构，包括但不限于银行、证券公司、基金管理公司、信托公司和保险公司等；

（二）前项规定的金融机构面向投资者发行的金融产品，包括但不限于银行理财产品、信托产品、保险产品、基金产品、证券公司资产管理产品等；

（三）经有关金融监管部门认可的境外金融机构及其发行的金融产品，包括但不限于合格境外机构投资者、人民币合格境外机构投资者；

（四）社会保障基金、企业年金等养老基金，慈善基金等社会公益基金；

（五）在行业自律组织备案或者登记的私募基金及私募基金管理人；

（六）净资产不低于1000万元的非金融机构；

（七）符合中国证监会《私募投资基金监督管理暂行办法》及相关规定的其他合格投资者。

第二十五条 【证券公司对投资者的适当性判断义务】

证券公司应当建立完备的投资者适当性管理制度，了解和评估投资者对资产支持证券的风险识别和承担能力，充分揭示风险，确认参与资产支持证券转让的投资者是符合中国证监会及本所规定要求的合格投资者。

第二十六条 【单位面值】

资产支持证券每份面值为100元，计价单位为每百元面值的价格，单笔申报数量为整数份且不低于10000份，申报价格最小变动单位为0.01元。

第二十七条 【协商定价、当日回转】

资产支持证券采用全价转让的方式，转让价格由买卖双方自行协议确定。资产支持证券转让**可以当日回转**。

第二十八条 【交易时间】

本所接受资产支持证券转让申报的时间为每个交易日9:15至11:30、13:00至15:30，转让申报当日有效。

第二十九条　【接受转让申报的类型】本所接受下列类型的资产支持证券转让申报：

（一）意向申报；

（二）定价申报；

（三）成交申报；

（四）其他申报。

第三十条　【意向申报不承担成交义务】

意向申报指令应当包括证券账户号码、证券代码、买卖方向和本方交易单元代码等内容。

**意向申报不承担成交义务，意向申报指令可以撤销**。

第三十一条　【定价申报未成交部分可撤销】

定价申报指令应当包括证券账户号码、证券代码、买卖方向、价格、数量和本方交易单元代码等内容。

市场所有参与者可以提交成交申报，按指定的价格与定价申报全部或部分成交，本所按时间优先顺序进行成交确认。

**定价申报的未成交部分可以撤销**。定价申报每笔成交的转让数量，应当满足资产支持证券转让的最低数量要求。

第三十二条　【成交申报经匹配后不得撤销】

成交申报指令当包括证券账户号码、证券代码、买卖方向、价格、数量、对手方交易单元代码、约定号等内容。成交申报要求明确指定价格和数量。

**成交申报可以撤销，但在对手方提交匹配的申报后不得撤销**。本所对约定号、证券代码、买卖方向、价格、数量等各项要素均匹配的成交申报进行成交确认。

第三十三条　【交易所对转让的确认】

本所按照时间先后顺序对资产支持证券转让申报进行实时成交确认。转让后单只资产支持证券的投资者合计**不得超过二百人**。

**符合本指引达成的转让，转让双方应当承认转让结果，并履行交收义务。**

第三十四条　【报价与成交信息的公布途径与内容】

本所在交易时间内**通过交易系统、本所网站**即时公布资产支持证券转让的报价信息和成交信息。

**发布的报价信息包括**：证券代码、证券简称、申报类型、买卖方向、数量、价格等；

**发布的成交信息包括**：证券代码、证券简称、开盘价、当日最高价、当日最低价、总成交数量、总成交金额、总成交笔数等。

第三十五条 【单笔成交信息的公布时间】

本所在**每个交易日结束后**，通过本所网站公布资产支持证券转让**每笔成交信息**，内容包括：证券代码、证券简称、成交数量、成交价格以及买卖双方所在会员营业部或交易单元的名称。

第三十六条 【收盘价的确定】

资产支持证券以当日该证券所有转让的成交量加权平均价为收盘价。**当日无成交的，以前收盘价为当日收盘价**。

第三十七条 【回购业务规则另行制定】

资产支持证券回购业务相关规则，由本所另行规定。

## 第五章 信息披露

第三十八条 【管理人的信息披露义务】

**管理人及其他信息披露义务人应当**按照《管理规定》、《信息披露指引》、本指引的规定以及计划说明书的约定履行信息披露义务，及时、公平地披露可能对资产支持证券产生重大影响的信息，并保证所披露的信息真实、准确、完整，不得有虚假记载、误导陈述或者重大遗漏。

第三十九条 【管理人的挂牌前披露义务】

资产支持证券通过本所挂牌转让的，**管理人应当不晚于挂牌当日向合格投资者披露计划说明书、风险揭示书和信用评级报告**(如有)。

第四十条 【管理人的定期报告义务】

**管理人应当履行下列定期报告义务**：

（一）每年4月30日前披露经具有从事证券期货相关业务资格的会计师事务所审计的**上年度资产管理报告**；

（二）在每期资产支持证券收益分配日的两个交易日前，披露**专项计划收益分配报告**；

（三）中国证监会、本所规定和计划说明书约定的**其他定期报告义务**。

对设立不足两个月的专项计划，管理人可以不编制年度资产管理报告。

第四十一条 【托管人的同步披露义务】

**托管人**应当在管理人披露**资产管理报告**的同时披露相应期间的**托管报告**。

第四十二条 【合规编制报告义务】

管理人、托管人应当按照本指引及本所其他相关规定编制资产管理报告、托管报告和收益分配报告。

第四十三条 【原始权益人的如实陈述义务】

**原始权益人应当按照合同约定，及时向管理人提供信息披露所需的有关信息，**

保证所提供信息真实、准确、完整，不存在虚假记载、误导性陈述或者重大遗漏。

第四十四条 【评级机构应在受聘后定期披露评级报告】

**聘请资信评级机构针对资产支持证券出具信用评级报告的**，在评级对象有效存续期间，资信评级机构应当在每年6月30日前向合格投资者披露上年度的**定期跟踪评级报告**，并应当及时披露**不定期的跟踪评级报告**。

第四十五条 【对重大事件的临时报告披露义务】

专项计划存续期间发生《信息披露指引》第十九条所列可能对资产支持证券投资价值或者价格有**实质性影响的重大事件时，管理人应当及时履行临时报告义务**。

第四十六条 【最迟送交披露报告的时间点、交易所仅做形式审查】

管理人及其他信息披露义务人**应当不迟于信息披露前一交易日14：00将披露文件报送本所**。本所于信息披露当日通过本所网站或者以本所认可的其他方式向合格投资者披露。

本所对管理人及其他信息披露义务人披露的信息进行**形式审核，对其内容的真实性不承担责任**。

第四十七条 【管理人应当制定信息披露联络人】

管理人及其他信息披露义务人应当至少指定一名**信息披露联络人**，负责办理资产支持证券的信息披露及相关业务。

第四十八条 【信息披露人失职应更换】

信息披露联络人出现下列情形之一的，管理人及其他信息披露义务人应当**立即予以更换，并及时报告本所**：

（一）连续三个月以上不能履行职责；

（二）在履行职责时出现重大错误，产生严重后果的；

（三）本所认为不适宜继续担任信息披露联络人的其他情形。

## 第六章 自律监管和纪律处分措施

第四十九条 【对原始权益人承诺的自律管理】

**原始权益人违反本指引及本所其他相关规定或者其所作出的承诺的**，本所可以采取自律监管及纪律处分措施。

第五十条 【管理人、托管人的未如实、及时披露信息的后果】

管理人、托管人等为专项计划提供服务的机构及其相关人员违反本指引及本所相关规定，**未履行信息披露义务**或者所出具的**文件存在虚假记载、误导性陈述、重大遗漏的**，本所可以采取自律监管和纪律处分措施。情节严重的，本所可以上报相关主管机关查处，追究相关当事人的法律责任。

第五十一条 【证券公司的未尽投资者适当性管理义务的后果】

**证券公司未按照投资者适当性管理的要求遴选确定具有风险识别和风险承受能力的合格投资者的**，本所可以视情节轻重采取相应的自律监管和纪律处分措施。

第五十二条　【纪律处分的入档和公告】

本所将对相关当事人采取纪律处分措施的有关情况记入诚信档案，并可以视情况予以公告。

第五十三条　【转让双方行为违规的后果】

**资产支持证券转让双方转让行为违反本指引、本所其他相关规定的**，本所可以视情况采取自律监管和纪律处分措施。

转让双方以及其他相关主体涉嫌操纵市场、内幕交易等违法犯罪行为的，本所上报相关机关查处，追究其法律责任。

**第七章　附　　则**

第五十四条　【转让收费10元封顶】

本所对资产支持证券转让收取转让经手费，收费标准为100万元以下（含100万）每笔0.1元，**超过100万元的每笔10元**。

第五十五条　【定义】

本指引所称“元”，指人民币元。

第五十六条　【解释主体】

本指引由本所负责解释。

第五十七条　【生效日期】

本指引自发布之日起施行。本所2013年4月22日发布的《深圳证券交易所资产证券化业务指引》（深证会〔2013〕38号）同时废止。本指引此前发布的通知、规定与本指引不一致的，以本指引为准。

### 1.3.2　《深圳证券交易所资产证券化业务信息披露格式1－3号》(2015年3月18日　深圳证券交易所固定收益部)

**【重点提示】**

本格式文本是企业资产证券化信息披露应当遵循的文件，由于深交所是对信息披露进行形式审查，则只要管理人等按照要求的格式申报信息披露文件即视为完成信息披露义务。格式共分为第1号、第2号和第3号，我们对要点总结如下：

深交所信息披露格式2015
- 附件一：第1号—《年度资产管理报告》
- 附件二：第2号—《托管报告》
- 附件三：第3号—《收益分配报告》

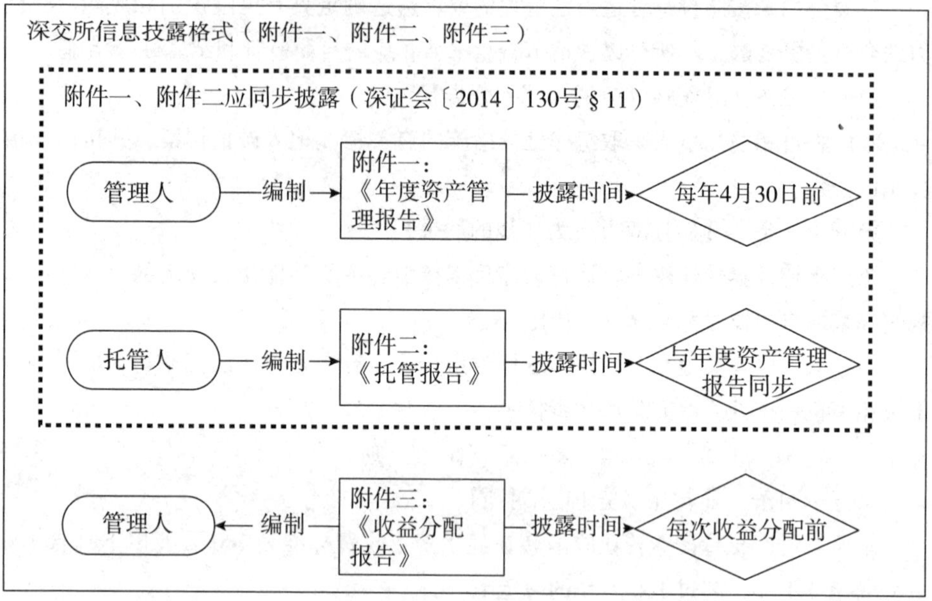


**【文件内容】**

各相关单位：

为了规范管理人、托管人资产证券化业务的信息披露行为，提高信息披露质量，保护投资者的合法权益，根据中国证监会《证券公司及基金管理公司子公司资产证券化业务管理规定》、《证券公司及基金管理公司子公司资产证券化业务信息披露指引》、《深圳证券交易所资产证券化业务指引》（2014 年修订）以及其他有关规定，制定本信息披露格式（见附件一至附件三），请遵照执行。

附件一：《深圳证券交易所资产证券化业务信息披露格式第 1 号—年度资产管理报告》

附件二：《深圳证券交易所资产证券化业务信息披露格式第 2 号—托管报告》

附件三：《深圳证券交易所资产证券化业务信息披露格式第 3 号—收益分配报告》

**附件一：**

**第 1 号　年度资产管理报告**

**＊＊公司关于＊＊专项计划的年度资产管理报告**

（报告期间：＊＊年＊＊月＊＊日至＊＊年＊＊月＊＊日）

**一、重要提示**

1. 本报告依据中国证监会《证券公司及基金管理公司子公司资产证券化业务管理规定》、《证券公司及基金管理公司子公司资产证券化业务信息披露指引》、《深圳证券交易所资产证券化业务指引》(2014 年修订) 以及其他相关规定制作。

2. 说明资产支持专项计划备案情况。

3. 本报告由管理人＊＊负责编制，管理人声明保证本报告信息披露的内容真实、准确、完整，没有虚假记载、误导性陈述或者重大遗漏。本报告关于＊＊的数据由＊＊提供，已经＊＊复核确认。

4. **管理人认为对投资者有重大影响的其他事项，应当通过重要提示提醒投资者关注。**

**二、资产支持专项计划基本情况**

本部分至少应当包括下列内容：产品名称、证券简称、证券代码、募集金额、存续期、产品设立日、挂牌起始日、产品到期日、预期收益率、还本付息方式、分配日期、增信安排、信用评级（如有)、管理人、托管人、登记机构等。

**三、基础资产运行情况**

本部分主要包括基础资产基本信息、基础资产现金流情况以及收益分配等。

**管理人应当根据不同基础资产的类别特征披露基础资产运行情况，至少应当包括下列内容：**

（一）基础资产为银行、信托、小额贷款公司的贷款、证券公司融资债权以及融资租赁公司的融资租赁款等金融债权的，**应当披露**：

1. 基础资产池筛选标准的调整情况（如有)；

2. 当期资产池特征，包括贷款或者债权余额、贷款笔数、担保情况、加权平均贷款利率和加权平均剩余期限、行业分布、地区分布、债权金额及余额分布、利率水平分布、期限分布、账龄分布、影子评级分布等；

3. 资产池的本金明细，包括正常还本金额、本金提前结清金额、部分提前还本金额、处置回收本金金额等；

4. 资产池的利息情况；

5. 资产池的贷款状态特征，包括提前还款、拖欠、违约、处置、处置回收、损失、资产池替换情况；

6. 资产所涉诉讼或者仲裁情况等；

7. 其他可能影响资产池偿付能力的情况。

（二）基础资产为非金融企业因提供商品、产品、劳务而形成的应收款债权类资产的，**应当披露**：

1. 应收款偿还情况；

2. 应收款提前还款、赎回、置换、延迟支付、违约、处置及损失等情况；

3. 重要债务人的基本情况、经营情况、基本财务数据以及信用评级或者相关资信状况；

4. 偿债状况等对基础资产偿还可能产生重大影响的事项。

（三）专项计划现金流来源于水费、排污费、上网电费、路桥费、门票收费等非金融企业经营性收入的，**应当披露**：

1. 基础资产未来现金流的预测情况；

2. 基础资产实际产生现金流的状况，如有多笔基础资产，则按照地域、归集方式、类型等列示细分数据；

3. 与基础资产相关资产的运营状况及重大事项变化等；

4. 可能影响基础资产现金流的因素。

（四）基础资产为不动产或者专项计划现金流来源于不动产的，**应当披露**：

1. 不动产的基本情况是否发生变化，包括不动产物业类型、所处位置、建筑面积以及可供出租面积、不动产权属情况、是否存在瑕疵、投保情况等要素；

2. 不动产所属土地情况是否发生变化，包括土地性质、土地面积、土地获得方式以及对土地价值的评估情况等要素；

3. 不动产租赁的基本情况，包括当期租金总额、平均租金水平、出租率以及其他可能影响租金水平的因素。

**四、业务参与人履约情况**

本部分应当明确管理人、托管人、特定原始权益人等业务参与人在专项计划存续期间履行计划说明书约定的职责和义务情况，对未依约履行的，应当说明原因及解决或者补救措施。

**五、特定原始权益人的经营情况（如有）**

**六、专项计划账户资金收支情况**

**七、专项计划资金投资管理情况**

本部分至少应当包括专项计划账户资金的投资金额、品种、收益以及循环投资等内容。

**八、各档次资产支持证券的本息兑付情况**

**九、评级情况（如有）及内外部信用增级情况说明**

**十、会计师事务所对专项计划年度运行情况的审计情况**

年度资产管理报告应当包括具有从事证券期货相关业务资格的会计师事务所对专项计划年度运行情况的审计意见。

**十一、需要对投资者报告的其他事项**

本部分应当包括信息披露格式未明确规定，但对投资者作出投资决策有重大影响的其他信息；依照计划说明书等需要披露的其他内容。

**十二、备查文件目录、查阅地点及联系方式**

附件二：

## 第2号　托管报告

### ＊＊专项计划的托管报告

（报告期间：＊＊年＊＊月＊＊日至＊＊年＊＊月＊＊日）

**一、重要提示**

1. 托管人声明保证本报告信息披露的内容真实、准确、完整，没有虚假记载、误导性陈述或者重大遗漏。

2. 托管人认为对投资者有重大影响的事项，应当通过重要提示提醒投资者关注。

**二、专项计划资产托管情况**

本部分至少应当包括专项计划资产情况、相关账户收支情况、资产投资运作情况以及分配情况等。

**三、对管理人的监督情况**

本部分至少应当包括管理人的管理指令遵守计划说明书或者托管协议约定的情况，对资产管理报告有关数据真实性、准确性、完整性的符合情况，对其专项计划资产的投资运作、现金流划转、收益以及费用计算等方面的监督，以及计划说明书约定的其他监督事项。

**四、需要对投资者报告的其他事项**

本部分应当包括信息披露格式未明确规定，但对投资者托管事宜有重大影响的其他信息；依照计划说明书等需要披露的其他内容。

**五、备查文件目录、查阅地点及联系方式**

附件三：

## 第3号　收益分配报告

### ＊＊公司关于＊＊专项计划第＊＊期的收益分配报告

（报告期间：＊＊年＊＊月＊＊日至＊＊年＊＊月＊＊日）

**一、重要提示**

1. 管理人声明保证本报告信息披露的内容真实、准确、完整，没有虚假记载、误导性陈述或者重大遗漏

2. 管理人认为对投资者有重大影响的事项，应当通过重要提示提醒投资者关注。

**二、专项计划基本情况**

本部分至少应当包括计划说明书约定的计划分配日期、计划分配金额以及已分

配情况（如有）、专项计划账户资金情况等。

**三、分配方案**

本部分至少应当包括分配对象、各期资产支持证券收益分配方案、分配时间、分配方式以及税费说明。

**四、其他重大事项**

本部分主要指本报告格式未予明确规定，但对投资者收益分配具有重大影响的其他事项。

**五、备查文件目录、查阅地点及联系方式**

## 1.3.3 《深圳证券交易所资产证券化业务问答》（深圳证券交易所固定收益部 2017年3月修订）

**【重点提示】**

2017年3月3日，深交所固定收益部发布最新修订版《深圳证券交易所资产证券化业务问答（2017年3月修订）》（以下简称“最新《问答》”），此次修订距离上一次修订时隔半年，主要针对以下几方面进行了内容更新：

（1）将上一版本提出评审关注点的ABS类型由物业费收入和多个信托受益权拓展至基本所有常见类型，新增融资租赁类、应收账款类、公用事业类、入园凭证类、保障房类、商业物业抵押贷款类ABS；

（2）明确PPP项目资产证券化工作流程和要求；

（3）完善对挂牌条件确认申请材料的要求，增加管理人和律师尽职调查内容要求；

（4）明确对财务报告有效期、证券持有人会议议事规程的程序要求；

（6）优化业务流程；完善相关文件模板。

**大纲导读：**

| |
|---|
| 第一部分　概述 |
| 1.1 资产支持证券在深交所挂牌需要经过哪些流程？ |
| 1.2 资产支持证券是否可以进行质押式协议回购融资？ |
| 1.3 深市资产证券化相关信息如何查询？ |
| 第二部分　挂牌条件确认 |
| 2.1 挂牌条件确认业务流程及时间节点安排如何？ |
| 2.2 挂牌条件确认环节需提交哪些申请材料？ |

续表

| |
|---|
| 2.3 领取无异议函的封卷要求是什么？ |
| 2.4 无异议函的有效期是多久？ |
| 2.5 取得无异议函后、资产支持专项计划启动发行前，若资产支持专项计划发生变化，管理人需要向交易所履行何种程序？ |
| 2.6 资产支持专项计划财务报告的有效期是多久？ |
| 2.7 是否可以同时申报多个同类项目？ |
| 2.8 什么类型资产支持专项计划可以一次申报分期发行？ |
| 2.9 什么情形下可以缩短挂牌条件确认出具反馈意见时间？ |
| 2.10 PPP 项目资产证券化的挂牌条件确认流程是什么？对于 PPP 项目有哪些要求？ |
| 第三部分　发行与挂牌申请核对 |
| 3.1 挂牌申请流程如何办理？ |
| 3.2 资产支持证券如何进行证券简称命名？ |
| 3.3 如何办理资产支持证券初始登记？ |
| 3.4 完成证券登记后，管理人提交挂牌申请是否有时间要求？ |
| 3.5 深交所挂牌申请核对环节的时间安排如何？ |
| 第四部分　存续期管理 |
| 4.1 深交所资产支持证券存续期管理包括哪些内容？ |
| 4.2 资产支持证券存续期收益分配采取何种业务流程？ |
| 4.3 资产支持证券存续期信息披露采取何种业务流程？ |
| 4.4 对于当年设立不足两个月的专项计划，管理人在下一年度是否需要披露上年度资产管理报告、托管报告和跟踪评级报告？ |
| 4.5 召开证券持有人会议需履行哪些程序？ |
| 4.6 计划管理人变更应履行哪些程序？ |
| 4.7 计划管理人应如何披露清算报告？ |
| 第五部分　基础资产及其他 |
| 5.1 如何理解资产证券化业务中对基础资产的界定？ |
| 5.2 对资产证券化业务基础资产权属主要关注哪些方面？ |
| 5.3 对于基础资产转让主要关注哪些方面？ |
| 5.4 产生基础资产的底层资产存在抵押、质押等权利限制时，是否需要解除？ |
| 5.5 资产证券化业务中现金流方面应当注意哪些问题？ |
| 5.6 资产证券化业务涉及重要主体的关注要点是什么？ |
| 5.7 出售基础资产后，原始权益人经营成本应如何覆盖？ |

续表

| |
|---|
| 5.8 专项计划是否可以设置多个原始权益人？是否可以将原始权益人从第三方受让的资产作为基础资产？是否可以设置多个资产服务机构？ |
| 5.9 何种情况下需要由专业资产评估机构对基础资产的价值出具评估报告？ |
| 5.10 哪些基础资产可以适用抽样尽职调查方式，对抽样方法有什么要求？ |
| 5.11 应收账款、小额贷款等资产证券化中涉及循环购买时，对信息披露与持续期管理有哪些要求？ |
| 5.12 如因合同变更等情况引起入池资产变动，应如何处理？ |
| 5.13 出现不合格资产入池的情形应如何处置？ |
| 5.14 基础资产为不动产或者专项计划现金流来源于不动产的资产证券化项目，对于不动产有哪些要求？ |
| 5.15 重要债务人、差额支付承诺人、担保人等参与主体为房地产企业的，说明书中应当增加哪些行业信息披露内容？ |
| 5.16 重要债务人、差额支付承诺人、担保人等参与主体涉及产能过剩行业的，计划说明书中应当增加哪些行业信息披露内容？ |
| 5.17 基础资产现金流来源于物业服务费收入的资产证券化项目应关注哪些问题？ |
| 5.18 基础资产为多笔信托受益权的资产证券化项目应关注哪些问题？ |
| 5.19 基础资产为融资租赁合同债权的资产证券化项目应关注哪些问题？ |
| 5.20 基础资产为应收账款合同债权的资产证券化项目应关注哪些问题？ |
| 5.21 公用事业类资产证券化项目应关注哪些问题？ |
| 5.22 入园凭证类资产证券化项目应关注哪些问题？ |
| 5.23 基础资产现金流来源于保障房销售收入的资产证券化项目应关注哪些问题？ |
| 5.24 基础资产为商业物业抵押贷款的资产证券化项目应关注哪些问题？ |
| 第六部分　固定收益品种业务专区 |
| 6.1 深圳证券数字证书如何办理？有何要求？需要提供哪些申请材料？ |
| 6.2 管理人填写《深圳证券数字证书业务申请表（单位用户专用）》时应选择何种“申请类型”？ |
| 6.3 如何登录固定收益品种业务专区？ |
| 6.4 如何在固定收益品种业务专区进行挂牌条件确认申请材料报送和业务办理？ |
| 6.5 如何在固定收益品种业务专区办理代码申请业务？ |
| 6.6 如何在固定收益品种业务专区办理挂牌申请业务？ |
| 6.7 如何在固定收益品种业务专区办理信息披露业务？ |

续表

| |
|---|
| 第七部分　深交所联系人及联系方式 |
| 7.1 深交所负责资产证券化业务的联系人和联系方式是什么？ |
| 第八部分　附　　件 |
| 附件1：挂牌条件确认申请材料清单 |
| 附件2：《关于确认“××资产支持专项计划”是否符合深圳证券交易所挂牌条件的申请》模板 |
| 附件3：《管理人合规审查意见》模板 |
| 附件4：《特定原始权益人最近三年融资情况说明》模板 |
| 附件5：《封卷材料与电子版申报材料一致的承诺函》模板 |
| 附件6：《多期申报资产支持专项计划挂牌条件确认申请材料差异说明》模板 |
| 附件7：《取得无异议函后是否发生变化的专项说明》模板 |
| 附件8：资产支持证券财务报告有效期相关事宜 |
| 附件9：资产支持证券挂牌转让工作流程 |
| 附件10：《提供转让服务、证券简称及证券代码的申请》模板 |
| 附件11：《转让服务协议》模板 |
| 附件13：《信息披露联络人授权委托书》模板 |
| 附件14：资产支持证券收益分配业务流程 |
| 附件15：《收益分配报告》模板 |
| 附件16：资产支持证券信息披露业务流程 |
| 附件17：资产支持专项计划挂牌条件确认申请网上业务办理示例 |
| 附件18：资产支持专项计划代码申请网上业务办理示例 |
| 附件19：资产支持专项计划挂牌申请网上业务办理示例 |
| 附件20：资产支持专项计划信息披露申请网上业务办理示例 |

**【文件内容】**

## 第一部分　概　　述

### 1.1 资产支持证券在深交所挂牌需要经过哪些流程？

实行备案制后，资产证券化项目从提出符合挂牌条件申请到完成挂牌的完整流程包括挂牌条件确认、专项计划发行、基金业协会备案以及挂牌申请核对等环节，如下图所示：

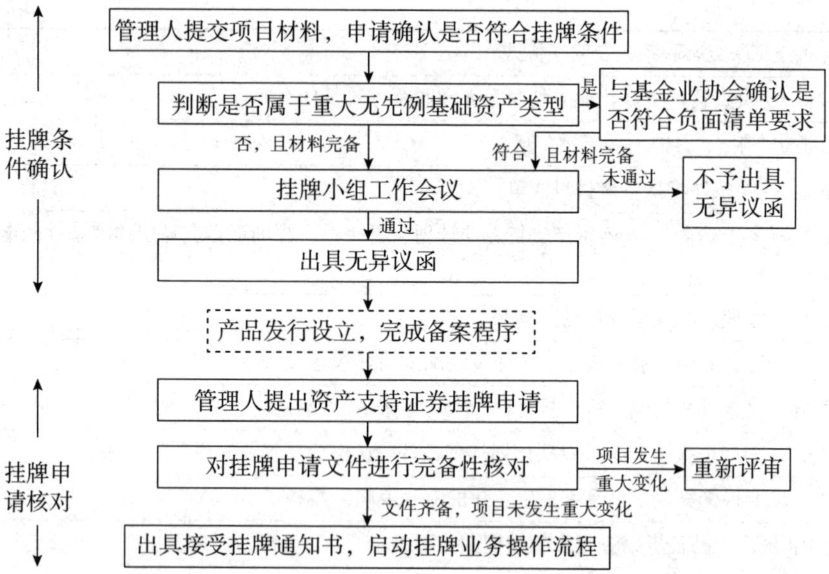


挂牌条件确认是指对拟在深交所挂牌的资产证券化项目，管理人应当在资产支持证券发行前向深交所申请确认是否符合深交所的挂牌转让条件。

深交所在收到挂牌条件确认申请后，将根据证监会的规定以及交易所的业务规则对管理人提交的材料进行确认，符合挂牌转让条件和要求的，深交所将出具无异议函。如果基础资产类型属于重大无先例事项，深交所将就基础资产类型是否符合负面清单管理要求征求中国证券投资基金业协会的意见。

挂牌申请核对是指资产支持专项计划经中国证券投资基金业协会备案后，管理人可直接向深交所提出资产支持证券挂牌申请。深交所对挂牌申请文件进行完备性核对，申请文件齐备的，深交所将出具接受挂牌通知书，启动挂牌业务操作流程。

**1.2 资产支持证券是否可以进行质押式协议回购融资？**

根据《深圳证券交易所债券质押式协议回购交易暂行办法》，在本所挂牌的资产支持证券可以根据本所相关规则通过质押式协议回购融资。

**1.3 深市资产证券化相关信息如何查询？**

本所通过深交所官网、固定收益信息平台等公布资产证券化相关规则、项目进度、挂牌及成交信息等内容，接受市场监督。具体如下：

（1）资产证券化业务规则、指引及问答：

“本所官网 - 法律/规则 - 本所业务规则 - 债券”（http：//www. szse. cn/main/rule/bsywgz/jjzqhzqzl/zq_ front/）、“固定收益信息平台 - 规则与指南”（http：//www. szse. cn/main/ints/flfg/）；

（2）资产支持证券挂牌信息、信息公告及成交信息："固定收益信息平台 - 企业资产支持证券或不动产投资信托（REITs）"（http：//www. szse. cn/main/ints/fgmpz/zczczqcplb/）或（http：//www. szse. cn/main/ints/fgmpz/bdctzxt/cplb/）；

（3）资产证券化业务办理专区（面向管理人）："固定收益品种业务专区"（https：//biz. szse. cn/fic/index. html）；

（4）资产证券化项目进度信息："固定收益信息平台 - 项目进度信息 - ABS"（http：//www. szse. cn/main/ints/xmjd××/abs/）；

（5）债券质押式协议回购交易信息："固定收益信息平台 - 数据统 计 - 债券质押 式协议回购交易 - 交易信息"（http：//www. szse. cn/main/ints/sjtj/zqzysxyhgjy/jy××/）。

## 第二部分　挂牌条件确认

### 2.1 挂牌条件确认业务流程及时间节点安排如何？

挂牌条件确认工作包括受理、核对、反馈、召开挂牌工作小组会议及期后事项等主要环节。

**（一）受理**

1. 申请方式。管理人应当利用深圳证券数字证书（办理方法详见本问答第六部分）登录固收专区（https：//biz. szse. cn/fic/index. html）提交资产支持证券挂牌条件确认申请材料，填报申请信息。

2. 申请材料修改。申请材料通过固收专区提交后至本所受理前，管理人可撤回申请。申请材料经确认"受理"后，管理人仅可申请中止或终止审核。固收专区将保存申请材料提交、撤回、中止及修改的历史记录。

3. 申请受理。管理人提交申请材料后，工作人员应当在二个交易日内对申请材料进行齐备性核对，形式要件齐备的确认受理，不齐备的告知需补正事项，明显不符合本所挂牌条件的不予受理。

申请材料存在严重质量问题或存在中介机构明显不勤勉尽责等情形的，本所可以不受理申请材料。

4. 申请材料补正。管理人应当按照补正要求及时对申请材料予以补正，并提交补正后的申请材料；补正后符合要求的，工作人员确认受理。

**（二）核对与反馈**

1. 核对。申请材料受理后，即按本所内部程序分配给核对人员进行核对。

2. 反馈。自受理申请材料之日起十个工作日内，本所通过固收专区出具书面反馈意见函。

3. 静默期。自申请材料受理至出具书面反馈意见函期间为静默期，本所不接受管理人及相关中介机构就本次资产支持证券挂牌条件确认申请事宜的来访或其他任何形式的沟通。

反馈意见函出具后，管理人对反馈意见有疑问的，可与核对人员在工作时间内通过电话、邮件、传真、会谈等方式进行沟通。核对人员对申请材料及反馈意见回复中不清晰的问题，也可通过上述方式询问管理人及中介机构相关人员，被询问人员应积极配合，真实、准确、完整地回答相关询问。

4. 反馈意见回复。管理人应当根据反馈意见的具体内容，组织原始权益人、相关机构开展相关工作，逐项明确回复，并形成书面反馈意见回复。回复意见应逐项列明反馈结论及落实情况、概括具体修改内容、并说明修改部分在相关项目文件中的具体位置（章节或页码）。

反馈回复涉及申请文件修改的，应提交修改后的申请文件及《修改说明表》，并以楷体加粗方式在申请文件中对所修改内容进行标注；需要管理人或律师进行补充发表意见的，管理人和律师应当完善原计划说明书、尽职调查报告、法律意见书或者出具专项意见。

5. 反馈意见回复时间。管理人应当于本所通过固收专区发出书面反馈意见函之日起二十个工作日内，通过固收专区提交符合要求的书面反馈意见回复及修改后的申请材料。因特殊情形需延期回复的，管理人应当在回复期限届满前通过固收专区向本所提交延期回复申请，说明延期理由和延期回复时间。延期回复时间最长不得超过二十个工作日。延期回复时间内仍不能提交符合要求的回复的，管理人可以申请中止核对。

**（三）召开挂牌工作小组会议**

1. 召开挂牌工作小组会议。反馈意见回复及经修改的申请材料符合反馈意见要求的，自该等文件提交之日起五个工作日内召开挂牌小组工作会议进行讨论。无需出具反馈意见的，自核对人员通知管理人之日起五个工作日内召开挂牌小组会议。

2. 会议决定。挂牌小组会议决议分为“通过”、“有条件通过”和“不通过”三种。本所于挂牌工作小组会议召开后在固收专区通知会议决议结果。

3. 有条件通过相关事项。会议意见为“有条件通过”的，核对人员应当将会议确定需要补充披露或进一步反馈落实的重大事项形成《补充材料通知书》并在固收专区出具。

管理人应当按照《补充材料通知书》修改或者完善项目材料，并通过固收专区及时上传更新后的材料。未在规定时间内提交的，挂牌条件确认流程自动终止。修改或者完善项目材料符合要求的，按“通过”后续流程处理；出现重大事项需要由原挂牌工作小组会议核对的，可以再次召开挂牌小组会议。

4. 通过或不通过。**会议意见为“通过”的**，管理人应当尽快报送项目纸质材料，本所在收到管理人报送的申请材料原件后，完成封卷、归档和留存工作并**向管理人出具《符合挂牌条件的无异议函》（以下简称“《无异议函》”）**。会议意见为“不通过”的，本所向管理人出具相关文件并告知理由。

**（四）特殊情形处理程序**

1. 重大事项报告。挂牌条件确认核对过程中，基础资产或其他相关方发生重大事项、可能影响投资价值及投资决策判断的事项，以及本所认为存在需要补充披露的其他重要事项时，管理人等相关中介机构应当及时向本所报告，提交相关事项的书面说明和中介机构意见，并修改申请材料。

2. 中止核对。挂牌条件确认核对过程中，发生下列情形之一的，本所可以中止核对并通知管理人：

（1）管理人因正当理由主动要求中止核对的；

（2）管理人、原始权益人因涉嫌违法违规，被有权机关立案调查或侦查尚未终结，对其发行的资产支持证券符合挂牌条件可能产生不利影响的；

（3）管理人或其他中介机构被主管部门采取限制参与资产证券化相关业务活动、责令停业整顿、指定其他机构托管或接管等监管措施，尚未解除的；

（4）管理人未及时回复且未按规定申请延期回复，或者在延期回复期内仍不能提交回复文件的；

（5）原始权益人的财务报告、相关资质许可等申请文件已超过有效期，且短期内难以重新提交的；

（6）本所收到涉及资产支持证券挂牌条件确认申请的相关举报材料并需要进一步核查的；

（7）本所认为应当中止核对的其他情形。

对于上述第（6）项情形，本所可采取核查或要求管理人和相关中介机构自查、委托独立第三方核查以及移交证监会稽查部门调查等措施，管理人及相关中介机构应当认真自查、配合核查或调查，并向本所提交自查、核查报告。经核查，未发现所举报事项影响资产支持证券挂牌条件的，本所恢复核对并通知管理人。发现存在问题的，本所按照有关规定进行处理。

上述第（1）至（5）项情形消除后，管理人可以向本所申请恢复核对。本所自收到申请之日起二个交易日内确定是否恢复核对。

3. 终止核对。本所核对过程中，发生下列情形之一的，本所可以终止核对并通知管理人：

（1）管理人主动要求撤回申请的；

（2）管理人或原始权益人发生解散、清算或者宣告破产等原因依法终止的；

（3）中止核对超过三个月的；

（4）本所认为需要终止核对的其他情形。

**2.2 挂牌条件确认环节需提交哪些申请材料？**

请管理人按照《深圳证券交易所资产支持证券挂牌条件确认业务指引》及挂牌条件确认申请材料清单（附件1）提交挂牌条件确认申请材料，其中《关于确认“××资产支持专项计划”是否符合深圳证券交易所挂牌条件的申请》模板详见附件2，《管理人合规审查意见》模板详见附件3，《特定原始权益人最近三年融资情况说明》模板详见附件4，《封卷材料与电子版申报材料一致的承诺函》模板详见附件5，《多期申报资产支持专项计划挂牌条件确认申请材料差异说明》模板详见附件6。

**2.3 领取无异议函的封卷要求是什么？**

**管理人向我所报送全套挂牌条件确认申请材料纸质版原件及电子版扫描件后，本所将完成封卷、归档和留存工作并向管理人出具纸质版《无异议函》**。请管理人按照挂牌条件确认申请材料清单（附件1）的顺序将纸质版封卷材料装订成册，通过邮寄或现场方式提交。所有材料需按照附件1的签章要求完成签章，填写日期，尚未签署的文件（一般为交易文件）由管理人加盖骑缝章确认文本内容。若在项目核对过程中，管理人或其他中介机构曾补充提供包括反馈意见回复在内的相应材料，请一并提供纸质签章版原件作为封卷材料。

**2.4 无异议函的有效期是多久？**

管理人取得本所《无异议函》的，应当在**6个月内完成发行**并向本所提交挂牌转让申请，**分期发行的**项目首期资产支持专项计划应当在6个月内完成发行并向本所提交挂牌转让申请，**最后一期**应当在《无异议函》有效期内完成发行并向本所提交挂牌转让申请，**《无异议函》有效期最长不超过24个月**。在《无异议函》有效期内未向本所提交挂牌转让申请的，无异议函自动失效，且本所将不为该资产支持专项计划提供挂牌转让服务。

**2.5 取得无异议函后、资产支持专项计划启动发行前，若资产支持专项计划发生变化，管理人需要向交易所履行何种程序？**

根据《深圳证券交易所资产支持证券挂牌条件确认业务指引》第二十八条相关要求，本所确认资产支持证券符合挂牌条件并**出具无异议函后至资产支持专项计划发行前，资产支持专项计划发生变化的，管理人应当及时向本所报告**。如发生重大变化未及时告知本所的，无异议函自动失效。管理人应当向本所提交《取得无异议函后是否发生变化的专项说明》（格式见**附件7模板**），说明是否发生影响资产支持证券发行、挂牌及对投资者做出投资决策有重大影响的事项，及已采取或拟采取的应对措施。同时，请管理人提供更新后的全套项目文件。以上材料，首次提交时可为电子版文件，流程完成后提交盖章版文件。

本所根据专项计划发生变化的具体情况，视情况提交挂牌工作小组再次评审。

**2.6 资产支持专项计划财务报告的有效期是多久？**

计划说明书引用的特定原始权益人、增信方财务报表在其最近一期截止后六个**月内有效**。财务报表应以年度末、半年度末或者季度末为截止日。对于超过财务报告有效期的资产证券化项目，管理人应按要求及时做好财务报告更新工作，具体要求详见附件8。

**2.7 是否可以同时申报多个同类项目？**

对于同一原始权益人（或最终融资人、债务人等主体）申报多个同类基础资产项目的情况（单期或分期），管理人应在前期项目（或额度）发行完毕后，再申报后续项目。

**2.8 什么类型资产支持专项计划可以一次申报分期发行？**

在满足一定条件的前提下，专项计划可分期发行，即管理人履行一次挂牌条件确认程序，申报多期资产支持专项计划，深交所出具一次《无异议函》，管理人在《无异议函》的额度及有效期内，根据市场及基础资产情况组织分期发行。需要满足的条件包括：（1）各期资产支持专项计划**交易结构相同，基础资产具有较高同质性、质量优良，相关参与主体资信良好、履约能力较强**；（2）申报材料中应当**明确拟发行总额、发行期数、各期发行规模及期限**；（3）首期资产支持专项计划的挂牌申请文件应当在**《无异议函》出具之日起6个月内**向深交所正式提交，最后一期应当在《无异议函》有效期内提交，《无异议函》有效期最长不超过24个月。

**2.9 什么情形下可以缩短挂牌条件确认出具反馈意见时间？**

同一管理人针对同一原始权益人再次申报的资产支持专项计划挂牌条件确认申请，**若基础资产类型、交易结构等相同，前期已发行专项计划存续期运行正常、相关参与主体未发生重大变化的**，管理人可在申报时提交《多期申报资产支持专项计划挂牌条件确认**申请材料差异说明**》（格式见**附件6模板**），本所可视情况缩短出具反馈意见的时间。

对于符合条件的**绿色资产**证券化、政府与社会资本合作（PPP）项目资产证券化等，且项目及申报文件质量优良的，本所可以视情况缩短出具反馈意见的时间。

**2.10 PPP项目资产证券化的挂牌条件确认流程是什么？对于PPP项目有哪些要求？**

对于根据《国家发展改革委 中国证监会关于推进传统基础设施领域政府和社会资本合作（PPP）项目资产证券化相关工作的通知》由发改委推荐指导的或者其

他符合条件的优质PPP项目资产证券化，我所实行**即报即审、专人专审**，受理后5个工作日内出具反馈意见，管理人提交反馈回复确认后3个工作日内召开挂牌工作小组会议。

PPP项目现金流可来源于有明确依据的政府付费、使用者付费、政府补贴等，其中涉及的政府支出或补贴应当纳入年度预算、中期财政规划。

## 第三部分　发行与挂牌申请核对

### 3.1 挂牌申请流程如何办理?

资产支持专项计划设立完成五个交易日内，管理人应当通过固收专区提交代码申请，按照《深圳证券交易所资产证券化业务指引》(2014年修订）及挂牌转让工作流程及相关模板（附件9-13）要求办理挂牌转让业务。

### 3.2 资产支持证券如何进行证券简称命名?

资产支持证券简称命名规则长度八个字节（一个汉字占两个字节、一个数字或字母占一个字节)，建议证券简称体现产品分期发行期数、分层安排及发行年份等特征。**若为非分期发行产品，建议前两个字节为代表资产支持专项计划成立年份的数字**，如2017发行的优先级资产支持证券简称为“17××A1”，次级证券简称为17××次；若为分期发行产品，可不体现发行年份特征，如××资产支持证券第一期产品优先级证券的简称为“××1A1”。

**在本所发行资产支持证券的全称和简称不应与其他市场的产品重复。**

### 3.3 如何办理资产支持证券初始登记?

资产支持专项计划发行完成后，计划管理人应当向中国证券登记结算公司深圳分公司（以下简称“中国结算深圳分公司”）提交以下文件申请办理初始登记：

(1）网下发行登记申报电子文件（证券登记申报明细清单)；

(2）登记申请表；

(3）基金业协会出具的《备案确认函》；

(4）资产支持专项计划计划说明书（产品合同)；

(5）管理人已签章的《证券登记及服务协议》(可联系中国结算深圳分公司发行人业务部领取)；

(6）具有从事证券业务资格的会计师事务所出具的验资报告（须加盖骑缝章或每页加盖业务审核章，附会计师事务所证券、期货业务许可证，附签字会计师从业资格证及年度检验登记复印件)；

(7）管理人最新年检的法人营业执照副本复印件、法定代表人证明书及有效身份证明文件复印件、对指定联络人的授权委托书、指定联络人有效身份证明文件复印件（上述材料一式两份)。

以上材料**除验资报告外，均需加盖管理人公章**。资产支持专项计划具体登记流程可参照私募债券初始登记业务办理，具体参见《中国结算深圳分公司债券登记结算业务指南（2016年6月修订)》。

管理人在**办理完成资产支持专项计划备案之后，应尽快向中国结算深圳分公司提交全套初始登记材料**。

**3.4 完成证券登记后，管理人提交挂牌申请是否有时间要求?**

专项计划**完成证券登记后5个交易日内**，管理人应当通过固收专区向本所提交全套挂牌申请文件。

**3.5 深交所挂牌申请核对环节的时间安排如何?**

根据《深圳证券交易所资产证券化业务指引》（2014年修订）第十一条规定，挂牌申请文件完备的，深交所自接受挂牌申请文件之日起**5个交易日内出具接受挂牌通知书**。

## 第四部分　存续期管理

**4.1 深交所资产支持证券存续期管理包括哪些内容?**

资产支持证券在本所挂牌后的存续期管理包括信息披露、收益分配、回售赎回等业务操作，由管理人向本所固定收益部提交办理。管理人及专项计划其他信息披露义务人应当至少指定一名信息披露联络人，负责办理资产支持证券的信息披露及相关业务。如信息披露联络人发生变更，请将更新后的信息披露联络人授权书及身份证复印件（均需加盖公章）寄至我所，办理相关变更手续。

**4.2 资产支持证券存续期收益分配采取何种业务流程?**

管理人应当在约定的派息兑付日六个交易日前（即T-6日前，T为派息兑付日)，将盖章版收益分配公告通过固收专区提交本所固定收益部，并发送至中国结算深圳分公司进行确认；在每期资产支持证券收益分配日的两个交易日前，披露专项计划收益分配报告（格式详见附件15模板)。具体业务按照资产支持证券收益分配业务流程（详见附件14）办理。

**4.3 资产支持证券存续期信息披露采取何种业务流程?**

管理人应当根据《证券公司及基金管理公司子公司资产证券化业务信息披露指引》、《深圳证券交易所资产证券化业务指引》和《深圳证券交易所资产证券化业务信息披露格式》（1-3号）要求编制信息披露报告，具体业务按照资产支持证券信息披露工作流程（附件16）办理。

**4.4 对于当年设立不足两个月的专项计划，管理人在下一年度是否需要披露上年度资产管理报告、托管报告和跟踪评级报告?**

根据《证券公司及基金管理公司子公司资产证券化业务信息披露指引》，**对于**

**当年设立不足两个月的专项计划，管理人可以不披露年度资产管理报告**。相应的，管理人在满足专项计划文件约定的前提下，可以不披露对应期间的年度托管报告和跟踪评级报告。

**4.5 召开证券持有人会议需履行哪些程序？**

当业务规则、交易文件约定的触发情形发生时，管理人可以召开资产支持证券持有人大会。管理人应在持有人会议召开前发布召开持有人会议的公告，公告内容包括但不限于管理人或者召集人、会务召集人姓名及联系方式、会议时间和地点、会议召开形式（可采用现场、非现场或者两者结合的形式）、会议拟审议议案（议案应当属于持有人会议权限范围、有明确的决议事项，且符合法律法规的相关规定）、会议议事程序、委托事项，参会人员应当出具授权委托书和身份证明，在授权范围内参加持有人会议并履行受托义务。

证券持有人会议**应当有律师见证**，见证律师对会议的召集、召开、表决程序、出席会议人员资格和有效表决权等事项**出具法律意见书**。**法律意见书应当与持有人会议决议一同披露。**

**4.6 计划管理人变更应履行哪些程序？**

原则上，计划管理人变更需经证券持有人会议表决同意，计划说明书有特殊约定除外。在履行完毕相关程序后，需向我所寄送计划管理人变更情况专项说明（加盖公章），专项说明内容应包括：变更计划管理人履行程序的合规性；新管理人基本情况（包括名称、简称、法定代表人、邮政编码和联系地址等）；项目负责人、项目主办人及信息披露负责人情况（姓名、职务、座机、手机、传真和邮箱地址）等。若信息披露联络人发生变更，请一并提供计划管理人对信息披露联络人的授权委托书（加盖公章）。新旧管理人应当做好交接工作，及时履行信息披露义务，切实保护投资者利益。

**4.7 计划管理人应如何披露清算报告？**

根据《证券公司及基金管理公司子公司资产证券化业务信息披露指引》，计划管理人应当自专项计划清算完毕之日起 10 个工作日内，向合格投资者披露清算报告。结合目前资产证券化产品存续期管理情况，建议计划管理人在产品到期日或全部资产支持证券摘牌日起三个月内披露清算报告。计划管理人应做好资产支持专项计划的清算工作，及时履行信息披露义务。

## 第五部分　基础资产及其他

**5.1 如何理解资产证券化业务中对基础资产的界定？**

基础资产界定是资产证券化业务的核心要素之一。根据《证券公司及基金管理公司子公司资产证券化业务管理规定》第三条，基础资产应当在法律上能够准确、清晰地予以界定，并构成一项独立的财产权利或者财产。实践中从大类上讲，基础资产可以分为债权、收益权、信托受益权、门票等权利凭证、不动产相关权利等类型。

1. **基础资产界定为债权**主要关注以下方面：（1）原始权益人向专项计划转移基础资产（含循环购买）时，作为基础资产的债权应有效存在；（2）原始权益人对债务人负有义务的，关注该义务是否履行完毕；若原始权益人需持续履行义务的，特别关注原始权益人的持续履约能力，债务人对债权人是否享有抗辩权、抵销权及其风险缓释措施；（3）合同债权应当具有真实经济基础。

2. **基础资产界定为收益权**主要关注以下方面：（1）现行法律法规或司法解释已明确规定该财产权利为收益权，或者基础资产涉及的收费具有明确的法律依据；（2）法律意见书应当对该资产界定为收益权及其法律依据发表明确意见。

3. **基础资产界定为门票等权利凭证**主要关注以下方面：（1）采取出售票证的形式进行经营具有明确的法律依据；（2）不得为负面清单所禁止的物权凭证；（3）基础资产的特定化手段具有可操作性，例如通过票号编码、销售记录等锁定基础资产。

**5.2 对资产证券化业务基础资产权属主要关注哪些方面？**

1. 原始权益人**拥有**基础资产的法律支持要件或**权属证明文件**，法律意见书应对此发表意见。

2. 原始权益人**具有**与基础资产相关的**运营许可**，对产生基础资产必备的土地、设备、资产等应具有**所有权或使用权**。

3. 基础资产**不得**附带抵押、质押等担保负担或其他**权利限制**，但通过专项计划相关安排，在原始权益人向专项计划转移基础资产时能够解除相关担保负担和其他权利限制的除外。

4. 关注产生基础资产的相关资产**是否附带权利限制及风险缓释机制**，例如：高速公路收费收益权对应的收费权、电力收益权对应的发电设备、污水处理收益权对应的污水处理设施等。

5. 管理人应当通过相关登记系统查询确认基础资产及其相关资产的权属和权利限制情况。

**5.3 对于基础资产转让主要关注哪些方面？**

1. 管理人以及律师等中介机构应当对基础资产**转让完成后**与原始权益人风险隔离的有效性、基础资产转让的合法有效性、附属担保权益转让的合法有效性作出判断。

2. 在权属转让登记环节，基础资产本身需办理权属登记的，应当**办理相关变更**

**登记手续**。如不能办理权属登记，应对存在的风险及风险缓释措施充分披露。

3. 对债权类基础资产，应当明确债权转让通知或者向债务人进行公告的具体安排，明确债务人支付对象、支付流程是否发生变化。其中，对于以租赁形成的债权作为基础资产的，如果租赁物权属不随基础资产转让而转让，需关注采取何种措施防止第三方获得该租赁物权属。

4. 基础资产如有担保等**附属担保权益**，原则上应当**同时转让**，需关注转让后担保权益是否受影响。

**5.4 产生基础资产的底层资产存在抵押、质押等权利限制时，是否需要解除?**

在涉及到供水、供暖、供热、供电合同、高速公路收费、票证收入、物业租赁合同等基础资产时，底层资产的权利限制情况（如管道、设备、路面资产、土地、物业等存在抵质押）可能对专项计划基础资产形成和存续、现金流持续产生造成较大影响。尽职调查过程中，应当关注相关权利限制是否可能导致底层资产被处置从而影响到原始权益人的持续经营，**如果底层资产可能影响到原始权益人的持续经营和专项计划投资者利益，应当做好解除底层资产权利限制的安排**。

**5.5 资产证券化业务中现金流方面应当注意哪些问题?**

1. **现金流预测和评估**。专项计划法律文件中应当提供未来现金流预估及其依据。评级报告应当提供正常境况及压力境况下的各期覆盖倍数，并说明压力情境的参数设置及其合理性。

**2. 现金流的产生与归集过程中应当实现特定化，即能通过单独计量、单独记账等方式与原始权益人其他现金流区分**。

**3. 明确现金流归集过程中的账户设置，尽量避免与其他资金混同**，对关键账户应当设置监管措施，控制混同与挪用风险。现金流归集过程中如因操作流程需要、更改账户不便等原因造成与原始权益人其他现金混同的，可采取以下措施：（1）提高资金向独立账户的划转频率，缩短混同时间；（2）对账户设置划转限制，如账户余额高于一定额度时才可向其他账户转出、向专项计划划转前冻结资金等；（3）监管银行对混同账户资金变动进行监管，并向管理人报告。

4. 明确现金流划转流程，包括现金流在各账户流入与流出的时间节点，说明是否有账户冻结可能，并明确应对措施。

**5.6 资产证券化业务涉及重要主体的关注要点是什么?**

1. 原始权益人：

（1）基础资产现金流来源于原始权益人经营性收入的，原始权益人应具备持续经营能力，关注其盈利能力、业务经营前景、偿债能力等；

（2）原始权益人承担差额补足、资产回购等增信义务的，关注其资产负债状况、偿债能力、资产质量和现金流情况；

（3）原始权益人作为资产服务机构的，应具有相关业务管理能力，包括规则、技术与人力配备。

2. 重要债务人和支付方：

（1）应当关注重要债务人/支付方的整体信用状况、还款记录、违约率、集中程度；

（2）应当关注重要债务人/支付方的资信状况、偿债能力、持续经营能力、近期财务状况。

**5.7 出售基础资产后，原始权益人经营成本应如何覆盖？**

对于供水、供暖、供热、物业合同、门票等现金流依赖于原始权益人持续经营的项目，原始权益人将基础资产出售后，应当在计划存续期间维持正常的生产经营活动或者提供合理的支持，为基础资产产生预期现金流提供必要的保障。专项计划文件中，**管理人应对原始权益人日常经营成本、基础资产以外的现金收入、可供使用的账面资金、外部资金支持等情况进行充分调查与测算，对可能存在的资金缺口进行充分披露与风险提示，持续关注并及时披露可能影响原始权益人持续运营、损害资产支持证券投资者利益的重大事项。**

**5.8 专项计划是否可以设置多个原始权益人？是否可以将原始权益人从第三方受让的资产作为基础资产？是否可以设置多个资产服务机构？**

专项计划可以设置多个原始权益人，也可以将原始权益人从第三方受让的资产作为基础资产。管理人可以根据实际情况设置多个资产服务机构，针对多个资产服务机构的情形，管理人应当说明聘请多个资产服务机构的必要性、可能隐含的风险、对投资者利益的影响程度等情况，并在计划说明书中充分揭示风险。同时，管理人还应在《资产服务协议》中明确约定各资产服务机构之间的关系以及相应的权责分工。

**5.9 何种情况下需要由专业资产评估机构对基础资产的价值出具评估报告？**

**底层资产涉及不动产评估的**，建议出具不动产评估报告的评估机构应具备住建部核准的房地产估价机构一级资质，并建议选用收益法作为最主要的评估方法。专项计划存续期间，建议对底层不动产进行定期重新评估；发生收购或者处置等影响基础资产价值的重大事项时，也应当进行重新评估。

鉴于高速公路、电力收益权、门票等基础资产专业性较强，尽职调查要求较高，建议管理人聘请具备证监会和财政部核准的证券期货相关业务评估资格的资产评估机构对前述基础资产的资产价值及现金流情况进行评估。

5.10 哪些基础资产可以适用抽样尽职调查方式，对抽样方法有什么要求？

对于小额贷款、融资租赁、应收账款等债权类基础资产，如入池资产符合笔数众多、资产同质性高、单笔资产占比较小等特征，可以采用抽样尽职调查方法。相关中介机构应设置科学合理的抽样方法和标准，并对抽取的样本是否具有代表性进行验证。对于资产池整体性质有重要影响的入池资产，应该着重进行抽样。

**5.11 应收账款、小额贷款等资产证券化中涉及循环购买时，对信息披露与持续期管理有哪些要求？**

专项计划说明书等文件中应详细披露循环购买的相关安排，包括循环购买入池标准、资产筛选及确认流程、资金与资产交割方式、可供购买的资产规模与计划管理人循环购买额度的匹配性、基础资产不足购买时的防范和处理机制、循环购买与专项计划现金流分配的衔接安排等。

管理人应在循环购买时对新入池资产的真实性、完整性、是否符合入池标准等情况进行核查，并在原始权益人日常运营IT系统的基础上，通过设置明确机制主动监测、实时了解资产池的运行情况、风险特征变化。

**5.12 如因合同变更等情况引起入池资产变动，应如何处理？**

对于供水、供暖、供热、物业合同等在实际执行过程中存在合同变更而发生入池资产变动的情况，建议管理人通过剔除不确定性较大的合同、对合同变更事项发生后的**安排事先作出约定**(包括但不限于根据原入池标准对失效合同进行置换、购入新资产等)、**设置触发加速清偿条款等方式**予以解决，申报材料需对以上问题进行充分说明和风险提示。

**5.13 出现不合格资产入池的情形应如何处置？**

专项计划应当设置不合格基础资产的处置机制（如自动置换、现金赎回等），并对具体流程做出明确约定。在进行资产赎回时，应以合理方式确认资产价格，避免因“零对价购买”等非公允价格影响合同有效性。

**5.14 基础资产为不动产或者专项计划现金流来源于不动产的资产证券化项目，对于不动产有哪些要求？**

对于以运营稳定的、成熟的物业或其租金为基础资产的资产证券化，标的物业应当具备下列条件：物业或其租金的原始持有人**享有物业的完全所有权**或长期租赁物业，**权属清晰，相关证照齐备**，不存在经济或法律纠纷；基础资产及标的物业不**存在抵押、质押等他项权利限制**，或在原始持有人长期租赁标的物业的情形下租赁合同不受物业他项权利限制的影响；经营记录良好，租金收入稳定；如相关不动产存在空置、在建等情形的，需不违反负面清单要求，并**有充分依据证明未来其可以产生长期稳定现金流**。

**5.15 重要债务人、差额支付承诺人、担保人等参与主体为房地产企业的，说明书中应当增加哪些行业信息披露内容？**

重要债务人、差额支付承诺人、担保人等参与主体参照《上市公司行业分类指引》的规定划分为房地产企业的，应当按照下述要求强化行业相关的信息披露内容：

1. 应当在计划说明书中对行业宏观影响因素、市场环境状况、公司自身商业模式及经营情况、业务所在区域等进行有针对性的分析披露；

2. 对于业务显著集中于三、四线城市的参与主体，应当披露主要业务所在地房地产市场供求、价格变动及去库存化情况等，结合上述情况披露参与主体的业务经营情况和所面临的主要竞争状况，并就相关风险因素在计划说明书中进行风险提示和重大事项提示。

管理人应制定严格的风险管理制度和内部控制制度，对参与主体相关信息披露的真实性、准确性和完整性以及参与主体的偿债风险或持续经营能力进行充分和审慎的核查，完善投资者权益保护机制，落实中介机构责任。

**5.16 重要债务人、差额支付承诺人、担保人等参与主体涉及产能过剩行业的，计划说明书中应当增加哪些行业信息披露内容？**

《国务院关于化解产能严重过剩矛盾的指导意见》（国发〔2013〕41 号）以及国家相关产业政策将煤炭、钢铁、水泥、电解铝、平板玻璃和船舶等列为产能过剩行业，重要债务人、差额支付承诺人、担保人等参与主体涉及产能过剩行业的，应当按照下述要求强化行业相关的信息披露内容：

1. 应当在计划说明书中披露行业宏观影响因素、国家对产能过剩行业去产能化的相关政策及措施、市场供求及产品价格变动情况、行业利润水平等情况，并结合上述情况说明参与主体所面临的主要竞争与挑战状况，有针对性地分析披露对公司经营业务、财务状况及偿债能力或持续经营能力的影响。

2. 对于报告期内经营业绩呈显著下降趋势，或者最近一年及一期经营业绩大幅下降的参与主体，**应当详细披露经营业绩下降的原因及未来的应对措施，制定切实可行的偿债保障措施**，并在计划说明书中做风险揭示和重大事项提示。管理人也应当就上述事项是否影响相关主体的偿债能力或持续经营能力设置风险缓释措施，并进行充分披露。

管理人应制定严格的风险管理制度和内部控制制度，对参与主体的相关信息披露的真实性、准确性和完整性以及参与主体的偿债风险或持续经营风险进行充分和审慎的核查，完善投资者权益保护机制，落实中介机构责任。

**5.17 基础资产现金流来源于物业服务费收入的资产证券化项目应关注哪些问题？**

基础资产现金流来源于**物业服务费收入**的资产证券化，应关注以下方面：

1. 入池**物业合同应合法合规**。一般地，物业合同应根据物业所在地物业管理相关规定在有关部门进行备案。律师应在法律意见书中对入池合同的合法合规性以及是否备案发表明确意见。

2. 管理人应对入池**物业合同的存续期限**进行核查和披露。对于基础资产直接为物业服务合同债权的，物业合同期限应与专项计划期限相匹配。对于不以物业服务合同债权为基础资产的，物业合同期限如不能覆盖专项计划期限，管理人和律师应在专项计划文件中就合同续签事项发表明确意见，同时对投资者充分揭示风险并提供合理缓释措施。

3. 对于由**开发商付费的前期物业服务合同，管理人应就该部分物业费用的入池比例、历史支付情况和延迟支付风险进行详细披露**。如开发商与物业服务公司存在关联关系，管理人应重点进行说明和风险揭示。

4. 根据物业服务的业务模式，**对于交易结构中涉及母公司从子公司受让物业合同债权的情形，项目文件中应明确约定在基础资产购买前已支付债权转让对价**，且律师应在法律意见书就债权转让的公允性、合法性、有效性以及转让通知等事项发表明确意见。

5. 针对**未交付物业项目，管理人应说明未交付小区物业预期交付的时间和进展安排，披露未交付小区物业的物业费规模占专项计划全部物业费规模的比例**，披露如未交付小区物业未能及时向业主实际交付而导致物业费无法按时足额归集对专项计划现金流的影响，充分揭示风险并提供缓释措施。

6. 物业服务公司**应具备持续经营能力**。管理人须就专项计划存续期内物业服务公司（及其子公司）的经营收入、运营成本、成本缺口及覆盖支持等情况进行合理测算，并就其持续经营能力进行披露和风险揭示。对于成本无法覆盖的物业服务公司，应设置股东支持、资金留存等缓释措施。

7. 差额支付**承诺人、担保人等专项计划相关**参与方涉及房地产企业的，管理人和律师应对前述主体是否存在闲置土地、炒地、捂盘惜售、哄抬房价等违法违规行为，是否存在被行政处罚或调查的情况及相应的整改措施和整改结果以及是否影响其履行差额支付和担保义务等出具明确意见。

**5.18 基础资产为多笔信托受益权的资产证券化项目应关注哪些问题？**

以多笔信托受益权为基础资产的资产证券化项目，建议依**据“风险可控、底层穿透、一一对应、充分披露”的原则，重点关注**以下方面：

1. **信托公司（即信托计划受托人）经营状况良好，内控制度健全**，最近一年未因重大违法违规行为受到行政处罚；信托公司作为受托人、资产服务机构，负责收取信托贷款的本金及利息，与管理人（代表专项计划）签订《资产服务协议》，约定专项计划存续期间的有关贷款管理、权利义务关系、资产服务机构监督等内容。

2. **原始权益人合法、独立拥有基础资产**，能够进行完全控制和处置基础资产；原始权益人若为信托产品、基金子公司资管产品、证券公司资管产品或银行理财产品等，不得为专项计划提供差额补足、回购等安排，其运营状况不得对专项计划以及资产支持证券投资者的利益产生重大影响。

3. 入池资产底层法律关系简单明了，信托类型为资金信托或者法律关系清晰明确的财产权信托；依据穿透原则，信托计划可以一一对应到底层的债务人，债权债务关系明晰，标准化程度高；信托计划不存在现金流重构、结构化分层。

4. **信托计划资金投向不得违反负面清单**、国家产业政策及监管要求，借款人不得为融资平台公司；鼓励投向高新技术行业、绿色产业、产业结构调整重点支持行业等国家政策支持的行业。

5. 信托受益权的**底层资产应在地区、行业上具备一定的分散性**；单一债务人未偿还本金余额占比超过10%的，应按照证监会《证券公司及基金管理公司子公司资产证券化业务信息披露指引》中重要债务人的标准进行披露，披露内容包括但不限于其所在行业的相关情况、偿债能力分析、项目发起机构对于该借款人的资信评价说明及还款来源分析、增信状况等。

6. 计划管理人应**组织第三方中介机构（律师、评级机构、会计师等）按照严格标准对合格借款人进行尽职调查**，包括但不限于对所有入池资产的原始审批文件、交易文件；管理人在专项计划存续期间，建立严格的管理制度，设置风险监测及防控机制，进行充分的信息披露。

7. 对于存续期内出现不符合初始入池标准的基础资产或者底层资产发生违约情形，**设置合理的资产替换或外部增信安排，触发机制和操作流程明确**；设置合理的风险自留安排。

**5.19 基础资产为融资租赁合同债权的资产证券化项目应关注哪些问题？**

对于融资租赁债权，管理人除应当对出租人与承租人**租赁合同的商业合理性、租赁物评估价值的合理性**、承租人偿还租金的还款安排、租赁公司的内控制度和资产服务能力等出具核查意见以外，还应对基础资产所实现的风险分散程度以及资产支持证券是否有足够的信用增级做出相关披露和说明。

在**基础资产转让方面**，管理人应明确融资租赁债权是否包含附属担保权益。原则上附属担保权益应当随租赁债权一**同转让**给专项计划，管理人须关注基础**资产转让后担保权益是否受影响**。此外，应当明确债权转让通知或者向债务人进行公告的具体安排，以及债务人支付对象、支付流程等是否发生变化。对于租赁物权属不随基础资产转让给专项计划的情形，管理人须关注采取何种措施防止第三方获得租赁物权属。

**5.20 基础资产为应收账款合同债权的资产证券化项目应关注哪些问题？**

1. 核实应收账款**贸易背景真实性**。管理人应当对每笔应收账款凭证真实性进行核查，确保底层基础资产的真实性。管理人需要就基础交易背景进行核实，确认基础合同要件齐备，包括并不限于以下方面：（1）具体的产品（服务）名称、规格型号、具体数量、结算单价、结算金额等。管理人应当核查出库单、入库单、运单、发票等文件；（2）确认货物或服务已经按照合同约定供应完毕且不存在质量问题等合同约定的可能导致抗辩的情形，即原始权益人在合同项下义务均已履行完毕。

2. 确定交易**对价的公允性**。应核查货物、服务实际交付的单价，并与市场价格相进行对比，论证说明交易对价的公允性。

**3. 充分披露关联关系（如有）**。专项计划文件应当披露原始权益人与债务人的关联关系，包括原始权益人与债务人、担保人的股权关系、最近三年应收账款规模、期限、回收情况等。管理人应结合相关方自身状况以及关联关系说明其对专项计划的影响，在相关文件中对投资者充分揭示风险并提供合理缓释措施。

**4. 明确约定债权转让通知的相关安排**。专项计划应安排基础资产转让时的通知程序，采用电话、传真、电邮、书面通知等一切必要手段通知相关债务人基础资产转让事宜。计划说明书、法律意见书中应说明专项计划在债权转让方面是否已履行完权利转让手续，律师应对债权转让的有效性发表明确意见。

5.21 公用事业类资产证券化项目应关注哪些问题？

1. **原始权益人（发行人）的持续经营能力**。鉴于公用事业类企业需要持续不断提供服务才能保证一定程度上稳定的现金流，所以需要关注在将相关现金流受让给专项计划后，原始权益人是否能够支付相应的运营成本。

2. **现金流的稳定性和特定化**。关注接受公共服务的用户或者行业是否会在未来出现较为重大的变动，是否存在行业周期性风险。现金流能否实现特定化，建议设置合理资金归集频率，降低资金混同与被挪用风险。

**5.22 入园凭证类资产证券化项目应关注哪些问题？**

相关主体采取出售票证的形式进行经营具有明确法律依据，基础资产的特定化手段具有可操作性（例如通过票号编码、销售记录等锁定基础资产），底层基础资产不存在因权利限制可能导致底层资产被处置从而影响到原始权益人的持续经营情形。若为风景名胜景区票证，原始权益人对景区的管理需符合《风景名胜区条例》(国务院令 474 号) 等相关法律法规条例的规定，且不违反负面清单的要求。

**5.23 基础资产现金流来源于保障房销售收入的资产证券化项目应关注哪些问题？**

一般地，该类项目可以信托收益权作为基础资产，将保障房定价销售收入作为还款来源。操作层面，可设立资金信托，向保障房建设企业发放信托贷款，保障房建设企业以保障房的销售收入作为还款来源并提供差额支付，由保障房建设企业的母公司或其他主体提供担保。根据负面清单要求，除了当地政府证明已列入国家保障房计划并已开工建设的项目，待开发或在建比不得超过 10%。保障房项目本身应当满足以下要求：保障房项目证照齐全，建议已办理完成部分销售许可证；向购房者收款或实质为向购房者收款，市场化销售；保障房项目土地、在建工程、未来收入或现金流等未设有抵押、质押等权利障碍（可使用募集资金解除的除外）。关注房屋销售现金流的稳定性、可预测性，应充分论证当地房地产行业整体发展状况，可以通过保障房建设主体的母公司在信托层面进行担保，缓释现金流的不确定性风险。

**5.24 基础资产为商业物业抵押贷款的资产证券化项目应关注哪些问题？**

基础资产为商业物业抵押贷款的证券化项目，应关注以下方面：

1. 底层物业应为借款人合法持有的成熟商业物业（写字楼、购物中心、酒店等），建议位于一线城市或二线城市的核心地段。

2. 底层物业须权证齐备，由借款人合法持有，且不得附带抵押或者其他权利限制。如存在权利限制情况的，应设置合理安排在贷款放款后解除相关权利限制。管理人须就解除权利限制的流程、资金监控措施和风险处置安排等进行明确约定和披露。

3. 借款人应具备持续运营能力。管理人应对专项计划存续期间借款人运营物业的相关成本进行测算，并对成本覆盖做出安排（储备金账户、母公司补足、提取部分物业收入等）。

4. 管理人应充分说明并披露证券化抵押率设置的合理性。对于以置换经营性物业贷款为目的的证券化项目，管理人应比较拟置换贷款和证券化项目的抵押率水平，并结合借款人主体、底层物业等情况综合说明抵押率设置的合理性。

5. 管理人应对商业物业的可处置性进行说明。评级机构应在评级报告中对物业抵押担保的效力进行分析和确认，并对物业的处置价值进行压力测试。

6. 为底层物业出具房产评估报告的评估机构应具备住建部核准的房地产估价机

构一级资质。建议评估机构选用收益法作为最主要的估价方法，并根据《房地产投资信托基金物业评估指引（试行）》（中房学〔2015〕4号）的相关要求对底层物业进行评估。

## 第六部分 固定收益品种业务专区

### 6.1 深圳证券数字证书如何办理？有何要求？需要提供哪些申请材料？

数字证书应用于深交所面向会员单位开放的各项固定收益网上业务，如债券发行申请、上市/转让申请、网上信息披露申请等。数字证书由深圳证券交易所深圳证券数字证书认证中心（以下简称“认证中心”）统一管理。会员单位申领数字证书免费，所取得的数字证书是代表公司的数字证书，会员单位及相关人员须妥善使用和管理。会员单位办理与数字证书相关的业务，如申领、挂失、冻结等，可以直接与认证中心联系，联系电话：0755－88666172，88668486。

办理数字证书业务流程、申请表及服务协议等资料可以通过深圳证券数字证书认证中心网站（http：//ca. szse. cn）查阅下载。数字证书业务办理材料及流程具体如下：

1. 单位用户业务办理材料

A. 办理“申请证书”业务

1）深交所单位用户填写《深圳证券数字证书业务申请表（深交所单位用户专用）》，深证通用户填写《深圳证券数字证书业务申请表（深证通用户专用）》。请填写打印一式三份，分别签名并加盖单位公章。

2）《深圳证券数字证书用户责任条款》：请打印一式两份，分别加盖单位公章、签署日期。

3）《深圳证券数字证书业务授权办理证明》：请填写打印一式两份，分别加盖单位公章。

4）企业法人营业执照复印件：请复印一式两份，分别加盖单位公章。

5）授权办理人身份证件复印件：请复印一式两份，授权办理人分别签名、签署日期，并加盖单位公章。

B. 办理“更新证书”或“解锁证书”业务

1）深交所单位用户填写《深圳证券数字证书业务申请表（深交所单位用户专用）》，深证通用户填写《深圳证券数字证书业务申请表（深证通用户专用）》。请填写打印一份，签名并加盖单位公章。

2）数字证书硬件。

注：业务申请表、用户责任条款、授权办理证明可以从深圳证券数字证书认证中心网站（http：//ca. szse. cn/）下载。

2. 业务办理流程

A. 申请人准备好全部业务办理材料，并按要求准备好一式多份，分别加盖单位公章或签名，填写签署日期。

B. 申请人可以选择采用邮寄或现场办理方式，如果采用邮寄办理方式，则需将业务办理材料（包括需要“更新”或“解锁”的数字证书硬件）一同邮寄至相应的受理点；如果采用现场办理方式，则需将业务办理材料（包括需要“更新”或“解锁”的数字证书硬件）一同携带至相应的受理点现场。

C. 相应的受理点在收到申请材料后，即根据申请信息进行核对（现场办理方式需要核对身份证件原件），通过核对后，即进行业务办理。

D. 如果采用现场办理方式，申请人等待制证完成后可取回《深圳证券数字证书业务申请表》及办理后的数字证书硬件；如果采用邮寄办理方式，受理点将《深圳证券数字证书业务申请表》及办理后的数字证书硬件邮寄到申请表中的邮寄地址。

注：申请人如需加急办理证书业务，请采用现场办理方式，深证通用户也可直接与客户经理联系。

3. 联系方式

A. 深圳证券交易所受理点

服务范围：深圳证券交易所上市公司、会员、基金管理公司、QFII 托管人、主承销商、询价对象、保荐机构、媒体、投资者等用户的数字证书业务。

电话：0755－88666172，0755－88668486

传真：0755－88666344

电子邮箱：ca@ szse. cn

工作时间：工作日 8：30－11：30，13：30－17：00

联系人：常慧杰、钟军

邮寄地址：广东省深圳市深南大道 2012 号深圳证券交易所广场 N720 办公室

邮政编码：518038

邮寄收件人：常慧杰

B. 深圳证券通信有限公司受理点

服务范围：深圳证券通信有限公司地面报盘、双向卫星报盘、大宗交易、中关村园区股份转让、代办股份转让、综合结算系统、实时开户、数据汇总、中登开放式基金通信系统、B－COM 系统、网络版增值行情、深证通金融数据交换平台、深证通文件交换平台等各类业务用户的数字证书业务。

电话：0755－23826692、23826313、23826525、23826321

传真：0755－83851052

工作时间：工作日8：30－11：30，13：30－17：00

联系人：交易结算事业部

邮寄地址：深圳市福田区滨海大道1002号深圳证券通信有限公司

邮政编码：518040　　　邮寄收件人：交易结算事业部

**6.2 管理人填写《深圳证券数字证书业务申请表（单位用户专用）》时应选择何种“申请类型”？**

管理人为深交所会员单位（一般为证券公司）的，应勾选“债券承销机构”，数字证书办理完成后将拥有固定收益品种业务专区债券和资产支持证券业务权限。管理人为非会员单位（一般为证券公司资产管理子公司、基金子公司或其他）的，应勾选“专项计划管理人”，数字证书办理完成后将拥有固定收益品种业务专区资产支持证券业务权限。

**6.3 如何登录固定收益品种业务专区？**

1. 深交所会员单位登录固定收益品种业务专区前需安装深圳证券数字证书，安装时请使用证书附带的光盘或者登陆深圳证券数字证书认证中心网站（http：//ca.szse.cn/）下载驱动程序，按默认步骤完成安装过程。

证书安装完成后电脑桌面会出现证书管理软件“EKey管理器”，证书密码在数字证书申请时由发证机构设定，用户可通过“EKey管理器”中的“修改用户密码”进行修改。

2. 登录固定收益品种业务专区网站（https：//biz.szse.cn/fic/index.html），系统会提示选择数字证书进行身份验证，要求输入的EKey访问密码为证书密码，进行身份验证后即可直接登录。

**6.4 如何在固定收益品种业务专区进行挂牌条件确认申请材料报送和业务办理？**

管理人需首先登录固定收益品种业务专区，然后根据资产支持专项计划挂牌条件确认申请网上业务办理示例（附件17）的说明提交申请材料，办理相关业务。

**6.5 如何在固定收益品种业务专区办理代码申请业务？**

管理人需首先登录固定收益品种业务专区，然后根据资产支持专项计划代码申请网上业务办理示例（附件18）的说明提交申请材料，办理相关业务。

**6.6 如何在固定收益品种业务专区办理挂牌申请业务？**

管理人需首先登录固定收益品种业务专区，然后根据资产支持专项计划挂牌申请网上业务办理示例（附件19）的说明提交申请材料，办理相关业务。

### 6.7 如何在固定收益品种业务专区办理信息披露业务？

管理人需首先登录固定收益品种业务专区，然后根据资产支持专项计划信息披露申请网上业务办理示例（附件20）的说明提交申请材料，办理相关业务。

## 第七部分 深交所联系人及联系方式

### 7.1 深交所负责资产证券化业务的联系人和联系方式是什么？

资产支持证券挂牌转让申请及日常信息披露工作由本所固定收益部统一负责受理。资产支持证券拟在深交所挂牌转让的，管理人可先与本所就拟申报项目的特定原始权益人情况、基础资产情况、交易结构设计和风险控制等方面是否符合挂牌转让条件进行初步沟通，相关材料请发送至资产证券化业务专用邮箱为abs@ szse. cn，本所将及时回复意见。

## 第八部分 附 件

**附件1：挂牌条件确认申请材料清单**

| 序号 | 材料名称 | 填报要求 |
|---|---|---|
| 1 | 关于确认“××资产支持专项计划”符合深圳证券交易所挂牌条件的申请 | 首次提交时由计划管理人盖章。格式见附件2模板。 |
| 2 | 管理人合规审查意见 | 首次提交时由计划管理人合规负责人签字，加盖公司公章（骑缝）。抬头为深圳证券交易所，格式见附件3模板，正文须包含以下内容：<br>1. 计划管理人内核程序履行情况；<br>2. 内核关注的主要问题及解决情况；<br>3. 内核意见。 |
| 3 | 计划说明书、标准条款（如有） | 领取无异议函前由计划管理人盖章。计划说明书格式请参照中国证券投资基金业协会相关规定，同时补充披露以下内容：<br>1. 对于特定原始权益人，须披露持续运营能力分析，以及基础资产转让后经营成本覆盖测算；<br>2. 现金流预测及压力测试的方法、依据和结果。 |
| 4 | 主要交易合同文本 | |
| 4-1 | 基础资产买卖协议 | 初始提交时应同时提供托管人相关业务资格的资质证明文件，领取无异议函前由计划管理人盖章。 |
| 4-2 | 托管协议 | |
| 4-3 | 监管协议（如有） | |
| 4-4 | 资产服务协议（如有） | |
| 4-5 | 其他合同文本（如有） | |

续表

| | | |
|---|---|---|
| 5 | 法律意见书 | 须包含以下内容：<br>1. 原始权益人、计划管理人、销售机构、托管人、担保人等相关主体的资质及权限；<br>2. 计划说明书、资产转让协议、托管协议、认购协议等法律文件的合规性；<br>3. 基础资产的真实性、合法性、权利归属及其负担情况；<br>4. 基础资产转让行为的合法性；<br>5. 基础资产未被列入负面清单的相关意见；<br>6. 风险隔离的效果；<br>7. 循环购买（如有）安排的有效性；<br>8. 专项计划信用增级安排的合法性、有效性；<br>9. 可能影响资产支持证券投资者利益的其他重大事项的意见。<br>请律师通过央行出具的《企业信用报告》、被执行人信息查询系统（http：//zhixing. court. gov. cn/）和最高人民法院的“全国法院失信被执行人名单信息公布与查询系统”等查询原始权益人（或最终融资人等主体）的资信情况；通过安全监管总局政府网站、环境保护部网站、质检总局政府网站、国家发展改革委和财政部网站、“信用中国”网站和国家企业信用信息公示系统等查询原始权益人（或最终融资人等主体）是否存在安全生产领域、环境保护领域、产品质量领域、财政性资金管理使用领域失信记录；通过税务机关门户网站、“信用中国”网站和国家企业信用信息公示系统等查询原始权益人（或最终融资人等主体）是否为重大税收违法案件当事人。并根据上述查询结果对原始权益人（或最终融资人等主体）是否为失信被执行人发表明确意见。<br>初始提交时应同时提供律师事务所及签字律师的资质证明文件，领取无异议函前由经办律师签名，并加盖律师事务所印章。 |
| 6 | 信用评级报告（如有） | 须包含以下内容：<br>1. 评级基本观点、评级意见及其参考因素；<br>2. 基础资产池及入池资产概况、基础资产池信用风险分析；<br>3. 特定原始权益人的信用风险分析及法律风险分析；<br>4. 专项计划交易结构分析； |

续表

| | | |
|---|---|---|
| | | 5. 计划管理人、托管人、差额支付承诺人、担保人等相关主体的履约能力分析；<br>6. 现金流预测及压力测试的方法、依据和结果；<br>7. 跟踪评级安排；<br>8. 对于设置循环购买的交易，还须对基础资产的历史表现进行量化分析。<br>初始提交时应同时提供评级机构从事证券市场资信评级相关业务的资质证明文件，领取无异议函前由评级机构盖章。 |
| 7 | 特定原始权益人最近三年（未满三年的自成立之日起）经审计的财务会计报告及融资情况说明 | 首次提交时由特定原始权益人盖章。《融资情况说明》模板见附件4，须包含以下内容：<br>1. 最近三年（未满三年的自成立之日起）每年融资的发生额和年末余额；<br>2. 逐笔分类（如发行债券、银行贷款、信托贷款等）列明融资的规模、利率和期限。对于银行授信，须明确授信额度和额度期间。<br>初始提交时应同时提供会计师事务所从事证券期货相关业务资格的资质证明文件。 |
| 8 | 基础资产评估报告/现金流预测报告（如有） | 现金流预测报告应详细披露现金流预测方法、基准、假设前提、假设依据和预测结果。出具方须具备证券、期货从业资质，初始提交时应同时提供出具方的证券、期货从业资质证明。<br>若基础资产涉及不动产，需提供房地产评估报告或资产评估报告。涉及商业物业抵押的资产证券化项目或类REITs产品，出具房产评估报告的评估机构应具备住建部核准的房地产估价机构一级资质；建议评估机构选用收益法作为最主要的估价方法，并根据《房地产投资信托基金物业评估指引（试行）》（中房学〔2015〕4号）的相关要求对物业进行评估。<br>领取无异议函前由出具方盖章。 |
| 9 | 差额支付承诺函/担保协议或<br>担保函（如有）及授权文件（如有） | 首次提交时应提供担保人、差额支付承诺人关于提供担保、差额支付承诺的盖章版内部授权文件。<br>须经主管机关批准、核准和同意的，应同时提供相应主管部门的批准、核准或同意的文件。<br>领取无异议函前由出具方盖章。 |

续表

| | | |
|---|---|---|
| 10 | 尽职调查报告 | 请管理人通过央行出具的《企业信用报告》、被执行人信息查询系统（http：//zhixing. court. gov. cn/）和最高人民法院的“全国法院失信被执行人名单信息公布与查询系统”等查询原始权益人（或最终融资人等主体）的资信情况；通过安全监管总局政府网站、环境保护部网站、质检总局政府网站、国家发展改革委和财政部网站、“信用中国”网站和国家企业信用信息公示系统等查询原始权益人（或最终融资人等主体）是否存在安全生产领域、环境保护领域、产品质量领域、财政性资金管理使用领域失信记录；通过税务机关门户网站、“信用中国”网站和国家企业信用信息公示系统等查询原始权益人（或最终融资人等主体）是否为重大税收违法案件当事人。并根据上述查询结果对原始权益人（或最终融资人等主体）是否为失信被执行人发表明确意见。领取无异议函前由项目组成员签字，并由计划管理人盖章。 |
| 11 | 关于专项计划会计处理意见的说明（如有） | 领取无异议函前由会计师事务所盖章。会计师事务所应具有证券、期货相关业务资质，初始提交时应同时提供会计师事务所从事证券期货相关业务资格的资质证明文件。基础资产出表情况下，原则上须提供该项文件。 |
| 12 | 法律法规或原始权益人公司章程规定的有权机构关于开展资产证券化融资相关事宜的决议 | 首次提交材料时由原始权益人盖章。须经主管机关批准、核准或同意的，应提供相应主管部门的批准、核准或同意的文件。 |
| 13 | 本所要求的其他材料 | |
| 13－1 | 封卷材料与电子版申报材料一致的承诺函 | 领取无异议函前由管理人盖章。格式见附件5模板。 |
| 13－2 | 基础资产未被列入负面清单的专项说明 | 严格按照中国证券投资基金业协会要求出具，领取无异议函前由管理人盖章。 |
| 13－3 | 多期申报资产支持专项计划挂牌条件确认申请材料差异说明 | 若为同一原始权益人基于同类基础资产再次申报情况，管理人须提交《多期申报资产支持证券挂牌条件确认申请材料差异说明》。领取无异议函前由管理人盖章，格式见附件6模板。 |
| 13－4 | 其他需要提交的文件 | 如有，请一并提交。 |

续表

| | | |
|---|---|---|
| 14 | 反馈意见回复 | 回复反馈意见时提交。须包含以下内容：<br>1. 对于反馈意见的逐条回复；<br>2. 涉及项目文件修改的，须列出修改的主要内容，并以楷体加粗标明所修改部分在相关文件中的位置。<br>领取无异议函前由计划管理人盖章。 |

注：首次提交时，未要求盖章的材料可提供 word 版本。

**附件 2：《关于确认“××资产支持专项计划”是否符合深圳证券交易所挂牌条件的申请》模板**

**关于确认“××资产支持专项计划”是否符合**

**深圳证券交易所挂牌条件的申请**

深圳证券交易所：

根据《证券公司及基金管理公司子公司资产证券化业务管理规定》和《深圳证券交易所资产证券化业务指引》等相关规定，×××公司（管理人名称）拟设立并发行“×××资产支持专项计划”（专项计划名称），并拟申请在贵所挂牌转让。

×××公司（管理人名称）承诺，本挂牌转让申请所列明的信息及向贵所提交的挂牌转让申请材料真实、准确、完整，本资产支持专项计划的参与方具有相关业务资质，计划说明书引用的特定原始权益人、增信方等相关主体财务报表在有效期内，符合《证券公司及基金管理公司子公司资产证券化业务管理规定》和《深圳证券交易所资产证券化业务指引》等相关规定，并将就此承担相应法律责任。

现特就“×××资产支持专项计划”（专项计划名称）提交挂牌转让申请材料，请确认是否符合贵所挂牌条件。

【管理人名称】（盖章）

××年××月××日

**附：拟设立资产支持专项计划的基本情况**

| | |
|---|---|
| 计划名称 | |
| 存续期限 | |
| 计划管理人 | |
| 原始权益人 | |
| 资产服务机构 | |
| 托管银行 | |

续表

| | |
|---|---|
| 监管银行 | |
| 评级机构 | |
| 法律顾问 | |
| 评估机构 | |
| 基础资产 | |
| 资产支持专项计划规模 | |
| 回售、赎回等选择权条款 | |
| 资产支持证券初始评级 | |
| 信用增级安排 | |

**附件3：《管理人合规审查意见》模板**

**×××公司关于"×××资产支持专项计划"申请**
**在深圳证券交易所挂牌转让的合规审查意见**

×××公司（管理人名称）作为专项计划管理人设立"×××资产支持专项计划"，以×××为原始权益人，×××作为资产服务机构，×××作为托管人，×××作为监管银行，×××作为评级机构，×××作为律师事务所，×××作为会计师事务所。×××公司（管理人名称）依据《…》等（法律、法规名称），对业务的可行性和合规性作出评估，出具合规意见如下：

1. 关于×××公司是否符合资产支持专项计划管理人条件

根据《证券公司及基金管理公司子公司资产证券化业务管理规定》第【】条逐条说明×××公司是否符合资产支持专项计划管理人条件。

……

2. 关于×××公司履行内部程序情况，包括内部授权程序、风控部门程序和相应内核程序

……

3. 关于×××公司内核关注的主要问题、解决情况及内核意见

……

综上，本公司认为"×××资产支持专项计划"符合《证券公司及基金管理公司子公司资产证券化业务管理人规定》、《深圳证券交易所资产证券化业务指引》等相关规定的要求，挂牌条件确认申请材料真实、准确、完整，不存在虚假记载、误导性陈述或重大遗漏，且本公司已就该项目履行完毕公司风控内核流程，同意正式向贵所申报。

合规负责人：——————（签字）

【管理人名称】（盖章）

××年××月××日

**附件4：《特定原始权益人最近三年融资情况说明》模板**

**关于×××公司最近三年融资情况的专项说明**

特定原始权益人×××，成立于×年×月×日，截至×年×月×日，公司融资余额××亿元。【提供三年又一期融资情况每年余额和明细】

一、20××年融资情况如下：

1. 融资发生额

20××年，特定原始权益人总融资发生额为××亿元，具体明细如下：

（1）直接融资（如公司债券、资产支持证券、增发股份等）

| 产品名称 | 发行规模 | 存续期间 | 发行利率 | 评级 | 用途 |
| --- | --- | --- | --- | --- | --- |
| | | | | | |
| | | | | | |
| | | | | | |

（2）间接融资（如银行贷款、信托贷款等）

| 借款人 | 产品名称 | 金额 | 期限 | 利率 | 担保条件 |
| --- | --- | --- | --- | --- | --- |
| | | | | | |
| | | | | | |
| | | | | | |

（3）对外担保情况

包括对外担保金额及对外担保金额占原始权益人净资产比例。

2. 融资余额

截止20××年12月31日，特定原始权益人融资余额为××亿元，具体明细如下：

（1）直接融资（如公司债券、资产支持证券、增发股份等）

| 产品名称 | 发行规模 | 存续期间 | 发行利率 | 评级 | 用途 |
| --- | --- | --- | --- | --- | --- |
| | | | | | |
| | | | | | |
| | | | | | |

（2）间接融资（如银行贷款、信托贷款等）

| 借款人 | 产品名称 | 金额 | 期限 | 利率 | 担保条件 |
| --- | --- | --- | --- | --- | --- |
| | | | | | |
| | | | | | |
| | | | | | |

（3）对外担保情况

包括对外担保金额及对外担保金额占原始权益人净资产比例。

二、20××年融资情况如下：

…

三、20××年融资情况如下：

…

四、最近一期融资情况如下：

…

【特定原始权益人名称】（盖章）

××年××月××日

**附件5：《封卷材料与电子版申报材料一致的承诺函》模板**

**关于××资产支持专项计划封卷材料与电子版申报材料一致的承诺函**

深圳证券交易所：

我公司按照《证券公司及基金管理公司子公司资产证券化业务管理人规定》及《深圳证券交易所资产证券化业务指引》等相关法律法规和部门规则的相关规定制作了××资产支持专项计划挂牌条件确认申请材料（以下简称“申请材料”）。

我公司作为本次专项计划的管理人，承诺提供的封卷材料（电子版和纸质版）与电子版申请材料内容一致，申请材料不存在虚假记载、误导性陈述或重大遗漏，并对申请材料的真实性、准确性和完整性承担相应的法律责任。

特此承诺。

（申请材料发生变更时，一致性承诺函应于终稿提交时重新提交）

【管理人名称】（盖章）

××年××月××日

**附件6：《多期申报资产支持专项计划挂牌条件确认申请材料差异说明》模板**

**关于“×××【】期资产支持专项计划”挂牌条件**

**确认申请材料的差异说明**

深圳证券交易所：

本公司拟作为管理人申报【本期项目名称】，鉴于前期已在贵所发行基础资产和交易结构相同的【往期项目简称】，现就相关差异及变动情况说明如下：

一、本期拟申报的×××资产支持专项计划与×××资产支持专项计划区别

经管理人核查，本期拟申报的×××资产支持专项计划与×××资产支持专项计划具体差异如下表：

| 序号 | 要素 | 【往期项目简称，如存在多期情况，此处可增加列】 | 【本期项目简称】 | 变化原因及影响 |
|---|---|---|---|---|
| 1 | 专项计划名称 | （往期内容） | （修改后内容） | |
| 2 | 产品期限 | | | |
| 3 | 产品规模 | | | |
| 4 | 证券情况（评级等） | | | |
| 5 | 专项计划各参与方 | | | |
| 6 | 增信措施 | | | |
| 7 | 原始权益人财务状况 | | | |
| 8 | 基础资产 | | | |
| 9 | 现金流归集 | | | |
| 10 | 收益分配 | | | |
| … | … | | | |
| | | | | |

注：管理人需将专项计划核心要素及相关交易安排逐一进行比对，概括说明主要变化情况、原因及影响。

二、前期已发行专项计划运行情况

自【往期项目简称】出具无异议函后至本期专项计划申报前，原始权益人（或最终融资人等重要参与主体）已发行…【此处说明前期已发行资产支持专项计划情况、存续期运行情况、相关主体履职情况等】

三、原始权益人（或最终融资人）融资及经营情况

自【往期项目简称】出具无异议函后至本期专项计划申报前，原始权益人（或最终融资人等重要参与主体）…【此处说明原始权益人（或最终融资人）的融资情况、持续经营情况、财务状况、与基础资产相关的变化情况等】

【管理人全称】承诺：除上述表格列明的区别外，【本期项目简称】与【往期项目简称】不存在其他核心要素及相关交易安排的差异，专项计划运行情况及相关主体经营情况说明已进行充分的尽职调查和分析。本公司亦承诺，本说明的内容真实、准确、完整，不存在重大遗漏及误导性陈述。我公司将对前述承诺承担全部责任。

【管理人名称】（盖章）

××年××月××日

**附件7：《取得无异议函后是否发生变化的专项说明》模板**

**关于“××××资产支持专项计划”取得无异议函后是否发生变化的专项说明**

深圳证券交易所：

贵所已于201×年××月××日向我司申报的《关于确认“××××资产支持专项计划”是否符合深圳证券交易所挂牌条件的申请》出具了《关于“××××资产支持专项计划”符合深圳证券交易所挂牌条件的无异议函》（深证函〔201×〕×号），同意我司在该无异议函出具之日起6个月内正式向贵所提交挂牌申请文件，申请资产支持证券在综合协议交易平台转让。

管理人**公司对领取无异议函之日起至本专项说明出具之日的期后事项进行了审慎核查，具体如下：

1. 项目交易结构、参与方基本信息、参与方所担任的角色和相关权利义务（有/无）变化。

2. 资产支持证券的基本情况（有/无）变化。

3. 资产支持证券的信用增级方式（有/无）变化。

4. 原始权益人基本情况（有/无）重大变化，（有/无）重大违法违规行为，（存在/不存在）影响资产支持证券发行的诉讼、仲裁和纠纷。

5. 管理人、资产服务机构、托管人以及信用增级机构的基本情况（有/无）变化。

6. 管理人、托管人与原始权益人之间的重大利益关系（有/无）变化。

7. 专项计划的基础资产情况、债务人的相关信用情况（有/无）变化。

8. 专项计划的账户设置、现金流归集、投资及分配安排（有/ 无）变化。

9. 专项计划资产的管理安排（有/无）变化。

10. 专项计划的设立、终止与清算安排（有/无）变化。

11. 资产支持证券的登记、转让安排（有/无）变化。

12. 资产支持证券的信息披露安排（有/无）变化。

13. 资产支持证券持有人会议安排（有/无）变化。

14. 资产支持证券的违约责任与争议解决安排（有/无）变化。

15. 资产支持证券相关事项（有/无）其他影响发行、挂牌和投资者判断的重大变化。

16. 专项计划文件涉及的财务报表和数据根据信息披露规则要求（处于/未处于）有效期内，（不需要/需要）更新。

17. 特定原始权益人及其他参与主体经营状况是否发生重大变化。

18. 是否发生违反负面清单事项。

【没有变化】综上，自领取无异议函之日起至本专项说明出具之日止，资产支持专项计划未发生变化，符合发行及挂牌条件。我公司承诺，向贵所报送的与本期资产支持专项计划相关的所有材料内容真实、准确、完整、一致，没有虚假记载、误导性陈述或重大遗漏。我公司将对上述承诺承担全部责任。

【有变化，但无实质影响】综上，自领取无异议函之日起至本专项说明出具之日止，资产支持专项计划发生上述变化后，不会对专项计划新增实质性风险，符合法律法规及专项计划相关参与方有权机构关于开展资产证券化融资相关事宜的决议，不影响资产支持专项计划在贵所的挂牌条件。管理人已充分披露上述重大变化事项及相关风险和风险缓释措施。除前述明确列示的事项外，没有发生其他影响本次资产支持证券发行、挂牌及对投资者做出投资决策有重大影响的应予披露的事项。我公司承诺，向贵所报送的与本期资产支持专项计划相关的所有材料内容真实、准确、完整、一致，没有虚假记载、误导性陈述或重大遗漏。我公司将对上述承诺承担全部责任。

【有变化，且有实质影响】综上，自领取无异议函之日起至本专项说明盖章日止，资产支持专项计划主要发生××变化，符合（不符合）法律法规及专项计划相关参与方有权机构关于开展资产证券化融资相关事宜的决议，管理人已充分披露上述重大变化事项及相关风险，采取（拟采取）×× 风险缓释措施。除前述明确列示的事项外，没有发生其他影响本次资产支持证券发行、挂牌及对投资者做出投资决策有重大影响的应予披露的事项。我公司承诺，向贵所报送的与本期资产支持专项计划相关的所有材料内容真实、准确、完整、一致，没有虚假记载、误导性陈述或重大遗漏。我公司将对上述承诺承担全部责任。

特此说明。

【管理人名称】（盖章）

××年×月×日

**附件 8：资产支持证券财务报告有效期相关事宜**

根据《证券公司及基金管理公司子公司资产证券化业务管理规定》、《证券公司及基金管理公司子公司资产证券化业务信息披露指引》相关规定，为规范资产证券化业务的信息披露行为，保障投资者的合法权益，计划说明书引用的特定原始权益人[1]、增信方财务报表在其最近一期截止后六个月内有效。财务报表应以年度末、半年度末或者季度末为截止日。对于超过财务报告有效期的资产证券化项目，管理人应按以下要求及时做好财务报告更新工作：

一、资产支持证券发行前文件报送

（一）专项计划已经取得本所无异议函，并拟于财务报告有效期到期之日起 1 个月内发行的，原则上管理人可以申请财务报告有效期适当延长，但延长期限不超过 1 个月。

申请财务报告有效期延长的，管理人应当向本所提交财务报告延期申请，并在申请中对以下事项进行说明：

1. 特定原始权益人、增信方最新一期的主要财务数据及主要财务指标（如无法提供，请说明原因）；

2. 最新一期特定原始权益人、增信方生产经营是否正常，业绩是否出现大幅下滑或亏损；

3. 是否存在影响特定原始权益人、增信方经营或资产支持证券投资者利益的其他不利变化；

4. 截至目前，特定原始权益人和基础资产是否仍符合挂牌转让条件；

5. 延期理由及期限。

（二）对于特定原始权益人、增信方最新一期财务报告出现重大不利变化或发生对资产支持证券偿付能力产生重大影响事项的，管理人应当将计划说明书引用的财务数据、财务分析及相关申请文件更新至最新一期，本所不接受其延期申请。

（三）对于已在其他市场公开披露最新一期财务报告，且不存在上述第（二）项情形的特定原始权益人、增信方，除按照上述第（一）款规定提交延期申请外，应当按下列要求披露最新财务数据：

1. 在计划说明书“重大事项提示”中补充提示“已在 × × 市场公开披露了最新一期财务报告”，并披露最新一期财务报告营业收入、净利润、总资产、净资产等主要财务数据和财务指标；

2. 在计划说明书中通过增加附件或索引的方式补充披露最新一期财务报告。

二、新申报和在审项目财务数据更新

（一）新申报项目

管理人新申报资产支持专项计划的，相关申请文件中所引用的特定原始权益人、增信方财务报告不得超过有效期。申请文件不符合要求的，本所不予受理。

（二）在审项目

本所在审的专项计划，于财务报告有效期到期之日起20日内接到本所封卷通知的，管理人可以向本所申请财务报告有效期适当延长（但因管理人原因导致财务报告有效期到期之日起一个月内未取得本所无异议函的除外），并于提交封卷稿时一并提交该申请。财务报告有效期到期之日起20日内，尚未接到本所封卷通知的，管理人需要补充提交最新一期财务报告，并对计划说明书、评级报告及相关申请文件中的财务数据予以更新。

申请财务报告有效期适当延长的相关事宜，参照本文第一条的规定执行。

## 附件9：资产支持证券挂牌转让工作流程

### 资产支持证券挂牌转让工作流程

| 步骤 | 时间 | 工作内容 | 负责部门 |
|---|---|---|---|
| 1 | L日 | 获得本所出具的无异议函，联系中登深圳公司发行人业务部，准备证券登记相关材料。 | 管理人 |
| 2 | S+5日前（S为设立日） | 产品设立完成后，管理人网站应建立该产品的栏目，公布产品基本概况、成立公告等。 | 管理人 |
| | | 设立完成后五个交易日内，通知深交所固定收益部，通过固收专区提交以下材料申请证券代码：<br>1. 成立公告（盖章原文）及网站披露链接；<br>2. 验资报告或募资完成证明文件（原件扫描件）；<br>3. 提供转让服务、证券代码及证券简称的申请公文（暂时无需盖章）；<br>4. 出具无异议函后专项计划发生变化的专项说明（暂时无需盖章）；<br>5. 资产支持证券挂牌转让信息申报表（暂时无需盖章）；<br>6. 管理人对该计划信息披露联络人的授权委托书（暂时无需盖章）；<br>7. 转让服务协议（暂时无需盖章）；<br>8. 最终版计划说明书（word格式）。<br>以上材料首次提交无需盖章，但需保证真实、准确。 | 管理人深交所固定收益部 |
| | | 深交所固定收益部确认以上1－4项材料填写真实、准确之后，分配证券代码；固定收益部确认5－7项材料真实、准确之后，通知管理人盖章。 | |
| 3 | T－5日（或T－2日）前（T日为挂牌日） | 管理人联系结算公司发行人业务部，进行证券登记。 | 管理人中国结算（深圳）发行人业务部基金业协会 |
| | | 管理人向基金业协会提交备案材料，进行备案。 | |
| | | 管理人通过固收专区提交挂牌申请，录入产品基础资料。 | |

续表

| | | | |
|---|---|---|---|
| 4 | T－5 日（或 T－2 日） | 管理人在上午 9：00 之前通过固收专区向深交所固定收益部提交以下材料，以进行申请挂牌转让：<br>1. 提供转让服务、证券代码及证券简称的申请公文（盖章版）；<br>2. 本所出具的无异议函（复印件）；<br>3. 出具无异议函后的项目是否发生变化说明（加盖公章）；<br>4. 备案机构出具的专项计划备案证明文件（副本加盖公章）；<br>5. 资产支持证券挂牌转让信息申报表（盖章版）；<br>6. 转让服务协议（原件盖章，一式四份）；<br>7. 管理人对该计划信息披露联络人的授权委托书（原件）及该联络人身份证明（副本加盖公章）；<br>8. 募集完成后经具有从事证券、期货相关业务资格的会计师事务所出具的验资报告（副本加盖公章）；<br>9. 产品成立公告（加盖公章）；<br>10. 中登公司发行人业务部出具的登记存管证明（原件）；<br>11. 计划说明书、交易合同文本以及法律意见书等专项计划文件（加盖公章）；<br>12. 资信评级机构出具的报告（如有，加盖公章）；<br>13. 特定原始权益人最近三年（未满三年的自成立之日起）经审计的财务会计报告及融资情况说明（副本加盖公章）；<br>14. 其他专项计划文件（如有）。<br><br>以上材料先提交电子版，纸质版随后寄送。 | 管理人<br>深交所<br>固定收益部 |
| | | 固定收益部确认以上材料齐备之后，与管理人确定挂牌日期：如不需挂牌仪式，挂牌日最快为当日（注意：须于上午 9 点前提交全套材料）之后两个交易日（即当天为 T－2 日）；如需挂牌仪式，则最早为之后五个交易日（即当天为 T－5 日），领取挂牌仪式须知及信息清单。其中，T 为挂牌日。 | 管理人<br>深交所<br>固定收益部 |
| 5 | T－4 日（或有） | 管理人将挂牌仪式基本方案告知深交所固定收益部：<br>1. 挂牌仪式信息清单；<br>2. 挂牌仪式流程及讲话稿；<br>3. 其他要求。 | 管理人<br>深交所<br>固定收益部 |
| 6 | T－1 日 | 固定收益部向管理人发出《关于×××资产支持专项计划挂牌转让的通知》及签字盖章完毕的《转让服务协议》（一式两份）。 | 深交所<br>固定收益部 |
| | | 下午收市后由管理人在公司网站该产品栏目下披露募集说明书、评级报告、风险揭示书等，并通过固收专区提交文件原文和信息披露链接。 | 管理人 |
| 7 | T 日 | 挂牌转让 | |

## 资产证券化挂牌申请全套文件清单

管理人提供文件：

1. 关于提供转让服务、证券简称和证券代码的申请公文（原件加盖公章）（一份）

2. 本所出具的无异议函（复印件）（一份）

3. 出具无异议函后的项目是否发生变化的专项说明（原件加盖公章）（一份）

4. 备案机构出具的专项计划备案证明文件（副本加盖公章）（一份）

5. 资产支持证券挂牌转让信息申报表（原件加盖公章）（一份）

6. 转让服务协议（原件加盖公章）（一式四份）

7. 管理人对该计划信息披露联络人的授权委托书（原件加盖公章）及该联络人的身份证明（复印件加盖公章）（一份）

8. 验资报告（副本，需会计师事务所盖章及资质文件）（一份）

9. 产品成立公告（加盖公章）（一份）

10. 中登深圳公司发行人业务部出具的证券登记证明（原件）（一份）

11. 计划说明书、交易合同文本以及法律意见书等专项计划文件（包括但不限于计划说明书、法律意见书、基础资产买卖协议、托管协议等文件）（副本加盖公章）（一份）

12. 资信评级机构出具的报告（如有，副本加盖公章）（一份）

13. 特定原始权益人最近三年（未满三年的自成立之日起）经审计的财务会计报告及融资情况说明（如有，副本加盖公章）（一份）等项目文件

14. 其他专项计划文件（如有）

注：

1. 以上材料中，请管理人先填写文件草稿进行沟通，确认后再进行盖章确认。提交时可先发送盖章版的扫描文件，纸质版材料请随后寄出，最终流程原则上以纸质版为准。

2. 若无特别说明，所需文件均首先提供副本并加盖公章；若无足够副本，可提供复印件并由律师见证与原件一致，由律师和管理人加盖骑缝章（无异议函除外）。

3. 请管理人按照上述顺序对全套挂牌申请文件（除4份转让服务协议）进行活页装订提交。

4. 材料寄送地址：深圳市福田区深南大道2012号深交所广场19楼固定收益部（518038）。

**附件 10：《提供转让服务、证券简称及证券代码的申请》模板**

**关于为“××××资产支持专项计划”提供转让**

**服务、证券简称及证券代码的申请**

深圳证券交易所：

贵所已于201×年××月××日向我司申报的《关于确认“××××资产支持专项计划”是否符合深圳证券交易所挂牌条件的申请》出具了《关于“××××资产支持专项计划”符合深交所挂牌条件的无异议函》（深证函〔201×〕×号），同意我司在该无异议函出具之日起6个月内正式向贵所提交挂牌申请文件，申请资产支持证券在综合协议交易平台转让。

“××××资产支持专项计划”已于201×年××月××日完成发行，我司特向贵所申请：为“××××资产支持专项计划”提供转让服务，并提供相应的证券简称及证券代码。

特此申请，望批复为盼。

**附：资产支持证券代码申请表**

| 序号 | 证券简称（8个字符） | 存续期（年） | 是否转让 |
|---|---|---|---|
| 1 | | | 是/否 |
| 2 | | | 是/否 |
| 3 | | | 是/否 |

我司承诺已核查本期资产支持专项计划的简称未与市场其他资产支持证券和债券等金融产品的简称重复。

【管理人名称】（盖章）

××年××月××日

**附件 11：《转让服务协议》模板**

**“〈产品全称〉”转让服务协议**

甲方：深圳证券交易所

法定代表人：王建军

住所：深圳市福田区深南大道2012号

乙方：【管理人名称】

法定代表人:【法定代表人】

住所:【联系地址】

鉴于〈管理人名称〉(以下简称“乙方”)申请深圳证券交易所(以下简称“甲方”)为其担任管理人的“〈产品全称〉”(以下简称“〈产品简称〉”)提供转让服务,甲方同意利用其技术服务平台为乙方的“〈产品简称〉”提供转让服务,为明确双方的权利义务,现就“〈产品简称〉”转让相关事宜,达成如下协议:

一、甲方根据乙方申请,同意通过甲方综合协议交易平台,为乙方管理的“〈产品简称〉”提供转让服务,服务期限自____年__月__日起至____年__月__日止。期满后,本协议自动终止。

二、甲方向乙方提供“〈产品简称〉”的转让简称和转让代码,用于转让服务。

三、“〈产品简称〉”在甲方综合协议交易平台开始转让前,乙方应当向甲方提交提供转让服务的书面申请,提交以下文件:

(一)挂牌申请书;

(二)专项计划备案证明文件;

(三)计划说明书、交易合同文本以及法律意见书等专项计划法律文件;

(四)资信评级机构出具的报告(如有);

(五)特定原始权益人最近三年(未满三年的自成立之日起)经审计的财务会计报告及融资情况说明;

(六)募集完成后经具有从事证券期货相关业务资格的会计师事务所出具的验资报告;

(七)甲方指定登记结算机构出具的登记托管证明文件;

(八)专项计划是否发生重大变化的说明;

(九)甲方要求的其他文件。

四、乙方承诺遵守《深圳证券交易所资产证券化业务指引》(以下简称“《指引》”)及甲方其他相关规定。

五、乙方应当指定一名信息披露联络人,负责办理“〈产品简称〉”的信息披露及其他相关业务。

六、“〈产品简称〉”出现《指引》第十四条第(一)款和第(二)

款的情形,需要终止转让服务的,乙方应当提前十个交易日通知甲方,甲方确认后对上述相关业务事项进行处理;出现《指引》第十四条第三款的情形,需要终止转让服务的,甲方按照相关业务流程进行相关终止挂牌业务处理。

七、在“〈产品简称〉”和其他法律文件中涉及甲方提供服务的所有陈述须经甲方认可。

八、乙方如违反有关法律、行政法规、部门规章以及甲方业务规则的，甲方有权暂停“〈产品简称〉”的转让服务，情节严重的，甲方有权解除协议。

九、乙方在“〈产品简称〉”计划说明书中列举的有关信用风险、经营风险、管理风险、运用风险、流动性风险、交收失败风险、法律风险所产生的任何责任，由乙方承担，与甲方无关。

十、甲方为乙方提供转让服务期间，因不可抗力、意外事件、技术故障或其他非甲方所能控制的异常情况所导致的技术系统不能正常运行，以及甲方因此采取相应措施，造成乙方或投资者损失的，甲方不承担责任。

十一、凡与本协议有关或因执行本协议所发生的一切争议及纠纷，甲乙双方应当首先通过友好协商解决。若自一方提出书面或口头要求解决相关争议或者纠纷日之后的三十天内未能通过协商解决，任何一方均可将该项争议提交华南国际经济贸易仲裁委员会（深圳国际仲裁院）按照申请仲裁时该会实施的仲裁规则在深圳进行仲裁。仲裁裁决为最终裁决，对双方均具有法律约束力。

十二、本协议未约定的事宜，依照国家有关法律、行政法规、部门规章及甲方有关业务规则执行。

十三、本协议一式四份，双方各执两份，具有相同法律效力。

十四、本协议自双方签字盖章后生效。

甲方：深圳证券交易所　　　　　乙方：〈管理人名称〉

法定代表人或授权委托人：　　　　法定代表人或授权委托人：

签署日期：　　年　月　日　　　　签署日期：　　年　月　日

附件 12：《资产支持证券挂牌转让信息申报表》模板

## 资产支持证券挂牌转让信息申报表

| | | | | | | |
|---|---|---|---|---|---|---|
| 产品全称 | | ××××资产支持专项计划 | | | | |
| 产品简称 | | 一般为四个字，可为多字 | | | | |
| 产品设立日 | | 20××年××月××日 | 产品到期日 | | 20××年××月××日 | |
| 募集总额（亿元） | | 该产品各只证券总募集金额 | 总流通金额（亿元） | | 所有转让证券募集金额之和（一般次级证券不转让） | |
| 增信措施、效力及覆盖比例 | | 如有，列明增信措施、效力及覆盖比例，简要概括即可，不超过 100 字 | | | | |
| 证券资料 | 证券代码 | 待代码分配后由管理人在盖章前补充填写 | 若证券个数超过 5 个，请另附表，标明页码 | | | |
| | 证券简称 | 不得超过 8 个字符（每个汉字 2 个字符、每个数字或字母 1 个字符） | | | | |
| | 是否转让 | 是或否 | | | | |
| | 证券类型 | 一般分为优先级、次优级、次级 | | | | |
| | 存续期 | 单位：年 | | | | |
| | 到期日 | 20××年××月××日 | | | | |
| | 发行方式 | □ 贴现发行<br>√ 面值发行 | □ 贴现发行<br>√ 面值发行 | □ 贴现发行<br>√ 面值发行 | □ 贴现发行<br>√ 面值发行 | □ 贴现发行<br>面值发行 |

续表

| | | | | | | |
|---|---|---|---|---|---|---|
| 证券资料 | 发行价格（元） | 100 元 | 100 元 | 100 元 | 100 元 | 100 元 |
| | 募集金额(亿元) | 每只证券募集金额 | | | | |
| | 每份面值（元） | 100 元 | 100 元 | 100 元 | 100 元 | 100 元 |
| | 发行量（份） | | | | | |
| | 流通量（份） | 若为转让的证券，流通量一般等于发行量 | 若为不转让的证券，流通量不写 | | | |
| | 最低申报数量（份） | 转让阶段每笔交易最低申报<br>金额 = 最低申报数量 * 100 元，最低为 10000 | | | | |
| | 还本付息期限 | 若为定期还本付息，即付息间隔期限；若为不定期还本付息，该项可不填 | | | | |
| | 还本付息方式 | 对证券还本付息的综合描述，可描述为：到期一次还本付息；定期付息、到期一次还本；定期付息、分期定额还本；分期过手还本付息等 | | | | |

续表

| | | | | | | |
|---|---|---|---|---|---|---|
| 证券资料 | 利率形式 | 固定利率或浮动利率预期年收益率 | | | | |
| | 预期年收益率 | 如果是固定利率，填写固定预期年收益率，如果是浮动利率，写明预期年收益率的计算公式 | | | | |
| | 证券评级 | | | | | |
| | 评级机构 | | | | | |
| | 评级日期 | | | | | |
| | 收益分配时间（根据每只产品期限和兑付次数，以下需填写存续期间所有权益分配时间安排，包括派息与兑付） | 1. 收益分配类型+时间举例：<br>1. 派息 2015 年 8 月 18 日<br>2. 分批兑付 25% 2016 年 8 月 18 日<br>3. 到期兑付 2017 年 8 月 18 日<br>注：收益分配类型分为：派息（当期只分配利息）、分批兑付（分配利息和部分本金）和到期兑付（利息和剩余全部本金），其中，若分批兑付有确定比例，请注明偿还比例（该次偿还本金占募集总本金的比例），如“分批兑付20%”。 | | 注：请在空白处写明派息日、分批兑付日和到期兑付日的计算依据和规则，一般为摘自说明书或标准条款对于“兑付日或分配日”的约定，同时，由于放假安排未定，需注明“如遇非交易日，顺延（或为前一交易日）”。 | 注：1. 派息兑付日＝投资者资金到账日＝收益分配日；<br>2. 权益登记日、最后交易日为派息兑付日的上一交易日；<br>3. 转让的证券最后一次的收益分配类型一定为到期兑付，即除牌。 | |

续表

| | | | | | | |
|---|---|---|---|---|---|---|
| 证券资料 | | 2. 收益分配类型 + 时间 | 2. 收益分配类型 + 时间 | | | |
| | 赎回预计时间（根据每只证券赎回预计日期，以下需填写赎回的时间安排） | 1. 预计赎回日<br>2. 预计赎回公告日<br>注：可在此处写明赎回日和预计赎回公告日的计算依据和规则，一般为摘自说明书或标准条款的相关约定内容。 | 1. 预计赎回日<br>2. 预计赎回公告日 | 注：赎回指原始权益人根据项目文件相关约定赎回资产支持证券，预计赎回日为合同约定赎回日 | | |
| | | | 1. 预计赎回日<br>2. 预计赎回公告日 | | | |
| | 回售预计时间（根据每只证券回售预计日期，以下需填写回售的时间安排） | 1. 预计回售公告日<br>2. 回售登记期间<br>注：可在此处写明预计回售公告日和回售登记期间的计算依据和规则，一般为摘自说明书或标准条款的约定内容原文。 | | 注：回售指资产支持证券持有人根据项目文件相关约定将其持有的资产支持证券回售给原始权益人。 | | |
| | | 1. 预计回售公告日<br>2. 回售登记期间 | | | | |

续表

| 下列项目管理人资料及信息披露信息如遇变更请及时通知本所 | | | | | |
|---|---|---|---|---|---|
| 管理人资料 | 管理人信息 | 管理人名称 | | 管理人简称 | |
| | | 法定代表人 | | 邮政编码 | |
| | | 联系地址 | 请填写注册或正式联系地址，该项内容与服务协议地址相同 | | |
| | 项目负责人及联络方式 | 姓名 | | 职务 | |
| | | 座机 | | 手机 | |
| | | 传真 | | Email | |
| | 项目主办人及联络方式 | 姓名 | | 职务 | |
| | | 座机 | | 手机 | |
| | | 传真 | | Email | |
| | 信息披露负责人及联络方式 | 姓名 | | 职务 | |
| | | 座机 | | 手机 | |
| | | 传真 | | Email | |
| | 信息披露方式 | 指定媒体披露 | | | |
| | 披露网站 | 1. 管理人披露网站： | | | |
| | | 2. 托管人披露网站： | | | |
| | | 3. 其他： | | | |
| | 信息披露事项及预计披露时间 | 以下报告日期需逐一列明所有披露日期，并备注相应披露日期计算规则。<br>1.《资产管理报告》<br>例如：（1）2014 年度资产管理报告 2015 年 4 月 30 日<br>（2）2015 年度资产管理报告 2016 年 4 月 30 日 | | | |

续表

| | | |
|---|---|---|
| 管理人资料 | 信息披露事项及预计披露时间 | （3）…<br>（4）2015 年第一季度资产管理报告 2015 年 4 月 30 日<br>（5）2015 年第二季度资产管理报告 2015 年 7 月 31 日<br>（6）…。<br>（注：此处应根据说明书的约定详细列明资产管理报告披露日的计算规则。一般而言，年度资产管理报告和年度托管报告预计披露时间为每年 4 月 30 日前，季度资产管理报告和季度托管报告为该自然季度结束后的 1 个月内。）<br>2. 《托管报告》<br>例如：（1）2014 年度年度托管报告 2015 年 4 月 30 日<br>（2）2015 年度年度托管报告 2016 年 4 月 30 日<br>（3）…<br>（4）2015 年第一季度托管报告 2015 年 4 月 30 日<br>（5）2015 年第二季度托管报告 2015 年 7 月 31 日<br>（6）…。<br>（注：此处应根据说明书的约定详细列明托管报告披露日的计算规则。一般而言，年度资产管理报告和年度托管报告预计披露时间为每年 4 月 30 日前，季度资产管理报告和季度托管报告为该季度结束后的 1 个月内。）<br>3. 《资产服务机构报告》<br>例如：（1）2014 年度资产服务机构报告 2015 年 4 月 30 日<br>（2）2015 年度资产服务机构报告 2016 年 4 月 30 日<br>（3）…<br>（4）2015 年第一季度资产服务机构报告 2015 年 4 月 30 日<br>（5）2015 年第二季度资产服务机构报告 2015 年 7 月 31 日<br>（6）…。<br>（注：此处应根据说明书的约定详细列明资产服务机构报告披露日的计算规则。如无约定，一般而言，年度资产服务机构报告预计披露时间为每年 4 月 30 日前，季度资产服务机构报告为该季度结束后的 1 个月内。） |

续表

| | | |
|---|---|---|
| 管理人资料 | 信息披露事项及预计披露时间 | 4. 《收益分配报告》例如：（1）第一期收益分配报告 2015 年 1 月 28 日<br>（2）第二期收益分配报告 2016 年 1 月 28 日<br>（3）……<br>（注：此处应根据说明书的约定详细列明收益分配报告披露日的计算规则。一般而言，公告日最晚为兑付日前的第三个交易日（即兑付日的两个交易日前），即若 T 日为兑付日，收益分配公告日最晚为 T－3 日。）<br>5. 《审计报告》<br>例如：（1）2014 年度审计报告 2015 年 4 月 30 日<br>（2）2015 年度审计报告 2016 年 4 月 30 日<br>（3）…<br>（注：此处应根据说明书的约定详细列明审计报告披露日的计算规则。根据证监会发布的《信息披露指引》规定，年度资产管理报告需经具有从事证券期货从业相关业务资格的会计师事务所审计。一般理解，年度审计报告的预计披露时间为每年 4 月 30 日前。）<br>6. 《跟踪评级报告》<br>例如：（1）2014 年度跟踪评级报告 2015 年 6 月 30 日<br>（2）2015 年度跟踪评级报告 2016 年 6 月 30 日<br>（3）…<br>（注：此处应根据说明书的约定详细列明跟踪评级报告披露日的计算规则。一般而言，跟踪评级报告的披露时间为 6 月 30 日前）<br>7. 《清算报告》<br>（注：此处需根据说明书的约定预估一个具体日期，比如，2018 年 8 月 18 日。管理人应当自专项计划清算完毕之日起 10 个工作日内，向合格投资者披露清算报告。结合目前资产证券化产品存续期管理情况，建议计划管理人在产品到期日或全部资产支持证券摘牌日起三个月内完成清算并通过固收专区提交清算报告披露链接。） |

续表

| | | | | | |
|---|---|---|---|---|---|
| | 填表时间： | | | | 填表人：<br>签　章： |
| 深交所资料 | 挂牌转让及信息披露负责人及联络方式 | 姓名 | | 传真 | |
| | | 电话 | | 邮箱 | |
| | | 姓名 | | 传真 | |
| | | 电话 | | 邮箱 | |
| | 披露网站：www. szse. cn | | | | |
| | 备注：具体填写表格时，以上填写说明的文字请删去，如有必要，对应位置写明备注或规则内容。其他内容如需特别注明，请填写在此处。 | | | | |

**附件13：《信息披露联络人授权委托书》模板**

**关于对“××××资产支持专项计划”信息披露联络人的授权委托书**

深圳证券交易所：

兹授权我公司员工 ××× 代表我公司办理有关“×××× 资产支持专项计划”后续信息披露等事务，并作为我公司与贵所之间的指定联络人。

产品及有关联络人具体情况如下：

| | |
|---|---|
| 产品全称 | ××××资产支持专项计划 |
| 产品简称 | ×××× |
| 产品设立日 | |
| 产品到期日 | |
| 授权联络人姓名 | |
| 身份证号码 | |
| 联系电话 | |
| 传真 | |
| 手机号码 | |
| 电子邮箱 | |

法定代表人签章：____________________

【管理人名称】（盖章）

××年××月××日

附件 14：资产支持证券收益分配业务流程

资产支持证券收益分配业务流程

| 时 间 | 工 作 事 项 | 负责部门 |
|---|---|---|
| T－6 日前 | 管理人通过固收专区提交收益分配信息披露申请，提交盖章版收益分配公告，填写信息披露链接（若有收益分配数据测算表，请一并提交）。 | 管理人<br>深交所固定收益部<br>结算公司发行人业务部 |
| | 根据结算公司要求，管理人向中国结算（深圳）公司提交《派息兑付申请表》等文件。 | |
| P 日（披露日，一般为 T－3 日） | P 日 16:00 前，管理人在官方网站披露收益分配公告，并通过邮件等方式通知固收部；<br>P 日收市后或 P＋1 日开市前，固收部在深交所官网披露信息披露提示性公告。 | 管理人<br>深交所固定收益部 |
| T－2 日 | 根据结算公司要求，管理人需在下午 16:00 前将收益分配款项及手续费足额汇至结算公司指定银行账户。 | 管理人 |
| T 日 | 结算公司资金交收部将本金或利息划至结算参与人资金账户，再由结算参与人划入资产支持证券投资者的资金账户。 | 结算公司 |

注：1. 日期确认：T 日＝兑付兑息日＝到期摘牌日＝除息日；

2. 结算深圳分公司资产支持证券收益分配规则文件：《中国证券登记结算有限责任公司深圳分公司证券发行人权益分派及配股登记业务指南》。

附件 15：《收益分配报告》模板

××× 公司（管理人）关于 ××× 资产支持专项计划

×× 年第 ×× 期（总第 ×× 期）收益分配报告

一、重要提示

××公司（管理人）保证本报告的内容真实、准确、完整，不存在虚假记载、误导性陈述和重大遗漏。

【管理人认为对投资者有重大影响的事项，应当通过此处重要提示提醒投资者关注。】

根据《××资产支持专项计划说明书》（以下简称“《计划说明书》”）以及《××资产支持专项计划标准条款》（以下简称“《标准条款》”）中的相关约定，××× 资产支持专项计划（以下简称“本专项计划”）将于××年××月××日进行第××次收益分配，计息期间为××年××月××日（含/不含该日）至××年××月××日（含/不含该日）。“××”（证券简称）将于本次收益分配偿还全部本金，并于××年××月××日摘牌。

二、专项计划基本情况

×××资产支持专项计划于××年××月××日由××公司（以下简称“本计划管理人”）设立并开始运作。本专项计划设置优先级资产支持证券和次级资产支持证券两种资产支持证券，其中优先级资产支持证券共分为××个品种，分别为：××。截至目前，本次发行的资产支持证券各类别情况如下表所示：

| 证券代码 | 证券简称 | 发行规模（亿元） | 发行利率（%） | 起息日 | 到期日 | 还本付息方式 | 已偿还本金比例（%） |
|---|---|---|---|---|---|---|---|
| 116××× | 14××A1 | ×× | ×× | yy/mm/dd | yy/mm/dd | ×× | ×× |
| …… | | | | | | | |
| | | | | | | | |
| | | | | | | | |

三、分配方案

本次分配对象为：截止至××年××月××日（该日期为权益登记日）

下午深圳证券交易所收市后，在中国证券登记结算有限责任公司深圳分公司（以下简称“中国结算深圳分公司”）登记在册的全体××资产支持专项计划优先级及次级（如有）资产支持证券持有人。

本专项计划资产支持证券每份发行面值为100元，每10份发行面值为1000元。

1. 证券简称“×××”（代码××）

根据《计划说明书》分配约定的测算，“证券简称”本次兑付本金和收益合计为××元人民币①，其中本次本金偿还比例为××%，兑付本金共××元人民币；本次分配收益为××元人民币。

“证券简称”本次每10份分配××元人民币（含税），其中本金×× 元人民币，派发收益××元人民币（含税）。扣税后个人、证券投资基金资产支持证券持有人每10份分配××元人民币，其中本金××元人民币，派发收益为××元人民币；扣税后非居民企业（包含QFII、RQFII）资产支持证券持有人每10份分配××元人民币，其中本金××元人民币，派发收益××元人民币。

本次分配完成后，“证券简称”资产支持证券本金全部兑付完毕，拟于兑付日摘牌。

2. 证券简称“×××”（代码××）

……

5. 次级证券

① 本次兑付本金和收益合计＝兑付本金总额＋每10份分配收益＊发行份数/10，四舍五入，保留两位小数。

……

四、分配时间

1. 计息期间：××年××月××日（含/不含该日）至××年××月××日（含/不含该日）；

2. 权益登记日：××年××月××日；

3. 兑付兑息日：××年××月××日；

4. “证券简称”摘牌日：××年××月××日

五、分配方式

1. 优先级资产支持证券的分配：

本专项计划分配将由托管人根据管理人发出的分配指令，将当期分配资金划至中国结算深圳分公司公司指定账户，再由中国结算深圳分公司按其业务规则将相应款项划拨至优先级资产支持证券持有人资金账户。

2. 次级资产支持证券的分配：

……

六、面值及开盘参考价调整

1. 面值调整方式

（1）“证券简称”在本次偿还××%后至下次收益分配前，资产支持证券面值

=本次兑付（兑息）日前面值－100元×本次偿还比例

=××元－100元×××%

=××元（保留两位小数）

（2）……

2. 开盘参考价调整方式

（1）【证券有偿本情况】“证券简称”的开盘参考价

=本次兑付（兑息）日前收盘价－100元×本次偿还比例－每份派息金额

（2）【证券仅付息情况】“证券简称”的开盘参考价

=本次兑付（兑息）日前收盘价－每份派息金额

特别提示，以上调整的面值表示每份资产支持证券对应的本金，调整的面值、开盘参考价均采用四舍五入方式保留两位小数。若按照上述调整方式计算的兑付日开盘参考价无法提供价格参考（即为零或负数），则将兑付日开盘参考价调整为与兑付日开盘面值一致。敬请投资者留意每份资产支持证券本金（即面值）、开盘参考价的变化。

七、有关税费的说明

（一）个人投资者缴纳企业资产证券化资产支持证券利息个人所得税的说明根

据《中华人民共和国个人所得税法》以及其他相关税收法规和文件的规定，本期资产支持证券个人（包括证券投资基金）资产支持证券持有者应缴纳资产支持证券利息个人所得税，征税税率为利息额的20%。根据《国家税务总局关于加强企业债券利息个人所得税代扣代缴工作的通知》（国税函〔2003〕612 号）规定，本期资产支持证券利息个人所得税统一由各付息网点在向资产证券化资产支持证券投资者支付利息时负责代扣代缴，就地入库。

（二）QFII（RQFII）缴纳企业资产证券化资产支持证券利息非居民企业所得税的说明

根据《中华人民共和国企业所得税法》及其实施条例、《非居民企业所得税源泉扣缴管理暂行办法》（国税发〔2009〕3 号）、《关于中国居民企业向 QFII 支付股息、红利、利息代扣代缴企业所得税有关问题的通知》（国税函〔2009〕47 号）等规定，本期资产支持证券非居民企业（包括 QFII，RQFII）资产支持证券持有人取得的本期资产支持证券利息应缴纳 10% 非居民企业所得税，由本计划管理人负责代扣代缴。

（三）其他资产支持证券持有者缴纳公司资产支持证券利息所得税的说明

对于其他资产支持证券投资者，其资产支持证券利息所得税自行缴纳。资产支持证券投资者就其获得的分配资金自行纳税，本计划管理人不负责代扣代缴。

**八、备查文件目录、查阅地点及联系方式**

1. 备查文件目录

……

2. 查阅地点

……

3. 联系方式

管理人：×××

网站：××

电话：××

传真：××

地址：××

特此公告。

【管理人名称】（盖章）

××年××月××日

【注：收益分配报告编制中，兑付兑息资料中的尾数处理请按以下原则：（1）兑付本息或单独兑付本金的税前金额按每10张（份）计算保留小数点后四位，舍去第五位。兑付本息或单独兑付本金的税后金额按每10张（份）计算保留小数点后四位，第五位采取四舍五入方法；（2）兑息（即只派息不还本）的税前金额按每10张（份）计算保留小数点后六位，舍去第七位。兑息（即只派息不还本）的税后金额按每10张（份）计算保留小数点后六位，第七位采取四舍五入方法（即确定税前金额后，计算税后金额时以四舍五入保留小数）。

特别的，当兑息（即只派息不还本）时的每10份的整数位为3位或4位时，保留四位小数（例如，某证券每10份派息金额为146.8734，保留四位而非六位）。具体原因为结算公司技术系统仅支持一共最多8位的数值，但提请注意：派息兑付时一般为6位或4位小数两种。

注意，实际尾数处理以中国结算深圳分公司业务规则及操作为准。除落款盖章外，请管理人对多页收益分配报告加盖骑缝章。】

## 附件16：资产支持证券信息披露业务流程

### 资产证券支持证券信息披露业务流程

| 时间 | 业务事项 | 操作部门 |
|---|---|---|
| P日16：00前 | 管理人在其网站披露信息披露文件，并通过固收专区提交信息披露申请，填写网站链接。 | 管理人 |
| P日收市后或P+1日开市前 | 固收部在深交所官网披露信息披露提示性公告 | 深交所固定收益部 |

注：1. 一般，年度资产管理报告和年度托管报告披露日在每年4月30日前；收益分配报告为每个收益分配日的2个交易日前（不含分配日，即T-3日，T为兑付日）；跟踪评级报告在每年6月30日前；临时公告披露日必须在应披露事件发生后3个工作日内。

2. 对于收益分配报告，继续按照现有流程操作，管理人须提前至少6个工作日通过专区提交盖章版收益分配报告。

3. 对于定期报告（包括资管报告、托管报告、资产服务机构报告、年度审计报告、清算报告等）请按照《深交所资产证券化业务信息披露格式》要求进行制作。

4. 对于临时公告，管理人需提前告知固收部披露时间，并就信息披露内容进行确认。

5. 管理人提供的信息披露链接应为对应专项计划产品信息披露栏目页面，而非某个单一公告的文本地址。

附件17：资产支持专项计划挂牌条件确认申请网上业务办理示例（略）

附件18：资产支持专项计划代码申请网上业务办理示例（略）

附件19：资产支持专项计划挂牌申请网上业务办理示例（略）

附件20：资产支持专项计划信息披露申请网上业务办理示例（略）

### 1.3.4 《深圳证券交易所资产支持证券挂牌条件确认业务指引》(2017年6月19日 深证上〔2017〕387号)

【重点提示】

本《业务指引》主要是为符合《证券公司及基金管理公司子公司资产证券化业务管理规定》要求的证券公司、基金管理公司子公司设立资产支持专项计划，并拟申请资产支持证券在深圳证券交易所挂牌而制定，共有6章33条，重点提示和法条汇编如下。

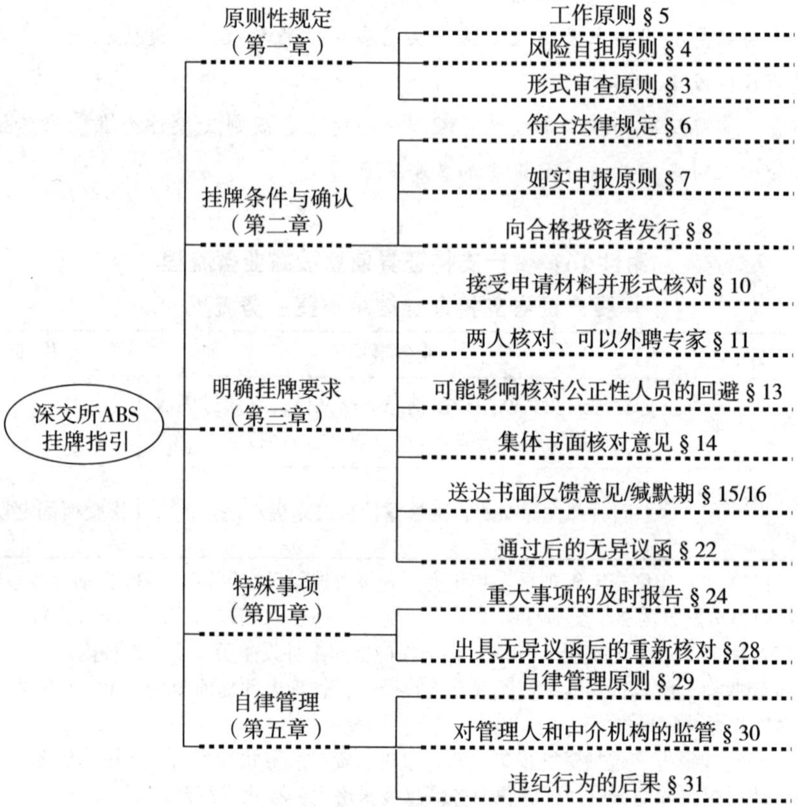


【文件内容】

## 第一章 总 则

第一条 【立法目的】

为规范资产支持证券挂牌条件确认相关业务，维护正常市场秩序和投资者合法权益，根据中国证监会《证券公司及基金管理公司子公司资产证券化业务管理规定》(以下简称《管理规定》)、《深圳证券交易所资产证券化业务指引（2014年修订)》以及其他相关规定，制定本指引。

第二条 【适用条件】

符合《管理规定》要求的证券公司、基金管理公司子公司设立资产支持专项计划（以下简称“专项计划”），并拟申请资产支持证券在深圳证券交易所（以下简称“本所”）挂牌的，应当在发行前向本所提交挂牌申请文件，由本所确认是否符合挂牌条件。证券公司、基金管理公司子公司向本所申请确认专项计划符合挂牌条件的，适用本指引。

第三条 【形式审查原则】

本所根据相关法律、法规、规章、规范性文件、本指引及本所其他业务规则，对确认资产支持专项计划符合本所挂牌条件的相关申请材料进行**完备性核对**；符合挂牌条件的，本所予以确认并出具相关文件。

第四条 【风险自担原则】

本所确认专项计划符合本所挂牌条件，不表明本所对资产支持证券的投资风险或者收益等作出判断或者保证。管理人应当制作风险揭示书，向投资者充分揭示风险。资产支持证券的投资风险由投资者自行判断和承担。

第五条 【工作原则】

本所对资产支持证券挂牌条件的确认工作遵循公平、公正、公开原则，实行人双审、挂牌工作小组集体决策制度。

## 第二章 挂牌条件确认申请

第六条 【符合法律规定】

资产支持证券在本所挂牌转让，应当符合《管理规定》等法律法规、部门规章、规范性文件和本所业务规则的规定。

资产支持证券在本所挂牌转让，应不具有中国证券投资基金业协会《资产证券化基础资产负面清单》列示情形或不符合本所确定的挂牌条件的情形。

第七条 【如实申报原则】

专项计划管理人、托管人及其他业务参与人应当具备相应资质，严格遵守执业规范和监管规则，勤勉尽责履行尽职调查、风险防范及揭示等职责，**保证其向本所提交的申请文件不存在虚假记载、误导性陈述或者重大遗漏，就申请文件的真实性、准确性和完整性承担相应的法律责任，确保申请文件的电子件、传真件、复印件等与原件一致**。

第八条 【向合格投资者发行原则】管理人应当向符合《深圳证券交易所资产证券化业务指引》规定的合格投资者非公开发行资产支持证券，且单只资产支持证券的投资者合计不得超过 200 人。

第九条 【需要提交的申请文件】

管理人应当通过本所固定收益品种业务专区提交以下资产支持证券挂牌条件确认申请文件：

（一）关于确认资产支持专项计划是否符合深圳证券交易所挂牌条件的申请；

（二）管理人合规审查意见；

（三）资产支持专项计划说明书、标准条款（如有）；

（四）基础资产买卖协议、托管协议、监管协议（如有）、资产服务协议（如有）等主要交易合同文本；

（五）法律意见书；

（六）信用评级报告（如有）；

（七）特定原始权益人最近三年（未满三年的自成立之日起）经审计的财务会计报告及融资情况说明；

（八）基础资产评估报告/现金流预测报告（如有）；

（九）差额支付承诺函/担保协议或担保函（如有）及授权文件（如有）；

（十）尽职调查报告；

（十一）关于专项计划会计处理意见的说明（如有）；

（十二）法律法规或原始权益人公司章程规定的有权机构作出的关于开展资产证券化融资相关事宜的决议；

（十三）本所要求的其他材料。

申请文件的内容和格式应当符合本所的相关要求，所披露内容应当真实、准确、完整。

## 第三章 挂牌条件确认程序

第十条 【接受申请材料】

本所接收管理人提交的挂牌条件确认申请文件后，**在二个交易日内对申请文件是否齐全和符合形式要求进行核对**。文件齐备的，予以受理；文件不齐备的，一次性告知补正；明显不符合本所挂牌条件的，不予受理。

第十一条 【核对申请材料、两人核对可以外聘专家】

本所受理申请后，确定两名核对人员负责核对申请材料。

对于重大无先例的基础资产类型、交易结构或者存在其他需要加强论证的项目，遵循不同专业领域合理搭配的原则，**从本所资产证券化业务外部咨询专家库中确定三名外部咨询专家参与协助核对工作，但不得同时有两名或两名以上外部专家供职于同一机构**，外部专家应当对计划的合规性、可行性、存在问题以及修改建议发表意见。

第十二条 【挂牌小组】

本所设置挂牌工作小组，负责对专项计划是否符合挂牌转让条件进行集体评议，挂牌工作小组由本所相关业务部门的专业人员组成。

第十三条 【核对人员的回避】

本所核对人员或外部咨询专家参与专项计划核对工作时，有以下情形之一的，应当及时提出回避：

（一）本人或者近亲属担任原始权益人及其关联方的董事、监事、高级管理人员的或者持有发行人5%及以上股份的；

（二）本人、所属单位或者近亲属为拟核对的专项计划提供销售、评级、审计、法律等服务的；

（三）可能妨碍或者影响其公正履行职责的其他情形。

第十四条 【集体书面核对意见】

本所核对人员根据法律、行政法规、部门规章、规范性文件以及本所业务规则对专项计划涉及的基础资产、现金流预测、交易结构、风险控制以及信息披露等事项进行核对，并结合外部咨询专家意见（如有），经集体讨论后形成书面反馈意见。

第十五条 【向管理人送达书面反馈意见】

书面反馈意见在受理后十个交易日内，通过本所固定收益品种业务专区送达管理人。

第十六条 【缄默期】

自受理之日起至书面反馈意见发出期间，相关工作人员不接受管理人及相关中介机构就本次资产支持证券申请挂牌条件确认事宜的来访或其他形式的沟通。

第十七条 【管理人对书面反馈意见的回复】

管理人应当在收到书面反馈意见后二十个交易日内组织相关中介机构予以书面回复；回复意见涉及申请文件修改的，应当同时提交修改后的申请文件及修改说明。

第十八条 【交易所对管理人回复的处理】

管理人在规定期限内予以回复的，由核对人员核对是否已按照反馈意见进行修改或者完善。

管理人不能在规定期限内予以回复的，应当向本所提出延期回复申请，并说明理由和拟回复时间，延期时间不得超过二十个交易日。在延期回复期限内仍未回复的，管理人可以申请中止核对。

第十九条 【管理人与交易所的沟通方式】

管理人对书面反馈意见有疑问的，可与相关工作人员进行沟通。需进行当面沟

**通的，应当在本所办公场所进行，并有两名及以上本所工作人员同时在场。**

第二十条　【对管理人回复意见进行处理、或直接召开挂牌小组会议】

本所核对人员应当在管理人提交的反馈意见回复经确认后的五个交易日内，安排召开挂牌工作小组会议，就专项计划情况及反馈意见回复、申请文件修改情况进行讨论。

**无需出具书面反馈意见的，直接召开挂牌工作小组会议。**

第二十一条　【投票表决是否同意挂牌】

挂牌工作小组会议经**集体投票表决**，作出“通过”、“有条件通过”、“不通过”三种会议意见。

申请文件存在严重质量问题或存在中介机构明显不勤勉尽责的其他情形的，本所可以不出具书面反馈意见，由挂牌工作小组会议直接作出“不通过”的会议意见。

第二十二条　【通过挂牌后出具无异议函】

挂牌工作小组会议意见为**“通过”的，本所向管理人出具确认符合挂牌条件的无异议函**。

挂牌工作小组会议意见为**“有条件通过”的，在相关事项落实完毕后，本所向管理人出具确认符合挂牌条件的无异议函**。

挂牌工作小组会议意见为**“不通过”的，本所向管理人出具相关文件并告知理由**。

第二十三条　【申请材料原件的归档】

管理人应当根据本所相关要求对资产支持证券挂牌转让条件确认申请文件等材料原件进行封卷、归档和留存。

## 第四章　特殊事项

第二十四条　【重大事项的及时报告】

本所核对过程中，发行人发生重大事项、可能影响投资价值及投资决策判断的事项，以及认为需要补充披露的其他重要事项时，管理人等相关中介机构**应当及时向本所报告**，提交相关事项的书面说明和中介机构意见，并修改申请材料。

第二十五条　【中止核对】

本所核对过程中，发生下列情形之一的，**本所可以中止核对**：

（一）管理人因正当理由主动要求中止核对的；

（二）管理人、原始权益人因涉嫌违法违规，被有权机关立案调查或侦查尚未终结，对其发行的资产支持证券符合挂牌条件可能产生不利影响的；

（三）管理人或其他中介机构被主管部门采取限制参与资产证券化相关业务活

动、责令停业整顿、指定其他机构托管或接管等监管措施，尚未解除的；

（四）管理人未及时回复且未按规定申请延期回复，或者在延期回复期限内仍不能提交回复文件的；

（五）原始权益人的财务报告、相关资质许可等申请文件已超过有效期，且短期内难以重新提交的；

（六）本所收到涉及资产支持证券挂牌条件确认申请的相关举报材料并需要进一步核查的；

**（七）本所认为需要中止核对的其他情形**。

**上述第（一）至（五）项情形消除后，管理人可以向本所申请恢复核对。本所自收到申请之日起二个交易日内确定是否恢复核对。**

第二十六条　【对违规行为的审查方式】发生本指引第二十五条第（六）项情形的，本所可采取核查、要求管理人和相关中介机构自查、委托独立第三方核查以及移交证监会稽查部门调查等措施，管理人及相关中介机构应当积极配合，并按要求向本所提交自查、核查报告。

经核查，未发现所举报事项影响资产支持证券挂牌条件的，本所恢复核对工作并通知管理人；经核查所举报事项影响挂牌条件或存在违法违规行为等情形的，本所按照有关规定进行处理。

第二十七条　【终止核对】

核对过程中，发生下列情形之一的，本所可以**终止核对**：

（一）管理人主动要求撤回申请的；

（二）管理人或原始权益人发生解散、清算或者宣告破产等原因依法终止的；

（三）中止核对超过三个月的；

**（四）本所认为需要终止核对的其他情形**。

第二十八条　【出具无异议函后的重新核对】

本所确认资产支持证券符合挂牌条件并**出具无异议函后至提供挂牌转让服务前**，发生不符合本指引第六条、第七条、第八条规定情形，或者出现本指引第二十五条、第二十七条规定的情形，或者存在其他可能影响挂牌条件、资产支持证券投资价值、投资决策判断等事项的，**管理人应当及时向本所报告，本所根据具体情况，由核对人员重新核对或再次提交挂牌工作小组评议**。

## 第五章　自律管理

第二十九条　【自律管理原则】

管理人、相关中介机构及其相关人员违反相关法律法规、监管部门规定、本所业务规则、计划说明书约定或其所作承诺的，本所按照相关业务规则进行自律管理。

第三十条 【对管理人、中介机构的监管措施】

管理人、相关中介机构及其相关人员存在下列情形的，**本所可以实施相关监管措施**：

（一）不勤勉尽责或尽职调查不符合相关规定和要求；

（二）对相关事项的核查、安排或承诺不符合相关规定和要求；

（三）出具文件或发表意见存在虚假记载、误导性陈述或者重大遗漏；

（四）提交的申请文件不符合相关规定或存在严重质量问题、内容存在明显错误、遗漏、前后表述不一致；

（五）未向规定范围的合格投资者发行或未尽合格投资者核查义务；

**（六）其他违反相关法律法规、监管部门规定、行业协会自律规则、本所业务规则、计划说明书约定或其所作承诺等**。

情节严重的，本所可以实施相关纪律处分。

第三十一条 【违纪行为的后果】

存在本指引第三十条规定情形的，本所根据相关要求记入诚信档案。相关行为构成违法违规的，本所移交中国证监会或其他有权机构依法查处。

本所可以审慎受理和核对记入诚信档案的当事人提交的相关申请或出具的相关文件。

### 第六章 附 则

第三十二条 【挂牌转让适用规则】

本所为资产支持证券提供挂牌转让服务，签订挂牌转让服务协议等，适《深圳证券交易所资产证券化业务指引》的有关规定。

第三十三条 【解释主体】本指引由本所负责释。

本指引自发布之日起实施。

## 1.3.5 《深圳证券交易所企业应收账款资产支持证券挂牌条件确认指南》（2017年12月15日 深证上〔2017〕819号）

**【重点提示】**

2017年12月15日，上海证券交易所、深圳证券交易所和机构间报价系统三大资产支持证券挂牌交易场所同步发布了《企业应收账款资产支持证券挂牌条件确认指南》《企业应收账款资产支持证券信息披露指南》。三大交易场所分别发布的两指南实质内容基本相同，体现了证监会在资产证券化领域统一监管的态度。

本《指南》以下两点值得关注：第一，根据《指南》第 4 条，应收账款应当支付完毕转让对价，合同合法有效，且债权人已经履行了基础资产设计的交易合同项下的义务，不存在预付款的情形；第二，第 15 条对于原始权益人、重要债务人的信用状况增加了“最近两年”的规定。

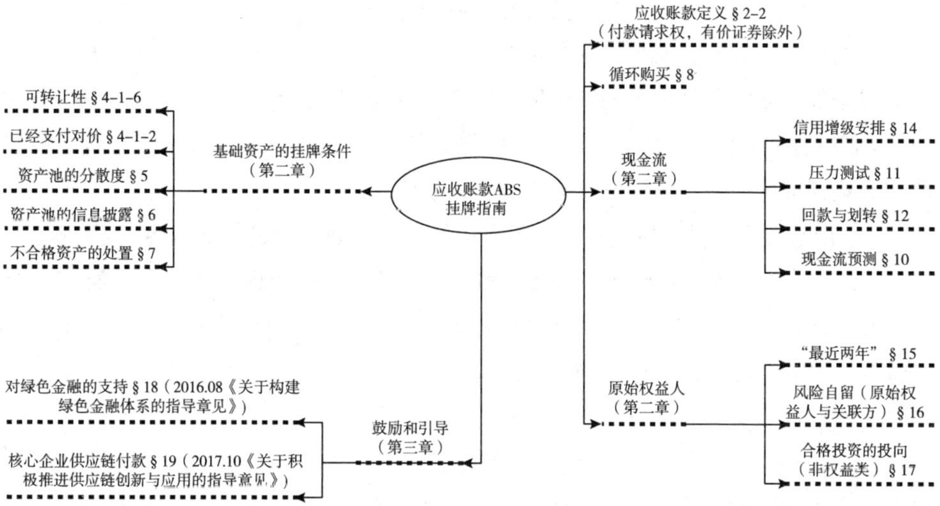


## 【文件内容】

### 第一章　总　　则

第一条　【制定目的】

为规范企业应收账款资产证券化业务，便于管理人和原始权益人等参与机构开展业务和加强风险管理，保护投资者合法权益，促进资产证券化业务健康发展，根据《证券公司及基金管理公司子公司资产证券化业务管理规定》（证监会公告〔2014〕49 号）、《深圳证券交易所资产证券化业务指引（2014 年修订）》（深证会〔2014〕130 号）等相关规定，制定本指南。

第二条　【定义】

本指南所称企**业应收账款资产支持证券，是指**证券公司、基金管理公司子公司作为管理人，通过设立资产支持专项计划（以下简称“专项计划”）开展资产证券化业务，**以企业应收账款债权为基础资产或基础资产现金流来源**所发行的资产支持证券。

本**指南所称应收账款，是指**企业因履行合同项下销售商品、提供劳务等经**营活动的义务后获得的付款请求权，但不包括因持有票据或其他有价证券而产生的付款请求权。**

第三条　【适用条件】

本指南适用于企业应收账款资产支持证券在深圳证券交易所（以下简称“本所”）挂牌转让申请。

融资租赁合同债权、消费贷款债权等其他债权类资产证券化的挂牌条件确认指南，由本所另行规定。

## 第二章　挂牌条件

第四条　【合格基础资产的标准】

**以企业应收账款作为基础资产发行资产支持证券**，初始入池和后续循环购买入池（如有）的基础资产在基准日、初始购买日和循环购买日（如有）**除满足基础资产合格标准的一般要求外，还需要符合以下要求：**

（一）基础资产界定应当清晰，附属担保权益（如有）的具体内容应当明确。

**（二）原始权益人应当合法拥有基础资产**，涉及的应收账款应当基于真实、合法的交易活动（包括销售商品、提供劳务等）产生，交易对价公允，且不涉及《资产证券化业务基础资产负面清单指引》。应收账款系从第三方受让所得的，原始权益人应当已经支付转让对价，且转让对价应当公允。

（三）基础资产涉及的交易合同应当合法有效，债权人已经履行了合同项下的义务，合同约定的付款条件已满足，不存在属于预付款的情形，且债务人履行其付款义务不存在抗辩事由和抵销情形。

（四）基础资产涉及的应收账款应当可特定化，且应收账款金额、付款时间应当明确。

（五）基础资产的权属应当清晰明确，不得附带抵押、质押等担保负担或者其他权利限制。已经存在抵押、质押等担保负担或者其他权利限制的，应当能够通过专项计划相关安排在原始权益人向专项计划转移基础资产时予以解除。

**（六）基础资产应当具有可转让性**。基础资产的转让应当合法、有效，转让对价应当公允。存在附属担保权益的，应当一并转让。

（七）应收账款转让应当通知债务人及附属担保权益义务人（如有），并在相关登记机构办理应收账款转让登记。

若存在特殊情形未进行债权转让通知或未办理转让登记，管理人应当在计划说明书中披露未进行转让通知或未办理转让登记的原因及合理性，充分揭示风险，设置相应的权利完善措施进行风险缓释。

第五条　【资产池的分散度要求】

基础资产池应当具有一定的分散度，至少包括10个相互之间不存在关联关系的债务人且单个债务人入池资产金额占比不超过50%。

**符合以下条件之一的，可免于上述关于债务人分散度的要求：**

（一）基础资产涉及核心企业供应链应付款等情况的，资产池包括至少10个相互之间不存在关联关系的债权人且债务人资信状况良好；

（二）原始权益人资信状况良好，且专项计划设置担保、差额支付等有效增信措施。

**符合条件并免于债务人分散度要求的，管理人应当在计划说明书中披露基础资产池集中度较高的原因及合理性，充分揭示风险，设置相应的风险缓释措施。**

第六条　【对基础资产池基本信息的披露】

**管理人应当在专项计划文件中披露基础资产池的基本情况**，包括但不限于入池应收账款总金额、笔数、单笔金额分布、贸易类型分布、区域分布、行业分布、账龄及剩余账期分布、结算支付方式分布、影子评级分布及加权结果（如有）、债权人和债务人数量及集中度、重要债务人情况、关联交易笔数与金额及其占比、关联交易方情况等。

第七条　【对不合格基础资产的处置】

**管理人应当设置专项计划不合格基础资产处置机制**，并在专项计划文件中披露处置机制的触发条件、处置流程、信息披露要求以及处置义务人的履责能力。

第八条　【循环购买】

**基础资产涉及循环购买的，应当满足以下要求：**

（一）计划说明书、标准条款（如有）应当详细披露循环购买的相关安排，包括但不限于循环购买入池标准、资产筛选及确认流程、确认资产符合入池标准的主体、购买频率、资金与资产交割方式、循环购买账户设置、可供购买的资产规模与循环购买额度的匹配性、尽职调查安排、购买定价的公允性、可供购买的资产不足时的防范和处理机制、循环购买与专项计划现金流分配的衔接安排、管理人监督管理机制安排等。

（二）循环购买应当在专项计划账户进行。循环购买资金的支出应当得到管理人的事前审查和执行确认。

**特殊情形下循环购买难以在专项计划账户进行的，管理人应当设置专项监管账户**。专项监管账户资金应当与原始权益人的自有资金进行有效隔离，禁止资金混同或挪用。同时，管理人应当充分披露在专项监管账户进行循环购买的合理性、必要性和安全性，并就专项监管账户的开立、资金收支和账户管理等情况定期进行信息披露。

（三）循环购买的入池资产应当由管理人、律师等相关中介机构确认是否符合入池标准，**相关中介机构应当勤勉尽责，对拟入池资产进行充分尽职调查**。

（四）循环购买通过原始权益人信息化系统进行的，管理人应当对信息化系统的有效性、可靠性和稳定性等进行充分尽职调查，说明并披露原始权益人信息化系统的功能机制、循环购买操作流程、系统的有效性、可靠性和稳定性、系统应急机制和备选方案等。

（五）管理人应当**定期和不定期对入池资产的运行状况、现金流回款情况等进行核查和动态监测**，在合格资产规模不足时及时进行信息披露并采取风险缓释措施。

第九条　【抽样的尽职调查】

**入池资产符合笔数众多、资产同质性高、单笔资产占比较小等特征的，可以采用抽样尽职调查方法**。采用抽样尽职调查方法的，管理人及其他中介机构应当设置科学合理的抽样方法和标准，并对抽取样本的代表性进行分析说明。对于对基础资产池有重要影响的入池资产应当着重进行抽样调查。

第十条　【现金流预测】

基础资产现金流预测应当**遵循合理、谨慎的原则**。管理人和现金流预测机构（如有）应当在计划说明书和现金流预测报告（如有）中披露预测假设因素、预测方法和预测结论，并结合基础资产相关历史数据说明预测方法和相关指标设置的合理性。

第十一条　【现金流压力测试】

管理人和评级机构应当在计划说明书和评级报告中披露现金流压力测试的假设条件、压力因素、各压力情形现金流覆盖情况，其中，压力因素可以包括基础资产违约率、违约回收率、循环购买安排及预期收益率等指标。

第十二条　【现金流归集与监管】

基础资产的现金流回款路径应当清晰明确，**管理人应当在专项计划文件中明确专项计划账户设置、现金流自产生至当期分配给投资者期间在各账户间划转时间节点安排等。**

**基础资产现金流应当由债务人直接回款至专项计划账户**，难以直接回款至专项计划账户的，应当直接回款至专项监管账户。专项监管账户资金应当与原始权益人的自有资金进行有效隔离，禁止资金混同或挪用。特殊情形下，基础资产现金流难以直接回款至专项计划账户或专项监管账户的，管理人应当充分披露基础资产现金流未能直接回款至专项计划账户或专项监管账户的原因和必要性，揭示资金混同或挪用等风险以及相应的风险缓释措施。

基础资产现金流未直接回款至专项计划账户的，**应当由资产服务机构或管理人指定的机构负责基础资产现金流归集**，且自专项计划设立之日起，基础资产回款归集至专项计划账户的周期应当不超过 1 个月。资产服务机构或管理人指定的机构可根据专项计划的约定，提高资金归集频率。原始权益人资信状况良好，且专项计划设置担保、差额支付等有效增信措施的，现金流归集周期可以适当延长，但最长不得超过3个月。

第十三条 【合理分配】

专项计划应当设置合理的基础资产现金流分配流程和分配顺序。

第十四条 【披露信用增级安排】

专项计划存在信用增级安排的，管理人应当在计划说明书等专项计划文件中披露各项信用增级措施的启动时间、触发机制、保障内容及操作流程、增信安排法律效力及增信效果等。

第十五条 【原始权益人的违法失信】

**原始权益人最近两年**不存在因严重违法失信行为，被有权部门认定为失信被执行人、失信生产经营单位或者其他失信单位，并被暂停或限制进行融资的情形。**重要债务人（如有）最近两年内**不存在因严重违法失信行为，被有权部门认定为失信被执行人、重大税收违法案件当事人或涉金融严重失信人的情形。管理人和律师应当就上述事项是否影响原始权益人进行融资或重要债务人的偿债能力进行核查，并在专项计划文件中发表明确意见。

第十六条 【风险自留机制】

**原始权益人及其关联方应当保留一定比例的基础资产信用风险**，具体比例按照以下第（一）款或第（二）款要求进行：

（一）持有最低档次资产支持证券，且持有比例不得低于所有档次资产支持证券发行规模的5%，持有期限不低于资产支持证券存续期限；

（二）若持有除最低档次之外的资产支持证券，各档次证券均应当持有，且应当以占各档次证券发行规模的相同比例持有，总持有比例不得低于所有档次资产支持证券发行规模的5%，持有期限不低于各档次资产支持证券存续期限。

原始权益人及其关联方按照上述要求进行风险自留后，除非根据生效判决或裁定，不得将其持有的资产支持证券进行转让或者以任何形式变相转让。

符合以下两种条件之一的，原始权益人可免于上述风险自留要求：

（一）基础资产涉及核心企业供应链应付款等情况的，基础资产池包含的债权人分散且债务人资信状况良好；

（二）原始权益人资信状况良好，且专项计划设置担保、差额支付等有效增信措施。

符合条件并免于上述风险自留要求的，管理人应当在计划说明书中充分披露原始权益人未进行风险自留的原因及合理性，并揭示相关风险。

第十七条 【合格投资的投向】

若专项计划涉及合格投资安排，合格投资应当仅限在专项计划账户内进行。合格投资不得投资权益类产品，投资固定收益类产品的，应当防范投资标的的信用、市场和流动性等相关风险。

第十八条 【对创新领域的支持】

本所将视情况对涉及**绿色金融**、**创新创业**、**住房租赁等政策支持鼓励领域**的资产证券化项目，实行“即报即审、专人专岗负责”，提升受理、评审和挂牌转让工作效率。

## 第三章 附 则

第十九条 【核心企业供应链付款】

本指南所称核心企业供应链应付款，是指上游供应商或服务提供方向核心企业或其下属公司销售商品或提供服务等经营活动后产生的、以核心企业或其下属公司为付款方的应付款。

第二十条 【最终解释权】

本所将根据业务发展情况不定期修订本指南并发布更新版本。本所对本指南保留最终解释权。

第二十一条 【生效日期】

本指南自发布之日起施行。

### 1.3.6 《深圳证券交易所企业应收账款资产支持证券信息披露指南》(2017年12月15日 深证上〔2017〕819号

**【重点提示】**

《披露指南》全文4章15条，主要从发行（第二章）与发行后（第三章）两个阶段规定了信息披露的具体规定，其中发行阶段提交的系列申请材料是信息披露的重点。

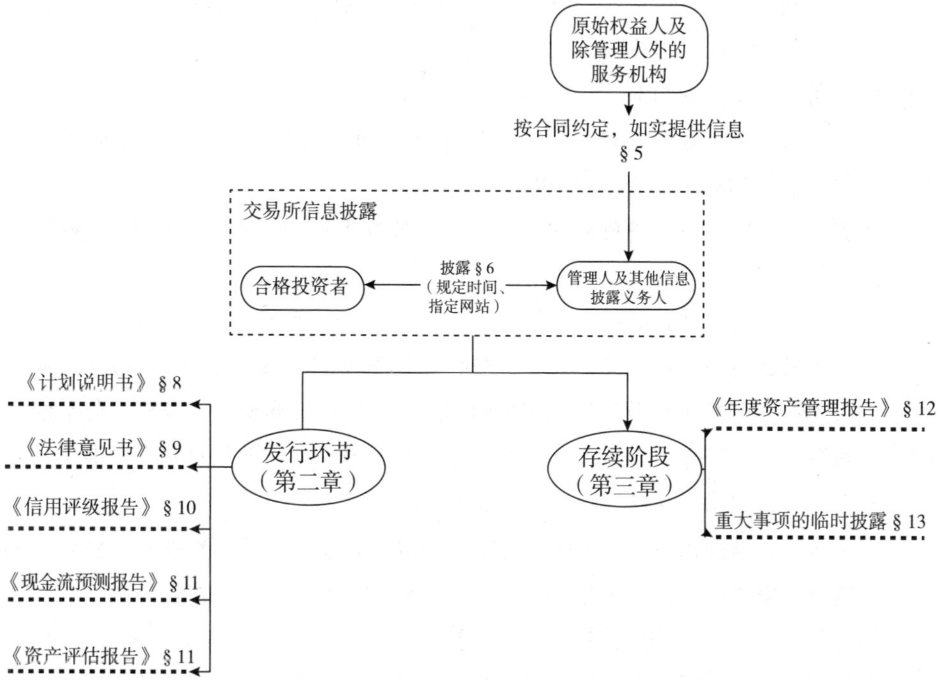


## 【文件内容】

### 第一章　总　　则

第一条　【制定目的】

为规范企业应收账款资产证券化业务，便于管理人和原始权益人等参与机构开展业务和加强风险管理，保护投资者合法权益，促进资产证券化业务健康发展，根据《证券公司及基金管理公司子公司资产证券化业务管理规定》（证监会公告〔2014〕49号，以下简称“《管理规定》”）、《证券公司及基金管理公司子公司资产证券化业务信息披露指引》（证监会公告〔2014〕49号，以下简称“《信息披露指引》”）、《深圳证券交易所资产证券化业务指引（2014年修订）》（深证会〔2014〕130号，以下简称“《业务指引》”）等相关规定，制定本指南。

第二条　【定义】

**本指南所称企业应收账款资产支持证券**，是指证券公司、基金管理公司子公司作为管理人，通过设立资产支持专项计划（以下简称“专项计划”）开展资产证券化业务，以企业应收账款债权为基础资产或基础资产现金流来源所发行的资产支持证券。

**本指南所称应收账款**，是指企业因履行合同项下销售商品、提供劳务等经营活动的义务后获得的付款请求权，但不包括因持有票据或其他有价证券而产生的付款请求权。

第三条 【适用对象】

本指南适用于**企业应收账款资产支持证券**在深圳证券交易所（以下简称“本所”）挂牌转让的信息披露专项要求。

融资租赁合同债权、消费贷款债权等其他债权类资产证券化的信息披露指南，由本所另行规定。

第四条 【交易所信息披露主体】

**管理人及其他信息披露义务人**应当按照《管理规定》、《信息披露指引》《业务指引》及本指南的规定以及计划说明书的约定履行信息披露义务，及时、公平地披露可能对资产支持证券产生重大影响的信息，并保证所披露的信息真实、准确、完整，不得有虚假记载、误导性陈述或者重大遗漏。

本指南所称其他信息披露义务人**包括但不限于托管人、律师事务所、会计师事务所、资信评级机构、资产服务机构、现金流预测机构、资产评估机构等**。

第五条 【服务机构的信息提供义务】

**原始权益人和除管理人以外的其他服务机构**应当按照合同约定，及时向管理人提供相关信息，并保证所提供信息真实、准确、完整。

本指南所称的其他服务机构包括但不限于资产服务机构、托管人、信用增级机构、律师事务所、会计师事务所、资信评级机构、现金流预测机构、流动性支持机构、销售机构等。

第六条 【按时合规披露信息】

资产支持证券在本所挂牌转让的，管理人及其他信息披露义务人应当于**规定时间内通过指定网站或以本所认可的其他方式向合格投资者披露信息**。

第七条 【保密义务】

管理人、其他信息披露义务人、其他服务机构及登记托管机构等相关知情人在信息披露前不得泄露拟披露的信息。

## 第二章 发行环节信息披露

第八条 【计划说明书应当披露的内容】

专项计划**以企业应收账款作为基础资产的**，计划说明书除按照资产支持证券一般要求进行编制和披露外，**还应当详细披露基础资产池、现金流预测、现金流归集、原始权益人、增信主体（如有）及循环购买（如有）、风险自留等相关情况**，包括但不限于以下内容：

（一）基础资产**初始入池标准及创建程序**。

（二）基础资产池的**基本情况**，包括但不限于入池应收账款总金额、笔数、单笔金额分布、贸易类型分布、区域分布、行业分布、账龄及剩余账期分布、结算支付方式分布、影子评级分布及加权结果（如有）、债权人和债务人数量及集中度、重要债务人情况、关联交易笔数与金额及其占比、关联交易方情况等。

（三）基础资产池的**分散度情况**及是否符合最低分散度要求，如不满足最低分散度要求，应当披露基础资产池集中度较高的原因及合理性、因此产生的风险情况及采取的相关风险缓释措施等。

（四）基础资产系从第三方受让所得（如有）的，应当披露**交易对价支付情况**、交易对价的公允性。

（五）基础资产池所**对应重要债务人的主营业务、财务数据、信用情况、偿债能力及资信评级情况（如有）等**。重要债务人是指单一债务人未偿还本金金额占比超过15%的，或债务人及其关联方的未偿还本金金额合计占比超过20%的情形。

（六）**入池应收账款抵押**、质押等担保负担或者其他权利限制情况，若存在担保负担或者其他权利限制，还应当披露解除前述担保负担或者权利限制的相关安排、相关资产入池时是否已合法有效地解除了担保负担或者权利限制。

（七）**增信措施或安排（如有）**的具体情况及其合法性和有效性等。

（八）**不合格基础资产处置机制（如有）**，包括但不限于处置机制的触发条件、处置流程、信息披露要求及处置义务人的履责能力分析。

（九）循环购买的相关安排（如有），包括但不限于循环购买入池标准、资产筛选及确认流程、确认资产符合入池标准的主体、购买频率、资金与资产交割方式、循环购买账户设置、可供购买的资产规模与循环购买额度的匹配性、尽职调查安排、购买定价的公允性、可供购买的资产不足时的防范和处理机制、循环购买与专项计划现金流分配的衔接安排、管理人监督管理机制安排等。循环购买通过原始权益人信息化系统进行的，管理人应当充分披露原始权益人信息化系统的功能机制、循环购买的操作流程、系统的有效性、可靠性和稳定性情况、系统应急机制和备选方案等。

（十）**现金流预测假设因素、预测方法和预测结论**，并结合基础资产相关历史数据说明预测方法和相关指标设置的合理性。

（十一）现金流压力测试的假设条件、压力因素及各压力情形现金流覆盖情况。

（十二）**为入池应收账款的偿付提供信用支持或对专项计划提供流动性支持、差额补足、担保等增信安排的主体（如有）的基本情况**、财务数据、偿债能力和资信状况，及对其增信效力的分析说明。

（十三）**基础资产现金流归集路径和资金监管措施**，包括但不限于专项计划账户设置、现金流自产生至分配给投资人期间在各账户间划转时间节点安排等。现金流未直接回款至专项计划账户的，还应当披露转付安排的合理性、现金流混同和挪用等风险的防范机制及资产支持证券存续期间设置防范混同和挪用等风险的持续检查机制等，揭示资金混同和挪用等风险。

（十四）合格投资（如有）相关安排，包括但不限于投资范围、账户安排、投资标的的信用、市场和流动性等相关风险及防范措施等。

（十五）**原始权益人与基础资产相关的业务制度**、业务流程及与基础资产同类型业务的历史回款情况（包括但不限于历史账期、历史坏账情况、逾期率、违约率、回收情况等）等。如原始权益人需承担基础资产回收款转付义务，或涉及循环购买机制的，应当对原始权益人的持续经营能力进行分析。

（十六）**失信记录特别核查情况**，包括但不限于原始权益人最近两年内是否存在严重违法失信行为，是否存在被有权部门认定为失信被执行人、失信生产经营单位或者其他失信单位，并被暂停或限制进行融资的情形；重要债务人（如有）最近两年内是否存在因严重违法失信行为，被有权部门认定为失信被执行人、重大税收违法案件当事人或涉金融严重失信人的情形。上述事项是否影响原始权益人进行融资或重要债务人的偿债能力的明确核查意见等。

（十七）**相关中介机构采取抽样调查方法情况**（如有），包括但不限于抽样方法、抽样标准设置的合理性，及抽取样本的代表性等。

（十八）**原始权益人风险自留情况**，若免于风险自留情形的，管理人应当充分披露未进行风险自留的原因及合理性，并揭示相关风险。

第九条　【聘请律师事务所出具法律意见】

管理人应当**聘请律师事务所对专项计划的有关法律事宜发表专业意见**，并向合格投资者披露法律意见书，法律意见书除按照资产支持证券一般要求进行编制和披露外，还应当包括以下内容：

（一）**基础资产界定**的具体范围和法律依据。

（二）**基础资产涉及交易合同**的合法有效性、债权人履行合同义务情况、合同付款条件满足情况，及债务人履行其付款义务的抗辩事由和抵销情形。

（三）**基础资产转让**的合法有效性，包括但不限于应收账款转让通知安排、应收账款转让登记情况。

（四）基础资产涉及的关联交易（如有）的**交易背景真实性、交易对价公允性**。

（五）**原始权益人、增信主体（如有）**等相关主体的内部授权情况。

（六）**增信措施或安排**（如有）的具体情况及其合法性和有效性等。

（七）**失信记录特别核查情况**，包括但不限于原始权益人最近两年内是否存在严重违法失信行为，是否存在被有权部门认定为失信被执行人、失信生产经营单位或者其他失信单位，并被暂停或限制进行融资的情形；**重要债务人（如有）最近两年内**是否存在因严重违法失信行为，被有权部门认定为失信被执行人、重大税收违法案件当事人或涉金融严重失信人的情形。上述事项是否影响原始权益人进行融资或重要债务人的偿债能力的明确核查意见等。

（八）循环购买（如有）的具体安排及其合法性和有效性。

（九）抽样调查方法（如有）具体内容，包括但不限于抽样方法、抽样标准设置等。

第十条　【信用评级报告】

信用评级报告（如有）应当由具有中国证监会核准的证券市场资信评级业务资格的资信评级机构出具，评级报告除按照资产支持证券一般要求进行编制和披露外，还应当包括以下内容：

（一）专项计划涉及信用增级方式的增信效果分析。

（二）现金流归集路径、监管措施及混同和挪用等风险分析。

第十一条　【现金流预测机构、资产评估机构】

现金流预测机构（如有）、资产评估机构（如有）等应当按照相关规则及规定要求编制现金流预测报告和资产评估报告。

现金流预测报告应当披露基础资产现金流预测的假设因素、预测方法、预测结论，并结合基础资产相关历史数据说明预测方法和相关指标设置的合理性。

## 第三章　存续期间信息披露

第十二条　【年度资产管理报告】

年度资产管理报告除按照资产支持证券一般要求进行编制和披露外，还应当包括以下内容：

（一）**基础资产的运行情况，包括但不限于**：循环购买（如有）情况，应收账款回收资金的归集、划转情况，应收账款的追索（如有）和不合格基础资产处置情况，以及应收账款相关的争议、纠纷、诉讼、仲裁、保险赔偿情况等。

（二）原始权益人**风险自留及次级资产支持证券期间分配收益情况**。

第十三条　【重大事项的临时披露】

资产支持证券存续期间，发生《信息披露指引》第十九条规定的重大事件及下列**可能影响基础资产现金流和资产支持证券本息偿付等的重大事项**，信息披露义务人应在相关事件或事项发生后两个交易日内及时进行临时信息披露：

（一）存在循环购买安排的，可供购买资产不足。

（二）重要债务人的经营情况出现重大变化，可能影响资产支持证券投资者利益。

（三）基础资产池的信用状况出现重大不利变化，如发生违约率、逾期率指标大幅提升等可能影响基础资产现金流流入的事项。

（四）触发权利完善事件（如有）、加速清偿事件（如有）、提前终止事件（如有）等可能影响资产支持证券投资者利益的事项。

（五）其他可能影响基础资产现金流和资产支持证券本息偿付的重大事项。

**第四章　附　　则**

第十四条　【最终解释主体】

本所将根据业务发展情况不定期修订本指南并发布更新版本。本所对本指南保留最终解释权。

第十五条　【生效日期】

本指南自发布之日起施行。

### 1.3.7　《深圳证券交易所融资租赁债权资产支持证券挂牌条件确认指南》（2018 年 2 月 9 日　深证上〔2018〕73 号）

**【重点提示】**

三大交易所的融资租赁 ABS 挂牌指南关于风险自留、循环购买等问题的退订均与应收账款 ABS 挂牌指南保持一致。读者应当重点关注两点特殊规定：一是关于融资租赁债权基础资产的入池标准，需满足权属明确、内容界定明确、可特定化、真实合法有效，转让基础资产应当通知债务人的要求。二是对基础资产的分散度要求和免于分散度要求的标准。即基础资产应至少包括 10 个相互之间不存在关联关系的债务人，单个债务人入池资产金额占比不超过 50%，且前 5 大债务人入池资产金融占比不超过 70%；当原始权益人资信状况良好，且专项计划设置担保、差额支付等有效措施的，可以免于上述关于债务人分散度的要求。

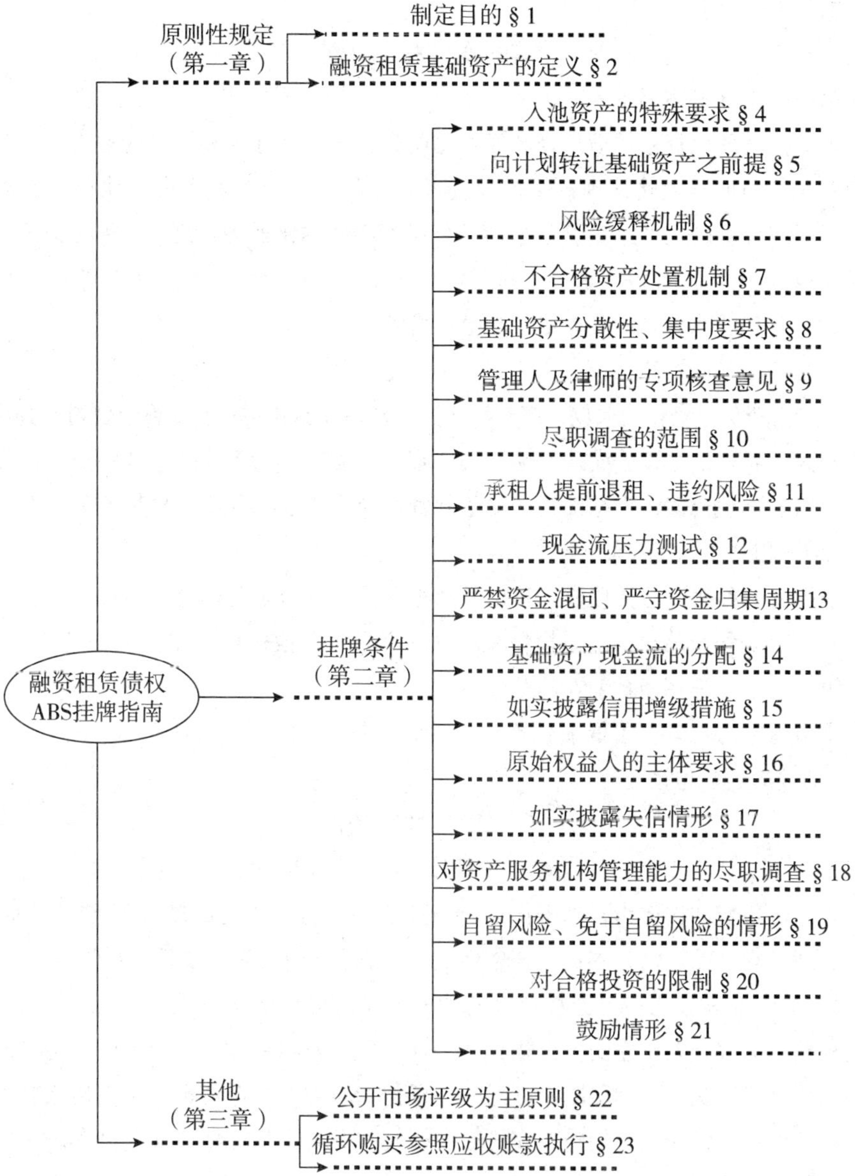
融资租赁债权ABS挂牌指南
原则性规定（第一章）
制定目的§1
融资租赁基础资产的定义§2
挂牌条件（第二章）
入池资产的特殊要求§4
向计划转让基础资产之前提§5
风险缓释机制§6
不合格资产处置机制§7
基础资产分散性、集中度要求§8
管理人及律师的专项核查意见§9
尽职调查的范围§10
承租人提前退租、违约风险§11
现金流压力测试§12
严禁资金混同、严守资金归集周期13
基础资产现金流的分配§14
如实披露信用增级措施§15
原始权益人的主体要求§16
如实披露失信情形§17
对资产服务机构管理能力的尽职调查§18
自留风险、免于自留风险的情形§19
对合格投资的限制§20
鼓励情形§21
其他（第三章）
公开市场评级为主原则§22
循环购买参照应收账款执行§23

【文件内容】

## 第一章 总 则

第一条 【制定目的】

为规范发展融资租赁债权资产证券化业务，便于管理人和原始权益人等参与机构开展业务和加强风险管理，保护投资者合法权益，促进资产证券化业务健康发展，根据《证券公司及基金管理公司子公司资产证券化业务管理规定》（证监会公告〔2014〕49 号）、《深圳证券交易所资产证券化业务指引（2014 年修订）》（深证会〔2014〕130 号）等相关规定，制定本指南。

第二条 【融资租赁债权资产支持证券定义】

本指南所称融资租赁债权资产支持证券，是指**证券公司、基金管理公司子公司作为管理人**，通过设立资产支持专项计划（以下简称“专项计划”）开展资产证券化业务，**以融资租赁债权为基础资产或基础资产现金流来源所发行的资产支持证券**。

【融资租赁债权定义】

本指南所称**融资租赁债权**，是指融资租赁公司依据融资租赁合同对债务人（承租人）享有的租金债权、附属担保权益（如有）及其他权利（如有）。

第三条 【适用条件】

本指南适用于融资租赁债权资产支持证券在深圳证券交易所（以下简称“本所”）的挂牌转让申请。

## 第二章 挂牌条件

第四条 【融资租赁债权入池基础资产在设立日应满足的要求】

以融资租赁债权作为基础资产发行资产支持证券，**入池的基础资产**在基准日、专项计划设立日除满足基础资产合格标准的一般要求外，还需要符合以下要求：

（一）原始权益人应当**合法拥有基础资产及对应租赁物的所有权**。除租赁物以原始权益人为权利人设立的担保物权外，基础资产及租赁物均不得附带抵押、质押等担保负担或者其他权利限制。已经存在抵押、质押等担保负担或者其他权利限制的，应当能够通过专项计划相关安排在原始权益人向专项计划转移基础资产时予以解除。租赁物状况良好，不涉及诉讼、仲裁、执行或破产程序，且应当不涉及国防、军工或其他国家机密。

（二）基础资产**界定应当清晰**，附属担保权益（如有）、其他权利（如有）及租赁物的**具体内容应当明确**。

（三）基础资产涉及的租赁物及对应租**金应当可特定化**，且**租金数额、支付时间应当明确**。

（四）基础资产涉及的融资租赁债权**应当基于真实、合法的交易活动产生，交**

**易对价公允，具备商业合理性**。**基础资产不属于**《资产证券化业务基础资产负面清单指引》列示的负面清单范畴，**不属于**以地方政府为直接或间接债务人、以地方融资平台公司为债务人的基础资产，**不存在**违反地方政府债务管理相关规定的情形。

（五）基础资产涉及的**交易合同应当合法有效**。出租人应当已经按照合同约定向出卖人支付了租赁物购买价款；出卖人不存在转让租赁物所有权给出租人的抗辩事由。出租人应当已经按照合同约定向承租人履行了合同项下的义务；相关租赁物已按照合同约定交付给承租人；租金支付条件已满足，历史租金支付情况良好；除以保证金冲抵租赁合同项下应付租金外，承租人履行其租金支付义务不存在抗辩事由和抵销情形。

（六）按照国家法律法规规定**租赁物的权属应当登记的**，原始权益人须已依法办理相关登记手续；**租赁物不属于依法需要登记的**财产类别，原始权益人应当在主管部门指定或行业组织鼓励的相关的登记系统进行融资租赁业务登记，登记的租赁物财产信息应与融资租赁合同及租赁物实际状况相符。

若存在**汽车融资租赁债权等特殊情形未进行权属登记的，管理人应当在计划说明书中披露**未进行权属登记的原因及合理性，充分揭示风险，并设置相应的权利完善措施。

第五条 【向计划转让基础资产之前提】

基础资产转让应当满足以下要求：

（一）基础资产应当具有**可转让性**，转让应当合法、有效，**转让对价应当公允**。

（二）基础资产转让**应当通知债务人**、附属担保权益义务人（如有）及其他权利义务人（如有），并在相关登记系统办理转让登记。

若存在特殊情形未进行债权转让通知或未办理转让登记的，管理人应当在计划说明书中披露未进行转让通知或未办理转让登记的原因及合理性，充分揭示风险。

（三）基础资产包含附属担保权益及其他权利（如有）的，**附属担保权益**及其他权利（如有）应当随融资租赁债权**一同转让**给专项计划，管理人应当明确附属担保权益及其他权利（如有）的权利变更登记事宜或交付事宜。

保证金、抵押权、质权等附属担保权益及其他权利（如有）未在专项计划设立日转付至专项计划账户或未办理转让变更登记的，应当在《资产服务议》等文件中约定相关权益的管理及运作方式，并充分揭示风险。

（四）租赁物所有权随基础资产转让给专项计划且租赁物权属变更依法应当登记的，应当办理变更登记手续。

租赁物所有权转让给专项计划但存在特殊情形未办理权属变更登记或租赁物所有权不随基础资产转让给专项计划的，管理人应当在计划说明书中披露租赁物所有权未办理权属变更登记或未转让给专项计划的原因及合理性，需采取有效措施防止第三方获取租赁物所有权，并充分揭示风险。

第六条 【设置权利完善措施】

管理人应当设置相应的权利完善措施进行风险缓释。权利完善措施的触发事件，可以包括但不限于资产服务机构解任、原始权益人或资产服务机构主体信用评级下降、原始权益人丧失清偿能力、基础资产违约、租赁物出现不可修复性损坏或灭失等。

存在本指南第五条列示的须充分揭示风险相关情形的，管理人应当设置有针对性的权利完善措施。

第七条 【不合格资产处置机制】

管理人应当设置专项计划不合格基础资产处置机制，并在专项计划文件中披露处置机制的触发条件、处置流程、信息披露要求以及处置义务人的履责能力。

第八条 【基础资产分散性、承租人行业集中度和区域集中度】

基础资产池应当具有一定的分散度，至少包括 10 个相互之间不存在关联关系的债务人，单个债务人入池资产金额占比不超过 50%，且前 5 大债务人入池资产金额占比不超过 70%。上述债务人之间存在关联关系的，应当合并计算。

原始权益人资信状况良好，且专项计划设置担保、差额支付等有效增信措施的，可以免于上述关于债务人分散度的要求。

符合条件并免于债务人分散度要求的，管理人应当在计划说明书中披露基础资产池集中度较高的原因及合理性，充分揭示风险，设置相应的风险缓释措施。

第九条 【管理人及律师的专项核查意见】

满足相关条件免于本指南第八条债务人分散度要求或租赁物涉及无形资产等情形的，管理人及律师应当结合租赁物的性质和价值、基础资产的构成、租赁本金和利率、出租人与承租人的合同权利和义务，对入池资产对应的租赁物买卖合同及融资租赁合同的商业合理性、相关财产作为租赁物是否符合相关法律法规等进行专项核查，并出具核查意见。

商业合理性核查，包括但不限于租赁物评估价值、租赁物的可处置性、租赁物买卖合同的交易对价、融资租赁合同的租金确定的依据及合理性等情况。

第十条 【尽职调查的覆盖范围】

管理人应当按照《证券公司及基金管理公司子公司资产证券化业务尽职调查工作指引》要求开展尽职调查工作，尽职调查范围原则上应当覆盖全部入池资产。

入池资产满足相关条件免于本指南第八条债务人分散度要求的，管理人应当强化对原始权益人、增信机构及债务人的尽职调查要求，应当就增信合同、债务人底层现金流锁定相关业务合同以及上述合同签署的相关授权、审批等情况进行充分尽职调查，发表明确的尽职调查意见。

入池资产符合笔数众多、资产同质性高、单笔资产占比较小等特征的，可以采用抽样尽职调查方法。采用抽样尽职调查方法的，管理人及其他中介机构应当设置科学合理的抽样方法和标准，并对抽取样本的代表性进行分析说明。对于基础资产池有重要影响的入池资产应当着重进行抽样调查。

第十一条　【承租人提前退租、违约风险】

基础资产现金流预测应当遵循合理、谨慎的原则，并充分考虑基础资产违约率、违约回收率、提前退租、预期收益率变动和相关税费是否由专项计划承担等因素对基础资产现金流的影响。

管理人和现金流预测机构（如有）应当在计划说明书和现金流预测报告（如有）中披露预测假设因素、预测方法和预测结论，并结合基础资产相关历史数据说明预测方法和相关指标设置的合理性。

第十二条　【现金流压力测试】

管理人和评级机构应当在计划说明书和评级报告中披露现金流压力测试的假设条件、压力因素、各压力情形可承受的违约率情况，其中，压力因素可以包括基础资产违约率、违约回收率、提前退租及预期收益率等指标。管理人应当在计划说明书中披露各压力情形下的现金流覆盖情况。

第十三条　【严禁资金混同、严守资金归集周期】

基础资产的现金流回款路径应当清晰明确，管理人应当在专项计划文件中明确专项计划账户设置、现金流自产生至当期分配给投资者期间在各账户间划转时间节点安排等。

基础资产现金流应当由债务人直接回款至专项计划账户，难以直接回款至专项计划账户的，应当直接回款至专项监管账户。专项监管账户资金应当与原始权益人的自有资金进行有效隔离，禁止资金混同或挪用。特殊情形下，基础资产现金流难以直接回款至专项计划账户或专项监管账户的，管理人应当充分披露基础资产现金流未能直接回款至专项计划账户或专项监管账户的原因和必要性，揭示资金混同或挪用等风险，并设置相应的风险缓释措施。

基础资产现金流未直接回款至专项计划账户的，应当由资产服务机构或管理人指定的机构负责基础资产现金流归集，且自专项计划设立之日起，基础资产回款归集至专项计划账户的周期应当不超过 1 个月。资产服务机构或管理人指定的机构可以根据专项计划的约定，提高资金归集频率。原始权益人资信状况良好，且专项计划设置担保、差额支付等有效增信措施的，现金流归集周期可以适当延长，但最长不得超过 3 个月。

第十四条 【基础资产现金流的分配】

专项计划应当设置合理的基础资产现金流分配流程和分配顺序。

第十五条 【如实披露信用增级措施】

专项计划存在信用增级安排的，管理人应当在计划说明书等专项计划文件中披露各项信用增级措施的启动时间、触发机制、保障内容及操作流程、增信安排法律效力及增信效果等。

增信机构为原始权益人及其关联方或重要债务人的，管理人应当结合风险相关性情况，详细核查并披露前述情况对增信效果的影响，并充分揭示风险。

第十六条 【原始权益人的主体要求】

原始权益人开展业务应当满足相关主管部门监管要求、正式运营满 2 年、具备风险控制能力且为符合下列条件之一的融资租赁公司：

（一）境内外上市公司或者境内外上市公司的子公司。为境内外上市公司子公司的，其总资产、营业收入或净资产等指标占上市公司的比重应当超过 30%。

（二）主体评级达 AA 级及以上的融资租赁公司。

符合以下条件之一的，原始权益人可以为前款第（一）项和第（二）项规定以外的融资租赁公司：

（一）单笔入池资产信用等级 A－级及以上资产的未偿还本金余额对优先级本金覆盖倍数大于 100%，且入池资产对应的租赁物为能产生持续稳定的经营性收益、处置时易于变现的租赁物。

（二）入池资产为汽车融资租赁债权，承租人高度分散，单笔入池资产占比均不超过 0.1%，基础资产相关业务的逾期率、违约率等风控指标处于较低水平，且原始权益人最近一年末净资产超过人民币 2 亿元、最近一个会计年度净利润为正。

（三）专项计划设置担保、差额支付等有效增信措施，提供担保、差额支付等增信机构的主体评级为 AA 级及以上。

第十七条 【如实披露失信情形】

原始权益人最近两年不存在因严重违法失信行为，被有权部门认定为失信被执行人、失信生产经营单位或者其他失信单位，并被暂停或限制进行融资的情形。重要债务人（如有）最近两年内不存在因严重违法失信行为，被有权部门认定为失信被执行人、重大税收违法案件当事人或涉金融严重失信人的情形。管理人和律师应当就上述事项是否影响原始权益人进行融资或重要债务人的偿债能力进行核查，并在专项计划文件中发表明确意见。

第十八条 【对融资管理能力的尽职调查】

资产服务机构应当具备融资租赁相关业务管理能力，包括但不限于回收租金、附属担保权益及其他权利（如有）管理、租赁项目的跟踪评估等。管理人需对资产服务机构的资产服务能力进行尽职调查。

第十九条 【自留风险、免于自留风险的情形】

原始权益人及其关联方应当保留一定比例的基础资产信用风险，具体比例按照以下第（一）款或第（二）款要求进行：

（一）持有最低档次资产支持证券，且持有比例不得低于所有档次资产支持证券发行规模的5%，持有期限不低于资产支持证券存续期限。

（二）若持有除最低档次之外的资产支持证券，各档次证券均应当持有，且应当以占各档次证券发行规模的相同比例持有，总持有比例不得低于所有档次资产支持证券发行规模的5%，持有期限不低于各档次资产支持证券存续期限。

原始权益人及其关联方按照上述要求进行风险自留后，除非根据法院生效判决或裁定，不得将其持有的最低比例要求的资产支持证券进行转让或者任何形式的变相转让。

原始权益人资信状况良好，且专项计划设置担保、差额支付等有效增信措施的，可以免于上述风险自留要求。符合条件并免于上述风险自留要求的，管理人应当在计划说明书中充分披露原始权益人未进行风险自留的原因及合理性，并揭示相关风险。

第二十条 【对合格投资限制】

若专项计划涉及合格投资安排，合格投资应当仅限在专项计划账户内进行。合格投资不得投资权益类产品，投资固定收益类产品的，应当防范投资标的的信用、市场和流动性等相关风险。

第二十一条 【鼓励情形】

本所鼓励积极服务“一带一路”、京津冀协同发展、长江经济带、“中国制造2025”和新型城镇化建设等国家重大战略的融资租赁公司开展资产证券化业务，鼓励在飞机、船舶、工程机械等传统领域以及新一代信息技术、高端装备制造、新能源、节能环保和生物等战略性新兴产业展业的融资租赁公司发行资产证券化产品。针对前述鼓励情形，本所将提升受理、评审及挂牌转让工作效率。

## 第三章 附　　则

第二十二条 【公开市场评级为主的评级原则】

涉及主体评级要求的，原则上应当为公开市场评级，可以引用相关主体公司债券或债务融资工具有效期内的评级报告。

第二十三条 【循环购买参照应收账款规定执行】

融资租赁债权资产证券化基础资产确需设置循环购买的，参照本所《企业应收账款资产支持证券挂牌条件确认指南》中有关循环购买的要求办理，并做好信息披露。

第二十四条 【解释主体】

本所将根据业务发展情况不定期修订并发布更新版本。本所对本指南保留最终解释权。

第二十五条 【生效日期】

本指南自发布之日起施行。

### 1.3.8 《深圳证券交易所融资租赁债权资产支持证券信息披露指南》（2018 年 2 月 9 日 深证上〔2018〕73 号）

**【重点提示】**

2018 年 2 月 9 日，沪深交易所、机构间私募产品报价与服务系统相继发布了《融资租赁债权资产支持证券挂牌条件确认指南》和配套的《融资租赁债权资产支持证券信息披露指南》，出于统一监管的需要，各交易所指南内容基本保持一致，对于披露指南，需要读者重点关注第 8 条对融资租赁披露义务 19 个方面的特别要求。

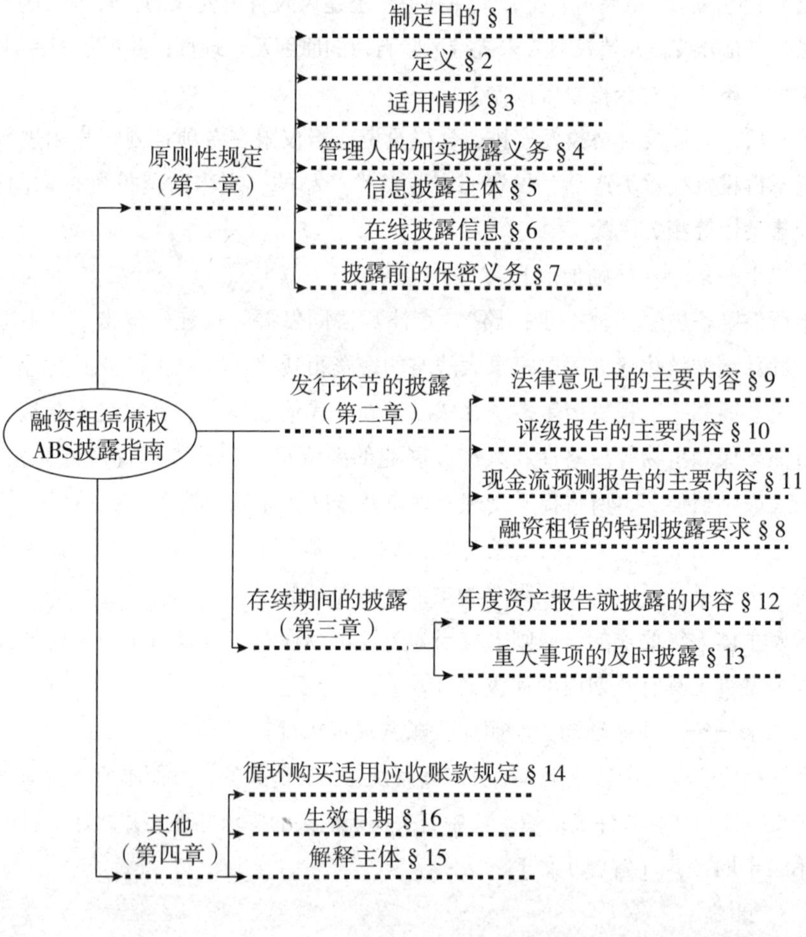

【文件内容】

## 第一章　总　　则

第一条　【制定目的】

为规范发展融资租赁债权资产证券化业务，便于管理人和原始权益人等参与机构开展业务和加强风险管理，保护投资者合法权益，促进资产证券化业务健康发展，根据《证券公司及基金管理公司子公司资产证券化业务管理规定》（证监会公告〔2014〕49 号，以下简称“《管理规定》”）、《证券公司及基金管理公司子公司资产证券化业务信息披露指引》（证监会公告〔2014〕49 号，以下简称“《信息披露指引》”）、《深圳证券交易所资产证券化业务指引（2014 年修订）》（深证会〔2014〕130 号，以下简称“《业务指引》”）等相关规定，制定本指南。

第二条　【定义】

**本指南所称融资租赁债权资产支持证券，是指**证券公司、基金管理公司子公司作为管理人，通过设立资产支持专项计划（以下简称“专项计划”）开展资产证券化业务，以融资租赁债权为基础资产或基础资产现金流来源所发行的资产支持证券。

**本指南所称融资租赁债权，是指**融资租赁公司依据融资租赁合同对债务人（承租人）享有的租金债权、附属担保权益（如有）及其他权利（如有）。

第三条　【适用情形】

本指南适用于融资租赁债权资产支持证券在深圳证券交易所（以下简称“本所”）挂牌转让的信息披露专项要求。

第四条　**【管理人的如实披露义务】**

管理人及其他信息披露义务人应当按照《管理规定》《信息披露指引》《业务指引》及本指南的规定以及计划说明书的约定履行信息披露义务，及时、公平地披露可能对资产支持证券产生重大影响的信息，并保证所披露的信息真实、准确、完整，不得有虚假记载、误导性陈述或者重大遗漏。

本指南所称其他信息披露义务人包括但不限于托管人、律师事务所、会计师事务所、资信评级机构、资产服务机构、现金流预测机构、资产评估机构等。

第五条　**【信息披露主体】**

**原始权益人和除管理人以外的其他服务机构**应当按照合同约定及时向管理人提供相关信息，并保证所提供信息真实、准确、完整。

本指南所称的**其他服务机构**包括但不限于资产服务机构、托管人、信用增级机构、律师事务所、会计师事务所、资信评级机构、现金流预测机构、流动性支持机构、销售机构等。

第六条 **【在线披露信息】**

资产支持证券在本所挂牌转让的，管理人及其他信息披露义务人应当于规定时间内通过指定网站或以本所认可的其他方式向合格投资者披露信息。

第七条 **【披露前的保密义务】**

管理人、其他信息披露义务人、其他服务机构及登记托管机构等相关知情人在信息披露前不得泄露拟披露的信息。

## 第二章 发行环节信息披露

第八条 **【融资租赁债券的特别披露要求】**

专项计划以融资租赁债权作为基础资产的，计划说明书**除按照资产支持证券一般要求进行编制和披露外，还应当详细披露**基础资产池、交易结构、现金流预测及压力测试、现金流归集、原始权益人、增信方式、增信主体（如有）及风险自留等相关情况，包括但不限于以下内容：

（一）基础资产入池标准及创建程序。

（二）基础资产池的基本情况，**包括但不限于**租赁业务形式占比情况（直接租赁、售后回租等）、租赁物描述等情况、原始权益人在获取租赁物时的付款情况、租赁物交付情况、租赁物投保情况、债务人行业及地区分布、入池资产信用等级分布（如有）、未偿本金余额分布、剩余期限分布、利率与计息方式、租金偿还方式及分布、首付款比例分布（如有）、担保人、担保形式及担保物/保证金对债务的覆盖比例（如有）、保证金收取及管理情况、债务人数量及集中度、重要债务人情况、关联交易笔数与金额及其占比、关联方情况、涉及关联方交易相关的风险及风险缓释措施等，并以计划说明书附件列表形式**披露基础资产未偿本金余额占比最大的20笔基础资产的上述信息**。

基础资产所涉租赁合同中**存在采用浮动利率计息方式的**，管理人需披露该等利率的浮动方式与基准利率的关系等相关信息，并说明利率浮动是否会对专项计划的超额利差增信方式产生影响。

基础资产**所涉及提前退租的相关约定**，包括但不限于提前退租的条件，提前退租是否可以减免租赁利息和相关费用等。

（三）入池融资租赁债权及**对应租赁物的抵押、质押等担保负担或者其他权利限制情况**，若存在担保负担或者其他权利限制，还应当披露解除前述担保负担或者权利限制的相关安排、资金监控措施、风险处置安排、基础资产向专项计划转移时是否已合法有效地解除了担保负担或者权利限制。

（四）权利完善措施的具体情况，包括但不限于触发条件、完善措施的具体内容及流程等。

（五）不合格基础资产处置机制，包括但不限于处置机制的触发条件、处置流程、信息披露要求及处置义务人的履责能力分析。

**（六）基础资产池的分散度情况及是否符合最低分散度要求，如依照相关规定免于最低分散度要求的，应披露基础资产池集中度较高的原因及合理性**，因此产生的风险情况及设置的相关风险缓释措施等。

（七）基础资产池所对应重要债务人的主营业务、财务数据、信用情况、偿债能力及资信评级情况（如有）等。重要债务人是指单一债务人未偿还本金金额占比超过15%的，或债务人及其关联方的未偿还本金金额合计占比超过20%的情形。

未达到重要债务人要求但单笔未偿还本金金额占比较大的，管理人应当结合对专项计划现金流影响情况，对债务人经营状况及财务状况进行必要的信息披露，并披露相关尽职调查的程序、范围及方式等。

（八）相关中介机构采取抽样调查方法的情况（如有），包括但不限于抽样方法、抽样标准设置的合理性，及抽取样本的代表性等。

**（九）现金流预测假设因素、预测方法和预测结论**，并结合基础资产相关历史数据说明预测方法和相关指标设置的合理性。

（十）现金流压力测试的假设条件、压力因素及各压力情形可承受的违约率情况。

**（十一）基础资产现金流归集频率、路径和资金监管措施**，包括但不限于专项计划账户设置、现金流自产生至分配给投资人期间在各账户间划转时间节点安排等。现金流未直接回款至专项计划账户的，还应当披露转付安排的合理性、资金混同和挪用等风险的防范机制及资产支持证券存续期间设置防范混同和挪用等风险的持续检查机制等，揭示资金混同和挪用等风险，并披露设置的风险缓释措施。

**（十二）增信措施或安排（如有）的具体情况及其合法性和有效性**，增信机构为原始权益人及其关联方或重要债务人的，管理人应有针对性加强对相关主体经营财务信息的披露，并结合风险相关性情况，详细披露前述情况对增信效果的影响，并充分揭示风险。

**（十三）为入池融资租赁债权的偿付提供信用支持或对专项计划提供流动性支持、差额补足、担保等增信安排主体（如有）的基本情况、财务数据、偿债能力和资信状况，及对其增信效力的分析说明**。

（十四）原始权益人融资租赁业务开展情况。包括但不限于主营业务概况、业务开展的时间、经营模式、承租人集中度、行业分布、期限分布、盈利和现金流的稳定性、业务开展的资金来源、风险资产规模、既有负债、或有负债等情况，以及自展业以来融资租赁业务的展期、早偿、逾期、违约以及违约后回收等情况的定义、具体计算方式及相关历史数据。

**（十五）原始权益人与融资租赁业务相关的风险控制制度**。包括但不限于风险分类管理制度、承租人信用评估制度、事后追偿和处置制度、风险预警机制、风险准备金计提情况及风险资产占净资产的比重等。其中关于风险分类管理制度，应当就其分类管理标准、定义、方式等进行披露。

（十六）失信记录特别核查情况，包括但不限于原始权益人最近两年内是否存在严重违法失信行为，是否存在被有权部门认定为失信被执行人、失信生产经营单位或者其他失信单位，并被暂停或限制进行融资的情形；重要债务人（如有）最近两年内是否存在因严重违法失信行为，被有权部门认定为失信被执行人、重大税收违法案件当事人或涉金融严重失信人的情形；上述事项是否影响原始权益人进行融资或重要债务人的偿债能力的明确核查意见等。

（十七）资产服务机构融资租赁相关的业务管理能力，包括但不限于回收租金的资金管理、附属担保权益及其他权利的管理（如有）、租赁项目的跟踪评估等。

（十八）原始权益人风险自留情况，若免于风险自留的，管理人应当充分披露未进行风险自留的原因及合理性，并揭示相关风险。

（十九）合格投资（如有）相关安排，包括但不限于投资范围、账户安排、投资标的的信用、市场和流动性等相关风险及防范措施等。

第九条 **【法律意见书的主要内容】**

专项计划应当由律师事务所对专项计划的有关法律事宜发表专业意见，并向合格投资者披露法律意见书，法律意见书除按照资产支持证券一般要求进行编制和披露外，还应当包括以下内容：

（一）基础资产界定的具体范围和法律依据。

（二）基础资产涉及交易合同的合法有效性、出租人履行合同义务情况、出卖人交付及转让租赁物所有权情况、融资租赁合同租金给付条件满足情况及承租人履行其租金给付义务的抗辩事由和抵销情形。

（三）基础资产转让的合法有效性，包括但不限于融资租赁债权转让通知安排及转让登记情况、附属担保权益及其他权利的转让及转付安排（如有）、租赁物的转让安排（如有）等。

（四）基础资产涉及关联交易（如有）的交易背景真实性、交易对价公允性。

（五）基础资产与原始权益人的破产隔离效果。

（六）原始权益人、增信主体（如有）等相关主体的内部授权情况。

（七）增信措施或安排（如有）的具体情况及其合法性等。

**（八）失信记录特别核查情况，包括但不限于**原始权益人最近两年内是否存在严重违法失信行为，是否存在被有权部门认定为失信被执行人、失信生产经营单位或者其他失信单位，并被暂停或限制进行融资的情形；重要债务人（如有）最近两年内是否存在因严重违法失信行为，被有权部门认定为失信被执行人、重大税收违法案件当事人或涉金融严重失信人的情形；上述事项是否影响原始权益人进行融资或重要债务人的偿债能力的明确核查意见等。

（九）抽样调查方法（如有）具体内容，包括但不限于抽样方法、抽样标准设置等。

第十条 **【评级报告的主要内容】**

信用评级报告（如有）应当由具有中国证监会核准的证券市场资信评级业务资格的资信评级机构出具，评级报告除按照资产支持证券一般要求进行编制和披露外，还应当包括以下内容：

（一）专项计划涉及信用增级方式的增信效果分析。

（二）基础资产影子评级分布（如有）以及加权影子评级（如有）。

（三）现金流归集路径、监管措施及混同和挪用等风险分析。

（四）现金流压力测试的假设条件、压力因素、各压力情形下压力测试结果。

第十一条 **【现金流预测报告的主要内容】**

现金流预测机构（如有）、资产评估机构（如有）等应当按照相关规则及规定要求编制现金流预测报告和资产评估报告。

现金流预测报告应当披露基础资产现金流预测的假设因素、预测方法、预测结论，并结合基础资产相关历史数据说明预测方法和相关指标设置的合理性。

## 第三章 存续期间信息披露

第十二条 **【年度资产报告应披露的内容】**

年度资产管理报告除按照资产支持证券信息披露则要求进行编制和披露外，还应当包括以下内容：

（一）基础资产的运行情况，包括但不限于：入池资产早偿、逾期、违约、不良等运行表现情况，各预测周期基础资产实际现金流及与预测比较情况，融资租赁款的归集、划转情况，租赁物价值的变动情况，现金流混同和挪用风险防范落实情况，以及基础资产相关的争议、纠纷、诉讼、仲裁、保险赔偿情况等。

（二）报告期内特定原始权益人与增信机构的股权结构、公司治理、经营情况、财务情况、资信情况以及相关重大变化情况。

（三）专项计划不合格基础资产处置、权利完善事件、增信措施（如有）等相关投资者保护条款的触发与执行情况。

（四）原始权益人风险自留及次级资产支持证券期间分配收益情况。

第十三条 **【重大事项的及时披露】**

资产支持证券存续期间，发生《信息披露指引》第十九条规定的重大事件及下列可能影响基础资产现金流和资产支持证券本息偿付等的重大事项，信息披露义务人应在相关事件或事项发生后两个交易日内及时进行临时信息披露：

（一）重要债务人的经营情况出现重大变化，可能影响资产支持证券投资者利益。

（二）基础资产池的信用状况出现重大不利变化，如发生违约率、逾期率等指标大幅提升等可能影响基础资产现金流流入的事项。

（三）触发权利完善事件（如有）、加速清偿事件（如有）、提前终止事件（如有）等可能影响资产支持证券投资者利益的事项。

（四）其他可能影响基础资产现金流和资产支持证券本息偿付的重大事项。

## 第四章 附 则

第十四条 **【循环购买规则】**

融资租赁债权资产证券化基础资产确需设置循环购买的，信息披露参照本所《企业应收账款资产支持证券信息披露指南》中有关循环购买的相关要求办理。

第十五条 **【解释主体】**

本所将根据业务发展情况不定期修订本指南并发布更新版本。本所对本指南保留最终解释权。

第十六条 **【生效日期】**

本指南自发布之日起施行。

## 1.3.9 《深圳证券交易所基础设施类资产支持证券挂牌条件确认指南》(2018 年 6 月 8 日 深证上〔2018〕263 号)

【重点提示】

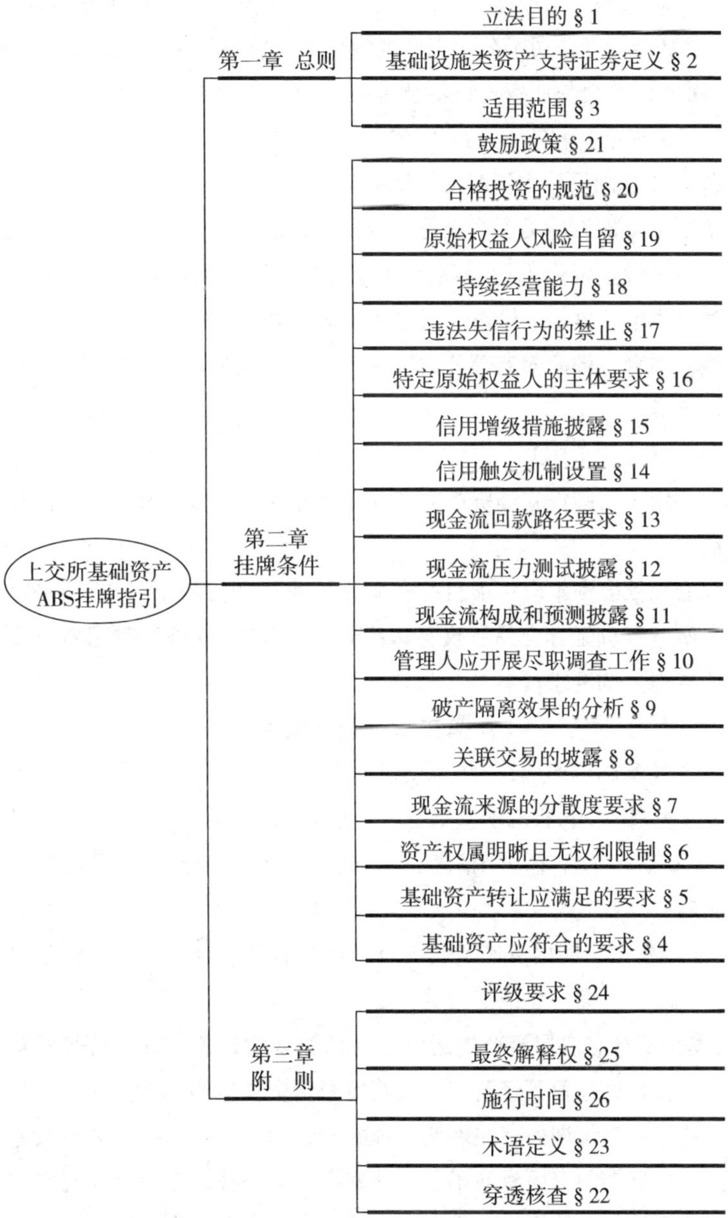

【文件内容】

## 第一章 总 则

第一条 【立法目的】

为规范基础设施类资产证券化业务，便于管理人和原始权益人等参与机构开展业务和加强风险管理，保护投资者合法权益，促进资产证券化业务健康发展，根据《证券公司及基金管理公司子公司资产证券化业务管理规定》（证监会公告〔2014〕49 号）、《深圳证券交易所资产证券化业务指引（2014 年修订）》（深证会〔2014〕130 号）等相关规定，制定本指南。

第二条 【基础设施类资产支持证券定义】

本指南所称基础设施类资产支持证券，是指证券公司、基金管理公司子公司作为管理人，通过设立资产支持专项计划（以下简称专项计划）开展资产证券化业务，**以燃气、供电、供水、供热、污水及垃圾处理等市政设施，公路、铁路、机场等交通设施，教育、健康养老等公共服务产生的收入为基础资产现金流来源**所发行的资产支持证券。

第三条 【适用范围】

本指南适用于基础设施类资产支持证券在深圳证券交易所（以下简称本所）挂牌转让申请。

**涉及政府和社会资本合作项目的基础设施类资产支持证券申请在本所挂牌的，应当适用本所《深圳证券交易所政府和社会资本合作（PPP）项目资产支持证券挂牌条件确认指南》**的要求。

## 第二章 挂牌条件

第四条 【基础资产应符合的要求】

基础设施类资产支持证券的基础资产、底层资产及相关资产应当符合以下要求：

（一）基础资产的界定应当清晰，具有法律、法规依据，附属权益（如有）的内容应当明确。

（二）基础资产、底层资产及相关资产应当合法、合规，已按相关规定履行必要的审批、核准、备案、登记等相关程序。

**（三）基础资产、底层资产的运营应当依法取得相关特许经营等经营许可或其他经营资质，且特许经营等经营许可或其他经营资质应当能覆盖专项计划期限。**经营资质在专项计划存续期内存在展期安排的，管理人应当取得相关授权方或主管部门关于经营资质展期的书面意向函，在计划说明书中披露按照相关规定或主管部门要求办理展期手续的具体安排，说明专项计划期限设置的合理性，充分揭示风险并设置相应的风险缓释措施。

（四）基础资产现金流应当基于真实、合法的经营活动产生，形成基础资产的法律协议或文件（如有）应当合法、有效，价格或收费标准符合相关规定。**基础资产不属于《资产证券化基础资产负面清单》列示的范畴。**

（五）原始权益人应当合法拥有基础资产。基础资产系从第三方受让所得的，原始权益人应当已经支付转让对价，且转让对价应当公允。

（六）基础资产、底层资产应当可特定化，其产生的现金流应当独立、稳定、可预测。基础资产及底层资产的规模、存续期限应当与资产支持证券的规模、存续期限相匹配。

第五条　【基础资产转让应满足的要求】

基础资产转让应当满足以下要求：

（一）基础资产应当具有可转让性，转让应当合法、有效，转让对价应当公允，存在附属权益（如有）的，应当一并转让。

（二）基础资产转让依法须取得的授权、批准等手续应当齐备，并在相关登记机构办理转让登记（如需）。

若存在特殊情形未办理登记的，管理人应当在计划说明书中披露未办理登记的原因及合理性，充分揭示风险，并设置相应的风险缓释措施。

第六条　【资产权属明晰且无权利限制】

基础资产、底层资产及相关资产的权属应当清晰明确，不得附带抵押、质押等担保负担或者其他权利限制。基础资产或底层资产已经存在抵押、质押等担保负担或者其他权利限制的，应当能够通过专项计划相关安排在原始权益人向专项计划转移基础资产时予以解除。

**底层资产、相关资产应当向专项计划或其相关方进行质押、抵押以保障基础资产现金流的回收**，其授权、批准等手续应当齐备，并在相关登记机构办理质押、抵押登记。底层资产、相关资产质押或抵押未进行登记的，管理人应当在计划说明书中说明未进行登记的原因及合理性，充分揭示风险，并设置相应的风险缓释措施。相关资产由于特殊情形未能进行质押或抵押的，管理人应当在计划说明书中披露合理性，充分揭示风险，并设置相应的风险缓释措施。

第七条　【现金流来源的分散度要求】

基础资产及底层资产的现金流来源应当具备一定的分散度。管理人应当结合基础资产或底层资产涉及的地区概况、区域经济、行业政策、供需变化等因素，对专项计划的集中度风险进行分析。管理人应当说明基础资产或底层资产现金流来源的集中度情况，集中度较高的应当进行风险提示，并披露重要现金流提供方的经营情况及财务状况。

第八条 【关联交易的披露】

**基础资产或底层资产涉及关联交易的，管理人、律师等应当在专项计划文件中披露基础资产或底层资产涉及的关联关系、关联交易的金额及占比情况，并就交易背景的真实性、交易对价的公允性及其对基础资产现金流预测的影响发表明确意见。**

第九条 【破产隔离效果的分析】

**律师应当在法律意见书中分析基础资产的破产隔离效果，包括但不限于基础资产转让、基础资产交割、基础资产现金流归集和违约处置等方面，说明基础资产与原始权益人之间的风险隔离措施，并对其是否可以实现与原始权益人之间的破产隔离发表明确法律意见。**

第十条 【管理人应开展尽职调查工作】

管理人应当按照《证券公司及基金管理公司子公司资产证券化业务尽职调查工作指引》（证监会公告〔2014〕49 号）的要求开展尽职调查工作，尽职调查范围应当覆盖基础资产、底层资产及主要相关资产。

对特定原始权益人的尽职调查应当包括但不限于基本情况、主营业务情况、财务情况以及与基础资产相关的业务情况。对资产服务机构的尽职调查应当包括但不限于基本情况、与基础资产管理相关的业务情况。对基础资产的尽职调查应当包括基础资产的法律权属、转让的合法性、基础资产的运营情况和现金流历史记录，同时应当对基础资产未来的现金流情况进行合理预测和分析。

第十一条 【现金流构成和预测披露】

管理人应当在计划说明书中披露基础资产及底层资产的现金流构成以及至少最近三年（未满三年的自开始运营之日起）的历史现金流情况、波动情况及波动原因，分析现金流的独立性、稳定性。基础资产或底层资产历史现金流波动较大的，管理人应当在计划说明书中充分揭示风险，并设置相应的风险缓释措施。

**管理人应当聘请具备证券期货相关业务资格的现金流预测机构编制现金流预测报告，对专项计划存续期内的基础资产或底层资产现金流状况进行预测。**现金流预测应当遵循合理、谨慎的原则，并充分考虑宏观及区域经济发展、行业政策及发展、原始权益人资质取得及持续经营能力、价格规制、供需关系、结算方式、预付或延迟支付、收缴率、相关税费是否由专项计划承担等因素对基础资产现金流的影响。基础资产或底层资产现金流预测周期应当与资产支持证券兑付周期匹配。

管理人、现金流预测机构应当在计划说明书、现金流预测报告中披露预测假设因素、预测方法和预测结论，并结合基础资产或底层资产相关历史数据说明预测方法和相关指标设置的合理性。对于面向特定领域服务或者现金流来源行业较为集中

的基础设施，应当结合宏观经济政策对现金流作出更为谨慎的测算，并增强风险缓释措施。

第十二条 【现金流压力测试披露】

**管理人和评级机构应当在计划说明书和评级报告中披露现金流压力测试的相关方法以及结果**，包括但不限于涉及的压力因素、参数设置以及取值原因和合理性等，并应当披露压力情况下各兑付期间的现金流覆盖倍数。

第十三条 【现金流回款路径要求】

基础资产及底层资产的现金流回款路径应当清晰明确，管理人应当在专项计划文件中明确专项计划的账户设置、现金流自产生至当期分配给投资者期间在各账户间划转时间节点安排等。

基础资产现金流应当由现金流提供方直接支付至专项计划账户。现金流提供方无法将基础资产现金流直接支付至专项计划账户的，管理人应当聘请资产服务机构负责基础资产或底层资产的现金流归集。资产服务机构可以由原始权益人担任，资产服务机构不由原始权益人担任的，管理人应当充分披露该机构的资产服务能力、担任资产服务机构的必要性和合理性，同时应当明确原始权益人在现金流归集与划转中的责任和义务。资产服务机构应当设置专项监管账户，基础资产或底层资产现金流应当由资产服务机构从专项监管账户全部划付至专项计划账户。专项监管账户资金应当与资产服务机构的自有资金进行有效隔离，禁止资金混同或挪用。

**自专项计划设立之日起，基础资产或底层资产回款自产生至归集进入专项计划账户的周期应当不超过1个月。资产服务机构可以根据专项计划的约定，提高资金归集频率。原始权益人及资产服务机构资信状况良好，且专项计划设置担保、差额支付等有效增信措施的，现金流归集周期可以适当延长，但最长不得超过3个月。**

第十四条 【信用触发机制设置】

管理人应当针对各项不利于专项计划资产安全、现金流归集的情形设置合理的信用触发机制，并在专项计划文件中披露各信用触发机制的触发条件、处置流程、触发结果、风险缓释效果和信息披露要求。

上述相关情形可以包括：（1）原始权益人丧失所需的经营资质、丧失持续经营能力或经营权利；（2）特定原始权益人、资产服务机构、增信机构等主体评级下降、丧失清偿能力、金融债务违约、涉及重大诉讼、相关账户查封或冻结；（3）原始权益人发生安全生产或环境污染重大事故，受到主管部门重大行政处罚；（4）基础资产、底层资产的现金流回收出现大幅波动，或者相较现金流预测出现重大偏差；（5）相关资产的权属出现重大不利变化、出现不可修复性损坏或灭失；（6）专项计划现金流入严重依赖于重要现金流提供方或单一下游行业，且该现金流提供方或该行业发生重大不利情形；(7) 其他可能影响基础资产运行、投资者收益分配的不利情形。

第十五条　【信用增级措施披露】

专项计划存在信用增级安排的，管理人应当在计划说明书等专项计划文件中披露各项信用增级措施的启动时间、触发机制、保障内容及操作流程、增信安排的法律效力及增信效果等。

增信机构为原始权益人及其关联方或现金流提供方的，管理人应当结合风险相关性情况，详细核查并披露前述情况对增信效果的影响，并充分揭示风险。

第十六条　【特定原始权益人的主体要求】

特定原始权益人开展业务应当满足相关主管部门监管要求、取得相关特许经营等经营许可或其他经营资质、基础资产或底层资产相关业务**正式运营满 2 年**、具备资产运营能力且符合下列条件之一：

(一) **主体评级达 AA 级及以上。**

(二) **专项计划设置担保、差额支付等有效增信措施，提供担保、差额支付等增信机构的主体评级为 AA 级及以上。**

第十七条　【违法失信行为的禁止】

原始权益人最近两年不存在因严重违法失信行为，被有权部门认定为失信被执行人、失信生产经营单位或者其他失信单位，并被暂停或限制进行融资的情形；重要现金流提供方（如有）最近两年内不存在因严重违法失信行为，被有权部门认定为失信被执行人、重大税收违法案件当事人或涉金融严重失信人的情形。**管理人和律师应当就上述事项是否影响原始权益人进行融资或重要现金流提供方的偿债能力进行核查，并在专项计划文件中发表明确意见。**

第十八条　【持续经营能力】

特定原始权益人应当具备持续经营能力，管理人应当在专项计划文件中测算专项计划存续期间特定原始权益人经营现金流入扣除向专项计划归集的现金流后对经营成本、税费的覆盖情况，并分析其对相关资产的控制程度和持续运营能力。若覆盖存在缺口或相关资产控制、运营能力存在潜在不利影响，管理人应当设置合理的运营保障措施，并在计划说明书中进行充分的风险揭示。

第十九条　【原始权益人风险自留】

**原始权益人及其关联方应当保留一定比例的基础资产信用风险，持有最低档次资产支持证券，且持有比例不得低于所有档次资产支持证券发行规模的 5%，持有期限不低于资产支持证券存续期限。**

原始权益人及其关联方按照上述要求进行风险自留后，除非根据生效判决或裁

定，不得将其持有的资产支持证券进行转让或者以任何形式的变相转让。

第二十条　【合格投资的规范】

若专项计划涉及合格投资安排，合格投资应当仅限在专项计划账户内进行。合格投资不得投资权益类产品，投资固定收益类产品的，应当防范投资标的的信用、市场和流动性等相关风险。

第二十一条　【鼓励政策】

本所鼓励**积极服务绿色发展、"一带一路"、精准扶贫、京津冀协同发展、长江经济带、雄安新区建设、"中国制造 2025"和新型城镇化建设等国家重大战略**的基础设施类资产证券化业务。针对前述鼓励情形，本所将提升受理、评审及挂牌转让工作效率。

## 第三章　附　　则

第二十二条　【穿透核查】

对专项计划中以其持有的底层资产作为基础资产现金流来源并获得融资的主体，**应当穿透核查其是否符合本指南中对原始权益人的相关要求**，并由其按照本指南第十九条的相关要求进行风险自留。

第二十三条　【术语定义】

本指南相关用语的含义：

（一）底层资产，是指**根据穿透原则在专项计划中作为专项计划现金流最终偿付来源的资产**。

（二）相关资产，是指**基础资产或底层资产所依附的土地使用权、建筑物、设施、设备等财产或财产权利**。

（三）重要现金流提供方，是指现金流预测基准日基础资产或底层资产现金流单一提供方按照约定未支付现金流金额占基础资产未来现金流总额比例超过 15%，或该单一提供方及其关联方的未支付现金流金额合计占基础资产未来现金流总额比例超过 20% 的现金流提供方。

第二十四条　【评级要求】

涉及主体评级要求的，原则上应当为公开市场评级，可以引用相关主体公司债券或债务融资工具有效期内的评级报告。

第二十五条　【最终解释权】

本所将根据业务发展情况不定期修订本指南并发布更新版本。本所对本指南保留最终解释权。

第二十六条　【施行时间】

本指南自发布之日起施行。

## 1.3.10 《深圳证券交易所基础设施类资产支持证券信息披露指南》(2018年6月8日 深证上〔2018〕263号)

【重点提示】

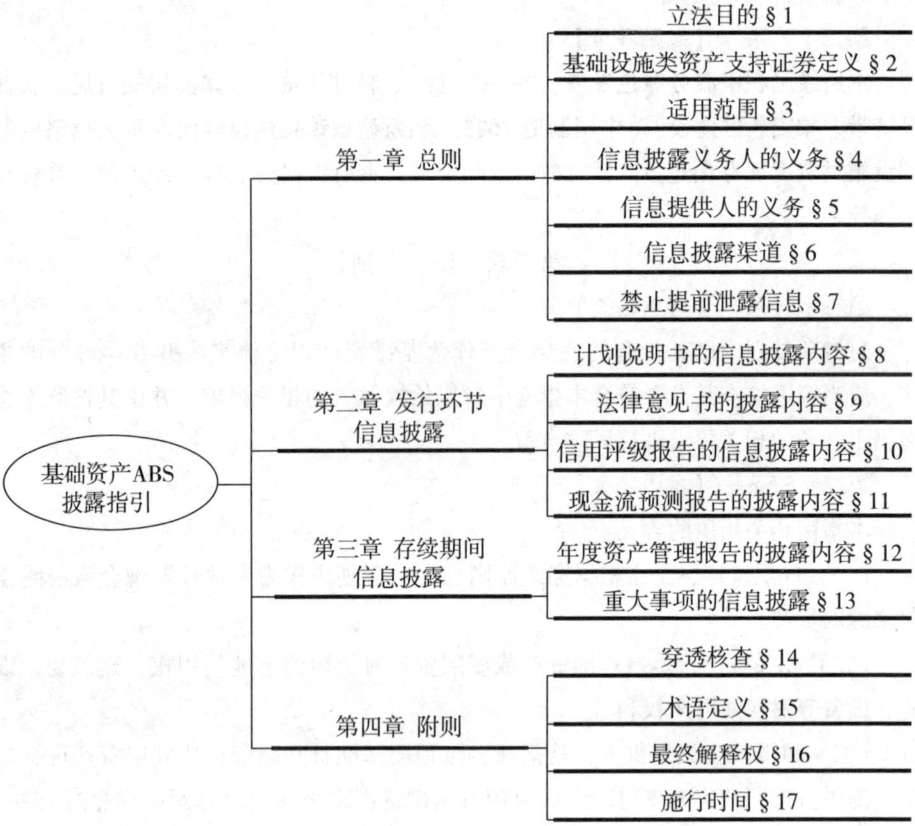


【文件内容】

### 第一章 总　　则

第一条 【立法目的】

为规范基础设施类资产证券化业务，便于管理人和原始权益人等参与机构开展业务和加强风险管理，保护投资者合法权益，促进资产证券化业务健康发展，根据《证券公司及基金管理公司子公司资产证券化业务管理规定》（证监会公告〔2014〕49号，以下简称《管理规定》）、《证券公司及基金管理公司子公司资产证券化业务信息披露指引》（证监会公告〔2014〕49号，以下简称《信息披露指引》）、《深圳证券交易所资产证券化业务指引（2014年修订）》（深证会〔2014〕130号，以下简称《业务指引》）等相关规定，制定本指南。

第二条 【基础设施类资产支持证券定义】

本指南所称基础设施类资产支持证券，是指证券公司、基金管理公司子公司作为管理人，通过设立资产支持专项计划（以下简称专项计划）开展资产证券化业务，**以燃气、供电、供水、供热、污水及垃圾处理等市政设施，公路、铁路、机场等交通设施，教育、健康养老等公共服务产生的收入为基础资产现金流来源**所发行的资产支持证券。

第三条 【适用范围】

本指南适用于基础设施类资产支持证券在深圳证券交易所（以下简称本所）挂牌转让的信息披露专项要求。

**涉及政府和社会资本合作项目的基础设施类资产支持证券申请在本所挂牌的，应当适用本所《深圳证券交易所政府和社会资本合作（PPP）项目资产支持证券信息披露指南》的要求。**

第四条 【信息披露义务人的义务】

管理人及其他信息披露义务人应当按照《管理规定》《信息披露指引》《业务指引》及本指南的规定以及计划说明书的约定履行信息披露义务，及时、公平地披露可能对资产支持证券产生重大影响的信息，并保证所披露的信息真实、准确、完整，不得有虚假记载、误导性陈述或者重大遗漏。

本指南所称**其他信息披露义务人包括但不限于托管人、律师事务所、会计师事务所、资信评级机构、资产服务机构、现金流预测机构、资产评估机构等**。

第五条 【信息提供人的义务】

原始权益人和除管理人以外的其他服务机构应当按照合同约定，及时向管理人提供相关信息，并保证所提供信息真实、准确、完整。

**本指南所称的其他服务机构包括但不限于资产服务机构、托管人、信用增级机构、律师事务所、会计师事务所、资信评级机构、现金流预测机构、流动性支持机构、销售机构等。**

第六条 【信息披露渠道】

资产支持证券在本所挂牌转让的，管理人及其他信息披露义务人应当于规定时间内通过指定网站或以本所认可的其他方式向合格投资者披露信息。

第七条 【禁止提前泄露信息】

管理人、其他信息披露义务人、其他服务机构及登记托管机构等相关知情人在信息披露前不得泄露拟披露的信息。

## 第二章 发行环节信息披露

第八条 【计划说明书的信息披露内容】

基础设施类资产支持证券的计划说明书除按照资产支持证券的一般要求进行编制和披露外，还应当详细披露基础资产、底层资产、相关资产、现金流预测、现金流归集与分配机制、原始权益人、重要现金流提供方、增信主体（如有）及风险自留等相关情况，包括但不限于以下内容：

（一）基础资产的界定情况以及相关的法律、法规依据，附属权益（如有）的具体内容。

（二）基础资产入池标准（如有）及创建程序。

（三）基础资产、底层资产及相关资产的基本情况及其合法合规性，包括但不限于：涉及规定的审批、核准、备案、登记等相关程序的履行情况；取得特许经营等经营许可或其他经营资质的情况，以及该等特许经营等经营许可或其他经营资质的期限覆盖专项计划期限的情况；基础资产现金流涉及的经营活动及其基础合同的真实性、合法性、有效性及价格或收费标准符合相关规定的情况；**基础资产涉及《资产证券化基础资产负面清单》的情况，以及基础资产涉及使用者付费、实行收支两条线管理、专款专用的取得地方财政部门或有权部门按照约定划付购买服务款项的承诺或法律文件的情况**；基础资产或底层资产涉及的关联交易情况；现金流提供方集中度情况，以及基础资产或底层资产涉及的地区概况、区域经济、行业政策、供需变化等情况。

（四）**基础资产或底层资产的特定化情况，以及现金流的构成和独立性、稳定性或可预测性情况**，至少最近三年（未满三年的自开始运营之日起）的历史现金流情况、波动情况及波动原因。基础资产或底层资产的规模、存续期限与资产支持证券的规模、存续期限的匹配情况。

（五）基础资产、底层资产及相关资产的权属情况及存在的担保负担或者其他权利限制情况。若存在担保负担或者其他权利限制，还应当披露解除前述担保负担或者权利限制的相关安排、向专项计划转移资产时是否已合法有效地解除了担保负担或者权利限制。

（六）基础资产转让的真实性、合法性、有效性、完整性及转让对价公允性情况，附属权益（如有）的转让情况。

基础资产系从第三方受让所得（如有）的，应当披露交易对价的支付情况、交易对价的公允性。

（七）基础资产、附属权益（如有）转让或底层资产、相关资产向专项计划质押（如有）、抵押（如有）的授权、批准等情况，在相关登记机构的登记办理情况（如需）。

**基础资产未进行转让登记、底层资产及相关资产未进行质押或抵押登记的，应**

**当说明原因及合理性，充分揭示风险，设置相应的风险缓释措施。**

（八）基础资产或底层资产涉及的重要现金流提供方的基本情况、财务数据、信用情况、偿债能力及资信评级情况（如有）等。

**未达到重要现金流提供方要求但单笔付款金额占比较大的，管理人应当结合对专项计划现金流影响情况，对现金流提供方经营状况及财务状况进行必要的信息披露，并披露相关尽职调查的程序、范围及方式等。**

（九）相关尽职调查方法、尽职调查范围等。

（十）现金流预测假设因素、预测方法和预测结论，并结合基础资产相关历史数据说明预测方法和相关指标设置的合理性。

（十一）现金流压力测试的假设条件、压力因素及各压力情形现金流覆盖情况。

（十二）基础资产或底层资产现金流归集路径和资金监管措施，包括但不限于专项计划账户设置、现金流自产生至分配给投资者期间在各账户间划转时间节点安排等。**现金流未直接回款至专项计划账户的，还应当披露现金流归集安排及其合理性、专项监管账户设置、归集频率、现金流混同和挪用等风险的防范机制及资产支持证券存续期间设置防范混同和挪用等风险的持续检查机制等，揭示资金混同和挪用等风险。**

（十三）增信措施或安排（如有）的具体情况及其合法性和有效性。为基础资产或底层资产的收入提供信用支持（如有）或对专项计划提供流动性支持、差额补足、担保等增信安排的主体（如有）的基本情况、财务数据、偿债能力和资信评级情况，及对其增信效力的分析说明。

增信机构为原始权益人及其关联方或现金流提供方的，管理人应有针对性加强对相关主体经营财务信息的披露，并结合风险相关性情况，详细披露前述情况对增信效果的影响，并充分揭示风险。

（十四）信用触发机制（如有），包括但不限于信用触发机制的触发条件、处置流程、触发结果、风险缓释措施、对专项计划相关安排的影响以及信息披露要求。

（十五）专项计划回售、赎回机制（如有）的流程、安排以及投资者回售权的保障措施。

（十六）合格投资（如有）的相关安排，包括但不限于投资范围、账户安排、投资标的的信用、市场和流动性等相关风险及防范措施等。

（十七）原始权益人与基础资产、底层资产及相关资产相关的业务制度、业务流程及历史业务情况（包括但不限于历史回款情况、逾期情况及回收情况等）等。原始权益人的持续经营能力、经营成本覆盖以及相应的持续经营支持措施情况。

（十八）特定原始权益人符合《深圳证券交易所基础设施类资产支持证券挂牌条件确认指南》第十六条要求的相关情况。

（十九）失信记录特别核查情况，包括但不限于原始权益人最近两年内是否存在严重违法失信行为，是否存在被有权部门认定为失信被执行人、失信生产经营单位或者其他失信单位，并被暂停或限制进行融资的情形；重要现金流提供方（如有）最近两年内是否存在因严重违法失信行为，被有权部门认定为失信被执行人、重大税收违法案件当事人或涉金融严重失信人的情形。上述事项是否影响原始权益人进行融资或重要现金流提供方的偿债能力的明确核查意见等。

（二十）原始权益人及其关联方的风险自留情况。

第九条 【法律意见书的披露内容】

**管理人应当聘请律师事务所对专项计划的有关法律事宜发表专业意见，并向合格投资者披露法律意见书。**法律意见书除按照资产支持证券一般要求进行编制和披露外，还应当包括以下内容：

（一）基础资产界定的具体范围和法律、法规依据。

（二）基础资产、底层资产及相关资产，取得特许经营等经营许可或其他经营资质的合法性、有效性，以及该等经营许可或经营资质的期限涵盖专项计划期限的情况；涉及相关规定的审批、核准、备案、登记等相关程序的履行情况；涉及的经营活动及其基础合同的真实性、合法性、有效性及价格或收费标准是否符合相关规定的情况；**涉及《资产证券化基础资产负面清单》的情况，以及涉及使用者付费、实行收支两条线管理、专款专用的取得地方财政部门或有权部门按照约定划付购买服务款项的承诺或法律文件的情况。**

（三）基础资产、附属权益（如有）转让以及底层资产、相关资产质押（如有）、抵押（如有）的合法性、有效性，包括但不限于转让登记情况、质押或抵押登记情况等。

（四）基础资产或底层资产涉及的关联交易（如有）的交易背景真实性、交易对价公允性。

（五）原始权益人、增信主体（如有）等相关主体的内部授权情况。

**（六）基础资产的破产隔离效果，包括但不限于基础资产转让、基础资产交割、基础资产现金流归集和违约处置等方面，以及与原始权益人之间的风险隔离措施。**

（七）增信措施或安排（如有）的具体情况及其合法性和有效性等。

（八）失信记录特别核查情况，包括但不限于原始权益人最近两年内是否存在严重违法失信行为，是否存在被有权部门认定为失信被执行人、失信生产经营单位或者其他失信单位，并被暂停或限制进行融资的情形；重要现金流提供方（如有）

最近两年内是否存在因严重违法失信行为，被有权部门认定为失信被执行人、重大税收违法案件当事人或涉金融严重失信人的情形。上述事项是否影响原始权益人进行融资或重要现金流提供方的偿债能力的明确核查意见等。

（九）原始权益人等公共服务提供方最近三年内发生安全生产或环境污染重大事故，受到主管部门重大行政处罚的情况。

第十条 【信用评级报告的信息披露内容】

信用评级报告（如有）应当由**具有中国证券监督管理委员会核准的证券市场资信评级业务资格的资信评级机构**出具，评级报告除按照资产支持证券一般要求进行编制和披露外，还应当包括以下内容：

（一）影响基础资产或底层资产运营状况的地区概况、区域经济、行业政策、供需变化等各种因素及历史运营状况分析。

（二）原始权益人的持续经营能力分析。

（三）专项计划涉及信用增级方式的增信效果分析。

（四）现金流归集路径、监管措施及混同和挪用等风险分析。

（五）特定期间内各兑付期间的现金流覆盖倍数、现金流压力测试的结果以及相关方法。

第十一条 【现金流预测报告的披露内容】

现金流预测机构、资产评估机构（如有）等应当按照相关规则及规定要求编制现金流预测报告和资产评估报告。

**现金流预测报告应当披露基础资产现金流预测的假设因素、预测方法、预测结论**，结合基础资产或底层资产相关历史数据说明预测方法和相关指标设置的合理性，并说明宏观及区域经济发展、行业政策及发展、原始权益人资质取得及持续经营能力、价格规制、供需关系、结算方式、预付或延迟支付、收缴率和相关税费是否由专项计划承担等因素对基础资产现金流的影响。基础资产或底层资产现金流预测周期应当与资产支持证券兑付周期匹配。

## 第三章 存续期间信息披露

第十二条 【年度资产管理报告的披露内容】

年度资产管理报告除按照资产支持证券一般要求进行编制和披露外，还应当包括以下内容：

**（一）基础资产、底层资产及相关资产的运行情况，包括但不限于：基础资产或底层资产的回款金额，实际回款金额与现金流预测金额的差异及原因，回款资金的归集及划转情况，回款追索（如有）情况，以及与回款、基础资产、底层资产或相关资产相关的争议、纠纷、诉讼、仲裁、保险赔偿情况等。**

（二）报告期内原始权益人与增信机构的股权结构、公司治理、经营情况、财务情况、资信情况以及相关重大变化情况。

（三）专项计划信用触发机制、增信措施（如有）等相关投资者保护条款的触发与执行情况。

（四）原始权益人及其关联方风险自留、优先档及次级档资产支持证券期间分配收益情况。

第十三条 【重大事项的信息披露】

资产支持证券存续期间，发生《信息披露指引》第十九条规定的重大事件及下列可能影响基础资产现金流和资产支持证券本息偿付等的重大事项，信息披露义务人应在相关事件或事项发生后两个交易日内及时进行临时信息披露：

（一）原始权益人、重要现金流提供方（如有）或增信机构（如有）的经营情况出现重大变化，可能影响资产支持证券投资者利益。

（二）基础资产、底层资产或相关资产及其运营出现重大不利变化，可能影响资产支持证券投资者利益。

（三）**触发权利完善事件（如有）、加速清偿事件（如有）、提前终止事件（如有）等可能影响资产支持证券投资者利益的事项。**

（四）其他可能影响基础资产现金流和资产支持证券本息偿付的重大事项。

## 第四章　附　　则

第十四条 【穿透核查】

对专项计划中以其持有的底层资产作为基础资产现金流来源并获得融资的主体，**应当穿透核查并按照本指引对原始权益人的相关要求进行信息披露。**

第十五条 【术语定义】

本指南下列用语的含义：

（一）底层资产，是指根据穿透原则在专项计划中作为专项计划现金流最终偿付来源的资产。

（二）相关资产，是指基础资产或底层资产所依附的土地使用权、建筑物、设施、设备等财产或财产权利。

（三）**重要现金流提供方，是指现金流预测基准日基础资产或底层资产现金流单一提供方按照约定未支付现金流金额占基础资产未来现金流总额比例超过15%，或该单一提供方及其关联方的未支付现金流金额合计占基础资产未来现金流总额比例超过20%的现金流提供方。**

第十六条　【最终解释权】

本所将根据业务发展情况不定期修订本指南并发布更新版本。本所对本指南保留最终解释权。

第十七条　【施行时间】

本指南自发布之日起施行。

# 1.4 机构间私募产品与报价系统

## 1.4.1 《中国证券业协会机构间私募产品报价与服务系统资产证券化业务指引（试行）》（2015 年 2 月 16 日 中国证券业协会机构间私募产品报价与服务系统）

**【重点提示】**

《机构间私募产品报价与服务系统业务指引（试行）》全文共 5 章 38 条，重点加强挂牌申请过程中的信息披露，并强调自律管理，加大对投资者权益的保护力度。

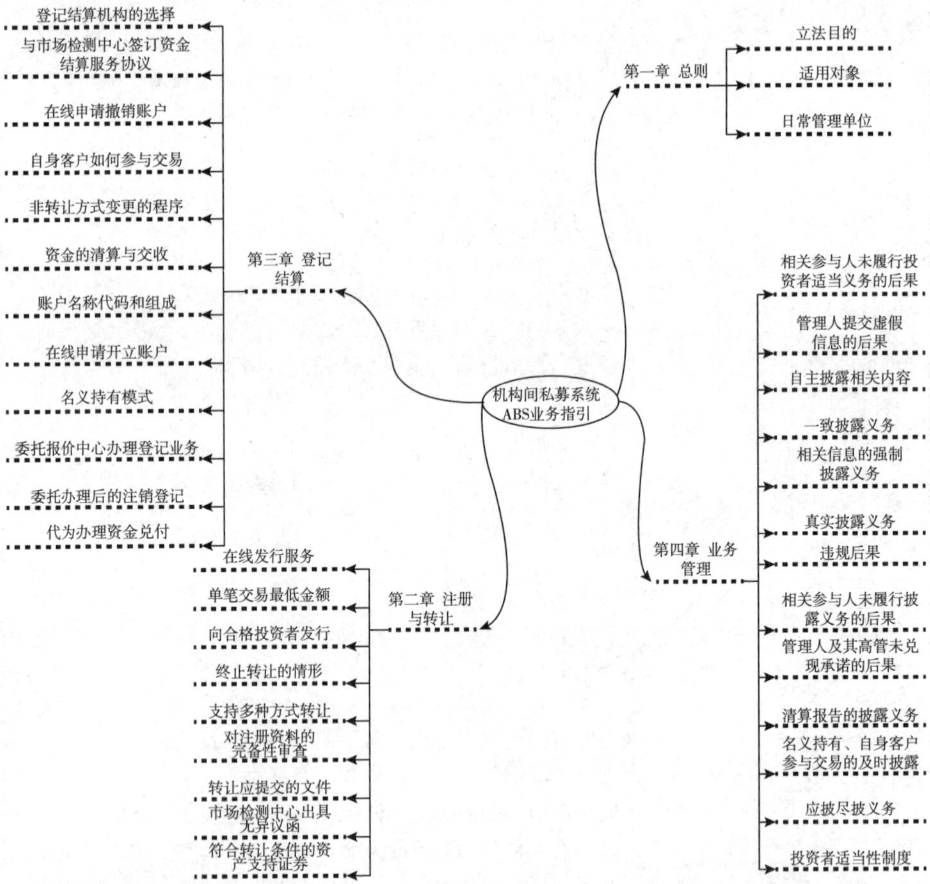

**【文件内容】**

## 第一章 总 则

第一条 【立法目的】

为规范资产支持证券在机构间私募产品报价与服务系统（以下简称“报价系统”）的转让，保护投资者合法权益，维护报价系统运行秩序，根据《中华人民共和国证券法》、《证券公司及基金管理公司子公司资产证券化业务管理规定》（以下简称《管理规定》）等法律法规、部门规章以及《机构间私募产品报价与服务系统管理办法（试行）》等报价系统业务规则，制定本指引。

第二条 【适用对象】

本指引所称资产支持证券，是指具有相关业务资格、符合相关业务条件的证券公司、基金管理公司子公司以及《管理规定》规定的其他金融机构（以下统称“管理人”）通过设立资产支持专项计划（以下简称“专项计划”）或中国证券监督管理委员会（以下简称“证监会”）认可的其他特殊目的载体（以下简称“特殊目的载体”），以基础资产所产生的现金流为偿付支持，通过结构化等方式进行信用增级，并在此基础上发行的有价证券。

在报价系统发行、转让资产支持证券的，适用本指引。

第三条 【日常管理单位】

**中证资本市场发展监测中心有限责任公司（以下简称“市场监测中心”）**对在报价系统开展的资产证券化业务进行日常管理。

## 第二章 注册与转让

第四条 【符合转让条件的资产支持证券】

资产支持证券在报价系统转让的，应当符合以下条件：

（一）基础资产符合法律法规以及专项计划备案机构负面清单的规定，权属明确，可产生独立、可预测的现金流；

（二）资产支持证券的交易结构符合证监会的相关要求；

（三）按照法律法规以及证监会有关规定完成备案；

（四）市场监测中心规定的其他条件；

（五）中国证券业协会规定的其他条件。

第五条 【市场检测中心的无异议函】

资产支持证券拟在报价系统转让的，管理人应当在资产支持证券发行前向市场监测中心确认是否符合转让条件，并提交专项计划的拟备案文件以及市场监测中心要求的其他文件。

**市场监测中心认为资产支持证券符合报价系统转让条件的，可以向管理人出具**

**无异议函**。

市场监测中心与专项计划备案机构建立沟通衔接机制，并建立与证监会、相关自律组织之间的信息共享机制。

第六条 【转让应提交的文件】

在报价系统转让资产支持证券的，管理人应当在报价系统填写转让注册表，并提交下列文件：

（一）主要交易合同文本，包括但不限于认购协议、基础资产转让合同、托管合同；

（二）计划说明书；

（三）法律意见书；

（四）风险揭示书；

（五）初始信用评级报告（如有）；

（六）特定原始权益人最近三年（未满三年的自成立之日起）经审计的财务会计报告以及融资情况说明；

（七）投资者适当性说明文件；

（八）备案确认函；

（九）证监会认可的机构出具的登记证明文件；

（十）市场监测中心要求的其他文件。

在报价系统发行的，可以免于提交前款第（一）项至第（七）项所列材料；委托报价系统登记结算机构办理登记结算的，可以免于提交前款第（九）项所列材料。管理人应当将专项计划募集完成的验资报告留档备查。

第七条 【对注册材料的完备性审查】

市场监测中心对转让注册材料进行完备性审查。转让注册材料完备的，市场监测中心自接受申请材料之日起3个工作日内予以确认。

第八条 【支持多种方式转让】

资产支持证券在报价系统转让的，**可以采用协商成交、点击成交、拍卖竞价、标购竞价、做市等转让方式**。

管理人可以在产品转让注册时选择一种或多种转让方式，并在报价系统披露。

资产支持证券持有人可以依据报价系统相关业务规则，开展资产支持证券质押式协议回购业务。

第九条 【终止转让的情形】

自发生计划说明书约定终止情形之日起或自资产支持证券存续期届满前的第2个工作日起，报价系统终止资产支持证券的转让。

第十条 【向合格的投资者发行】

资产支持证券应当**向合格投资者发行或转让，单支资产支持证券的实际持有人数量合计不得超过200人**。

参与资产支持证券认购和转让的合格投资者应当符合《管理规定》规定的条件。依法设立、受国务院金融监督管理机构监管并由相关金融机构主动管理的产品作为单一投资者计算。

第十一条 【单笔交易最低金额】

合格投资者认购、受让资产支持证券，**单笔交易单位所对应的发行面值或等值份额总和应当不低于100万元人民币。**

第十二条 【在线发行服务】

符合报价系统转让条件的资产支持证券可以**通过报价系统进行发行**，报价系统为资产支持证券提供**在线发行服务**。

## 第三章 登记结算

第十三条 【登记结算机构的选择】

资产支持证券在报价系统发行、转让的，**可以由报价系统登记结算机构或证监会认可的其他机构办理登记、结算**。

参与人委托证监会认可的其他机构办理登记、结算的，应当遵守相应的登记结算规则。该机构应当与市场监测中心签订合作协议，并将登记、结算信息报送报价系统。

第十四条 【账户名称代码及组成】

参与人可以在报价系统开立自有产品账户、名义持有产品账户或受托产品账户。自有产品账户用于记载参与人自身持有的资产支持证券；名义持有产品账户用于记载参与人接受合格投资者委托持有的资产支持证券；受托产品账户用于记载参与人管理的基金、资产管理计划等产品持有的资产支持证券。

报价系统产品账户代码由12位字符组成，前3位为“100”，后9位由阿拉伯数字和英文字母组成，优先使用阿拉伯数字，由报价系统自主编制。

第十五条 【与市场检测中心签订资金结算服务协议】

**参与人在报价系统进行资金结算的，应当与市场监测中心签订资金结算服务协议，并开立报价系统资金结算账户。**

参与人可以在报价系统开立自有资金结算账户、代理资金结算账户、受托资金结算账户或专用资金结算账户。自有资金结算账户用于记载参与人自有的资金；代理资金结算账户用于记载合格投资者的资金；受托资金结算账户用于记载参与人管理的基金、资产管理计划等产品的资金；专用资金结算账户用于记载参与人在报价系统发行资产支持证券募集的资金，以及用于付息、兑付的资金。

第十六条 【在线申请开立账户】

参与人在报价系统开立产品账户、资金结算账户的，**应当在线填写账户开立申请表**。收到参与人提交的申请表后，报价系统在2个工作日内进行确认。

申请开立受托产品账户、受托资金结算账户的，参与人应当在线提交产品设立证明文件，并在开户成功后10个工作日内将产品设立证明文件寄送至市场监测中心。

第十七条 【在线申请撤销账户】

参与人申请撤销产品账户、资金结算账户的，应当在线填写账户撤销申请表，该账户应当同时满足以下条件：

（一）余额为零；

（二）无与该账户相关的未了结业务；

（三）市场监测中心规定的其他条件。

收到账户撤销申请表后，报价系统在2个工作日内进行确认。账户撤销后，参与人应当在10个工作日内将账户撤销申请表寄送至市场监测中心。

第十八条 【名义持有模式】

在报价系统发行、转让的资产支持证券可以采取**名义持有模式**。采用名义持有模式的，参与人应当与合格投资者签署名义持有协议，明确双方的权利义务关系。参与人应当依据约定行使产品持有人相关权利，不得损害合格投资者权益。

**参与人应当为每个合格投资者开立产品账户，分别记录每个合格投资者拥有的权益数据**。参与人应当向报价系统及报价系统登记结算机构报送合格投资者产品账户注册资料、账户余额、权益明细数据变动记录等信息，信息报送遵守报价系统相关规定。参与人应当保证其提供信息的真实、准确、完整。

合格投资者产品账户代码由12位字符组成，前3位为参与人代码，由报价系统统一分配，后9位由阿拉伯数字和英文字母组成，优先使用阿拉伯数字，由参与人自主编制。

第十九条 【自身客户如何参与交易】

参与人的客户通过报价系统购买参与人发行的资产支持证券的，应当将客户姓名以及有效身份证明文件号码或法人名称以及有效身份证明文件号码、通讯地址、联系电话等发送报价系统登记结算机构，由报价系统登记结算机构记载客户持有的资产支持证券。参与人应当保证客户资料的真实、准确、完整。

第二十条 【委托报价中心办理登记业务】

**委托报价系统登记结算机构办理资产支持证券登记业务的，管理人应当与市场**

**监测中心签订登记服务协议。**

在报价系统发行资产支持证券的，管理人应当在资产支持证券发行前5个工作日向报价系统登记结算机构提交资产支持证券登记要素表；发行成功的，报价系统登记结算机构出具资产支持证券登记证明文件。

第二十一条　【非转让方式变更的程序】

委托报价系统登记结算机构办理资产支持证券登记业务，且资产支持证券在报价系统转让的，报价系统登记结算机构依据成交结果办理资产支持证券的变更登记。**资产支持证券因司法扣划、行政划拨、继承、赠与、法人合并、分立等原因发生转让的，报价系统登记结算机构依据相关信息办理资产支持证券的变更登记。**

第二十二条　【委托办理后的注销登记】

委托报价系统登记结算机构办理资产支持证券登记业务的，资产支持证券提前或到期终止的，**报价系统登记结算机构办理资产支持证券的注销登记**，并由市场监测中心与管理人签订资产支持证券登记数据资料移交备忘录，将持有人名册清单等资产支持证券登记相关数据和资料移交管理人。

第二十三条　【资金的清算与交收】

委托报价系统登记结算机构办理资产支持证券结算的，报价系统登记结算机构**不作为共同对手方介入双方交易的交收**。报价系统登记结算机构依据成交结果办理参与人之间资产支持证券和资金的清算与交收；参与人与合格投资者之间的清算与交收，由双方事先约定并按约定办理，参与人不得损害合格投资者合法权益。

参与人可以采用全额清算、净额清算等清算方式；可以采用货银对付、见券付款、见款付券以及纯券过户等交收方式；可以采用日终批次交收等交收期安排。

**在交收时点前，参与人可以通过中国证券登记结算有限责任公司、商业银行、第三方支付机构或证监会认可的其他机构向报价系统资金结算账户划转资金，确保交收时点资金充足。在报价系统登记结算机构办理资金交收的，报价系统登记结算机构在交收时点通过参与人资金结算账户完成资金交收；参与人自行完成资金交收的，交易双方应当在交收时点将交收结果反馈至报价系统登记结算机构。**

第二十四条　【代为办理资金兑付】

委托报价系统登记结算机构办理资产支持证券登记业务的，资产支持证券存续期间，报价系统登记结算机构根据管理人确定的付息、兑付方案**代为办理**资产支持证券付息、兑付资金的划付。

管理人应当在付息、兑付公告日前2个工作日内向报价系统登记结算机构提交资产支持证券付息、兑付申请或付息、兑付通知单等材料。**报价系统登记结算机构根据管理人提供的材料计算各持有人应收本期本金和利息，并于付息、兑付日向持**

**有人付息、兑付。**

## 第四章 业务管理

第二十五条 【投资者适当性制度】

管理人应当根据资产支持证券的风险特征制定**投资者适当性制度**。

通过参与人认购、受让资产支持证券的投资者应当同时满足接受投资者委托在报价系统代为认购、受让资产支持证券的参与人和管理人规定的投资者适当性要求。

第二十六条 【真实披露义务】

在报价系统发行、转让资产支持证券的，信息披露义务人**应当**按照法律法规的规定和协议约定，通过报价系统向持有该资产支持证券的参与人**定向披露信息，并保证披露信息的真实、准确、完整**。

第二十七条 【应披尽披义务】

接受投资者委托在报价系统认购、受让资产支持证券的名义持有参与人，**应当**向实际认购和受让资产支持证券的投资者披露信息披露义务人向其**披露的全部信息**。

第二十八条 【相关信息的强制披露义务】

信息披露义务人**应当**按照**《证券公司及基金管理公司子公司资产证券化业务信息披露指引》（以下简称《信息披露指引》）以及计划说明书的约定，通过报价系统定期向持有资产支持证券的参与人披露以下信息**：

（一）年度资产管理报告；

（二）年度托管报告；

（三）收益分配报告；

（四）定期跟踪评级报告（如有）；

（五）计划说明书约定的其他定期报告。

第二十九条 【名义持有、自身客户参与交易的及时披露】

特殊目的载体存续期间发生《信息披露指引》第十八条、第十九条所规定情形的，信息披露义务人应当通过报价系统向持有该资产支持证券的参与人及时披露。

第三十条 【一致披露义务】

管理人、托管人通过证监会认可的信息披露平台履行资产支持证券信息披露义务的，披露内容和时间应当与报价系统保持一致。

第三十一条 【清算报告的披露义务】

特殊目的载体终止的，管理人应当于3个工作日内通过报价系统向持有资产支持证券的参与人披露终止情况以及清算组的组成人员，并于清算完毕之日起10个工作日内，通过报价系统向持有资产支持证券的参与人披露清算报告。

第三十二条 【自主披露相关内容】

**信息披露义务人可以自主选择披露以下信息：**

（一）原始权益人、管理人、托管人等从事同类或类似资产的资产证券化业务的经验，以及其在以往资产证券化业务中存在的延迟、损失以及提前清偿的情况；

（二）各档资产支持证券的利率敏感度分析，在给定提前还款率情况下，各档资产支持证券的收益率和加权平均期限的变化情况；

（三）市场监测中心认可的其他信息。

第三十三条　【管理人及其高管未兑现承诺的后果】

**管理人以及其董事、监事和高级管理人员，违反本指引、计划说明书约定、报价系统相关业务规则或者其所作出承诺的**，市场监测中心可以要求改正、约谈相关责任人、在报价系统参与人范围内通报批评；情节严重的，可以暂停部分或全部业务权限。

第三十四条　【管理人提交虚假信息的后果】

**管理人通过报价系统提交的注册信息存在虚假记载、误导性陈述或者重大遗漏的**，市场监测中心可以要求改正、暂不办理业务申请；情节严重的，可以暂停、终止部分或全部业务权限。

资产支持证券不符合转让条件，管理人以欺骗手段骗取转让注册的，市场监测中心可以暂停、终止资产支持证券的转让。

第三十五条　【相关参与人未履行披露义务的后果】

**负有信息披露义务的参与人未按本指引的规定履行信息披露义务的**，市场监测中心可以要求改正、约谈相关责任人、在报价系统参与人范围内通报批评；无正当理由拒不改正的，市场监测中心可以暂停部分或全部业务权限。

第三十六条　【未履行投资者适当义务的后果】

接受投资者委托在报价系统代为认购、受让资产支持证券的参与人**未履行投资者适当性义务的**，市场监测中心可以要求改正、约谈相关责任人、在报价系统参与人范围内通报批评。

第三十七条　【违规后果】

参与人在报价系统从事资产支持证券相关业务违反自律规则的，由市场监测中心移交相应自律组织采取自律惩戒措施。

参与人违反法律法规的，由相关自律组织移交证监会以及其他有权机构依法查处。

## 第五章　附　　则

第三十八条　【生效日期】

本指引由市场监测中心负责解释，自发布之日起施行。

## 1.4.2 《中国证券业协会机构间私募产品报价与服务系统资产证券化业务指南》(2016年3月 机构间私募产品报价与服务系统)

【重点提示】

本指南仅为方便有关机构及人士在报价系统办理资产支持证券发行转让申请业务使用，包括4个部分内容，以及7个附件，对办理业务的程序规则作出了详细规定。

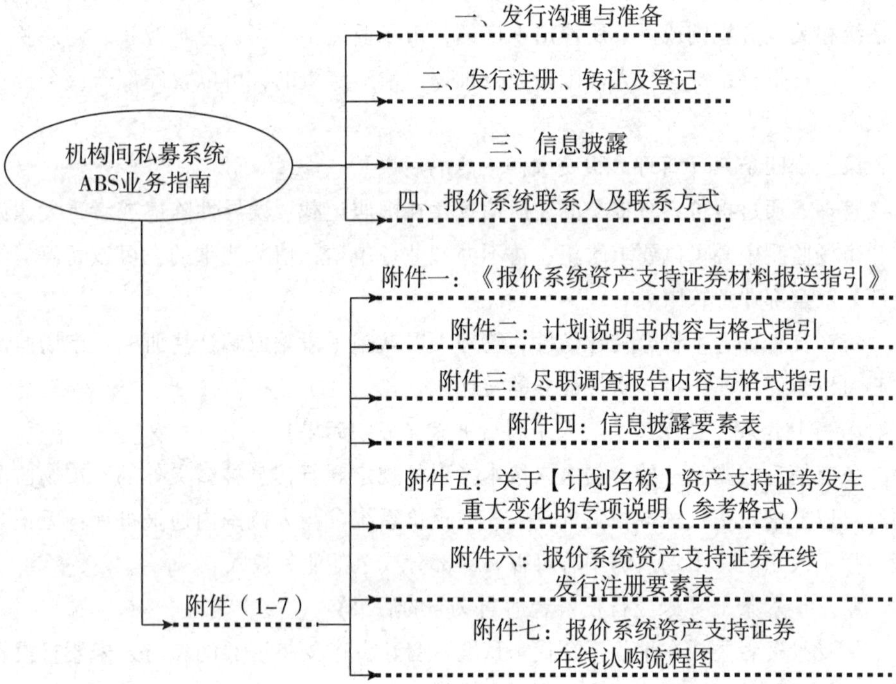


【文件内容】

### 声 明

根据《证券公司及基金管理公司子公司资产证券化业务管理规定》（证监会公告〔2014〕49号，以下简称“《管理规定》”）第三十八条：“资产支持证券可以按照规定在证券交易所、全国中小企业股份转让系统、机构间私募产品报价与服务系统、证券公司柜台市场以及中国证监会认可的其他证券交易场所进行挂牌、转让。”

机构间私募产品报价与服务系统（以下简称“报价系统”）提供资产支持证券的发行、转让、信息披露、登记结算等服务。本指南仅为方便有关机构及人士在报价系统办理资产支持证券发行转让申请业务使用。

报价系统将根据业务发展情况不定期地修订本指南，并及时在机构间私募产品报价与服务系统官网上公布最新版本（官网：www. interotc. com）。

报价系统保留对本指南的最终解释权。

特此声明。

## 名词解释

**1. 中证报价/报价系统公司**

是指中证机构间报价系统股份有限公司。

**2. 报价系统**

是指机构间私募产品报价与服务系统。

**3.《业务指引》**

是指2015年2月16日，中证资本市场发展监测中心有限责任公司（现中证机构间报价系统股份有限公司）发布的《机构间私募产品报价与服务系统资产证券化业务指引（试行）》。

**4. 资金结算账户**

**用于记载报价系统参与人的结算资金，分为经纪类资金结算账户、自营类资金结算账户、代理类资金结算账户、受托类资金结算账户、归集类资金结算账户和专用类资金结算账户**。经纪类资金结算账户用于记载报价系统参与人代理的合格投资者的资金；自营类资金结算账户用于记载参与人自有资金；代理类和受托类资金结算账户用于记载基金、资产管理计划等产品的资金；归集类资金结算账户用于记载通过报价系统归集的投资者场外资金；专用类资金结算账户用于记载管理人在报价系统发行资产支持证券募集的资金，以及用于付息、兑付的资金。资金结算账户开立成功后，参与人应当将其与同类别外部账户（包括银行存款账户和中国证券登记结算有限公司代收付账户）进行签约，建议至少在开展业务前一个交易日完成资金结算账户签约。

**5. 产品账户**

**用于记载报价系统参与人持有的资产支持证券，分为经纪类产品账户、自营类产品账户、受托类产品账户和专用类产品账户**。经纪类产品账户用于记载报价系统参与人接受合格投资者委托持有的资产支持证券或合格投资者持有的资产支持证券；自营类产品账户用于记载报价系统参与人自身持有的资产支持证券；受托类产品账户用于记载报价系统参与人管理的基金、资产管理计划等产品持有的资产支持证券；专用类产品账户用于记载报价系统参与人开展做市等特定业务持有的资产支持证券。

**6. 入金**

**是指报价系统参与人将结算资金从其签约的外部账户转入其报价系统资金结算账户**。参与人可以将结算资金从其签约的银行存款账户划转到报价系统指定收款账户（以报价系统官网公布的银行收款账户为准），也可以将结算资金从其签约的中国证券登记结算有限责任公司代收付账户转入报价系统代收付账户；报价系统确认收到款项后，调增参与人资金结算账户余额。

**7. 出金**

是指报价系统参与人将其资金结算账户内的资金划转至其签约的外部账户。出金成功后，参与人资金结算账户余额将被调减。

一、发行沟通与准备

（一）资产支持证券拟在报价系统发行注册的，管理人可事先与报价系统就拟申报项目的基础资产、交易结构和风控措施等基本情况是否符合发行条件进行初步沟通。报价系统建立实时沟通机制，将及时给予管理人回复意见。如申报阶段与初步沟通发生重大变化的，管理人应及时反馈。

（二）资产支持证券拟在报价系统发行注册的，管理人应当在资产支持证券注册前向报价系统确认是否符合发行条件，并通过报价系统资产证券化业务联系人提交相关材料（对于材料的要求详见附件一：《报价系统资产支持证券材料报送指引》），管理人首次报送的正式文件应为word版本，申请材料齐备的，报价系统将受理材料。

（三）**管理人自报送资产支持证券完备性材料后，报价系统将自受理之日起5个工作日内向管理人出具正式反馈意见。**管理人应在15个工作日内针对报价系统的反馈意见提交修改材料。管理人提交的修改材料中的主要修订内容应以黄色高亮方式表示，并同时向报价系统提交“关于【计划名称】资产支持证券申请发行注册反馈意见的第××次答复”文件。

报价系统对已经审核过的非要求反馈部分不作再次审核，管理人不得对反馈修改之处以外的原材料内容进行改动，如有改动，应醒目标记并告知。如有对相关内容删除的，应说明删除的部分以及删除原因。对于需要多次反馈的，所有修订内容都应标识，未经报价系统同意，不得擅自更改上一次审核过的内容。

（四）资产支持证券符合报价系统发行条件的，管理人可启动对定稿版全套材料的盖章流程，需要注意用印材料的骑缝章清晰可辨。报价系统将自收到管理人最终电子用印版全套材料之日起2个工作日内出具资产支持证券符合报价系统挂牌条件的电子版无异议函。管理人在收到电子版无异议函并完成资产支持证券发行后，需及时在基金业协会完成备案。

（五）管理人自收到报价系统电子版无异议函后，需在自无异议函出具日的6个月内完成资产支持证券的发行工作。发行过程中若有重大变化，应当及时报告报价系统。

资产支持证券发行完成后，管理人须自完成基金业协会备案后的10个工作日内将纸质版全套材料（要求原件和复印件各一套，按照材料目录装订成册）寄往报价系统，换取纸质版无异议函。

（六）资产支持证券发行转让申请受理过程中，报价系统可根据需要调阅管理人及相关中介机构的工作报告、工作底稿或其他备查资料；对未能尽职的中介机构可要求其重新开展工作。报价系统认为必要时，可要求管理人及相关中介机构到场回答和陈述有关问题。

（七）报价系统与专项计划备案机构建立发行转让与备案的沟通衔接机制，并建立与中国证监会、相关自律组织之间的信息共享机制。

（八）管理人应当确保向报价系统提交的电子版材料与纸质版材料一致，并承诺向报价系统申报材料与向基金业协会报送备案材料内容一致。

**若出具无异议函后，相关文件发生变动的，包括但不限于基础资产、信用增级方式、基准日发生重大变化等，管理人应当及时向报价系统提交《××公司关于【计划名称】资产支持证券发生重大变化的专项声明》（参考格式详见附件五），并及时向报价系统更新最终用印版材料（包括电子版和纸质版），并经报价系统认可后方可发行**。若相关文件出现重大变更导致不符合报价系统发行条件的，报价系统可以不受理挂牌申请。

（九）原始权益人、管理人或资产支持证券相关中介机构不能提供有关文件的原件的，应加盖管理人公章和文件出文单位公章，以保证与原件一致，报价系统根据需要可要求提供经律师见证的复印件。如原出文单位不再存续，由承继其职权的单位或作出撤销决定的单位出文证明文件的真实性。

二、发行注册、转让及登记

**（一）发行注册**

1. **管理人在取得报价系统资产支持证券电子版无异议函以后，进入产品发行阶段**，报价系统目前采用线上注册发行的方式。管理人在收到电子版无异议函后，需在6个月内完成资产支持证券的发行工作。

2. 资产支持证券在报价系统在线注册发行的，**每个分级证券分别作为一个产品单独注册**。管理人应当首先注册成为报价系统参与人，领取数字证书，获取相应操作权限，开立报价系统资金账户和产品账户，并分别完成专项计划募集资金账户、托管账户和报价系统资金账户的绑定（具体参考报价系统官网《机构间私募产品报价与服务系统业务操作手册》）。

3. 资产支持证券在线注册发行包括：领取产品代码并登记代码信息、提交注册材料、进行信息披露三个步骤。注册时间不应晚于发行前3日，建议尽早注册。管理人注册成为报价系统参与人并开立相关账户后，用**操作用户账号**登录报价系统，在线签署服务声明、申领产品登记代码、完成在线产品注册（具体参考报价系统官网《机构间私募产品报价与服务系统在线发行操作指引》）。

4. 管理人进行在线产品注册，需要填写专项计划基本要素，并上传相关文件（注册要素详见附件六：报价系统资产支持证券在线发行注册要素表）。上传材料包括：

（1）计划说明书；

（2）法律意见书；

（3）风险揭示书；

（4）认购协议；

（5）托管协议；

（5）信用评级报告（如有）；

（6）增信相关文件（如有）；

（7）其他文件。

备注：上述材料需要加盖公章后扫描上传，均为 PDF 格式，并与通过报价系统审核的材料保持一致。相关文件参考附件一：《报价系统资产支持证券材料报送指引》。

5. 资产支持证券在线注册完成并获报价系统审批通过后，进入投资者认购阶段。投资者需在线认购资产支持证券，建议管理人在投资者确定后尽快协助投资者完成参与人注册并开立相应账户。

**（二）在线认购**

投资者需要在线认购资产支持证券，在线认购流程详见附件七：报价系统资产支持证券在线认购流程图。

**（三）转让注册（挂牌）**

已在报价系统完成发行的资产支持证券，拟在报价系统进行挂牌转让的，管理人需在资产支持证券发行完成并备案后的 1 个月内，向报价系统申请产品转让注册，并上传相关文件。上传文件包括：

（1）计划说明书；

（2）法律意见书；

（3）风险揭示书；

（4）认购协议；

（5）托管协议；

（5）信用评级报告（如有）；

（6）增信相关文件（如有）；

（7）其他文件（包括产品持有人名册）；

**（8）备案确认函。**

已在报价系统完成注册发行的，可以免于提交前款第（1）项至第（7）项所列材料。管理人应当将专项计划募集完成的验资报告留档备查。

**资产支持证券转让可以采用协商成交、点击成交、拍卖竞价、标购竞价、做市等方式。同时报价系统支持回购、回售等功能，具有此类产品设计需求的管理人可以提前进行沟通。**

备注：上述材料需要加盖公章后扫描上传，相关文件参考附件一：报价系统资产支持证券材料报送指引。

**（四）登记结算与收益分配**

1. 资产支持证券在报价系统发行和转让的，应当委托中证报价办理登记结算。资产支持证券登记与结算流程按照《机构间私募产品报价与服务系统登记结算业务规则（试行）》执行。

2. 中证报价依据投资者认购情况，为资产支持证券进行发行簿记，并在发行成功后依据发行结果办理资产支持证券的份额登记。

3. 当募集期仅为1个交易日时，管理人选择申购款交收方式时可以选择系统自动交收或缴款日认购方逐笔缴款；当募集期超过1个交易日时，管理人选择申购款交收方式时仅能选择系统自动交收。管理人选择缴款日认购方逐笔缴款的，认购方在认购当日的交易时间根据管理人确认的发行结果进行逐笔缴款，报价系统进行认购资金的实时交收；管理人选择系统自动交收的，报价系统在管理人选择的资金交收时点进行认购资金的交收。

**4. 对于计息方式为附息式固定利率的资产支持证券，报价系统自动计算付息或兑付金额并办理付息、兑付事项；对于计息方式为附息式浮动利率的资产支持证券，管理人应当在付息日或兑付日之前1个交易日16：00前，在线向报价系统提交浮动付息方案，报价系统据此办理付息、兑付事项。**

**5. 对于附有回购条款的资产支持证券，管理人应当在回购日（R日）前一交易日16：00前在线向报价系统提交回购方案；对于附有回售条款的资产支持证券，管理人应当在回售日（R日）前一交易日16：00前在线向报价系统提交回售方案。**

6. 管理人应当在付息、回购、回售及兑付资金交收时点前，自行或督促托管机构将结算资金入金至报价系统资金结算账户；在资金交收时点，报价系统进行资金交收，将结算资金由管理人的资金结算账户交收至持有人的资金结算账户。

三、信息披露

（一）管理人及其他信息披露义务人应当按照《证券公司及基金管理公司子公司资产证券化业务信息披露指引》和《机构间私募产品报价与服务系统资产证券化业务指引（试行）》以及计划说明书的约定，通过报价系统定期向持有资产支持证券的参与人披露以下信息：

（1）年度资产管理报告；

（2）年度托管报告；

（3）收益分配报告；

（4）定期跟踪评级报告（如有）；

（5）计划说明书约定的其他定期报告。

（二）在报价系统信息披露的流程如下：登录报价系统【在线发行】栏目，通过【发行方管理】→【信批列表】→【新增】。管理人及其他信息披露义务人在线选择信息披露类别后，提交信息披露文件。

（三）资产支持证券存续期内，管理人应在每期资产支持证券收益分配日的2个交易日前通过报价系统向持有资产支持证券的参与人披露专项计划收益分配报告。

（四）管理人应于每年4月30日前通过报价系统向持有资产支持证券的参与人披露上年度资产管理报告和托管报告。（对于设立不足2个月的，管理人可以不编制年度资产管理报告）

（五）对于聘请资信评级机构针对资产支持证券出具评级报告的，管理人应当于资产支持证券存续期内每年的6月30日前通过报价系统向持有资产支持证券的参与人披露，并应当及时披露不定期跟踪评级报告。

（六）发生《管理规定》所述重大事件时，管理人应及时通过报价系统向持有资产支持证券的参与人披露重大事项公告。

（七）专项计划终止的，管理人应当于3个工作日内通过报价系统向持有资产支持证券的参与人披露终止情况以及清算组的组成人员，并自专项计划清算完毕之日起10个工作日内，通过报价系统向持有资产支持证券的参与人披露清算报告。

四、报价系统联系人及联系方式

资产支持证券的申报材料由报价系统固定收益部负责统一受理，资产支持证券的在线发行注册及转让注册由报价系统交易管理部负责管理，注册报价系统参与人由报价系统市场发展部统一管理，开立账户及登记结算业务由报价系统登记结算部统一管理。以下为各项业务联系人及联系方式：

1. 固定收益部资产证券化业务联系人

| | | |
|---|---|---|
| 许　正 | 010－83897862 | xuzheng@ sac. net. cn |
| 陈　玲 | 010－83897959 | chenling@ sac. net. cn |
| 张兴龙 | 010－83897823 | zhangxingl@ sac. net. cn |
| 夏贻斌 | 010－83897879 | xiayb@ sac. net. cn |
| 徐　峰 | 010－83897906 | xufeng@ sac. net. cn |

2. 交易管理部资产支持证券注册发行联系人

| | | |
|---|---|---|
| 加丽果 | 010－83897871 | jialg@ sac. net. cn |
| 沈振涯 | 010－83897915 | shenzhy@ sac. net. cn |
| 陶　潜 | 010－83897870 | taoqian@ sac. net. cn |

3. 市场发展部参与人管理联系人

| | | |
|---|---|---|
| 盛　兴 | 010－83897887 | shengxing@ sac. net. cn |
| 孔哲伟 | 010－83897857 | kongzw@ sac. net. cn |
| 郑晓琪 | 010－83897820 | zhengxq@ sac. net. cn |

4. 登记结算部开户及结算业务联系人

| | | |
|---|---|---|
| 耿　薇 | 010－83897846 | gengwei@ sac. net. cn |
| 林宏璐 | 010－83897825 | linhl@ sac. net. cn |
| 朱钦琦 | 010－83897963 | zhuqq@ sac. net. cn |

**附件一：《报价系统资产支持证券材料报送指引》**

## 第一部分　概　　述

本指引旨在对报价系统资产证券化业务材料报送和审查流程进行规范，管理人等相关机构向报价系统公司报送材料应当按照本指引制作材料目录，按照相关规则的要求，报送资产支持专项计划文件材料。

报价系统公司对资产支持专项计划出具审查意见和符合挂牌转让的无异议函，不代表本公司对相关主体的经营风险、偿付风险、诉讼风险、破产风险以及投资风险及收益等做出判断或者保证。

## 第二部分　材料控制目录格式及要求

| 材料类别 | 编号 | 材料名称 | 填报要求 |
|---|---|---|---|
| 一、挂牌申请书及材料目录 | 1－1 | 挂牌转让申请书 | 首次申报时提交盖章版扫描件 |
| | 1－2 | 【计划名称】申报材料目录 | |
| 二、计划说明书 | 2－1 | 【计划名称】计划说明书 | 出具无异议函前管理人盖章，计划说明书格式指引请参照基金业协会相关规定。 |
| 三、法律意见书 | 3－1 | 【】律师事务所关于【计划名称】的法律意见书 | 须包含以下内容：<br>1. 原始权益人、管理人、销售机构、托管人、增信机构等证券化服务机构的资质及权限；<br>2. 计划说明书、资产转让协议、托管协议、认购协议等法律文件的合规性；<br>3. 基础资产的真实性、合法性、权利归属及其负担情况；<br>4. 基础资产转让行为的合法性；<br>5. 基础资产未被列入负面清单的相关意见；<br>6. 风险隔离的效果；<br>7. 循环购买（如有）安排的有效性；<br>8. 专项计划信用增级安排的合法性、有效性；<br>9. 有可能影响资产支持证券投资者利益的其他重大事项的意见。<br>出具无异议函前律师事务所盖章，文件后附签字律师的资格证书复印件并加盖公章。 |
| | 3－2 | 【】律师事务所关于【计划名称】基础资产合法性的补充法律意见书（如有） | 出具无异议函前律师事务所盖章。 |
| | 3－3 | 其他法律意见材料（如有） | 出具无异议函前律师事务所盖章。 |

续表

| | | | |
|---|---|---|---|
| 四、信用评级报告（如有） | 4－1 | 【计划名称】信用评级报告 | 须包含以下内容：<br>1. 评级基本观点、评级意见及其参考因素；<br>2. 基础资产池及入池资产概况、基础资产池信用风险分析；<br>3. 特定原始权益人的信用风险分析及法律风险分析；<br>4. 专项计划交易结构分析；<br>5. 管理人、托管人等服务机构的履约能力分析；<br>6. 现金流分析及压力测试；<br>7. 跟踪评级安排；<br>8. 设置循环购买的交易，还需对基础资产的历史表现进行量化分析。<br>出具无异议函前资信评级机构盖章。 |
| 五、主要交易合同文本 | 5－1 | 【计划名称】标准条款 | 出具无异议函前管理人盖章。 |
| | 5－2 | 【计划名称】资产支持证券认购协议与风险揭示书 | 出具无异议函前管理人盖章，注册发行前认购人可暂不盖章。请严格按照基金业协会要求格式起草，新增内容可以加在协会提供的格式版本条款之后。 |
| | 5－3 | 【计划名称】基础资产转让协议 | 出具无异议函前基础资产买方与卖方盖章。 |
| | 5－4 | 【计划名称】托管协议 | 出具无异议函前管理人、托管银行盖章，发行前若未确定具体账户可暂时空缺。 |
| | 5－5 | 【计划名称】监管协议（如有） | 出具无异议函前管理人、原始权益人及监管银行盖章。 |
| | 5－6 | 担保协议或担保函、担保人就提供担保获得的授权文件（如有） | 出具无异议函前担保人或担保协议相关方盖章。 |
| | 5－7 | 差额支付承诺函、差额支付承诺人就提供差额支付获得的授权文件（如有） | 根据专项计划具体增信措施提供，出具无异议函前差额支付承诺人盖章。 |

续表

| | | | |
|---|---|---|---|
| 五、主要交易合同文本 | 5－8 | 资产服务协议（如有） | 出具无异议函前管理人与资产服务机构盖章。若管理人委任原始权益人或第三方为资产服务机构，需提供相应协议。若原始权益人承担资产服务商角色，但未单独签署资产服务协议，请在资产买卖协议中明确原始权益人作为资产服务商的权责义务。 |
| | 5－9 | 代理销售协议（如有） | 出具无异议函前管理人、代理销售机构盖章。 |
| | 5－10 | 其他协议 | |
| 六、尽职调查报告 | 6－1 | 【计划名称】尽职调查报告 | 出具无异议函前管理人盖章。 |
| 七、特定原始权益人最近三年（未满三年的自成立之日起）经审计的财务会计报告以及融资情况说明 | 7－1 | 特定原始权益人最近三年（未满三年的自成立之日起）经审计的财务会计报告及融资情况说明、最近一期财务报告或会计报表 | 审计报告（如有）应包含会计师事务所和至少两名注册会计师签章；财务报表应加盖公司公章，并由法定代表人、主管会计工作的公司负责人、公司会计机构负责人（会计主管人员）签名或盖章。融资情况说明应加盖公司公章。 |
| | 7－2 | 其他材料 | 其他材料应加盖公司公章。 |
| 八、现金流预测分析报告/资产评估报告（如有） | 8－1 | 【】关于【计划名称】基础资产未来现金流预测分析报告/资产评估报告 | 出具无异议函前报告应加盖出具人的公章。该报告原则上应由管理人、原始权益人之外，具有证券、期货相关业务资格的第三方机构出具。若非由第三方机构出具或第三方机构不为会计师事务所的，则应由会计师事务所对报告真实性、合法性进行认证，报告正文应加盖认证机构公章，签章页应加盖出具人与认证机构的公章。 |
| 九、基础资产未被列入负面清单的专项说明 | 9－1 | 【证券公司或基金管理公司子公司】关于【计划名称】基础资产未被列入负面清单的专项说明 | 出具无异议函前管理人盖章。 |

续表

| | | | |
|---|---|---|---|
| 十、法律法规或原始权益人公司章程规定的有权机构关于开展资产证券化融资相关事宜的决议 | 10－1 | 【】关于开展资产证券化融资相关事宜的决议 | 相关决议首次提交材料时原始权益人盖章。 |
| 十一、原始权益人关于募集资金用途的专项说明与承诺 | 11－1 | 【】公司关于转让基础资产取得资金的用途的专项说明及其用途符合法律、法规和国家政策规定的承诺函 | 出具无异议函前原始权益人盖章。 |
| 十二、其他文件 | 12－1 | 【证券公司或基金管理公司子公司】关于电子版材料与纸质版材料一致的承诺函 | 出具无异议函前管理人盖章。 |
| | 12－2 | 【证券公司或基金管理公司子公司】关于向报价系统申报材料与向基金业协会报送备案材料内容一致性承诺函 | 出具无异议函前管理人盖章。 |
| | 12－3 | 【】会计师事务所关于【计划名称】的会计意见书（如有） | 出具无异议函前会计师事务所盖章。基础资产出表情况下，原则上须提供。 |
| | 12－4 | 特定原始权益人的营业执照（如有） | 出具无异议函前应加盖公司公章。 |
| | 12－5 | 投资者适当性说明文件（如需提供） | 出具无异议函前管理人盖章。 |
| | 12－6 | 计划管理人业务营业执照、业务许可证、业务资格批件和公司章程（如需提供） | 出具无异议函前管理人盖章。 |

续表

| | | | |
|---|---|---|---|
| 十二、其他文件 | 12－7 | 专项计划其他参与机构资质文件（如需提供） | 包括但不限于律师事务所资质文件、会计师事务所资质文件、评级机构资质文件、监管银行资质文件、托管银行资质文件、代理销售机构资质文件等。 |
| 十三、报价系统要求的其他文件 | 13－1 | 报价系统要求其他文件 | 附件四《信息披露要素表》需作为《尽职调查报告》附表提交。报价系统可根据产品审核需要，要求管理人提供其他材料。 |

**附件二：计划说明书内容与格式指引**

| 计划说明书内容与格式指引 | | |
|---|---|---|
| 序号 | 内容名称 | 备注 |
| 0 | 计划说明书封面和目录 | 计划说明书封面应当标有“××资产支持专项计划说明书”的字样。封面下端应当标明管理人的全称、公告年月以及相关机构签章。<br>管理人应当在计划说明书的扉页提示投资者：“资产支持证券仅代表专项计划权益的相应份额，不属于管理人或者其他任何服务机构的负债。中国证券投资基金业协会对本期专项计划的备案、报价系统同意本期资产支持证券的挂牌转让（如有），并不代表对本期证券的投资风险、价值或收益作出任何判断或保证。投资者应当认真阅读有关信息披露文件，进行独立的投资判断，自行承担投资风险。”<br>计划说明书释义应在目录次页排印，对计划说明书中的有关机构简称、代称、专有名词、专业名词进行准确、简要定义。 |
| 第一章 | 当事人的权利和义务 | |
| 1.1 | 资产支持证券持有人的权利与义务 | |
| 1.2 | 管理人的权利与义务 | |
| 1.3 | 托管人的权利与义务 | |
| 1.4 | 其他参与机构的权利与义务 | |
| 第二章 | 资产支持证券的基本情况 | 包括：发行规模、品种、期限、预期收益率、资信评级状况（如有）以及登记、托管、交易场所等基本情况。收益分配日必须在发行文件中明确到具体某一天。 |

续表

| | | |
|---|---|---|
| 第三章 | 专项计划的交易结构与相关方简介 | |
| 3.1 | 项目参与方基本信息 | 包括：联系人、联系方式、办公地址等； |
| 3.2 | 交易结构 | 主要包括：交易结构概述、交易结构图、交易相关方所担任的角色和相关权利义务说明。 |
| 第四章 | 专项计划的信用增级方式 | 包括专项计划采用增信方式的种类。各项信用增级方式的主要条款、触发条件及时点。若资产支持专项计划采用多种增信方式，明确各种增信方式的触发先后顺序。 |
| 第五章 | 特定原始权益人、管理人和其他主要业务参与人情况 | |
| 5.1 | 特定原始权益人基本情况 | |
| 5.1.1 | 特定原始权益人的设立、存续情况；股权结构、组织架构及治理结构 | |
| 5.1.2 | 主营业务情况及财务状况 | 特定原始权益人所在行业的相关情况；行业竞争地位比较分析；最近三年各项主营业务情况、最近三年财务报表及主要财务指标分析、资本市场公开融资情况及历史信用表现；主要债务情况、授信使用状况及对外担保情况；对于设立未满三年的，提供自设立起的相关情况； |
| 5.1.3 | 与基础资产相关的业务情况 | 特定原始权益人与基础资产相关的业务情况；相关业务管理制度及风险控制制度等。基础资产历史上的违约率、早偿率情况。 |
| 5.2 | 管理人基本情况 | |
| 5.2.1 | 管理人的经营情况和资信水平 | |
| 5.2.2 | 管理人的客户资产管理业务资质、业务开展情况、管理制度、业务流程和风险控制措施等 | |
| 5.2.3 | 管理人最近一年是否因重大违法违规行为受到行政处罚的情形 | |
| 5.3 | 资产服务机构基本情况 | |

续表

| | | |
|---|---|---|
| 5.3.1 | 基本情况 | 资产服务机构设立、存续情况；最近一年经营情况及财务状况；资信情况等； |
| 5.3.2 | 与基础资产管理相关的业务情况 | 资产服务机构提供基础资产管理服务的相关业务资质以及法律法规依据；资产服务机构提供基础资产管理服务的相关制度、业务流程、风险控制措施；基础资产管理服务业务的开展情况；基础资产与资产服务机构自有资产或其他受托资产相独立的保障措施。 |
| 5.4 | 托管人基本情况 | |
| 5.4.1 | 托管人经营情况及资信水平 | |
| 5.4.2 | 托管人的托管业务资质；托管业务管理制度、业务流程、风险控制措施等 | |
| 5.5 | 提供信用增级或其他相关支持的机构的基本情况 | 上述机构包括担保人、差额支付承诺人、流动性支持机构等。 |
| 5.5.1 | 基本情况 | 公司设立、存续情况；股权结构、组织架构及治理结构；公司资信水平以及外部信用评级情况； |
| 5.5.2 | 主营业务情况及财务状况 | 公司最近三年各项主营业务情况、财务报表及主要财务指标分析及历史信用表现；主要债务情况、授信使用状况及对外担保情况等； |
| 5.5.3 | 其他情况 | 业务审批或管理流程、风险控制措施；包括杠杆倍数（如有）在内的与偿付能力相关的指标；公司历史代偿情况等。 |
| 第六章 | 基础资产情况及现金流预测分析 | |
| 6.1 | 基础资产情况 | |
| 6.1.1 | 基础资产构成情况；基础资产符合法律法规规定，权属明确，能够产生稳定、可预测现金流的有关情况；基础资产未被列入负面清单的相关说明 | |
| 6.1.2 | 基础资产是否存在附带抵押、质押等担保负担或其他权利限制的情况以及解除前述权利负担或限制的措施 | |

续表

| | | |
|---|---|---|
| 6.1.3 | 基础资产转让行为的合法性 | |
| 6.1.4 | 基础资产的运营及管理 | |
| 6.1.5 | 风险隔离手段和效果 | |
| 6.1.6 | 基础资产循环购买（如有）的入池标准、计划购买规模及流程和后续监督管理安排 | |
| 6.1.7 | 资金归集监管情况 | |
| 6.1.8 | 若基础资产涉及的债务人为证监会《信息披露指引》提到的重要债务人，管理人应对重要债务人的信用情况进行披露 | 包括但不限于：所在行业的相关情况；行业竞争地位比较分析；近期各项主营业务情况、最近一年及最近一期财务报表及主要财务指标分析、资本市场公开融资情况及历史信用表现；主要债务情况、授信使用状况及对外担保情况；对于设立未满一年的，提供自设立起的相关情况。 |
| 6.1.9 | 若专项计划由类型相同的多笔债权资产组成基础资产池的，管理人还应在计划说明书中针对该基础资产池披露的信息 | 1. 基础资产池的遴选标准及创建程序；<br>2. 基础资产池的总体特征；<br>3. 基础资产池的分布情况；<br>4. 基础资产池所对应的单一债务人未偿还本金余额占比超过15%的，应披露该债务人相关信用情况。 |
| 6.2 | 盈利模式及现金流预测分析 | |
| 6.2.1 | 盈利模式 | |
| 6.2.2 | 基础资产未来特定期间现金流预测情况 | |
| 6.2.3 | 基础资产预计现金流覆盖倍数 | |
| 6.2.4 | 基础资产现金流预测的主要影响因素分析 | |
| 6.2.5 | 基础资产现金流预测压力测试 | |
| 第七章 | 专项计划现金流归集、投资及分配 | |
| 7.1 | 账户设置安排 | |
| 7.2 | 基础资产归集安排 | 现金流归集方式、归集频率、归集使用的货币形式及防范现金流混同和挪用风险的机制 |
| 7.3 | 现金流分配 | 包括分配顺序和分配流程；收益分配日必须在发行文件中明确到具体某一天。 |

续表

| | | |
|---|---|---|
| 7.4 | 专项计划的现金流运用及投资安排 | |
| 第八章 | 专项计划资产的管理安排 | |
| 8.1 | 包括专项计划资产的构成 | |
| 8.2 | 专项计划相关费用 | |
| 8.2.1 | 费用种类及金额 | |
| 8.2.2 | 费用支取方式 | |
| 8.2.3 | 专项计划无需承担的费用 | |
| 8.2.4 | 管理人针对高级管理人员和项目经办人的激励约束办法 | 管理人应当保证建立长效激励约束机制和问责机制，防止片面追求项目数量及管理规模而忽视风险的短期激励行为。 |
| 8.3 | 税务事项 | |
| 8.4 | 专项计划资金运用 | |
| 8.5 | 专项计划资产处分 | |
| 8.6 | 其他资产管理安排 | |
| 第九章 | 原始权益人风险自留的相关情况 | |
| 第十章 | 风险揭示与防范措施 | 主要包括：1. 基础资产及交易结构风险——主要指基础资产经营风险、资产现金流评估预测偏差可能导致的投资风险、基础资产现金流不足风险、交易结构法律风险、与信用增级有关的风险等；2. 与原始权益人的相关风险—包括财务风险、经营风险、管理风险及政策风险；3. 与管理人或其他服务机构有关的风险；4. 市场风险——流动性风险、利率风险等。对关键性风险的应对措施和安排。 |
| 第十一章 | 专项计划的销售、设立及终止等事项 | |
| 11.1 | 专项计划的销售方案 | 包括销售期间、推广方式及场所、参与原则、认购人合法性要求、参与手续、认购资金接收和存放等。 |
| 11.2 | 专项计划设立相关事项 | 包括：设立完成日的确定、设立失败后的相关安排。 |

续表

| | | |
|---|---|---|
| 11.3 | 专项计划终止与清算的相关安排 | 包括终止条件、终止后的清算安排等。 |
| 第十二章 | 资产支持证券的登记及转让安排 | |
| 第十三章 | 信息披露安排 | 主要包括：信息披露的形式、信息披露的内容及时间、重大事项信息披露、存续期内定期信息披露、资产支持证券兑付事项、信息披露文件的存放与查阅等内容。 |
| 第十四章 | 资产支持证券持有人会议相关安排 | 主要包括持有人会议的决议事项、召集方式、会议召开及议事程序、争议解决机制等。 |
| 第十五章 | 主要交易文件摘要 | |
| 第十六章 | 《证券公司及基金管理公司子公司资产证券化业务管理规定》第十七条、第十九条和第二十条要求披露或明确的事项 | |
| 16.1 | 管理人、托管人与原始权益人之间的重大利益关系说明 | 包括充分披露有关事项，并对可能存在的风险以及采取的风险防范措施予以说明。 |
| 16.2 | 专项计划变更管理人的相关安排 | |
| 第十七章 | 违约责任与争议解决 | |
| 第十八章 | 备查文件（包括与基础资产交易相关的法律协议等）存放及查阅方式 | |
| 第十九章 | 上述未列明事宜 | |
| 指引说明：本计划说明书内容与格式指引参照《资产支持专项计划备案管理办法》中的《资产支持专项计划说明书内容与格式指引》（试行）制定。计划说明书的章节顺序无需完全参照本格式指引，但相关内容需要齐备。若说明书未包含上述格式指引中的相关内容，请补充说明具体原因。 | | |

## 附件三：尽职调查报告内容与格式指引

| 序号 | 内容名称 | 备注 |
|---|---|---|
| 0 | 尽职调查报告封面和目录 | 尽职调查封面应当标有“××资产支持专项计划尽职调查报告”的字样。封面下端应当标明管理人的全称、公告年月以及相关机构签章。管理人应当在尽职调查报告的扉页出具声明：“已按照《证券公司及基金管理公司子公司资产证券化业务管理规定》和《证券公司及基金管理公司子公司资产证券化业务尽职调查工作指引》的要求，对××资产支持专项计划相关事项进行了尽职调查，有充分理由确信尽职调查报告内容不致因上述内容出现虚假记载、误导性陈述及重大遗漏，并对报告的真实性、准确性和完整性承担相应责任。”声明页应附调查人员签字，加盖管理人公司签章并注明报告日期。 |
| 第一章 | 尽职调查情况描述 | |
| 1.1 | 尽职调查基准日 | |
| 1.2 | 尽职调查内容 | 包括尽职调查的时间，方式，流程和参与工作人员 |
| 1.3 | 尽职调查程序 | |
| 1.4 | 尽职调查主要结论 | 尽职调查报告应当对资产证券化项目是否符合相关法律法规、部门规章以及规范性文件的相关规定发表明确意见。下同。 |
| 1.5 | 尽职调查过程中发现的主要问题及解决情况 | 例如基础资产存在权利负担及相关解除情况。 |
| 第二章 | 业务参与人 | 包括业务参与人的法律存续状态、业务资质及相关业务经营情况等。 |
| 2.1 | 特定原始权益人 | |
| 2.1.1 | 基本情况 | 特定原始权益人的设立、存续情况；股权结构、组织架构及治理结构。 |
| 2.1.2 | 主营业务情况及财务状况 | 特定原始权益人所在行业的相关情况；行业竞争地位比较分析；最近三年各项主营业务情况、财务报表及主要财务指标分析、资本市场公开融资情况及历史信用表现；主要债务情况、授信使用状况及对外担保情况；对于设立未满三年的，提供自设立起的相关情况。 |

续表

| | | |
|---|---|---|
| 2. 1. 3 | 与基础资产相关的业务情况 | 特定原始权益人与基础资产相关的业务情况；相关业务管理制度及风险控制制度等。 |
| 2. 1. 4 | 结论 | |
| 2. 2 | 资产服务机构 | |
| 2. 2. 1 | 基本情况 | 资产服务机构设立、存续情况；最近一年经营情况及财务状况；资信情况等。 |
| 2. 2. 2 | 与基础资产管理相关的业务情况 | 资产服务机构提供基础资产管理服务的相关业务资质以及法律法规依据；资产服务机构提供基础资产管理服务的相关制度、业务流程、风险控制措施；基础资产管理服务业务的开展情况；基础资产与资产服务机构自有资产或其他受托资产相独立的保障措施。 |
| 2. 2. 3 | 结论 | |
| 2. 3 | 托管人 | |
| 2. 3. 1 | 托管人资信水平； | |
| 2. 3. 2 | 托管人的托管业务资质；托管业务管理制度、业务流程、风险控制措施等。 | |
| 2. 3. 3 | 结论 | |
| 2. 4 | 信用增级的机构（若有） | 应当充分反映其资信水平及偿付能力。 |
| 2. 4. 1 | 基本情况 | 公司设立、存续情况；股权结构、组织架构及治理结构；公司资信水平以及外部信用评级情况。 |
| 2. 4. 2 | 主营业务情况及财务状况 | 公司最近三年各项主营业务情况、财务报表及主要财务指标分析及历史信用表现；主要债务情况、授信使用状况及对外担保情况等；对于设立未满三年的，提供自设立起的相关情况。 |
| 2. 4. 3 | 其他情况 | 业务审批或管理流程、风险控制措施；包括杠杆倍数（如有）在内的与偿付能力相关的指标；公司历史代偿情况等。 |
| 2. 4. 4 | 结论 | |
| 2. 5 | 重要应收款债务人（若有） | 入池应收款的本金余额占资产池比例超过 15%，或者债务人及其关联方的入池应收款本金余额合计占资产池的比例超过 20% 的，应当视为重要债务人。对于重要债务人，应当全面调查其经营情况及财务状况，反映其偿付能力和资信水平。 |

续表

| | | |
|---|---|---|
| 2.5.1 | 经营情况及财务状况 | |
| 2.5.2 | 偿付能力和资信水平 | |
| 2.5.3 | 结论 | |
| 2.6 | 其他重要业务参与人 | |
| 2.6.1 | 参与人的基本情况、资信水平 | |
| 2.6.2 | 参与人的相关业务资质、过往经验以及其他可能对证券化交易产生影响的因素 | |
| 2.6.3 | 结论 | |
| 第三章 | 基础资产 | 包括基础资产的法律权属、转让的合法性、基础资产的运营情况或现金流历史记录，同时应当对基础资产未来的现金流情况进行合理预测和分析。 |
| 3.1 | 基础资产基本情况 | |
| 3.1.1 | 基础资产概述 | |
| 3.1.2 | 基础资产筛选标准 | |
| 3.1.3 | 基础资产池情况详细介绍 | 适用于基础资产为由多笔基础资产构成的基础资产池。 |
| 3.2 | 基础资产合法性 | |
| 3.2.1 | 基础资产形成和存续的真实性和合法性 | |
| 3.2.2 | 基础资产权属、涉诉、权利限制和负担等情况 | |
| 3.2.3 | 基础资产可特定化情况 | |
| 3.2.4 | 基础资产的完整性 | |
| 3.3 | 基础资产转让合法性 | |
| 3.3.1 | 基础资产是否存在法定或约定禁止或者不得转让的情形 | |
| 3.3.2 | 基础资产（包括附属权益）转让需履行的批准、登记、通知等程序及相关法律效果 | |
| 3.3.3 | 基础资产转让的完整性 | |
| 3.4 | 基础资产现金流状况 | |
| 3.4.1 | 基础资产质量状况 | |

续表

| | | |
|---|---|---|
| 3.4.2 | 基础资产现金流的稳定性和历史记录 | |
| 3.4.3 | 基础资产未来现金流的合理预测和分析 | |
| 特别说明：本尽职调查报告内容与格式指引参照《证券公司及基金管理公司子公司资产证券化业务尽职调查指引》制定。尽职调查指引的章节顺序无需完全参照本格式指引，但相关内容需齐备。若说明书未包含上述格式指引中的相关内容，请出具专项补充说明。 | | |

**附件四：信息披露要素表**

| 资产支持证券信息披露要素表 | | | | | | |
|---|---|---|---|---|---|---|
| 信息披露类别 | 序号 | 信息披露要点 | 信息披露文件名称 | 具体章节 | 页码 | 补充说明 |
| 1. 合规性要求 | 1.1 | 原始权益人关于基础资产真实、有效、合法合规的声明。 | | | | |
| | 1.2 | 原始权益人将基础资产转让给管理人发行资产支持证券的内部所必要之批准。 | | | | |
| | 1.3 | 原始权益人承诺本期资产支持证券的募集资金用途符合国家相关法律法规及政策要求。 | | | | |
| 2. 基础资产是否符合开展证券化的基本条件 | 2.1 | 基础资产的法律要件或权属证明文件（如必备的证书、许可、文件等）是否已具备，在法律上能够准确、清晰地界定为财产权利或财产？ | | | | |
| | 2.2 | 原始权益人是否可据此合法拥有基础资产，是否权属明确？原始权益人对产生资产必备的土地、设备、资产是否具有所有权或使用权？ | | | | |
| | 2.3 | 基础资产涉及的交易基础是否真实？ | | | | |
| | 2.4 | 基础资产构成——详细披露基础资产的实际经营情况、运营模式、相关协议、有无政府支持情况。 | | | | |
| | 2.5 | 基础资产界定为收益权的，现行法律法规或司法是否已明确该财产权利为收益权？基础资产涉及的收费是否具有明确法律依据？ | | | | |

续表

| | | | | | | |
|---|---|---|---|---|---|---|
| 3. 基础资产转让的合法性及有效性 | 3. 1 | 基础资产是否附带担保负担（抵押或质押）或其他权利限制情况？是否存在第三方的优先求偿权？若已设置担保负担或存在其他权利限制，拟采取解除限制措施的法律效力及生效要件。 | | | | |
| | 3. 2 | 基础资产相关的标的资产是否附带权利限制及风险缓释机制，例如高速公路收费收益权对应的收费公路土地使用权和相关资产所有权、电力收益权对应的发电设备、供水收费收益权对应的城市供水管道等。 | | | | |
| | 3. 3 | 基础资产转让并进行证券化是否需经原始权益人主管部门批准。若需经批准，是否已进行过沟通，是否需要主管部门出具关于基础资产转让合法性及有效性的书面批复。 | | | | |
| | 3. 4 | 法律法规规定基础资产本身需办理权属登记的，是否依法办理了相关变更登记手续。若无法办理变更登记手续的，专项计划拟采取哪些有效措施维护基础资产的安全和资产支持证券投资者的合法权益（例如通过公示等其他手段使基础资产转让行为可以对抗善意第三人）。 | | | | |
| | 3. 5 | 基础资产附带担保权益等从权利的，从权利是否通过转让行为完整地转移给专项计划享有。从权利对基础资产的实际保障效力是否因基础资产转让发生变化。 | | | | |
| | 3. 6 | 基础资产为债权的，是否明确了债权转让通知债务人或向债务人进行公告的具体安排。若无法履行通知义务的，采取何种措施防止第三方获得该资产所有权从而影响投资者合法权益。 | | | | |
| | 3. 7 | 基础资产为租赁债权的，如果租赁物件不随基础资产转让而转让，专项计划采取何种措施防止第三方获得该租赁物权属。 | | | | |
| | 3. 8 | 基础资产为债权的，债务人对债权人是否享有抗辩权、抵销权及其风险缓释措施。 | | | | |

续表

| | | | | | | |
|---|---|---|---|---|---|---|
| 3. 基础资产转让的合法性及有效性 | 3.9 | 基础资产现金流来源于原始权益人经营性收入的，管理人是否采取了相关措施，防范基础资产及相关权益被第三方主张权利的风险。 | | | | |
| | 3.10 | 专项计划设有权利完善事件的，请详细披露触发权利完善事件之前权利转让的有效性的瑕疵及其对基础资产风险隔离效果的负面影响，并说明触发权利完善事件之后采取相关措施的可行性及具体操作安排。若相关措施存在操作风险，请披露上述操作风险及其缓释措施。 | | | | |
| | 3.11 | 针对同一借款人/承租人与原始权益人存在多笔债务关系的，是否通过相关协议约定了受偿顺序，以避免出现还款金额无法特定化或出现偿付纠纷的情况。 | | | | |
| 4. 基础资产与原始权益人破产风险隔离的有效性 | 4.1 | 是否完全做到基础资产真实出售，与原始权益人、计划管理人破产风险完全隔离。 | | | | |
| | 4.2 | 若没有完全做到，拟采取哪些措施降低原始权益人、计划管理人破产风险对于专项计划合法权益的影响。 | | | | |
| 5. 基础资产的特定化 | 5.1 | 基础资产是否可以清晰识别，与原始权益人的其他财产、计划管理人和托管人的固有财产、计划管理人管理的其他专项计划的基础资产明确区分。 | | | | |
| | 5.2 | 计划管理人能够对基础资产的筛选、专项计划存续期间的资金流转过程实行有效监督。 | | | | |
| 6. 基础资产现金流的稳定性和可预测性 | 6.1 | 基础资产产生现金流是否有足够的历史记录以对未来现金流进行预测？是否披露了各期基础资产现金流回收金额对于每个收益分配日资产支持证券本息偿付的覆盖倍数。 | | | | |
| | 6.2 | 未来现金流预测情况或收益分析（包括不限于资产评估及现金流预测的假设条件及依据、现金流预测及分析方法等），相关具有证券从业资格的机构出具现金流评估预测报告。 | | | | |

续表

| | | | | | | |
|---|---|---|---|---|---|---|
| 6. 基础资产现金流的稳定性和可预测性 | 6.3 | 是否已经考虑了各种影响现金流波动的因素？是否针对造成基础资产现金流波动的影响因素进行压力测试，并说明压力情境的参数设置及其合理性。是否披露了正常境况及压力境况下的各期覆盖倍数。在造成现金流波动的影响因素处于极端情况下，内外部增信措施对优先级档证券按时足额偿付的保障程度如何？ | | | | |
| | 6.4 | 以基础资产产生现金流循环购买新的基础资产组成专项计划资产的，专项计划法律文件是否明确约定基础资产入池筛选标准及购买条件、购买规模、流动性风险以及风险控制措施？基础资产的规模、存续期限是否与资产支持证券的规模、存续期间匹配？ | | | | |
| | 6.5 | 专项计划是否对存续期间持续关注基础资产现金流的运行状况做出相应安排？特别是在发现可能影响兑付的情况，是否做好了应对方案。 | | | | |
| | 6.6 | 基础资产为债权的，需关注作为支付方的债务人的资信情况、偿还能力、持续经营能力、基础资产的历史违约率及分散程度等。 | | | | |
| | 6.7 | 基础资产为不动产的或收益权的，专项计划是否委托符合条件的专业评估机构对基础资产价值进行评估或对现金流进行预测，并出具相关报告。 | | | | |
| 7. 基础资产（池）信息披露 | 7.1 | 是否披露了原始权益人对于正常类基础资产的界定标准 | | | | |
| | 7.2 | 是否披露了入池基础资产中承租人/借款人历史违约、逾期及早偿情况、涉及上述情况的承租人占比、存在上述情况对基础资产安全性的影响 | | | | |
| | 7.3 | 基础资产涉及循环购买的，是否披露了原始权益人的业务模式、主营业务涉及的行业情况、客户属性、客户数量、单笔债权金额、历史经营情况（逾期率、违约率、违约后回收率等）以及未来业务发展前景及业务的稳定性及可持续性分析。 | | | | |

续表

| | | | | | | |
|---|---|---|---|---|---|---|
| 7. 基础资产（池）信息披露 | 7.4 | 对于基础资产涉及的借款人/承租人整体风险较高的、或单个行业占比较高的，是否披露了入池资产中承租人的影子评级、初始入池资产占比较高的行业及地区的基本面情况、上述行业借款人/承租人整体经营及偿债能力情况、是否存在行业系统性偿付风险等。 | | | | |
| | 7.5 | 入池资产历史上是否存在展期情况，以及合同条款是否允许对到期无法偿还的债务进行展期，及上述情况对基础资产安全性及现金流预测的影响分析。 | | | | |
| 8. 信用增级措施 | 8.1 | 增信措施是否针对基础资产可能的风险点而设计，对现金流的信用增级措施能否有效化解现金流短缺风险，是否具有可操作性？ | | | | |
| | 8.2 | 发行文件是否明确各项信用增级措施的触发条件、触发顺序、操作流程？ | | | | |
| 9. 基础资产现金流的特定化和流转环节的控制 | 9.1 | 是否披露了基础资产自产生至分配投资人的全部过程，明确各个账户环节，流入与流出时间。 | | | | |
| | 9.2 | 现金流归集过程中账户设置安排是否安全有效，划转过程中是否存在资金混同风险？拟采取何种措施控制风险？ | | | | |
| | 9.3 | 专项计划对现金流的控制力。包括能否保证现金收入不被挪用，是否建立了在相关主体破产或账户被查封、冻结情况下的现金流应急保护措施等。 | | | | |
| | 9.4 | 基础资产沉淀现金流的再投资安排及相关风险控制 | | | | |
| 10. 关联交易 | 10.1 | 交易结构中是否存在关联交易的，管理人是否维护了投资者权益，按照公允价值公平交易，及时履行信息披露义务。 | | | | |
| 11. 所有原始权益人 | 11.1 | 基础资产现金流的回收需以原始权益人提供相应服务为前提条件的（即原始权益人担任专项计划的资产服务商），资产服务机构的持续服务能力如何，是否原始权益人是否具有相关业务管理能力，包括规则、技术与人力配备等？专项计划通过哪些措施确保基础资产与原始权益人/资产服务机构的自有资产或其他受托资产相隔离，防范利益冲突及道德风险。 | | | | |

续表

| | | | | | | |
|---|---|---|---|---|---|---|
| 12. 特定原始权益人与重要债务人 | 12. 1 | 基础资产在原始权益人业务中比重如何？基础资产现金流来源于原始权益日经营性收入的，基础资产的转让后，原始权益人如何确保专项计划存续期间的持续经营能力，原始权益人的盈利能力、业务经营前景和偿债能力如何？ | | | | |
| | 12. 2 | 基础资产为债权的，原始权益人对债务人负有义务的，该义务是否履行完毕，原始权益人需持续履行义务的，原始权益人持续履约能力如何。 | | | | |
| | 12. 3 | 重要债务人/支付方的整体信用状况、还款记录、违约率、偿债能力、集中程度如何？ | | | | |
| 13. 投资者权益保护 | 13. 1 | 违约事件和违约责任 | | | | |
| | 13. 2 | 债项评级下降的应对措施 | | | | |
| | 13. 3 | 基础资产现金流恶化或其它可能影响投资者利益等情况的应对措施 | | | | |
| | 13. 4 | 是否制定风险控制措施和风险处置预案 | | | | |
| | 13. 5 | 计划说明书中约定的诉讼、仲裁或者其他争议解决机制 | | | | |
| | 13. 6 | 资产支持证券发生违约后的债权保障和清偿安排 | | | | |

填报说明：

1. 请注明每条信息披露要点所在的文件名称，所在章节，并用阿拉伯数字标明页码。
2. 若信息披露要点涉及多个文件，请填写最主要的一个或多个文件名称，披露要点重复的文件名无需填写。若需要填写多个文件名称，请自行添加一行，每行填写一个文件名称及相应页码。
3. 信息披露文件本身未全面、准确地覆盖信息披露要点的，请在补充说明中简述。
4. 若某条信息披露要点不适用于本专项计划，请在“信息披露文件名称”和“页码”栏中填写 NA，并在“补充说明”一栏中说明理由。

该《资产支持证券信息披露要素表》作为申报材料《【计划名称】尽职调查报告》附表一并提交。

**附件五：关于【计划名称】资产支持证券发生重大变化的专项说明（参考格式）**

**××公司关于【计划名称】资产支持证券发生重大变化的专项说明**

**中证机构间报价系统股份有限公司：**

××公司于××年××月××日向贵司报送【计划名称】挂牌转让申请文件，拟作为计划管理人申请设立【计划名称】并在贵司挂牌转让。项目正在审核过程中。/或贵司于××年××月××日印发《关于××公司【计划名称】符合机构间私募产品报价与服务系统挂牌条件的无异议函》（报价系统函〔××〕××号），对本专项计划资产支持证券挂牌转让无异议。

发生重大变化的相关事由说明。

基于上述重大变化，计划管理人拟修改原申请文件中相关内容，涉及修改的原申请文件包括：

1. ××资产支持专项计划计划说明书；

2. ××资产支持专项计划法律意见书；

3. …

上述文件修改并盖章后将及时发送至贵司指定邮箱。

本专项计划发生上述重大变化后，未改变交易结构中其他安排，不会对专项计划新增实质性风险。计划管理人及相关中介机构已充分披露了上述重大变化事项及相关风险，并制定了相关措施保障资产支持证券投资者权益。

特此说明。

××公司（盖章）

××年××月××日

**附件六：报价系统资产支持证券在线发行注册要素表**

| 类别 | 要素（加＊为必填项） | 要素说明 |
| --- | --- | --- |
| 产品基本信息 | ＊产品代码 | 产品注册时在线申领。每个专项计划有一个统一的母产品代码，各级产品分别有一个产品代码。 |
| | ＊产品全称 | 不超过29个汉字，需写明分级名称。 |
| | ＊产品简称 | 不超过10个汉字，包括标点符号。和计划说明书中简称保持一致。 |

续表

| | | |
|---|---|---|
| 产品基本信息 | ＊管理人 | 填写管理人全称。 |
| | ＊管理人代码 | 系统默认。 |
| | ＊原始权益人 | 填写原始权益人全称。 |
| | ＊托管人 | 填写托管人全称。 |
| | ＊交易币种 | |
| | ＊目标发行总规模（元） | 专项计划发行总额。 |
| | ＊发行价格（元） | 根据合同填写。 |
| | ＊份额面值（元） | 根据合同填写。 |
| | ＊产品计息类型 | 几种方式供选择：贴现式、零息式、利随本清式、附息式固定利率、附息式浮动利率、无。<br>若选择“附息式浮动利率”，管理人需在每次付息日前3个工作日向报价系统提交“付息方案（附息式浮动利率产品）”。 |
| | 预期收益率 | |
| | 预期浮动收益率 | |
| | ＊产品是否分期 | 分期发行的选择“是”。 |
| | 本期产品规模（元） | |
| | ＊产品是否分级 | |
| | 本期（本级）产品种类 | 优先级、次级。 |
| | 本期（本级）产品对应母产品代码 | 每个专项计划有一个统一的母产品代码，各级产品分别有一个产品代码。母产品代码在“分期”、“分级”选项中均选“否”。 |
| | 本期（本级）产品级次排位 | |
| | 本级产品规模（元） | 本级产品的发行额。 |
| | ＊本期（本级）预计期限（月） | 不足一个月的部分用小数表示。 |
| | 本期（本级）产品规模占比（%） | |
| | 优先于本产品偿还的预期规模占比 | |
| | ＊投资者人数限制（人） | 1－200人之间。 |
| | 各期（各级）产品概况 | |

续表

| | | |
|---|---|---|
| 产品基本信息 | *本期本金与收益分配安排 | 根据计划说明书约定填写。 |
| | *是否评级 | |
| | 初始评级 | |
| | 初始评级机构 | |
| | *是否增信 | |
| | 增信方式说明 | |
| | *是否担保 | |
| | 担保机构 | |
| | 担保安排 | |
| | *信息披露方式 | 两种方式供选择：非公开披露、定向披露。非公开披露方式只针对报价系统参与人进行披露；定向披露只针对管理人指定的参与人进行披露。 |
| | 增信相关文件 | 附件形式上传用印版电子文本 |
| | 信用评级报告 | 附件形式上传用印版电子文本 |
| | *计划说明书 | 附件形式上传用印版电子文本 |
| | *法律意见书 | 附件形式上传用印版电子文本 |
| | *风险揭示书 | 附件形式上传用印版电子文本 |
| | *认购协议 | 附件形式上传用印版电子文本 |
| | *托管协议 | 附件形式上传用印版电子文本 |
| | 其他文件 | 附件形式上传用印版电子文本 |
| 基础资产类型 | *基础资产类型 | 可供选择的种类包括：企业应收款、信贷资产、租赁债权、信托受益权、不动产财产、动产收益权、其他。 |
| | *基础资产（组合）简介 | |
| | *基础资产（组合）现金流分析 | |
| | *基础资产（组合）转让依据 | |
| | *基础资产（组合）转让协议 | 附件形式上传用印版电子文本 |
| | 基础资产（组合）相关资料上传 | 附件形式上传用印版电子文本 |

续表

| | | |
|---|---|---|
| 定价发行 | ＊最小认购份额变动单位（份） | |
| | ＊认购开始日期 | |
| | ＊认购截止日期 | |
| | ＊单笔最低认购份额（份） | |
| | ＊单笔最高认购份额（份） | |
| | ＊累计最高认购份额（份） | |
| 登记结算 | ＊登记结算方式 | 系统默认为：其他机构登记结算。 |
| | ＊所属 TA | 几种方式供选择：报价系统 TA、中登 TA、管理人 TA、其他 TA。注册时只能选择报价系统 TA。 |
| | ＊TA 代码 | 报价系统。 |
| | ＊认购款交收方式 | 分为报价系统自动交收、认购方逐笔缴款两种方式：选择“报价系统自动交收”，即认购方在交收日日间入金，系统自动完成交收；选择“认购方逐笔缴款”，认购方在日间入金并选择“认购缴款”，在日间手工完成交收。 |
| | 缴款日 | 等于募集结束日（R）＋发行资金交收日（N）（认购方逐笔缴款时默认为发行日当日）。 |
| | ＊起息日 | 自起息日当日，该资产支持证券开始计算收益（起息日不得早于募集结束日）。 |
| | ＊到期日 | 到期日当日，资产支持证券停止计算收益（到期日当日不计息）。 |
| | ＊兑付日 | 本期本级产品首个本金或利息的兑付日。 |
| | ＊计息年度天数 | 两种期限供选择：365、360。 |
| | 闰年计息天数 | 计息年度天数为 365 时，管理人可选择闰年计息天数为 365 或 366。 |
| | ＊整月计息天数 | 两种期限供选择：30 天、实际天数。 |
| | ＊付息方案 | 对付息安排的完整描述。 |
| | ＊发行资金交收日（确认日＋） | 以“R＋_ ”形式填写。 |
| | 回购资金交收日（确认日＋） | 以“R＋_ ”形式填写。 |

续表

| | | |
|---|---|---|
| 登记结算 | 回售资金交收日（确认日+） | 以“R+_ ”形式填写。 |
| | *兑息资金交收日（确认日+） | 以“R+_ ”形式填写。 |
| | *兑付资金交收日（确认日+） | 以“R+_ _ ”形式填写。 |
| | 交收批次 | 两种方式供选择：日间、日终。主要是针对报价系统自动交收方式，如果选择日间，当天上午入金，下午出金；如果选择日终，第一天入金，第二天出金。认购方逐笔缴款方式下，不区分日间、日终。 |
| | 交易场所 | 报价系统。 |
| | *发行期募集资金账户账号 | 选择相应的报价系统资金结算账户。 |
| | *代收代扣费用资金账户 | 选择相应的报价系统资金结算账户。 |
| | *登记要素表联系人 | |
| | *登记要素表联系人联系电话 | |
| 特别说明：发行注册要素表的内容均为计划管理人在线注册资产支持证券时需要填写的要素。待产品注册审核通过后，需在T-1日16:00前在线填写付息方案（T为认购开始日）：登录报价系统【在线发行】栏目，通过【发行方管理】→【业务方案】→【新增方案】→【资产支持证券】→【付息方案】。<br>此外在产品存续期，对于计息方式为附息式固定利率的资产支持证券，报价系统自动计算付息或兑付金额并办理付息、兑付事项；对于计息方式为附息式浮动利率的资产支持证券，管理人应当在付息日或兑付日之前1个交易日16:00前，在线向报价系统提交浮动付息方案，报价系统据此办理付息、兑付事项。<br>对于附有回购条款的资产支持证券，管理人应当在回购日（R日）前一交易日16:00前在线向报价系统提交回购方案；对于附有回售条款的资产支持证券，管理人应当在回售日（R日）前一交易日16:00前在线向报价系统提交回售方案。 | | |

**附件七：报价系统资产支持证券在线认购流程图**

管理人在注册产品时，可以选择报价系统自动交收或认购方逐笔缴款两种不同的认购款交收方式，不同方式流程不同。

1. 认购方逐笔缴款方式下，专项计划可以在发行当日（T日）出金。管理人需要做好协调工作，确保投资者在T日内完成份额认购并缴款，管理人需对认购份额进行确认并出金。认购过程如下：

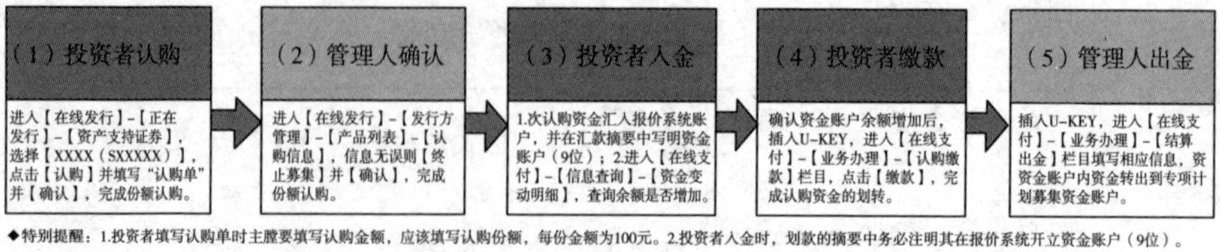


2. 报价系统自动交收方式下，专项计划可以在 T+1 日或 T+2 日出金。认购过程如下：

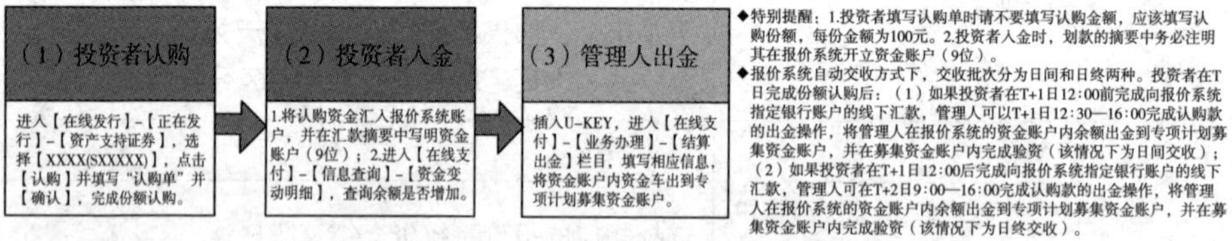


### 1.4.3 《机构间私募产品报价与服务系统融资租赁债权资产支持证券挂牌条件确认指南》（2018 年 2 月 9 日　机构间私募产品报价与服务系统）

**【重点提示】**

三大交易所的融资租赁 ABS 挂牌指南关于风险自留、循环购买等问题的退订均与应收账款 ABS 挂牌指南保持一致。读者应当重点关注两点特殊规定：一是关于融资租赁债权基础资产的入池标准，需满足权属明确、内容界定明确、可特定化、真实合法有效，转让基础资产应当通知债务人的要求。二是对基础资产的分散度要求和免于分散度要求的标准。即基础资产应至少包括 10 个相互之间不存在关联关系的债务人，单个债务人入池资产金额占比不超过 50%，且前 5 大债务人入池资产金融占比不超过 70%；当原始权益人资信状况良好，且专项计划设置担保、差额支付等有效措施的，可以免于上述关于债务人分散度的要求。

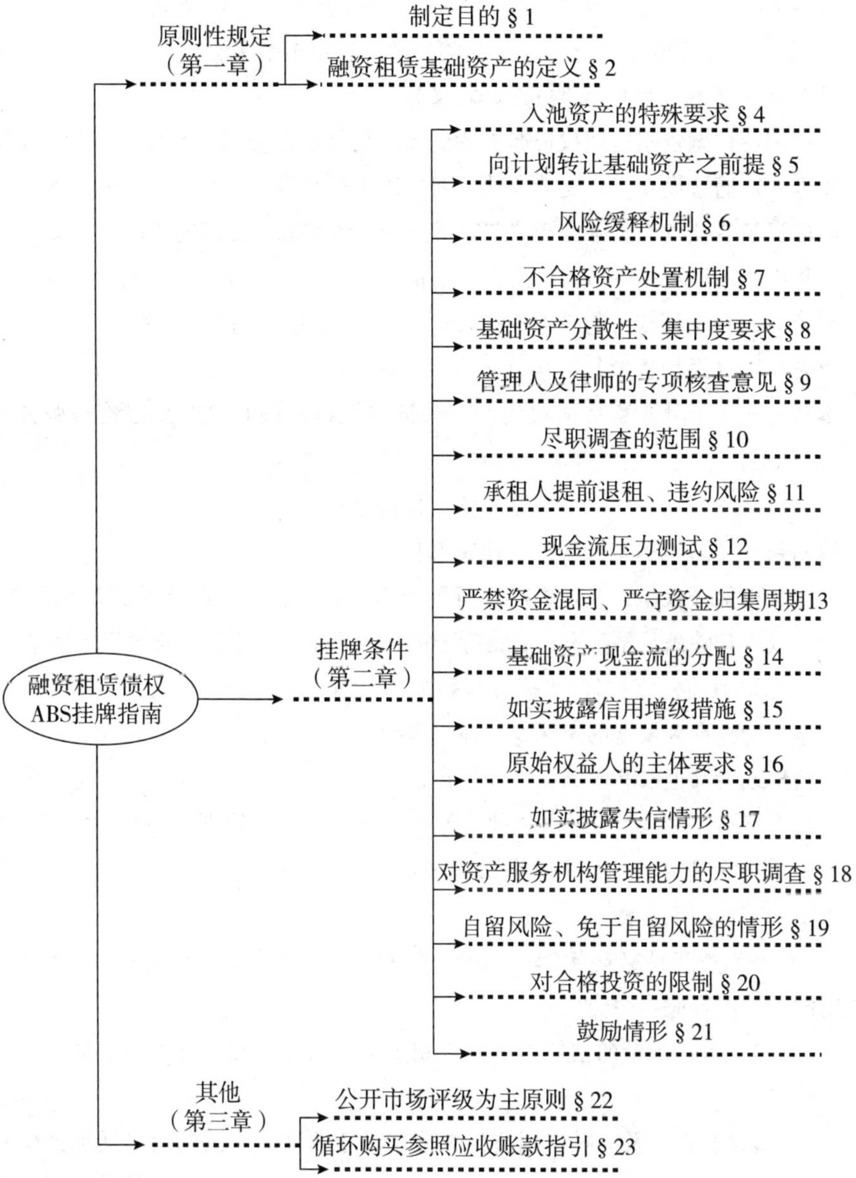


**【文件内容】**

## 第一章　总　　则

第一条　【制定目的】

为规范发展融资租赁债权资产证券化业务，便于管理人和原始权益人等参与机构开展业务和加强风险管理，保护投资者合法权益，促进资产证券化业务健康发展，根据《证券公司及基金管理公司子公司资产证券化业务管理规定》（证监会公告〔2014〕49号)、《机构间私募产品报价与服务系统资产证券化业务指引(试行)》(中证协发〔2015〕36号)等相关规定，制定本指南。

第二条 【融资租赁基础资产的定义】

本指南所称融资租赁债权资产支持证券，是指证券公司、基金管理公司子公司作为管理人，通过设立资产支持专项计划(以下简称专项计划)开展资产证券化业务，**以融资租赁债权为基础资产或基础资产现金流来源**所发行的资产支持证券。

本指南所称融资租赁债权，是指融资租赁公司依据融资租赁合同对债务人(承租人)享有的租金债权、附属担保权益(如有)及其他权利(如有)。

第三条 【适用情形】

本指南适用于融资租赁债权资产支持证券在机构间私募产品报价与服务系统(以下简称报价系统)的挂牌转让申请。

## 第二章 挂牌条件

第四条 【入池基础资产的特殊要求】

**以融资租赁债权作为基础资产发行资产支持证券，入池的基础资产在基准日、专项计划设立日除满足基础资产合格标准的一般要求外，还需要符合以下要求：**

(一)原始权益人应当合法拥有基础资产及对应租赁物的所有权。除租赁物以原始权益人为权利人设立的担保物权外，基础资产及租赁物均不得附带抵押、质押等担保负担或者其他权利限制。已经存在抵押、质押等担保负担或者其他权利限制的，应当能够通过专项计划相关安排在原始权益人向专项计划转移基础资产时予以解除。租赁物状况良好，不涉及诉讼、仲裁、执行或破产程序，且应当不涉及国防、军工或其他国家机密。

(二)基础**资产界定应当清晰**，附属担保权益(如有)、其他权利(如有)及租赁物的具体内容应当明确。

(三)基础资产涉及的租赁物及对应**租金应当可特定化**，且租金数额、支付时间应当明确。

(四)基础资产涉及的融资租赁**债权应当基于真实、合法的交易活动产生**，交易对价公允，具备商业合理性。基础资产不属于《资产证券化业务基础资产负面清单指引》列示的负面清单范畴，不属于以地方政府为直接或间接债务人、以地方融资平台公司为债务人的基础资产，不存在违反地方政府债务管理相关规定的情形。

(五)基础资产涉及的**交易合同应当合法有效**。出租人应当已经按照合同约定向出卖人支付了租赁物购买价款；出卖人不存在转让租赁物所有权给出租人的抗辩事由。出租人应当已经按照合同约定向承租人履行了合同项下的义务；相关租赁物已按照合同约定交付给承租人；租金支付条件已满足，历史租金支付情况良好；除以保证金冲抵租赁合同项下应付租金外，承租人履行其租金支付义务不存在抗辩事由和抵销情形。

（六）按照国家法律法规规定租赁物的权属**应当登记的，原始权益人须已依法办理相关登记手续**；租赁物不属于依法需要登记的财产类别，原始权益人应当在主管部门指定或行业组织鼓励的相关的登记系统进行融资租赁业务登记，登记的租赁物财产信息应与融资租赁合同及租赁物实际状况相符。

若存在汽车融资租赁债权等特殊情形未进行权属登记的，管理人应当在计划说明书中披露未进行权属登记的原因及合理性，充分揭示风险，并设置相应的权利完善措施。

第五条　【向计划转让基础资产之前提】

**基础资产转让应当满足以下要求：**

（一）基础资产应当**具有可转让性**，转让应当合法、有效，转让对价应当公允。

（二）基础资产转让**应当通知债务人**、附属担保权益义务人（如有）及其他权利义务人（如有），并在相关登记系统办理转让登记。

若存在特殊情形未进行债权转让通知或未办理转让登记的，管理人应当在计划说明书中披露未进行转让通知或未办理转让登记的原因及合理性，充分揭示风险。

（三）基础资产**包含附属担保权益及其他权利（如有）的，附属担保权益及其他权利（如有）应当随融资租赁债权一同转让**给专项计划，管理人应当明确附属担保权益及其他权利（如有）的权利变更登记事宜或交付事宜。

保证金、抵押权、质权等附属担保权益及其他权利（如有）未在专项计划设立日转付至专项计划账户或未办理转让变更登记的，应当在《资产服务协议》等文件中约定相关权益的管理及运作方式，并充分揭示风险。

（四）租赁物所有权随基础资产转让给专项计划且租赁物权属变更**依法应当登记的，应当办理变更登记手续**。

租赁物所有权转让给专项计划但存在特殊情形未办理权属变更登记或租赁物所有权不随基础资产转让给专项计划的，管理人应当在计划说明书中披露租赁物所有权未办理权属变更登记或未转让给专项计划的原因及合理性，需采取有效措施防止第三方获取租赁物所有权，并充分揭示风险。

第六条　【设置权利完善措施】

管理人应当设置相应的权利完善措施进行风险缓释。权利完善措施的触发事件，可以包括但不限于资产服务机构解任、原始权益人或资产服务机构主体信用评级下降、原始权益人丧失清偿能力、基础资产违约、租赁物出现不可修复性损坏或灭失等。

存在本指南第五条列示的须充分揭示风险相关情形的，管理人应当设置有针对性的权利完善措施。

第七条 【不合格资产处置机制】

管理人应当设置专项计划不合格基础资产处置机制，并在专项计划文件中披露处置机制的触发条件、处置流程、信息披露要求以及处置义务人的履责能力。

第八条 【基础资产分散性、承租人行业集中度和区域集中度】

基础资产池应当具有一定的分散度，至少包括10个相互之间不存在关联关系的债务人，单个债务人入池资产金额占比不超过50%，且前5大债务人入池资产金额占比不超过70%。上述债务人之间存在关联关系的，应当合并计算。

**原始权益人资信状况良好，且专项计划设置担保、差额支付等有效增信措施的，可以免于上述关于债务人分散度的要求。**

符合条件并免于债务人分散度要求的，管理人应当在计划说明书中披露基础资产池集中度较高的原因及合理性，充分揭示风险，设置相应的风险缓释措施。

第九条 【管理人及律师的专项核查意见】

满足相关条件免于本指南第八条债务人分散度要求或租赁物涉及无形资产等情形的，管理人及律师应当结合租赁物的性质和价值、基础资产的构成、租赁本金和利率、出租人与承租人的合同权利和义务，对入池资产对应的租赁物买卖合同及融资租赁合同的商业合理性、相关财产作为租赁物是否符合相关法律法规等进行专项核查，并出具核查意见。

**商业合理性核查，包括但不限于租赁物评估价值、租赁物的可处置性、租赁物买卖合同的交易对价、融资租赁合同的租金确定的依据及合理性等情况。**

第十条 【尽职调查的覆盖范围】

管理人应当按照《证券公司及基金管理公司子公司资产证券化业务尽职调查工作指引》要求开展尽职调查工作，尽职调查范围原则上应当覆盖全部入池资产。

入池资产满足相关条件免于本指南第八条债务人分散度要求的，管理人应当强化对原始权益人、增信机构及债务人的尽职调查要求，应当就增信合同、债务人底层现金流锁定相关业务合同以及上述合同签署的相关授权、审批等情况进行充分尽职调查，发表明确的尽职调查意见。

**入池资产符合笔数众多、资产同质性高、单笔资产占比较小等特征的，可以采用抽样尽职调查方法。**采用抽样尽职调查方法的，管理人及其他中介机构应当设置科学合理的抽样方法和标准，并对抽取样本的代表性进行分析说明。对于基础资产池有重要影响的入池资产应当着重进行抽样调查。

第十一条 【承租人提前退租、违约风险】

基础资产现金流预测应当遵循合理、谨慎的原则，并充分考虑基础资产违约率、违约回收率、提前退租、预期收益率变动和相关税费是否由专项计划承担等因素对基础资产现金流的影响。

**管理人和现金流预测机构（如有）应当在计划说明书和现金流预测报告（如有）中披露预测假设因素、预测方法和预测结论，并结合基础资产相关历史数据说明预测方法和相关指标设置的合理性。**

第十二条 【现金流压力测试】

管理人和评级机构应当在计划说明书和评级报告中披露现金流压力测试的假设条件、压力因素、各压力情形可承受的违约率情况，其中，压力因素可以包括基础资产违约率、违约回收率、提前退租及预期收益率等指标。管理人应当在计划说明书中披露各压力情形下的现金流覆盖情况。

第十三条 【严禁资金混同、严守资金归集周期】

基础资产的现金流回款路径应当清晰明确，管理人应当在专项计划文件中明确专项计划账户设置、现金流自产生至当期分配给投资者期间在各账户间划转时间节点安排等。

**基础资产现金流应当由债务人直接回款至专项计划账户，难以直接回款至专项计划账户的，应当直接回款至专项监管账户。**专项监管账户资金应当与原始权益人的自有资金进行有效隔离，**禁止资金混同或挪用**。特殊情形下，基础资产现金流难以直接回款至专项计划账户或专项监管账户的，管理人应当充分披露基础资产现金流未能直接回款至专项计划账户或专项监管账户的原因和必要性，揭示资金混同或挪用等风险，并设置相应的风险缓释措施。

**基础资产现金流未直接回款至专项计划账户的，应当由资产服务机构或管理人指定的机构负责基础资产现金流归集**，且自专项计划设立之日起，基础资产回款归集至专项计划账户的周期应当不超过1个月。资产服务机构或管理人指定的机构可以根据专项计划的约定，提高资金归集频率。原始权益人资信状况良好，且专项计划设置担保、差额支付等有效增信措施的，现金流归集周期可以适当延长，但最长不得超过3个月。

第十四条 【基础资产现金流的分配】

专项计划应当设置合理的基础资产现金流分配流程和分配顺序。

第十五条 【如实披露信用增级措施】

专项计划存在信用增级安排的，管理人应当在计划说明书等专项计划文件中披露各项信用增级措施的启动时间、触发机制、保障内容及操作流程、增信安排法律效力及增信效果等。

**增信机构为原始权益人及其关联方或重要债务人的，管理人应当结合风险相关性情况，详细核查并披露前述情况对增信效果的影响，并充分揭示风险。**

第十六条　【原始权益人的主体要求】

原始权益人开展业务应当满足相关主管部门监管要求、正式运营满2年、具备风险控制能力且为符合下列条件之一的融资租赁公司：

（一）境内外上市公司或者境内外上市公司的子公司。为境内外上市公司子公司的，其总资产、营业收入或净资产等指标占上市公司的比重应当超过30%。

（二）主体评级达AA级及以上的融资租赁公司。

符合以下条件之一的，原始权益人可以为前款第（一）项和第（二）项规定以外的融资租赁公司：

（一）单笔入池资产信用等级A-级及以上资产的未偿还本金余额对优先级本金覆盖倍数大于100%，且入池资产对应的租赁物为能产生持续稳定的经营性收益、处置时易于变现的租赁物。

（二）入池资产为汽车融资租赁债权，承租人高度分散，单笔入池资产占比均不超过0.1%，基础资产相关业务的逾期率、违约率等风控指标处于较低水平，且原始权益人最近一年末净资产超过人民币2亿元、最近一个会计年度净利润为正。

（三）专项计划设置担保、差额支付等有效增信措施，提供担保、差额支付等增信机构的主体评级为AA级及以上。

第十七条　【如实披露失信情形】

原始权益人最近两年不存在因严重违法失信行为，被有权部门认定为失信被执行人、失信生产经营单位或者其他失信单位，并被暂停或限制进行融资的情形。重要债务人（如有）最近两年内不存在因严重违法失信行为，被有权部门认定为失信被执行人、重大税收违法案件当事人或涉金融严重失信人的情形。管理人和律师应当就上述事项是否影响原始权益人进行融资或重要债务人的偿债能力进行核查，并在专项计划文件中发表明确意见。

第十八条　【对融资管理能力的尽职调查】

资产服务机构应当具备融资租赁相关业务管理能力，包括但不限于回收租金、附属担保权益及其他权利（如有）管理、租赁项目的跟踪评估等。管理人需对资产服务机构的资产服务能力进行尽职调查。

第十九条　【自留风险、免于自留风险的情形】

**原始权益人及其关联方应当保留一定比例的基础资产信用风险，具体比例按照以下第（一）款或第（二）款要求进行：**

（一）持有最低档次资产支持证券，且持有比例不得低于所有档次资产支持证券发行规模的5%，持有期限不低于资产支持证券存续期限。

（二）若持有除最低档次之外的资产支持证券，各档次证券均应当持有，且应当以占各档次证券发行规模的相同比例持有，总持有比例不得低于所有档次资产支持证券发行规模的5%，持有期限不低于各档次资产支持证券存续期限。

原始权益人及其关联方按照上述要求进行风险自留后，除非根据法院生效判决或裁定，不得将其持有的最低比例要求的资产支持证券进行转让或者任何形式的变相转让。

原始权益人资信状况良好，且专项计划设置担保、差额支付等有效增信措施的，可以免于上述风险自留要求。符合条件并免于上述风险自留要求的，管理人应当在计划说明书中充分披露原始权益人未进行风险自留的原因及合理性，并揭示相关风险。

第二十条 【对合格投资限制】

**若专项计划涉及合格投资安排，合格投资应当仅限在专项计划账户内进行。**合格投资不得投资权益类产品，投资固定收益类产品的，应当防范投资标的的信用、市场和流动性等相关风险。

第二十一条 【鼓励情形】

报价系统鼓励积极服务“一带一路”、京津冀协同发展、长江经济带、“中国制造2025”和新型城镇化建设等国家重大战略的融资租赁公司开展资产证券化业务，鼓励在飞机、船舶、工程机械等传统领域以及新一代信息技术、高端装备制造、新能源、节能环保和生物等战略性新兴产业展业的融资租赁公司发行资产证券化产品。**针对前述鼓励情形，报价系统将提升受理、评审及挂牌转让工作效率。**

## 第三章 附 则

第二十二条 【公开市场评级为主的评级原则】

涉及主体评级要求的，原则上应当为公开市场评级，可以引用相关主体公司债券或债务融资工具有效期内的评级报告。

第二十三条 【循环购买参照应收账款规定执行】

融资租赁债权资产证券化基础资产确需设置循环购买的，参照报价系统《企业应收账款资产支持证券挂牌条件确认指南》中有关循环购买的要求办理，并做好信息披露。

第二十四条 【解释主体】

报价系统将根据业务发展情况不定期修订并发布更新版本。报价系统对本指南保留最终解释权。

第二十五条 【实施日期】

本指南自发布之日起施行。

## 1.4.4 《机构间私募产品报价与服务系统融资租赁债权资产支持证券信息披露指南》(2018年2月9日 机构间私募产品报价与服务系统)

【重点提示】

2018年2月9日，沪深交易所、机构间私募产品报价与服务系统相继发布了《融资租赁债权资产支持证券挂牌条件确认指南》和配套的《融资租赁债权资产支持证券信息披露指南》，出于统一监管的需要，各交易所指南内容基本保持一致，对于披露指南，需要读者重点关注第8条对融资租赁披露19个方面的特别要求。

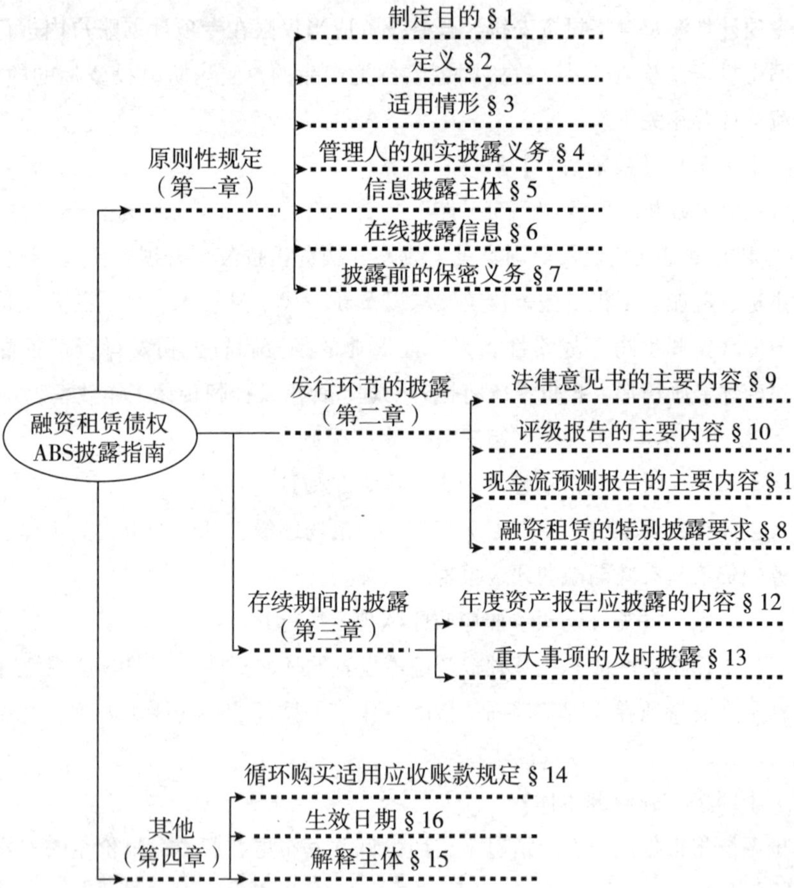

**【文件内容】**

## 第一章　总　则

第一条　【制定目的】

为规范发展融资租赁债权资产证券化业务，便于管理人和原始权益人等参与机构开展业务和加强风险管理，保护投资者合法权益，促进资产证券化业务健康发展，根据《证券公司及基金管理公司子公司资产证券化业务管理规定》（证监会公告〔2014〕49 号，以下简称《管理规定》）、《证券公司及基金管理公司子公司资产证券化业务信息披露指引》（证监会公告〔2014〕49 号，以下简称《信息披露指引》）、《机构间私募产品报价与服务系统资产证券化业务指引（试行）》（中证协发〔2015〕36 号，以下简称《业务指引》）等相关规定，制定本指南。

第二条　【定义】

**本指南所称融资租赁债权资产支持证券，是指**证券公司、基金管理公司子公司作为管理人，通过设立资产支持专项计划（以下简称专项计划）开展资产证券化业务，以融资租赁债权为基础资产或基础资产现金流来源所发行的资产支持证券。

**本指南所称融资租赁债权，是指**融资租赁公司依据融资赁合同对债务人（承租人）享有的租金债权、附属担保权益（如有）及其他权利（如有）。

第三条　【适用情形】

本指南适用于融资租赁债权资产支持证券在机构间私募产品报价与服务系统（以下简称报价系统）挂牌转让的信息披露专项要求。

第四条　【管理人的如实披露义务】

管理人及其他信息披露义务人应当按照《管理规定》《信息披露指引》《业务指引》及本指南的规定以及计划说明书的约定履行相关信息披露义务，及时、公平地披露可能对资产支持证券产生重大影响的信息，并保证所披露的信息真实、准确、完整，不得有虚假记载、误导性陈述或者重大遗漏。

本指南所称其他信息披露义务人包括但不限于托管人、律师事务所、会计师事务所、资信评级机构、资产服务机构、现金流预测机构、资产评估机构等。

第五条　【信息披露主体】

**原始权益人和除管理人以外的其他服务机构**应当按照合同约定，及时向管理人提供相关信息，并保证所提供信息真实、准确、完整。

本指南所称**其他服务机构**包括但不限于资产服务机构、托管人、信用增级机构、律师事务所、会计师事务所、资信评级机构、现金流预测机构、流动性支持机构、销售机构等。

第六条　【在线披露信息】

资产支持证券在报价系统挂牌转让的，管理人及其他信息披露义务人应当于规定时间内通过指定网站或以报价系统认可的其他方式向合格投资者披露信息。

第七条 【披露前的保密义务】

管理人、其他信息披露义务人、其他服务机构及登记托管机构等相关知情人在信息披露前不得泄露拟披露的信息。

## 第二章 发行环节信息披露

第八条 【融资租赁债券的特别披露要求】

专项计划以融资租赁债权作为基础资产的，**计划说明书除按照资产支持证券一般要求进行编制和披露外，还应当详细披露基础资产池、交易结构、现金流预测及压力测试、现金流归集、原始权益人、增信方式、增信主体（如有）及风险自留等相关情况，包括但不限于**以下内容：

（一）基础资产入池标准及创建程序。

（二）基础资产池的基本情况，**包括但不限于**租赁业务形式占比情况（直接租赁、售后回租等）、租赁物描述等情况、原始权益人在获取租赁物时的付款情况、租赁物交付情况、租赁物投保情况、债务人行业及地区分布、入池资产信用等级分布（如有）、未偿本金余额分布、剩余期限分布、利率与计息方式、租金偿还方式及分布、首付款比例分布（如有）、担保人、担保形式及担保物/保证金对债务的覆盖比例（如有）、保证金收取及管理情况、债务人数量及集中度、重要债务人情况、关联交易笔数与金额及其占比、关联方情况、涉及关联方交易相关的风险及风险缓释措施等，**并以计划说明书附件列表形式披露基础资产未偿本金余额占比最大的20笔基础资产的上述信息**。

基础资产所涉租赁合同中**存在采用浮动利率计息方式的**，管理人需披露该等利率的浮动方式与基准利率的关系等相关信息，并说明利率浮动是否会对专项计划的超额利差增信方式产生影响。

基础资产**所涉及提前退租的相关约定**，包括但不限于提前退租的条件，提前退租是否可以减免租赁利息和相关费用等。

（三）入池融资租赁债权及**对应租赁物的抵押、质押等担保负担或者其他权利限制情况**，若存在担保负担或者其他权利限制，还应当披露解除前述担保负担或者权利限制的相关安排、资金监控措施、风险处置安排、基础资产向专项计划转移时是否已合法有效地解除了担保负担或者权利限制。

（四）权利完善措施的具体情况，包括但不限于触发条件、完善措施的具体内容及流程等。

（五）不合格基础资产处置机制，包括但不限于处置机制的触发条件、处置流程、信息披露要求及处置义务人的履责能力分析。

**（六）基础资产池的分散度情况及是否符合最低分散度要求，如依照相关规定免于最低分散度要求的，应披露基础资产池集中度较高的原因及合理性**，因此产生的风险情况及设置的相关风险缓释措施等。

（七）基础资产池所对应重要债务人的主营业务、财务数据、信用情况、偿债能力及资信评级情况（如有）等。重要债务人是指单一债务人未偿还本金金额占比超过15%的，或债务人及其关联方的未偿还本金金额合计占比超过20%的情形。

未达到重要债务人要求但单笔未偿还本金金额占比较大的，管理人应当结合对专项计划现金流影响情况，对债务人经营状况及财务状况进行必要的信息披露，并披露相关尽职调查的程序、范围及方式等。

（八）相关中介机构采取抽样调查方法的情况（如有），包括但不限于抽样方法、抽样标准设置的合理性，及抽取样本的代表性等。

（九）现金流预测假设因素、预测方法和预测结论，并结合基础资产相关历史数据说明预测方法和相关指标设置的合理性。

（十）现金流压力测试的假设条件、压力因素及各压力情形可承受的违约率情况。

**（十一）基础资产现金流归集频率、路径和资金监管措施**，包括但不限于专项计划账户设置、现金流自产生至分配给投资人期间在各账户间划转时间节点安排等。现金流未直接回款至专项计划账户的，还应当披露转付安排的合理性、资金混同和挪用等风险的防范机制及资产支持证券存续期间设置防范混同和挪用等风险的持续检查机制等，揭示资金混同和挪用等风险，并披露设置的风险缓释措施。

**（十二）增信措施或安排（如有）的具体情况及其合法性和有效性**，增信机构为原始权益人及其关联方或重要债务人的，管理人应有针对性加强对相关主体经营财务信息的披露，并结合风险相关性情况，详细披露前述情况对增信效果的影响，并充分揭示风险。

**（十三）为入池融资租赁债权的偿付提供信用支持或对专项计划提供流动性支持、差额补足、担保等增信安排主体（如有）的基本情况、财务数据、偿债能力和资信状况，及对其增信效力的分析说明。**

（十四）原始权益人融资租赁业务开展情况。包括但不限于主营业务概况、业务开展的时间、经营模式、承租人集中度、行业分布、期限分布、盈利和现金流的稳定性、业务开展的资金来源、风险资产规模、既有负债、或有负债等情况，以及自展业以来融资租赁业务的展期、早偿、逾期、违约以及违约后回收等情况的定义、具体计算方式及相关历史数据。

（十五）**原始权益人与融资租赁业务相关的风险控制制度**。包括但不限于风险分类管理制度、承租人信用评估制度、事后追偿和处置制度、风险预警机制、风险准备金计提情况及风险资产占净资产的比重等。其中关于风险分类管理制度，应当就其分类管理标准、定义、方式等进行披露。

（十六）失信记录特别核查情况，包括但不限于原始权益人最近两年内是否存在严重违法失信行为，是否存在被有权部门认定为失信被执行人、失信生产经营单位或者其他失信单位，并被暂停或限制进行融资的情形；重要债务人（如有）最近两年内是否存在因严重违法失信行为，被有权部门认定为失信被执行人、重大税收违法案件当事人或涉金融严重失信人的情形；上述事项是否影响原始权益人进行融资或重要债务人的偿债能力的明确核查意见等。

（十七）资产服务机构融资租赁相关的业务管理能力，包括但不限于回收租金的资金管理、附属担保权益及其他权利的管理（如有）、租赁项目的跟踪评估等。

（十八）原始权益人风险自留情况，若免于风险自留的，管理人应当充分披露未进行风险自留的原因及合理性，并揭示相关风险。

（十九）合格投资（如有）相关安排，包括但不限于投资范围、账户安排、投资标的的信用、市场和流动性等相关风险及防范措施等。

第九条　【法律意见书的主要内容】

**专项计划应当由律师事务所对专项计划的有关法律事宜发表专业意见，并向合格投资者披露法律意见书**，法律意见书除按照资产支持证券一般要求进行编制和披露外，还应当包括以下内容：

（一）基础资产界定的具体范围和法律依据。

（二）基础资产涉及交易合同的合法有效性、出租人履行合同义务情况、出卖人交付及转让租赁物所有权情况、融资租赁合同租金给付条件满足情况及承租人履行其租金给付义务的抗辩事由和抵销情形。

（三）基础资产转让的合法有效性，包括但不限于融资租赁债权转让通知安排及转让登记情况、附属担保权益及其他权利的转让及转付安排（如有）、租赁物的转让安排（如有）等。

（四）基础资产涉及关联交易（如有）的交易背景真实性、交易对价公允性。

（五）基础资产与原始权益人的破产隔离效果。

（六）原始权益人、增信主体（如有）等相关主体的内部授权情况。

（七）增信措施或安排（如有）的具体情况及其合法性等。

**（八）失信记录特别核查情况，包括但不限于**原始权益人最近两年内是否存在严重违法失信行为，是否存在被有权部门认定为失信被执行人、失信生产经营单位或者其他失信单位，并被暂停或限制进行融资的情形；重要债务人（如有）最近两年内是否存在因严重违法失信行为，被有权部门认定为失信被执行人、重大税收违法案件当事人或涉金融严重失信人的情形；上述事项是否影响原始权益人进行融资或重要债务人的偿债能力的明确核查意见等。

（九）抽样调查方法（如有）具体内容，包括但不限于抽样方法、抽样标准设置等。

第十条 【评级报告的主要内容】

信用评级报告（如有）应当由具有中国证监会核准的证券市场资信评级业务资格的资信评级机构出具，评级报告除按照资产支持证券一般要求进行编制和披露外，还应当包括以下内容：

（一）专项计划涉及信用增级方式的增信效果分析。

（二）基础资产影子评级分布（如有）以及加权影子评级（如有）。

（三）现金流归集路径、监管措施及混同和挪用等风险分析。

（四）现金流压力测试的假设条件、压力因素、各压力情形下压力测试结果。

第十一条 【现金流预测报告的主要内容】

现金流预测机构（如有）、资产评估机构（如有）等应当按照相关规则及规定要求编制现金流预测报告和资产评估报告。

现金流预测报告应当披露基础资产现金流预测的假设因素、预测方法、预测结论，并结合基础资产相关历史数据说明预测方法和相关指标设置的合理性。

## 第三章 存续期间信息披露

第十二条 【年度资产报告应披露的内容】

年度资产管理报告除按照资产支持证券信息披露规则要求进行编制和披露外，还应当包括以下内容：

**（一）基础资产的运行情况，包括但不限于：**入池资产早偿、逾期、违约、不良等运行表现情况，各预测周期基础资产实际现金流及与预测比较情况，融资租赁款的归集、划转情况，租赁物价值的变动情况，现金流混同和挪用风险防范落实情况，以及基础资产相关的争议、纠纷、诉讼、仲裁、保险赔偿情况等。

**（二）报告期内特定原始权益人与增信机构的**股权结构、公司治理、经营情况、财务情况、资信情况以及相关重大变化情况。

**（三）专项计划不合格基础资产处置、权利完善事件、增信措施**（如有）等相关投资者保护条款的触发与执行情况。

**（四）原始权益人风险自留及次级资产支持证券期间分配收益情况。**

第十三条 【重大事项的及时披露】

资产支持证券存续期间，发生《信息披露指引》第十九条规定的重大事件及下列可能影响基础资产现金流和资产支持证券本息偿付等的重大事项，信息披露义务人应在相关事件或事项发生后两个交易日内及时进行临时信息披露：

（一）重要债务人的经营情况出现重大变化，可能影响资产支持证券投资者利益。

（二）基础资产池的信用状况出现重大不利变化，如发生违约率、逾期率等指标大幅提升等可能影响基础资产现金流流入的事项。

（三）触发权利完善事件（如有）、加速清偿事件（如有）、提前终止事件（如有）等可能影响资产支持证券投资者利益的事项。

（四）其他可能影响基础资产现金流和资产支持证券本息偿付的重大事项。

## 第四章 附 则

第十四条 【循环购买规则】

融资租赁债权资产证券化基础资产确需设置循环购买的，信息披露参照报价系统《企业应收账款资产支持证券信息披露指南》中有关循环购买的相关要求办理。

第十五条 【解释主体】

报价系统将根据业务发展情况不定期修订本指南并发布更新版本。报价系统对本指南保留最终解释权。

第十六条 【生效日期】

本指南自发布之日起施行。

### 1.4.5 《机构间私募产品报价与服务系统基础设施类资产支持证券挂牌条件确认指南》（2018年6月8日 机构间私募产品报价与服务系统）

【重点提示】

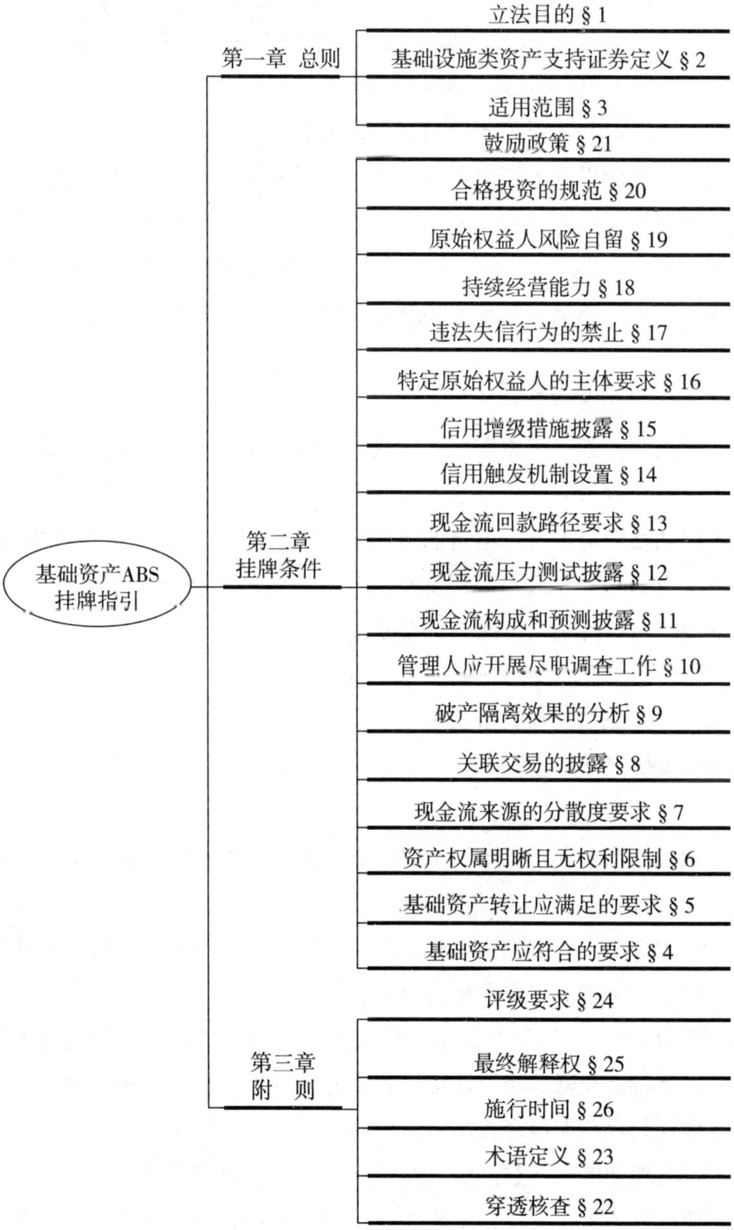

【文件内容】

## 第一章 总 则

第一条 【立法目的】

为规范基础设施类资产证券化业务，便于管理人和原始权益人等参与机构开展业务和加强风险管理，保护投资者合法权益，促进资产证券化业务健康发展，根据《证券公司及基金管理公司子公司资产证券化业务管理规定》（证监会公告〔2014〕49 号）、《机构间私募产品报价与服务系统资产证券化业务指引（试行）》（中证协发〔2015〕36 号）等相关规定，制定本指南。

第二条 【基础设施类资产支持证券定义】

本指南所称基础设施类资产支持证券，是指证券公司、基金管理公司子公司作为管理人，通过设立资产支持专项计划（以下简称专项计划）开展资产证券化业务，**以燃气、供电、供水、供热、污水及垃圾处理等市政设施，公路、铁路、机场等交通设施，教育、健康养老等公共服务产生的收入为基础资产现金流来源**所发行的资产支持证券。

第三条 【适用范围】

本指南适用于基础设施类资产支持证券在机构间私募产品报价与服务系统（以下简称报价系统）挂牌转让申请。

**涉及政府和社会资本合作项目的基础设施类资产支持证券申请在本所挂牌的，应当适用本所《机构间私募产品报价与服务系统政府和社会资本合作（PPP）项目资产支持证券挂牌条件确认指南》**的要求。

## 第二章 挂牌条件

第四条 【基础资产应符合的要求】

基础设施类资产支持证券的基础资产、底层资产及相关资产应当符合以下要求：

（一）基础资产的界定应当清晰，具有法律、法规依据，附属权益（如有）的内容应当明确。

（二）基础资产、底层资产及相关资产应当合法、合规，已按相关规定履行必要的审批、核准、备案、登记等相关程序。

**（三）基础资产、底层资产的运营应当依法取得相关特许经营等经营许可或其他经营资质，且特许经营等经营许可或其他经营资质应当能覆盖专项计划期限。**经营资质在专项计划存续期内存在展期安排的，管理人应当取得相关授权方或主管部门关于经营资质展期的书面意向函，在计划说明书中披露按照相关规定或主管部门要求办理展期手续的具体安排，说明专项计划期限设置的合理性，充分揭示风险并设置相应的风险缓释措施。

（四）基础资产现金流应当基于真实、合法的经营活动产生，形成基础资产的法律协议或文件（如有）应当合法、有效，价格或收费标准符合相关规定。**基础资产不属于《资产证券化基础资产负面清单》列示的范畴。**

（五）原始权益人应当合法拥有基础资产。基础资产系从第三方受让所得的，原始权益人应当已经支付转让对价，且转让对价应当公允。

（六）基础资产、底层资产应当可特定化，其产生的现金流应当独立、稳定、可预测。基础资产及底层资产的规模、存续期限应当与资产支持证券的规模、存续期限相匹配。

第五条 【基础资产转让应满足的要求】

基础资产转让应当满足以下要求：

（一）基础资产应当具有可转让性，转让应当合法、有效，转让对价应当公允，存在附属权益（如有）的，应当一并转让。

（二）基础资产转让依法须取得的授权、批准等手续应当齐备，并在相关登记机构办理转让登记（如需）。

若存在特殊情形未办理登记的，管理人应当在计划说明书中披露未办理登记的原因及合理性，充分揭示风险，并设置相应的风险缓释措施。

第六条 【资产权属明晰且无权利限制】

基础资产、底层资产及相关资产的权属应当清晰明确，不得附带抵押、质押等担保负担或者其他权利限制。基础资产或底层资产已经存在抵押、质押等担保负担或者其他权利限制的，应当能够通过专项计划相关安排在原始权益人向专项计划转移基础资产时予以解除。

**底层资产、相关资产应当向专项计划或其相关方进行质押、抵押以保障基础资产现金流的回收**，其授权、批准等手续应当齐备，并在相关登记机构办理质押、抵押登记。底层资产、相关资产质押或抵押未进行登记的，管理人应当在计划说明书中说明未进行登记的原因及合理性，充分揭示风险，并设置相应的风险缓释措施。相关资产由于特殊情形未能进行质押或抵押的，管理人应当在计划说明书中披露合理性，充分揭示风险，并设置相应的风险缓释措施。

第七条 【现金流来源的分散度要求】

基础资产及底层资产的现金流来源应当具备一定的分散度。管理人应当结合基础资产或底层资产涉及的地区概况、区域经济、行业政策、供需变化等因素，对专项计划的集中度风险进行分析。管理人应当说明基础资产或底层资产现金流来源的集中度情况，集中度较高的应当进行风险提示，并披露重要现金流提供方的经营情况及财务状况。

第八条 【关联交易的披露】

**基础资产或底层资产涉及关联交易的，管理人、律师等应当在专项计划文件中披露基础资产或底层资产涉及的关联关系、关联交易的金额及占比情况，并就交易背景的真实性、交易对价的公允性及其对基础资产现金流预测的影响发表明确意见。**

第九条 【破产隔离效果的分析】

**律师应当在法律意见书中分析基础资产的破产隔离效果，包括但不限于基础资产转让、基础资产交割、基础资产现金流归集和违约处置等方面，说明基础资产与原始权益人之间的风险隔离措施，并对其是否可以实现与原始权益人之间的破产隔离发表明确法律意见。**

第十条 【管理人应开展尽职调查工作】

管理人应当按照《证券公司及基金管理公司子公司资产证券化业务尽职调查工作指引》（证监会公告〔2014〕49号）的要求开展尽职调查工作，尽职调查范围应当覆盖基础资产、底层资产及主要相关资产。

对特定原始权益人的尽职调查应当包括但不限于基本情况、主营业务情况、财务情况以及与基础资产相关的业务情况。对资产服务机构的尽职调查应当包括但不限于基本情况、与基础资产管理相关的业务情况。对基础资产的尽职调查应当包括基础资产的法律权属、转让的合法性、基础资产的运营情况和现金流历史记录，同时应当对基础资产未来的现金流情况进行合理预测和分析。

第十一条 【现金流构成和预测披露】

管理人应当在计划说明书中披露基础资产及底层资产的现金流构成以及至少最近三年（未满三年的自开始运营之日起）的历史现金流情况、波动情况及波动原因，分析现金流的独立性、稳定性。基础资产或底层资产历史现金流波动较大的，管理人应当在计划说明书中充分揭示风险，并设置相应的风险缓释措施。

**管理人应当聘请具备证券期货相关业务资格的现金流预测机构编制现金流预测报告，对专项计划存续期内的基础资产或底层资产现金流状况进行预测。**现金流预测应当遵循合理、谨慎的原则，并充分考虑宏观及区域经济发展、行业政策及发展、原始权益人资质取得及持续经营能力、价格规制、供需关系、结算方式、预付或延迟支付、收缴率、相关税费是否由专项计划承担等因素对基础资产现金流的影响。基础资产或底层资产现金流预测周期应当与资产支持证券兑付周期匹配。

管理人、现金流预测机构应当在计划说明书、现金流预测报告中披露预测假设因素、预测方法和预测结论，并结合基础资产或底层资产相关历史数据说明预测方法和相关指标设置的合理性。对于面向特定领域服务或者现金流来源行业较为集中

的基础设施，应当结合宏观经济政策对现金流作出更为谨慎的测算，并增强风险缓释措施。

第十二条 【现金流压力测试披露】

**管理人和评级机构应当在计划说明书和评级报告中披露现金流压力测试的相关方法以及结果**，包括但不限于涉及的压力因素、参数设置以及取值原因和合理性等，并应当披露压力情况下各兑付期间的现金流覆盖倍数。

第十三条 【现金流回款路径要求】

基础资产及底层资产的现金流回款路径应当清晰明确，管理人应当在专项计划文件中明确专项计划的账户设置、现金流自产生至当期分配给投资者期间在各账户间划转时间节点安排等。

**基础资产现金流应当由现金流提供方直接支付至专项计划账户**。现金流提供方无法将基础资产现金流直接支付至专项计划账户的，管理人应当聘请资产服务机构负责基础资产或底层资产的现金流归集。资产服务机构可以由原始权益人担任，资产服务机构不由原始权益人担任的，管理人应当充分披露该机构的资产服务能力、担任资产服务机构的必要性和合理性，同时应当明确原始权益人在现金流归集与划转中的责任和义务。资产服务机构应当设置专项监管账户，基础资产或底层资产现金流应当由资产服务机构从专项监管账户全部划付至专项计划账户。专项监管账户资金应当与资产服务机构的自有资金进行有效隔离，禁止资金混同或挪用。

**自专项计划设立之日起，基础资产或底层资产回款自产生至归集进入专项计划账户的周期应当不超过1个月。资产服务机构可以根据专项计划的约定，提高资金归集频率。原始权益人及资产服务机构资信状况良好，且专项计划设置担保、差额支付等有效增信措施的，现金流归集周期可以适当延长，但最长不得超过3个月。**

第十四条 【信用触发机制设置】

管理人应当针对各项不利于专项计划资产安全、现金流归集的情形设置合理的信用触发机制，并在专项计划文件中披露各信用触发机制的触发条件、处置流程、触发结果、风险缓释效果和信息披露要求。

上述相关情形可以包括：(1) 原始权益人丧失所需的经营资质、丧失持续经营能力或经营权利；(2) 特定原始权益人、资产服务机构、增信机构等主体评级下降、丧失清偿能力、金融债务违约、涉及重大诉讼、相关账户查封或冻结；(3) 原始权益人发生安全生产或环境污染重大事故，受到主管部门重大行政处罚；(4) 基础资产、底层资产的现金流回收出现大幅波动，或者相较现金流预测出现重大偏差；(5) 相关资产的权属出现重大不利变化、出现不可修复性损坏或灭失；(6) 专项计划现金流入严重依赖于重要现金流提供方或单一下游行业，且该现金流提供方或该行业发生重大不利情形；(7) 其他可能影响基础资产运行、投资者收益分配的不利情形。

第十五条 【信用增级措施披露】

专项计划存在信用增级安排的，管理人应当在计划说明书等专项计划文件中披露各项信用增级措施的启动时间、触发机制、保障内容及操作流程、增信安排的法律效力及增信效果等。

增信机构为原始权益人及其关联方或现金流提供方的，管理人应当结合风险相关性情况，详细核查并披露前述情况对增信效果的影响，并充分揭示风险。

第十六条 【特定原始权益人的主体要求】

特定原始权益人开展业务应当满足相关主管部门监管要求、取得相关特许经营等经营许可或其他经营资质、基础资产或底层资产相关业务**正式运营满 2 年**、具备资产运营能力且符合下列条件之一：

**(一) 主体评级达 AA 级及以上。**

**(二) 专项计划设置担保、差额支付等有效增信措施，提供担保、差额支付等增信机构的主体评级为 AA 级及以上。**

第十七条 【违法失信行为的禁止】

原始权益人最近两年不存在因严重违法失信行为，被有权部门认定为失信被执行人、失信生产经营单位或者其他失信单位，并被暂停或限制进行融资的情形；重要现金流提供方（如有）最近两年内不存在因严重违法失信行为，被有权部门认定为失信被执行人、重大税收违法案件当事人或涉金融严重失信人的情形。**管理人和律师应当就上述事项是否影响原始权益人进行融资或重要现金流提供方的偿债能力进行核查，并在专项计划文件中发表明确意见。**

第十八条 【持续经营能力】

特定原始权益人应当具备持续经营能力，管理人应当在专项计划文件中测算专项计划存续期间特定原始权益人经营现金流入扣除向专项计划归集的现金流后对经营成本、税费的覆盖情况，并分析其对相关资产的控制程度和持续运营能力。若覆盖存在缺口或相关资产控制、运营能力存在潜在不利影响，管理人应当设置合理的运营保障措施，并在计划说明书中进行充分的风险揭示。

第十九条 【原始权益人风险自留】

**原始权益人及其关联方应当保留一定比例的基础资产信用风险，持有最低档次资产支持证券，且持有比例不得低于所有档次资产支持证券发行规模的 5%，持有期限不低于资产支持证券存续期限。**

原始权益人及其关联方按照上述要求进行风险自留后，除非根据生效判决或裁

定，不得将其持有的资产支持证券进行转让或者以任何形式的变相转让。

第二十条 【合格投资的规范】

若专项计划涉及合格投资安排，合格投资应当仅限在专项计划账户内进行。合格投资不得投资权益类产品，投资固定收益类产品的，应当防范投资标的的信用、市场和流动性等相关风险。

第二十一条 【鼓励政策】

报价系统鼓励**积极服务绿色发展、“一带一路”、精准扶贫、京津冀协同发展、长江经济带、雄安新区建设、“中国制造 2025”和新型城镇化建设等国家重大战略**的基础设施类资产证券化业务。针对前述鼓励情形，报价系统将提升受理、评审及挂牌转让工作效率。

## 第三章 附 则

第二十二条 【穿透核查】

对专项计划中以其持有的底层资产作为基础资产现金流来源并获得融资的主体，**应当穿透核查其是否符合本指南中对原始权益人的相关要求**，并由其按照本指南第十九条的相关要求进行风险自留。

第二十三条 【术语定义】

本指南相关用语的含义：

（一）底层资产，是指**根据穿透原则在专项计划中作为专项计划现金流最终偿付来源的资产**。

（二）相关资产，是指**基础资产或底层资产所依附的土地使用权、建筑物、设施、设备等财产或财产权利**。

（三）重要现金流提供方，是指现金流预测基准日基础资产或底层资产现金流单一提供方按照约定未支付现金流金额占基础资产未来现金流总额比例超过 15%，或该单一提供方及其关联方的未支付现金流金额合计占基础资产未来现金流总额比例超过 20% 的现金流提供方。

第二十四条 【评级要求】

涉及主体评级要求的，原则上应当为公开市场评级，可以引用相关主体公司债券或债务融资工具有效期内的评级报告。

第二十五条 【最终解释权】

报价系统将根据业务发展情况不定期修订本指南并发布更新版本。报价系统对本指南保留最终解释权。

第二十六条 【施行时间】

本指南自发布之日起施行。

## 1.4.6 《机构间私募产品报价与服务系统基础设施类资产支持证券信息披露指南》(2018 年6月8日 机构间私募产品报价与服务系统)

【重点提示】

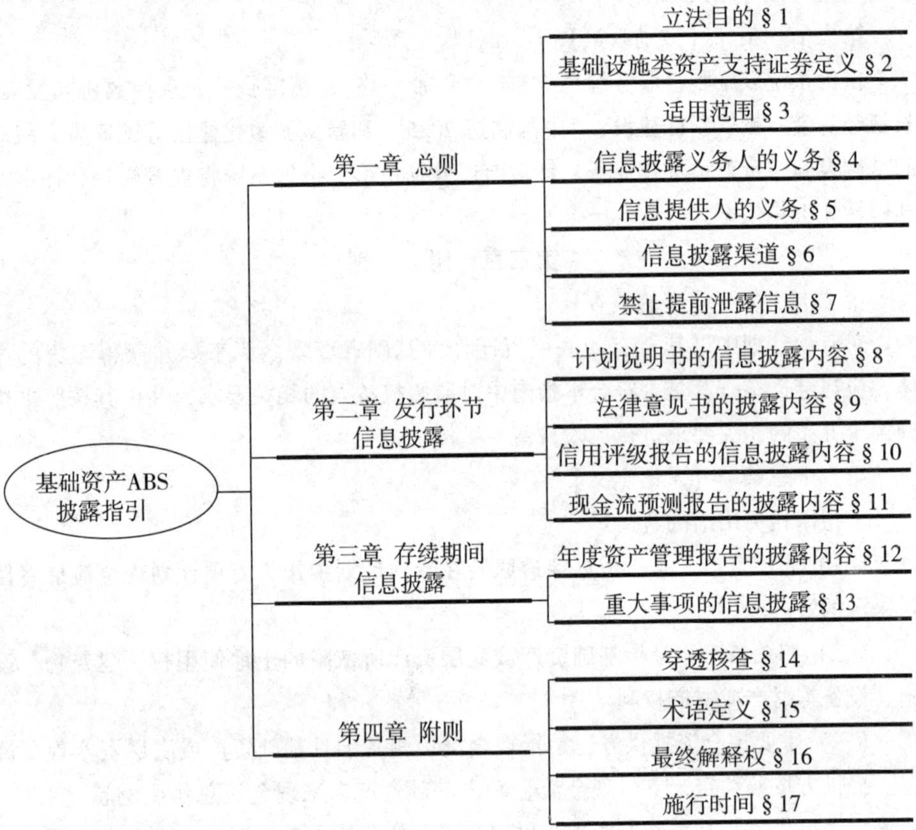


【文件内容】

### 第一章 总 则

第一条 【立法目的】

为规范基础设施类资产证券化业务，便于管理人和原始权益人等参与机构开展业务和加强风险管理，保护投资者合法权益，促进资产证券化业务健康发展，根据《证券公司及基金管理公司子公司资产证券化业务管理规定》（证监会公告〔2014〕49 号，以下简称《管理规定》）、《证券公司及基金管理公司子公司资产证券化业务信息披露指引》（证监会公告〔2014〕49 号，以下简称《信息披露指引》）、《机构间私募产品报价与服务系统资产证券化业务指引（试行）》（中证协发〔2015〕36 号）等相关规定，制定本指南。

第二条 【基础设施类资产支持证券定义】

本指南所称基础设施类资产支持证券，是指证券公司、基金管理公司子公司作为管理人，通过设立资产支持专项计划（以下简称专项计划）开展资产证券化业务，**以燃气、供电、供水、供热、污水及垃圾处理等市政设施，公路、铁路、机场等交通设施，教育、健康养老等公共服务产生的收入为基础资产现金流来源**所发行的资产支持证券。

第三条 【适用范围】

本指南适用于基础设施类资产支持证券在机构间私募产品报价与服务系统（以下简称报价系统）挂牌转让的信息披露专项要求。

**涉及政府和社会资本合作项目的基础设施类资产支持证券申请在本所挂牌的，应当适用本所《机构间私募产品报价与服务系统政府和社会资本合作（PPP）项目资产支持证券信息披露指南》的要求。**

第四条 【信息披露义务人的义务】

管理人及其他信息披露义务人应当按照《管理规定》《信息披露指引》《业务指引》及本指南的规定以及计划说明书的约定履行信息披露义务，及时、公平地披露可能对资产支持证券产生重大影响的信息，并保证所披露的信息真实、准确、完整，不得有虚假记载、误导性陈述或者重大遗漏。

本指南所称**其他信息披露义务人包括但不限于托管人、律师事务所、会计师事务所、资信评级机构、资产服务机构、现金流预测机构、资产评估机构等。**

第五条 【信息提供人的义务】

原始权益人和除管理人以外的其他服务机构应当按照合同约定，及时向管理人提供相关信息，并保证所提供信息真实、准确、完整。

**本指南所称的其他服务机构包括但不限于资产服务机构、托管人、信用增级机构、律师事务所、会计师事务所、资信评级机构、现金流预测机构、流动性支持机构、销售机构等。**

第六条 【信息披露渠道】

资产支持证券在本所挂牌转让的，管理人及其他信息披露义务人应当于规定时间内通过指定网站或以本所认可的其他方式向合格投资者披露信息。

第七条 【禁止提前泄露信息】

管理人、其他信息披露义务人、其他服务机构及登记托管机构等相关知情人在信息披露前不得泄露拟披露的信息。

## 第二章 发行环节信息披露

第八条 【计划说明书的信息披露内容】

基础设施类资产支持证券的计划说明书除按照资产支持证券的一般要求进行编制和披露外，还应当详细披露基础资产、底层资产、相关资产、现金流预测、现金流归集与分配机制、原始权益人、重要现金流提供方、增信主体（如有）及风险自留等相关情况，包括但不限于以下内容：

（一）基础资产的界定情况以及相关的法律、法规依据，附属权益（如有）的具体内容。

（二）基础资产入池标准（如有）及创建程序。

（三）基础资产、底层资产及相关资产的基本情况及其合法合规性，包括但不限于：涉及规定的审批、核准、备案、登记等相关程序的履行情况；取得特许经营等经营许可或其他经营资质的情况，以及该等特许经营等经营许可或其他经营资质的期限覆盖专项计划期限的情况；基础资产现金流涉及的经营活动及其基础合同的真实性、合法性、有效性及价格或收费标准符合相关规定的情况；**基础资产涉及《资产证券化基础资产负面清单》的情况，以及基础资产涉及使用者付费、实行收支两条线管理、专款专用的取得地方财政部门或有权部门按照约定划付购买服务款项的承诺或法律文件的情况**；基础资产或底层资产涉及的关联交易情况；现金流提供方集中度情况，以及基础资产或底层资产涉及的地区概况、区域经济、行业政策、供需变化等情况。

（四）**基础资产或底层资产的特定化情况，以及现金流的构成和独立性、稳定性或可预测性情况**，至少最近三年（未满三年的自开始运营之日起）的历史现金流情况、波动情况及波动原因。基础资产或底层资产的规模、存续期限与资产支持证券的规模、存续期限的匹配情况。

（五）基础资产、底层资产及相关资产的权属情况及存在的担保负担或者其他权利限制情况。若存在担保负担或者其他权利限制，还应当披露解除前述担保负担或者权利限制的相关安排、向专项计划转移资产时是否已合法有效地解除了担保负担或者权利限制。

（六）基础资产转让的真实性、合法性、有效性、完整性及转让对价公允性情况，附属权益（如有）的转让情况。

基础资产系从第三方受让所得（如有）的，应当披露交易对价的支付情况、交易对价的公允性。

（七）基础资产、附属权益（如有）转让或底层资产、相关资产向专项计划质押（如有）、抵押（如有）的授权、批准等情况，在相关登记机构的登记办理情况（如需）。

**基础资产未进行转让登记、底层资产及相关资产未进行质押或抵押登记的，应当说明原因及合理性，充分揭示风险，设置相应的风险缓释措施。**

（八）基础资产或底层资产涉及的重要现金流提供方的基本情况、财务数据、信用情况、偿债能力及资信评级情况（如有）等。

**未达到重要现金流提供方要求但单笔付款金额占比较大的，管理人应当结合对专项计划现金流影响情况，对现金流提供方经营状况及财务状况进行必要的信息披露，并披露相关尽职调查的程序、范围及方式等。**

（九）相关尽职调查方法、尽职调查范围等。

（十）现金流预测假设因素、预测方法和预测结论，并结合基础资产相关历史数据说明预测方法和相关指标设置的合理性。

（十一）现金流压力测试的假设条件、压力因素及各压力情形现金流覆盖情况。

（十二）基础资产或底层资产现金流归集路径和资金监管措施，包括但不限于专项计划账户设置、现金流自产生至分配给投资者期间在各账户间划转时间节点安排等。**现金流未直接回款至专项计划账户的，还应当披露现金流归集安排及其合理性、专项监管账户设置、归集频率、现金流混同和挪用等风险的防范机制及资产支持证券存续期间设置防范混同和挪用等风险的持续检查机制等，揭示资金混同和挪用等风险。**

（十三）增信措施或安排（如有）的具体情况及其合法性和有效性。为基础资产或底层资产的收入提供信用支持（如有）或对专项计划提供流动性支持、差额补足、担保等增信安排的主体（如有）的基本情况、财务数据、偿债能力和资信评级情况，及对其增信效力的分析说明。

增信机构为原始权益人及其关联方或现金流提供方的，管理人应有针对性加强对相关主体经营财务信息的披露，并结合风险相关性情况，详细披露前述情况对增信效果的影响，并充分揭示风险。

（十四）信用触发机制（如有），包括但不限于信用触发机制的触发条件、处置流程、触发结果、风险缓释措施、对专项计划相关安排的影响以及信息披露要求。

（十五）专项计划回售、赎回机制（如有）的流程、安排以及投资者回售权的保障措施。

（十六）合格投资（如有）的相关安排，包括但不限于投资范围、账户安排、投资标的的信用、市场和流动性等相关风险及防范措施等。

（十七）原始权益人与基础资产、底层资产及相关资产相关的业务制度、业务流程及历史业务情况（包括但不限于历史回款情况、逾期情况及回收情况等）等。原始权益人的持续经营能力、经营成本覆盖以及相应的持续经营支持措施情况。

（十八）特定原始权益人符合《机构间私募产品报价与服务系统基础设施类资产支持证券挂牌条件确认指南》第十六条要求的相关情况。

（十九）失信记录特别核查情况，包括但不限于原始权益人最近两年内是否存在严重违法失信行为，是否存在被有权部门认定为失信被执行人、失信生产经营单位或者其他失信单位，并被暂停或限制进行融资的情形；重要现金流提供方（如有）最近两年内是否存在因严重违法失信行为，被有权部门认定为失信被执行人、重大税收违法案件当事人或涉金融严重失信人的情形。上述事项是否影响原始权益人进行融资或重要现金流提供方的偿债能力的明确核查意见等。

（二十）原始权益人及其关联方的风险自留情况。

第九条 【法律意见书的披露内容】

**管理人应当聘请律师事务所对专项计划的有关法律事宜发表专业意见，并向合格投资者披露法律意见书。**法律意见书除按照资产支持证券一般要求进行编制和披露外，还应当包括以下内容：

（一）基础资产界定的具体范围和法律、法规依据。

（二）基础资产、底层资产及相关资产，取得特许经营等经营许可或其他经营资质的合法性、有效性，以及该等经营许可或经营资质的期限涵盖专项计划期限的情况；涉及相关规定的审批、核准、备案、登记等相关程序的履行情况；涉及的经营活动及其基础合同的真实性、合法性、有效性及价格或收费标准是否符合相关规定的情况；**涉及《资产证券化基础资产负面清单》的情况，以及涉及使用者付费、实行收支两条线管理、专款专用的取得地方财政部门或有权部门按照约定划付购买服务款项的承诺或法律文件的情况。**

（三）基础资产、附属权益（如有）转让以及底层资产、相关资产质押（如有）、抵押（如有）的合法性、有效性，包括但不限于转让登记情况、质押或抵押登记情况等。

（四）基础资产或底层资产涉及的关联交易（如有）的交易背景真实性、交易对价公允性。

（五）原始权益人、增信主体（如有）等相关主体的内部授权情况。

**（六）基础资产的破产隔离效果，包括但不限于基础资产转让、基础资产交割、基础资产现金流归集和违约处置等方面，以及与原始权益人之间的风险隔离措施。**

（七）增信措施或安排（如有）的具体情况及其合法性和有效性等。

（八）失信记录特别核查情况，包括但不限于原始权益人最近两年内是否存在严重违法失信行为，是否存在被有权部门认定为失信被执行人、失信生产经营单位或者其他失信单位，并被暂停或限制进行融资的情形；重要现金流提供方（如有）最近两年内是否存在因严重违法失信行为，被有权部门认定为失信被执行人、重大税收违法案件当事人或涉金融严重失信人的情形。上述事项是否影响原始权益人进行融资或重要现金流提供方的偿债能力的明确核查意见等。

（九）原始权益人等公共服务提供方最近三年内发生安全生产或环境污染重大事故，受到主管部门重大行政处罚的情况。

第十条 【信用评级报告的信息披露内容】

信用评级报告（如有）应当由**具有中国证券监督管理委员会核准的证券市场资信评级业务资格的资信评级机构**出具，评级报告除按照资产支持证券一般要求进行编制和披露外，还应当包括以下内容：

（一）影响基础资产或底层资产运营状况的地区概况、区域经济、行业政策、供需变化等各种因素及历史运营状况分析。

（二）原始权益人的持续经营能力分析。

（三）专项计划涉及信用增级方式的增信效果分析。

（四）现金流归集路径、监管措施及混同和挪用等风险分析。

（五）特定期间内各兑付期间的现金流覆盖倍数、现金流压力测试的结果以及相关方法。

第十一条 【现金流预测报告的披露内容】

现金流预测机构、资产评估机构（如有）等应当按照相关规则及规定要求编制现金流预测报告和资产评估报告。

**现金流预测报告应当披露基础资产现金流预测的假设因素、预测方法、预测结论**，结合基础资产或底层资产相关历史数据说明预测方法和相关指标设置的合理性，并说明宏观及区域经济发展、行业政策及发展、原始权益人资质取得及持续经营能力、价格规制、供需关系、结算方式、预付或延迟支付、收缴率和相关税费是否由专项计划承担等因素对基础资产现金流的影响。基础资产或底层资产现金流预测周期应当与资产支持证券兑付周期匹配。

## 第三章 存续期间信息披露

第十二条 【年度资产管理报告的披露内容】

年度资产管理报告除按照资产支持证券一般要求进行编制和披露外，还应当包括以下内容：

**（一）基础资产、底层资产及相关资产的运行情况，包括但不限于：基础资产或底层资产的回款金额，实际回款金额与现金流预测金额的差异及原因，回款资金的归集及划转情况，回款追索（如有）情况，以及与回款、基础资产、底层资产或相关资产相关的争议、纠纷、诉讼、仲裁、保险赔偿情况等。**

（二）报告期内原始权益人与增信机构的股权结构、公司治理、经营情况、财务情况、资信情况以及相关重大变化情况。

（三）专项计划信用触发机制、增信措施（如有）等相关投资者保护条款的触发与执行情况。

（四）原始权益人及其关联方风险自留、优先档及次级档资产支持证券期间分配收益情况。

第十三条 【重大事项的信息披露】

资产支持证券存续期间，发生《信息披露指引》第十九条规定的重大事件及下列可能影响基础资产现金流和资产支持证券本息偿付等的重大事项，信息披露义务人应在相关事件或事项发生后两个交易日内及时进行临时信息披露：

（一）原始权益人、重要现金流提供方（如有）或增信机构（如有）的经营情况出现重大变化，可能影响资产支持证券投资者利益。

（二）基础资产、底层资产或相关资产及其运营出现重大不利变化，可能影响资产支持证券投资者利益。

（三）**触发权利完善事件（如有）、加速清偿事件（如有）、提前终止事件（如有）等可能影响资产支持证券投资者利益的事项。**

（四）其他可能影响基础资产现金流和资产支持证券本息偿付的重大事项。

## 第四章 附 则

第十四条 【穿透核查】

对专项计划中以其持有的底层资产作为基础资产现金流来源并获得融资的主体，**应当穿透核查并按照本指引对原始权益人的相关要求进行信息披露。**

第十五条 【术语定义】

本指南下列用语的含义：

（一）底层资产，是指根据穿透原则在专项计划中作为专项计划现金流最终偿付来源的资产。

（二）相关资产，是指基础资产或底层资产所依附的土地使用权、建筑物、设施、设备等财产或财产权利。

（三）**重要现金流提供方，是指现金流预测基准日基础资产或底层资产现金流单一提供方按照约定未支付现金流金额占基础资产未来现金流总额比例超过15%，或该单一提供方及其关联方的未支付现金流金额合计占基础资产未来现金流总额比例超过20%的现金流提供方。**

第十六条 【最终解释权】

报价系统将根据业务发展情况不定期修订本指南并发布更新版本。报价系统对本指南保留最终解释权。

第十七条 【施行时间】

本指南自发布之日起施行。

# 1.5 中国证券投资基金业协会

## 1.5.1 《资产支持专项计划备案管理办法》(2014 年 12 月 24 日中基协函〔2014〕459 号，附件 1)

**【重点提示】**

本办法是 459 号文的附件一，以备案为关注要点，共 5 章 33 条，基金业协会的备案与报告义务的主要负责人是管理人，即管理人不仅需要为自身行为对计划的影响向协会进行备案，对其他参与人对计划披露或说明的信息也要承担报告义务。

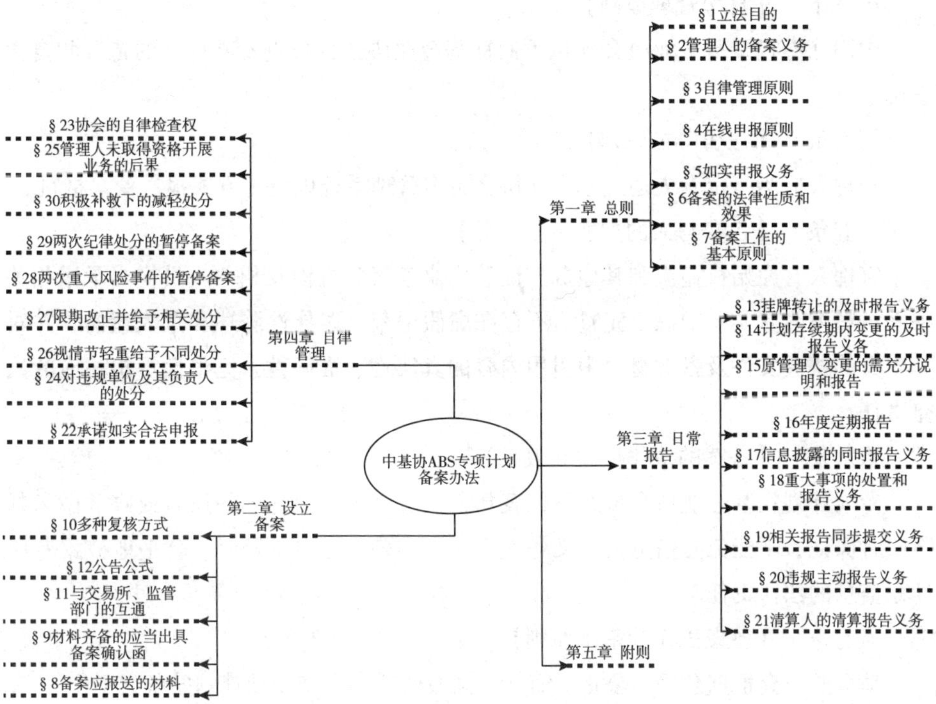

**【文件内容】**

## 第一章 总 则

第一条 【立法目的】

为做好资产支持专项计划（以下简称专项计划）备案管理工作，根据《证券公司及基金管理公司子公司资产证券化业务管理规定》等相关法律法规、规范性文件及自律规则，制定本办法。

第二条 【管理人的备案义务】

**管理人设立专项计划，应依据本办法进行备案。**

本办法所称管理人，是指具备客户资产管理业务资格的证券公司、证券投资基金管理公司设立的具备特定客户资产管理业务资格的子公司（以下简称基金子公司）。

第三条 【自律管理原则】

中国证券投资基金业协会（以下简称基金业协会）负责专项计划的备案和自律管理。

第四条 【在线申报原则】

管理人应当指定专人通过基金业协会备案管理系统以电子方式报送备案材料。

第五条 【各参与人的如实申报义务】

管理人、原始权益人和其他资产证券化业务服务机构及相关人员应当**承诺相关备案材料内容真实、准确、完整，不存在虚假记载、误导性陈述和重大遗漏**，并对**其出具的相关文件及备案材料中引用内容的真实性、准确性、完整性承担相应的法律责任**。

第六条 【备案的法律性质和效果】

专项计划在基金业协会备案**不代表**基金业协会对专项计划的风险或收益做出判断或者保证，**不能免除**信息披露义务人真实、准确、完整、及时、公平地披露专项计划信息的法律责任。

第七条 【备案工作的基本原则】

基金业协会根据公平、公正、简便、高效的原则实施专项计划的备案工作。

## 第二章 设立备案

第八条 【备案应当报送的材料】

管理人应在专项计划设立完成后 5 个工作日内，向基金业协会报送以下备案材料：

（一）备案登记表；

（二）专项计划说明书、交易结构图、发行情况报告；

（三）主要交易合同文本，包括但不限于基础资产转让协议、担保或其他增信协议（如有）、资产服务协议（如有）、托管协议、代理销售协议（如有）；

（四）法律意见书；

（五）特定原始权益人最近3年（未满3年的自成立之日起）经审计的财务会计报告及融资情况说明；

（六）合规负责人的合规审查意见；

（七）认购人资料表及所有认购协议与风险揭示书；

（八）基础资产未被列入负面清单的专项说明；

（九）基金业协会要求的其他材料。

拟在证券交易场所挂牌、转让资产支持证券的专项计划，管理人应当提交证券交易场所拟同意挂牌转让文件；管理人向基金业协会报送的备案材料应当与经证券交易场所审核后的挂牌转让申报材料保持一致。

首次开展资产证券化业务的管理人和其他参与机构，还应当将相关资质文件报基金业协会备案。

第九条　【材料齐备的应当出具备案确认函】

**管理人应当对基础资产未被列入负面清单且资产支持证券的销售符合适当性要求做出承诺**，基金业协会对备案材料进行**齐备性复核**，并在备案材料齐备后5个工作日内**出具备案确认函**。备案材料不齐备的，基金业协会在收到备案材料后5个工作日内，一次性告知管理人需要补正的全部内容。管理人按照要求补正的，基金业协会在文件齐备后5个工作日内出具备案确认函。

第十条　【多种复核方式】

基金业协会可以通过**书面审阅、问询、约谈等方式**对备案材料进行复核。

第十一条　【与交易所的沟通衔接、与监管部门的信息共享】

基金业协会与证券交易场所建立备案与挂牌转让的**沟通衔接机制**，并建立与中国证监会、地方证监局及相关自律组织之间的**信息共享机制**。

第十二条　【公告公示】

专项计划设立的备案确认情况在基金业协会**网站上公示**。

## 第三章　日常报告

第十三条　【挂牌转让的及时报告义务】

**资产支持证券申请在中国证监会认可的证券交易场所挂牌、转让的，管理人应在签订转让服务协议或取得其他证明材料后5个工作日内，向基金业协会报告。**

第十四条　【计划存续期内变更的及时报告义务】

专项计划存续期内发生重大变更的，管理人应在完成变更后5个工作日内，将变更情况说明和变更后的相关文件向基金业协会报告。**进行变更时，管理人应按有关规定做出合理安排，不得损害投资者合法权益**。

**前述变更情况包括**：

（一）增加或变更转让场所；

（二）增加或变更信用增级方式；

（三）增加或变更计划说明书其他相关约定；

（四）增加或变更主要交易合同相关约定；

（五）托管人、资信评级机构等相关机构发生变更；

（六）**其他重大变更情况**。

第十五条 【原管理人变更的需充分说明和报告】

专项计划**变更管理人，应当充分说明理由，并向基金业协会报告**。管理人出现被取消资产管理业务资格、解散、被撤消或宣告破产以及其他不能继续履行职责情形的，在依据计划说明书或其他相关法律文件的约定选任符合规定要求的新的管理人之前，原管理人应向基金会业协会推荐临时管理人，经基金业协会认可后指定为临时管理人。

**原管理人职责终止的，应当自完成移交手续之日起5个工作日内，向基金业协会报告**，报告内容包括但不限于：新管理人的名称及新的管理人履行职责日期，专项计划文件和资料移交情况等。

第十六条 【年度定期报告】

管理人应当在每年4月30日之前向基金业协会提交年度资产管理报告、年度托管报告。

第十七条 【信息披露的同时报告义务】

管理人、托管人及其他信息披露义务人按照相关约定履行信息披露义务的，**管理人应当同时将披露的信息向基金业协会报告**。

第十八条 【重大事项的处置和报告义务】

专项计划存续期间，发生《证券公司及基金管理公司子公司资产证券化业务信息披露指引》所规定的**重大事项时，管理人应立即采取有效措施，并于重大事项发生后2个工作日内向基金业协会提交报告**，说明重大事项的起因、目前的状态和可能产生的法律后果。

重大事项处置完毕后，管理人应在5个工作日内向基金业协会提交报告，说明重大事项的处置措施及处置结果。

第十九条 【相关报告同步提交义务】

专项计划的托管人、登记结算机构、资信评级机构、销售机构及其他相关中介

**机构按照相关规定的要求及专项计划文件的约定需出具相关报告的，管理人应在报告出具后 5 个工作日内向基金业协会提交报告。**

上述机构在履行职责过程中发现管理人、原始权益人存在未及时履行披露义务或存在违反法律、法规或自律规则行为的，应及时向基金业协会报告。

第二十条 【违规主动报告义务】

管理人因专项计划被证监会及其派出机构等监管机构**采取监管措施**，或被交易场所、登记结算机构、证券业协会等自律组织**采取自律措施**的，应在监管措施或自律措施文件出具后**2 个工作日内向基金业协会报告**。

第二十一条 【管理人的清算报告义务】

专项计划终止清算的，管理人应在清算完毕之日起 10 个工作日内将清算结果向基金业协会报告。

## 第四章 自律管理

第二十二条 【承诺如实、合法申报】

管理人应当**真实、准确、完整、及时地报送备案材料，并对登记备案材料内容的合规性负责**。

第二十三条 【协会的自律检查权】

基金业协会可以对管理人、资产证券化业务参与人从事资产证券化业务进行**定期或者不定期的现场和非现场自律检查**，管理人、资产证券化业务参与人应当予以配合。

基金业协会工作人员依据自律检查规则进行检查时，不得少于二人，并应当出示合法证件；对检查中知晓的商业秘密负有保密的义务。

在检查过程中，基金业协会工作人员应当忠于职守，公正廉洁，接受监督，不得利用职务牟取私利。

第二十四条 【对违规单位及直接负责人的处分】

**管理人、托管人、销售机构违反法律法规、本办法、协会章程**及其他自律规则的，基金业协会可以视情节轻重对其采取谈话提醒、书面警示、要求限期改正、公开谴责、暂停备案、取消会员资格**等纪律处分，对直接负责的主管人员和其他直接责任人员**采取谈话提醒、书面警示、要求参加强制培训、行业内谴责、认定为不适当人选、暂停从业资格、取消从业资格**等纪律处分**。情节严重的，移交中国证监会处理。

第二十五条 【管理人未取得资格开展业务的后果】

**管理人未取得资产管理业务资格开展资产证券化业务的，基金业协会可取消其会员资格**，移交中国证监会处理，且一年之内不再受理相关备案申请。**对直接负责**

**的主管人员和其他直接责任人员，协会可认定为不适当人选。**

第二十六条　【视情节轻重给予不同处分】

管理人有下列情形之一的，基金业协会可视情节轻重，相应采取**谈话提醒、书面警示、要求限期改正、暂停备案三个月等纪律处分**；对直接负责的主管人员和其他直接责任人员，基金业协会可相应采取**谈话提醒、书面警示、要求参加强制培训等纪律处分**。

（一）多次报备不及时、不完备、未按要求补正；

（二）不配合问询、约谈；

（三）专项计划被交易场所、登记结算机构、证券业协会等自律组织采取自律措施；

（四）计划说明书等备案材料的内容与格式不符合基金业协会要求；

（五）**其他违反自律规则的行为**。

第二十七条　【限期改正并给予相关处分】

管理人有下列情形之一的，应当**限期改正**，基金业协会可视情节轻重相应采取公开谴责、暂停备案六个月、取消会员资格等纪律处分；对直接负责的主管人员和其他直接责任人员，基金业协会可相应采取要求参加强制培训、行业内谴责、认定为不适当人选、暂停从业资格、取消从业资格等纪律处分。

（一）向**合格投资者之外的**单位或者个人非公开募集资金或者转让资产支持证券或专项计划合格投资者超过200人；

（二）基础资产被列入**负面清单**；

（三）备案材料及日常运行报告存在**瞒报漏报、虚假记载、合规性**问题；

（四）**不配合**基金业协会**自律检查**；

（五）未按规定完成备案，**擅自在证券交易场所转让**资产支持证券；

（六）专项计划**被证监会采取行政监管措施**。

（七）**其他违反法律法规、证监会规定的行为。**

第二十八条　【两次重大风险事件的暂停备案】

管理人设立的专项计划在**一年之内出现两次以上重大风险事件的**，基金业协会可**暂停其专项计划备案，暂停期为三至六个月**。情节严重的，移交中国证监会处理。

第二十九条　【两次纪律处分的暂停备案】

管理人、托管人、销售机构在**一年之内被基金业协会采取两次谈话提醒、书面警示、要求限期改正等纪律处分的**，基金业协会**可暂停其资产管理计划备案一至三个月**；在**二年之内被基金业协会采取两次公开谴责、暂停备案纪律处分的**，基金业协会**可采取取消会员资格纪律处分**。

从业人员在一年之内被采取两次谈话提醒、书面警示纪律处分的，基金业协会可要求其参加强制培训；在二年内被两次要求参加强制培训或行业内谴责的，基金业协会可采取认定为不适当人选、暂停从业资格、取消从业资格纪律处分。

第三十条 【积极补救下的减轻处分】

因涉嫌违规等情形造成投资者损失，**管理人、托管人、销售机构积极主动采取补偿投资者损失、与投资者达成和解等措施，减轻或消除不良影响的，基金业协会可以减轻对其的纪律处分。**

## 第五章 附 则

第三十一条 【参照执行的适用】

管理人通过设立其他特殊目的载体开展资产证券化业务的，比照本办法执行。中国证监会或基金业协会另有规定的，从其规定。

第三十二条 【解释主体】

本办法由基金业协会负责解释和修订。

第三十三条 【生效日】

本办法自公布之日起施行。

### 1.5.2 《资产证券化业务基础资产负面清单指引》（2014 年 12 月 24 日 中基协函〔2014〕459 号，附件 2）

**【重点提示】**

资产证券化的监管在逐步宽松，但凡不在清单内的资产，均可以开展资产证券化业务，本指引包括 6 条正文以及负面清单一份。

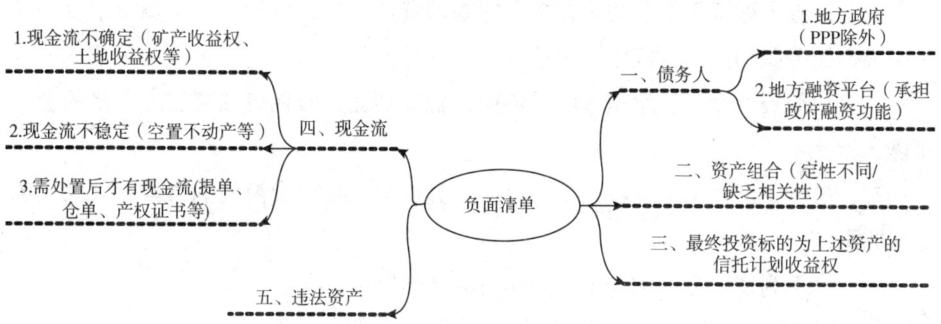


**【文件内容】**

第一条 【制定目的】

为做好资产证券化业务基础资产负面清单（以下简称负面清单）管理工作，根据《证券公司及基金管理公司子公司资产证券化业务管理规定》、《资产支持专项计划备案管理办法》等相关法律法规和自律规则，制定本指引。

第二条　【适用对象】

**资产证券化业务基础资产实行负面清单管理**。负面清单列明不适宜采用资产证券化业务形式、或者不符合资产证券化业务监管要求的基础资产。实行资产证券化的基础资产应当符合《证券公司及基金管理公司子公司资产证券化业务管理规定》等相关法规的规定，且不属于负面清单范畴。

第三条　【负责部门】

中国证券投资基金业协会（以下简称基金业协会）负责资产证券化业务基础资产负面清单管理工作，研究确定并在基金业协会网站及时公开发布负面清单。

第四条　【负面清单的评估责任人】

基金业协会至少每半年对负面清单进行一次评估，可以根据业务发展与监管需要不定期进行评估。

第五条　【负面清单调整方法】

基金业协会可以邀请监管机构、证券交易场所及其他行业专家对负面清单进行讨论研究，提出调整方案，经中国证监会批准后进行调整。

第六条　【解释主体】

本指引由基金业协会负责解释和修订，自发布之日起实施。

**附件：资产证券化基础资产负面清单**

一、**以地方政府为直接或间接债务人的基础资产**。但地方政府按照事先公开的收益约定规则，在政府与社会资本合作模式（PPP）下应当支付或承担的财政补贴除外。

二、**以地方融资平台公司为债务人的基础资产**。本条所指的地方融资平台公司是指根据国务院相关文件规定，由地方政府及其部门和机构等通过财政拨款或注入土地、股权等资产设立，承担政府投资项目融资功能，并拥有独立法人资格的经济实体。

三、矿产资源开采收益权、土地出让收益权等**产生现金流的能力具有较大不确定性的资产**。

四、**有下列情形之一的与不动产相关**的基础资产：

1. 因空置等原因不能产生**稳定现金流**的不动产租金债权；

2. 待开发或在建占比超过 10% 的基础设施、商业物业、居民住宅等不动产或相关不动产收益权。当地政府证明已列入国家保障房计划并已开工建设的项目除外。

五、不能直接产生现金流、仅依托处置资产才能产生现金流的基础资产。如提单、仓单、产权证书等具有物权属性的权利凭证。

六、法律界定及业务形态属于不同类型且缺乏相关性的**资产组合**，如基础资产中包含企业应收账款、高速公路收费权等两种或两种以上不同类型资产。

七、违反相关法律法规或政策规定的资产。

八、**最终投资标的为上述资产**的信托计划受益权等基础资产。

### 1.5.3 《资产证券化业务风险控制指引》(2014 年 12 月 24 日中基协函〔2014〕459 号，附件 3)

**【重点提示】**

风险控制的第一义务人应当是计划的管理人，管理人在计划说明书中详尽披露影响投资人投资决策的相关事项，并对计划成立后可能影响偿付和收益的事项进行如实披露。

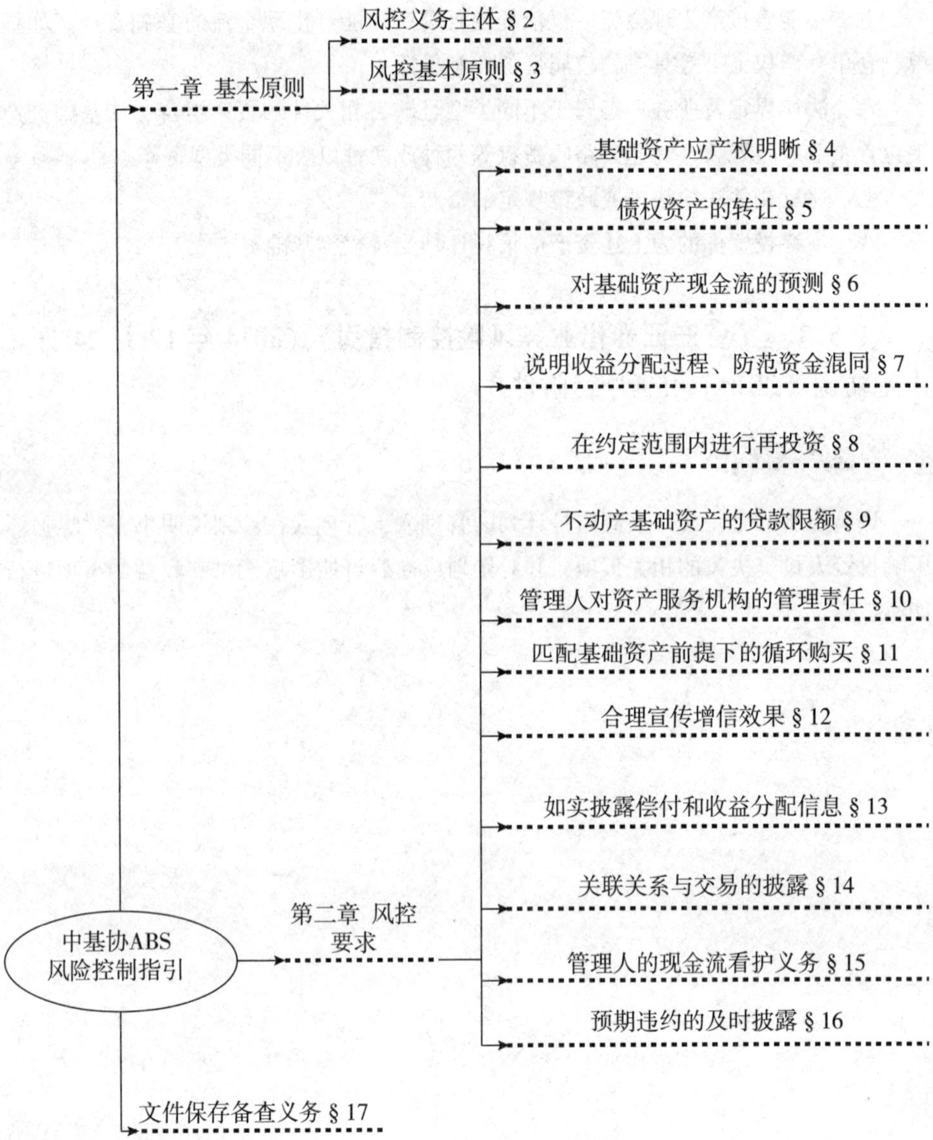


**【文件内容】**

## 第一章 总　　则

第一条　【立法目的】

为指导证券公司、基金管理公司子公司（以下简称管理人）开展资产证券化业务，防范业务风险，保护投资者的利益，依据《证券公司及基金管理公司子公司资产证券化业务管理规定》和其他相关法律法规、规范性文件，制定本指引。

第二条　【管理人的风险管控义务】

管理人应当**根据本指引的要求，对资产证券化业务开展过程中存在的风险进行识别、评估、管理，制定风险控制措施，与其他参与主体按照合同约定执行风险控制措施，并协调、督促其他参与主体履行相关责任**。

第三条 【风险管控原则】

管理人在开展资产证券化业务过程中进行风险控制应当遵循**全面性**、**规范性**、**审慎性**、**适当性**的原则。

## 第二章 风险控制的内容及要求

第四条 【基础资产产权明晰】

**基础资产在法律上能够准确、清晰界定**，符合《证券公司及基金管理公司子公司资产证券化业务管理规定》相关规定。

**原始权益人应当拥有基础资产相关权属证明或运营许可**。按照穿透原则，基础资产不应附带担保负担或者其他权利限制，能够通过资产支持专项计划（以下简称专项计划）相关安排解除基础资产相关担保负担和其他权利限制的除外。

第五条 【债权类基础资产应重点关注转让环节】

基础资产为债权的，管理人**在转让环节应当关注转让登记、通知债务人、附属担保权益转让等相关安排**。在附属担保权益无法完成向专项计划转让的法律手续的情况下，管理人应当采取恰当措施防止附属担保权益被原始权益人侵占或者被第三方获得，从而影响投资者的合法权益。

基础资产现金流来源于原始权益人经营性收入的，管理人应当采取相应措施，防范基础资产及相关权益被第三方主张权利的风险。

第六条 【对基础资产现金流的预测方法】

**对基础资产现金流的预测应当遵循合理、审慎的原则**。管理人及相关中介机构在现金流预测中应当以历史数据为基础，充分考虑影响未来现金流变化的各种因素，分析因素变化对预测结果可能产生的影响。**管理人应当在专项计划相关文件中对预测的假设和依据进行说明，并在初始信息披露文件中披露各期现金流预测结果和相应覆盖倍数**。专项计划存续期间，管理人及相关中介机构应当定期检视预测结果与实际现金流情况的差异，在专项计划设立时向投资者披露专项计划存续期间现金流跟踪检查的频率，并在资产管理报告中披露及说明差异原因，并根据情况修正后续期限预测现金流量。

对不动产等专业性较强的基础资产价值的评估，管理人应当委托符合条件的专业资产评估机构出具评估报告。**基础资产为不动产的，发生收购或者处置等影响基础资产价值的重大事项时均应当进行评估**。

第七条 【对收益分配过程进行说明、防范资金混同风险】

管理人应当在专项计划相关文件中**说明基础资产现金流自产生至分配投资人的全部过程**，明确各个账户环节、流入与流出时间、可能面临的风险及监管措施。基础资产产生现金流后未直接支付至专项计划托管账户的，**应当关注现金流在流转环节中的混同风险**，设置混同风险的防范机制。

第八条 【在约定范围内进行再投资】

基础资产产生现金流后沉淀在监管账户或者专项计划账户的，**可以进行再投资。管理人应当关注再投资风险，确保再投资在约定范围内进行**，不得投资权益类产品；投资固定收益类产品的，应当充分考虑投资标的的信用风险、市场风险和流动性风险。

第九条 【不动产基础资产的贷款限额】

基础资产为**不动产**的，管理人**可以为投资或者运营的目的向金融机构借款**，金额不得超过其最近一次资产估价报告确定的基础资产**总值的30%**。

第十条 【管理人对资产服务机构的管理责任】

资产服务机构应当具备管理基础资产的资质、能力和经验。**管理人应当关注资产服务机构的持续服务能力，并设置资产服务机构解任后的处理方式**。原始权益人担任资产服务机构的，应当明确与其管理的其他自有资产或受托资产相隔离的措施，防范道德风险。

第十一条 【循环购买的信息披露、在匹配基础资产前提下的循环购买】

以基础资产产生现金流**循环购买**新的同类基础资产方式组成专项计划资产的，**管理人应当设置适当的入池标准**，通过管理流程安排对每一期后续购买的资产清单进行事前审查和执行确认，**并定期进行信息披露**。

基础资产的规模、存续期限应当与资产支持证券的规模、存续期限相匹配。**管理人应当持续关注符合入池标准的资产规模，以满足循环购买需求，在合格资产规模不足时及时进行信息披露并采取风险缓释措施**。

第十二条 【合理宣传增信效果、明确增信的前提和流程】

专项计划法律文件应当明确各项信用**增级措施的触发条件、操作流程**。管理人应当督促相关方严格按照专项计划法律文件的约定履行相关义务。管理人以及资产支持证券的销售机构**应当如实披露资产证券化交易的信用增级安排，在销售时不得夸大信用增级效果误导投资者**。

聘请资信评级机构的，资信评级机构应当谨慎评估各项信用增级措施提供信用保护的程度，并如实在信用评级报告中披露。

第十三条 【如实向投资者披露偿付和收益分配信息】

专项计划法律文件应当明确列示各档资产支持证券的受偿顺序、期限、偿付方式等，并**向投资者提示可能面临的偿付不确定性，如偿付金额波动、偿付期限变化等**。

管理人应当严格**按照合同约定进行收益分配**，控制现金流划转、兑付的操作风险，按照合同约定及时向投资者披露收益分配信息。

基础资产为不动产的，期末可分配余额的90%以上应当用于当期分配。在符合分配条件的前提下，分配频率不得低于每年一次。

第十四条 【关联关系的事先披露、关联交易的及时披露】

管理人与原始权益人**存在关联关系或者重大业务关系的，应当在计划说明书中充分披露**有关事项，并对可能存在的风险以及采取的风险防范措施予以说明。

交易结构中存在**关联交易的**，管理人应当遵循投资者利益优先的原则，按照公允价值公平进行交易，及时履行信息披露义务。基础资产为不动产的，发生交易价格超过基础资产总值**5%以上的关联交易时，应当在发生之日起2日内进行公告**，披露关联关系性质以及重要交易要素。

第十五条 【管理人的现金流看护义务】

管理人在专项计划存续期间应当关注基础资产现金流的状况，监督资产服务机构履行合同义务，发现可能影响兑付的情况，应当协调相关方做好相关应对方案，维护基础资产现金流的安全。

第十六条 【预期违约的及时披露】

出现不能按照约定向资产支持证券投资者分配收益的情形，管理人应及时向投资者披露，并采取合法措施维护投资者利益。

## 第三章 附 则

第十七条 【文件存档备查义务】

管理人应当保留专项计划设立至存续期内的相关资料并存档备查，相关资料自专项计划终止之日起至少保存十年。

第十八条 【解释主题】

本指引由基金业协会负责解释。

第十九条 【生效日期】

本指引自发布之日起施行。

## 1.5.4 《资产证券化业务自律规则的起草说明》(2014 年 12 月 24 日 中基协函〔2014〕459 号，附件 4)

【重点提示】

文件的起草说明针对文件制定规则进行了详细解释，并从制定目的的角度解释条文，阅读起草说明有助于帮助读者理解监管部门的施政方针，对开展资产证券化业务具有指导作用。

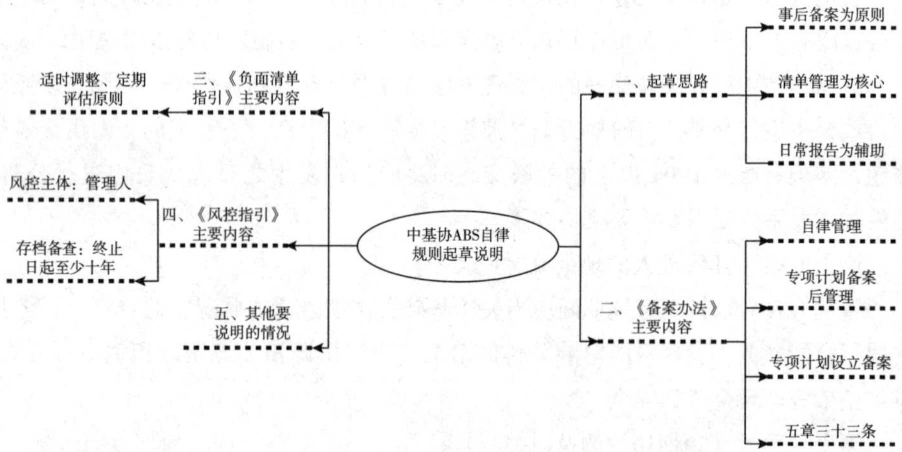


【文件内容】

《证券公司及基金管理公司子公司资产证券化业务管理规定》（以下简称《管理规定》）已正式发布。根据《管理规定》的相关要求，基金业协会将承担资产证券化业务的事后备案工作，对资产支持专项计划备案实施自律管理，并对基础资产负面清单进行管理。为此，基金业协会起草了《资产支持专项计划备案管理办法》（以下简称《备案办法》）、《资产证券化业务基础资产负面清单指引》（以下简称《负面清单指引》）、《资产证券化业务风险控制指引》（以下简称《风控指引》）等自律规则或相关文件。

**一、起草思路**

根据《管理规定》，管理人应当自专项计划设立完成后 5 个工作日内将设立情况报基金业协会备案，基金业协会应当制定备案规则，对备案实施自律管理，并可根据基础资产风险状况对可证券化的基础资产范围实施资产证券化业务基础资产负面清单（以下简称负面清单）管理。因此，基金业协会以**事后备案为原则、负面清单管理为核心、备案完成后日常报告为辅助**，建立专项计划备案复核制度和工作流程。

**为做好负面清单管理工作**，根据《管理规定》、《备案办法》等相关法律法规和自律规则，基金业协会制定了《负面清单指引》，对基础资产实行负面清单管理。负面清单列明不适宜采用资产证券化业务形式、或者不符合资产证券化业务监管要求的基础资产。实行资产证券化的基础资产应当符合《管理规定》等相关法规的规定，且不属于负面清单范畴。

**为指导管理人开展资产证券化业务**，防范业务风险，保护投资者的利益，基金业协会制定了《风控指引》，要求管理人应当对资产证券化业务开展过程中存在的风险进行识别、评估、管理，制定风险控制措施，与其他参与主体按照合同约定执行风险控制措施，并协调、督促其他参与主体履行相关责任。

二、《备案办法》主要内容

**《备案办法》全文共计五章三十三条，涵盖了资产支持专项计划备案的总体要求、设立备案的具体要求、备案完成后的日常报告、对管理人和其他资产证券化业务服务机构及相关人员的自律管理规定和附则五大部分，并将基础资产负面清单作为附件，根据资产证券化业务发展与监管需要适时进行调整。**主要内容说明如下：

**（一）明确《备案办法》依据、备案管理主体、备案义务人**

《管理规定》明确了开展资产证券化业务新的法律依据务人和特殊目的载体（SPV），《备案办法》以《管理规定》为依据，对专项计划的备案和自律管理工作进行规范。

根据《管理规定》的有关规定，《备案办法》明确了基金业协会负责专项计划的备案和自律管理。基金业协会将根据公平、公正、简便、高效的原则实施专项计划的备案工作。

此外，《备案办法》明确了备案义务人以及备案文件报送方式。专项计划的管理人设立资产支持专项计划、发行资产支持证券，应当指定专人通过基金业协会备案管理系统以电子方式报送备案文件，明确了报备主体的相关责任。管理人通过设立其他特殊目的载体开展资产证券化业务的，比照本办法执行，中国证监会或基金业协会另有规定的，从其规定。

**（二）明确专项计划设立备案的具体要求**

1. **明确设立备案的具体要求和备案文件的报送要求。**

（1）设立备案的具体要求。根据《管理规定》的有关规定，《备案办法》进一步明确了管理人报送备案文件的具体时点为专项计划设立完成后5个工作日内。资产支持证券按照计划说明书约定的条件发行完毕，专项计划设立完成。

（2）备案文件的报送要求。主要包括一般要求和特殊要求。一般要求是指所有专项计划设立完成后，管理人均需要报送的文件，包括备案登记表、计划说明书、主要交易合同文本等文件的扫描件。特殊要求主要包括两方面：一是拟在证券交易场所挂牌、转让资产支持证券的专项计划，管理人应当提交证券交易场所拟同意挂牌转让文件；管理人向基金业协会报送的备案文件应当与经证券交易场所审核后的挂牌转让申报材料保持一致。二是首次开展资产证券化业务的管理人和其他参与机构，还应当将相关资质文件报基金业协会备案。

2. **明确备案复核程序**。基金业协会重点关注以下方面：一是管理人对基础资产未被列入负面清单做出承诺；二是管理人对资产支持证券的销售符合适当性要求做出承诺，包括管理人应保证认购人根据我会制定的认购协议模板逐项签字确认、管理人应提交认购协议的扫描件等；三是备案文件齐备。符合上述要求的专项计划，基金业协会对备案文件进行齐备性复核，并在备案文件齐备后5个工作日内出具备案接收函。

另外，备案文件不齐备的，基金业协会在收到备案文件后5个工作日内，一次性告知管理人需要补正的全部内容。管理人按照要求补正的，基金业协会在5个工作日内出具备案接收函。

**（三）明确专项计划备案完成后有关报告的管理**

1. **加强转让场所报告管理**。《备案办法》增加了转让场所报告环节，规定："资产支持证券申请在中国证监会认可的证券交易场所挂牌或转让的，管理人应在签订转让服务协议或获取其他证明材料后5个工作日内，向基金业协会报告。"

转让场所报备完成以后，如转让场所发生增加或变更的，应在变更完成后，通过变更环节向基金业协会报告。

2. **变更、终止清算的报告管理**。备案完成后，专项计划发生变更或终止清算的，管理人应就有关情况向基金业协会报告。

3. **专项计划管理人变更报告**。专项计划变更管理人，应当充分说明理由，并向基金业协会报告。管理人出现被取消资产管理业务资格、解散、被撤消或宣告破产以及其他不能继续履行职责情形的，在依据计划说明书或其他相关法律文件的约定选任符合规定要求的新的管理人之前，原管理人应向基金会业协会推荐临时管理人，经基金业协会认可后指定为临时管理人。

原管理人职责终止的，应当自完成移交手续之日起5个工作日内，向基金业协会报告，报告内容包括但不限于：新管理人的名称及新的管理人履行职责日期，专项计划文件和资料移交情况等。

4. **年度资产管理报告、年度托管报告等定期报告与重大事项报告、违规报告、信息披露报告等不定期报告**。除《管理规定》要求的年度报告、重大事项报告外，《备案办法》要求管理人、托管人及其他信息披露义务人按照相关约定履行信息披露义务的，管理人应当同时将披露的信息向基金业协会报告。此外，专项计划存续期间，被证监会及其派出机构等监管机构采取监管措施，或被交易场所、登记结算机构、证券业协会等自律组织采取自律措施的，管理人应在监管措施或自律措施文件出具后2个工作日内向基金业协会报告。

5. **中介机构的监督和报告义务**。《备案办法》明确了专项计划的托管人、登记结算机构、资信评级机构、销售机构及其他相关中介机构的监督义务，规定中介机构在履行职责过程中发现管理人、特定原始权益人在未及时履行披露义务或存在违反法律、法规或协会自律规则行为的，应及时向基金业协会报告。

**（四）加强自律管理职能**

1. 纪律处分类型。管理人、托管人、销售机构违反法律法规、本办法、协会章程及其他自律规则的，基金业协会可以视情节轻重对其采取谈话提醒、书面警示、要求限期改正、公开谴责、暂停备案、取消会员资格等纪律处分，对直接负责的主管人员和其他直接责任人员采取谈话提醒、书面警示、要求参加强制培训、行业内谴责、认定为不适当人选、暂停从业资格、取消从业资格等纪律处分。情节严重的，移交中国证监会处理。

2. 现场检查。基金业协会可以对管理人、资产证券化业务参与人从事资产证券化业务进行定期或者不定期的现场和非现场自律检查，管理人、资产证券化业务参与人应当予以配合。

**基金业协会工作人员依据自律检查规则进行检查时，不得少于二人，并应当出示合法证件；对检查中知晓的商业秘密负有保密的义务。**

3. 加重处分。

（1）**加重处分**。管理人、托管人、销售机构在一年之内被基金业协会采取两次谈话提醒、书面警示、要求限期改正等纪律处分的，基金业协会可**暂停其资产管理计划备案一至三个月**；在二年之内被基金业协会采取两次公开谴责、暂停备案纪律处分的，基金业协会可**采取取消会员资格纪律处分**。

从业人员在一年之内被采取两次谈话提醒、书面警示纪律处分的，基金业协会可要求其参加强制培训；在二年内被两次要求参加强制培训或行业内谴责的，基金业协会可采取**认定为不适当人选、暂停从业资格、取消从业资格纪律处分**。

（2）**减轻处分**。因涉嫌违规等情形造成投资者损失，管理人及其从业人员、托管人、销售机构积极主动采取补偿投资者损失、与投资者达成和解等措施，减轻或消除不良影响的，基金业协会**可以减轻对其的纪律处分**。

**三、《负面清单指引》主要内容**

（一）明确资产证券化业务基础资产的具体要求

首先，《负面清单指引》根据《管理规定》制定，因此，基础资产首先需要符合《管理规定》中的具体规定。其次，基金业协会根据资产证券化业务前期的实践和行业征求的意见，**在负面清单中列明不适宜采用资产证券化业务形式、或者不符合资产证券化业务监管要求的基础资产，实行资产证券化的基础资产不得属于负面清单范畴。**

（二）明确负面清单的调整时间和调整方式

为适应资产证券化业务发展与监管需要，负面清单将适时进行调整。基金业协会至少每半年对负面清单进行一次评估，可以根据业务发展与监管需要不定期进行评估。

基金业协会可以邀请监管机构、证券交易场所及其他行业专家对负面清单进行讨论研究，提出调整方案，经中国证监会批准后进行调整。

**四、《风控指引》主要内容**

（一）**明确了风险控制的主体**

本章规定了管理人作为风险控制的主体，在开展资产证券化业务过程中应当履行的风险控制原则具体职责。

**管理人应当根据本指引的要求，对资产证券化业务开展过程中存在的风险进行识别、评估、管理，制定风险控制措施，与其他参与主体按照合同约定执行风险控制措施，并协调、督促其他参与主体履行相关责任。**

（二）明确了风险控制的内容及要求

《风控指引》要求管理人在以下方面进行风险控制：

1. 基础资产的合法性、有效转让、估值；
2. 基础资产现金流的预测、转付、账户监管和混同风险的控制；
3. 现金流的使用和再投资。
4. 不动产证券化的负债经营、循环购买资产的要求；
5. 资产服务机构的相关资质要求及其后备服务机构的替换机制；
6. 信用增级安排、触发条件及操作流程；
7. 收益分配的基本要求；
8. 存在关联关系与关联交易情形。
9. 违约的处理。

（三）**明确了文件保存的要求**

文件保存期限。管理人应当保留专项计划设立至存续期内的相关资料并存档备查，**相关资料自专项计划终止之日起至少保存十年。**

**五、其他需要说明的情况**

根据中国证监会及相关自律组织的监管职责分工，基金业协会将加强与证监会、派出机构和交易场所之间的监管协调，建立完善监管机构和自律组织之间、自律组织之间的工作衔接机制。

## 1.5.5 《资产支持专项计划说明书内容与格式指引（试行）》(2014 年 12 月 24 日　中基协函〔2014〕459 号，附件 5)

**【重点提示】**

中基协对专项计划书说明的要求大致可以分为格式、内容、存档和备案三类，其中对内容的要求应该重点把握，并建议严格按照指引要求编写。根据指引要求，计划说明书内容包括目录和正文，满足指引规定的内容是最低披露要求；根据规定凡是影响投资者投资决策的事项，无论指引是否规定，管理人均应如实披露和告知。

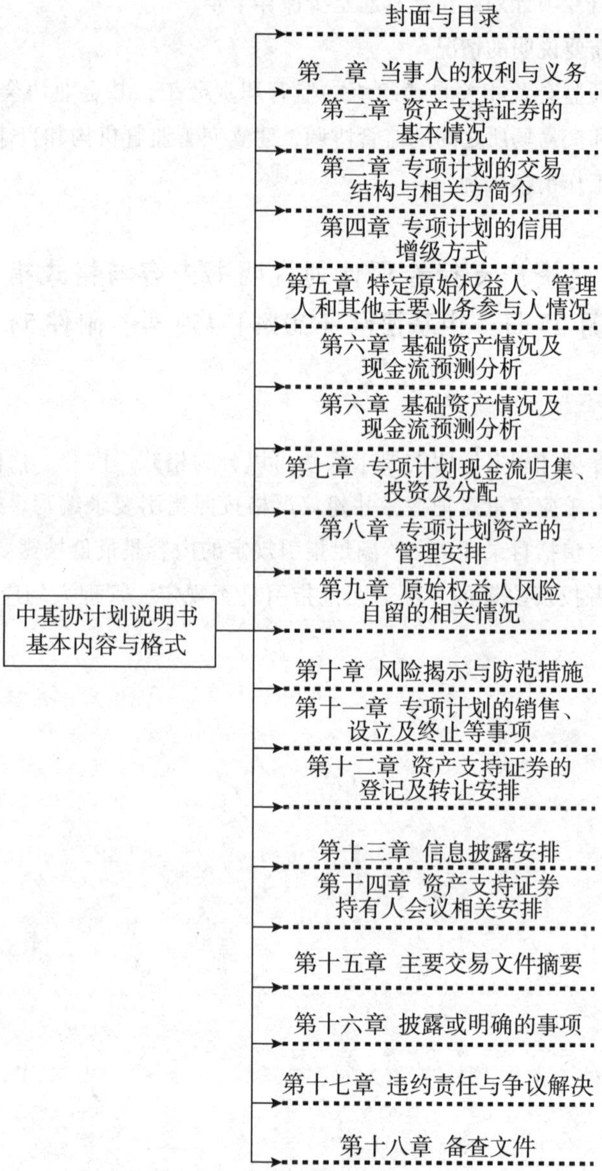


**【文件内容】**

总　　则

一、根据《证券公司及基金管理公司子公司资产证券化业务管理规定》、《证券公司及基金管理公司子公司资产证券化业务信息披露指引》等法律法规、规范性文件及中国证券监督管理委员会和中国证券投资基金业协会的有关规定，制定本指引。

二、证券公司、基金管理公司子公司等相关主体（以下简称管理人）开展资产证券化业务应当按照本指引的要求订立资产支持专项计划说明书。

三、管理人应当保证本说明书的内容真实、准确、完整，不存在任何虚假内容、误导性陈述和重大遗漏。

**四、本指引的规定是对计划说明书信息披露的最低要求。不论本指引是否有明确规定，凡对投资者投资决策有重大影响的信息，均应披露。**

管理人可根据基础资产及原始权益人所属行业或业态特征，在本指引基础上增加有利于投资者判断和决策的相关内容。

五、本指引部分条款具体要求不适用的，管理人可根据实际情况，在不影响内容完整性的前提下作适当调整，但应在申报时作书面说明；由于涉及特殊原因申请豁免披露的，应有充分依据，管理人及律师应出具意见。

六、计划说明书应包括封面、扉页、目录、释义和正文内容等部分。

## 计划说明书封面和目录

计划说明书封面应当标有"××资产支持专项计划说明书"的字样。封面下端应当标明管理人的全称、公告年月以及相关机构签章。

管理人应当在计划说明书的扉页提示投资者："资产支持证券仅代表专项计划权益的相应份额，不属于管理人或者其他任何服务机构的负债。中国证券投资基金业协会对本期专项计划的备案、××证券交易场所同意本期资产支持证券的挂牌转让（如有），并不代表对本期证券的投资风险、价值或收益作出任何判断或保证。投资者应当认真阅读有关信息披露文件，进行独立的投资判断，自行承担投资风险。"

计划说明书释义应在目录次页排印，对计划说明书中的有关机构简称、代称、专有名词、专业名词进行准确、简要定义。

## 计划说明书正文

### 第一章　当事人的权利和义务

1.1 资产支持证券持有人的权利与义务

1.2 管理人的权利与义务

1.3 托管人的权利与义务

1.4 其他参与机构的权利与义务

### 第二章　资产支持证券的基本情况

包括：发行规模、品种、期限、预期收益率、资信评级状况（如有）以及登记、托管、交易场所等基本情况

### 第三章　专项计划的交易结构与相关方简介

3.1 项目参与方基本信息，包括：联系人、联系方式、办公地址等

3.2 交易结构，主要包括：交易结构概述、交易结构图、交易相关方所担任的角色和相关权利义务说明

## 第四章　专项计划的信用增级方式

包括专项计划采用增信方式的种类。各项信用增级方式的主要条款、触发条件及时点。若资产支持专项计划采用多种增信方式，明确各种增信方式的触发先后顺序。

## 第五章　特定原始权益人、管理人和其他主要业务参与人情况

5.1 特定原始权益人基本情况

5.1.1 特定原始权益人的设立、存续情况；股权结构、组织架构及治理结构；

5.1.2 主营业务情况及财务状况：特定原始权益人所在行业的相关情况；行业竞争地位比较分析；最近三年各项主营业务情况、财务报表及主要财务指标分析、资本市场公开融资情况及历史信用表现；主要债务情况、授信使用状况及对外担保情况；对于设立未满三年的，提供自设立起的相关情况；

5.1.3 与基础资产相关的业务情况：特定原始权益人与基础资产相关的业务情况；相关业务管理制度及风险控制制度等。

5.2 管理人基本情况

5.2.1 管理人的经营情况和资信水平；

5.2.2 管理人的客户资产管理业务资质、业务开展情况、管理制度、业务流程和风险控制措施等；

5.2.3 管理人最近一年是否因重大违法违规行为受到行政处罚的情形。

5.3 资产服务机构基本情况

5.3.1 基本情况：资产服务机构设立、存续情况；最近一年经营情况及财务状况；资信情况等；

5.3.2 与基础资产管理相关的业务情况：资产服务机构提供基础资产管理服务的相关业务资质以及法律法规依据；资产服务机构提供基础资产管理服务的相关制度、业务流程、风险控制措施；基础资产管理服务业务的开展情况；基础资产与资产服务机构自有资产或其他受托资产相独立的保障措施。

5.4 托管人基本情况

5.4.1 托管人经营情况及资信水平；

5.4.2 托管人的托管业务资质；托管业务管理制度、业务流程、风险控制措施等。

5.5 提供信用增级或其他相关支持的机构的基本情况

上述机构包括担保人、差额支付承诺人、流动性支持机构等。

5.5.1 基本情况：公司设立、存续情况；股权结构、组织架构及治理结构；公司资信水平以及外部信用评级情况；

5.5.2 主营业务情况及财务状况：公司最近三年各项主营业务情况、财务报表及主要财务指标分析及历史信用表现；主要债务情况、授信使用状况及对外担保情况等；

5.5.3 其他情况：业务审批或管理流程、风险控制措施；包括杠杆倍数（如有）在内的与偿付能力相关的指标；公司历史代偿情况等。

## 第六章　基础资产情况及现金流预测分析

6.1 基础资产情况

6.1.1 基础资产构成情况；基础资产符合法律法规规定，权属明确，能够产生稳定、可预测现金流的有关情况；基础资产未被列入负面清单的相关说明；

6.1.2 基础资产是否存在附带抵押、质押等担保负担或其他权利限制的情况以及解除前述权利负担或限制的措施；

6.1.3 基础资产转让行为的合法性；

6.1.4 基础资产的运营及管理；

6.1.5 风险隔离手段和效果；

6.1.6 基础资产循环购买（如有）的入池标准、计划购买规模及流程和后续监督管理安排；

6.1.7 资金归集监管情况；

6.1.8 若专项计划由类型相同的多笔债权资产组成基础资产池的，管理人还应在计划说明书中针对该基础资产池披露以下信息：

6.1.8.1 基础资产池的遴选标准及创建程序；

6.1.8.2 基础资产池的总体特征；

6.1.8.3 基础资产池的分布情况；

6.1.8.4 **基础资产池所对应的单一债务人未偿还本金余额占比超过15%，或债务人及其关联方的未偿还本金余额合计占比超过20%的，应披露该等债务人的相关信用情况。**

6.2 盈利模式及现金流预测分析

6.2.1 盈利模式；

6.2.2 基础资产未来特定期间现金流预测情况；

6.2.3 基础资产预计现金流覆盖倍数；

6.2.4 基础资产现金流预测的主要影响因素分析；

## 第七章　专项计划现金流归集、投资及分配

7.1 账户设置安排

7.2 基础资产归集安排：现金流归集方式、归集频率、归集使用的货币形式及防范现金流混同和挪用风险的机制

7.3 现金流分配：包括分配顺序和分配流程

7.4 专项计划的现金流运用及投资安排

## 第八章 专项计划资产的管理安排

8.1 包括专项计划资产的构成

8.2 专项计划相关费用

8.2.1 费用种类及金额；

8.2.2 费用支取方式；

8.2.3 专项计划无需承担的费用；

8.2.4 管理人针对高级管理人员和项目经办人的激励约束办法。管理人应当保证建立长效激励约束机制和问责机制，防止片面追求项目数量及管理规模而忽视风险的短期激励行为。

8.3 税务事项

8.4 专项计划资金运用

8.5 专项计划资产处分

8.6 其他资产管理安排

## 第九章 原始权益人风险自留的相关情况

## 第十章 风险揭示与防范措施

主要包括：与原始权益人、管理人或其他服务机构有关的风险，与基础资产有关的风险，与信用增级有关的风险，现金流预测风险、市场风险（包括利率、流动性风险）和政策风险（税务风险等）等。对关键性风险的应对措施和安排。

## 第十一章 专项计划的销售、设立及终止等事项

11.1 专项计划的销售方案：包括销售期间、销售方式及场所、参与原则、认购人合法性要求、参与手续、认购资金接收和存放等

11.2 专项计划设立相关事项，包括：设立完成日的确定、设立失败后的相关安排

11.3 专项计划终止与清算的相关安排，包括终止条件、终止后的清算安排等

## 第十二章 资产支持证券的登记及转让安排

## 第十三章 信息披露安排

主要包括：信息披露的形式、信息披露的内容及时间、信息披露文件的存放与查阅等内容。

## 第十四章 资产支持证券持有人会议相关安排

主要包括持有人会议的决议事项、召集方式、会议召开及议事程序、争议解决

机制等。

第十五章　主要交易文件摘要

第十六章　《证券公司及基金管理公司子公司资产证券化业务管理规定》第十七条、第十九条和第二十条要求披露或明确的事项

16.1 管理人、托管人与原始权益人之间的重大利益关系说明；包括充分披露有关事项，并对可能存在的风险以及采取的风险防范措施予以说明

16.2 专项计划变更管理人的相关安排

第十七章　违约责任与争议解决

第十八章　备查文件（包括与基础资产交易相关的法律协议等）存放及查阅方式

### 1.5.6 《××资产支持专项计划资产支持证券认购协议与风险揭示书（适用个人投资者）》（2014年12月24日　中基协函〔2014〕459号，附件6）

**【重点提示】**

根据目前的法规指引，投资资产支持证券计划的投资风险由投资人（认购人）自行承担，管理人与其他参与人对未来的收益预测仅供投资者参考，因此对投资人完全揭示可能面临的投资风险，并对计划内容进行说明是管理人的重要义务，本揭示书适用个人投资者。

认购与风险揭示书（个人投资者）
- 签约主体：管理人与个人投资者
- 乙方保证：资金来源合法
- 风险揭示：认购文件不包含法律、税务、投资等专业建议
- 管理人义务：（1）将投资人认购款足额存入指定账户
  （2）将投资人认购的资产办理登记托管
- 投资人义务：足额支付认购款义务

**【文件内容】**

本××资产支持专项计划资产支持证券认购协议（以下简称“本协议”）由以下双方于______年____月____日在____（地点）

签订：

**（管理人）甲方：**

住所：　　　　　　　　　　　　法定代表人：

联系地址： 邮政编码：

联系人： 电话：

传真：

（认购人）乙方：

住所：

身份证号或其他有效证件号：

联系地址： 邮政编码：

联系人： 电话：

传真：

传真：

鉴于：

一、甲方愿意根据《××资产支持专项计划说明书》（以下简称"《计划说明书》"）的规定设立并管理××资产支持专项计划（以下简称专项计划），并向乙方销售资产支持证券；

二、乙方具有投资资产支持证券的所有合法权利或授权，其购买资产支持证券的资金来源及用途合法，乙方愿意在遵守《风险揭示书》中"认购人声明"前提下，购买资产支持证券。

为明确协议双方的权利义务，根据《中华人民共和国合同法》以及相关规定，双方本着自愿、公平、诚实信用的原则，就认购资产支持证券事宜签订本协议，以兹共同遵照履行。

重要提示：专项计划文件中任何内容不应被视为向认购人提供的法律、税务、投资或任何专业建议。认购人应就任何此类事项向其专业顾问寻求专业意见。

一、双方同意**乙方从甲方认购**面值为人民币______元（¥______）的资产支持证券，资产支持证券的类别为______，认购单价为______元，认购份额为______份，认购总价为______元。

二、乙方应于______年____月____日之前向管理人为专项计划在托管人处开立的募集专用账户中**足额存入**全部认购款人民币______元（¥____）。如乙方未能按上述规定按时、足额将相应款项存入指定账户，甲方有权不向乙方销售和交付资产支持证券。

三、**甲方在收到乙方全额认购款后，在专项计划成立后按照××登记托管机构的有关规定，将乙方根据本协议规定认购的全部资产支持证券向登记托管机构办理登记托管事宜。**

四、本协议经双方签字盖章之日起生效，于专项计划不成立或专项计划终止时终止。

五、违约责任与争议解决

六、本协议一式肆份，每一方各执贰份。每份均具有同等法律效力。

（本页以下无正文）

**签字页**

（管理人）甲方：

法定代表人或授权代表签字：

盖章：

（认购人）乙方：

签字：

盖章：

## 1.5.7 《××资产支持证券认购协议与风险揭示书（适用机构投资者）》（2014年12月24日 中基协函〔2014〕459号，附件7）

**【重点提示】**

根据目前的法规指引，投资资产支持证券计划的投资风险由投资人（认购人自行承担），管理人与其他参与人对未来的收益预测仅供投资者参考，因此对投资人完全揭示可能面临的投资风险，并对计划内容进行说明是管理人的重要义务，本揭示书适用机构投资者，相应的条款与签字确认条款更加全面。

**【文件内容】**

**××资产支持专项计划资产支持证券认购协议与**

**风险揭示书（适用机构投资者）**

本××资产支持专项计划资产支持证券认购协议（以下简称“本协议”）由以下双方于______年____月____日在______（地点）签订：

**（管理人）甲方：**

住　　所：　　　　　　　　　　　　法定代表人：

联系地址：　　　　　　　　　　　　　邮政编码：

联 系 人：　　　　　　　　　　　　　电　　话：

传　　真：

（认购人）乙方：

住　　所：　　　　　　　　　　　　　法定代表人：

联系地址：　　　　　　　　　　　　　邮政编码：

联 系 人：电　　话：

传　　真：

传　　真：

鉴于：

一、甲方愿意根据《××资产支持专项计划说明书》（以下简称"《计划说明书》"）的规定设立并管理××资产支持专项计划（以下简称专项计划），并向乙方销售资产支持证券；

二、乙方具有投资资产支持证券的所有合法权利、授权及批准，其购买资产支持证券的资金来源及用途合法，乙方愿意在遵守《风险揭示书》中"认购人声明"前提下，购买资产支持证券。

为明确协议双方的权利义务，根据《中华人民共和国合同法》以及相关规定，双方本着自愿、公平、诚实信用的原则，就认购资产支持证券事宜签订本协议，以兹共同遵照履行。

重要提示：专项计划文件中任何内容不应被视为向认购人提供的法律、税务、投资或任何专业建议。认购人应就任何此类事项向其专业顾问寻求专业意见。

一、双方同意乙方从甲方认购面值为人民币______元（¥______）的资产支持证券，资产支持证券的类别为______，认购单价为______元，认购份额为______份，认购总价为______元。

二、乙方应于______年____月____日之前向管理人为专项计划在托管人处开立的募集专用账户中足额存入全部认购款人民币______元（¥______）。如乙方未能按上述规定按时、足额将相应款项存入指定账户，甲方有权不向乙方销售和交付资产支持证券。

三、甲方在收到乙方全额认购款后，在专项计划成立后按照××登记托管机构的有关规定，将乙方根据本协议规定认购的全部资产支持证券向登记托管机构办理登记托管事宜。

四、本协议经双方签字盖章之日起生效，于专项计划不成立或专项计划终止时终止。

五、违约责任与争议解决。

六、本协议一式肆份，每一方各执贰份。每份均具有同等法律效力。

（本页以下无正文）

**签字页**

（管理人）甲方：

法定代表人或授权代表签字：

盖章：

（认购人）乙方：

法定代表人或授权代表签字：

盖章：

## 风险揭示书

一、签订目的

本《风险揭示书》是《××资产支持专项计划资产支持证券认购协议》（简称“《认购协议》”）不可分割的部分。

本《风险揭示书》中使用的定义均与《计划说明书》及《认购协议》所列的定义具有相同的含义。

本《风险揭示书》旨在揭示××资产支持专项计划可能面临的各种风险，以便认购人了解投资风险。

二、风险揭示

（一）与基础资产相关的风险

主要包括特定原始权益人破产风险、现金流预测风险等与基础资产相关的风险。

（二）与资产支持证券相关的风险

主要包括资产支持证券信用增级措施相关风险、资产支持证券的利率风险、资产支持证券的流动性风险、评级风险等与资产支持证券相关的风险。

（三）与专项计划管理相关的风险

主要包括管理人违约违规风险、托管人违约违规风险、专项计划账户管理风险、资产服务机构违规风险。

（四）其他风险

主要包括政策风险、税收风险、发生不可抗力事件的风险、技术风险和操作风险。

三、特殊风险揭示

四、风险承担

管理人、托管人违背《计划说明书》及《托管协议》等专项计划文件的约定管理、运用、处分专项计划资产，导致专项计划资产遭受损失的，由管理人、托管人负责赔偿。

管理人、托管人根据《计划说明书》及《托管协议》等专项计划文件的约定管理、运用、处分专项计划资产，导致专项计划资产遭受损失的，由专项计划资产承担。

本风险揭示书的揭示事项仅为列举性质，未能详尽列明认购人参与资产支持专项计划所面临的全部风险和可能导致认购人资产损失的所有因素。认购人在参与资产支持专项计划前，应认真阅读并理解相关业务规则、计划说明书、《认购协议》及本风险揭示书的全部内容，并确信自身已做好足够的风险评估与财务安排，避免因参与资产支持专项计划而遭受难以承受的损失。

《认购协议》对未来的收益预测仅供投资者参考，资产管理业务的投资风险由认购人自行承担，管理人、托管人不以任何方式向客户做出保证其资产本金不受损失或者保证其取得最低收益的承诺。

五、认购人声明

作为××资产支持专项计划的投资人，本认购人做出以下的陈述和声明，下述各项陈述和声明的所有重要方面在《认购协议》签订之日均属真实和正确，在专项计划设立日亦属真实和正确。

1. 在参与本专项计划前，认购人已符合《证券公司及基金管理公司子公司资产证券化业务管理规定》有关合格投资者的各项资质要求。

2. 认购人已认真阅读并完全理解《××资产支持专项计划说明书》第一章“当事人的权利与义务”的所有内容，并愿意自行承担参与资产支持专项计划的法律责任。

3. 认购人已认真阅读并完全理解《××资产支持专项计划说明书》第六章第6.1条“基础资产情况”中的所有内容，以及潜在的风险。

4. 认购人已认真阅读并完全理解《××资产支持专项计划说明书》第四章“专项计划的信用增级方式”、第五章第5.5条“提供信用增级或其他相关支持的机构的基本情况”、第六章第6.2条“盈利模式及现金流预测分析”中的所有内容。

5. 认购人已认真阅读并完全理解《××资产支持专项计划说明书》第八章第8.2条“专项计划相关费用”中的所有内容。

6. 认购人已认真阅读并完全理解《××资产支持专项计划说明书》第十七章“违约责任与争议解决”中的所有内容。

7. 认购人已认真阅读并完全理解《风险揭示书》中的所有内容，并愿意自行承担参与资产支持专项计划的风险和损失。

认购人签字/盖章：

年 月 日

## 1.5.8 政府和社会资本合作（PPP）项目资产证券化业务尽职调查工作细则（2019年6月24日 中基协字〔2019〕292号）

### 【重点提示】

中基协于2019年6月24日共发布了PPP项目资产、企业应收账款资产、融资租赁债权资产共三类基础资产的尽职调查工作细则。本次细则的规定应当被理解为是资产证券化业务尽职调查工作必须遵守的最低要求，对于**投资标的涉及相关基础资产的私募基金产品，尽职调查工作应参照本细则执行。**

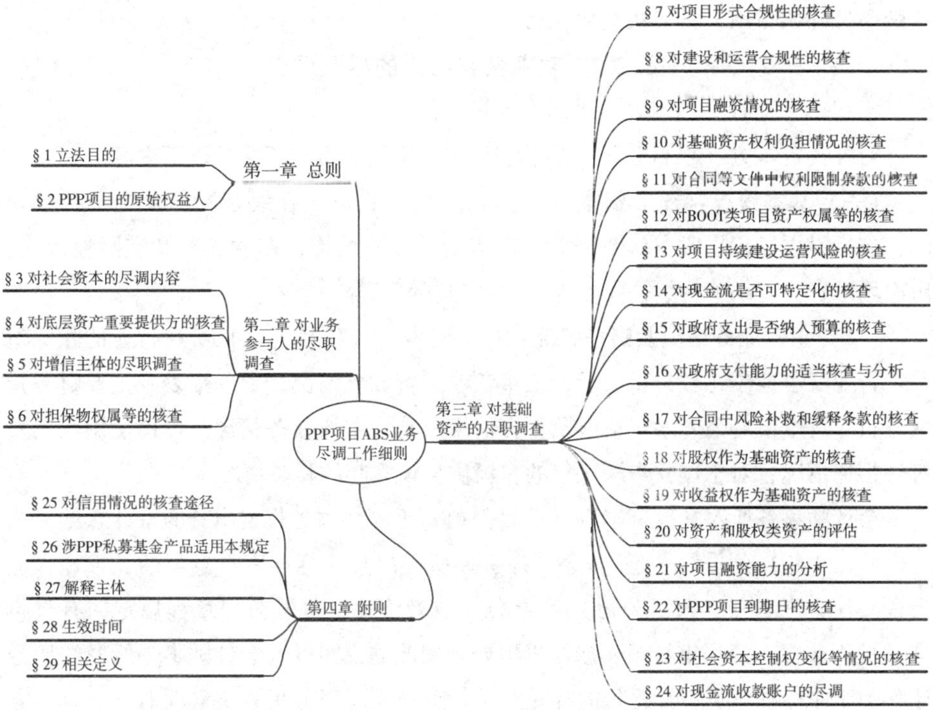

【文件内容】

## 第一章 总 则

第一条【立法目的】

为规范政府和社会资本合作（PPP）项目资产证券化业务的尽职调查工作，提高尽职调查工作质量，根据《证券公司及基金管理公司子公司资产证券化业务管理规定》、《证券公司及基金管理公司子公司资产证券化业务尽职调查工作指引》、《资产证券化业务风险控制指引》等相关规定，制定本细则。

第二条【PPP 项目原始权益人的确定】

**以社会资本方（项目公司）作为原始权益人的 PPP 项目资产证券化业务，适用本细则**。在《国家发展和改革委员会关于开展政府和社会资本合作的指导意见》（发改投资〔2014〕2724 号）及《关于推广运用政府和社会资本合作模式有关问题的通知》（财金〔2014〕76 号）**发布以前已按照 PPP 模式实施并事先明确约定收益规则的项目以及其他 PPP 项目主要参与方**，如融资提供方、承包商等，以与 PPP 项目相关的基础资产或基础资产现金流来源开展资产证券化业务，参照本细则执行。

本细则未作规定的，依照《证券公司及基金管理公司子公司资产证券化业务尽职调查工作指引》及各交易场所《政府和社会资本合作（PPP）项目资产支持证券挂牌条件确认指南》的有关规定执行。

## 第二章 对业务参与人的尽职调查

第三条【对社会资本方的尽调内容】

**对社会资本方（项目公司）的尽职调查，应当包括但不限于以下内容：**

**（一）基本情况：**社会资本方（项目公司）设立、存续情况；设立项目公司的，包括设立登记、股东认缴及实缴资本金、股权结构、控股股东和实际控制人，历次增减资，组织架构、公司治理和内部控制情况等。

**（二）主营业务情况及财务状况：**社会资本方（项目公司）所在行业的相关情况；行业竞争地位比较分析；最近三年各项主营业务情况、财务报表及主要财务指标分析、资本市场公开融资情况及历史信用表现；主要债务情况、授信使用状况及对外担保情况；对于设立未满三年的，提供自设立起的相关情况。

会计师事务所对社会资本方（项目公司）近三年财务报告出具的审计意见（成立未满三年的自公司设立起）。会计师事务所曾出具非标准审计意见的，管理人应当查阅社会资本方（项目公司）董事会（或者法律法规及公司章程规定的有权机构）关于非标准意见审计报告涉及事项处理情况的说明以及会计师事务所及注册会计师关于非标准意见审计报告的补充意见。管理人应当分析相关事项对社会资本方（项目公司）生产经营的影响。

**（三）持续经营能力及资信情况**：社会资本方（项目公司）持续经营能力、最近三年是否有发生重大违约或虚假信息披露、是否有不良信用记录、是否被有权部门认定为失信被执行人、失信生产经营单位或者其他失信单位等。

**（四）股东及股息分配情况**：PPP 项目公司股东以项目公司股权开展资产证券化业务的，还包括项目公司股东情况、项目公司股权股息的分配情况以及未分配利润分配机制情况等。

**尽调结论需支撑社会资本方（项目公司）满足如下要求：**

（一）生产经营符合法律、行政法规、社会资本方（项目公司）公司章程或者企业、事业单位内部规章文件的规定；

（二）内部控制制度健全；

（三）具有持续经营能力，无重大经营风险、财务风险和法律风险；

（四）最近三年未发生重大违约、虚假信息披露或者其他重大违法违规行为；

**（五）法律、行政法规和中国证监会规定的其他条件**。

第四条【对底层基础资产现金流重要提供方的核查】

管理人应当核查底层基础资产现金流重要提供方的股权结构、实际控制人、涉诉情况以及最近三年的经营情况、财务状况、偿付能力和资信水平，对于设立未满三年的，提供自设立起的相关情况。

尽调结论应充分支撑现金流重要提供方具有较强的偿付能力及偿付意愿。

**本细则所称底层基础资产现金流重要提供方，指底层基础资产现金流单一提供方按照约定未支付现金流金额占基础资产未来现金流总额比例超过 15%，或该单一提供方及其关联方的未支付现金流金额合计占基础资产未来现金流总额比例超过 20% 的现金流提供方**。针对政府付费及可行性缺口补助模式下，政府作为底层基础资产现金流重要提供方的情况，不适用上述尽调要求。

第五条【对增信主体的尽职调查】

对提供差额支付、保证担保、流动性支持等增信措施的增信主体的尽职调查包括但不限于：

**（一）增信主体为法人或其他组织的**，管理人应当核查增信机构股权结构、实际控制人、与原始权益人的关联关系情况、主营业务情况、最近三年的净资产、资产负债率、净资产收益率、流动比率、速动比率等主要财务指标，主要债务情况，授信使用情况及累计对外担保余额及其占净资产的比例；对于设立未满三年的，提供自设立起的相关情况。管理人及律师事务所应当核查增信机构资信情况。增信机构属融资性担保机构的，管理人及律师事务所应当核实其业务资质以及是否满足相关主管部门监管要求；同时，管理人应当核查融资性担保机构的代偿余额。

（二）**增信主体为自然人的**，应当核查增信方资信状况、代偿能力、资产受限情况、对外担保情况以及可能影响增信措施有效实现的其他信息。

（三）**增信主体为社会资本方（项目公司）控股股东或实际控制人的**，还应当核查增信机构所拥有的除社会资本方（项目公司）股权外其他主要资产，该部分资产的权利限制及是否存在后续权利限制安排。

**尽调结论应充分反映相关增信主体的资信水平及偿付能力，确保其具备足够的增信能力，并在触发增信措施时能够及时、有效履约。**

第六条【对担保物权属等的核查】

提供抵押或质押担保的，**管理人及律师事务所**应当核查担保物的法律权属情况、相关主体提供抵质押担保的内部决议情况、账面价值和评估价值（如有）情况，已经担保的债务总余额以及抵押、质押顺序，担保物的评估、登记、保管情况，并了解担保物的抵押、质押登记的可操作性等情况。

**尽调结论应充分支撑担保物评估价值公允**，存在顺位抵押情况的应确保其他顺位抵押权人的知情权，**若触发担保增信措施，应确保担保物可依法执行处置。**

## 第三章　对基础资产的尽职调查

第七条【对项目的形式合规性的核查】

**管理人及律师事务所应当核查PPP项目是否已按规定完成PPP项目实施方案评审以及必要的审批**、核准或备案等相关手续，财政承受能力论证报告及物有所值评价报告情况（如有），PPP项目采购情况，社会资本方（项目公司）与政府方签订PPP项目合同的情况，PPP项目入库情况等。

在能源、交通运输、水利、环境保护、市政工程等**特定领域需要政府实施特许经营的，管理人及律师事务所应当核查**项目公司是否已按规定完成特许经营项目实施方案审定，特许经营者与政府方签订特许经营协议的情况。

**使用者付费模式和可行性缺口补助模式下，管理人及律师事务所应当核查**项目公司是否取得收费许可文件，该收费许可是否仍处于有效期间；收费价格是否遵循政府定价或者政府指导价的浮动幅度内。

尽调结论应充分支撑PPP项目审批流程完整，核准手续健全，签署协议完善且真实有效，符合相关法律法规及政府其他有关规定。

第八条【对建设、运营情况的合规性核查】

**管理人及律师事务所应当核查项目建设情况**，包括项目建设进度、质量以及是否符合相关政策法规、PPP项目合同以及项目施工合同约定的标准和要求。针对涉及新建或存量项目改建、依据项目合同约定在项目建成并开始运营后才获得相关付费的PPP项目，应核查社会资本方（项目公司）项目建设或改建进度的情况，是否依法履行了基建程序，包括固定资产投资审批、规划、用地、建设、环评、消防、验收等；相应PPP项目是否已经按相关规定或合同约定经验收或政府方认可，并开始运营，有权按照规定或约定获得收益。

**尽调结论应充分支撑PPP项目建设情况符合相关法律法规及合同约定，项目基建程序合规，PPP项目有权取得收益。**

第九条【对项目融资情况的合规性审查】

**管理人及律师事务所应当核查PPP项目是否存在**政府方违规提供担保，或政府方采用固定回报、回购安排、明股实债等方式进行变相债务融资等情形。

尽调结论应充分支撑PPP项目不存在现行政策、法律法规规定的关于地方政府违规融资的情况。

第十条【对基础资产权利负担情况的核查】

**管理人及律师事务所应当核查基础资产（PPP项目资产或PPP项目收益权或PPP项目公司股权）及相关资产、相关资产收益权是否存在抵押、质押等权利负担。**已经设有抵押、质押等权利负担且计划通过专项计划予以解除的，获得相关抵押权人、质押权人及其他相关担保权利人同意偿还相关融资，解除抵押、质押的情况。

**社会资本方以PPP项目公司股权作为基础资产开展证券化**，PPP项目公司股权股息分配来源于PPP项目收益或其他收益的，相关收益权是否存在被转让或被设定质押等权利负担的情形。相关收益权已经设有质押等权利负担且计划通过专项计划予以解除的，应核查相关解除措施如回购收益权、偿还相关融资以及取得质押权人解除质押的同意等。

**基础资产对应的底层相关资产（如管道、设备、厂房、土地使用权等）是否存在抵押、质押等担保权益或其他权利限制情况**，以及相关权利负担或限制是否可能导致底层相关资产被处置从而影响到社会资本方（项目公司）持续业务经营、现金流稳定和专项计划投资者利益。

第十一条【对合同等文件中权利限制条款的核查】

**管理人及律师事务所应当核查PPP项目合同、融资合同、项目公司股东协议或公司章程等相关文件**是否存在对社会资本方（项目公司）转让基础资产（PPP项目资产或PPP项目收益权或PPP项目公司股权），抵押、质押基础资产及相关资产、相关资产收益权做出限制性约定的情形，或是否已满足解除限制的条件、获得相关方的同意等。

**尽调结论应充分支撑基础资产不得附带抵押、质押等担保负担或者其他权利限制**，或通过专项计划相关安排，在原始权益人向专项计划转移基础资产时能够解除相关担保负担和其他权利限制。

第十二条【对BOOT类项目基础资产权属等的核查】

社会资本方（项目公司）以PPP项目资产作为基础资产开展证券化，应当核查PPP项目合同等是否明确约定了社会资本方（项目公司）拥有PPP项目资产的所有权或用益物权，该等资产是否可依法转让，若存在转让限制的，是否已通过协议安排解除。

尽调结论应充分支撑PPP项目资产权属明确且依法可以转让。

第十三条【对持续建设运营风险的核查】

管理人及律师事务所应当核查PPP项目运营情况，包括已运营时间、项目维护、运营情况以及是否符合相关政策法规和PPP项目合同约定的标准和要求。社会资本方（项目公司）**是否存在**与政府方因PPP项目合同的重大违约、不可抗力因素**影响项目持续建设运营**，或导致付费机制重大调整等情形；**是否存在**因PPP项目合同或相关合同及其他重大纠纷而**影响项目持续建设运营**，或可能导致付费机制重大调整的协商、调解、仲裁或诉讼等情形。

**尽调结论应充分支撑PPP项目运营建设情况符合相关法律法规规定及合同约定，且PPP项目可持续建设运营。**

第十四条【对现金流是否可特定化的核查】

管理人及律师事务所应当核查不同的付费模式下PPP项目合同、政府相关文件中约定的项目付费及收益情况：

（一）**使用者付费模式下**，包括但不限于使用者范围、付费条件、付费标准、付费期间、影响付费的因素等。是否涉及付费调整及调整的条件、方法及程序。是否涉及新建竞争性项目或限制社会资本方（项目公司）超额利润。

（二）**政府付费模式下，采取可用性付费的**，对可用性标准、付费标准、付费时间、不可用情形及扣减机制的约定；采取使用量付费的，对公共服务使用量计算标准、付费标准、付费时间、扣减机制的约定；采用绩效付费的，对绩效标准、绩效考核机制、付费标准、付费时间、扣减机制的约定。是否涉及付费调整及调整的条件、方法及程序。

（三）**可行性缺口补助模式下**，除了对使用者付费机制作出的约定外，还应当包括政府给予的可行性缺口补助形式、数额、时间等约定。

**尽调结论应充分支撑基础资产现金流可特定化。**

第十五条【对政府支出是否纳入预算的核查】

管理人及律师事务所应当核查在政府付费模式下，政府付费纳入本级或本级以上政府财政预算、政府财政规划的情形；在可行性缺口补助模式下，可行性缺口补助涉及使用财政资金、政府投资资金的，纳入本级或本级以上政府财政预算、政府财政规划的情形。

**尽调结论应充分支撑两种付费模式下涉及使用财政资金的情况均已纳入地方政府财政预算。**

第十六条【对政府支付能力的适当核查与分析】

政府付费模式和可行性缺口补助模式下，涉及地方政府支付安排的情况，管理人可适当核查当地政府最近三年财政收支及政府债务情况，核实财政资金安排的合规性和真实性，并根据获取的相关材料对地方政府支付能力进行分析。

第十七条【对合同中风险补救和缓释条款的核查】

针对 PPP 项目实施中可能发生的下列事项，**管理人及律师事务所应当分析 PPP 项目合同或其他相关合同约定的补救、处置方式：**

**（一）因运营成本上升、市场需求下降等因素**造成现金流回收低于预期的风险分担机制，以及补助机制等政府承诺和保障、购买保险等风险缓释措施的安排。

**（二）社会资本方（项目公司）在 PPP 项目建设、运营中发生重大违约**及合同约定的补救、处置方式。如项目公司破产或资不抵债、未按项目合同约定完成融资、未在约定时间内完成建设或开始运营、未按照规定或约定的标准和要求提供产品或服务、违反合同约定的股权变更限制、未按合同约定为 PPP 项目或相关资产购买保险等。

**（三）政府方在 PPP 项目建设、运营中发生重大违约**及合同约定的补救、处置方式。如未按合同约定付费或提供补助、未按约定完成项目审批、提供土地使用权、其他配套设施、防止不必要竞争性项目、自行决定征收征用或改变相关规定等。

**（四）政治不可抗力事件**及合同约定的补救、处置方式。如非因签约政府方原因导致且不在其控制下的征收征用、法律变更、未获审批等。

**（五）自然不可抗力事件**及合同约定的补救、处置方式。如地震、台风、洪水等自然灾害，武装冲突、骚乱、疫情等社会异常事件。

**（六）政府方因 PPP 项目所提供的公共产品或服务已经不合适或者不再需要，或者会影响公共安全和公共利益而单方面决定接管、变更、终止项目**及合同约定的补救、处置方式。

**（七）其他影响 PPP 项目建设、运营以及社会资本方（项目公司）获得投资回报的情形。**

**尽调结论应充分支撑 PPP 项目存在上述风险时，管理人可采取包括但不限于终止项目发行，为专项计划设置相应的风险缓释条款以及其他可维护专项计划资产安全的措施。**

第十八条【对股权作为基础资产的核查】

以PPP项目公司股权作为基础资产开展证券化的，应当核查PPP项目公司股东协议、公司章程等对项目公司收益分配的来源、分配比例、时间、程序、影响因素的约定。

第十九条【对收益权作为基础资产的项目的核查】

**以PPP项目收益权作为基础资产的，专项计划应当以PPP项目合同、政府相关文件为依据，综合评估PPP项目建设运营经济技术指标、付费模式和标准，参考相关历史数据或同类项目数据，测算PPP项目收益现金流。**

**使用者付费模式下，应当核查影响PPP项目收益现金流的各种因素**，包括但不限于：使用者范围和未来数量变化、收费标准及其可能的调整、未能及时足额收取费用的情况、新建竞争性项目或限制社会资本方（项目公司）超额利润的情况等。

**政府付费模式下，应当核查影响PPP项目收益现金流的各种因素**，包括但不限于：PPP项目建设运营经济技术标准是否满足政府付费要求、付费标准及其可能的调整、未能及时足额收取费用的情况、绩效监控及其可能扣减付费的情况等。

**可行性缺口补助模式下，应当核查影响使用者付费和政府付费现金流的因素**，以及可行性缺口补助的条件、形式和能形成持续现金流的补助等。

第二十条【对资产和股权类基础资产的评估】

**以PPP项目资产、项目公司股权作为基础资产的，除按上述PPP项目收益权测算现金流外，应当由专业机构出具独立的资产评估报告，考虑项目资产的价值变化情况、项目公司股权股息分配的其他来源等。**

第二十一条【对项目融资能力的分析】

管理人应当核查项目前期融资情况，包括提供融资的机构名称、融资金额、融资结构及融资交割情况等。

管理人应当核查PPP项目建设运营中是否存在尚未付清的融资负债、建设工程结算应付款或需要支付运营成本等情况，并分析上述负债偿还或运营成本支付是否对PPP项目资产现金流归集形成限制、是否可能导致现金流截留风险。

**尽调结论应充分支撑基础资产可以产生独立、持续、稳定、可预测的现金流。**

第二十二条【对PPP合同到期日的核查】

**管理人及律师事务所应当核查**是否存在PPP项目合同到期日早于资产支持证券的最晚到期日的情形。

第二十三条【对社会资本控制权变化等情况的核查】

以PPP项目资产、PPP项目收益权及PPP项目公司股权开展证券化，**应当核查社会资本方（项目公司）在开展证券化业务后实际控制权是否变化**，是否继续承担项目的持续维护、运营责任。若履行项目运营责任的主体发生变化应核查相关安排是否取得政府方认可。

**尽调结论应充分支撑社会资本方（项目公司）在开展证券化业务后，不得影响基础设施的稳定运营或公共服务供给的持续性和稳定性。**

第二十四条【对现金流收款账户的尽调】

对账户安排的尽职调查包括收款账户信息、收款账户是否用于其他资金往来、付款人的付款方式等。

**尽调结论应充分支撑专项计划能够建立相对封闭、独立的基础资产现金流归集机制，保证现金流回款路径清晰明确，切实防范专项计划资产与其他资产混同以及被侵占、挪用等风险。**

## 第四章　附　　则

第二十五条【对信用情况的核查途径】

**管理人和律师事务所应当通过如下途径对相关主体违法失信情况进行核查：**

（一）通过央行出具的《企业信用报告》、被执行人信息查询系统、最高人民法院的“全国法院失信被执行人名单信息公布与查询系统”等查询相关主体资信情况；

（二）通过应急管理部政府网站、生态环境部政府网站、国家市场监督管理总局政府网站、国家发展改革委和财政部网站、“信用中国”网站和国家企业信用信息公示系统等查询相关主体是否存在安全生产领域、环境保护领域、产品质量领域、财政性资金管理使用领域失信记录；

（三）通过税务机关门户网站、“信用中国”网站和国家企业信用信息公示系统等查询相关主体是否为重大税收违法案件当事人；

（四）其他可查询相关主体违约失信情况的途径。

第二十六条【涉 PPP 的私募基金适用本规定】

已登记私募基金管理人的私募基金产品投资标的涉及 PPP 项目相关基础资产的，其尽职调查工作参照本细则执行。

第二十七条【解释主体】

本细则由中国证券投资基金业协会负责解释，并将根据业务发展情况不定期修订并发布更新版本。

第二十八条【施行日期】

本细则自发布之日起施行。

第二十九条【相关定义】

本细则所称“PPP 项目资产支持证券”“PPP 项目收益权”“PPP 项目资产”

“PPP 项目公司股权”“政府和社会资本合作（Public – Private – Partnerships，简称 PPP）”“政府方”“社会资本方”“项目公司”“PPP 项目合同”“使用者付费”“政府付费”“可行性缺口补助”“可用性付费”“使用量付费”“绩效付费”的含义与《上海证券交易所政府和社会资本合作（PPP）项目资产支持证券挂牌条件确认指南》《深圳证券交易所政府和社会资本合作（PPP）项目资产支持证券挂牌条件确认指南》《机构间私募产品报价与服务系统政府和社会资本合作（PPP）项目资产支持证券挂牌条件确认指南》中的含义相同。

## 1.5.9　企业应收账款资产证券化业务尽职调查工作细则（2019年6月24日　中基协字〔2019〕292号）

【重点提示】

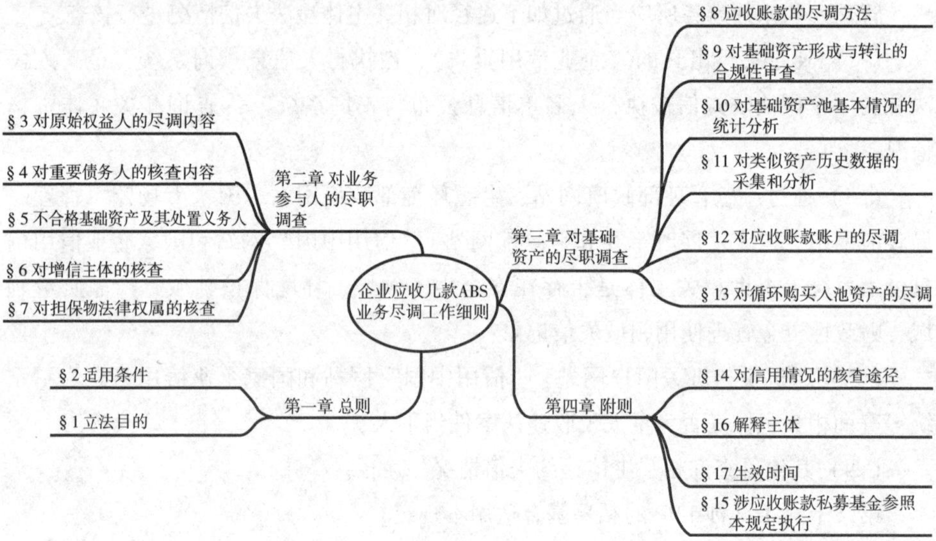


【文件内容】

### 第一章　总　　则

第一条【立法目的】

为规范企业应收账款资产证券化业务的尽职调查工作，提高尽职调查工作质量，根据《证券公司及基金管理公司子公司资产证券化业务管理规定》、《证券公司及基金管理公司子公司资产证券化业务尽职调查工作指引》、《资产证券化业务风险控制指引》等相关规定，制定本细则。

第二条【适用条件】

以企业应收账款债权为基础资产或基础资产现金流来源开展资产证券化业务，适用本细则。本细则未作规定的，依照《证券公司及基金管理公司子公司资产证券化业务尽职调查工作指引》及各交易场所《企业应收账款资产支持证券挂牌条件确认指南》的有关规定执行。

**本细则所称应收账款，是指企业因履行合同项下销售商品、提供劳务等经营活动的义务后获得的付款请求权，但不包括因持有票据或其他有价证券而产生的付款请求权。**

## 第二章　对业务参与人的尽职调查

第三条【对原始权益人尽调内容】

**对原始权益人的尽职调查包括但不限于：**

（一）**基本情况**：原始权益人的设立、存续情况；主体评级情况（如有）；股权结构、控股股东及实际控制人；组织架构、公司治理及内部控制情况等。

（二）**主营业务情况及财务状况**：原始权益人所在行业的相关情况；行业竞争地位比较分析；最近三年各项主营业务情况、财务报表及主要财务指标分析、资本市场公开融资情况及历史信用表现；主要债务情况、授信使用状况及对外担保情况；对于设立未满三年的，提供自设立起的相关情况。

管理人应当核查会计师事务所对原始权益人近三年财务报告出具的审计意见（成立未满三年的自公司设立起）。会计师事务所曾出具非标准审计意见的，管理人应当查阅原始权益人董事会（或者法律法规及公司章程规定的有权机构）关于非标准意见审计报告涉及事项处理情况的说明以及会计师事务所及注册会计师关于非标准意见审计报告的补充意见。管理人应当分析相关事项对原始权益人生产经营的影响。

（三）**与基础资产相关的业务情况**：相关的业务制度及风险控制制度，业务流程，包括但不限于客户准入标准、客户评级体系（如有）、客户授信办法（如有）、应收账款的确认标准、应收账款回收流程、应收账款逾期和违约确认标准、应收账款催收流程、坏账核销制度等以及管理系统、管理人员、管理经验等；与基础资产同类型业务的历史回款情况，包括但不限于历史账期、历史坏账情况、逾期率、违约率、回收情况等；内部授权情况等。

（四）**资信情况**：管理人及律师事务所应当核查原始权益人及其实际控制人最近两年是否存在因严重违法失信行为，被有权部门认定为失信被执行人、失信生产经营单位或者其他失信单位，并被暂停或限制进行融资的情形。管理人及律师事务所应当就上述事项是否影响原始权益人进行融资展开核查，并在专项计划文件中发表明确意见。

（五）**持续经营能力**：如原始权益人需承担基础资产回收款转付义务，或涉及循环购买机制的，应当对原始权益人的持续经营能力进行分析。

（六）**循环购买**：涉及循环购买机制的，还应当对原始权益人可供购买的资产规模与循环购买额度的匹配性（循环购买情形下）进行分析。

循环购买通过原始权益人信息化系统或提供信息化系统服务的资产服务机构进行的，管理人应当对信息化系统的有效性、可靠性和稳定性等进行充分尽职调查，核查原始权益人或相关资产服务机构信息化系统的功能机制、相关的IT权限和授权情况、循环购买操作流程、系统的有效性、可靠性和稳定性、系统应急机制和备选方案等。

**若原始权益人为特定原始权益人，则尽调结论需支撑原始权益人满足如下要求：**

（一）生产经营符合法律、行政法规、原始权益人公司章程或者企业、事业单位内部规章文件的规定；

（二）内部控制制度健全；

（三）具有持续经营能力，无重大经营风险、财务风险和法律风险；

（四）最近三年未发生重大违约、虚假信息披露或者其他重大违法违规行为；

（五）法律、行政法规和中国证监会规定的其他条件。

若原始权益人为非特定原始权益人，管理人及律师事务所本着审慎的原则，可根据实际情况参考上述核查要点及相关要求对原始权益人展开尽职调查。

第四条【对重要债务人的核查内容】

**对入池应收账款中的重要债务人或现金流重要提供方，应当核查**其主营业务、财务数据、信用情况、偿债能力、资信评级情况（如有）、与原始权益人的关联关系及过往业务合作情况、应收账款历史偿付情况（如有）。管理人及律师事务所应当核查重要债务人或现金流重要提供方（如有）最近两年内是否存在因严重违法失信行为，被有权部门认定为失信被执行人、重大税收违法案件当事人或涉金融严重失信人的情形，就上述事项是否影响重要债务人或现金流重要提供方的偿债能力进行核查，并在专项计划文件中发表明确意见。

**尽调结论应充分支撑重要债务人或现金流重要提供方具有较强的偿债能力及偿债意愿。**

**本细则所称底层基础资产现金流重要提供方**，指底层基础资产现金流单一提供方按照约定未支付现金流金额占基础资产未来现金流总额比例超过15%，或该单一提供方及其关联方的未支付现金流金额合计占基础资产未来现金流总额比例超过

20% 的现金流提供方。

第五条【不合格基础资产及其处置义务人】

对不合格基础资产的处置义务人，应当核查其履职能力，包括但不限于基本情况、财务数据、偿债能力、资信情况和内部授权情况，与基础资产相关的业务制度、业务流程以及管理系统、管理人员、管理经验等。

**尽调结论应充分支撑不合格基础资产的处置义务人具有较强的履职能力及处置意愿。**

**不合格基础资产系指在基准日、专项计划设立日或循环购买日不符合合格标准或资产保证的基础资产或专项计划文件约定的其他不合格基础资产。**

第六条【对增信主体的核查】

**对提供差额支付、保证担保、流动性支持等增信措施的增信主体的尽职调查包括但不限于：**

（一）**增信主体为法人或其他组织的，管理人应当核查**增信机构股权结构、实际控制人、与原始权益人的关联关系情况、主营业务情况、最近三年的净资产、资产负债率、净资产收益率、流动比率、速动比率等主要财务指标，主要债务情况，授信使用情况及累计对外担保余额及其占净资产的比例；对于设立未满三年的，提供自设立起的相关情况。管理人及律师事务所应当核查增信机构违法失信情况。增信机构属融资性担保机构的，管理人及律师事务所应当核实其业务资质以及是否满足相关主管部门监管要求；同时，管理人应当核查融资性担保机构的代偿余额。

（二）**增信主体为自然人的，应当核查**增信主体资信状况、代偿能力、资产受限情况、对外担保情况以及可能影响增信措施有效实现的其他信息。

（三）**增信主体为原始权益人控股股东或实际控制人的，还应当核查**增信机构所拥有的除原始权益人股权外其他主要资产，该部分资产的权利限制及是否存在后续权利限制安排。

**尽调结论应充分反映相关增信主体的资信水平及偿付能力，确保其具备足够的增信能力，并在触发增信措施时能够及时、有效履约。**

第七条【对担保物法律权属等的核查】

**提供抵押或质押担保的，管理人及律师事务所应当核查**担保物的法律权属情况、相关主体提供抵质押担保的内部决议情况、账面价值和评估价值（如有）情况，已经担保的债务总余额以及抵押、质押顺序，担保物的评估、登记、保管情况，并了解担保物的抵押、质押登记的可操作性等情况。

**尽调结论应充分支撑担保物评估价值公允，存在顺位抵押情况的应确保其他顺位抵押权人的知情权**，若触发担保增信措施，应确保担保物可依法执行处置。

## 第三章 对基础资产的尽职调查

第八条【应收账款的尽调方法】

**对企业应收账款资产证券化业务的尽职调查可以采用逐笔尽职调查或者抽样尽职调查两种方法。**

入池资产符合笔数众多、资产同质性高、单笔资产占比较小等特征的，可以采用抽样尽职调查方法。**原则上，对于入池资产笔数少于50笔的资产池，应当采用逐笔尽职调查方法**；对于入池资产笔数不少于50笔的资产池，可以采用抽样尽职调查方法。

**采用逐笔尽职调查方法的，应当对每一笔资产展开尽职调查。**

**采用抽样尽职调查方法的，管理人及其他中介机构应当设置科学合理的抽样方法和标准，并对抽取样本的代表性进行分析说明。**对于对基础资产池有重要影响的入池资产应当着重进行抽样调查。原则上，入池资产笔数在50笔以上，1万笔以下的，抽样比例应当不低于百分之五，且笔数不低于50笔；入池资产笔数在1万至10万笔之间的，抽样比例应当不低于千分之五，且笔数不低于200笔；入池资产笔数在10万笔及以上的，可结合基础资产特征和对筛选基础资产所依赖的技术系统进行测试验证的结果，自行确定抽样规模，且笔数不低于300笔。抽样比例系抽样样本的应收账款总金额占入池资产应收账款总金额的比重。

第九条【对基础资产形成与转让的合法性审查】

**对基础资产形成与转让合法性的尽职调查应当包括但不限于以下内容：**

**（一）原始权益人是否合法拥有基础资产，涉及的应收账款是否基于真实、合法的交易活动（包括销售商品、提供劳务等）产生，交易对价是否公允，是否涉及《资产证券化业务基础资产负面清单指引》。**基础资产涉及关联交易的，应当对交易背景真实性、交易对价公允性重点核查。应收账款系从第三方受让所得的，应当核查原始权益人支付转让对价情况，以及转让对价是否公允，应收账款转让是否通知债务人及附属担保权益义务人（如有），并在相关登记机构办理应收账款转让登记。如存在特殊情形未进行债权转让通知或未办理转让登记，管理人应当核查未进行转让通知或未办理转让登记的原因及合理性。

**（二）基础资产涉及的交易合同是否真实、合法、有效**，债权人履行合同项下的义务的完成情况，合同约定的付款条件的满足情况，是否存在属于预付款的情形，债务人履行其付款义务是否存在抗辩事由和抵销情形。

**（三）基础资产的权属是否清晰明确，是否涉诉，是否附带抵押、质押等担保负担或者其他权利限制。**已经存在抵押、质押等担保负担或者其他权利限制的，是否能够通过专项计划相关安排在原始权益人向专项计划转移基础资产时予以解除。

对基础资产权属、涉诉、权利限制和负担等情况的调查，管理人及律师事务所应当通过相关系统查询确认基础资产及其相关资产的权属、涉诉、权利限制和负担情况。

**（四）基础资产的界定是否清晰，附属担保权益（如有）的具体内容是否明确**；存在附属担保权益的，是否一并转让。

**（五）基础资产涉及的应收账款是否可特定化**，应收账款金额、付款时间是否明确。

**尽调结论应充分支撑基础资产的交易基础真实、交易对价公允**，交易合同真实，符合法律法规规定，权属明确，可以产生独立、持续、稳定、可预测的现金流，且现金流可特定化。

第十条【对基础资产池基本情况的统计分析】

**管理人应当统计分析基础资产池的基本情况，包括但不限于入池应收账款总金额，笔数，单笔金额分布**，贸易类型分布（如有），区域分布，行业分布，账龄及剩余账期分布，结算支付方式分布，影子评级分布及加权结果（如有），担保、信用保险及其他增信情况（如有）分布，债权人和债务人数量及集中度，重要债务人情况（包括但不限于重要债务人名单、涉及的入池应收账款金额、笔数及其占比），关联交易笔数与金额及其占比，关联交易方情况等。

第十一条【对类似资产历史数据的采集和分析】

管理人或现金流预测机构（如有）应当采集分析原始权益人与入池资产同类别的应收账款历史表现数据并作为出具相应专业意见的依据。

第十二条【对应收账款账户的尽调】

对应收账款账户安排的尽职调查包括收款账户信息、收款账户是否用于其他资金往来、债务人的付款方式等。

**尽调结论应充分支撑专项计划能够建立相对封闭、独立的基础资产现金流归集机制，保证现金流回款路径清晰明确，切实防范专项计划资产与其他资产混同以及被侵占、挪用等风险。**

第十三条【对循环购买入池资产的尽调】

循环购买的入池资产应当由管理人、律师事务所等相关中介机构确认是否符合入池标准，相关中介机构应当勤勉尽责，对入池资产进行充分尽职调查。

## 第四章　附　　则

第十四条【对信用情况的核查途径】

**管理人和律师事务所应当通过如下途径对相关主体违法失信情况进行核查：**

（一）通过央行出具的《企业信用报告》、被执行人信息查询系统、最高人民法院的“全国法院失信被执行人名单信息公布与查询系统”等查询相关主体资信情况；

（二）通过应急管理部政府网站、生态环境部政府网站、国家市场监督管理总局政府网站、国家发展改革委和财政部网站、“信用中国”网站和国家企业信用信息公示系统等查询相关主体是否存在安全生产领域、环境保护领域、产品质量领域、财政性资金管理使用领域失信记录；

（三）通过税务机关门户网站、“信用中国”网站和国家企业信用信息公示系统等查询相关主体是否为重大税收违法案件当事人；

（四）其他可查询相关主体违约失信情况的途径。

第十五条【涉应收账款私募基金参照本规定执行】

已登记私募基金管理人的私募基金产品投资标的涉及企业应收账款相关基础资产的，其尽职调查工作参照本细则执行。

第十六条【解释主体】

本细则由中国证券投资基金业协会负责解释，并将根据业务发展情况不定期修订并发布更新版本。

第十七条【生效时间】

本细则自发布之日起施行。

## 1.5.10 融资租赁债权资产证券化业务尽职调查工作细则（2019年6月24日 中基协字〔2019〕292号）

【重点提示】

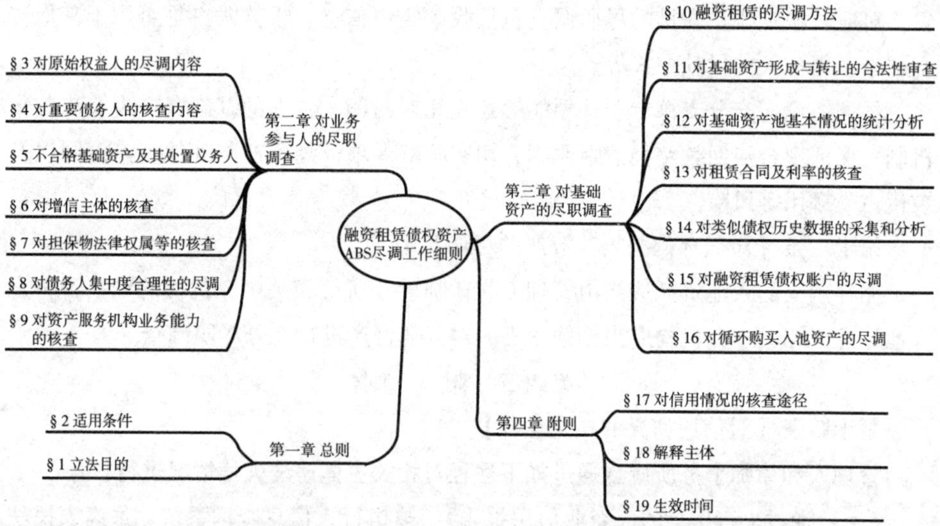

【文件内容】

## 第一章 总 则

第一条【立法目的】

为规范融资租赁债权资产证券化业务的尽职调查工作，提高尽职调查工作质量，根据《证券公司及基金管理公司子公司资产证券化业务管理规定》、《证券公司及基金管理公司子公司资产证券化业务尽职调查工作指引》、《资产证券化业务风险控制指引》等相关规定，制定本细则。

第二条【适用条件】

以融资租赁债权为基础资产或基础资产现金流来源开展资产证券化业务，适用本细则。本细则未作规定的，依照《证券公司及基金管理公司子公司资产证券化业务尽职调查工作指引》及各交易场所《融资租赁债权资产支持证券挂牌条件确认指南》的有关规定执行。

**本细则所称融资租赁债权，是指融资租赁公司依据融资租赁合同对债务人（承租人）享有的租金债权、附属担保权益（如有）及其他权利（如有）。**

## 第二章 对业务参与人的尽职调查

第三条【对原始权益人的尽调内容】

**对原始权益人的尽职调查包括但不限于：**

（一）**基本情况**：原始权益人的设立、存续情况；主体评级情况（如有）；股权结构、控股股东及实际控制人；组织结构、公司治理及内部控制等；内部授权情况；原始权益人开展业务是否满足相关主管部门监管要求、正式运营期限、是否具备风险控制能力；业务经营是否合法合规。

（二）**原始权益人是否为境内外上市公司或者境内外上市公司的子公司**。为境内外上市公司子公司的，其总资产、营业收入或净资产等指标占上市公司的比重。

（三）**主营业务情况及财务状况**：原始权益人所在行业的相关情况；行业竞争地位比较分析；最近三年各项主营业务情况、财务报表及主要财务指标分析、资本市场公开融资情况及历史信用表现；主要债务情况、授信使用状况及对外担保情况；对于设立未满三年的，提供自设立起的相关情况。

管理人应当核查会计师事务所对原始权益人近三年财务报告出具的审计意见（成立未满三年的自公司设立起）。会计师事务所曾出具非标准审计意见的，管理人应当查阅原始权益人董事会（或者法律法规及公司章程规定的有权机构）关于非标准意见审计报告涉及事项处理情况的说明以及会计师事务所及注册会计师关于非标准意见审计报告的补充意见。管理人应当分析相关事项对原始权益人生产经营的影响。

**（四）资信情况：**管理人及项目律师事务所应当核查原始权益人及其实际控制人最近两年是否存在因严重违法失信行为，被有权部门认定为失信被执行人、失信生产经营单位或者其他失信单位，并被暂停或限制进行融资的情形。管理人及律师事务所应当就上述事项是否影响原始权益人进行融资展开核查，并在专项计划文件中发表明确意见。

**（五）业务开展情况：**包括但不限于主营业务概况、业务开展的时间、经营模式、承租人集中度、行业分布、期限分布、盈利和现金流的稳定性、业务开展的资金来源、风险资产规模、既有负债、或有负债等情况，以及近五年或者成立以来（若成立未满五年）融资租赁业务的展期、早偿、逾期、违约以及违约后回收等情况的定义、具体计算方式及相关历史数据。

**（六）风险控制制度：**包括但不限于风险分类管理制度、承租人信用评估制度、事后追偿和处置制度、风险预警机制、风险准备金计提情况及风险资产占净资产的比重等。其中关于风险分类管理制度，应当就其分类管理标准、定义、方式等进行核查。

**（七）持续经营能力：**如原始权益人需承担基础资产回收款转付义务，或涉及循环购买机制的，应当对原始权益人的持续经营能力进行分析。

**（八）循环购买：**涉及循环购买机制的，还应当对原始权益人可供购买的资产规模与循环购买额度的匹配性（循环购买情形下）进行分析。

循环购买通过原始权益人信息化系统或提供信息化系统服务的资产服务机构进行的，管理人应当对信息化系统的有效性、可靠性和稳定性等进行充分尽职调查，核查原始权益人或相关资产服务机构信息化系统的功能机制、相关的 IT 权限和授权情况、循环购买操作流程、系统的有效性、可靠性和稳定性、系统应急机制和备选方案等。

**若原始权益人为特定原始权益人，则尽调结论需支撑原始权益人满足如下要求：**

（一）生产经营符合法律、行政法规、原始权益人公司章程或者企业、事业单位内部规章文件的规定；

（二）内部控制制度健全；

（三）具有持续经营能力，无重大经营风险、财务风险和法律风险；

（四）最近三年未发生重大违约、虚假信息披露或者其他重大违法违规行为；

（五）法律、行政法规和中国证监会规定的其他条件。

若原始权益人为非特定原始权益人，管理人及律师事务所本着审慎的原则，可根据实际情况参考上述核查要点及相关要求对原始权益人展开尽职调查。

第四条【对重要债务人的核查内容】

对入池融资租赁债权中的重要债务人或现金流重要提供方，应当核查其主营业务、财务数据、信用情况、偿债能力、资信评级情况（如有）、与原始权益人的关联关系及过往业务合作情况、租金历史偿付情况（如有）等。未达到重要债务人或现金流重要提供方要求但单笔未偿还本金金额占比较大的，管理人应当结合对专项计划现金流影响情况，对其经营状况及财务状况进行必要的尽职调查。管理人及律师事务所应当核查重要债务人或现金流重要提供方（如有）最近两年内是否存在因严重违法失信行为，被有权部门认定为失信被执行人、重大税收违法案件当事人或涉金融严重失信人的情形。管理人及律师事务所应当就上述事项是否影响重要债务人或现金流重要提供方的偿债能力进行核查，并在专项计划文件中发表明确意见。

尽调结论应充分支撑重要债务人或现金流重要提供方具有较强的偿债能力及偿债意愿。

本细则所称底层基础资产现金流重要提供方，指底层基础资产现金流单一提供方按照约定未支付现金流金额占基础资产未来现金流总额比例超过15%，或该单一提供方及其关联方的未支付现金流金额合计占基础资产未来现金流总额比例超过20%的现金流提供方。

第五条【不合格基础资产及其处置义务人】

对不合格基础资产的处置义务人，应当核查其履职能力，包括但不限于基本情况、财务数据、偿债能力、资信情况和内部授权情况，与基础资产相关的业务制度、业务流程以及管理系统、管理人员、管理经验等。

尽调结论应充分支撑不合格基础资产的处置义务人具有较强的履职能力及处置意愿。

**不合格基础资产系指在基准日、专项计划设立日或循环购买日不符合合格标准或资产保证的基础资产或专项计划文件约定的其他不合格基础资产。**

第六条【对增信主体的核查】

**对提供差额支付、保证担保、流动性支持等增信措施的增信主体的尽职调查包括但不限于：**

（一）**增信主体为法人或其他组织的，管理人应当核查**增信机构股权结构、实际控制人、与原始权益人的关联关系情况、主营业务情况、最近三年的净资产、资产负债率、净资产收益率、流动比率、速动比率等主要财务指标，主要债务情况，授信使用情况及累计对外担保余额及其占净资产的比例；对于设立未满三年的，提供自设立起的相关情况。管理人及律师事务所应当核查增信机构违法失信情况。增信机构属融资性担保机构的，管理人及律师事务所应当核实其业务资质以及是否满足相关主管部门监管要求；同时，管理人应当核查融资性担保机构的代偿余额。

（二）**增信主体为自然人的，应当核查**增信方资信状况、代偿能力、资产受限情况、对外担保情况以及可能影响增信措施有效实现的其他信息。

（三）**增信主体为原始权益人及其关联方或重要债务人的**，管理人应当结合风险相关性情况进行详细核查。增信主体为原始权益人控股股东或实际控制人的，还应当核查增信机构所拥有的除原始权益人股权外其他主要资产，该部分资产的权利限制及是否存在后续权利限制安排。

**尽调结论应充分反映相关增信主体的资信水平及偿付能力，确保其具备足够的增信能力，并在触发增信措施时能够及时、有效履约。**

第七条【对担保物法律权属等情况的核查】

提供抵押或质押担保的，管理人及律师事务所应当核查担保物的法律权属情况、相关主体提供抵质押担保的内部决议情况、账面价值和评估价值（如有）情况，已经担保的债务总余额以及抵押、质押顺序，担保物的评估、登记、保管情况，并了解担保物的抵押、质押登记的可操作性等情况。

**尽调结论应充分支撑担保物评估价值公允，存在顺位抵押情况的应确保其他顺位抵押权人的知情权，若触发担保增信措施，应确保担保物可依法执行处置。**

第八条【对债务人集中度合理性的尽调】

债务人集中度较高的，管理人应当强化对原始权益人、增信机构及债务人的尽职调查要求，应当就增信合同、债务人底层现金流锁定相关业务合同以及上述合同签署的相关授权、审批等情况进行充分尽职调查，发表明确的尽职调查意见。

**尽调结论应充分支撑基础资产池债务人集中度较高的合理性，并应当设置有效的风险缓释措施。**

债务人集中度较高的情形包括：基础资产池中相互之间不存在关联关系的债务人数量低于10个，或单个债务人入池资产金额占比超过50%，或前5大债务人入池资产金额占比超过70%。上述债务人之间存在关联关系的，应当合并计算。

第九条【对资产服务机构业务能力的核查】

**管理人应当核查资产服务机构融资租赁相关的业务管理能力**，包括但不限于回收租金的资金管理、附属担保权益及其他权利的管理（如有）、租赁项目的跟踪评估等。

## 第三章　对基础资产的尽职调查

第十条【融资租赁的尽调方法】

对融资租赁债权资产证券化业务的尽职调查可以采用逐笔尽职调查或者抽样尽职调查两种方法。

尽职调查范围原则上应当覆盖全部入池资产。入池资产符合笔数众多、资产同质性高、单笔资产占比较小等特征的，可以采用抽样尽职调查方法。**原则上，对于入池资产笔数少于50笔的资产池，应当采用逐笔尽职调查方法；**对于入池资产笔数不少于50笔的资产池，可以采用抽样尽职调查方法。

采用逐笔尽职调查方法的，应当对每一笔资产展开尽职调查。

采用抽样尽职调查方法的，管理人及其他中介机构应当设置科学合理的抽样方法和标准，并对抽取样本的代表性进行分析说明。**对于对基础资产池有重要影响的入池资产应当着重进行抽样调查。**原则上，入池资产笔数在50笔以上，1万笔以下的，抽样比例应当不低于百分之五，且笔数不低于50笔；入池资产笔数在1万至10万笔之间的，抽样比例应当不低于千分之五，且笔数不低于200笔；入池资产笔数在10万笔及以上的，可结合基础资产特征和对筛选基础资产所依赖的技术系统进行测试验证的结果，自行确定抽样规模，且笔数不低于300笔。抽样比例系抽样样本的未偿还本金总额占入池资产未偿还本金总额的比重。

第十一条【对基础资产形成与转让的合法性审查】

**对基础资产形成与转让合法性的尽职调查应当包括但不限于以下内容：**

**（一）原始权益人是否合法拥有基础资产及对应租赁物的所有权。**除租赁物以原始权益人为权利人设立的担保物权外，基础资产及租赁物是否附带抵押、质押等担保负担或者其他权利限制。租赁物状况是否良好，是否涉及诉讼、仲裁、执行或破产程序，或涉及国防、军工或其他国家机密。对基础资产权属、涉诉、权利限制和负担等情况的调查，管理人及律师事务所应当通过相关系统查询确认基础资产及其相关资产的权属、涉诉、权利限制和负担情况。

**（二）基础资产界定是否清晰，**附属担保权益（如有）、其他权利（如有）及租赁物的具体内容是否明确。

**（三）基础资产涉及的租赁物及对应租金是否可特定化，租金数额、支付时间是否明确。**

**（四）基础资产涉及的融资租赁债权是否基于真实、合法的交易活动产生，**交易对价是否公允，是否具备商业合理性。基础资产是否属于《资产证券化业务基础资产负面清单指引》列示的负面清单范畴，是否属于以地方政府为直接或间接债务人、以地方融资平台公司为债务人的基础资产，是否存在违反地方政府债务管理相关规定的情形。基础资产涉及关联交易的，应当对交易背景真实性、交易对价公允性重点核查。

**（五）基础资产涉及的交易合同是否真实、合法、有效。**出租人是否已经按照合同约定向出卖人支付了租赁物购买价款。是否存在出卖人针对租赁物所有权转让给出租人提出合理抗辩事由。出租人是否已经按照合同约定向承租人履行了合同项下的义务。相关租赁物是否已按照合同约定交付给承租人。租金支付条件是否已满足，历史租金支付情况是否正常。除以保证金冲抵租赁合同项下应付租金外，承租人履行其租金支付义务是否存在抗辩事由和抵销情形。

（六）**按照国家法律法规规定租赁物的权属应当登记的，原始权益人是否已依法办理相关登记手续**。租赁物不属于依法需要登记的财产类别，原始权益人是否在主管部门指定或行业组织鼓励的相关的登记系统进行融资租赁业务登记，登记的租赁物财产信息是否与融资租赁合同及租赁物实际状况相符；对于租赁物权属不随基础资产转让给专项计划的情形，管理人应关注采取何种措施防止第三方获得租赁物权属。

（七）债务人集中度较高或租赁物涉及无形资产等情形的，管理人及律师事务所应当结合租赁物的性质和价值、基础资产的构成、租赁本金、合同利率和服务费、出租人与承租人的合同权利和义务，对入池资产对应的租赁物买卖合同及融资租赁合同的商业合理性、相关财产作为租赁物是否符合相关法律法规等进行专项核查，并出具核查意见。**商业合理性核查，包括但不限于租赁物评估价值、租赁物的可处置性、租赁物买卖合同的交易对价、融资租赁合同的租金确定的依据及合理性等情况。**

**尽调结论应充分支撑基础资产的交易基础真实、交易对价公允，符合法律法规规定，权属明确，可以产生独立、持续、稳定、可预测的现金流，且现金流可特定化。**

第十二条【对基础资产池基本情况的统计分析】

**管理人应当统计分析基础资产池的基本情况，包括但不限于租赁业务形式占比情况（直接租赁、售后回租等）**、租赁物描述等情况、原始权益人在获取租赁物时的付款情况、租赁物交付情况、租赁物投保情况、承租人租金历史偿付情况（如有）、债务人行业及地区分布、入池资产信用等级分布（如有）、未偿本金余额分布、剩余期限分布、利率与计息方式、租金偿还方式及分布、首付款比例分布（如有）、担保人、担保形式及担保物/保证金对债务的覆盖比例（如有）、保证金收取及管理情况、债务人数量及集中度、重要债务人情况（包括但不限于重要债务人对应基础资产的本金总额、本金余额、账龄、期限、还款计划安排、地区、行业等具体信息）、关联交易笔数与金额及其占比、关联方情况等。

第十三条【对租赁合同及利率的核查】

**管理人及中介机构应当核查基础资产所涉租赁合同的相关约定。**基础资产所涉租赁合同中存在采用浮动利率计息方式的，管理人应当核查该等利率的浮动方式与基准利率的关系等相关信息，并分析利率浮动是否会对专项计划的超额利差增信方式产生影响。**对租金利率的设定，管理人应当核查是否符合最高人民法院关于民间借贷利率的规定。**管理人应当核查基础资产所涉及提前退租的相关约定，包括但不限于提前退租的条件，提前退租是否可以减免租赁利息和相关费用等。

**尽调结论应充分支撑基础资产所涉底层租赁合同相关条款设置合法合规，浮动计息及提前退租情形下，对基础资产现金流稳定归集不产生较大影响。**

第十四条【对类似债权历史数据的采集和分析】

管理人或现金流预测机构（如有）应当采集分析原始权益人融资租赁债权历史表现数据，并充分考虑基础资产违约率、违约回收率、提前退租、预期收益率变动和相关税费是否由专项计划承担等因素对基础资产现金流的影响，在此基础上出具相应专业意见。

第十五条【对融资租赁债权账户的尽调】

对融资租赁债权账户安排的尽职调查包括收款账户信息、收款账户是否用于其他资金往来、承租人的付款方式等。

**尽调结论应充分支撑专项计划能够建立相对封闭、独立的基础资产现金流归集机制，保证现金流回款路径清晰明确，切实防范专项计划资产与其他资产混同以及被侵占、挪用等风险。**

第十六条【对循环购买入池资产的尽调】

循环购买的入池资产应当由管理人、律师事务所等相关中介机构确认是否符合入池标准，相关中介机构应当勤勉尽责，对入池资产进行充分尽职调查。

## 第四章　附　　则

第十七条【对信用情况的核查途径】

**管理人和律师事务所应当通过如下途径对相关主体违法失信情况进行核查：**

（一）通过央行出具的《企业信用报告》、被执行人信息查询系统、最高人民法院的“全国法院失信被执行人名单信息公布与查询系统”等查询相关主体资信情况；

（二）通过应急管理部政府网站、生态环境部政府网站、

国家市场监督管理总局政府网站、国家发展改革委和财政部网站、“信用中国”网站和国家企业信用信息公示系统等查询相关主体是否存在安全生产领域、环境保护领域、产品质量领域、财政性资金管理使用领域失信记录；

（三）通过税务机关门户网站、“信用中国”网站和国家企业信用信息公示系统等查询相关主体是否为重大税收违法案件当事人；

（四）其他可查询相关主体违约失信情况的途径。

第十八条【解释主体】

本细则由中国证券投资基金业协会负责解释，并将根据业务发展情况不定期修订并发布更新版本。

第十九条【生效时间】

本细则自发布之日起施行。

# 2. 信贷资产证券化

## 2.1 中国人民银行

### 2.1.1 《信贷资产证券化试点管理办法》（2005 年 4 月 20 日中国人民银行、中国银行业监督管理委员会公告〔2005〕第 7 号）

**【重点提示】**

本规定是信贷资产证券化业务管理操作的基本法规，其重要性不言而喻，内容共有 9 个章节 61 个条文内容，以及附件《资产支持证券发行说明书的编制要求》。

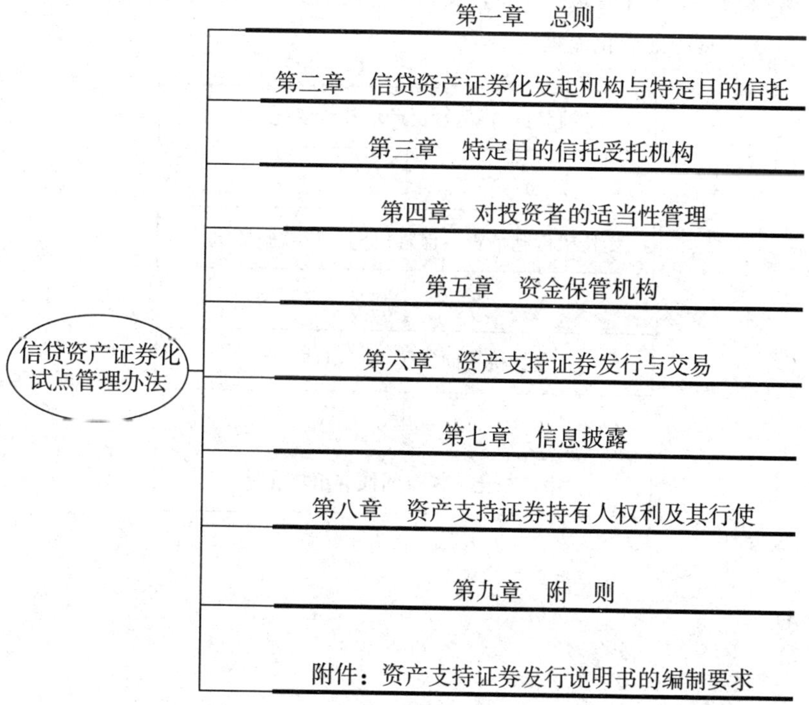

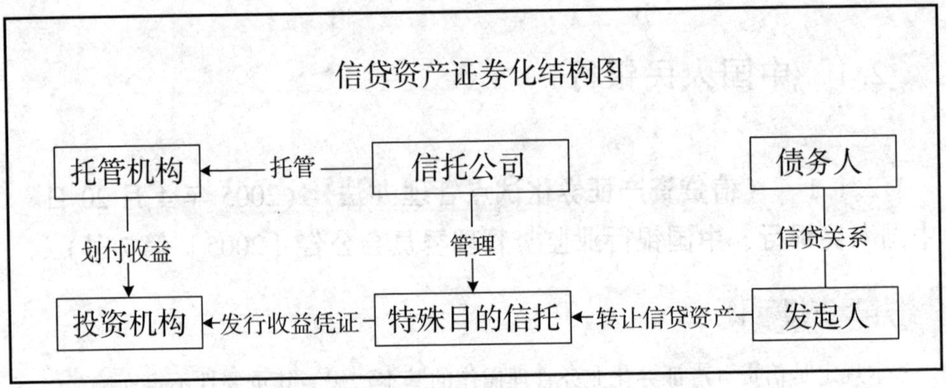


本书将从信贷资产证券化流程、特殊目的信托合同、特定目的信托受托机构、贷款服务机构、资金保管机构、资产支持证券持有人等6个方面整理如下：

一、信贷资产证券化流程

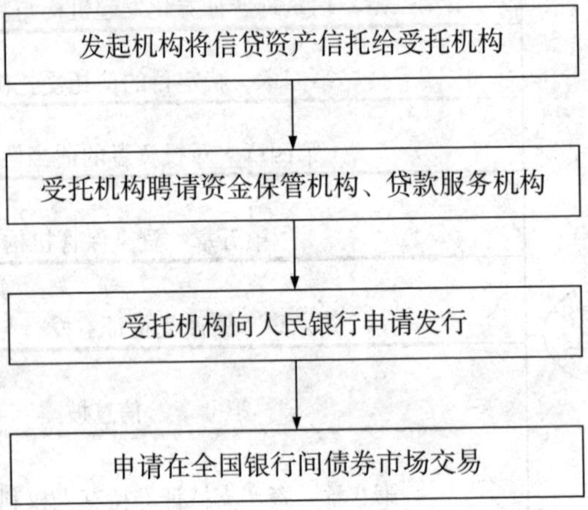

二、特殊目的信托合同

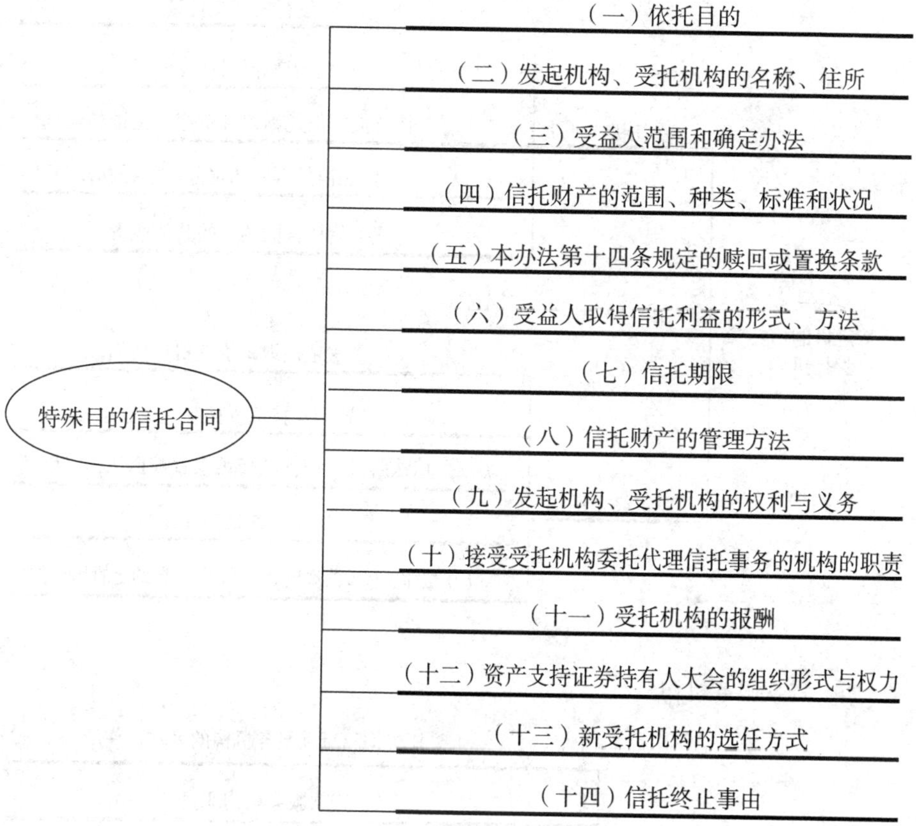
特殊目的信托合同
（一）依托目的
（二）发起机构、受托机构的名称、住所
（三）受益人范围和确定办法
（四）信托财产的范围、种类、标准和状况
（五）本办法第十四条规定的赎回或置换条款
（六）受益人取得信托利益的形式、方法
（七）信托期限
（八）信托财产的管理方法
（九）发起机构、受托机构的权利与义务
（十）接受受托机构委托代理信托事务的机构的职责
（十一）受托机构的报酬
（十二）资产支持证券持有人大会的组织形式与权力
（十三）新受托机构的选任方式
（十四）信托终止事由

三、特定目的信托受托机构

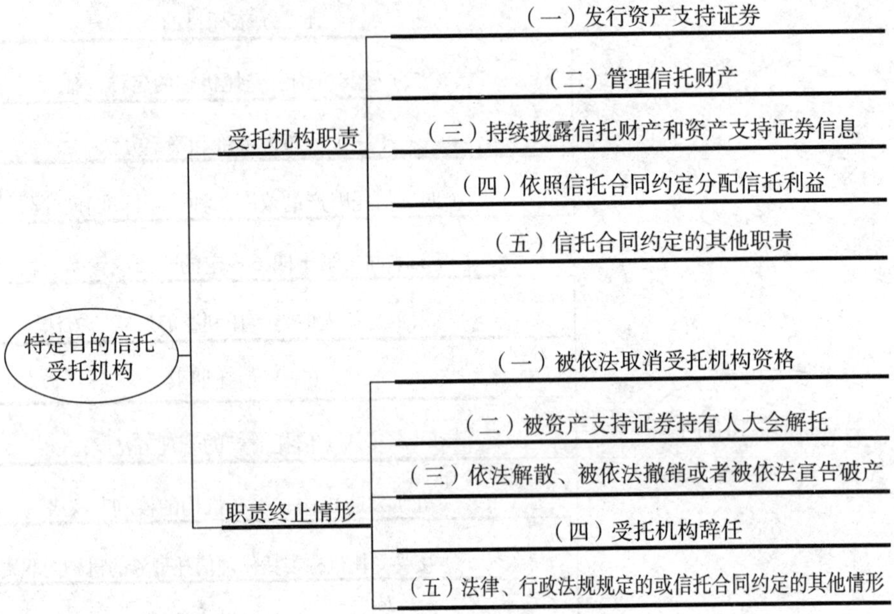


四、贷款服务机构

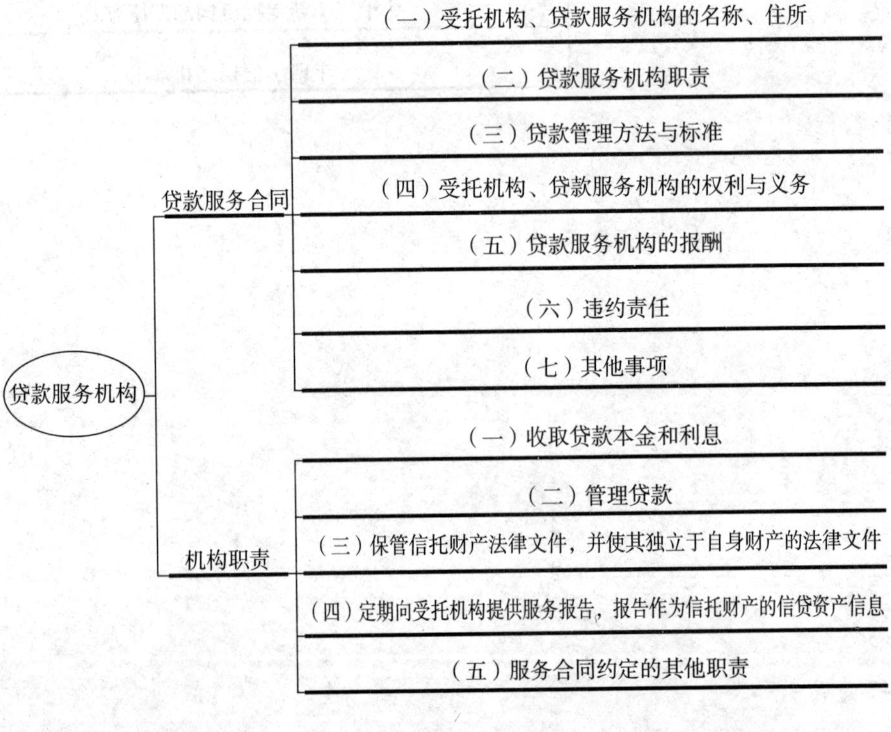

## 五、资金保管机构

- 资金保管机构
  - 资金保管合同
    - （一）受托机构、资金保管机构的名称、住所
    - （二）资金保管机构职责
    - （三）资金管理方法与标准
    - （四）受托机构、资金保管机构的权利与义务
    - （五）资金保管机构的报酬
    - （六）违约责任
    - （七）其他事项
  - 机构职责
    - （一）安全保管信托财产资金
    - （二）开设信托财产的资金账户
    - （三）向资产支持证券持有人支付投资收益
    - （四）管理特定目的信托账户资金
    - （五）定期向受托机构提供资金保管报告
    - （六）资金保管合同约定的其他职责

## 六、资产支持证券持有人

- 资产支持证券持有人
  - 持有人权利
    - （一）分享信托利益
    - （二）参与分配清算后的剩余信托财产
    - （三）依法转让其持有的资产支持证券
    - （四）按照规定要求召开资产支持证券持有人大会
    - （五）对资产支持证券持有人大会审议事项行使表决权
    - （六）查阅或者复制公开披露的信托财产和资产支持证券信息资料
    - （七）信托合同和发行说明书约定的其他权利
  - 持有人大会决议事项
    - （一）更换特定目的信托受托机构
    - （二）信托合同约定的其他事项

【文件内容】

## 第一章 总 则

第一条 【立法目的】

为了规范信贷资产证券化试点工作，保护投资人及相关当事人的合法权益，提高信贷资产流动性，丰富证券品种，根据《**中华人民共和国中国人民银行法**》、《**中华人民共和国银行业监督管理法**》、《**中华人民共和国信托法**》等法律及相关法规，制定本办法。

第二条 【适用范围】

在中国境内，**银行业金融机构**作为发起机构，**将信贷资产信托给受托机构**，由受托机构**以资产支持证券的形式**向投资机构**发行受益证券**，以**该财产所产生的现金支付资产支持证券收益**的结构性融资活动，适用本办法。

受托机构应当依照本办法和信托合同约定，**分别委托贷款服务机构、资金保管机构、证券登记托管机构及其他为证券化交易提供服务的机构**履行相应职责。

受托机构**以信托财产为限**向投资机构承担支付资产支持证券收益的义务。

第三条 【发行机构】

资产支持证券**由特定目的信托受托机构发行**，代表特定目的信托的信托受益权份额。

资产支持证券在**全国银行间债券市场**上发行和交易。

第四条 【各方主体】

**信贷资产证券化发起机构、受托机构、贷款服务机构、资金保管机构、证券登记托管机构、其他为证券化交易提供服务的机构和资产支持证券投资机构**的权利和义务，依照有关法律法规、本办法的规定和信托合同等合同（以下简称相关法律文件）的约定。

受托机构依照有关法律法规、本办法的规定和相关法律文件约定，履行受托职责。发起机构、贷款服务机构、资金保管机构、证券登记托管机构及其他为证券化交易提供服务的机构依照有关法律法规、本办法的规定和相关法律文件约定，履行相应职责。

**资产支持证券投资机构**（**也称资产支持证券持有人**）按照相关法律文件约定享**有信托财产利益并承担风险，通过资产支持证券持有人大会对影响其利益的重大事项进行决策。**

第五条 【基本原则】

从事信贷资产证券化活动，应当遵循**自愿、公平、诚实信用的原则，不得损害国家利益和社会公共利益。**

第六条 【信托财产】

受托机构因承诺信托而取得的信贷资产是信托财产，独立于发起机构、受托机构、贷款服务机构、资金保管机构、证券登记托管机构及其他为证券化交易提供服务的机构的固有财产。

受托机构、贷款服务机构、资金保管机构及其他为证券化交易提供服务的机构因特定目的信托财产的管理、运用或其他情形而取得的财产和收益，归入信托财产。

发起机构、受托机构、贷款服务机构、资金保管机构、证券登记托管机构及其他为证券化交易提供服务的机构因依法解散、被依法撤销或者被依法宣告破产等原因进行清算的，信托财产不属于其清算财产。

第七条 【不得相互抵销】

受托机构管理运用、处分信托财产所产生的债权，不得与发起机构、受托机构、贷款服务机构、资金保管机构、证券登记托管机构及其他为证券化交易提供服务机构的固有财产产生的债务相抵销；受托机构管理运用、处分不同信托财产所产生的债权债务，不得相互抵销。

第八条 【谨慎勤勉义务】

受托机构、贷款服务机构、资金保管机构、证券登记托管机构及其他为证券化交易提供服务的机构，应当恪尽职守，履行诚实信用、谨慎勤勉的义务。

第九条 【业务监管主体】

中国银行业监督管理委员会（以下简称中国银监会）依法监督管理有关机构的信贷资产证券化业务活动。有关监管规定由中国银监会另行制定。

第十条 【发行交易监管主体】

中国人民银行依法监督管理资产支持证券在全国银行间债券市场上的发行与交易活动。

## 第二章 信贷资产证券化发起机构与特定目的信托

第十一条 【发起机构】

信贷资产证券化发起机构是指通过设立特定目的信托转让信贷资产的金融机构。

第十二条 【发布公告】

发起机构应在全国性媒体上发布公告，将通过设立特定目的的信托转让信贷资产的事项，告知相关权利人。

第十三条 【信托合同条款】

发起机构应与受托机构签订信托合同，载明下列事项：

（一）信托目的；

（二）发起机构、受托机构的名称、住所；

（三）受益人范围和确定办法；

（四）信托财产的范围、种类、标准和状况；

（五）本办法第十四条规定的赎回或置换条款；

（六）受益人取得信托利益的形式、方法；

（七）信托期限；

（八）信托财产的管理方法；

（九）发起机构、受托机构的权利与义务；

（十）接受受托机构委托代理信托事务的机构的职责；

（十一）受托机构的报酬；

（十二）资产支持证券持有人大会的组织形式与权力；

（十三）新受托机构的选任方式；

（十四）信托终止事由。

第十四条　【赎回或置换情形】

在信托合同有效期内，受托机构若发现作为信托财产的信贷资产在入库起算日不符合信托合同约定的范围、种类、标准和状况，应当要求发起机构赎回或置换。

## 第三章　特定目的信托受托机构

第十五条　【受托机构】

特定目的的信托受托机构（以下简称受托机构）是因承诺信托而负责管理特定目的信托财产并发行资产支持证券的机构。

第十六条　【受托机构资格】

受托机构由依法设立的信托投资公司或中国银监会批准的其他机构担任。

第十七条　【受托机构职责】

受托机构依照信托合同约定履行下列职责：

（一）发行资产支持证券；

（二）管理信托财产；

（三）持续披露信托财产和资产支持证券信息；

（四）依照信托合同约定分配信托利益；

（五）信托合同约定的其他职责。

第十八条　【委托资金保管】

受托机构必须委托商业银行或其他专业机构担任信托财产资金保管机构，依照信托合同约定分别委托其他有业务资格的机构履行贷款服务、交易管理等其他受托职责。

第十九条 【受托机构职责终止的情形】

有下列情形之一的，受托机构职责终止：

（一）被依法取消受托机构资格；

（二）被资产支持证券持有人大会解任；

（三）依法解散、被依法撤销或者被依法宣告破产；

（四）受托机构辞任；

（五）法律、行政法规规定的或信托合同约定的其他情形。

第二十条 【临时受托机构】

受托机构被依法取消受托机构资格、依法解散、被依法撤销或者被依法宣告破产的，在新受托机构产生前，由中国银监会指定临时受托机构。

受托机构职责终止的，应当妥善保管资料，及时办理移交手续；新受托机构或者临时受托机构应及时接收。

## 第四章 贷款服务机构

第二十一条 【贷款服务机构】

贷款服务机构是接受受托机构委托，负责管理贷款的机构。

贷款服务机构可以是信贷资产证券化发起机构。

第二十二条 【贷款服务合同】

受托机构应与贷款服务机构签订服务合同，载明下列事项：

（一）受托机构、贷款服务机构的名称、住所；

（二）贷款服务机构职责；

（三）贷款管理方法与标准；

（四）受托机构、贷款服务机构的权利与义务；

（五）贷款服务机构的报酬；

（六）违约责任；

（七）其他事项。

第二十三条 【贷款服务机构职责】

贷款服务机构依照服务合同约定管理作为信托财产的信贷资产，履行下列职责：

（一）收取贷款本金和利息；

（二）管理贷款；

（三）保管信托财产法律文件，并使其独立于自身财产的法律文件；

（四）定期向受托机构提供服务报告，报告作为信托财产的信贷资产信息；

（五）**服务合同约定的其他职责**。

第二十四条 【单独设账】

贷款服务机构应有**专门的业务部门**，对作为信托财产的**信贷资产单独设账，单独管理**。

第二十五条 【回收资金】

贷款服务机构应按照服务合同要求，**将作为信托财产的信贷资产回收资金转入资金保管机构，并通知受托机构**。

第二十六条 【更换贷款服务机构】

受托机构若发现贷款服务机构不能按照服务合同约定的方式、标准履行职责，**经资产支持证券持有人大会决定，可以更换贷款服务机构**。

**受托机构更换贷款服务机构应及时通知借款人**。

## 第五章 资金保管机构

第二十七条 【资金保管机构】

资金保管机构是**接受受托机构委托，负责保管信托财产账户资金的机构**。

**信贷资产证券化发起机构和贷款服务机构不得担任同一交易的资金保管机构**。

第二十八条 【资金保管合同】

受托机构应与资金保管机构签订资金保管合同，载明下列事项：

（一）**受托机构、资金保管机构的名称、住所**；

（二）**资金保管机构职责**；

（三）**资金管理方法与标准**；

（四）**受托机构、资金保管机构的权利与义务**；

（五）**资金保管机构的报酬**；

（六）**违约责任**；

（七）**其他事项**。

第二十九条 【资金保管机构职责】

资金保管机构依照资金保管合同管理资金，履行下列职责：

（一）**安全保管信托财产资金**；

（二）**以信贷资产证券化特定目的信托名义开设信托财产的资金账户**；

（三）**依照资金保管合同约定方式，向资产支持证券持有人支付投资收益**；

（四）**依照资金保管合同约定方式和受托机构指令，管理特定目的的信托账户资金**；

（五）**按照资金保管合同约定，定期向受托机构提供资金保管报告，报告资金管理情况和资产支持证券收益支付情况**；

（六）资金保管合同约定的其他职责。

依照信托合同约定，受托机构也可委托其他服务机构履行上述（三）、（四）、（五）项职责。

第三十条 【间隔期保值投资】

在向投资机构支付信托财产收益的间隔期内，资金保管机构只能按照合同约定的方式和受托机构指令，将信托财产收益投资于流动性好、变现能力强的国债、政策性金融债及中国人民银行允许投资的其他金融产品。

第三十一条 【更换资金保管机构】

受托机构若发现资金保管机构不能按照合同约定方式、标准保管资金，经资产支持证券持有人大会决定，可以更换资金保管机构。

## 第六章 资产支持证券发行与交易

第三十二条 【发行提交文件】

受托机构在全国银行间债券市场发行资产支持证券应当向中国人民银行提交下列文件：

（一）申请报告；

（二）发起机构章程或章程性文件规定的权力机构的书面同意文件；

（三）信托合同、贷款服务合同和资金保管合同及其他相关法律文件草案；

（四）发行说明书草案（格式要求见附）；

（五）承销协议；

（六）中国银监会的有关批准文件；

（七）执业律师出具的法律意见书；

（八）注册会计师出具的会计意见书；

（九）资信评级机构出具的信用评级报告草案及有关持续跟踪评级安排的说明；

（十）中国人民银行规定提交的其他文件。

第三十三条 【受理时限】

中国人民银行应当自收到资产支持证券发行全部文件之日起5个工作日内决定是否受理申请。中国人民银行决定不受理的，应书面通知申请人不受理原因；决定受理的，应当自受理申请之日起20个工作日内作出核准或不核准的书面决定。

第三十四条 【信用增级】

资产支持证券可通过内部或外部信用增级方式提升信用等级。

第三十五条 【信用评级】

资产支持证券在全国银行间债券市场发行与交易应聘请具有评级资质的资信评级机构，对资产支持证券进行持续信用评级。

资信评级机构应保证其信用评级客观公正。

第三十六条 【组建承销团】

发行资产支持证券时，发行人应组建承销团，承销人可在发行期内向其他投资者分销其所承销的资产支持证券。

第三十七条 【名称区别】

资产支持证券名称应与发起机构、受托机构、贷款服务机构和资金保管机构名称有显著区别。

第三十八条 【分期发行】

资产支持证券的发行可采取一次性足额发行或限额内分期发行的方式。分期发行资产支持证券的，在每期资产支持证券发行前5个工作日，受托机构应将最终的发行说明书、评级报告及所有最终的相关法律文件报中国人民银行备案，并按中国人民银行的要求披露有关信息。

第三十九条 【承销方式与承销机构条件】

资产支持证券的承销可采用协议承销和招标承销等方式。承销机构应为金融机构，并须具备下列条件：

（一）注册资本不低于2亿元人民币；

（二）具有较强的债券分销能力；

（三）具有合格的从事债券市场业务的专业人员和债券分销渠道；

（四）最近两年内没有重大违法、违规行为；

（五）中国人民银行要求的其他条件。

第四十条 【报告发行情况】

资产支持证券在全国银行间债券市场发行结束后10个工作日内，受托机构应当向中国人民银行和中国银监会报告资产支持证券发行情况。

第四十一条 【定向发行】

资产支持证券可以向投资者定向发行。定向发行资产支持证券可免于信用评级。定向发行的资产支持证券只能在认购人之间转让。

第四十二条 【申请交易】

资产支持证券在全国银行间债券市场发行结束之后2个月内，受托机构可根据《全国银行间债券市场债券交易流通审核规则》的规定申请在全国银行间债券市场交易资产支持证券。

第四十三条 【登记、托管、交易、结算】

资产支持证券在全国银行间债券市场登记、托管、交易、结算应按照《全国银行间债券市场债券交易管理办法》等有关规定执行。

## 第七章 信息披露

第四十四条 【信息披露期间】

受托机构应当在资产支持证券发行前和存续期间依法披露信托财产和资产支持证券信息。信息披露应通过中国人民银行指定媒体进行。

受托机构及相关知情人在信息披露前不得泄露其内容。

第四十五条 【信息披露要求】

受托机构应保证信息披露真实、准确、完整、及时，不得有虚假记载、误导性陈述和重大遗漏。

接受受托机构委托为证券化交易提供服务的机构应按照相关法律文件约定，向受托机构提供有关信息报告，并保证所提供信息真实、准确、完整、及时。

第四十六条 【发行说明书】

受托机构应当在发行资产支持证券5个工作日前发布最终的发行说明书。

第四十七条 【追索权仅限于信托财产】

受托机构应在发行说明书的显著位置提示投资机构：资产支持证券仅代表特定目的信托受益权的相应份额，不是信贷资产证券化发起机构、特定目的信托受托机构或任何其他机构的负债，投资机构的追索权仅限于信托财产。

第四十八条 【披露受托机构报告】

在资产支持证券存续期内，受托机构应核对由贷款服务机构和资金保管机构定期提供的贷款服务报告和资金保管报告，定期披露受托机构报告，报告信托财产信息、贷款本息支付情况、证券收益情况和中国人民银行、中国银监会规定的其他信息。

第四十九条 【及时披露实质性影响信息】

受托机构应及时披露一切对资产支持证券投资价值有实质性影响的信息。

第五十条 【披露审计报告】

受托机构年度报告应经注册会计师审计，并由受托机构披露审计报告。

第五十一条 【信息披露文件的报送】

受托机构应于信息披露前将相关信息披露文件分别报送全国银行间同业拆借中心和中央国债登记结算有限责任公司。

全国银行间同业拆借中心和中央国债登记结算有限责任公司应为资产支持证券信息披露提供服务，及时将违反信息披露规定的行为向中国人民银行报告并公告。

## 第八章 资产支持证券持有人权利及其行使

第五十二条 【资产支持证券持有人权利】

资产支持证券持有人依照相关法律文件约定，享有下列权利：

**（一）分享信托利益；**

**（二）参与分配清算后的剩余信托财产；**

**（三）依法转让其持有的资产支持证券；**

**（四）按照规定要求召开资产支持证券持有人大会；**

**（五）对资产支持证券持有人大会审议事项行使表决权；**

**（六）查阅或者复制公开披露的信托财产和资产支持证券信息资料；**

**（七）信托合同和发行说明书约定的其他权利。**

第五十三条 【资产支持证券持有人大会决议事项】

下列事项应当通过**召开资产支持证券持有人大会**审议决定，信托合同如已有明确约定，从其约定。

（一）更换特定目的的信托受托机构；

（二）信托合同约定的其他事项。

第五十四条 【资产支持证券持有人大会的召集】

资产支持证券持有人大会由受托机构召集。受托机构不召集的，资产支持证券持有人有权依照信托合同约定自行召集，并报中国人民银行备案。

第五十五条 【召集程序】

召开资产支持证券持有人大会，召集人应当至少提前三十日公告资产支持证券持有人大会的召开时间、地点、会议形式、审议事项、议事程序和表决方式等事项。

资产支持证券持有人大会不得就未经公告的事项进行表决。

第五十六条 【召开方式】

资产支持证券持有人大会可以采取现场方式召开，也可以采取通讯等方式召开。

资产支持证券持有人依照信托合同约定享有表决权，资产支持证券持有人可以委托代理人出席资产支持证券持有人大会并行使表决权。

第五十七条 【决议公告和备案】

资产支持证券持有人大会决定的事项，应当报中国人民银行备案，并予以公告。

## 第九章 附 则

第五十八条 【会计、税收、房地产抵押登记变更】

与信贷资产证券化相关的会计、税收处理规定和房地产抵押登记变更规定，由国务院有关部门另行规定。

第五十九条 【投资管理政策】

购买和持有资产支持证券的投资管理政策由有关监管机构另行规定。

第六十条 【实施时间】

本办法自发布之日起实施。

第六十一条 【解释权归属】

本办法由中国人民银行和中国银行业监督管理委员会负责解释。

**附：**

**资产支持证券发行说明书的编制要求**

一、发行机构（受托机构）、发起机构、贷款服务机构、资金保管机构、证券登记托管机构及其他为证券化交易提供服务的机构的名称、住所

二、发起机构简介和财务状况概要

三、发起机构、受托机构、贷款服务机构和资金保管机构在以往证券化交易中的经验及违约记录申明

四、交易结构及当事方的主要权利与义务

五、资产支持证券持有人大会的组织形式与权力

六、交易各方的关联关系申明

七、信托合同、贷款服务合同和资金保管合同等相关法律文件的主要内容

八、贷款发放程序、审核标准、担保形式、管理方法、违约贷款处置程序及方法

九、设立特定目的信托的信贷资产选择标准和统计信息

十、信托财产现金流需要支付的税费清单，各种税费支付来源和支付优先顺序

十一、发行的资产支持证券的分档情况，各档次的本金数额、信用等级、票面利率、预计期限和本息偿付优先顺序

十二、资产支持证券的内外部信用提升方式

十三、信用评级机构出具的资产支持证券信用评级报告概要及有关持续跟踪评级安排的说明

十四、执业律师出具的法律意见书概要

十五、选择性或强制性的赎回或终止条款，如清仓回购条款

十六、各档次资产支持证券的利率敏感度分析；在给定提前还款率下，各档次资产支持证券的收益率和加权平均期限的变化情况

十七、投资风险提示

十八、注册会计师出具的该交易的税收安排意见书

十九、证券存续期内信息披露内容及取得方式

二十、中国人民银行规定载明的其他事项

### 2.1.2 《资产支持证券信息披露规则》（2005年6月13日 中国人民银行公告〔2005〕第14号）

**【重点提示】**

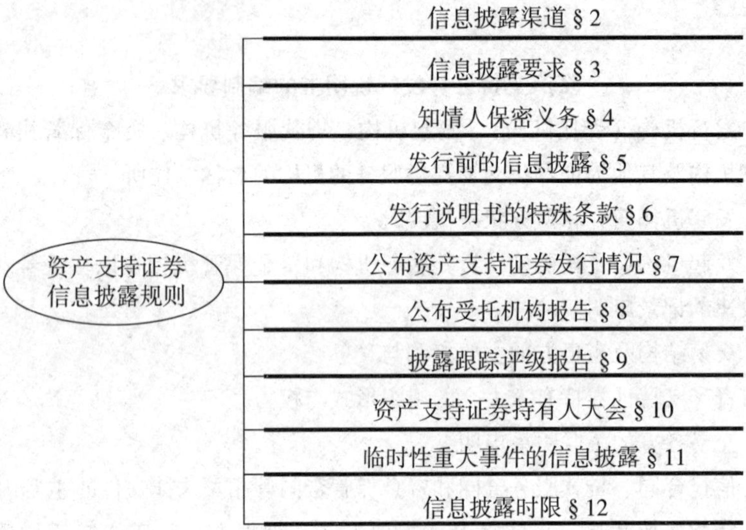


**【文件内容】**

第一条 【制定目的】

**为规范资产支持证券信息披露行为**，维护投资者合法权益，推动债券市场的发展，根据《信贷资产证券化试点管理办法》（中国人民银行公告〔2005〕第7号）等有关规定，制定本规则。

第二条 【披露渠道】

资产支持证券受托机构（以下简称受托机构）的信息披露应通过**中国货币网**、**中国债券信息网**以及**中国人民银行规定的其他方式**进行。

第三条 【信息披露要求】

受托机构应保证信息披露**真实**、**准确和完整**，**不得有虚假记载**、**误导性陈述和重大遗漏**。

资产支持证券发起机构和接受受托机构委托为证券化提供服务的机构应按照信托合同和服务合同的约定，及时向受托机构提供有关信息报告，并保证所提供信息**真实**、**准确和完整**。

第四条 【知情人保密义务】

**受托机构**、**为证券化提供服务的机构**、**全国银行间同业拆借中心**（以下简称同业中心)、中央国债登记结算有限责任公司（以下简称中央结算公司）等相关知情人在信息披露前不得泄露拟披露的信息。

第五条 【发行前的信息披露】

受托机构应在资产支持证券**发行前的第五个工作日**，向投资者披露发行说明书、评级报告、募集办法和承销团成员名单。

分期发行资产支持证券的，**其第一期的信息披露按本条第一款的有关规定执行**；自第二期起，受托机构只在每期资产支持证券**发行前第五个工作日**披露补充发行说明书。

第六条 【发行说明书的特殊条款】

受托机构应在发行说明书中**说明资产支持证券的清偿顺序和投资风险**，并在显著位置提示投资者："**投资者购买资产支持证券，应当认真阅读本文件及有关的信息披露文件，进行独立的投资判断。主管部门对本期证券发行的核准，并不表明对本期证券的投资价值作出了任何评价，也不表明对本期证券的投资风险作出了任何判断**"。

第七条 【公布资产支持证券发行情况】

受托机构应在每期资产支持证券发行结束的**当日或次一工作日**公布资产支持证券发行情况。

第八条 【公布受托机构报告】

资产支持证券存续期内，受托机构应在每期资产支持证券**本息兑付日的三个工作日前**公布受托机构报告（编制要求附后），反映当期资产支持证券对应的资产池状况和各档次资产支持证券对应的本息兑付信息；**每年4月30日前**公布经注册会计师审计的上年度受托机构报告。

第九条 【披露跟踪评级报告】

受托机构应与信用评级机构就资产支持证券跟踪评级的有关安排作出约定，并应于资产支持证券存续期内**每年的7月31日前**向投资者披露上年度的跟踪评级报告。

第十条 【资产支持证券持有人大会】

召开资产支持证券持有人大会，召集人应**至少提前三十日**公布资产支持证券持有人大会的召开时间、地点、会议形式、审议事项、议事程序和表决方式等事项，并于**大会结束后十日内**披露大会决议。

第十一条 【临时性重大事件的信息披露】

在发生可能对资产支持证券投资价值有实质性影响的临时性重大事件时，受托机构应在**事发后的三个工作日内**向同业中心和中央结算公司提交信息披露材料，并向中国人民银行报告。

本条所称重大事件包括但不限于以下事项：

（一）发生或预期将发生**受托机构不能按时兑付资产支持证券本息**等影响投资者利益的事项；

（二）受托机构和证券化服务机构发生影响资产支持证券投资价值的**违法、违规或违约事件**；

（三）资产支持证券**第三方担保人主体发生变更**；

（四）资产支持证券的**信用评级**发生变化；

（五）信托合同规定应公告的其他事项；

（六）中国人民银行和中国银行业监督管理委员会等监管部门规定应公告的其他事项；

（七）法律、行政法规规定应公告的其他事项。

第十二条　【信息披露时限】

同业中心和中央结算公司应在**不迟于收到信息披露文件的次一工作日**将有关文件予以公告。

第十三条　【信息披露的其他规定】

资产支持证券的信息披露除适用本规则外，还适用于**《全国银行间债券市场债券交易管理办法》（中国人民银行令〔2000〕第2号）、《全国银行间债券市场金融债券发行管理办法》（中国人民银行令〔2005〕第1号）和《全国银行间债券市场债券交易流通审核规则》（中国人民银行公告〔2004〕第19号）**等有关规定。

第十四条　【解释权归属】

本规则由**中国人民银行**负责解释。

第十五条　【施行时间】

本规则**自公布之日起**施行。

**附件：**

**受托机构报告编制要求**

一、受托机构和证券化服务机构的名称、地址。

二、各档次证券的本息兑付情况，包括各档次证券入库时点的本金金额、本期期初及期末的本金余额、证券票面利率、本期本金和利息支付情况、本期利息迟付情况、本期本金损失情况以及评级情况等。

三、本期资产池统计特征说明，包括贷款余额、贷款数目、加权平均贷款利率和加权平均剩余期限等。

四、本期的资产池本金细项分列（含正常还本金额、本金提前结清金额、部分提前还本金额、处置回收本金金额及回购贷款本金金额等）和利息（含税费支出）细项分列的说明。

五、资产池提前还款、拖欠、违约、处置、处置回收及损失等情况。

六、内外部信用增级情况说明。

七、资产池中进入法律诉讼程序的信托资产情况；法律诉讼程序进度。

八、依信托合同所进行许可投资之投资收入或损失之总金额等情况。

九、其他情况说明。

## 2.1.3 《信贷资产证券化基础资产池信息披露有关事项》（2007年8月21日 中国人民银行公告〔2007〕第16号）

【重点提示】

【文件内容】

为规范信贷资产证券化信息披露行为，维护投资者合法权益，推动信贷资产证券化业务的健康发展，根据《信贷资产证券化试点管理办法》（中国人民银行公告〔2005〕第7号发布）、《资产支持证券信息披露规则》（中国人民银行公告〔2005〕第14号发布）等有关规定，现就信贷资产证券化基础资产池信息披露有关事项公告如下：

一、**基础资产池信息披露是投资者识别风险，进行投资决策选择的重要依据**。受托机构、发起机构或其他证券化服务机构要高度重视基础资产池信息披露工作，严格按照《信贷资产证券化试点管理办法》、《资产支持证券信息披露规则》和本公告要求做好基础资产池的信息披露。受托机构、发起机构或其他证券化服务机构应保证**信息披露真实、准确、完整、及时，不得有虚假记载、误导性陈述和重大遗漏**。

二、受托机构在《发行说明书》中应披露包括但不限于以下有关基础资产池的内容：

（一）发起机构**构建基础资产池所适用的具体标准**。在信托合同有效期内，受托机构若发现作为信托财产的信贷资产在入库起算日不符合信托合同约定的条件的，发起机构应当采取的应对措施（如赎回或置换）。

（二）发起机构的**贷款发放程序、审核标准、担保形式、管理方法、违约贷款处置程序和方法，以及对基础资产池贷款的相关说明**。

（三）基础资产池的总体特征。包括：**贷款笔数、总本金余额、单笔贷款最高本金余额、单笔贷款平均本金余额、合同总金额、单笔贷款最高合同金额、单笔贷款平均合同金额、加权平均贷款年利率、单笔贷款最高年利率、加权平均贷款合同期限、加权平均贷款剩余期限、加权平均贷款账龄、加权平均贷款初始抵押率（贷款是抵押贷款的）、加权平均借款人年龄（贷款是个人消费类贷款的）以及加权平均值的计算方法**。

（四）**基础资产池的分布情况**。包括：贷款种类、信贷资产质量、信贷资产期限结构、信贷资产利率结构、担保情况、借款人年龄结构（贷款是个人消费类贷款的）、借款人地域结构（以不动产或动产抵押的指不动产或动产的登记或注册地）、借款人行业结构。为说明上述分布情况，应至少披露按上述分类的贷款笔数及占比、合同金额及占比、本金余额及占比、平均每笔余额、加权平均贷款初始抵押率（贷款是抵押贷款的），说明贷款合同期限、贷款账龄分布情况时还应披露加权平均存续期限。

（五）如果单一借款人的入池贷款本金余额占资产池比例超过**15%**，或某一借款人及其关联方的入池贷款本金余额占资产池比例超过**20%**，应披露相关借款人的名称、贷款用途、担保或抵押情况、经营情况、基本财务信息及信用评级或相关信用状况。

（六）执业律师出具的**法律意见书概要**。该法律意见书概要包括但不限于以下有关基础资产池的内容：

1. 对基础资产池合法合规性进行尽职调查的情况、过程和结果的简要说明。

2. 对基础资产池合法合规性所做出的判断。

3. 对该基础资产池是否可依法设立信托做出的判断。

（七）投资者在资产支持证券发行期限内查阅基础资产池全部具体信息（包括借款人姓名、借款合同等）的**途径和方法**。

三、发起机构、受托机构在共同发布的《**信托公告**》中应披露包括但不限于以下有关基础资产池的内容：

（一）设为信托财产的**贷款合同编号**。

（二）上述贷款的**笔数、本金余额**。

（三）上述贷款借款人所在地区、行业分布情况，包括**贷款笔数及占比、本金余额及占比信息**。

四、受托机构在《**受托机构报告**》中应披露包括但不限于以下有关基础资产池的内容：

（一）本期资产池**统计特征说明**。包括贷款余额、贷款笔数、担保情况、加权平均贷款利率和加权平均剩余期限等。

（二）本期资产池的**本金细项分列**（含正常还本金额、本金提前结清金额、部分提前还本金额、处置回收本金金额及回购贷款本金金额等）和利息（含税费支出）细项分列的说明。

（三）本期资产池的**贷款状态特征、提前还款、拖欠、违约、处置、处置回收及损失等情况**。

（四）信托合同约定发起机构或其他第三方可对基础资产池进行回购或替换的，应披露**本期回购或替换的贷款笔数、金额及原因**。

（五）本期资产池中进入**法律诉讼程序的信托资产情况**；法律诉讼程序进度及结果。

五、信用评级机构在**发行前**的《**信用评级报告**》中应披露包括但不限于以下有关基础资产池的内容：

（一）**基础资产池概况**。包括基础资产池所涉及的借款人户数、贷款笔数、初始贷款规模及贷款期限、入池贷款规模及剩余期限、现行贷款利率、加权平均贷款利率、最长贷款剩余期限、最短贷款剩余期限、加权平均贷款剩余期限、贷款本息偿付方式、入池贷款合格标准等资产池概况；资产池在资产质量、贷款性质、债务人分布、行业分布、地区分布等特征方面的统计情况，尤其是资产池前十大债务人及前五大债务人占比数据等。

（二）**基础资产池信用风险分析**。包括从资产质量、债务人分布、行业分布、地区分布、期限分布等方面对资产池进行的信用风险分析，尤其对于入池贷款中，单一行业贷款占比超过10%、单一借款人贷款占比超过5%的情况，要披露相关信息，如借款人所在行业背景、所在地区、未偿本金余额、剩余期限、贷款偿付记录、贷款担保措施等以及借款人的信用等级情况或考虑贷款担保后的信用等级情况等。

（三）**基础资产池加权平均信用等级情况**。包括入池贷款所涉及的借款人及保证人的信用级别判定依据；按未偿本金余额、借款人户数等统计的借款人信用级别分布情况或考虑贷款担保后的信用等级分布情况；资产池的加权平均信用级别等。

（四）**现金流分析及压力测试**。包括压力测试内容、测试参数及测试结果，如违约率及违约时间分布、违约回收率及回收周期等。

六、信用评级机构在**跟踪《信用评级报告》**中应披露包括但不限于以下有关基础资产池的内容：

（一）**基础资产池的变动概况**。截止跟踪信用评级报告日，基础资产池的借款人户数、贷款笔数、未偿本金余额及剩余期限、现行贷款利率等概况；基础资产池在资产质量、贷款性质、债务人分布、行业分布、地区分布、信用等级分布等方面的特征与发行日的变化对比情况。

（二）**基础资产池信用风险分析**。包括从发行日至跟踪报告日的违约率、违约回收率、逾期率、提前还款率等指标的统计情况?? 信用等级调整、违约贷款及其处置、提前还款、逾期还款等具体情况的说明及分析。

七、若本公告某些具体要求**对个别基础资产确实不适用的**，受托机构可根据实际情况，在**不影响披露内容完整性的前提下做出适当修改**，但应在相关信息披露文件中做出说明。

八、本公告未作规定的，参照《信贷资产证券化试点管理办法》、《资产支持证券信息披露规则》及中国人民银行的其他规定执行。

## 2.1.4 《中国人民银行关于资产支持证券质押式回购交易有关事项的公告》(2007年9月30日 中国人民银行公告〔2007〕第21号)

**【重点提示】**

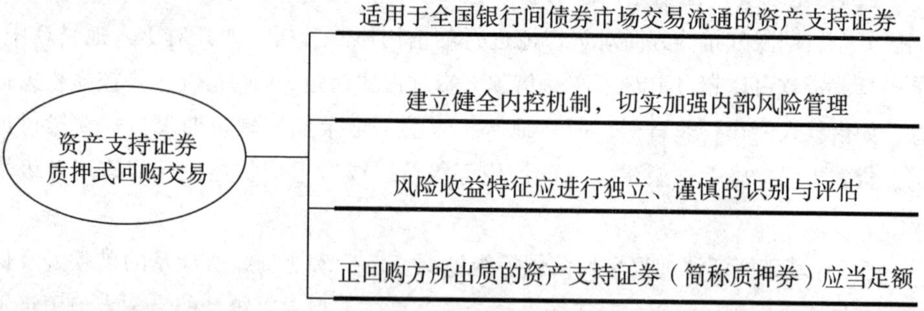


**【文件内容】**

根据《全国银行间债券市场债券交易管理办法》（中国人民银行令〔2000〕第2号发布）等有关规定，现就**资产支持证券在全国银行间债券市场进行质押式回购交易**的有关事项公告如下：

一、经中国人民银行批准在**全国银行间债券市场交易流通**的资产支持证券可用于**质押式回购交易**。

二、银行间债券市场参与者在从事资产支持证券质押式回购业务时，应严格遵守中国人民银行关于质押式回购的有关规定，**建立健全内控机制，切实加强内部风险管理**，对资产支持证券的风险收益特征进行**独立、谨慎的识别与评估**。

三、**正回购方所出质的资产支持证券**（简称质押券）应当**足额**。如果回购期间出现质押券**不足额情况**，逆回购方**可要求正回购方追加或置换**质押券。

如果正回购方**未能在本金兑付日前**追加或置换质押券，逆回购方可要求**代理兑付机构扣留**质押券应兑付的本金。

四、本公告未尽事宜遵照中国人民银行关于质押式回购的有关规定执行。

全国银行间同业拆借中心和中央国债登记结算有限责任公司应根据本公告分别制定**资产支持证券质押式回购交易规则和、结算规则**，以及**质押券追加和置换操作细则**，报中国人民银行备案后实施。

## 2.1.5 《中国人民银行、中国银行业监督管理委员会、财政部关于进一步扩大信贷资产证券化试点有关事项的通知》（2012 年 5 月 17 日 银发〔2012〕127 号）

### 【重点提示】

本文件是 2012 年扩大信贷资产证券化试点的重要纲领性政策文件，文件从基础资产、机构准入、风险自留、信用评级、资本计提、会计处理、信息披露、投资者要求、中介服务、通知施行时间等十大内容对扩大试点阶段的信贷资产证券化进行规范。本书从扩大信贷资产化试点核心政策、扩大信贷资产化试点配套政策两个方面进行整理。

一、扩大信贷资产证券化试点核心政策

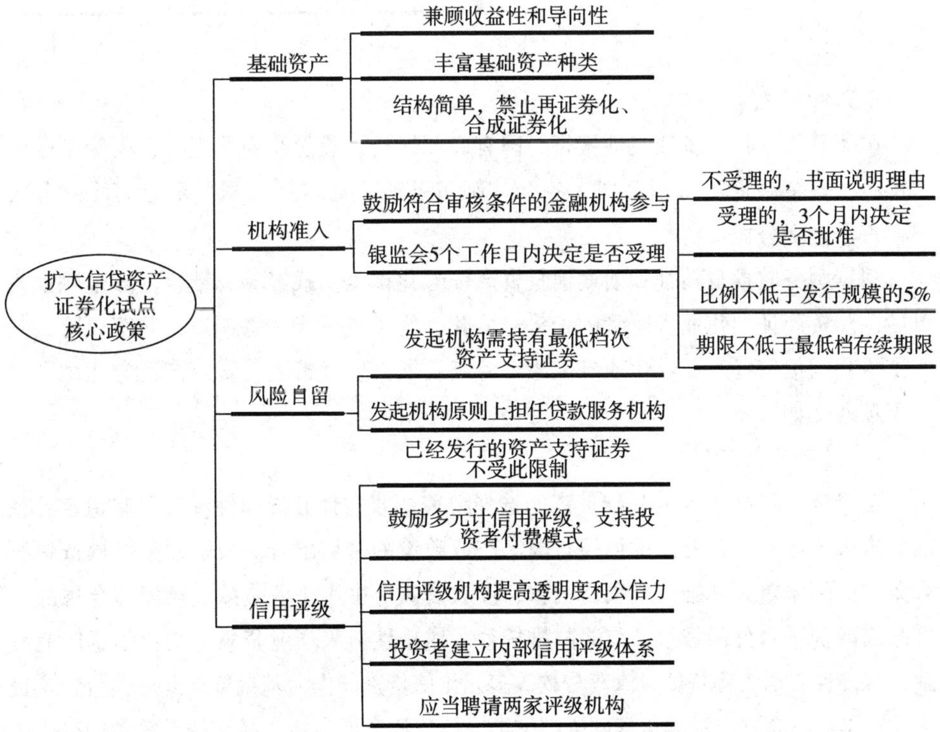

二、扩大信贷资产证券化试点配套政策

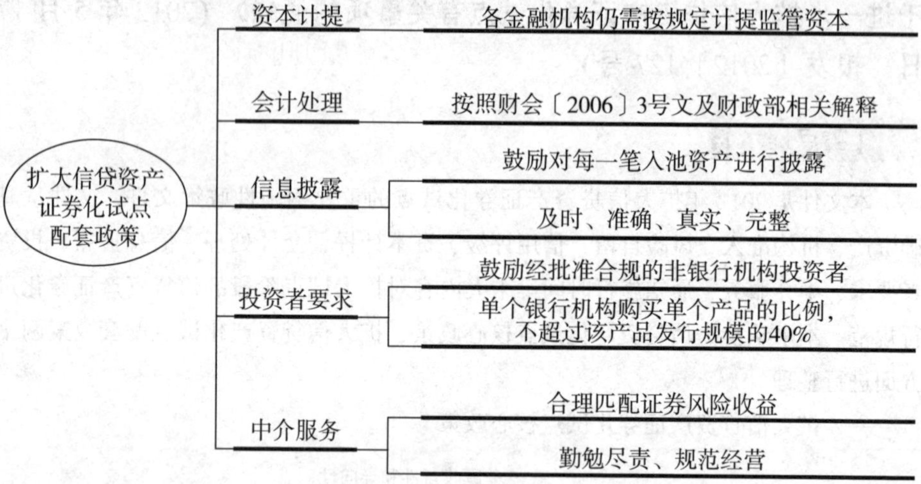


**【文件内容】**

国家开发银行，各政策性银行、国有商业银行、股份制商业银行，中国邮政储蓄银行，各金融资产管理公司，各会计师事务所，各信托公司、企业集团财务公司、汽车金融公司：

根据国务院批复精神和前期信贷资产证券化试点实践经验，结合国际金融危机以后国际资产证券化业务监管的趋势性变化，为了进一步完善制度，防范风险，扎实推进我国信贷资产证券化业务健康可持续发展，现就**扩大信贷资产证券化试点**有关事项通知如下：

一、【基础资产】

信贷资产证券化入池基础资产的选择要**兼顾收益性和导向性**，既要**有稳定可预期的未来现金流**，又要注重加强**与国家产业政策的密切配合**。鼓励金融机构选择符合条件的**国家重大基础设施项目贷款**、**涉农贷款**、**中小企业贷款**、**经清理合规的地方政府融资平台公司贷款**、**节能减排贷款**、**战略性新兴产业贷款**、**文化创意产业贷款**、**保障性安居工程贷款**、**汽车贷款**等多元化信贷资产作为基础资产开展信贷资产证券化，丰富信贷资产证券化基础资产种类。信贷资产证券化**产品结构要简单明晰**，扩大试点阶段**禁止进行再证券化、合成证券化产品试点**。

二、【机构准入】

扩大试点阶段，金融机构信贷资产证券化业务准入条件及审批程序继续按照《信贷资产证券化试点管理办法》（中国人民银行　中国银行业监督管理委员会公告［2005］第7号公布）和《金融机构信贷资产证券化试点监督管理办法》（中国银行业监督管理委员会令 2005 年第 3 号发布）有关规定执行。**鼓励更多经审核符合条件的金融机构参与**信贷资产证券化业务。银监会在**收到发起机构和受托机构联合报送的完整申请材料之日起五个工作日**内决定是否受理申请。银监会决定不受理的，应当**书面通知申请人并说明理由**；决定受理的，应当自受理之日起**三个月内**做出批准或者不批准的**书面决定**。

三、【风险自留】

扩大试点阶段，信贷资产证券化各**发起机构应持有**由其发起的每一单资产证券化中的**最低档次资产支持证券**的**一定比例**，该比例**原则上不得低于**每一单全部资产支持证券发行规模的**5%**，持有期限**不得低于最低档次证券**的**存续期限**。本通知施行前，**已经发行的**资产支持证券**不受此规定限制**。发起机构**原则上应担任**信贷资产证券化的**贷款服务机构**，切实履行贷款服务合同各项约定。

四、【信用评级】

资产支持证券在全国银行间债券市场发行与交易**初始评级应当聘请两家**具有评级资质的资信评级机构，进行**持续信用评级**，并按照有关政策规定在申请发行资产支持证券时向金融监管部门**提交两家评级机构的评级报告**。鼓励探索采取**多元化信用评级**方式，支持对资产支持证券采用**投资者付费模式**进行信用评级。参与资产支持证券评级的**各信用评级机构要努力提高**对资产支持证券信用评级的**透明度和公信力**。同时，资产支持证券**投资者应建立内部信用评级体系**，加强对投资风险自主判断，减少对外部评级的依赖。

五、【资本计提】

扩大试点阶段，**各银行业金融机构仍**按照《商业银行资本充足率管理办法》（中国银行业监督管理委员会令 2007 年第 11 号发布）、《金融机构信贷资产证券化试点监督管理办法》（中国银行业监督管理委员会令 2005 年第 3 号发布）和《商业银行资产证券化风险暴露监管资本计量指引》（银监发［2009］116 号）等规定，**计提监管资本**。本通知施行后，如中国银行业监督管理委员会发布新的资本监管规定，按新规定有关要求执行。

六、【会计处理】

扩大试点阶段，信贷资产证券化**会计处理按照《企业会计准则第 23 号——金融资产转移》（财会［2006］3 号）**及财政部发布的相关《企业会计准则解释》的有关规定执行。参与资产证券化业务的各会计师事务所应严格执行财政部相关规定，按要求做好信贷资产证券化会计处理工作。

七、【信息披露】

信贷资产证券化发起机构、受托机构、信用评级机构或其他证券化服务机构应严格按照《信贷资产证券化试点管理办法》（中国人民银行　中国银行业监督管理委员会公告［2005］第7号公布）、《资产支持证券信息披露规则》（中国人民银行公告［2005］第14号公布）、《信贷资产证券化基础资产池信息披露有关事项》（中国人民银行公告［2007］第16号公布）等政策规定，做好信贷资产证券化业务信息披露工作，按投资人要求**及时、准确、真实、完整**披露资产支持证券相关信息。在遵循法律法规有关信贷资产证券化相关方私密性权利规定要求的基础上，鼓励**创造条件**逐步实现**对每一笔入池资产**按要求进行规范**信息披露**。

八、【投资者要求】

稳步扩大资产支持证券机构投资者范围，鼓励**保险公司、证券投资基金、企业年金、全国社保基金**等**经批准合规的非银行机构投资者**投资资产支持证券。**单个银行业金融机构**购买持有单支资产支持证券的比例，**原则上不得超过**该单资产支持证券发行规模的**40%**。

九、【中介服务】

信贷资产证券化各**受托机构、贷款服务机构、资金保管机构、信用增级机构**和**承销机构及其他为信贷资产证券化发行交易提供服务**的中介服务机构，应认真总结前期资产证券化试点实践经验，**勤勉尽责，规范经营**，在有效识别、计量、监测和控制相关风险的前提下，**合理匹配证券风险收益**，进一步**提高**中介服务的**质量和水平**。

十、【本通知自发布之日起施行】

前期试点过程中已经发布的信贷资产证券化有关政策规定中的具体条款有与本通知不一致的，**在扩大试点阶段按本通知有关规定执行**。本通知执行过程中遇到的相关情况和问题，请及时报告。

## 2.1.6　《人民银行就进一步扩大信贷资产证券化试点答问》(2013年8月28日)

**【重点提示】**

《人民银行就进一步扩大信贷资产证券化试点答问》虽然不是正式出台的政策文件，但是却是扩大信贷资产证券化试点阶段的重要指导文件。文件回答了扩大试点阶段的八个重要问题。

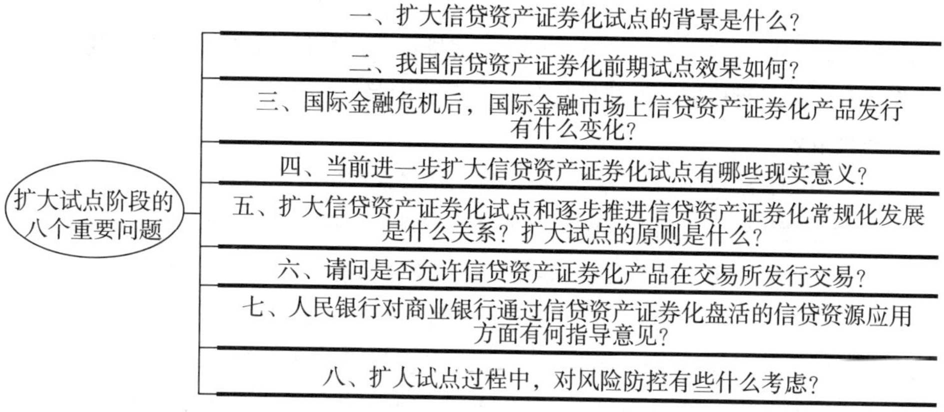


**【文件内容】**

8 月 28 日，国务院召开常务会议，决定在严格控制风险的基础上，进一步扩大信贷资产证券化试点。针对当前扩大试点的背景，积极意义，扩大试点的基本考虑有哪些等问题，人民银行新闻发言人回答了记者的提问。

一、扩大信贷资产证券化试点的背景是什么？

今年以来，我国经济增长环境异常复杂，**稳增长、调结构、促改革**是当前和今后经济金融工作的大局。我国**金融运行总体稳健**，但**金融市场配置资源的效率和工具**与**经济结构调整和转型升级的要求**不相适应。6 月 19 日，国务院常务会议研究部署**金融支持经济结构调整和转型升级**的政策措施，明确提出要**优化金融资源配置**，**用好增量、盘活存量**，更有力地**支持经济转型升级**，更好地**服务实体经济发展**。7 月 2 日，国务院印发《关于金融支持经济结构调整和转型升级的指导意见》（国办发〔2013〕67 号），要求**逐步推进信贷资产证券化常规化发展**，**盘活资金支持小微企业发展**和**经济结构调整**。国务院应对国际金融危机小组第七次会议对此进行了专题研究，国务院有关部门**一致赞同扩大信贷资产证券化试点**。

从国外金融市场发展历史和国内信贷资产证券化实践看，**信贷资产证券化是金融市场发展到一定阶段的必然产品**，有利于**促进货币市场、信贷市场、债券市场、股票市场等市场的协调发展**，有利于**提高金融市场配置资源的效率**。进一步扩大信贷资产证券化试点，也是**鼓励金融创新、发展多层次资本市场**的重要改革举措。

二、我国信贷资产证券化前期试点效果如何？

2005 年 3 月，经国务院批准，人民银行会同有关部门成立了**信贷资产证券化试点工作协调小组**，信贷资产证券化试点正式启动。2005 年至 2008 年底，共**11 家境内金融机构**在银行间债券市场成功**发行了 17 单、总计 667.83 亿元**的信贷资产证券化产品。受美国次贷危机和国际金融危机影响，2009 年后，**试点一度处于停滞状**

态。2011 年，经国务院同意继续试点，**共 6 家金融机构**发行了6 单、总计 228.5 亿元的信贷资产证券化产品。试点八年来，信贷资产证券化的**基本制度初步建立，产品发行和交易运行稳健**，发起机构和投资者范围**趋于多元化**，各项工作**稳步开展**，取得**积极成效**。

三、国际金融危机后，国际金融市场上信贷资产证券化产品发行有什么变化？

国际金融危机发生后，国际金融市场上信贷资产证券化产品的发行仍在波动中发展。美国证券化市场发行量**在 2006 年达到 2.9 万亿美元**高峰，2008 年次贷危机爆发后**跌至 1.5 万亿美元**，此后证券化市场逐步恢复。2012 年，证券化产品发行量**达 2.2 万亿美元**，同比增长 26.9%，占同期债券发行总量的 32.3%，余额 9.9 万亿美元，占全部债券余额的 25.8%。2012 年，欧洲证券化产品**发行量 2308.5 亿欧元**，占同期债券发行总量的 2.3%，余额 1.6 万亿欧元，占同期债券余额的 10.5%。另外，**花旗银行、汇丰银行等国际大型金融机构**每年**新增贷款中仍有较大比例进行证券化**。

四、当前进一步扩大信贷资产证券化试点有哪些现实意义？

当前，我国金融宏观调控面临较大压力，货币信贷增长较快。金融服务实体经济必须从**深化改革、发展市场、鼓励创新**入手，从国内外实践来看，金融业和金融市场发展已经到了**必须加快发展信贷资产证券化**的阶段。扩大信贷资产证券化试点，一是**有利于调整信贷结构**，促进信贷政策和产业政策的协调配合，在已有授信内支持铁路、船舶等重点行业改革发展，加大对消费、保障性安居工程等领域的信贷支持力度。二是**有利于商业银行合理配置核心资本**，降低商业银行资本消耗，促进实体经济通过资本市场融资。三是**有利于商业银行转变过度依赖规模扩张的经营模式**，通过证券化盘活存量信贷，提高资金使用效率，降低融资成本，提高中间业务收入。四是**有利于丰富市场投资产品**，满足投资者合理配置金融资产需求，加强市场机制作用，实现风险共同识别。

五、扩大信贷资产证券化试点和逐步推进信贷资产证券化常规化发展是什么关系？扩大试点的原则是什么？

国办印发的《关于金融支持经济结构调整和转型升级的指导意见》提出，要逐步推进**信贷资产证券化常规化发展**。目前我国信贷资产证券化刚刚起步，纳入证券化的信贷资产种类有限，各项制度初步建立，仍然处于推进资产证券化常规化发展的初期，需要**在严格控制风险的基础上，稳步扩大试点**。

此次扩大试点的基本原则是：**坚持真实出售、破产隔离；总量控制，扩大试点；统一标准，信息共享；加强监管，防范风险；不搞再证券化**。

六、请问是否允许信贷资产证券化产品在交易所发行交易？

从国内外经验看，由于信贷资产证券化产品与其他固定收益产品一样，具有大宗个性化交易、定价相对复杂的特性，因此主要在采用**一对一询价交易、主要面向机构投资者的场外市场（即 OTC 市场）发行和交易**。无论在发达国家还是发展中国家，债券市场的主导模式都是场外市场，在交易所发行交易的债券仅仅是补充。发行人对发行窗口的选择，也就是选择场外市场还是交易所市场，是发行人自身的权利，由发行人自主选择。**中国银行间债券市场就是法律规定的场外市场**，涵盖各类机构投资者，包括商业银行、财务公司、证券公司、基金公司、保险公司等各类金融机构（占机构投资者的数量约为 20%）和非金融企业（占机构投资者的数量约为 80%）。产品包括国债、地方政府债、政策性金融债、普通金融债、政府支持债、企业债、短期融资券、中期票据等 10 余个债券品种，截至 2013 年 7 月末的托管量为 26.6 万亿元，占我国债券总托管量的 94.3%，有力地支持了实体经济发展。由于银行间债券市场充分体现了机构投资者风险识别与管理能力较强的优势，强化了信息披露、信用评级等市场约束机制的作用，因此在前期试点中，**各家信贷资产证券化产品的发行人自主选择了在银行间债券市场面向机构投资者发行和交易**。

在扩大信贷资产证券化试点过程中，人民银行将会同有关金融监管部门，在尊重发行人自主选择发行窗口的基础上，**引导大盘优质信贷资产证券化产品在银行间市场和交易所市场跨市场发行**。这既可以扩大信贷资产证券化产品投资者范围，有利于共同识别风险，实现金融资源优化配置；也可以满足交易所的投资者资产配置需求。

七、人民银行对商业银行通过信贷资产证券化盘活的信贷资源应用方面有何指导意见？

人民银行**尊重各商业银行依法经营的自主权**，同时，按照加强和改善金融宏观调控、进一步落实国务院支持经济结构调整和转型升级的指导意见，指导有关商业银行对通过证券化盘活的信贷资源，向经济发展的薄弱环节和重点领域倾斜，特别是**用于小微企业、“三农”、棚户区改造、基础设施建设等**。

八、扩大试点过程中，对风险防控有些什么考虑？

信贷资产证券化扩大试点过程中，将充分发挥金融监管协调机制的作用，加强相关政策措施的统筹协调，**统一产品标准，统一监管规则**，促进银行间市场和交易所市场的**信息共享**。进一步**加强**证券化业务各环节的**审慎监管**，及时消除证券化业务中各类风险隐患。**优先选取优质信贷资产开展证券化**，风险较大的资产暂不纳入扩大试点范围，**不搞再证券化**。进一步**完善信息披露**，既要强化外部信用评级，又要鼓励各类投资人**完善内部评级制度**，提升市场化风险约束机制的作用。进一步**明**

**确信托公司、律师事务所、会计师事务所**等各类中介服务机构的职能和责任，提高证券化专业服务技术水平和服务质量。

## 2.1.7 《中国人民银行、中国银监会关于进一步规范信贷资产证券化发起机构风险自留行为的公告》（2013年12月31日 中国人民银行、中国银行业监督管理委员会公告〔2013〕21号）

**【重点提示】**

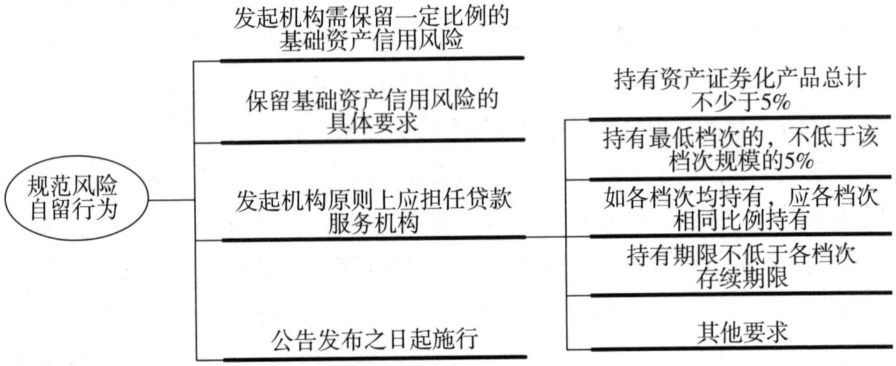


**【文件内容】**

为进一步规范**信贷资产证券化发起机构风险自留行为**，维护投资者合法权益，防范风险，促进我国资产证券化业务健康可持续发展，现就有关事项公告如下：

一、信贷资产证券化发起机构**需保留一定比例的基础资产信用风险**，该比例不**得低于5%**。

二、信贷资产证券化发起机构应按以下要求保留基础资产信用风险：

（一）持有**由其发起资产证券化产品的**一定比例，该比例**不得低于该单证券化产品全部发行规模的5%**。

（二）持有**最低档次资产支持证券的**比例**不得低于该档次资产支持证券发行规模的5%**。

（三）**若持有除最低档次之外的资产支持证券，各档次证券均应持有**，且应以占各档次证券发行规模的**相同比例**持有。

（四）持有期限**不低于**各档次资产支持证券**存续期限**。

（五）中国人民银行、中国银行业监督管理委员会规定的其他要求。

三、信贷资产证券化发起机构可按照上述要求，根据实际情况灵活确定风险自留的具体方式。信贷资产证券化发起机构**原则上应担任信贷资产证券化的贷款服务**

**机构**，切实履行贷款服务合同各项约定。

四、本公告自发布之日起施行。前期试点过程中已经发布的信贷资产证券化有关政策规定中的具体条款有与本公告不一致的，在扩大试点阶段按本公告有关规定执行。

信贷资产证券化发起机构应根据本公告要求，进一步加强和完善信贷资产证券化业务管理，严格做好信贷资产证券化风险自留工作。相关部门将继续深入研究**资产证券化风险自留豁免条件**以及**商业银行持有最低档次资产支持证券的风险权重**等问题，不断完善信贷资产证券化发起机构风险自留制度。本公告执行过程中遇到的相关情况和问题，请及时报告中国人民银行和中国银行业监督管理委员会。

## 2.1.8 《中国人民银行关于信贷资产支持证券发行管理有关事宜的公告》(2015年3月26日 中国人民银行公告〔2015〕第7号)

**【重点提示】**

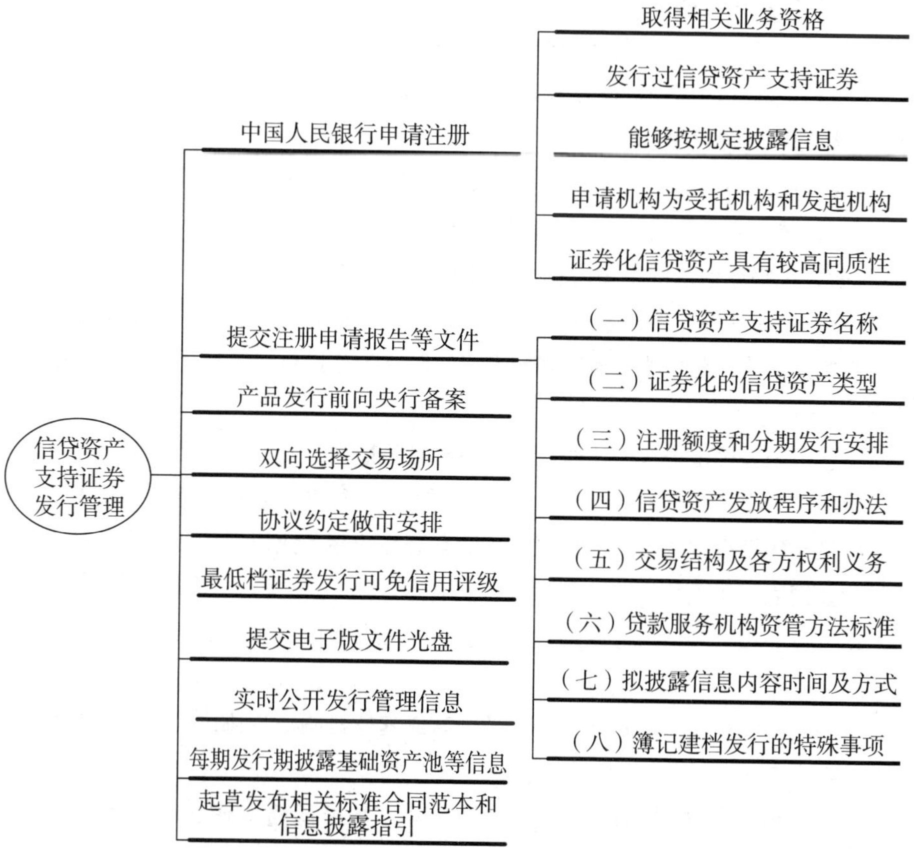

【文件内容】

为**简化信贷资产支持证券发行管理流程**，提高发行管理效率和透明度，促进受托机构与发起机构提高信息披露质量，切实保护投资人合法权益，推动信贷资产证券化业务健康发展，根据《中华人民共和国中国人民银行法》和《信贷资产证券化试点管理办法》（中国人民银行公告〔2005〕第7号公布），现就信贷资产支持证券发行管理有关事宜公告如下：

一、已经**取得监管部门相关业务资格、发行过信贷资产支持证券**且**能够按规定披露信息**的**受托机构和发起机构**可以**向中国人民银行申请注册**，并在**注册有效期内自主分期发行信贷资产支持证券**。申请注册发行的证券化信贷资产**应具有较高的同质性**。

二、受托机构和发起机构应**提交注册申请报告、与交易框架相关的标准化合同文本、评级安排**等文件。

注册申请报告应包括以下内容：

（一）**信贷资产支持证券名称**；

（二）**证券化的信贷资产类型**；

（三）**信贷资产支持证券注册额度和分期发行安排**；

（四）**证券化的信贷资产发放程序、审核标准、担保形式、管理方法、过往表现、违约贷款处置程序及方法**；

（五）**交易结构及各当事方的主要权利与义务**；

（六）**贷款服务机构管理证券化信贷资产的方法、标准**；

（七）**拟披露信息的主要内容、时间及取得方式**；

（八）拟**采用簿记建档发行信贷资产证券化产品的**，应**说明采用簿记建档发行的必要性，定价、配售的具体原则和方式**，以及**防范操作风险和不正当利益输送的措施**。

三、中国人民银行接受注册后，**在注册有效期内**，受托机构和发起机构可自主选择信贷资产支持证券发行时机，在按有关规定**进行产品发行信息披露前5个工作日**，将**最终的发行说明书、评级报告及所有最终的相关法律文件和信贷资产支持证券发行登记表**（见附件）送**中国人民银行备案**。

四、按照投资者适当性原则，由市场和发行人**双向选择**信贷资产支持证券交易场所。

五、受托机构、发起机构可与主承销商或其他机构通过协议约定信贷资产支持证券的**做市安排**。

六、采用**分层结构**的信贷资产支持证券，其**最低档次证券**发行可**免于信用**

**评级**。

七、受托机构和发起机构应向中国人民银行**报送书面的注册登记材料和发行材料**，同时提交**电子版文件光盘**。

八、中国人民银行在**其官方网站**（www. pbc. gov. cn）**“银行间债券市场”**栏目下实时公开信贷资产支持证券发行管理信息。

九、受托机构和发起机构在信贷资产支持证券发行前和存续期间，应**切实履行信息披露职责**，并承担主体责任。**采用注册方式分期发行**的，可在注册后即披露产品交易结构等信息，**每期产品发行前披露基础资产池相关信息**。受托机构、承销机构、信用评级机构、会计师事务所、律师事务所等中介机构要按合同约定切实履行尽职调查责任，依法披露信息。

十、**中国银行间市场交易商协会**应组织市场成员**起草并发布信贷资产支持证券相关标准合同范本**和**信息披露指引**，定期跟踪市场成员对信贷资产证券化信息披露情况的评价，对不能按相关规定进行信息披露的，应及时报告中国人民银行。

十一、本公告自发布之日起施行。

## 2.2 银监会

### 2.2.1 《金融机构信贷资产证券化试点监督管理办法》（2005年11月7日 中国银行业监督管理委员会令2005年第3号）

【重点提示】

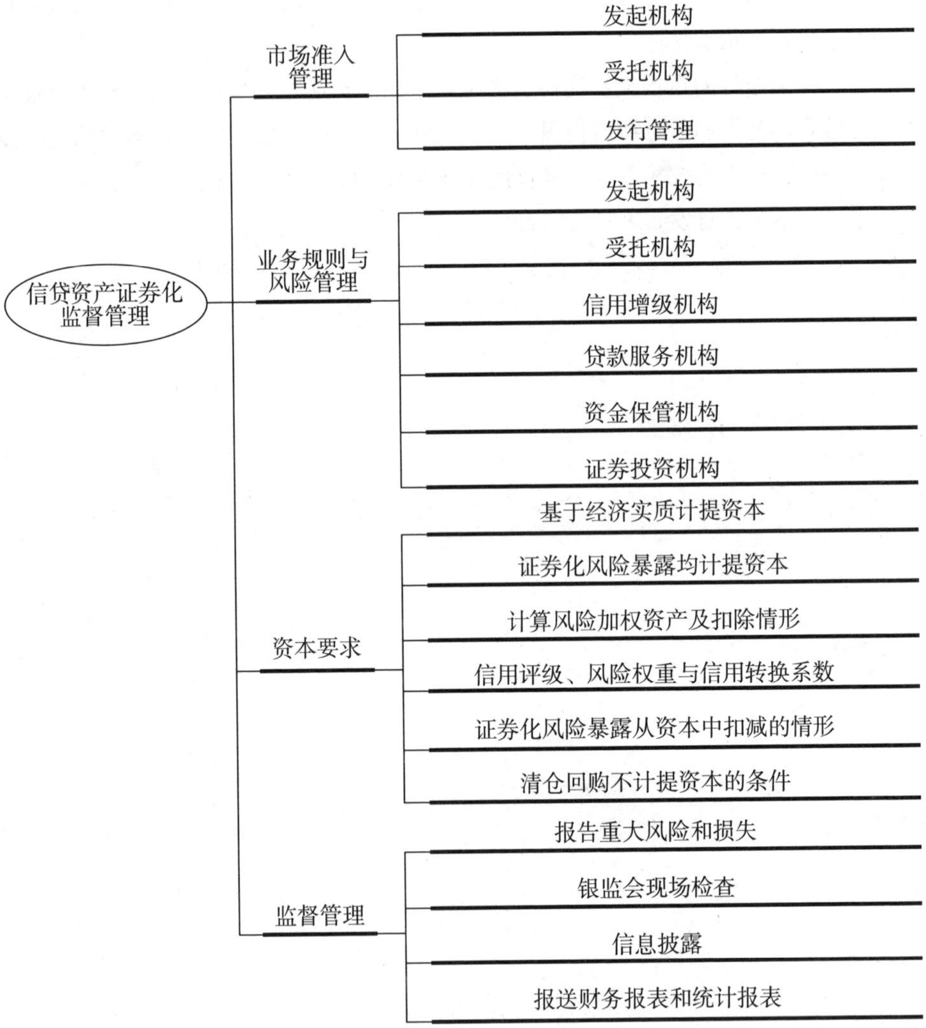

【文件内容】

## 第一章 总 则

第一条 【立法目的】

为**规范信贷资产证券化试点工作，促进金融机构审慎开展信贷资产证券化业务，有效管理和控制信贷资产证券化业务中的相关风险，保护投资人及相关当事人的合法权益**，根据《中华人民共和国银行业监督管理法》、《中华人民共和国商业银行法》、《中华人民共和国信托法》等有关法律、行政法规和《信贷资产证券化试点管理办法》，制定本办法。

第二条 【金融机构定义】

本办法所称金融机构，是指在**中华人民共和国境内**依法设立的**商业银行、政策性银行、信托投资公司、财务公司、城市信用社、农村信用社**以及中国银行业监督管理委员会（以下简称银监会）依法监督管理的**其他金融机构**。

第三条 【适用范围】

在中华人民共和国境内，**银行业金融机构作为发起机构**，将**信贷资产**信托给**受托机构**，由受托机构以**资产支持证券**的形式向投资机构发行**受益证券**，**以该财产所产生的现金**支付**资产支持证券收益**的**结构性融资活动**，适用本办法。

第四条 【金融机构的角色】

金融机构作为信贷资产证券化**发起机构**、**受托机构**、**信用增级机构**、**贷款服务机构**、**资金保管机构**、**资产支持证券投资机构**等从事信贷资产证券化业务活动，应当依照有关法律、行政法规、部门规章的规定和信贷资产证券化相关法律文件的约定，**履行相应职责**，并有效地**识别**、**计量**、**监测和控制**相关风险。

第五条 【银监会实施监督管理】

**银监会**依法对金融机构的**信贷资产证券化业务活动**实施**监督管理**。

**未经银监会批准**，金融机构**不得**作为信贷资产证券化发起机构或者特定目的信托受托机构从事信贷资产证券化业务活动。

## 第二章 市场准入管理

第六条 【信贷资产证券化发起机构定义】

信贷资产证券化发起机构是指通过**设立特定目的的信托转让信贷资产**的金融机构。

第七条 【信贷资产证券化发起机构的条件】

银行业金融机构作为信贷资产证券化发起机构，通过设立特定目的的信托转让信贷资产，应当具备以下条件：

（一）具有**良好的社会信誉和经营业绩**，**最近三年内**没有重大违法、违规行为；

（二）具有良好的公司治理、风险管理体系和内部控制；

（三）对开办信贷资产证券化业务具有合理的目标定位和明确的战略规划，并且符合其总体经营目标和发展战略；

（四）具有适当的特定目的信托受托机构选任标准和程序；

（五）具有开办信贷资产证券化业务所需要的专业人员、业务处理系统、会计核算系统、管理信息系统以及风险管理和内部控制制度；

（六）最近三年内没有从事信贷资产证券化业务的不良记录；

（七）银监会规定的其他审慎性条件。

第八条 【特定目的信托受托机构定义】

特定目的信托受托机构是指在信贷资产证券化过程中，因承诺信托而负责管理特定目的信托财产并发行资产支持证券的机构。受托机构由依法设立的信托投资公司或者银监会批准的其他机构担任。

第九条 【特定目的信托受托机构的条件】

信托投资公司担任特定目的信托受托机构，应当具备以下条件：

（一）根据国家有关规定完成重新登记三年以上；

（二）注册资本不低于五亿元人民币，并且最近三年年末的净资产不低于五亿元人民币；

（三）自营业务资产状况和流动性良好，符合有关监管要求；

（四）原有存款性负债业务全部清理完毕，没有发生新的存款性负债或者以信托等业务名义办理的变相负债业务；

（五）具有良好的社会信誉和经营业绩，到期信托项目全部按合同约定顺利完成，没有挪用信托财产的不良记录，并且最近三年内没有重大违法、违规行为；

（六）具有良好的公司治理、信托业务操作流程、风险管理体系和内部控制；

（七）具有履行特定目的信托受托机构职责所需要的专业人员、业务处理系统、会计核算系统、管理信息系统以及风险管理和内部控制制度；

（八）已按照规定披露公司年度报告；

（九）银监会规定的其他审慎性条件。

第十条 【信托投资公司申请特定目的信托受托机构资格的文件】

信托投资公司申请特定目的信托受托机构资格，应当向银监会提出申请，并且报送下列文件和资料（一式三份）：

（一）申请报告；

（二）公司营业执照、注册资本证明和重新登记完成三年以上的证明；

（三）管理特定目的信托财产的操作规程、会计核算制度、风险管理和内部控制制度；

（四）管理特定目的信托财产的**业务主管人员和主要业务人员**的名单和履历；

（五）公司**最近三个会计年度**经审计的财务报表；

（六）申请人**自律承诺书**；

（七）银监会要求提交的其他文件和资料。

第十一条　【资格申请受理时限】

银监会应当**自收到信托投资公司的完整申请材料之日起五个工作日**内决定是否受理申请。银监会决定不受理的，应当书面通知申请人并说明理由；决定受理的，应当**自受理之日起一个月内**做出批准或者不批准的书面决定。

第十二条　【其他金融机构申请特定目的的信托受托机构资格】

其他金融机构申请特定目的的信托受托机构资格的市场准入条件和程序，由银监会**另行制定**。

第十三条　【发行申请需报送的文件】

银行业金融机构作为发起机构，将信贷资产信托给受托机构，由受托机构以资产支持证券的形式向投资机构发行受益证券，应当由符合本办法第七条规定条件的银行业金融机构与获得特定目的的信托受托机构资格的金融机构向银监会联合提出申请，并且报送下列文件和资料（一式三份）：

（一）由发起机构和受托机构**联合签署**的申请报告；

（二）可行性研究报告；

（三）信贷资产证券化**业务计划书**；

（四）信托合同、贷款服务合同、资金保管合同及其他相关法律文件草案；

（五）执业律师出具的**法律意见书草案**、注册会计师出具的**会计意见书草案**、资信评级机构出具的**信用评级报告草案**及有关持续跟踪评级安排的说明；

（六）发起机构**对特定目的的信托受托机构的选任标准及程序**；

（七）发起机构信贷资产证券化的业务流程、会计核算制度、风险管理和内部控制制度；

（八）发起机构信贷资产证券化业务**主管人员和主要业务人员**的名单和履历；

（九）受托机构对**贷款服务机构、资金保管机构、信贷资产证券化交易中其他有关机构的选任标准及程序**；

（十）受托机构在信托财产收益支付的**间隔期**内，对信托财产收益进行**投资管理的原则**及**方式说明**；

（十一）银监会要求提交的其他文件和资料。

前款第（三）项所称信贷资产证券化业务计划书应当包括以下内容：

（一）发起机构、受托机构、贷款服务机构、资金保管机构及其他参与证券化交易的机构的**名称、住所及其关联关系说明**；

（二）发起机构、受托机构、贷款服务机构和资金保管机构**在以往证券化交易中的经验及违约记录说明**；

（三）设立特定目的信托的**信贷资产选择标准、资产池情况说明**及**相关统计信息**；

（四）**资产池信贷资产**的**发放程序、审核标准、担保形式、管理方法、违约贷款处置程序及方法**；

（五）交易结构及各参与方的**主要权利与义务**；

（六）信托财产现金流需要支付的**税费清单**，各种税费支付来源、支付环节和支付优先顺序；

（七）**资产支持证券发行计划**，包括资产支持证券的分档情况、各档次的本金数额、信用等级、票面利率、期限和本息偿付优先顺序；

（八）信贷资产证券化交易的**内外部信用增级方式**及相关合同草案；

（九）**清仓回购条款**等**选择性或强制性**的赎回或终止条款；

（十）该信贷资产证券化交易的**风险分析及其控制措施**；

（十一）拟在发行说明书**显著位置**对投资机构进行风险提示的内容；

（十二）银监会要求的其他内容。

第十四条　【发行申请受理时限】

银监会应当**自收到发起机构和受托机构联合报送的完整申请材料之日起五个工作日**内决定是否受理申请。银监会决定不受理的，应当书面通知申请人并说明理由；决定受理的，应当**自受理之日起三个月内**做出批准或者不批准的书面决定。

## 第三章　业务规则与风险管理

第十五条　【金融机构自主确定】

金融机构应当根据**本机构的经营目标、资本实力、风险管理能力和信贷资产证券化业务的风险特征**，确定是否从事信贷资产证券化业务以及参与的方式和规模。

第十六条　【建立业务处理程序和制度】

金融机构在开展信贷资产证券化业务之前，应当充分识别和评估可能面临的**信用风险、利率风险、流动性风险、操作风险、法律风险和声誉风险**等各类风险，建立相应的**内部审批程序、业务处理系统、风险管理和内部控制制度**，由**信贷管理部门、资金交易部门、风险管理部门、法律部门/合规部门、财务会计部门和结算部门**等相关部门对信贷资产证券化的业务处理和风险管理程序进行审核和认可，必要时还需获得**董事会或其授权的专门委员会**的批准。

第十七条 【风险管理政策和程序】

金融机构应当充分认识其因从事信贷资产证券化业务而承担的义务和责任，并根据其在信贷资产证券化业务中担当的具体角色，针对信贷资产证券化业务的风险特征，制定相应的风险管理政策和程序，以确保持续有效地**识别、计量、监测和控制**信贷资产证券化业务中的风险，同时**避免因**在信贷资产证券化交易中**担当多种角色**而可能**产生**的**利益冲突**。

金融机构应当将对信贷资产证券化业务的风险管理**纳入其总体的风险管理体系**。

第十八条 【管理层及业务人员知识要求】

金融机构的**董事会和高级管理层应当了解**信贷资产证券化**业务**及其所包含的**风险**，**确定**开展信贷资产证券化业务的**总体战略和政策**，确保具备从事信贷资产证券化业务和风险管理所需要的专业人员、管理信息系统和会计核算系统等人力、物力资源。从事信贷资产证券化业务和风险管理的**工作人员**应当充分了解信贷资产证券化业务的**法律关系**、**交易结构**、**主要风险**及其**控制方法和技术**。

## 第一节 发起机构

第十九条 【信贷资产的条件】

信贷资产证券化发起机构拟证券化的信贷资产应当符合以下条件：

（一）具有**较高的同质性**；

（二）能够产生**可预测的现金流收入**；

（三）符合法律、行政法规以及银监会等监督管理机构的有关规定。

第二十条 【转让信贷资产】

发起机构应当**按照公平的市场交易条件和条款转让信贷资产**，并且不得违反法律、行政法规、银监会等监督管理机构的有关规定以及贷款合同的约定。

第二十一条 【风险计提】

发起机构应当**准确区分和评估**通过信贷资产证券化交易**转移的风险**和**仍然保留的风险**，并**对所保留的风险**进行有效的**监测和控制**。

**发起机构**应当按照本办法第四章的有关规定，对所保留的**风险计提资本**。

第二十二条 【资产支持证券不是发起机构负债】

发起机构应当确保受托机构在资产支持证券发行说明书的**显著位置**提示投资机构：**资产支持证券不代表发起机构的负债，资产支持证券投资机构的追索权仅限于信托财产。发起机构除了承担在信托合同和可能在贷款服务合同等信贷资产证券化相关法律文件中所承诺的义务和责任外，不对信贷资产证券化业务活动中可能产生的其他损失承担义务和责任。**

## 第二节 特定目的信托受托机构

第二十三条 【报告发行情况时限】

特定目的信托受托机构应当**在资产支持证券发行结束后十个工作日内**，向银监会**报告资产支持证券的发行情况**，并向银监会报送与发起机构、信用增级机构、贷款服务机构和其他为信贷资产证券化交易提供服务的机构**正式签署的相关法律文件**。

在**资产支持证券存续期内**，受托机构应当向银监会报送所披露的**受托机构报告**。

第二十四条 【受托机构单独设账】

受托机构应当将**作为信托财产的信贷资产与其固有财产和其他信托财产分别记账，分别管理**。**不同证券化交易中的信托财产**也应当**分别记账，分别管理**。

第二十五条 【重大事项的报告】

受托机构应当在下列事项发生后五个工作日内向银监会报告：

（一）作为信托财产的**信贷资产质量发生重大变化**，可能无法按时向投资机构支付资产支持证券收益；

（二）**受托机构、贷款服务机构、资金保管机构违反**有关法律、行政法规、部门规章的**规定**或者信贷资产证券化相关法律文件**约定**，可能会影响资产支持证券收益的按时支付；

（三）**外部信用增级机构发生变更**；

（四）**资产支持证券和其他证券化风险暴露**的**信用评级发生变化**；

（五）**发生清仓回购**；

（六）银监会规定的其他可能导致信贷资产证券化业务活动产生重大损失的事项。

第二十六条 【受托机构的解任和更换】

**受托机构**因辞任、被资产支持证券持有人大会解任或者信托合同约定的其他情形而**终止履行职责**的，应当在**五个工作日内**向银监会报告。

**新受托机构**应当**自签署信托合同之日**起**五个工作日**内向银监会报告，并报送新签署的信托合同以及其他相关法律文件。

第二十七条 【贷款服务机构和资金保管机构的更换】

**贷款服务机构更换的**，受托机构应当及时通知借款人，并在**五个工作日**内向银监会报告，报送新签署的贷款服务合同。

**资金保管机构更换**的，受托机构应当在**五个工作日内**向银监会报告，并报送新签署的资金保管合同。

第二十八条 【资产支持证券不是受托机构负债】

受托机构应当在资产支持证券发行说明书的显著位置提示投资机构：资产支持证券仅代表特定目的信托受益权的相应份额，不是受托机构的负债。受托机构以信托财产为限向投资机构承担支付资产支持证券收益的义务，不对信贷资产证券化业务活动中可能产生的其他损失承担义务和责任。

## 第三节 信用增级机构

第二十九条 【信用增级定义】

本办法所称信用增级是指在信贷资产证券化交易结构中通过合同安排所提供的信用保护。信用增级机构根据在相关法律文件中所承诺的义务和责任，向信贷资产证券化交易的其他参与机构提供一定程度的信用保护，并为此承担信贷资产证券化业务活动中的相应风险。

第三十条 【信用增级的方式】

信用增级可以采用内部信用增级和/或外部信用增级的方式提供。内部信用增级包括但不限于超额抵押、资产支持证券分层结构、现金抵押账户和利差账户等方式。外部信用增级包括但不限于备用信用证、担保和保险等方式。

第三十一条 【信用增级的区分】

金融机构提供信用增级，应当在信贷资产证券化的相关法律文件中明确规定信用增级的条件、保护程度和期限，并将因提供信用增级而承担的义务和责任与因担当其他角色而承担的义务和责任进行明确的区分。

第三十二条 【信用增级的原则】

金融机构应当在法律、行政法规和银监会等监督管理机构有关规定允许的范围内，按照公平的市场交易条件和条款，约定提供信用增级的条件、条款及其所承担的义务和责任。

第三十三条 【信用增级仅限于承诺的范围】

信用增级机构应当确保受托机构在资产支持证券发行说明书中披露信贷资产证券化交易中的信用增级安排情况，并在其显著位置提示投资机构：信用增级仅限于在信贷资产证券化相关法律文件所承诺的范围内提供，信用增级机构不对信贷资产证券化业务活动中可能产生的其他损失承担义务和责任。

第三十四条 【商业银行信用增级需计提资本】

商业银行为信贷资产证券化交易提供信用增级，应当按照本办法第四章的有关规定计提资本。

## 第四节 贷款服务机构

第三十五条 【贷款服务机构的定义】

**贷款服务机构**是指在信贷资产证券化交易中，接受受托机构委托，**负责管理贷款**的机构。贷款服务机构应当由**在中华人民共和国境内依法设立**并具有**经营贷款业务资格**的金融机构担任。

第三十六条　【发起机构担任贷款服务机构的情形】

贷款服务机构可以是信贷资产证券化的发起机构。**贷款服务机构为发起机构的**，应当与受托机构**签署单独的贷款服务合同**。

第三十七条　【贷款服务机构的职责】

贷款服务机构根据与受托机构签署的贷款服务合同，**收取证券化资产的本金、利息和其他收入**，并**及时、足额转入**受托机构在**资金保管机构**开立的**资金账户**。

第三十八条　【贷款服务机构单独设账】

贷款服务机构应当制定管理证券化资产的政策和程序，由**专门的业务部门**负责履行贷款管理职责。证券化资产应当**单独设账**，与贷款服务机构自身的信贷资产**分开管理**。不同信贷资产证券化交易中的证券化资产也应当**分别记账，分别管理**。

第三十九条　【专业人员和配套系统】

贷款服务机构履行贷款服务职能，应当具备所需要的**专业人员**以及相应的**业务处理系统**和**管理信息系统**。

第四十条　【贷款服务费用】

**贷款服务费用**应当按照**公平的市场交易条件和条款**确定。

第四十一条　【贷款服务机构不对损失承担义务和责任】

贷款服务机构应当确保受托机构在资产支持证券发行说明书的**显著位置**提示投资机构：**贷款服务机构根据贷款服务合同履行贷款管理职责，并不表明其为信贷资产证券化业务活动中可能产生的损失承担义务和责任。**

第四十二条　【贷款服务机构是否计提资本的判定】

**银监会根据**贷款服务机构在信贷资产证券化业务活动中所承担义务和责任的经济实质，**判断**其是否形成**证券化风险暴露**。**如果形成证券化风险暴露，贷款服务机构应当**按照本办法第四章的有关规定**计提资本**。

## 第五节　资金保管机构

第四十三条　【资金保管机构的定义】

**资金保管机构**是指在信贷资产证券化交易中，接受受托机构委托，**负责保管信托财产账户资金**的机构。

**信贷资产证券化发起机构**和**贷款服务机构不得担任同一交易的资金保管机构**。

第四十四条　【资金保管机构的条件】

受托机构应当选择具备下列条件的商业银行担任资金保管机构：

（一）有**专门的业务部门**负责履行信托资金保管职责；

（二）具有健全的**资金保管制度**和**风险管理**、**内部控制制度**；

（三）具备**安全保管信托资金**的条件和能力；

（四）具有**足够的熟悉信托资金保管业务**的专职人员；

（五）具有**安全高效的**清算、交割系统；

（六）具有**符合要求的**营业场所、安全防范设施和与保管信托资金有关的其他设施；

（七）**最近三年内**没有**重大**违法、违规行为。

第四十五条　【资金保管机构单独设账】

资金保管机构应当为**每项**信贷资产证券化信托资金**单独设账**，**单独管理**，并将所保管的信托资金**与其自有资产**和**管理的其他资产**严格**分开**管理。

第四十六条　【资金保管机构发现投资指令不合规的报告义务】

在向资产支持证券投资机构支付信托财产收益的间隔期内，资金保管机构发现**对信托财产收益进行投资管理的投资指令违反**法律、行政法规、其他有关**规定**或者资金保管合同**约定**的，**应当及时**向银监会**报告**。

## 第六节　资产支持证券投资机构

第四十七条　【合格投资者】

金融机构按照法律、行政法规和银监会等监督管理机构的有关规定**可以买卖政府债券、金融债券的**，也可以在法律、行政法规和银监会等监督管理机构有关规定允许的范围内投资资产支持证券。

第四十八条　【投资机构的专业要求】

金融机构投资资产支持证券，应当充分了解可能面临的**信用风险**、**利率风险**、**流动性风险**、**法律风险等**各类风险，制定相应的投资管理政策和程序，建立投资资产支持证券的业务处理系统、管理信息系统和风险控制系统。

参与资产支持证券投资和风险管理的**工作人员**应当在**充分了解**信贷资产证券化的**交易结构**、**资产池资产状况**、**信用增级情况**、**信用评级情况**等信息的基础上做出投资决策，分析资产支持证券的风险特征并运用相应的风险管理方法和技术控制相关风险。

第四十九条　【资产池信用风险管理】

金融机构投资资产支持证券，将**面临资产池资产所包含的信用风险**。金融机构应当根据资产池资产的客户、地域和行业特征，**将其纳入本机构统一的信用风险管理体系，包括对风险集中度的管理**。

第五十条　【内部限额管理】

金融机构投资资产支持证券，应当实行**内部限额管理**，根据本机构的风险偏好、资本实力、风险管理能力和信贷资产证券化的风险特征，**设定并定期审查、更新资产支持证券的投资限额、风险限额、止损限额**等，同时对超限额情况制定监控和处理程序。

第五十一条 【投资与风控部门相对独立、前后台严格分离】

金融机构**负责资产支持证券投资的部门**应当与**负责风险管理的部门**保持**相对独立**。在负责资产支持证券投资的部门内部，应当将**前台与后台严格分离**。

第五十二条 【发起机构和受托机构投资的限制及例外】

信贷资产证券化**发起机构不得投资由其发起的**资产支持证券，**但**发起机构**持有最低档次**资产支持证券的**除外**。

特定目的信托**受托机构不得**用所有者权益项下的资金或者信托资金**投资由其发行的**资产支持证券，**但**受托机构依据有关规定（或合同）**进行提前赎回的除外。**

第五十三条 【其他参与机构投资应建立内部风险隔离机制】

信贷资产证券化的**其他参与机构投资**在**同一证券化交易**中发行的资产支持证券，应当建立有效的**内部风险隔离机制**，由与在证券化交易中履行其他职责（如贷款服务和资金保管职责）**相独立的部门负责**资产支持证券的投资管理，并且**不得利用信息优势**进行**内幕交易**或者**操纵市场**。

第五十四条 【商业银行投资应计提资本】

**商业银行投资资产支持证券，应当**按照本办法第四章的有关规定**计提资本**。

第五十五条 【信托投资公司投资的规定】

信托投资公司**所有者权益项下**依照规定**可以运用的资金**以及**信托项下**委托人**不为自然人的信托资金**，可以投资于资产支持证券。信托投资公司**所有者权益项下**资产支持证券的**投资余额不得超过其净资产的50%**，**自用固定资产**、**股权投资**和**资产支持证券**的**投资余额总和不得超过**其**净资产**的**80%**。

## 第四章 资本要求

第五十六条 【商业银行计算资本充足率】

**从事信贷资产证券化业务的商业银行**应当按照《商业银行资本充足率管理办法》和本办法**计算资本充足率**。

第五十七条 【基于经济实质计提资本】

为充分抵御因从事信贷资产证券化业务而承担的风险，商业银行**应当基于**信贷资产证券化业务的**经济实质**，而不仅限于法律形式**计提资本**。

第五十八条 【证券化风险暴露】

**商业银行因从事信贷资产证券化业务而形成的风险暴露**称为**证券化风险暴露**。

证券化风险暴露包括但不限于资产支持证券和信用增级。储备账户如果作为发起机构的资产，应当视同于证券化风险暴露。

前款所称储备账户包括但不限于现金抵押账户和利差账户。

第五十九条 【证券化风险暴露均应计提资本】

商业银行作为信贷资产证券化发起机构、信用增级机构、投资机构或者贷款服务机构等从事信贷资产证券化业务，只要产生了证券化风险暴露，就应当计提相应的资本。

银监会有权根据信贷资产证券化业务的经济实质，判断商业银行是否持有证券化风险暴露，并确定应当如何计提资本。

第六十条 【计算风险加权资产扣减证券化信贷资产的情形】

在符合下列所有条件的情况下，发起机构才能在计算风险加权资产时扣减被证券化的信贷资产：

（一）与被转让信贷资产相关的重大信用风险已经转移给了独立的第三方机构。

（二）发起机构对被转让的信贷资产不再拥有实际的或者间接的控制。

发起机构证明对被转让的信贷资产不再拥有实际的或者间接的控制，至少需要由执业律师出具法律意见书，表明发起机构与被转让的信贷资产实现了破产隔离。

发起机构对被转让的信贷资产保留实际的或者间接的控制，包括但不限于下列情形：

1. 发起机构为了获利，可以赎回被转让的信贷资产，但发起机构按照《信贷资产证券化试点管理办法》第十四条规定，因已转让的信贷资产被发现在入库起算日不符合信托合同约定的范围、种类、标准和状况而被要求赎回或置换的除外；

2. 发起机构有义务承担被转让信贷资产的重大信用风险。

（三）发起机构对资产支持证券的投资机构不承担偿付义务和责任。

（四）在信托合同和信贷资产证券化其他相关法律文件中不包括下列条款：

1. 要求发起机构改变资产池中的资产，以提高资产池的加权平均信用质量，但通过以市场价格向独立的第三方机构转让资产除外；

2. 在信贷资产转让之后，仍然允许发起机构追加第一损失责任或者加大信用增级的支持程度；

3. 在资产池信用质量下降的情况下，增加向除发起机构以外的其他参与机构支付的收益。

（五）清仓回购符合本办法第六十八条所规定的条件。

在符合上述（一）至（五）项条件的情况下，发起机构仍然应当为所保留的证券化风险暴露计提资本。

在上述（一）至（五）项条件中**任何一项不符合**的情况下，发起机构都应当按照**资产证券化前的资本要求计提资本**。

第六十一条　【银监会决定资信评级是否作为风险权重依据】

**银监会**按照客观性、独立性、国际通用性、信息披露充分性、可信度、资源充足性、对资产支持证券评级的专业能力、评级方法和结果的公开性、市场接受程度等标准，**确定资信评级机构对信贷资产证券化交易的评级**是否可以**作为确定风险权重的依据**。

第六十二条　【信用评级作为风险权重依据的情形】

银监会**认可**资信评级机构对信贷资产证券化交易的信用评级**作为确定风险权重依据的**，证券化风险暴露的风险权重按照本办法附录所示的对应关系确定。

**长期评级在 BB+（含 BB+）到 BB-（含 BB-）之间的**，**非发起机构**应当对所**持有的证券化风险暴露**运用**350%**的风险权重，**发起机构**应当将**证券化风险暴露**从资本中**扣减**。

**最高档次的证券化风险暴露未进行评级的**，按照被转让信贷资产的**平均风险权重**确定风险权重。**其他未评级的证券化风险暴露，从资本中扣减**。

第六十三条　【评级结果不同的处理】

同一证券化风险暴露具有**两个不同的评级结果**时，商业银行应当运用所对应的**较高**风险权重。

同一证券化风险暴露具有**三个或者三个以上**的评级结果时，商业银行应当从所对应的**两个较低的风险权重中选用较高的**一个风险权重。

本办法采用**标准普尔的评级符号**仅为**示例目的**，银监会**不指定**资信评级机构的选用。

第六十四条　【信用评级没有或不被认可的处理】

信贷资产证券化交易**没有信用评级或者信用评级未被银监会认可**作为风险权重依据的，商业银行应当区别以下情形，为证券化风险暴露计提资本：

（一）**将第一损失责任从资本中扣减**；

（二）对**最高档次的证券化风险暴露**，按照被转让信贷资产的**平均风险权重确定风险权重**；

（三）对**其他的证券化风险暴露**，运用**100%的风险权重**。

**证券化风险暴露**由《商业银行资本充足率管理办法》规定的**保证主体提供**具有风险缓释作用的**保证的**，按照**对保证人直接债权的风险权重**确定风险权重。

第六十五条　【证券化风险暴露的信用转换系数】

对**表外的证券化风险暴露**，运用**100%的信用转换系数**。

第六十六条 【提供保证的风险权重确定】

商业银行**为信贷资产证券化交易提供保证的**，不论资产证券化交易的信用评级是否作为确定风险权重的依据，都应当根据本办法第六十四条的规定**确定被保证对象的风险权重**，并**以此作为该项保证的风险权重**。

第六十七条 【证券化风险暴露从资本中扣减的情形】

在**将证券化风险暴露从资本中扣减**的情况下，应当**首先从需要扣减的证券化风险暴露中扣除所计提的专项准备或者减值准备**，然后**再从核心资本和附属资本中分别扣减扣除专项准备或者减值准备后证券化风险暴露的50%**。

第六十八条 【清仓回购不计提资本的条件】

如果信贷资产证券化交易合同中含有**清仓回购**条款，在符合下列条件的情况下，发起机构**可以不为其计提资本**：

（一）发起机构有权决定是否进行清仓回购，清仓回购的行使**无论在形式还是实质上都不是强制性的**；

（二）清仓回购安排**不会免除信用增级机构**或者**资产支持证券投资机构理应承担的损失，或者被用来提供信用增级**；

（三）**只有**在资产池或者以该资产池为基础发行的资产支持证券余额**降至10%或者10%以下**时，才能进行清仓回购。

在上述**任何一项条件不符合**的情况下，发起机构都应当按照**资产证券化前的资本要求计提资本**。

第六十九条 【计提资本的上限】

商业银行**为信贷资产证券化业务所计提的资本**，以**被转让信贷资产证券化前的资本要求为上限**。

第七十条 【提供隐性支持计提资本的情形】

商业银行**以超过合同义务的方式为信贷资产证券化交易提供隐性支持的**，银监会有权要求其按照**被转让信贷资产证券化前的资本要求计提资本**，并要求其**公开披露所提供的隐性支持**和**为此需要增加的资本**。

商业银行提供隐性支持的方式包括但不限于以下情形：

（一）以**高于市场价格的方式从资产池赎回部分资产**，或**赎回资产池中信用质量下降的资产**，但发起机构按照《信贷资产证券化试点管理办法》第十四条规定，**因已转让的信贷资产**被发现**在入库起算日不符合信托合同约定的范围、种类、标准和状况**而被要求**赎回或置换**的除外；

（二）以**打折的方式**向资产池**再次注入**信贷资产；

（三）**增加合同约定之外**的**第一损失责任**。

## 第五章 监督管理

第七十一条 【金融机构报送义务】

从事信贷资产证券化业务活动的金融机构应当按照规定向银监会**报送与信贷资产证券化业务有关的财务会计报表、统计报表和其他报告**。有关规定由银监会另行制定。

第七十二条 【重大风险和损失报告】

从事信贷资产证券化业务活动的金融机构在信贷资产证券化业务中**出现重大风险和损失时，应当及时向银监会报告，并提交应对措施**。

第七十三条 【银监会现场检查】

**银监会**应当根据金融机构在信贷资产证券化业务中担当的具体角色，定期对其信贷资产证券化业务的**合规性和风险状况进行现场检查**。

第七十四条 【信息披露的内容】

金融机构应当按照银监会关于信息披露的有关规定，披露其从事信贷资产证券化业务活动的有关信息，披露的信息应当至少包括以下内容：

（一）**从事信贷资产证券化业务活动的目的；**

（二）**在信贷资产证券化业务活动中担当的角色、提供的服务、所承担的义务、责任及其限度；**

（三）**当年所开展的信贷资产证券化业务概述；**

（四）**发起机构的信用风险转移或者保留程度；**

（五）**因从事信贷资产证券化业务活动而形成的证券化风险暴露及其数额；**

（六）**信贷资产证券化业务的资本计算方法和资本要求；**

（七）**对所涉及信贷资产证券化业务的会计核算方式。**

金融机构应当在**每个会计年度终了后的四个月**内披露上述信息。因特殊原因不能按时披露的，应当**至少提前十五个工作日**向银监会申请延期。

第七十五条 【金融机构违规的处理】

金融机构**违反本办法第三章规定的审慎经营规则**从事信贷资产证券化业务活动，或者**未按照本办法第四章有关规定计提资本的**，应当根据银监会提出的整改建议，在**规定的时限内向银监会提交整改方案**并**采取整改措施**。

对于在规定的时限内**未能采取有效整改措施或者其行为造成重大损失**的金融机构，银监会有权采取下列措施：

（一）**暂停金融机构开展新的信贷资产证券化业务；**

（二）**责令调整董事、高级管理人员或者限制其权利；**

（三）《中华人民共和国银行业监督管理法》第三十七条规定的其他措施。

第七十六条 【取消特定目的受托机构资格的情形】

特定目的的信托受托机构有下列情形之一的，银监会有权**取消其担任特定目的的信托受托机构的资格**：

（一）**经营状况发生恶化，连续两年出现亏损**；

（二）在担任特定目的的信托受托机构期间**出现重大失误，未能尽职管理信托财产**而被解任；

（三）**严重损害**信托财产以及信贷资产证券化发起机构、投资机构和其他相关机构的利益；

（四）银监会认为影响其履行受托机构职责的其他重大事项。

## 第六章 法律责任

第七十七条 【未经批准从事信贷资产证券化业务活动的处罚】

**未经银监会批准**，金融机构作为信贷资产证券化发起机构或者特定目的的信托受托机构**从事信贷资产证券化业务活动的**，由银监会依据《中华人民共和国银行业监督管理法》**第四十四条**的规定，予以处罚。

第七十八条 【违规从事信贷资产证券化业务的处罚】

金融机构从事信贷资产证券化业务活动，有下列情形之一的，由银监会依据《中华人民共和国银行业监督管理法》第四十五条的规定，予以处罚：

（一）**违反本办法规定投资资产支持证券**，或者**严重违反**本办法第三章、第四章规定的**其他审慎经营规则**的；

（二）**提供虚假的或者隐瞒重要事实的报表、报告等文件、资料**的；

（三）**未按照规定进行风险揭示或者信息披露**的；

（四）**拒绝执行**本办法**第七十五条**规定的措施的。

第七十九条 【未按照规定报送文件资料的处罚】

金融机构从事信贷资产证券化业务活动，**未按照规定向银监会报告或者报送有关文件、资料的**，由银监会依据《中华人民共和国银行业监督管理法》**第四十六条**的规定，予以处罚。

第八十条 【其他违法违规行为的处罚】

金融机构从事信贷资产证券化业务活动的**其他违法违规行为，由银监会**依据《中华人民共和国银行业监督管理法》、《中华人民共和国商业银行法》、《中华人民共和国信托法》、《金融违法行为处罚办法》等有关法律、行政法规，**予以处罚**。

第八十一条 【直接负责人员的处罚】

金融机构从事信贷资产证券化业务活动，违反有关法律、行政法规和部门规章规定的，银监会除依照本办法第七十七条至第八十条规定处罚外，还可以依据《中华人民共和国银行业监督管理法》第四十七条和《金融违法行为处罚办法》的相关规定，**对直接负责的董事、高级管理人员和其他直接责任人员进行处理；构成犯罪的，依法追究刑事责任**。

## 第七章　附　　则

第八十二条　【商业银行投资境外资产支持证券的情形】

**商业银行投资境外资产支持证券，参照本办法**计提资本。

第八十三条　【其他金融机构的资本要求】

从事信贷资产证券化业务活动的**农村合作银行、城市信用社、农村信用社、财务公司**计算证券化风险暴露的资本要求，**比照适用本办法**。从事信贷资产证券化业务活动的外国银行在华分行参照本办法计算营运资金加准备金等之和中的人民币份额与其风险资产中的人民币份额的比例。

第八十四条　【不适用资本充足率考核的金融机构】

**信托投资公司以外的不适用于资本充足率考核的金融机构**投资资产支持证券的有关规定，由银监会另行制定。

第八十五条　【未设董事会的金融机构】

未设立董事会的金融机构，应当**由其经营决策机构**履行本办法规定的董事会的有关职责。

第八十六条　【术语定义】

本办法下列用语的含义：

（一）“**超额抵押**”是指在信贷资产证券化交易中，将**资产池价值超过资产支持证券票面价值的差额**作为信用保护的一种**内部信用增级**方式，该差额用于弥补信贷资产证券化业务活动中可能会产生的损失。

（二）“**资产支持证券分层结构**”是指在信贷资产证券化交易中，将**资产支持证券按照受偿顺序分为不同档次证券**的一种**内部信用增级**方式。在这一分层结构中，较高档次的证券比较低档次的证券在本息支付上享有优先权，因此具有较高的信用评级；较低档次的证券先于较高档次的证券承担损失，以此为较高档次的证券提供信用保护。

（三）“**现金抵押账户**”是指信贷资产证券化交易中的一种**内部信用增级**方式。现金抵押账户资金**由发起机构提供或者来源于其他金融机构的贷款**，用于弥补信贷资产证券化业务活动中可能产生的损失。

（四）“**利差账户**”是指信贷资产证券化交易中的一种**内部信用增级**方式。利差账户资金来源于**信贷资产利息收入和其他证券化交易收入减去资产支持证券利息支出和其他证券化交易费用之后所形成的超额利差**，用于弥补信贷资产证券化业务活动中可能产生的损失。

（五）“**第一损失责任**”是指**信用增级机构**向信贷资产证券化交易中的**其他参与机构**提供的**首要的财务支持**或者**风险保护**。

（六）“**清仓回购**”是指在全部偿还资产池资产或者资产支持证券之前，**赎回证券化风险暴露的一种选择权**。清仓回购的通常做法是在资产池或者资产支持证券余额降至一定的水平之后，赎回剩余的证券化风险暴露。

第八十七条　【解释权归属】

本办法由**银监会**负责解释。

第八十八条　【施行时间】

本办法自**2005年12月1日**起施行。

**附录：**

**长期评级与风险权重对应表**

| 长期信用评级 | AAA到AA－ | A＋到A－ | BBB＋到BBB－ | BB＋到BB－ | B＋以下或者未评级 |
|---|---|---|---|---|---|
| 风险权重 | 20% | 50% | 100% | 350%或者扣减 | 扣减 |

**短期评级与风险权重对应表**

| 短期信用评级 | A－1/P－1 | A－2/P－2 | A－3/P－3 | 其他评级或者未评级 |
|---|---|---|---|---|
| 风险权重 | 20% | 50% | 100% | 扣减 |

## 2.2.2 《中国银监会办公厅关于进一步加强信贷资产证券化业务管理工作的通知》(2008 年 2 月 4 日 银监办发〔2008〕23 号)

**【重点提示】**

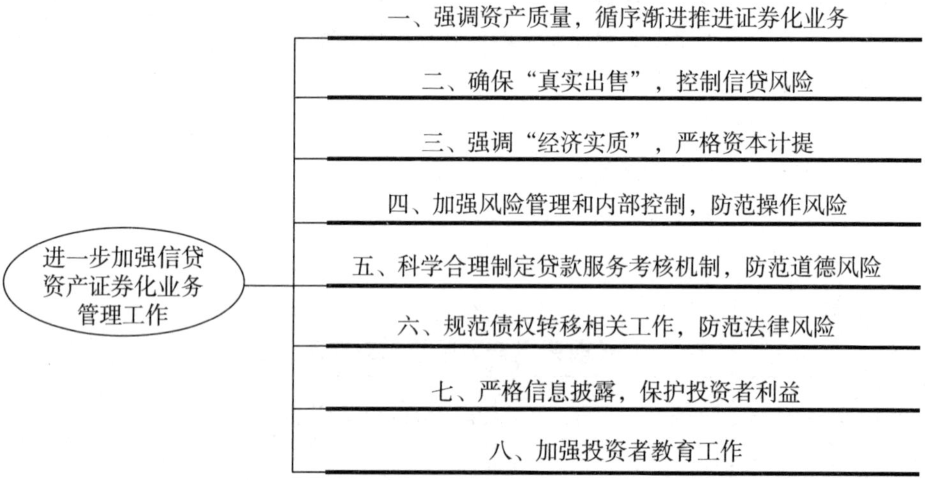


**【文件内容】**

国家开发银行，中国工商银行、中国农业银行、中国银行、中国建设银行、交通银行，各股份制商业银行：

自 2005 年信贷资产证券化试点工作启动以来，部分银行相继开办了该项业务，业务规模日益扩大。为保障信贷资产证券化业务的稳健发展，切实加强风险监管，现就有关事项通知如下：

一、**强调资产质量，循序渐进推进证券化业务**。各行要根据自身业务水平及管理能力等情况循序渐进发展证券化业务。鉴于目前市场情况及投资者风险偏好和承受能力，应强调资产质量，**证券化资产以好的和比较好的资产为主；如试点不良资产证券化**，由于其风险特征完全不同，各行要切实**做好违约风险和信用（经营）风险的分散和信息披露工作**。

二、确保“**真实出售**”，控制信贷风险。一是**发起行**要切实落实证券化资产的“**出表**”要求，做到真实出售，降低银行信贷风险；二是**发起行**要准确**区分和评估**交易**转移的风险**和**仍然保留的风险**，对保留的风险必须进行有效的监测和控制。

三、强调“**经济实质**”，严格资本计提。参与证券化业务的相关银行要严格遵循资本监管的有关要求，对于风险的衡量应依据交易的“经济实质”，而不仅仅是“法律形式”，准确判断资产证券化是否实现了风险的有效转移，对于**因证券发起、信用增级、投资以及贷款服务**等形成的**证券化风险暴露**都要**计提资本**，确保资本充足和审慎经营。

四、加强**风险管理和内部控制**，防范操作风险。一是**在发起资产支持证券时**，发起行应建立针对性较强的证券化业务内部风险管理制度，具体内容应涵盖业务流程与管理、基础资产选调流程、证券化业务会计处理方法等。要确保**将信贷资产证券化业务风险管理纳入总体风险管理体系**，持续有效地识别、计量、监测和控制各类相关风险。二是**在履行贷款服务功能时**，贷款服务银行要明确信息提供、资金划付等工作的业务操作流程和内部规章制度，建立严格的**内部监督审核机制**，动态监控系统运行情况，提高系统功能完备性及稳定性，优化信息系统支持，明确每一个环节的时间截点，确保**严格履行相关合同中的义务**。

五、科学合理制定**贷款服务考核机制**，防范道德风险。贷款服务银行应建立健全证券化资产管理服务的内部规章和标准，明确岗位职责，充实人员，规范服务管理行为，建立相应的激励考核机制，**将证券化贷款管理尽职情况纳入对相关人员的考核范围**，确保管理水平达到交易文件约定标准，切实防范贷款服务道德风险。尤其是**对于证券化后出现借款人违约的贷款**，要切实**加大催收力度**，提高催收要求和处置效率，实施动态监控，降低操作风险和声誉风险。

六、**规范债权转移**相关工作，防范法律风险。一是发起行应**聘请**具有良好专业能力和丰富经验的**律师事务所**、**承销商**、**会计顾问**、**评级机构**等专业机构，确保业务各个环节、步骤的规范运作。二是发起行应**与相关司法以及监管部门充分沟通**，确保交易结构设计以及实际操作依法合规。三是发起行按照相关规定**做好与债务人的沟通工作**，防止债务人对证券化业务产生误解，为信贷资产证券化业务提供方便，防范证券化业务可能引发的法律风险。

七、严格**信息披露**，保护投资者利益。参与证券化业务的相关银行要按照有关监管规定做好**基础资产池信息披露工作**，切实保护投资者利益。在向**次级证券投资者披露**基础资产信息时，应督促投资者按照相关约定**做好重要客户信息的保密工作**。

八、加强**投资者教育**工作。参与证券化业务的相关银行要**提高公众对信贷资产支持产品价值的认识**，充分揭示风险。同时，**做好投资者培养工作**，尤其是对**中小投资者**的培养工作。

## 2.2.3 《中国银行业监督管理委员会关于进一步规范银行业金融机构信贷资产转让业务的通知》（2010 年 12 月 3 日　银监发〔2010〕102 号）

【重点提示】

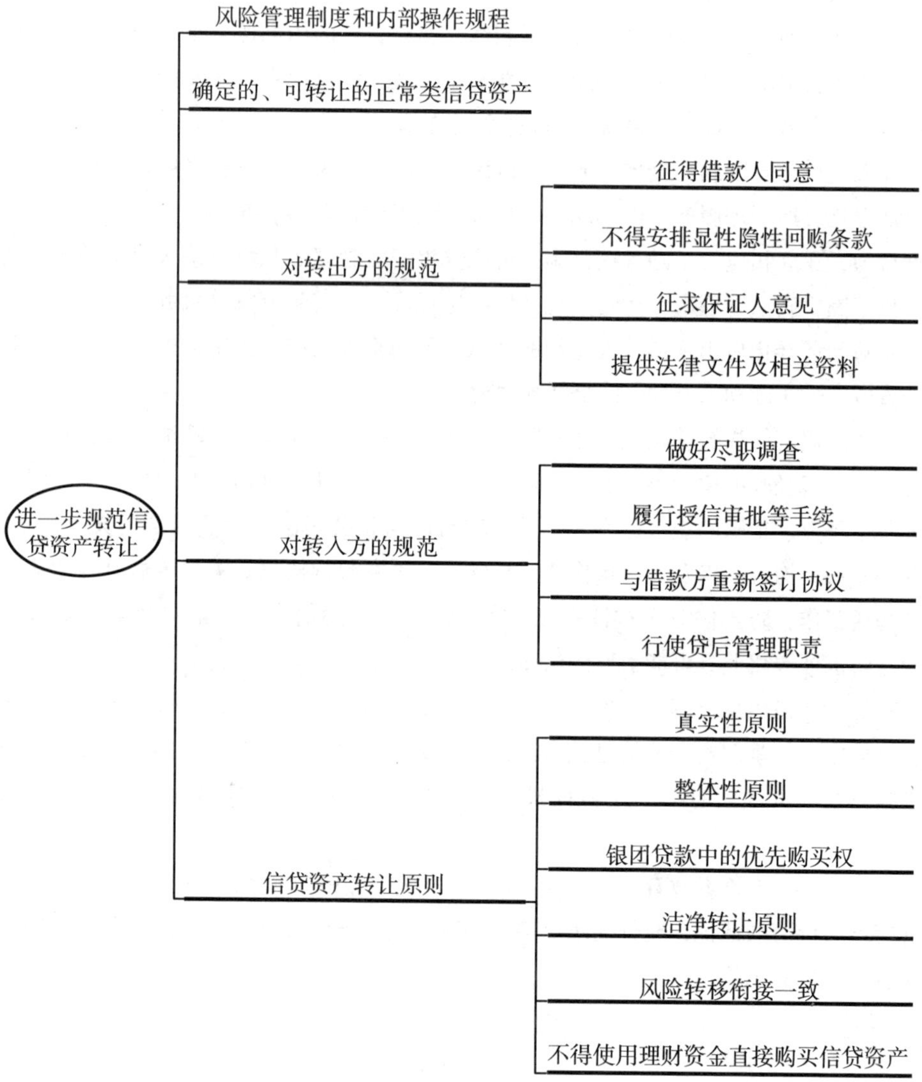


【文件内容】

为进一步规范**银行业金融机构信贷资产转让**，促进相关业务规范、有序、健康发展，现就有关事项通知如下：

一、银行业金融机构开展信贷资产转让业务，应当严格遵守国家法律、法规、规章和规范性文件的相关规定，**健全并严格执行相应风险管理制度和内部操作规程**。

二、本通知所称信贷资产是指**确定的、可转让的正常类信贷资产**，不良资产的转让与处置不适用本通知规定。

信贷资产的转出方应**征得借款人同意**方可进行信贷资产的转让，但原先签订的借款合同中**另有约定的除外**。

三、信贷资产**转入方**应当**做好**对拟转入信贷资产的**尽职调查**，包括但不限于**借款方资信状况、经营情况、信贷资产用途的合规性和合法性、担保情况**等。

信贷资产转入方应当将拟转入的信贷资产**提交授信审批部门**进行严格审查、核实，复评贷款风险度，提出审核意见，按规定履行审批手续。

四、银行业金融机构转让信贷资产应当遵守**真实性原则**，禁止资产的非真实转移。

转出方**不得安排任何显性或隐性的回购条款**；转让双方**不得采取签订回购协议、即期买断加远期回购等方式规避监管**。

五、银行业金融机构转让信贷资产应当遵守**整体性原则**，即**转让的信贷资产应当包括全部未偿还本金及应收利息**，不得有下列情形：

（一）将未偿还本金与应收利息分开；

（二）按一定比例分割未偿还本金或应收利息；

（三）将未偿还本金及应收利息整体按比例进行分割；

（四）将未偿还本金或应收利息进行期限分割。

银行业金融机构转让**银团贷款**的，转出方在进行转让时，应**优先整体转让给其他银团贷款成员**；如其他银团贷款成员**均无意愿**接受转让，且对转出方将其转给银团贷款成员之外的银行业金融机构**无异议**，转出**方可将其整体转让给银团贷款成员之外的**银行业金融机构。

六、银行业金融机构转让信贷资产应当遵守**洁净转让原则**，即实现**资产的真实、完全转让，风险的真实、完全转移**。

信贷资产转入方应当与信贷资产的借款方**重新签订协议**，确认变更后的债权债务关系。

拟转让的信贷资产**有保证人的**，转出方在信贷资产转让前，应当**征求保证人意见，保证人同意后**，可进行转让；**如保证人不同意**，转出方应和借款人协商，**更换保证人或提供新的抵质押物**，以实现信贷资产的安全转让。

拟转让的信贷资产**有抵质押物的**，应当**完成抵质押物变更登记手续**或**将质物移交占有、交付**，确保担保物权有效转移。

银行业金融机构在签订信贷资产转让协议时，应当明确双方权利和义务，转出方应当向转入方**提供资产转让业务涉及的法律文件和其他相关资料**；**转入方**应当行**使信贷资产的日常贷后管理职责**。

七、信贷资产转出方将信用风险、市场风险和流动性风险等**完全转移**给转入方后，应当在资产负债表内终止确认该项信贷资产，转入方应当在表内确认该项信贷资产，作为自有资产进行管理；转出方和转入方应当做到**衔接一致**，相关风险承担在任何时点上均**不得落空**。

信贷资产转让后，转出方和转入方的**资本充足率**、**拨备覆盖率**、**大额集中度**、**存贷比**、**风险资产**等监管指标的计算应当作出相应调整。

八、银行业金融机构应当严格按照《企业会计准则》关于"**金融资产转移**"的规定及其他相关规定进行**信贷资产转移确认**，并做相应的会计核算和账务处理。

九、银行业金融机构应当严格遵守**信贷资产转让和银信理财合作业务**的各项规定，**不得使用理财资金直接购买信贷资产**。

十、银行业金融机构开展信贷资产转让业务，不论是转入还是转出，应按照监管部门的要求**及时完成相应信息的报送**，并应当在**每个季度结束后30个工作日内**，向监管机构报送信贷资产转让业务报告。报告应当至少包括以下内容：

（一）信贷资产转让业务开展的**整体情况**；

（二）**具体的转让笔数**，每一笔交易的标的、金额、交易对手方、借款方、担保方或担保物权的情况等；

（三）信贷资产的**风险变化情况**；

（四）其他需要报告的情况。

十一、银行业金融机构开展信贷资产转让业务未能审慎经营，违反本通知规定的，监管机构可以根据《中华人民共和国银行业监督管理法》的有关规定，**责令其暂停信贷资产转让业务，给予相应处罚，并追究相关人员责任**。

请各银监局将本通知转发至辖内银监分局和银行业金融机构。

### 2.2.4 《资产证券化风险加权资产计量规则》（2012年6月7日中国银行业监督管理委员会令2012年第1号，附件9）

**【重点提示】**

中国银行业监督管理委员会令2012年第1号《商业银行资本管理办法（试行）》采用了分层结构，包括正文和17个附件，正文包括10章，180条。《商业银行资本管理办法（试行）》正文总体上符合巴塞尔III的资本监管框架，突出总体性、原则性和制度性要求，除总则和附则外，其余 8 章内容分别是资本充足率计算和监管要求、资本定义、各类风险加权资产计算、商业银行内部资本充足评估程序、资本充足率监督检查内容和监管措施，以及信息披露等。《商业银行资本管理办法（试行）》附件包括支持正文的具体技术性要求，包括风险暴露分类、信用风险内部评级法的监管要求、市场风险内部模型法监管要求、操作风险高级计量法监管要求，以及其他风险的资本计量方法，如专业贷款、交易对手信用风险和资产证券化风险暴露等。与信贷资产证券化密切相关的是**附件 9《资产证券化风险加权资产计量规则》**。

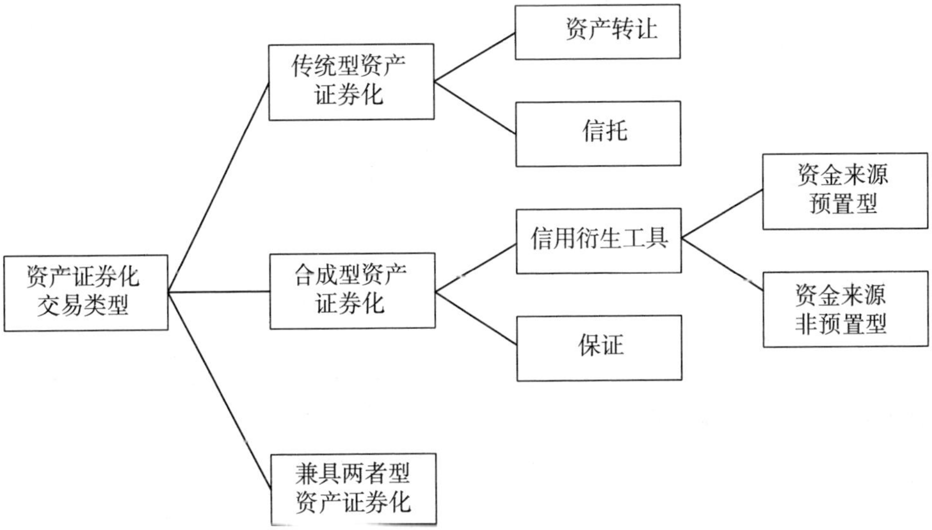


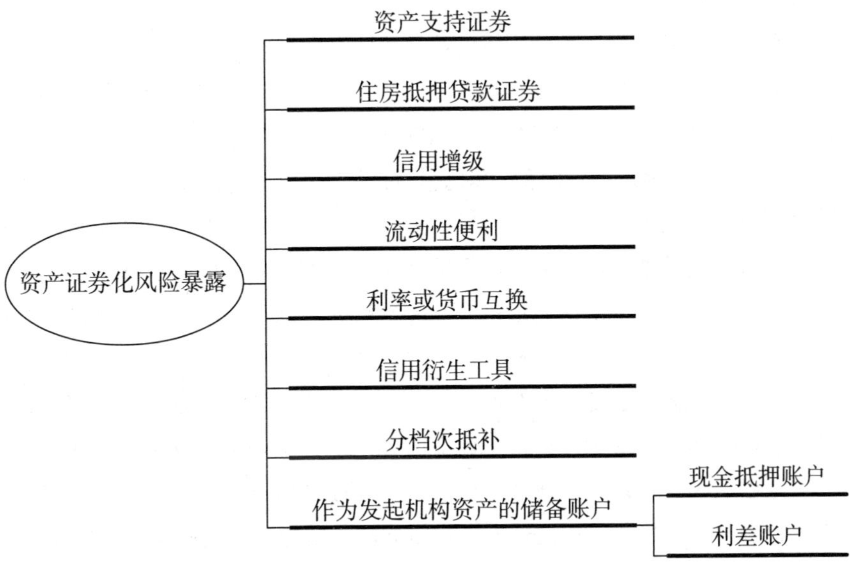

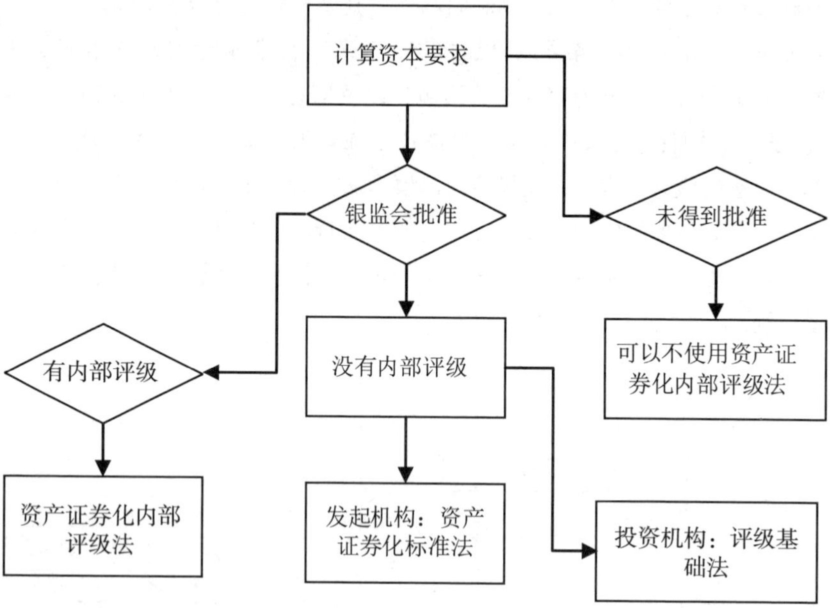


【文件内容】

一、总体要求

（一）资产证券化交易包括**传统型资产证券化**、**合成型资产证券化**以及**兼具两种类型共同特点的**资产证券化交易。

**传统型资产证券化**是指**基础资产的信用风险通过资产转让、信托等方式全部或部分转移给投资者，基础资产的现金流用以支付至少两个不同信用风险档次**的证券的资产证券化交易。

**合成型资产证券化**是指**基础资产的信用风险通过信用衍生工具或者保证全部或部分转移给投资者**的资产证券化交易。该交易结构中**至少具有两个不同信用风险档次**的证券。**信用衍生工具**包括**资金来源预置型**和**资金来源非预置型**两种类型。

（二）**商业银行因从事资产证券化业务而形成的表内外风险暴露**称为**资产证券化风险暴露**。资产证券化风险暴露**包括但不限于资产支持证券、住房抵押贷款证券、信用增级、流动性便利、利率或货币互换、信用衍生工具**和**分档次抵补**。

**储备账户如果作为发起机构的资产**，应当**视同于资产证券化风险暴露**。储备账户**包括但不限于现金抵押账户和利差账户**。

（三）为充分抵御因从事资产证券化业务而承担的风险，商业银行应当**基于交易的经济实质**，而不仅限于法律形式**计提监管资本**。商业银行作为资产证券化发起机构、信用增级机构、流动性便利提供机构、投资机构或者贷款服务机构等从事资产证券化业务，**只要产生了资产证券化风险暴露，就应计提相应的监管资本**。

**银监会**有权根据交易的经济实质，判断商业银行是否持有资产证券化风险暴露，并**确定应当如何计提资本**。

（四）商业银行经银监会批准使用**信用风险内部评级法**计算某类资产证券化基础资产的资本要求的，必须使用资产证券化内部评级法计算**同类基础资产的相应资产证券化风险暴露的资本要求**。商业银行**未得到银监会批准使用**信用风险内部评级法计算某类证券化基础资产资本要求的，**可以不使用**资产证券化内部评级法计算相应资产证券化风险暴露的资本要求。

对部分证券化基础资产使用**信用风险内部评级法**计算资本要求的，**如**该部分资产所占比重**超过50%**，则应使用**资产证券化内部评级法**计算资产证券化风险暴露的资本要求，**否则应使用资产证券化标准法**计算资产证券化风险暴露的资本要求。

商业银行经银监会批准使用**信用风险内部评级法**计算某类资产证券化基础资产的资本要求的，**如果**证券化基础资产**没有相应的内部评级**，**发起机构必须**使用**资产证券化标准法**计算资产证券化风险暴露的资本要求，**投资机构**必须使用**评级基础法**计算资产证券化风险暴露的资本要求。

（五）商业银行资产证券化风险暴露金额按照如下规定确定：

1. **表内资产证券化的违约风险暴露**为**扣除专门针对该资产证券化风险暴露所计提的减值准备后的账面价值**。

2. **表外资产证券化的违约风险暴露**为**其表外名义金额扣除减值准备后**，**再乘以相应的信用转换系数得到的金额**。

（六）商业银行为资产证券化交易**提供信用支持**而且**该信用支持已经反映到外部评级**中的，该银行**不得使用外部评级**而应当按照本办法关于**未评级资产证券化风险暴露的有关规定**计量监管资本要求。

（七）同一商业银行在同一资产证券化交易中具有**重叠的资产证券化风险暴露**的，应当**对重叠部分的监管资本要求进行比较**，只需**按照最高值计提一次**监管资本。

（八）商业银行在按照本办法要求**扣减销售利得之后为资产证券化业务所计提的资本**，**以基础资产证券化之前的监管资本要求为上限**。

（九）对**不符合**以下条件的资产证券化风险暴露，商业银行**只**可采用**标准法**计算监管资本要求，且风险权重为**1250%**：

1. 商业银行**应当持续、全面了解**其表内外资产证券化**风险暴露**及基础资产的**风险特征**。

2. 商业银行**应当能够及时获取基础资产的相关信息**，包括资产类别、借款人资信状况、各类逾期资产占比、违约率、提前还款率、基础资产抵质押品类别及其权属状况、平均抵质押率以及行业和地域分散情况等。

3. 商业银行**应当全面了解**可能对其所持有资产证券化风险暴露产生重大影响的**资产证券化交易的结构特征**，包括信用增级、流动性便利、与交易有关的违约定义、各种触发机制和资产支持证券偿付安排等。

二、信用风险转移与监管资本计量

（一）对于**传统型**资产证券化交易，在**符合**下列所有条件的情况下，发起机构**才能在计算风险加权资产时扣减证券化基础资产**：

1. 与被转让资产相关的重大信用风险**已经转移给了独立的第三方**机构。

2. 发起机构对被转让的资产**不再拥有实际的或者间接的控制**。

发起机构证明对被转让的资产不再拥有实际的或者间接的控制，**至少需要由执业律师出具法律意见书**，表明发起机构与被转让的资产实现了破产隔离。

发起机构对被转让的资产**保留实际的或者间接的控制**，包括但不限于下列两种情形：

（1）发起机构**为了获利，可以赎回被转让的资产**，但发起机构按照相关规定，因基础资产被发现在入库起算日不符合信托合同约定的范围、种类、标准和状况而**被要求赎回或置换的情况除外**。

（2）发起机构**有义务承担被转让资产的重大信用风险**。

3. **发起机构**对资产支持证券的**投资机构不承担偿付义务和责任**。

4. 在信托合同和资产证券化其他相关法律文件中**不包括**下列条款：

（1）**要求**发起机构**改变资产池中的资产**，以提高资产池的加权平均信用质量，但通过以市场价格向独立的第三方机构转让资产除外。

（2）在基础资产转让之后，**仍然允许发起机构追加承担第一损失责任**或者**增加信用增级的支持程度**。

（3）在**资产池信用质量下降**的情况下，**增加向除发起机构以外的其他参与机构支付的收益。**

5. **清仓回购符合**本附件**第一部分（六）**所规定的条件。

在**符合上述 1 至 5 项条件**的情况下，发起机构仍然应当按照本附件规定，为所**持有的资产证券化风险暴露计提资本**。

在**上述 1 至 5 项条件中任何一项不符合**的情况下，发起机构都应当**按照资产证券化前的资本要求计提资本**。

（二）对于**合成型资产证券化交易**，只有在**符合**下列所有条件的情况下，发起机构才能在**计量证券化基础资产监管资本时认可信用风险缓释工具的信用风险缓释作用**：

1. 信用风险缓释工具符合本办法附件 6 的相关要求。

2. 合格抵质押品仅限于本办法附件 6 所规定的合格金融抵质押品。由特定目的信托所抵押的合格抵质押品可以被视为合格抵质押品。

3. 合格保证和信用衍生产品仅限于本办法附件 6 第六部分列示的第一项、第二项合格保证和合格信用衍生产品。特定目的信托不作为合格保证人。

4. 发起机构必须将基础资产的重大信用风险转移给独立的第三方机构。

5. 信用风险缓释工具的相关合同文件不得包含限制信用风险转移数量的条件和条款，包括但不限于以下情形：

（1）在信用损失事件发生或者资产池信用质量下降的时候，限制信用保护或信用风险转移程度。

（2）要求发起机构改变资产池中的资产，以提高资产池的加权平均信用质量，但通过以市场价格向独立的第三方机构转让资产除外。

（3）在资产池信用质量下降的情况下，增加发起机构的信用保护成本。

（4）在资产池信用质量下降的情况下，增加向除发起机构以外的其他参与机构支付的收益。

（5）在资产证券化交易开始之后，仍然允许发起机构追加承担第一损失责任或者增加信用增级的支持程度。

6. 资产证券化交易必须由执业律师出具法律意见书，确认相关合同在所有相关国家或者地区的执行效力。

7. 清仓回购符合本部分（六）所规定的条件。

在符合上述 1 至 7 项条件的情况下，发起机构仍然应当按照本附件规定，为所持有的资产证券化风险暴露计提资本。

在上述 1 至 7 项条件中任何一项不符合的情况下，发起机构在计量证券化基础资产监管资本时均不得认可信用风险缓释工具的信用风险缓释作用。

（三）对于符合本部分（二）规定条件的合成型资产证券化交易，发起机构在计量证券化基础资产监管资本时，应当按照如下规定认可信用风险缓释工具的信用风险缓释作用：

1. 基础资产采用信用风险内部评级法的，按照本办法附件 6 关于内部评级法的相关规定，认可信用风险缓释工具的信用风险缓释作用。

2. 基础资产不采用信用风险内部评级法的，按照本办法信用风险加权资产计量权重法的相关规定，认可信用风险缓释工具的信用风险缓释作用。

（四）当合成型资产证券化交易的信用风险缓释工具与基础资产存在期限错配时，发起机构应当按照下列规定计算监管资本要求：

如果资产池中的资产具有不同的期限，应当将最长的期限作为整个资产池的期限。

（五）对于其他的资产证券化风险暴露，发起机构应当按照本办法附件6的有关规定，对期限错配情形进行处理。

（六）资产证券化交易合同中含有清仓回购条款的，在符合下列条件的情况下，发起机构可以不为清仓回购安排计提资本：

1. 发起机构有权决定是否进行清仓回购，清仓回购的行使无论在形式还是实质上都不是强制性的。

2. 清仓回购安排不会免除信用增级机构或者资产支持证券投资机构理应承担的损失，也不会被用来提供信用增级。

3. 对于传统型资产证券化交易，只有在资产池或者以该资产池为基础发行的资产支持证券余额降至资产池或者资产支持证券初始金额的10%或者10%以下时，才能进行清仓回购。

4. 对于合成型资产证券化交易，只有在参考资产的价值降至初始金额的10%或者10%以下时，才能进行清仓回购。

在上述1至4项条件中任何一项不符合的情况下，对于传统型资产证券化交易，发起机构应当按照资产证券化前的资本要求计提资本，而且不能在监管资本中计入销售利得。对于合成型资产证券化交易，发起机构在计量证券化基础资产监管资本时不得认可信用风险缓释工具的信用风险缓释作用。如果合成型资产证券化交易包含赎回权，而且该赎回权在特定时间终止证券化交易及其所购买的信用保护，发起机构应当按照本部分（四）的规定计算该证券化交易的资本要求。

（七）商业银行以超过合同义务的方式为资产证券化交易提供隐性支持的，应当按照基础资产证券化之前的资本要求计提资本，而且应当公开披露所提供的隐性支持及其对监管资本要求的影响。

商业银行提供隐性支持的方式包括但不限于以下情形：

1. 以高于市场价格的方式从资产池赎回部分资产，或赎回资产池中信用质量下降的资产，但发起机构按照有关规定，因基础资产被发现在入库起算日不符合信托合同约定的范围、种类、标准和状况而被要求赎回或置换的情况除外。

2. 以打折的方式向资产池再次注入资产。

3. 增加合同约定之外的第一损失责任。

4. 所行使的清仓回购被认定为用作提供信用增级。

三、资产证券化标准法

（一）以经商业银行评估的合格评级机构的外部评级确定风险权重依据的，资产证券化风险暴露和再资产证券化风险暴露的风险权重按照表1和表2所示的对应关系确定。

**表1 长期信用评级与风险权重对应表**

| 长期信用评级 | AAA到AA－ | A＋到A－ | BBB＋到BBB－ | BB＋到BB－ | B＋及B＋以下或者未评级 |
|---|---|---|---|---|---|
| 资产证券化风险暴露 | 20% | 50% | 100% | 350% | 1250% |
| 再资产证券化风险暴露 | 40% | 100% | 225% | 650% | 1250% |

注：**长期评级在BB＋（含BB＋）到BB－（含BB－）之间的**，发起机构**不适用表中的350%或650%风险权重，而适用1250%的风险权重**。

**表2 短期信用评级与风险权重对应表**

| 短期信用评级 | A－1/P－1 | A－2/P－2 | A－3/P－3 | 其他评级或者未评级 |
|---|---|---|---|---|
| 资产证券化风险暴露 | 20% | 50% | 100% | 1250% |
| 再资产证券化风险暴露 | 40% | 100% | 225% | 1250% |

（二）**商业银行应当区分以下情形，为无信用评级或者信用评级未被商业银行认可作为风险权重依据的资产证券化风险暴露和再资产证券化风险暴露（以下简称未评级的资产证券化风险暴露）计提监管资本。**

1. 对于**最高档次**的资产证券化风险暴露和**再资产证券化**风险暴露，**如果**商业银行**能够确定**资产池的**平均风险权重**，**则可以按照**资产池的**平均风险权重**确定资产证券化风险暴露的风险权重。

2. 对于**没有合格外部评级且符合本部分（三）规定的合格流动性便利**，按照资产池中**单个风险暴露的最高风险权重**确定风险权重。

3. **其他未评级的**资产证券化风险暴露按照**1250%的风险权重**计算风险加权资产。

（三）在**满足以下条件**的情况下，**商业银行提供的流动性便利**为**合格流动性便利：**

1. 流动性便利的合同文件**明确限定使用流动性便利的情形**。**流动性便利**的金额**应当低于基础资产和信用增级所能清偿的全部金额**。流动性便利**不能用于抵补在其使用之前资产池中产生的任何损失**。

2. 对流动性便利的使用**应当具有不确定性**。流动性便利**不能用于永久性或者常**

规性地对资产证券化投资机构提供资金。

3. 对流动性便利应当进行资产质量测试，防止其被用于抵补因违约已经产生的信用风险暴露的损失。如果流动性便利用于支持具有外部评级的资产证券化风险暴露，则该项流动性便利只能用于支持外部评级为投资级以上的资产证券化风险暴露。

4. 流动性便利不得在所有的信用增级使用完毕之后动用。

5. 对流动性便利的偿付不能位于资产证券化交易投资机构之后，也不能延期或者免除债务。

（四）在满足以下条件的情况下，贷款服务机构现金透支便利为合格贷款服务机构现金透支便利：

1. 贷款服务机构有权得到全额偿付。

2. 该现金透支便利具有最高受偿顺序，优先于其他所有对基础资产的求偿权。

（五）表外资产证券化风险暴露按照如下方式确定信用转换系数：

1. 对于按照外部评级确定风险权重的流动性便利，运用100%的信用转换系数。

2. 对于不按照外部信用评级确定风险权重的合格流动性便利，若原始期限不超过1年，则运用20%的信用转换系数；若原始期限大于1年，则运用50%的信用转换系数。

3. 对于合格贷款服务机构现金透支便利，按照本附件关于合格流动性便利的有关规定计算监管资本要求。如果合格贷款服务机构现金透支便利可以在无需事先通知的情况下无条件取消，则可以运用0%的信用转换系数。

4. 对于其他的表外资产证券化风险暴露，运用100%的信用转换系数。

（六）采用资产证券化标准法的商业银行在计量具有信用风险缓释工具的资产证券化风险暴露的监管资本时，能够认可的合格抵质押品仅限于本办法附件6所规定的合格金融抵质押品。由特定目的信托所抵押的合格抵质押品可被视为合格抵质押品。

（七）采用资产证券化标准法的商业银行在计量由合格抵质押品提供信用风险缓释的资产证券化风险暴露的监管资本时，应当首先按照没有合格抵质押品的情况计算监管资本要求，再将其乘以按照本办法附件6第二部分（五）所计算的E＊/E，作为该资产证券化风险暴露的监管资本要求。

其中E是指未考虑信用风险缓释的资产证券化风险暴露，E＊是指考虑信用风险缓释之后的资产证券化风险暴露。

（八）采用资产证券化标准法的商业银行在计量具有信用风险缓释工具的资产证券化风险暴露的监管资本时，能够认可的合格保证仅限于本办法附件6第六部分所列示的第一项、第二项合格保证和信用衍生产品。**特定目的信托不作为合格保证人。**

（九）由**合格保证人**对资产证券化风险暴露提供具有风险缓释作用的信用保护的，该资产证券化风险暴露持有机构可以**对具有信用保护的资产证券化风险暴露部分按照对保证人的直接债权计量**监管资本要求。

（十）信用风险缓释工具**仅覆盖部分资产证券化风险暴露**的，对于**所覆盖部分**，商业银行应当按照本附件的有关规定计量**考虑信用风险缓释作用后的监管资本要求**；对于**未覆盖部分**，则应按照**不存在信用风险缓释工具的情形计量**监管资本要求。

信用风险缓释工具**仅覆盖部分资产证券化风险暴露**，并且资产证券化风险暴露**具有不同档次的，若无明确约定**，应当视为该信用风险缓释工具**按照从高级到低级的顺序**依次为各档次的资产证券化风险暴露提供信用保护。

（十一）资产证券化风险暴露与信用风险缓释工具之间**存在期限错配、币种错配的**，应当按照**本办法附件 6** 的相关规定进行处理。

（十二）作为**非发起机构的商业银行**为资产证券化风险暴露**提供信用保护**的，应当**视同于该资产证券化风险暴露的投资机构**来计量监管资本要求。

（十三）除了本部分（十四）规定的例外情形，当资产证券化交易同时具有下列提前摊还情形时，发起机构**应当为部分或者全部投资者权益计提资本**：

1. 在**该资产证券化交易中有提前摊还条款**的相关安排。

2. 基础资产**具有循环特征**，包括**允许借款人在信用额度内在事先约定的限额内变动提款额与还款额而形成的资产**。

**当基础资产同时包含循环信贷和定期贷款**时，**发起机构应当对基础资产中的循环信贷风险暴露部分**按照**本部分（十五）的相关规定**计提监管资本。

**发起机构为投资者权益计提的监管资本要求不得大于以下两项的最大值**：（1）**剩余的资产证券化风险暴露的监管资本要求**；（2）**基础资产证券化之前的监管资本要求。**

（十四）如有**下列任何一项情形**，发起机构都**无需**为证券化交易的提前摊还计提资本：

1. 在**补充型证券化交易结构**中，**所补充的基础资产**不**具有循环特征**，而且**在提前摊还发生之后**，发起机构**不能再增加资产池中的基础资产**。

2. 证券化交易的基础资产池**虽然具有循环特征**，但证券化交易的**提前摊还安排导致其具有定期贷款性质**，使发起机构无需承担基础资产的风险。

3. **即使发生提前摊还**，资产支持证券**投资机构仍然完全承担循环额度借款人未

**来动用融资额度的风险。**

4. **提前摊还的触发机制与证券化交易的基础资产或发起机构无关。**

（十五）**发起机构为投资者权益计提的资本为以下三项的乘积：**

1. **投资者权益。**

2. **相关信用转换系数。**

3. **基础资产证券化之前的平均风险权重。**

**投资者权益等于投资机构在证券化基础资产已提取本金余额和未提取本金余额的等价信用金额中所占的数额。**在确定未提取本金余额的等价信用金额时，证券化基础资产的未提取本金余额应当根据发起机构与投资机构在已提取本金余额中的份额进行分配。

信用转换系数按照下列两项条件确定：**提前摊还是控制型结构还是非控制型结构；基础资产为非承诺零售信用额度还是其他信用额度。**

（十六）对于具有控制型提前摊还安排的资产证券化交易，发起机构应当根据表3确定信用转换系数：

1. 对于**承诺型信用额度**，适用**90%的信用转换系数。**

2. 对于**非承诺的非零售信用额度**，适用**90%的信用转换系数。**

3. 对于**非承诺的零售信用额度**，按照表3中资产证券化交易的"**三个月平均超额利差**"与"**超额利差锁定点**"的比值确定信用转换系数。**若该证券化交易未设定锁定超额利差，则超额利差锁定点为4.5%。**

**表3　具有控制型提前摊还安排的资产证券化交易的信用转换系数表**

| | 非承诺型 | | 承诺型 |
| --- | --- | --- | --- |
| 零售信用额度 | 三个月平均超额利差/超额利差锁定点（R） | | 90%信用转换系数 |
| | R〉 =133.33% | 0%信用转换系数 | |
| | 100% =〈R〈133.33% | 1%信用转换系数 | |
| | 75% =〈R〈100% | 2%信用转换系数 | |
| | 50% =〈R〈75% | 10%信用转换系数 | |
| | 25% =〈R〈50% | 20%信用转换系数 | |
| | R〈25% | 40%信用转换系数 | |
| 非零售信用额度 | 90%信用转换系数 | | 90%信用转换系数 |

（十七）对于**具有非控制型提前摊还安排的资产证券化交易**，发起机构应当按照表4确定信用转换系数：

1. 对于**承诺型信用额度**，适用**100%的信用转换系数。**

2. 对于**非承诺的非零售信用额度**，适用**100%的信用转换系数**。

3. 对于**非承诺的零售信用额度**，按照表4中资产证券化交易的**“三个月平均超额利差”与“超额利差锁定点”的比值**确定信用转换系数。若该证券化交易**未设定锁定超额利差**，则**超额利差锁定点为4.5%**。

**表4　具有非控制型提前摊还安排的资产证券化交易的信用转换系数表**

| | 非承诺型 | | 承诺型 |
|---|---|---|---|
| 零售信用额度 | 三个月平均超额利差/超额利差锁定点（R） | | 100%信用转换系数 |
| | R〉 =133.33% | 0%信用转换系数 | |
| | 100% =〈R〈133.33% | 5%信用转换系数 | |
| | 75% =〈R〈100% | 15%信用转换系数 | |
| | 50% =〈R〈75% | 50%信用转换系数 | |
| | R〈50% | 100%信用转换系数 | |
| 非零售信用额度 | 100%信用转换系数 | | 100%信用转换系数 |

**四、资产证券化内部评级法**

（一）**资产证券化内部评级法**包括**评级基础法**和**监管公式法**。商业银行应当区分以下情形，选择相应的方法：

1. 对于**有外部评级**或者**未评级但可以推断出评级**的资产证券化风险暴露，应当使用**评级基础法**计量监管资本要求。

2. 对于**未评级**而且**无法推断出评级**的资产证券化风险暴露，可以选择下列方法计量监管资本要求：

（1）**监管公式法**。

（2）符合本附件第三部分（三）规定的**合格流动性便利**，按照**本部分（八）的规定**计量监管资本要求。

（3）按**资产证券化风险暴露的12.5倍计算风险加权资产**。

采用**监管公式法所计算的资产证券化风险暴露**的风险权重**不得低于7%**，**再资产证券化风险暴露**的风险权重**不得低于20%**。

（二）采用**评级基础法**的，**风险加权资产**等于**资产证券化风险暴露乘以表5和表6所列示的相应风险权重**。

资产证券化风险暴露的风险权重决定于**外部评级或者推测评级**、**长期评级或者短期评级**、**资产池中资产分散状况和资产证券化风险暴露的优先等级**四方面因素。

如果资产证券化风险暴露对资产池全部资产享有**最优先的受偿权利**，该资产证券化风险暴露**可以作为优先档次**的资产证券化风险暴露。对于**传统型**资产证券化交易，如果**第一损失责任以上所有档次的资产证券化风险暴露都有评级**，则**评级最高的是优先档次的**资产证券化风险暴露；如果某几个档次的资产证券化风险暴露**评级相同**，则其中**受偿顺序最优先的为优先档次**的资产证券化风险暴露。对于**合成型资产证券化风险暴露**，如果符合**本部分**（三）所规定的条件，则**超高档次为优先档次**的资产证券化风险暴露。

资产证券化风险暴露的风险权重按照如下方法确定：

1. **资产池风险暴露有效数量（N）小于6的**，该资产池不具有分散性，适用表5和表6中第四列的风险权重。

2. **资产池风险暴露有效数量（N）大于或者等于6的**，若属于优先档次的证券，则适用表5和表6第二列的风险权重，否则适用表5和表6第三列的风险权重。

前款所称的资产池风险暴露有效数量（N）按照本部分（四）6的有关规定计算。

**再资产证券化风险暴露的风险权重决定于再资产证券化风险暴露的优先等级。**优先档次再证券化风险暴露适用表5和表6第五列的风险权重，非优先档次再证券化风险暴露适用表5和表6第六列的风险权重。

**满足**下列条件的**再资产证券化**风险暴露为**优先档次**再资产证券化风险暴露，否则为非优先档次再资产证券化风险暴露：

1. **该风险暴露为优先档次的**资产证券化风险暴露。

2. **所有基础资产均不是再资产证券化风险暴露**。

**表5　长期外部信用评级和/或以长期评估为基础的**

<table>
<tr><td rowspan="2">外部评级</td><td colspan="3">资产证券化风险暴露</td><td colspan="2">再资产证券化风险暴露</td></tr>
<tr><td>优先档次、资产池分散的风险权重</td><td>非优先档次、资产池分散的风险权重</td><td>资产池不分散的风险权重</td><td>优先档次风险权重</td><td>非优先档次风险权重</td></tr>
<tr><td>AAA</td><td>7%</td><td>12%</td><td>20%</td><td>20%</td><td>30%</td></tr>
<tr><td>AA</td><td>8%</td><td>15%</td><td>25%</td><td>25%</td><td>40%</td></tr>
<tr><td>A +</td><td>10%</td><td>18%</td><td rowspan="3">35%</td><td>35%</td><td>50%</td></tr>
<tr><td>A</td><td>12%</td><td>20%</td><td>40%</td><td>65%</td></tr>
<tr><td>A -</td><td>20%</td><td>35%</td><td>60%</td><td>100%</td></tr>
<tr><td>BBB +</td><td>35%</td><td colspan="2">50%</td><td>100%</td><td>150%</td></tr>
<tr><td>BBB</td><td>60%</td><td colspan="2">75%</td><td>150%</td><td>225%</td></tr>
<tr><td>BBB -</td><td colspan="3">100%</td><td>200%</td><td>350%</td></tr>
<tr><td>BB +</td><td colspan="3">250%</td><td>300%</td><td>500%</td></tr>
</table>

续表

| | 资产证券化风险暴露 | 再资产证券化风险暴露 | |
|---|---|---|---|
| BB | 425% | 500% | 650% |
| BB－ | 650% | 750% | 850% |
| BB－以下或者未评级 | 1250% | | |

**表6　短期外部信用评级和/或以短期评估为基础的推测评级的评级基础法风险权重**

| | 资产证券化风险暴露 | | | 再资产证券化风险暴露 | |
|---|---|---|---|---|---|
| 外部评级 | 优先档次、资产池分散的风险权重 | 非优先档次、资产池分散的风险权重 | 资产池不分散的风险权重 | 优先档次风险权重 | 非优先档次风险权重 |
| A－1/P－1 | 7% | 12% | 20% | 20% | 30% |
| A－2/P－2 | 12% | 20% | 35% | 40% | 65% |
| A－3/P－3 | 60% | 75% | 75% | 150% | 225% |
| 其他评级或者未评级 | 1250% | | | | |

（三）当满足下列条件，使未评级资产证券化风险暴露**在各方面都优**于作为参考的具有外部评级的资产证券化风险暴露时，商业银行必须对未评级资产证券化风险暴露进行**推测评级**。

1. 未评级的资产证券化风险暴露**在各方面都比作为参考的资产证券化风险暴露具有更高的优先级**。在评估未评级资产证券化风险暴露与参考资产证券化风险暴露的优先级别时，必须考虑信用增级的作用。如果参考资产证券化风险暴露由第三方保证或者其他信用增级提供保护，而对未评级资产证券化风险暴露没有提供上述信用增级，则不能依据参考资产证券化风险暴露对未评级资产证券化风险暴露进行推测评级。

2. **参考资产证券化风险暴露的期限，必须大于或者等于未评级资产证券化风险暴露的期限**。

3. 参考资产证券化风险暴露的外部评级，**必须满足外部评级的使用规范，并经商业银行认可**作为确定风险权重的依据。

**推测评级**应当根据参考资产证券化风险暴露外部评级的变化，**持续不断地进行**

更新。

（四）采用**监管公式法**的，某一档次资产证券化风险暴露的监管资本要求取决于下列五个指标：**基础资产证券化之前的内部评级法监管资本要求（KIRB）、该档次的信用增级水平（L）、该档次的厚度（T）、资产池风险暴露有效数量（N）和资产池加权平均违约损失率**。

监管公式法的计算方法和各个指标的定义如下：

1. **某一档次资产证券化风险暴露的监管资本**等于**基础资产风险暴露**与0.0056×T和S［L+T］－S［L］**中较大值的乘积**。

如果银行只持有一定比例的某一档次资产证券化风险暴露，那么对该银行的监管资本要求等于该档次资产证券化风险暴露监管资本要求的相应比例。

2. 监管公式定义如下：

当 $L \leqslant K_{IRB}$ 时，$S[L] = L$

当 $K_{IRB} < L$ 时，

$$S[L] = K_{IRB} + K[L] - K[K_{IRB}] + (d \times K_{IRB}/\omega)(1 - e^{\omega(K_{IRB}-L)/K_{IRB}})$$

其中：$h = (1 - K_{IRB}/LGD)^N$

$$c = K_{IRB}/(1-h)$$

$$v = \frac{(LGD - K_{IRB}) \times K_{IRB} + 0.25 \times (1 - LGD) \times K_{IRB}}{N}$$

$$f = \left(\frac{v + K_{IRB}{}^2}{1-h} - c^2\right) + \frac{(1 - K_{IRB}) \times K_{IRB} - v}{(1-h) \times \tau}$$

$$g = \frac{(1-c) \times c}{f} - 1$$

$$a = g \times c$$

$$b = g \times (1-c)$$

$$d = 1 - (1-h) \times (1 - Beta[K_{IRB}; a, b])$$

$$K[L] = (1-h) \times ((1 - Beta[L; a, b]) \times L + Beta[L; a+1, b] \times c)$$

Beta［L；a，b］为 L 的以 a 和 b 为参数的累计 Beta 分布。

上述公式中由银监会确定的参数为：$\tau = 1000$，$\omega = 20$。

3. **基础资产证券化之前的内部评级法监管资本要求（KIRB）**为(a）与（b）**的比值**。其中，(a）**为基础资产按照信用风险内部评级法计算所需要的监管资本与预期损失之和**，(b）**为资产池风险暴露。计算（a）值时应当视同于资产池中的资产是由银行直接持有，按照银监会关于信用风险内部评级法的有关规定计算**。对基础资产所提供的风险缓释会使所有的资产证券化风险暴露受益。如果在某些结构中涉及特别目的机构，特别目的机构所有与资产证券化相关的资产都应当按照资产池中的资产来处理，包括作为特别目的机构资产的储备账户。

如果**银行专门针对资产池中的资产提取了准备**，或者**资产池中的某些资产是银行通过不可退款的打折方式购买**的，在计算上述（a）和（b）值时，**必须使用未扣减该项准备或者不考虑价格折扣的风险暴露**。如果某项基础资产为违约资产，则相应的准备或者价格折扣可用于抵消与该资产证券化风险暴露相关的监管资本扣减。

4. **该档次的信用增级水平（L）为（a）与（b）的比值**，**以小数形式**表示。**（a）为优先级低于该档次的资产证券化风险暴露，（b）为资产池全部风险暴露**。

计算该档次的信用增级水平时**无需考虑**针对某一特定档次证券的信用增级，也不考虑与资产证券化有关的销售利得。在计算**利率互换或货币互换**的信用增级水平时，如果**其优先级次于该档次**，可以用**当前价值**来计量；如果**当前价值无法确定**，在计算该档次的信用增级水平时就**可以不考虑该利率互换或货币互换**。如果**某储备账户**的资金由资产池中**优先级低于该档次资产的现金流**提供，则可以**算入该档次**的信用增级水平；如果**储备账户是由资产池的未来收益提供资金**，则**不能算入**该档次的信用增级水平。

5. **该档次的厚度（T）为（a）与（b）的比值**。**（a）为银行持有的某一档次资产证券化风险暴露，（b）为资产池全部风险暴露**。对于**因利率互换或货币互换所形成的资产证券化风险暴露，银行必须考虑潜在未来风险暴露**。潜在未来风险暴露为本办法附件 8 **针对衍生产品合约按照现额暴露法计算风险资产时由账面名义金额乘以固定系数所得的部分**。如果资产证券化风险暴露的当前价值**为非负值**，则该资产证券化风险暴露的价值为**当前价值与潜在未来风险暴露之和**；如果该资产证券化风险暴露的当前价值**为负值**，则其价值为**潜在未来风险暴露**。

6. 资产池风险暴露有效数量（N）的计算方法如下：

$$N = \frac{\left(\sum_i EAD_i\right)^2}{\sum_i EAD_i^2}$$

其中，**EADi 表示资产池中第 i 个债务人的违约风险暴露**。对同一债务人的多个风险暴露应当合并计算。如果已知最大资产证券化风险暴露的份额为 C1，也可以用 1/C1 来计算 N。

对于**再资产证券化风险暴露**，**有效数量（N）**是指**该风险暴露的基础资产的数量**，而不是该基础资产之下的基础资产数量。

7. 资产池加权平均违约损失率的计算方法如下：

$$LGD = \frac{\sum_i LGD_i \times EAD_i}{\sum_i EAD_i}$$

其中，LGDi 表示对第 i 个债务人的全部风险暴露的平均违约损失率。

**再资产证券化风险暴露适用 100% 的加权平均违约损失率。**

（五）对于零售资产证券化交易运用监管公式法时，可以使用以下简化值：h = 0 并且 v = 0。

（六）如果符合下列条件，银行在计算资产池风险暴露有效数量（N）和资产加权平均违约损失率时，可以采用下列简化方法：

1. 如果与最大风险暴露相关的资产组合份额**C1 小于或者等于 0.03**，在使用监管公式法时，可以令 LGD = 0.50，并采用下列公式计算 N：

$$N = \left(C_1 \times C_m + \left(\frac{C_m - C_1}{m - 1}\right) \times \max\{1 - m \times C_1, 0\}\right)^{-1}$$

前款中 Cm 表示证券化资产池中最大的 m 项风险暴露之和所占的份额，m 由商业银行自行确定。

2. 如果**只有 C1 已知，并且小于等于 0.03**，则可以令 LGD = 0.50，N = 1/C1。

（七）对于**表外资产证券化风险暴露**，运用**100% 的信用转换系数。**

（八）如果**商业银行计算**基础资产证券化之前的内部评级法监管资本要求**（KIRB）存在困难**，经银监会批准，可以暂时采用以下方法计算未评级流动性便利的监管资本要求：

1. 对于**合格流动性便利**，风险权重按照**不采用信用风险内部评级法计算的资产池中单个风险暴露的最高风险权重**确定，若原始期限不超过 1 年，则运用 50% 的信用转换系数；若原始期限大于 1 年，则运用 100% 的信用转换系数。

2. 对于**其他情形**，应对流动性便利使用**100% 的信用转换系数**和**1250% 的风险权重**。

（九）采用**资产证券化内部评级法**的商业银行在计量具**有信用风险缓释工具的资产证券化风险暴露的监管资本**时，**能够认可的合格抵质押品仅限于本办法附件 6 对初级内部评级法所规定**的合格抵质押品。**由特定目的信托所抵押的合格抵质押品可被视为合格抵质押品**。

（十）采用**资产证券化内部评级法**的商业银行在计量具有信用风险缓释工具的资产证券化风险暴露的监管资本时，**能够认可的合格保证和信用衍生产品仅限于本办法附件 6 对初级内部评级法所规定的合格保证和信用衍生产品**。**特定目的信托不作为合格保证人。**

（十一）采用**资产证券化内部评级法**的商业银行应当根据本附件第三部分（七）、（九）、（十二）**关于信用风险缓释工具的处理**和本办法附件 5 **关于初级内部评级法的有关规定**，计量具有信用风险缓释工具的资产证券化风险暴露的监管资本。

（十二）使用**内部评级法**的发起机构应当按照本附件第三部分（十三）到（十七）的有关规定，**为提前摊还安排计提监管资本**。该发起机构**为投资者权益计提的监管资本**为以下三项的乘积：

1. **投资者权益**。

2. **相关信用转换系数**。

3. **基础资产证券化之前的内部评级法监管资本要求（KIRB）**。

**投资者权益**等于**投资机构在证券化基础资产已提取本金余额和未提取本金余额的违约风险暴露中所占的数额**。在确定未提取本金余额的违约风险暴露时，未提取本金余额应当根据发起机构与投资机构在证券化基础资产已提取本金余额中的份额进行分配。

**五、外部评级使用规范**

使用外部信用评估计量资产证券化风险暴露资本要求时，除满足本办法附件17的外部评级使用规范外，还应满足下列操作标准。以下操作标准**既适用于资产证券化框架中的标准法也适用于内部评级法**：

（一）为了有效计算风险权重，外部信用评估**必须要全额考虑和反映银行债权的信用风险**。如，如果银行的债权既包括本金又包括利息，那么评估就必须要考虑和反映与本金和利息及时偿还相关的信用风险。

（二）外部信用评级必须由**经过银监会认可**的合格外部评级机构做出，以下情况例外。合格的信用评级、流程、方法、假设和评级用关键要素**应该无选择地公之于众**，并且**完全免费**。换言之，信用评级必须以公众可以获取的方式发布，并且包括在外部评级机构的**评级迁徙矩阵**中。此外，损失和现金流分析、以及评级结果对主要评级假设变化的敏感性也应该公开。因此，**只对交易相关方提供信用评级是不能满足该要求的**。

（三）合格的外部评级机构必须**证明在资产证券化方面具有专长**，这要以很好市场接受程度来证明。

（四）银行在使用合格外部信用评级机构的外部信用评估时，对于同一类型的资产证券化风险暴露应当**保持连续性和一致性**。针对**同一资产证券化结构的所有档次**，银行应使用**同一家合格外部信用评级机构的外部信用评估结果**。

（五）当**信用风险缓释直接提供给特别目的机构时**，如提**供者当前外部信用评级在BBB－（含）以上**、且**在提供信用风险缓释时外部信用评级在A－（含）以上**，并且该风险缓释反映在**资产证券化风险暴露的外部信用评估**中，则应使用**与该外部信用评估相对应的风险权重**。为避免重复计算，对于信用风险缓释不需持有额外资本。若信用风险缓释的提供者不满足以上要求，则该资产证券化风险暴露应作为未评级处理。

（六）如果特别目的机构**未能得到信用风险缓释**，而是在**某个给定结构**（如资产支持证券档次）中的**特定资产证券化风险暴露中使用**，银行应按照**未评级**来处理这些风险暴露，然后使用规定的信用风险缓释处理方法来确认相关风险的防范方式。

（七）同一资产证券化风险暴露具有**两个不同的评级结果**时，商业银行应当运用**所对应的较高风险权重**。同一资产证券化风险暴露**具有三个或者三个以上的评级结果**时，商业银行应从所对应的**两个较低的风险权重中选用较高的风险权重**。

**六、名词解释**

“**传统型资产证券化**”是指**基础资产的信用风险通过资产转让、信托等方式全部或部分转移给投资者，基础资产的现金流用以支付至少两个不同信用风险档次的证券的资产证券化交易。**

“**合成型资产证券化**”是指**基础资产的信用风险通过信用衍生工具或者保证全部或部分转移给投资者的资产证券化交易**。该交易结构中至少**具有两个不同信用风险档次的证券**。信用衍生工具包括**资金来源预置型**和**资金来源非预置型**两种类型。

“**资金来源预置型信用衍生工具**”是指在**发生信用违约事件**时，**信用保护购买机构对于因获得信用保护而有权获取的资金或者资产，可以自行通过扣押、处置、转让等方式进行处理而获得赔偿**。**信用保护购买机构持有用于信用保护的抵质押资产或发行信用连接票据**属于此种情形。

“**资金来源非预置型信用衍生工具**”是指在**发生信用违约事件**时，**信用保护购买机构只能依赖信用保护提供机构履行承诺而获得赔偿**。**保证和信用违约互换**属于此种情形。

“**流动性便利**”是指**在基础资产的实际本息收取与资产支持证券的正常本息偿付暂时不匹配**的情况下，**由银行提供的一种短期融资**，以确保投资者能按时、足额收取资产支持证券的本金和利息。

“**分档次抵补**”是指**对于某一风险暴露**，**商业银行向信用保护提供方转移一部分风险，同时保留一部分风险**，而**转移部分和保留部分处于不同优先档次的情形**。在这种情况下，商业银行所获得的信用保护既可以是针对较高档次的，也可以是针对较低档次的。

“**现金抵押账户**”是指资产证券化交易中的一种**内部信用增级**方式。现金抵押账户资金**由发起机构提供或者来源于其他金融机构的贷款**，用于弥补资产证券化业务活动中可能产生的损失。

“**利差账户**”是指资产证券化交易中的一种**内部信用增级**方式。利差账户资金来源于资产利息收入和其他证券化交易收入减去资产支持证券利息支出和其他证券化交易费用之后所形成的超额利差，用于弥补资产证券化业务活动中可能产生的损失。

“销售利得”是指商业银行因从事资产证券化交易而导致的所有者权益的增加额。

“第一损失责任”是指资产证券化交易参与机构最先承担的资产池损失责任，为该参与机构向资产证券化交易其他参与机构所提供的首要财务支持或者风险保护。

“清仓回购”是指在资产池资产或者资产支持证券全部偿还之前，发起机构赎回资产证券化风险暴露的一种选择权。对于传统型资产证券化交易，清仓回购的通常做法是在资产池或者资产支持证券余额降至一定的水平之后，由发起机构赎回剩余的资产证券化风险暴露；对于合成型资产证券化交易，清仓回购通常是指提前终止信用保护。

“再资产证券化”是指至少一项基础资产符合正文关于资产证券化风险暴露定义并具有分层结构的资产证券化风险暴露。对一个或多个再资产证券化的风险暴露属于再资产证券化。

“服务机构现金透支便利”是指由贷款服务机构提供的一种短期垫款或者融资，包括但不限于垫付清收费用、抵押品相关费用以按时收回基础资产的本金和利息，从而使投资者能按时、足额收取资产支持证券的本金和利息。

“提前摊还”是指在资产证券化相关法律文件中事先规定的机制被触发时，投资机构将在事先规定的资产支持证券到期日之前得到偿还。

“控制型提前摊还”是指满足如下条件的提前摊还安排：

发起机构具有恰当的资本或者流动性方案，以确保其在发生提前摊还时有足够的资本和流动性资金。

在包括提前摊还期在内的证券化交易存续期内，发起机构与投资机构按照每月月初在证券化基础资产未偿余额中的相对份额所确定的同一比例，分摊利息、本金、费用、损失与回收金额。

发起机构所设定的提前摊还期应当足以使基础资产至少90%的未偿债务在提前摊还结束时已经被偿还或者认定为违约。

在提前摊还期内，偿还投资机构的速度不得快于直线摊销法下的还款速度。

不满足上述条件的提前摊还安排为“非控制型提前摊还”。

“非承诺信用额度”是指无需事先通知，即可无条件随时撤消的信用额度。

## 2.2.5 《中国银行业监督管理委员会办公厅关于信贷资产证券化备案登记工作流程的通知》(2014年11月20日 银监办便函〔2014〕1092号)

**【重点提示】**

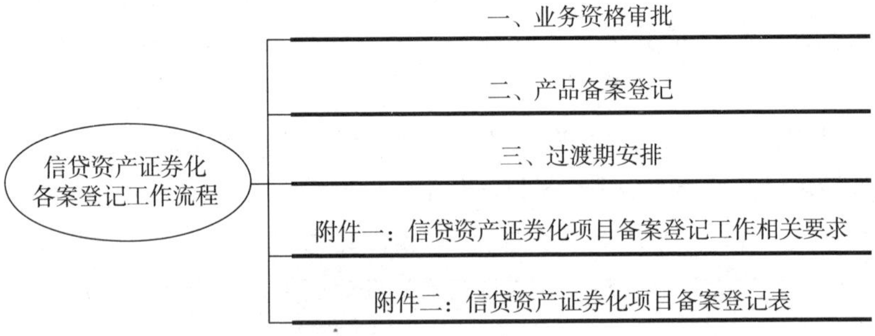


**【文件内容】**

各银监局，政策性银行、国有商业银行、股份制商业银行、金融资产管理公司、中国邮政储蓄银行、银监会直接监管的信托公司、企业集团财务公司、金融租赁公司：

为加大金融支持实体经济力度，加快推进信贷资产证券化工作，根据金融监管协调部际联席第四次会议和我会2014年第8次主席会议的决定，**信贷资产证券化业务将由审批制改为业务备案制**。本着简政放权原则，我会不再针对证券化产品发行进行逐笔审批，银行业金融机构应在申请取得业务资格后开展业务，在发行证券化产品前应进行备案登记现就有关事项通知如下。

**一、业务资格审批**

银行业金融机构开展信贷资产证券化业务应向我会提出申请相关业务资格。应依据《金融机构信贷资产证券化业务试点监督管理办法》相关规定，**将申请材料报送各机构监管部并会签创新部**。对已发行过信贷资产支持证券的银行业金融机构豁免资格审批，但需履行相应手续。

**二、产品备案登记**

银行业金融机构发行证券化产品前需进行备案登记。**信贷资产证券化产品的备案申请由创新部统一受理、核实、登记；转送各机构监管部实施备案统计；备案后由创新部统一出口**。银行业金融机构在完成备案登记后可开展资产支持证券的发行工作。已备案产品需在**三个月内**完成发行，三个月内未完成发行的须重新备案。

在备案过程中，各机构监管部应对发起机构合规性进行考察，**不再打开产品“资产包”**对基础资产等具体发行方案进行审查，会计师事务所．律师事务所、评级机构等合格中介机构应针对证券化产品发行方案出具专业意见，并向投资者充分披露；各银行业金融机构应选择符合国家相关政策的优质资产，采取**简单透明的交易结构**开展证券化业务，盘活信贷存量。

三、过渡期安排

在本通知正式发布前已报送我会、正处于发行审批通道内的证券化产品仍按照原审批制下工作流程继续推进。本通知正式发布后，**已发行过信贷资产支持证券的银行业金融机构被视为已具备相关业务资格**，可按照上述新工作流程开展产品报备登记，并应补充完成业务资格审批手续；未发行过证券化产品的机构则需在获得业务资格后再进行产品备案。

请各银监局将本通知转发至辖内银监分局和银行业金融机构。

附件一：信贷资产证券化项目备案登记工作相关要求

附件二：信贷资产证券化项目备案登记表（略）

**附件一：信贷资产证券化项目备案登记工作相关要求**

一、备案登记材料清单

1. 信贷资产证券化项目备案登记表（附件二）；

2. 由发起机构和受托机构联合签署的项目备案报告；

3. 信贷资产证券化项目计划书；

4. 信托合同．贷款服务合同、资金保管合同及其他相关法律文件草案；

5. 执业律师出具的法律意见书草案、注册会计师出具的会计意见书草案、资信评级机构出具的信用评级报告草案及有关持续跟踪评级安排的说明；

6. 受托机构在信托财产收益支付的间隔期内，对信托财产收益进行投资管理的原则及方式说明；

7. 发起机构信贷资产证券化业务资格的批复或相关证明文件

8. 特定目的信托受托机构资格的批复；

9. 银监会要求的其他文件和材料。

以上备案登记材料应参照《金融机构信贷资产证券化试点监督管理办法》第十三条相关要求报送。

二、备案等级工作相关要求

1. 信贷资产证券化项目备案登记工作由发起机构进行。

2. 信贷资产证券化发起机构应填写《信贷资产证券化项目备案登记表》，并由相关填报人员签字并加盖机构公章。

3. 填报机构将备案登记材料清单中相关材料报送至银监会创新部，并将《信贷资产证券化项目备案登记表》电子版发送至 zhangmengsheng@ cbrc. gov. cn。

### 2.2.6 《中国银监会办公厅关于规范银行业金融机构信贷资产收益权转让业务的通知》(2016年4月27日 银监办发〔2016〕82号)

【重点提示】

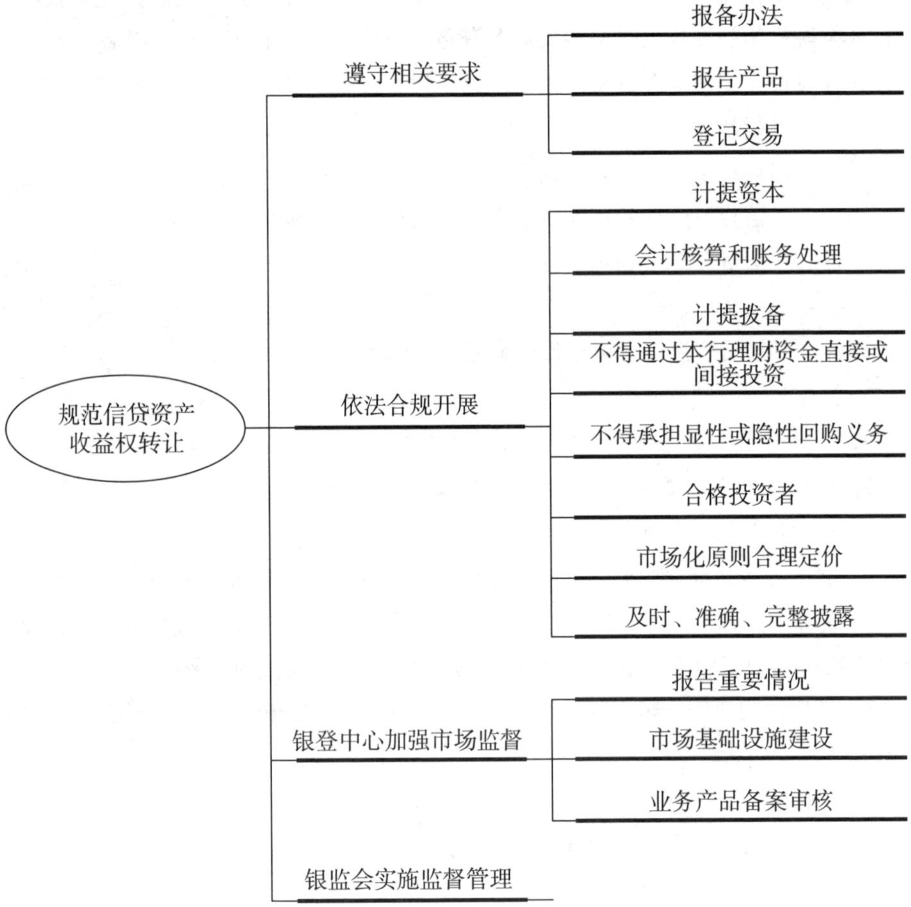


【文件内容】

各银监局，各政策性银行、大型银行、股份制银行，邮储银行，外资银行，金融资产管理公司，其他会管金融机构，银行业信贷资产登记流转中心：

近年来，银行业金融机构开展信贷资产收益权转让业务，对进一步盘活信贷存量、加快资金周转发挥了积极作用，但**部分业务存在交易结构不规范不透明，会计处理和资本、拨备计提不审慎**等问题。为促进信贷资产收益权转让业务健康有序发展，现就有关事项通知如下：

一、信贷资产收益权转让应当遵守“**报备办法、报告产品和登记交易**”相关

要求

（一）报备办法。银行业金融机构应当制定**信贷资产收益权转让业务管理制度**；银行业信贷资产登记流转中心（以下简称银登中心）应当根据银监会相关要求，制定并发布**信贷资产收益权转让业务规则和操作流程**，并及时报送银监会备案。

（二）报告产品。银登中心应当根据银监会相关要求，制定并发布产品报告流程和备案审核要求；银行业金融机构应当**向银登中心逐笔报送产品相关信息**。

（三）登记交易。出让方银行应当依照《中国银监会办公厅关于银行业信贷资产流转集中登记的通知》（银监办发〔2015〕108号）相关规定，及时**在银登中心办理信贷资产收益权转让集中登记**。

二、信贷资产收益权转让应当依法合规开展，有效防范风险

（一）**出让方**银行应当根据《商业银行资本管理办法（试行）》，在信贷资产收益权转让后**按照原信贷资产全额计提资本**。

（二）**出让方**银行应当按照《企业会计准则》对信贷资产收益权转让业务进行会计核算和账务处理。开展**不良资产收益权转让**的，在**继续涉入情形下**，计算不良贷款余额、不良贷款比例和拨备覆盖率等指标时，出让方银行应当将**继续涉入部分计入不良贷款统计口径**。

（三）**出让方**银行应当根据《商业银行贷款损失准备管理办法》、《银行贷款损失准备计提指引》和《金融企业准备金计提管理办法》等相关规定，按照会计处理和风险实际承担情况**计提拨备**。

（四）**出让方**银行**不得**通过**本行理财资金直接或间接投资**本行信贷资产收益权，**不得**以任何方式**承担显性或者隐性回购义务**。

（五）信贷资产收益权的投资者应当持续满足监管部门关于合格投资者的相关要求。**不良资产收益权**的投资者限于**合格机构投资者**，个人投资者参与认购的银行理财产品、信托计划和资产管理计划不得投资；对**机构投资者资金来源**应当实行**穿透原则**，不得通过嵌套等方式直接或变相引入个人投资者资金。

（六）出让方银行和其他相关交易主体应当审慎评估信贷资产质量和风险，按照**市场化原则合理定价**，必要时委托会计师事务所、律师事务所、评级机构、估值机构等**独立第三方机构**，对相关业务环节出具专业意见。

（七）出让方银行和其他相关交易主体应当按照有关要求，向投资者**及时、准确、完整披露**拟转让收益权的信贷资产相关情况，并**及时披露**对投资者权益或投资收益等**产生重大影响的突发事件**。

（八）符合上述规定的**合格投资者**认购的银行理财产品投资信贷资产收益权，按本通知要求在银登中心**完成转让和集中登记的**，**相关资产不计入非标准化债权资

**产统计**，在全国银行业理财信息登记系统中**单独列示**。

三、银登中心应当加强市场监督，并及时报告重要情况

（一）开展**业务产品备案审核**。审核内容包括但不限于资产构成、交易结构、投资者适当性、信息披露和风险管控措施等。

（二）加强**市场基础设施建设**。完善信贷资产收益权转让相关平台功能，加强软硬件设施建设，保障系统运行的稳定性和连续性。

（三）及时**报告重要情况**。定期向银监会报告信贷资产收益权转让产品备案、登记转让信息和相关统计分析报告。发生重大突发事件时，应当及时向银监会报告。

四、**银行业监督管理机构对银行业金融机构的信贷资产收益权转让业务实施监督管理**，必要时根据《中华人民共和国银行业监督管理法》等法律法规，采取相关监管措施或者实施行政处罚。

### 2.2.7 中国银保监会办公厅关于资产支持计划注册有关事项的通知(2019年6月26日 银保监办发〔2019〕143号)

**【重点提示】**

资产支持计划的注册制将由2017年成立的中保保险资产登记交易系统有限公司（以下简称中保登公司）具体办理，银保监会负责业务指导与监督。

**【文件内容】**

各保险资产管理公司：

为进一步落实国务院“放管服”工作部署，推动资产支持计划（以下简称支持计划）业务发展，提高监管效率和透明程度，根据《保险资金运用管理办法》等相关规定，我会决定对保险资产管理机构首单资产支持计划之后发行的支持计划实行注册制管理，由中保保险资产登记交易系统有限公司（以下简称中保登）具体办理。现将有关事项通知如下：

一、保险资产管理机构发起设立支持计划，实行初次申报核准、后续产品注册。

**银保监会对初次申报支持计划的保险资产管理机构进行受托人资格审核**，对申报的支持计划实施合规性、程序性审核；对于交易结构复杂的支持计划，银保监会将建立外部专家评估机制，并采取适当方式向投资者提示投资风险。**保险资产管理机构后续发行支持计划，应当向中保登提交注册材料，由中保登办理注册工作。**

对于《资产支持计划业务管理暂行办法》（以下简称《暂行办法》）施行后已

设立支持计划的保险资产管理机构，视为已履行初次申报核准程序，后续发行的支持计划可直接申请注册。

二、**保险资产管理机构提交的注册材料，应当符合《关于规范保险机构报送资金运用请示、报告类文件的通知》等规定，以及中保登的相关要求。**

三、中保登应当按照监管规定和经备案的注册规则，办理支持计划注册工作，并及时向银保监会报告注册工作情况和业务开展过程中发现的风险和问题。银保监会将加强对中保登的业务指导与监管。

四、本通知自发布之日起施行。《暂行办法》相关规定与本通知规定不一致的，以本通知为准。

## 2.3 中国银行间市场交易商协会

### 2.3.1 《个人汽车贷款资产支持证券信息披露指引（试行）》(2015年5月15日 中国银行间市场交易商协会公告〔2015〕10号)

【重点提示】

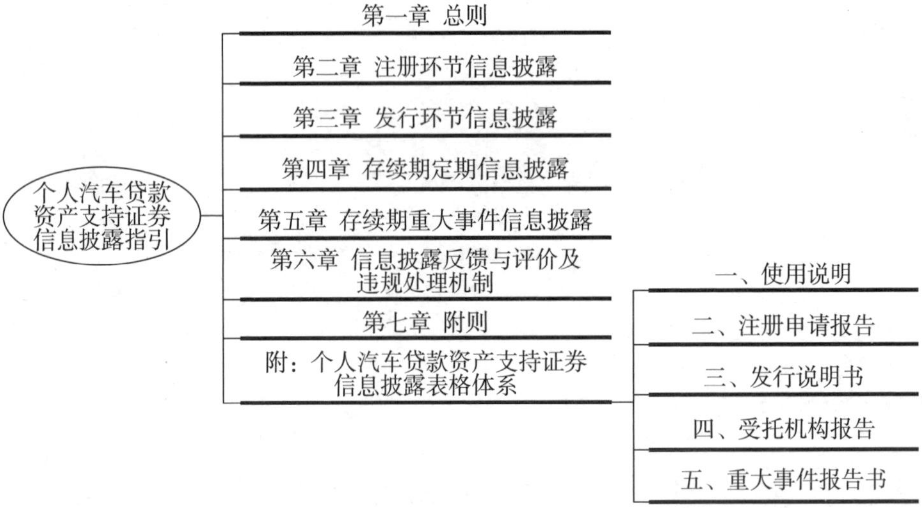


【文件内容】

#### 第一章 总 则

第一条 【制定依据】

为规范个人汽车贷款资产支持证券信息披露行为，提高信贷资产证券化业务透明度，维护投资者合法权益，促进信贷资产证券化业务规范化、常态化，推动债券市场发展，根据《信贷资产证券化试点管理办法》（中国人民银行公告〔2005〕第7号）、《资产支持证券信息披露规则》（中国人民银行公告〔2005〕第14号）、《信贷资产证券化基础资产池信息披露有关事项》（中国人民银行公告〔2007〕第16号）、《关于进一步扩大信贷资产证券化试点有关事项的通知》（银发〔2012〕127号）、《信贷资产支持证券发行管理有关事宜》（中国人民银行公告〔2015〕第7号）等有关规定，制定本指引。

**第二条 【产品定义】**

以注册方式发行的个人汽车贷款资产支持证券的信息披露适用本指引，以其他方式发行的个人汽车贷款资产支持证券的信息披露参照本指引执行。

本指引所称个人汽车贷款资产支持证券，是指**在中国境内，商业银行、汽车金融公司等金融机构作为发起机构，将个人汽车贷款（包括信用卡分期汽车贷款、汽车抵押贷款）信托给受托机构，由受托机构以资产支持证券的形式向投资机构发行受益证券，以该个人汽车贷款所产生的现金支付资产支持证券收益**的证券化融资工具。

个人汽车贷款应当符合法律法规规定，权属明确，能够产生可预期的现金流。

**第三条　【自律管理】**

**中国银行间市场交易商协会（以下简称交易商协会）**对个人汽车贷款资产支持证券信息披露工作开展自律管理。

**第四条　【信息披露责任】**

受托机构和发起机构应切实履行信息披露职责，保证信息披露**真实、准确、完整、及时，不得有虚假记载、误导性陈述和重大遗漏，并承担主体责任**。

发起机构和接受受托机构委托为证券化提供服务的机构应按照信托合同和服务合同等相关约定，及时向受托机构提供相关报告，并保证所提供信息真实、准确、完整。

本指引所称的为证券化提供服务的机构包括但不限于**承销机构、贷款服务机构、资金保管机构、信用评级机构、律师事务所、会计师事务所、信用增进机构**等。

**第五条　【中介机构尽职履责】**

承销机构、信用评级机构、律师事务所、会计师事务所及其他为证券化提供服务的机构应按合同约定切实履行尽职调查责任，依法披露信息，**对所出具的专业报告和专业意见负责**。

**第六条　【投资者风险自担】**

投资者应对披露的信息进行独立分析，独立判断个人汽车贷款资产支持证券投资价值，**自行承担投资风险**。

**第七条　【信息披露内容】**

受托机构、发起机构及为证券化提供服务的机构应根据本指引及相关表格体系要求，在**注册环节、发行环节及存续期**充分披露个人汽车贷款资产支持证券相关信息。

**第八条　【信息披露渠道】**

受托机构、发起机构及为证券化提供服务的机构应通过**交易商协会信息披露服务系统、中国货币网、中国债券信息网、与交易商协会信息披露服务系统直连模板**

**化披露的北京金融资产交易所官方网站及交易商协会认可的其他方式**进行个人汽车贷款资产支持证券相关信息披露。信息披露相关服务平台应及时以书面形式将违反信息披露规定的行为向中国人民银行报告、同时告知交易商协会，并向市场公告。

信息披露相关服务平台应严格按照银行间市场法律法规及交易商协会相关自律规范文件要求，规范开展信息披露工作，不断完善信息披露基础设施，提高技术支持、信息披露服务和信息安全管理水平。

**第九条　【信息保密义务】**

受托机构、发起机构及为证券化提供服务的机构、全国银行间同业拆借中心、中央国债登记结算有限责任公司、北京金融资产交易所及其他**相关知情人在信息披露前不得泄露拟披露的信息**。

**第十条　【信息披露豁免】**

因**涉及国家机密、技术性困难或其他客观原因**确实无法披露相关信息的，相关信息披露义务人应对无法披露信息的情况及原因进行说明，向投资者披露情况说明书并向中国人民银行报告，同时告知交易商协会。

## 第二章　注册环节信息披露

**第十一条　【注册文件】**

受托机构、发起机构应在个人汽车贷款资产支持证券接受**注册后十个工作日**内，披露注册申请报告等文件。

注册申请报告包括但不限于以下内容：

（一）个人汽车贷款资产支持证券名称、资产类型、注册额度、分期发行安排等基本信息；

（二）发行方式可选择招标或簿记建档；拟采用簿记建档发行的，应说明采用簿记建档发行的必要性，定价、配售的具体原则和方式，以及防范操作风险和不正当利益输送的措施；

（三）风险提示及风险披露；

（四）受托机构、发起机构及其他为证券化提供服务的机构信息，发起机构证券化的信贷资产发放程序、审核标准、担保形式、管理办法、过往表现、违约贷款处置程序及方法等，贷款服务机构管理证券化信贷资产的方法、标准；

（五）交易结构及各当事方的主要权利与义务等信息；

（六）个人汽车贷款入池筛选标准；

（七）发起机构个人汽车贷款历史数据信息；

（八）发行及存续期的信息披露安排。

**第十二条　【风险提示】**

受托机构应在注册申请报告显著位置提示投资者：**投资者购买本期个人汽车贷款资产支持证券，应当认真阅读本文件及有关的信息披露文件，进行独立的投资判断。主管部门对本期证券发行的注册，并不表明对本期证券的投资价值作出了任何评价，也不表明对本期证券的投资风险作出了任何判断**。

**第十三条 【风险披露】**

受托机构应在注册申请报告中充分披露个人汽车贷款资产支持证券可能存在的投资风险，包括但不限于**早偿风险**、**信用风险**、**流动性风险**、**法律风险**、**抵押车辆贬值风险（如有）**等。

**第十四条 【历史数据信息】**

受托机构应在注册申请报告中披露发起机构个人汽车贷款资产的历史数据信息，包括但不限于动态数据信息、静态数据信息等。

受托机构应披露发起机构个人汽车贷款**至少五年的完整数据**，经营不足五年的，应提供自开始经营时起的完整数据。

**第十五条 【信息披露精简原则】**

**在注册环节已披露的信息**，如受托机构、发起机构及其他为证券化提供服务的机构信息、交易条款信息等，**在发行环节及存续期内可免于披露**，鼓励在注册环节披露更多信息。若注册环节已披露的前述信息发生变化或需要变更的，应在发行环节披露变更后的信息，并向中国人民银行报告，同时告知交易商协会。

**第十六条 【投资者保护机制】**

受托机构应在注册申请报告或发行说明书中披露**各档投资者保护机制**，包括但不限于：

（一）各档证券的支付顺序变化（如类似加速清偿事件以及违约事件触发后的支付顺序）；

（二）基础资产现金流恶化或其它可能影响投资者利益等情况的应对措施；

（三）优先档证券发生违约后的债权及权益保障及清偿安排；

（四）发生基础资产权属争议时的解决机制；

（五）持有人大会的召开条件、议事程序等安排；

（六）其他投资者保护措施或相关安排。

## 第三章 发行环节信息披露

**第十七条 【发行文件】**

受托机构和发起机构应至少于**发行日前五个工作日**，披露**信托公告**、**发行说明书**、**评级报告**、**募集办法**和**承销团成员名单**等文件。

发行说明书包括但不限于以下内容：

（一）本次发行个人汽车贷款资产支持证券名称、受托机构、发起机构以及其他为证券化提供服务的机构名称、分档情况等发行基本信息；

（二）风险提示及风险披露；

（三）交易结构信息；

（四）个人汽车贷款入池资产总体特征；

（五）个人汽车贷款入池资产分布信息；

（六）证券基础信息；

（七）其他为证券化提供服务的机构的专业意见；

（八）跟踪评级及后续信息披露安排。

**第十八条 【风险提示】**

受托机构应在发行说明书显著位置提示投资者：**投资者购买本期个人汽车贷款资产支持证券，应当认真阅读本文件及有关的信息披露文件，进行独立的投资判断。主管部门对本期证券发行的备案，并不表明对本期证券的投资价值作出了任何评价，也不表明对本期证券的投资风险作出了任何判断。**

受托机构需在发行说明书显著位置提示投资者：**本期个人汽车贷款资产支持证券仅代表特定目的信托受益权的相应份额，不是发起机构、特定目的信托受托机构或任何其他机构的负债，投资机构的追索权仅限于信托财产。**

**第十九条 【风险披露】**

受托机构应在发行说明书中充分披露本期发行个人汽车贷款资产支持证券的投资风险，包括但不限于：**信用风险、交易结构风险、集中度风险、流动性风险、利率风险、抵押车辆贬值风险（如有）、操作风险、法律风险、交易对手方的违约风险和发生重大不利变化风险**等。

**第二十条 【交易结构】**

受托机构应在发行说明书中披露本期发行个人汽车贷款资产支持证券的交易结构信息，包括但不限于**本期发行交易结构示意图、受托机构、发起机构以及其他为证券化提供服务的机构简介、受托机构、发起机构以及其他为证券化提供服务的机构权利与义务、本期发行的现金流分配机制、本期发行信用增进措施、资产支持证券持有人大会的组织形式与权利**等。

**第二十一条 【基础资产总体信息】**

受托机构应在发行说明书中披露本期发行个人汽车贷款资产支持证券的基础资产总体信息，包括但不限于**入池资产笔数与金额特征、入池资产期限特征、利率特征、借款人特征、抵押物特征（如有）**等。

个人汽车贷款入池资产如设置抵押的，还需重点披露**入池资产抵押车辆的初始**

评估价值合计、加权平均初始贷款价值比、资产池抵押新车占比等信息。

第二十二条 【基础资产分布信息】

受托机构应在发行说明书中披露本期发行个人汽车贷款资产支持证券的入池个人汽车贷款资产分布信息，包括但不限于贷款分布、借款人分布、抵押物分布（如有）。

个人汽车贷款入池资产如设置抵押的，还需重点披露入池资产抵押车辆的初始贷款价值比分布、抵押车辆品牌分布、新旧车分布等信息。

第二十三条 【发行结果信息披露】

受托机构应在每期个人汽车贷款资产支持证券发行结束的当日或次一工作日公布资产支持证券发行情况。

第二十四条 【发行环节信息披露查阅途径】

受托机构需在发行说明书显著位置载明投资者在个人汽车贷款资产支持证券发行期间和存续期内查阅基础资产池具体信息的途径和方法。

## 第四章 存续期定期信息披露

第二十五条 【定期披露】

在个人汽车贷款资产支持证券存续期内，受托机构应依据贷款服务机构和资金保管机构提供的贷款服务报告和资金保管报告，按照本指引及相关表格体系的要求，在每期资产支持证券本息兑付日的三个工作日前披露受托机构报告；每年4月30日前披露经具有从事证券期货相关业务资格的会计师审计的上年度受托机构报告。

对于信托设立不足二个月的，受托机构可以不编制年度受托机构报告。

第二十六条 【受托机构报告】

受托机构报告应当包括但不限于以下内容：

（一）受托机构和证券化服务机构的名称、地址；

（二）资产支持证券基本信息；

（三）各档次证券的本息兑付及税费支付情况；

（四）本期资产池表现情况，包括资产池整体表现、累计违约率、现金流归集表、资产池现金流入情况等；

（五）基础资产存续期总体信息，包括入池资产笔数与金额特征、期限特征、利率特征等；

（六）内外部信用增进情况说明；

（七）资产池中进入法律诉讼程序的个人汽车贷款情况，法律诉讼程序进展等。

第二十七条 【跟踪评级】

受托机构应与信用评级机构就个人汽车**贷款**资产支持证券跟踪评级的有关安排作出约定，并应于资产支持证券存续期内的**每年7月31日前**向投资者披露上年度的跟踪评级报告。

## 第五章 存续期重大事件信息披露

**第二十八条 【重大事件信息披露】**

在发生可能对个人汽车贷款资产支持证券投资价值有实质性影响的临时性重大事件时，受托机构应在**事发后三个工作日内**披露相关信息，并向交易商协会报告。

前款所称重大事件包括但不限于以下事项：

（一）发生或预期将发生受托机构不能按时兑付个人汽车贷款资产支持证券本息等影响投资者利益的事项；

（二）受托机构和证券化服务机构发生影响个人汽车贷款资产支持证券投资价值的违法、违规或违约事件；

（三）个人汽车贷款资产支持证券受托机构及其他为证券化提供服务的机构发生变更；

（四）个人汽车贷款资产支持证券的信用评级发生不利变化；

（五）受托机构和其他为证券化提供服务的机构或者基础资产涉及法律纠纷，可能影响按时分配收益；

（六）受托机构、发起机构或其他为证券化提供服务的机构的经营情况发生重大变化，或者作出减资、合并、分立、解散、申请破产等决定，可能降低其从事证券化业务水平，对个人汽车贷款资产支持证券投资者利益造成严重不利影响的；

（七）信托合同规定应公告的其他事项；

（八）中国人民银行和中国银行业监督管理委员会等监管部门规定应公告的其他事项；

（九）法律、行政法规规定应公告的其他事项。

**第二十九条 【其他重大事件】**

本指引前条列举的重大事件是重大事件信息披露的最低要求，可能影响各档次证券本息兑付的其他重大事件，受托机构也应依据本指引在**事发后三个工作日**内予以及时披露。

**第三十条 【重大事件进展持续披露机制】**

受托机构披露重大事件后，已披露的重大事件出现可能对个人汽车贷款资产支持证券的投资价值产生较大影响的进展或者变化的，应当在**上述进展或者变化出现之日起三个工作日**内披露进展或者变化情况。

**第三十一条 【持有人大会信息披露】**

召开资产支持证券持有人大会，召集人应至少提前三十日公布资产支持证券持有人大会的召开时间、地点、会议形式、审议事项、议事程序和表决方式等事项，并于大会结束后十日内披露大会决议。

## 第六章　信息披露反馈与评价及违规处理机制

**第三十二条　【投资者信息披露反馈机制】**

交易商协会建立信息披露的市场意见征集和反馈机制，跟踪监测个人汽车贷款资产支持证券信息披露情况。

**第三十三条　【信息披露评价机制】**

交易商协会根据个人汽车贷款资产支持证券信息披露情况和市场成员的反馈意见，遵循公平、公正、公开原则，组织市场成员对信息披露质量进行评价。

**第三十四条　【评价结果运用】**

交易商协会及时向市场公布信息披露评价结果，并及时向中国人民银行报告。

**第三十五条　【不合规情况报告和自律处分】**

交易商协会在信息披露情况跟踪监测和评价过程中，对不能按相关规定进行信息披露的情况，及时向中国人民银行报告。

对于未按本指引履行相应职责的受托机构、发起机构及其他为证券化提供服务的机构，经调查核实后，交易商协会视情节轻重可给予有关自律处分。涉嫌违反相关法律法规的，交易商协会将移交有关部门处理。

## 第七章　附　　则

**第三十六条　【解释权】**

本指引由交易商协会秘书处负责解释。

**第三十七条　【生效时间】**

本指引自发布之日起施行。

附：个人汽车贷款资产支持证券信息披露表格体系

**附：**

### 《个人汽车贷款资产支持证券信息披露表格体系》[①]

为促进信贷资产证券化产品信息披露的标准化和规范化，进一步增强信息披露的可操作性，提升市场信息披露质量，依据《信贷资产证券化试点管理办法》（中国人民银行公告〔2005〕第7号）、《资产支持证券信息披露规则》（中国人民银行公告〔2005〕第14号）、《信贷资产证券化基础资产池信息披露有关事项》（中国

① 信用卡分期贷款及抵押贷款均适用。

人民银行公告〔2007〕第16号)、《关于进一步扩大信贷资产证券化试点有关事项的通知》(银发〔2012〕127号)、《信贷资产支持证券发行管理有关事宜》(中国人民银行公告〔2015〕第7号)、《个人汽车贷款资产支持证券信息披露指引(试行)》(中国银行间市场交易商协会公告〔2015〕第10号)等有关规定制定本《个人汽车贷款资产支持证券信息披露表格体系》(简称《车贷表格体系》)。

**一、使用说明**

(一)《车贷表格体系》包括注册申请报告、发行说明书、受托机构报告和重大事件报告书四个部分,信息披露表格列示的内容是对注册申请报告、发行说明书、受托机构报告和重大事件报告书的最低信息披露要求。

1. 注册申请报告列示发起人注册发行个人汽车贷款资产支持证券应披露相关材料。

(1)扉页、目录、注册基本信息;

(2)风险提示及风险披露;

(3)参与机构②信息;

(4)交易条款信息;

(5)基础资产筛选标准;

(6)历史数据信息;

(7)信息披露安排。

2. 发行说明书列示发行人发行任意一期个人汽车贷款资产支持证券应披露的相关材料。发行说明书应至少包括以下八个方面的内容:

(1)扉页、目录、发行基本信息;

(2)风险提示及风险披露;

(3)交易结构信息;

(4)基础资产总体信息;

(5)基础资产分布信息;

(6)证券基础信息;

(7)中介机构意见;

(8)证券后续安排。

3. 受托机构报告列示受托机构在已发行的个人汽车贷款资产支持证券存续期内,根据合同约定在每一个本息兑付日前应披露的相关材料,并在每年出具年度受托机构报告。

---

② 受托机构、发起机构以及其他为证券化提供服务的机构,下同。

受托机构报告应至少包括以下四方面内容：

（1）扉页、目录、存续基本信息；

（2）证券概况；

（3）资产池情况；

（4）基础资产存续期总体信息。

4. 重大事件报告书列示已发行的，并存续期内的重大事件触发情况，受托机构应该在事件触发后三个工作日内及时披露相关信息。

重大事件报告书包括对个人汽车贷款资产支持证券投资价值有实质性影响的所有临时性重大事件。

（二）受托机构、发起机构、为证券化提供服务的机构及其经办人员应按有关法律法规、规范性文件要求，编写注册、发行及存续期相关文件，发表专业意见，并对所出具的相关文件和意见承担相应法律责任。

1. 会计师事务所应依据相关规定进行尽职调查及相关专业服务，在会计意见书中对相关事项发表明确意见，对年度受托机构报告进行审计并出具审计报告。

2. 律师事务所应在充分尽职调查的基础上，在法律意见书中对相关事项发表明确意见。

3. 信用评级机构应依据《中国人民银行信用评级管理指导意见》等有关规定出具评级报告。

4. 证券发行前受托机构应按指引要求，填报注册申请报告、发行说明书，证券发行后受托机构应按指引要求填报受托机构报告、重大事件报告书。

（三）受托机构应按以下要求填写表格：

1. 注册申请报告和发行说明书：应依据“适用范围”项下所列示的不同情形，填报所选表格内容，涉及到金额和时间的均需要标明单位。

2. 受托机构报告和重大事件报告书：应依据“适用范围”项下所列示的不同情形，填报所选表格内容，涉及到金额和时间的均需要标明单位。

3. 页码：应将披露内容所在文件的具体页码范围填写在“页码”项下。例如：注册申请报告中“投资风险提示”部分位于第 5 – 9 页，则在填写注册申请表时，应在“页码”项下对应的行处填写“5 – 9”。

4. 备注：需要说明的特殊事项，应根据实际情况，在对应的“备注”项下进行说明。

（四）不适用情形说明若本表格某些具体要求对个别基础资产确实不适用的，发起机构和受托机构可根据实际情况，在不影响披露内容完整性、不影响投资者进行重要投资风险判断的前提下做出适当修改，但应在相关信息披露文件中做出说明。

## 二、注册申请报告

| 注册申请报告 | | | |
|---|---|---|---|
| 序号 | 内　容 | 页码 | 备注 |
| **Z-0** | **扉页、目录、注册基本信息** | | |
| Z-0-1 | 信贷资产支持证券名称 | | 见附件1 |
| Z-0-2 | 基础资产类型 | | 见附件1 |
| Z-0-3 | 信贷资产支持证券发行安排——写明本次注册的总金额及预计的发行期数及交易场所，如有必要可列明各期证券的发行时间段。 | | 见附件1 |
| Z-0-4 | 发行方式可选择招标或簿记建档，拟采用簿记建档发行的，应说明采用簿记建档发行的必要性，定价、配售的具体原则和方式，以及防范操作风险和不正当利益输送的措施。 | | |
| Z-0-5 | 目录——标明各章、节的标题及相应的页码。 | | |
| **Z-1** | **投资风险提示** | | |
| Z-1-1 | 注册环节可预见的投资者面临的风险，例如早偿风险、信用风险等，不同项目可根据实际情况列明。 | | |
| **Z-2** | **参与机构信息③** | | |
| Z-2-1 | 各参与机构的选任标准及程序——信贷资产证券化业务中对相关参与机构，包含受托机构、主承销商、联席主承销商(如有)、贷款服务机构、资金保管机构、信用评级机构、会计师事务所、律师事务所的选择标准及程序，包括但不限于参与机构的选任原则、选任标准与选任程序。 | | |
| Z-2-2 | 各参与机构名单。所披露的内容包括但不限于各参与机构的名称、注册地址、法定代表人、联系人、联系电话、传真、邮政编码、网址、基本情况简介、各参与机构的证券化经验、违约记录申明及机构之间的关联关系等。注册时受托机构必须唯一，其他参与机构可多选。 | | |
| Z-2-3 | 发起机构资产证券化业务管理办法摘要——明确发起机构资产证券化业务的制度和流程，包括但不限于对业务管理办法的总述、相关参与机构描述、各部门职责、资产证券化业务发起的内部流程等。 | | |

③ 本章参与机构信息受托机构可在注册申请报告、发行说明书中选择其一进行披露，原则上为了提高发行效率本章内容应在注册申请报告中披露，若注册环节时内容不确定可放到发行环节披露，其中有关受托机构的选任标准及程序和受托机构名称需要在注册环节披露；在发行环节发生变化的，需要在发行说明书中补充披露，在表格体系备注中说明，并将变化部分向监管机构报备。

续表

| | | | |
|---|---|---|---|
| Z-2-4 | 发起机构资产证券化业务操作规程摘要——明确发起机构资产证券化业务的具体操作规程，包括但不限于对操作规程的总述、发起机构启动资产证券化业务的具体操作流程，例如基础资产池构建及尽职调查、交易结构设计、法律文件准备、定价发行、投资管理及会计处理、证券化信贷资产质量管理、风险监督与管理、合同管理等内容。 | | |
| Z-2-5 | 发起机构资产证券化汽车贷款服务管理办法摘要——明确发起机构作为资产的提供方贷款形成的标准、程序、以及其他影响贷款质量的制度规定，例如对管理办法的总述、各部门职责与分工、贷款服务方案的确定、贷款服务管理的内容以及授信内部评分的具体标准等，此外，应附上授信审核时借款人填写的授信申请表模板。 | | |
| Z-2-6 | 贷款服务机构资产证券化汽车贷款服务管理办法摘要④——贷款服务机构信贷资产证券化贷款服务管理办法等相关管理办法的介绍，包括但不限于内部评级制度、授信额度确定办法、贷前调查办法、信贷审批流程、贷款发放、贷后管理办法、贷款担保审核方法、违约贷款处置程序等。 | | |
| Z-2-7 | 受托机构对信托财产的投资管理安排——明确受托机构对信托财产的具体投资管理安排，包括但不限于受托机构对信托财产账户中的资金进行投资运用的投资范围、标准、原则及方式等。 | | |
| **Z-3** | **交易条款信息⑤** | | |
| Z-3-1 | 交易结构及各当事方的主要权利与义务——明确各参与机构在交易文件中确定的权力和义务。包含受托机构、发起机构、贷款服务机构、资金保管机构、主承销商、联席主承销商（如有）。 | | |
| Z-3-2 | 预计信托账户设置——交易中账户的开立情况，如信托收款账户（本金分账户、收入分账户）、信托付款账户、混同专用账、抵销专用账、服务转移和通知专用账、税收专用账的设置情况等，各项目可根据实际情况披露，发行环节如有调整，需要在发行说明书中说明。 | | |

④ 若发起机构与贷款服务机构为同一家机构，则贷款管理办法可合并撰写，覆盖Z-2-5与Z-2-6中的全部内容。

⑤ 本章交易结构信息受托机构可在注册申请书、发行说明书中选择其一进行披露，原则上为了提高发行效率本章内容应在注册申请书中披露，若注册环节时内容不确定可放到发行环节披露；在发行环节发生变化的，需要在发行说明书中补充披露，在表格体系备注中说明，并将变化部分向监管机构报备。

续表

| | | | |
|---|---|---|---|
| Z－3－3 | 各交易条款设置—例如回购交易条款、赎回交易条款、终止交易条款等，若在结构设计上涉及到其他类似的交易条款，可按以上规则进行披露。 | | |
| Z－3－4 | 各触发条件设置—例如违约事件触发条件、加速清偿事件触发条件、权利完善事件触发条件、个别通知事件触发条件等，若在结构设计上涉及到其他类似的触发条件，可按以上规则进行披露。 | | |
| **Z－4** | **基础资产筛选标准** | | |
| Z－4－1 | 合格标准——明确该期入池资产的合格标准，即选定入池资产的硬性标准，不符合该标准的资产应予以赎回，或不能入池。原则上包括但不限于以下信息：是否出现本息逾期，贷款币种、是否涉及诉讼、贷款五级分类、合同到期期限范围、还款计划是否明确等。 | | |
| Z－4－2 | 资产保证——指委托人在约定中所做的关于资产池以及每一笔贷款在初始起算日和信托财产交付日的状况的全部陈述和保证。 | | |
| **Z－5** | **历史数据信息** | | |
| Z－5－1 | 动态数据信息⑥——每期期初笔数、期初余额、新增贷款金额、部分早偿金额、全部早偿金额、正常金额、拖欠1－30天金额、拖欠31－60天金额、拖欠61－90天金额、拖欠91－120天金额、拖欠120天以上金额等。 | | 见附件2 |
| Z－5－2 | 静态数据信息⑦——每个静态池的期初笔数、期初余额、部分早偿金额、全部早偿金额、正常金额、拖欠1－30天金额、拖欠31－60天金额、拖欠61－90天金额、拖欠91－120天金额、拖欠120天以上金额等。 | | 见附件3 |
| **Z－6** | **信息披露安排** | | |
| Z－6－1 | 发行及存续期的信息披露要求、披露方式、途径及内容，明确特殊事件发生后的信息披露机制，以及其他影响产品风险及投资者判断的信息披露安排。 | | |

⑥ 受托机构应披露发起机构个人汽车贷款至少五年的完整数据，经营不足五年的，应提供自开始经营时的完整数据。

⑦ 原则上每个经营季度随机抽取一个月度静态池数据。

**附件1：注册基本信息**

| | |
|---|---|
| 信贷资产支持证券名称 | |
| 基础资产类型 | |
| 注册总金额 | |
| 发行期数 | |
| 交易场所 | |
| 注册有效期 | |

**附件2：动态数据信息**

| 报告期末 | 期初笔数 | 期初金额 | 新增贷款金额 | 早偿金额 | 正常还款金额 | 拖欠1－30天金额 | 拖欠31－60天金额 | 拖欠61－90天金额 | 拖欠91－120天金额 | 拖欠120天以上额 |
|---|---|---|---|---|---|---|---|---|---|---|
| 2010/1/31⑧ | | | | | | | | | | |
| 2010/2/28 | | | | | | | | | | |
| 2010/3/31 | | | | | | | | | | |
| 2010/4/30⑨ | | | | | | | | | | |

**附件3：静态数据信息**

| 静态池⑩ | 报告期末 | 期初笔数 | 期初金额 | 早偿金额 | 正常还款金额 | 拖欠1－30天金额 | 拖欠31－60天金额 | 拖欠61－90天金额 | 拖欠91－120天金额 | 拖欠120天以上金额 |
|---|---|---|---|---|---|---|---|---|---|---|
| 2013/1/31⑪ | 2013/1/31 | | | | | | | | | |
| 2013/1/31 | 2013/2/28 | | | | | | | | | |
| 2013/1/31 | 2013/3/31 | | | | | | | | | |
| 2013/1/31 | 2013/4/30 | | | | | | | | | |

⑧ 案例日期仅举例用，实际日期请根据项目实际情况确定。

⑨ 原则上不得早于提交信息披露材料日期6个月以上，例如2015年4月提交注册申请报告，动态池的最后一期数据应至少保证在2014年10月以后。

⑩ 当月发放的所有与拟入池资产相同类型贷款归集的静态池。

⑪ 案例日期仅举例用，实际日期请根据项目实际情况确定。

## 三、发行说明书

| 发行说明书 | | | |
|---|---|---|---|
| 序号 | 内容 | 页码 | 备注 |
| **F-0** | **扉页、目录、发行基本信息** | | |
| F-0-1 | 各参与机构名称，包括但不限于发起机构及受托机构 | | |
| F-0-2 | 证券概况——证券的基本情况，包括交易结构分档情况、各档证券金额、占比、利率形式和信用评级。 | | |
| F-0-3 | 目录——标明各章、节的标题及相应的页码。 | | |
| F-0-4 | 重要提示——经银监会和人民银行批准发行、确认内容真实、证券仅代表“信托资产”受益权（应明确说明与发起机构和其他机构无关），投资者应认真阅读信息披露文件，监管部门不对价值以及风险进行判断。 | | |
| **F-1** | **投资风险提示** | | |
| F-1-1 | 发行环节可预见的投资者面临的风险，例如资产池集中度风险、交易结构风险或发生重大不利变化风险等。 | | |
| **F-2** | **交易结构信息⑫** | | |
| F-2-1 | 交易结构示意图——指资产支持证券发行的基本交易结构和各方之间的法律关系框架图，包括发起机构、受托机构、资金保管机构、登记结算机构、承销机构之间的具体交易过程以及法律关系框架。 | | 见附件1 |
| F-2-2 | 中介机构简介⑬——信贷资产证券化业务中各中介机构的简介，包含主承销商、联席主承销商（如有）、贷款服务机构、资金保管机构、信用评级机构、会计师事务所、律师事务所等。 | | |
| F-2-3 | 参与机构权利与义务⑭——明确发起机构、贷款服务机构、受托机构、资金保管机构、主承销商、登记托管机构、承销团成员等参与机构，根据约定条款确定的权利和义务，用于规范各机构资产证券化业务的开展。 | | |
| F-2-4 | 现金流分配机制——证券本金和利息在正常、违约、加速清偿等模式下的分配机制与顺序，通过图示的形式体现账户之间资金的流动和事件变化对分配顺序的影响。 | | 见附件2⑮ |

⑫ 交易结构信息若固定不变可在注册时一次性披露，发行环节免于披露，若发行环节出现变动则需要重新补充披露，并就变化部分向监管机构报备。

⑬ 原则上可在注册申请时披露，若发行环节有所更新可在此披露。

⑭ 原则上可在注册申请时披露，若发行环节有所更新可在此披露。

⑮ 不同触发事件下的分配机制图。

续表

| | | | |
|---|---|---|---|
| F-2-5 | 信用增进措施—证券的信用增进方式，例如超额利差、优先级次级结构、超额抵押、外部增信等，各项目可根据实际情况披露。 | | |
| F-2-6 | 资产支持证券持有人大会的组织形式与权利——包括但不限于持有人大会的组成、会议召集、表决权、会议方式、全体同意事项、特别决议事项等。 | | |
| F-2-7 | 现金流归集表——正常情景下，指按摊还计划对每个收款期间现金流进行归集，不考虑早偿、拖欠、违约、回收等情况。 | | 见附件3 |
| **F-3** | **基础资产总体信息⑯** | | |
| F-3-1 | 入池资产笔数与金额特征——资产的入池总笔数、总户数、合同总金额、入池总金额、借款人平均未偿本金余额、单笔贷款最高本金余额、单笔贷款平均本金余额等。 | | |
| F-3-2 | 入池资产期限特征——资产的入池加权平均合同期限、加权平均剩余期限、加权平均账龄⑰、贷款最长剩余期限、贷款最短剩余期限等。 | | |
| F-3-3 | 入池资产利率特征——资产的入池加权平均贷款利率、最高贷款利率和最低贷款利率。 | | |
| F-3-4 | 入池资产抵押物特征⑱——资产的入池抵押车辆初始评估⑲价值合计、加权平均初始⑳贷款价值比、资产池抵押新车占比等。(初始贷款价值比（即LTV）=初始起算日贷款未偿本金余额/抵押物初始评估价值) | | |
| F-3-5 | 入池资产借款人特征——资产借款人的加权平均年龄㉑、30-40岁借款人贷款的金额占比、借款人㉒加权平均年收入㉓、借款人加权平均收入债务比。(收入债务比（即DTI）=借款人年收入/初始起算日贷款未偿本金余额) | | |
| **F-4** | **基础资产分布信息** | | |

⑯ 各项目根据实际情况注明数值及单位。
⑰ 请标明计算加权平均账龄的计算公式。
⑱ 若入池资产无抵押，则免于披露。
⑲ 若入池资产抵押车辆为新车，则为合同价值，下同。
⑳ 指初始起算日
㉑ 表格中所有与年龄相关的统计信息均指的是初始起算日的借款人年龄。
㉒ 指承债主体，个人和家庭均可，以实际法律关系为准。
㉓ 收入统计需要注明取得方式。

续表

| | | | |
|---|---|---|---|
| F－4－1 | 贷款分布——入池资产的未偿本金余额分布、贷款五级分类分布、贷款利率类型分布、贷款利率分布、担保情况分布、贷款合同期限分布、贷款账龄分布、贷款剩余期限分布、还款方式分布、贷款类型分布[24]。 | | |
| F－4－2 | 借款人分布——入池资产的年龄分布、收入分布、职业分布、地区分布、信用分数分布。 | | |
| F－4－3 | 抵押物分布——入池资产的抵押车辆初始贷款价值比分布、抵押车辆品牌分布、新旧车分布。 | | |
| **F－5** | **证券基础信息** | | |
| F－5－1 | 费用信息——由信托财产支付的费用，应该列明费用科目明细。 | | |
| F－5－2 | 日期信息——与证券设立、存续、兑付相关的日期类信息，包括但不限于初始起算日、信托设立日、首次偿付日、结息日、计算日、支付日、回收款转付日、服务机构报告日、资金保管机构报告日、受托人报告日、法定到期日等。 | | |
| F－5－3 | 证券信息——包括各档证券的名称、各档证券的金额、各档证券的票面利率类型、各档证券的信用级别、预期还本日(若为固定摊还型)、预期到期日等，拟采用簿记建档方式发行的证券，说明簿记建档场所安排及场所具体地址。 | | |
| F－5－4 | 风险自留信息——发起机构对各档证券的持有比例。 | | |
| **F－6** | **中介机构意见** | | |
| F－6－1 | 尽职调查意见及法律意见摘要——指相关参与机构对基础资产合法合规性等尽职调查情况出具的尽职调查意见，包括但不限于尽职调查的过程、尽职调查的结果、尽职调查的结论、对“信贷资产”合法合规性的判断等。律师事务所对证券化的合法性、有效性问题出具的法律意见，包括但不限于法律依据、交易文件及信托设立的合法有效性、信贷资产转让的合法有效性、破产风险对信托财产的影响，发行、销售及持有资产支持证券的合法有效性等。 | | |
| F－6－2 | 交易概况与会计意见摘要——指根据相关会计准则，对基础资产出表与否的判断，包括但不限于适用的准则、管理层的判断、会计师事务所的意见等。 | | |

[24] 由于不同发起机构的贷款类型名称有所差别，所以可在附注中对名称进行解释。

续表

| | | | |
|---|---|---|---|
| F－6－3 | 信用评级机构的假设与分析摘要——包括但不限于评级的基本假设、逻辑思路、基础资产和交易结构分析结果（包括优势与关注中的核心内容）、信用级别等。 | | |
| **F－7** | **证券后续安排** | | |
| F－7－1 | 证券跟踪评级安排——指在受评证券信用等级<br>有效期内，对受评证券的信用状况进行持续跟踪监测，并每年出具评级报告。 | | |
| F－7－2 | 证券信息披露安排——存续期的信息披露要求、披露方式、途径及内容，明确特殊事件发生后的信息披露机制，以及其他影响产品风险及投资者判断的信息披露安排。受托机构需在发行说明书显著位置载明投资者在个人汽车贷款资产支持证券存续期内查阅基础资产池具体信息的途径和方法。 | | |

**附件1：交易结构图㉕**

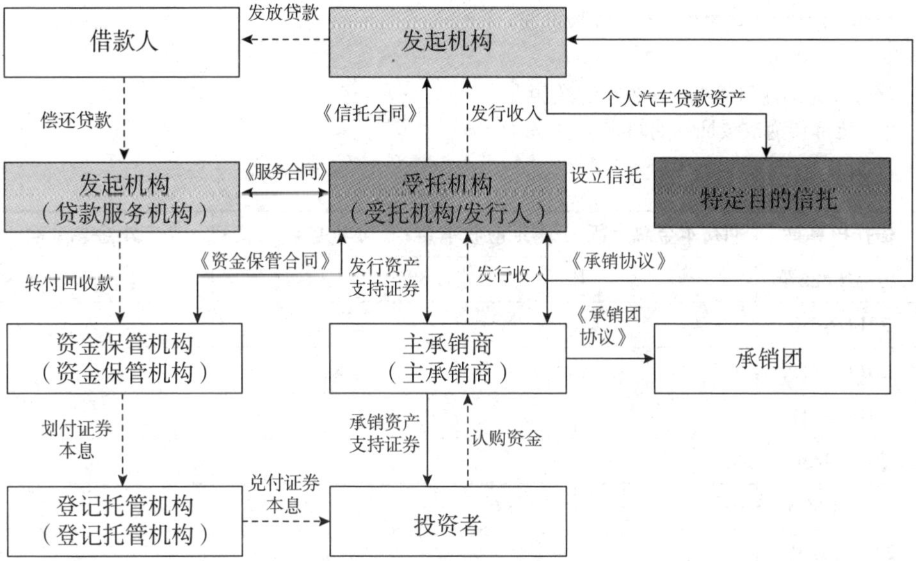


㉕ 此图仅作为案例参考，各项目可根据实际情况进行调整，原则上需说明机构间的关系。

**附件2：现金流分配机制㉖**

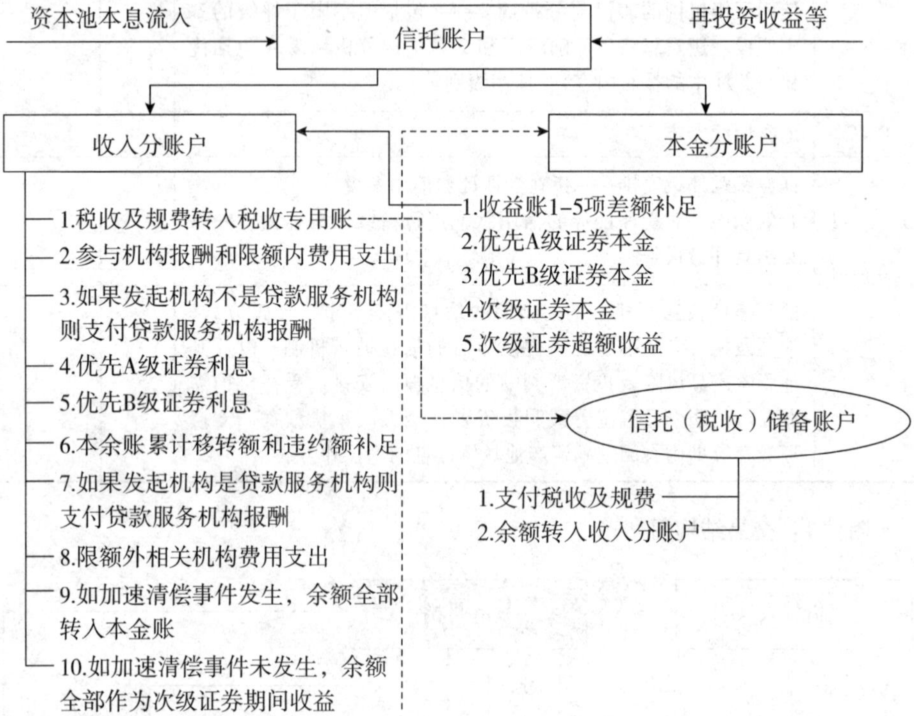


**附件3：现金流归集表**

| 信托核算日 | 期初本金总余额 | 本期应收本金 | 本期应收利息 | 期末本金总余额 |
|---|---|---|---|---|
| 2014/6/26㉗ | | | | |
| 2014/6/30 | | | | |
| 2014/7/31 | | | | |
| 2014/8/31 | | | | |
| 2014/9/30 | | | | |
| 2014/10/31 | | | | |
| 2014/11/30 | | | | |
| 2014/12/31 | | | | |
| 2015/1/31 | | | | |
| 2015/2/28 | | | | |

㉖ 此图仅作为案例参考，各项目可根据实际情况进行调整，原则上需说明现金流分配顺序。

㉗ 此日期为初始起算日。

续表

| | | | | |
|---|---|---|---|---|
| 2015/3/31 | | | | |
| 2015/4/30 | | | | |
| 2015/5/31 | | | | |
| 2015/6/30 | | | | |
| 2015/7/31 | | | | |
| 2015/8/31 | | | | |
| 2015/9/30 | | | | |

## 四、受托机构报告

| 序号 | 内　容 | 备注 |
|---|---|---|
| S－0 | **扉页、目录、存续基本信息** | |
| S－0－1 | 资产支持证券与受托机构名称 | |
| S－0－2 | 受托机构报告期数与报告出具日期 | |
| S－0－3 | 受托人关于出具受托机构报告的声明 | |
| S－0－4 | 目录——标明各章、节的标题及相应的页码。 | |
| S－0－5 | 机构介绍——受托机构、贷款服务机构、资金保管机构、登记托管机构的名称、地址和联系方式。 | 见附件1 |
| S－1 | **证券概况** | |
| S－1－1 | 证券日期概况——证券的信托设立日、本报告期的期初日期与期末日期以及证券的计息方式。 | 见附件2 |
| S－1－2 | 各档证券本金、利息还款情况——各档证券的信托设立日的证券余额、报告期初的证券余额、本期还款金额、报告期末的证券余额及还款比例；各档证券的执行利率、利息的支付金额、本金的支付金额、单位面值的利息本金支付金额、总支付金额。 | 见附件3、附件4 |
| S－2 | **资产池情况** | |
| S－2－1 | 资产池整体表现情况——资产池的正常贷款、拖欠1－30天贷款、拖欠31－60天贷款、拖欠61－90天贷款、拖欠90天以上贷款、回购或替换贷款笔数金额及占比、违约贷款目前的处置情况，当期有回购贷款的需要在附注中说明原因。 | 见附件5<br>见附件6 |
| S－2－2 | 累计违约率—交易文件中定义的累计违约率在报告期的期末值。 | 见附件7 |
| S－2－3 | 现金流归集表—报告期时点，正常情景下，指按摊还计划对每个收款期间现金流进行归集，不考虑早偿、拖欠、违约、回收等情况。若在此报告时点已经发生的早偿贷款则应该从现金流摊还计划表中剔除。 | 见附件8 |

续表

| | | |
|---|---|---|
| S－2－4 | 资产池现金流入情况——上次报告期及本次报告期资产池利息的正常回收金额、提前偿还金额、拖欠金额、违约回收金额、其他收入、合格投资金额；上次报告期及本次报告期资产池本金的正常回收金额、提前偿还金额、拖欠金额、违约回收金额、其他收入、上期转存金额。 | 见附件9 |
| S－2－5 | 证券兑付情况——上次报告期及本次报告期信托财产支付的总费用金额和总利息支出金额，原则上应包括证券税费与规费的支出金额、受托费支出金额、贷款服务费支出金额、资金保管费支出金额、其他费用支出金额、证券利息总支出金额；上次报告期及本次报告期证券本金支出金额、次级超额收益支出金额及转存下期金额。 | 见附件9 |
| S－3 | **基础资产存续期总体信息** | |
| S－3－1 | 入池资产笔数与金额特征——初始起算日及本次报告期初期末的资产的入池总笔数、总户数、入池总金额、单笔贷款最高本金余额、单笔贷款平均本金余额、担保[28]贷款金额等。 | 见附件10 |
| S－3－2 | 入池资产期限特征——初始起算日及本次报告期初期末资产的入池加权平均合同期限、加权平均剩余期限、加权平均账龄、贷款最长到期期限、贷款最短到期期限等。 | 见附件11 |
| S－3－3 | 入池资产利率特征——初始起算日及本次报告期初期末资产的入池加权平均贷款利率、最高贷款利率和最低贷款利率。 | 见附件12 |

**附件1：**

| 机构类别 | 机构名称 | 机构地址 | 联系电话 |
|---|---|---|---|
| 受托机构 | | | |
| 贷款服务机构 | | | |
| 资金保管机构 | | | |
| 登记托管机构 | | | |

**附件2：**

| | |
|---|---|
| 信托设立日 | |
| 本期期初日 | |

[28] 包括保证和抵质押。

续表

| | |
|---|---|
| 本期期末日 | |
| 计息方式㉙ | |

**附件3：**

| 证券名称 | 信托设立日余额 | 本期期初余额 | 本期本金还款 | 本期期末余额 | 还款比例 |
|---|---|---|---|---|---|
| 优先 A－1 档 | | | | | |
| 优先 A－2 档 | | | | | |
| 优先 A－3 档 | | | | | |
| 优先 A－4 档 | | | | | |
| 优先 B 档 | | | | | |
| 次级档 | | | | | |

**附件4：**

| 证券名称 | 证券执行利率 | 利息支付金额㉚ | 每 100 元支付利息 | 本金支付金额 | 每 100 元支付本金 | 总支付金额 |
|---|---|---|---|---|---|---|
| 优先 A－1 档 | | | | | | |
| 优先 A－2 档 | | | | | | |
| 优先 A－3 档 | | | | | | |
| 优先 A－4 档 | | | | | | |
| 优先 B 档 | | | | | | |
| 次级档 | | | | | | |
| 总计 | | | | | | |

**附件5：**

| 科　目 | 笔数 | 笔数占比 | 金额 | 金额占比 |
|---|---|---|---|---|
| 正常贷款 | | | | |
| 拖欠 1－30 天贷款 | | | | |
| 拖欠 31－60 天贷款 | | | | |

㉙ 30/360 或实际天数/实际天数等。

㉚ 次级档利息收入指期间收益。

续表

| | | | | |
|---|---|---|---|---|
| 拖欠61－90天贷款 | | | | |
| 拖欠90天以上贷款 | | | | |
| 回购或替换贷款 | | | | |

**附件6：**

| 处置状态 | 违约贷款笔数 | 占初始起算日笔数占比 | 违约贷款金额 | 占初始起算日金额占比 |
|---|---|---|---|---|
| 非诉讼类处置 | | | | |
| 诉讼类处置： | | | | |
| （1）进入诉讼准备程序 | | | | |
| （2）进入法庭受理程序 | | | | |
| （3）进入执行拍卖程序 | | | | |
| 经处置已核销 | | | | |
| 汇总 | | | | |

**附件7**[31]**：**

| 期数 | 信托核算日 | 累计违约率 |
|---|---|---|
| 第1期 | 2015/8/31 | |
| 第2期 | 2015/9/30 | |
| 第3期 | 2015/10/31 | |
| 第4期 | 2015/11/30 | |
| 第5期 | 2015/12/31 | |
| 第6期 | 2016/1/31 | |
| 第7期 | 2016/2/28 | |
| 第8期 | 2016/3/31 | |
| 第9期 | 2016/4/30 | |
| 第10期 | 2016/5/31 | |
| 第11期 | 2016/6/30 | |
| 第12期 | 2016/7/31 | |

---

[31] 每次报告期进行一次更新。

**附件 8：现金流归集表**

| 信托核算日 | 期初本金总余额 | 本期应收本金 | 本期应收利息 | 期末本金总余额 |
|---|---|---|---|---|
| 2014/8/30[32] | | | | |
| 2014/9/30 | | | | |
| 2014/10/31 | | | | |
| 2014/11/30 | | | | |
| 2014/12/31 | | | | |
| 2015/1/31 | | | | |
| 2015/2/28 | | | | |
| 2015/3/31 | | | | |
| 2015/4/30 | | | | |
| 2015/5/31 | | | | |
| 2015/6/30 | | | | |
| 2015/7/31 | | | | |
| 2015/8/31 | | | | |
| 2015/9/30 | | | | |

**附件 9：**

<table>
<tr><th></th><th colspan="2">科目</th><th>上次报告期</th><th>本次报告期</th></tr>
<tr><td rowspan="8">收入账</td><td rowspan="5">利息</td><td>正常回收</td><td></td><td></td></tr>
<tr><td>提前偿还</td><td></td><td></td></tr>
<tr><td>拖欠金额</td><td></td><td></td></tr>
<tr><td>违约回收</td><td></td><td></td></tr>
<tr><td>合计</td><td></td><td></td></tr>
<tr><td colspan="2">其他收入</td><td></td><td></td></tr>
<tr><td colspan="2">合格投资</td><td></td><td></td></tr>
<tr><td colspan="2">合计</td><td></td><td></td></tr>
</table>

㉜ 此日期为报告期期末日期。

续表

| | | | | |
|---|---|---|---|---|
| 本金账 | 本金 | 正常回收 | | |
| | | 提前偿还 | | |
| | | 拖欠金额 | | |
| | | 违约回收 | | |
| | | 合计 | | |
| | 其他收入 | | | |
| | 上期转存 | | | |
| | 合计 | | | |
| | 科目 | | 上次报告期 | 本次报告期 |
| 税费支出 | 税支出 | | | |
| | 服务总费用支出 | | | |
| | 其他费用支出㉝ | | | |
| | 证券利息总支出 | | | |
| 本金支出 | 证券本金总支出 | | | |
| | 次级档超额收益 | | | |

附件10：

| | 初始起算日 | 上次报告期 | 本次报告期 |
|---|---|---|---|
| 总笔数 | | | |
| 总户数 | | | |
| 未偿本金余额 | | | |
| 单笔贷款最高本金余额 | | | |
| 单笔贷款平均本金余额 | | | |
| 担保贷款本金余额 | | | |

附件11：

| | 初始起算日 | 上次报告期 | 本次报告期 |
|---|---|---|---|
| 加权平均合同期限 | | | |
| 加权平均剩余期限 | | | |

㉝ 需要列明产生其他费用的理由。

续表

| | | | |
|---|---|---|---|
| 加权平均账龄 | | | |
| 单笔贷款最长到期期限 | | | |
| 单笔贷款最短到期期限 | | | |

**附件12：**

| | 初始起算日 | 上次报告期 | 本次报告期 |
|---|---|---|---|
| 加权平均贷款利率 | | | |
| 最高贷款利率 | | | |
| 最低贷款利率 | | | |

五、重大事件报告书

| 序号 | 内容 | 备注 |
|---|---|---|
| **E－1** | **资产存续期重大事件** | |
| E－1－1 | 重大事件——报告期内若触发例如加速清偿事件、违约事件、权利完善事件、个别通知事件、资产赎回事件、清仓回购事件、丧失清偿能力事件、受托机构终止事件、重大不利变化事件、重大不利影响事件、受托人解任事件、贷款服务机构解任事件、资金保管机构解任事件、资产支持证券持有大会及其他影响证券年本息兑付或投资者利益的事项的，需要在事件触发三个工作日内披露。不同项目设定的其他重大事件请依据此原则进行披露。 | 见附件1 |

**附件1：**

| 事件 | 是否发生 | 备注 |
|---|---|---|
| 加速清偿事件 | | |
| 违约事件 | | |
| 权利完善事件 | | |
| 个别通知事件 | | |
| 资产赎回事件 | | |
| 清仓回购事件 | | |
| 丧失清偿能力事件 | | |
| 受托机构终止事件 | | |
| 重大不利变化事件 | | |
| 重大不利影响事件 | | |

续表

| | | |
|---|---|---|
| 受托人解任事件 | | |
| 贷款服务机构解任事件 | | |
| 资金报告机构解任事件 | | |
| 资产支持证券持有人大会 | | |
| 其他影响证券本息兑付或投资者利益的事项 | | |

## 2.3.2 《个人住房抵押贷款资产支持证券信息披露指引（试行）》（2015 年 5 月 15 日　中国银行间市场交易商协会〔2015〕10 号，附件 2）

**【重点提示】**

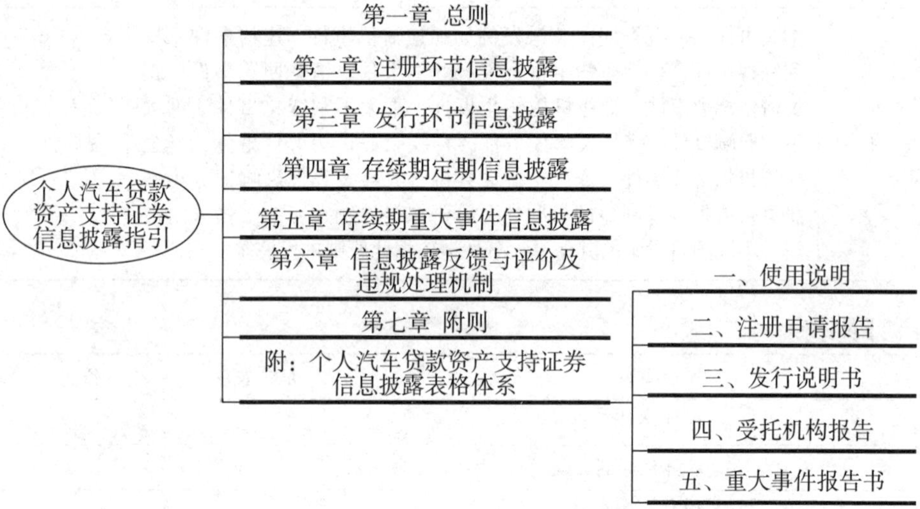


**【文件内容】**

### 第一章　总　　则

第一条　【制定依据】

为**规范个人住房抵押贷款资产支持证券信息披露行为**，提高信贷资产证券化业务透明度，维护投资者合法权益，促进信贷资产证券化业务规范化、常态化，推动债券市场发展，根据《信贷资产证券化试点管理办法》（中国人民银行公告〔2005〕第 7 号）、《资产支持证券信息披露规则》（中国人民银行公告〔2005〕第 14 号）、《信贷资产证券化基础资产池信息披露有关事项》（中国人民银行公告

〔2007〕第16号)、《关于进一步扩大信贷资产证券化试点有关事项的通知》(银发〔2012〕127号)、《信贷资产支持证券发行管理有关事宜》(中国人民银行公告〔2015〕第7号)等有关规定，制定本指引。

**第二条 【产品定义】**

以注册方式发行的个人住房抵押贷款资产支持证券的信息披露适用本指引，以其他方式发行的个人住房抵押贷款资产支持证券的信息披露参照本指引执行。

本指引所称个人住房抵押贷款资产支持证券，是指**在中国境内，银行业金融机构作为发起机构，将个人住房抵押贷款信托给受托机构，由受托机构以资产支持证券的形式向投资机构发行受益证券，以该个人住房抵押贷款所产生的现金支付资产支持证券收益的证券化融资工具**。

个人住房抵押贷款应当符合法律法规规定，权属明确，能够产生可预期的现金流。

**第三条 【自律管理】**

**中国银行间市场交易商协会（以下简称交易商协会）**对个人住房抵押贷款资产支持证券信息披露工作开展自律管理。

**第四条 【信息披露责任】**

受托机构和发起机构应切实履行信息披露职责，保证信息披露**真实、准确、完整、及时，不得有虚假记载、误导性陈述和重大遗漏**，并**承担主体责任**。

发起机构和接受受托机构委托为证券化提供服务的机构应按照信托合同和服务合同等相关约定，及时向受托机构提供相关报告，并保证所提供信息真实、准确、完整。

本指引所称的为证券化提供服务的机构包括但不限于承销机构、贷款服务机构、资金保管机构、信用评级机构、律师事务所、会计师事务所、信用增进机构等。

**第五条 【中介机构尽职履责】**

承销机构、信用评级机构、律师事务所、会计师事务所及其他为证券化提供服务的机构应按合同约定切实履行尽职调查责任，依法披露信息，**对所出具的专业报告和专业意见负责**。

**第六条 【投资者风险自担】**

投资者应对披露的信息进行独立分析，独立判断个人住房抵押贷款资产支持证券投资价值，**自行承担投资风险**。

**第七条 【信息披露内容】**

受托机构、发起机构及为证券化提供服务的机构应根据本指引及相关表格体系要求，在**注册环节、发行环节及存续期**充分披露个人住房抵押贷款资产支持证券相关信息。

**第八条　【信息披露渠道】**

受托机构、发起机构及为证券化提供服务的机构应通过**交易商协会信息披露服务系统、中国货币网、中国债券信息网、与交易商协会信息披露服务系统直连模板化披露的北京金融资产交易所官方网站及交易商协会认可的其他方式**进行个人住房抵押贷款资产支持证券相关信息披露。

信息披露相关服务平台应及时以书面形式将违反信息披露规定的行为向中国人民银行报告、同时告知交易商协会，并向市场公告。信息披露相关服务平台应严格按照银行间市场法律法规及交易商协会相关自律规范文件要求，规范开展信息披露工作，不断完善信息披露基础设施，提高技术支持、信息披露服务和信息安全管理水平。

**第九条　【信息保密义务】**

受托机构、发起机构及为证券化提供服务的机构、全国银行间同业拆借中心、中央国债登记结算有限责任公司、北京金融资产交易所及其他相关知情人在**信息披露前不得泄露拟披露的信息**。

**第十条　【信息披露豁免】**

因**涉及国家机密、技术性困难或其他客观原因**确实无法披露相关信息的，相关信息披露义务人应对无法披露信息的情况及原因进行说明，向投资者披露情况说明书并向中国人民银行报告，同时告知交易商协会。

## 第二章　注册环节信息披露

**第十一条　【注册文件】**

受托机构、发起机构应在个人住房抵押贷款资产支持证券**接受注册后十个工作日内**，披露注册申请报告等文件。

注册申请报告包括但不限于以下内容：

（一）个人住房抵押贷款资产支持证券名称、资产类型、注册额度、分期发行安排等基本信息；

（二）发行方式可选择招标或簿记建档；拟采用簿记建档发行的，应说明采用簿记建档发行的必要性，定价、配售的具体原则和方式，以及防范操作风险和不正当利益输送的措施；

（三）风险提示及风险披露；

（四）受托机构、发起机构及其他为证券化提供服务的机构信息，发起机构证券化的信贷资产发放程序、审核标准、担保形式、管理办法、过往表现、违约贷款处置程序及方法等，贷款服务机构管理证券化信贷资产的方法、标准；

（五）交易结构及各当事方的主要权利与义务等信息；

（六）个人住房抵押贷款入池筛选标准；

（七）发起机构个人住房抵押贷款历史数据信息；

（八）发行及存续期的信息披露安排。

**第十二条　【风险提示】**

受托机构应在注册申请报告显著位置提示投资者：**投资者购买本期个人住房抵押贷款资产支持证券，应当认真阅读本文件及有关的信息披露文件，进行独立的投资判断。主管部门对本期证券发行的注册，并不表明对本期证券的投资价值作出了任何评价，也不表明对本期证券的投资风险作出了任何判断。**

**第十三条　【风险披露】**

受托机构应在注册申请报告中充分披露个人住房抵押贷款资产支持证券可能存在的投资风险，包括但不限于**早偿风险、信用风险、流动性风险、法律风险、不动产抵押物价值波动风险、国家房地产政策调控风险**等。

**第十四条　【历史数据信息】**

受托机构应在注册申请报告中披露发起机构个人住房抵押贷款资产的历史数据信息，包括但不限于**动态数据信息、静态数据信息**等。

受托机构应披露发起机构个人住房抵押贷款**至少十年的完整数据**，经营不足十年的，应提供自开始经营时起的完整数据。

**第十五条　【信息披露精简原则】**

**在注册环节已披露的信息**，如受托机构、发起机构及其他为证券化提供服务的机构信息、交易结构信息等，**在发行环节及存续期内可免于披露**，鼓励在注册环节披露更多信息。若注册环节已披露的前述信息发生变化、需要变更的，应在发行时披露变更后的信息，并向中国人民银行报告，同时告知交易商协会。

**第十六条　【投资者保护机制】**

受托机构应在注册申请报告或发行说明书中**披露各档投资者保护机制**，包括但不限于：

**（一）各档证券的支付顺序变化（如类似加速清偿事件以及违约事件触发后的支付顺序）；**

**（二）基础资产现金流恶化或其它可能影响投资者利益等情**

**况的应对措施；**

**（三）优先档证券发生违约后的债权及权益保障及清偿安排；**

**（四）发生基础资产权属争议时的解决机制；**

（五）持有人大会的召开条件、议事程序等安排；

（六）其他投资者保护措施或相关安排。

## 第三章　发行环节信息披露

**第十七条　【发行文件】**

受托机构和发起机构应至少于**发行日前五个工作日**，**披露信托公告、发行说明书、评级报告、募集办法和承销团成员名单**等文件。

发行说明书包括但不限于以下内容：

（一）本次发行个人住房抵押贷款资产支持证券名称、受托机构、发起机构以及其他为证券化提供服务的机构名称、分档情况等发行基本信息；

（二）风险提示及风险披露；

（三）交易结构信息；

（四）个人住房抵押贷款入池资产总体特征；

（五）个人住房抵押贷款入池资产分布信息；

（六）证券基础信息；

（七）其他为证券化提供服务的机构的专业意见；

（八）跟踪评级及后续信息披露安排。

**第十八条　【风险提示】**

受托机构应在发行说明书显著位置提示投资者：**投资者购买本期个人住房抵押贷款资产支持证券，应当认真阅读本文件及有关的信息披露文件，进行独立的投资判断。主管部门对本期证券发行的备案，并不表明对本期证券的投资价值作出了任何评价，也不表明对本期证券的投资风险作出了任何判断。**

受托机构需在发行说明书显著位置提示投资者：**本期个人住房抵押贷款资产支持证券仅代表特定目的信托受益权的相应份额，不是发起机构、特定目的信托受托机构或任何其他机构的负债，投资机构的追索权仅限于信托财产。**

**第十九条　【风险披露】**

受托机构应在发行说明书中充分披露本次发行个人住房抵押贷款资产支持证券的投资风险，包括但不限于：**信用风险、交易结构风险、集中度风险、流动性风险、利率风险、不动产抵押物价值波动风险、国家房地产政策调控风险、操作风险、法律风险、交易对手方的违约风险和发生重大不利变化风险**等。

**第二十条　【交易结构】**

受托机构应在发行说明书中披露本期发行个人住房抵押贷款资产支持证券的交易结构信息，包括但不限于**本期发行交易结构示意图、受托机构、发起机构以及其他为证券化提供服务的机构简介、受托机构、发起机构以及其他为证券化提供服务**

**的机构权利与义务、本次发行现金流分配机制、本期发行信用增进措施、资产支持证券持有人大会的组织形式与权利**等。

第二十一条 【基础资产总体信息】

受托机构应在发行说明书中披露本次发行个人住房抵押贷款资产支持证券的基础资产总体信息，包括但不限于**入池资产笔数与金额特征、入池资产期限特征、利率特征、抵押物特征、借款人特征**等。

受托机构应从个人住房抵押贷款资产支持证券基础资产特性出发，重点披露**入池抵押住房初始评估价值合计、加权平均初始贷款价值比、入池抵押住房一二线城市占比、资产池抵押新房占比**等信息。

第二十二条 【基础资产分布信息】

受托机构应在发行说明书中披露本期发行个人住房抵押贷款资产支持证券的入池个人住房抵押贷款资产分布信息，包括但不限于**贷款分布、借款人分布、抵押物分布**。

受托机构应从个人住房抵押贷款资产支持证券基础资产特性出发，重点披露**入池个人住房抵押贷款的抵押住房初始贷款价值比分布、抵押住房地区分布、新房二手房分布**等信息。

第二十三条 【发行结果信息披露】

受托机构应在每期个人住房抵押贷款资产支持证券**发行结束的当日或次一工作日**公布资产支持证券发行情况。

第二十四条 【发行环节信息披露查阅途径】

受托机构需在发行说明书显著位置载明投资者在个人住房抵押贷款资产支持证券发行期间和存续期内**查阅基础资产池具体信息的途径和方法**。

## 第四章 存续期定期信息披露

第二十五条 【定期披露】

在个人住房抵押贷款资产支持证券存续期内，受托机构应依据贷款服务机构和资金保管机构提供的贷款服务报告和资金保管报告，按照本指引及相关表格体系的要求，在每期资产支持证券本息兑付日的**三个工作日前**披露受托机构报告；**每年4月30日前**披露经具有从事证券期货相关业务资格的会计师审计的上年度受托机构报告。

对于信托设立不足二个月的，受托机构可以不编制年度受托机构报告。

第二十六条 【受托机构报告】

受托机构报告应当**包括但不限于**以下内容：

（一）受托机构和证券化服务机构的名称、地址；

（二）资产支持证券基本信息；

（三）各档次证券的本息兑付及税费支付情况；

（四）本期资产池表现情况，包括资产池整体表现、累计违约率、现金流归集表、资产池现金流入情况等；

（五）基础资产存续期总体信息，包括入池资产笔数与金额特征、期限特征、利率特征等；

（六）内外部信用增进情况说明；

（七）资产池中进入法律诉讼程序的个人住房抵押贷款情况，法律诉讼程序进展等。

**第二十七条　【跟踪评级】**

受托机构应与信用评级机构就个人住房抵押贷款资产支持证券跟踪评级的有关安排作出约定，并应于资产支持证券存续期内每年的7月31日前向投资者披露上年度的跟踪评级报告。

## 第五章　存续期重大事件信息披露

**第二十八条　【重大事件信息披露】**

在发生可能对个人住房抵押贷款资产支持证券投资价值有实质性影响的临时性重大事件时，受托机构应在事发后三个工作日内披露相关信息，并向交易商协会报告。

前款所称重大事件包括但不限于以下事项：

（一）发生或预期将发生受托机构不能按时兑付个人住房抵押贷款资产支持证券本息等影响投资者利益的事项；

（二）受托机构和证券化服务机构发生影响个人住房抵押贷款资产支持证券投资价值的违法、违规或违约事件；

（三）个人住房抵押贷款资产支持证券受托机构及其他为证券化提供服务的机构发生变更；

（四）个人住房抵押贷款资产支持证券的信用评级发生不利变化；

（五）受托机构和其他为证券化提供服务的机构或者基础资产涉及法律纠纷，可能影响按时分配收益。

（六）受托机构、发起机构或其他为证券化提供服务的机构的经营情况发生重大变化，或者作出减资、合并、分立、解散、申请破产等决定，可能降低其从事证券化业务水平，对个人住房抵押贷款资产支持证券投资者利益造成严重不利影响的；

（七）信托合同规定应公告的其他事项；

（八）中国人民银行和中国银行业监督管理委员会等监管部门规定应公告的其他事项；

（九）法律、行政法规规定应公告的其他事项。

**第二十九条 【其他重大事件】**

本指引前条列举的重大事件是重大事件信息披露的最低要求，可能影响各档次证券本息兑付的其他重大事件，受托机构也应依据本指引在**事发后三个工作日内**予以及时披露。

**第三十条 【重大事件进展持续披露机制】**

受托机构披露重大事件后，已披露的重大事件出现可能对个人住房抵押贷款资产支持证券的投资价值产生较大影响的进展或者变化的，应当在**上述进展或者变化出现之日起**三个**工作日内**披露进展或者变化情况

**第三十一条 【持有人大会信息披露】**

召开资产支持证券持有人大会，召集人应至少**提前**三十**日**公布资产支持证券持有人大会的召开时间、地点、会议形式、审议事项、议事程序和表决方式等事项，并于大会结束后十日内披露大会决议。

## 第六章 信息披露反馈与评价及违规处理机制

**第三十二条 【投资者信息披露反馈机制】**

交易商协会建立信息披露的市场意见征集和反馈机制，**跟踪监测**个人住房抵押贷款资产支持证券信息披露情况。

**第三十三条 【信息披露评价机制】**

交易商协会根据个人住房抵押贷款资产支持证券信息披露情况和市场成员的反馈意见，遵循**公平**、**公正**、**公开**原则，组织市场成员对信息披露质量进行评价。

**第三十四条 【评价结果运用】**

交易商协会及时向市场公布信息披露评价结果，并及时向**中国人民银行**报告。

**第三十五条 【不合规情况报告和自律处分】**

交易商协会在对信息披露情况跟踪监测和评价过程中，对不能按相关规定进行信息披露的情况，及时向**中国人民银行**报告。

对于未按本指引履行相应职责的受托机构、发起机构及其他为证券化提供服务的机构，经调查核实后，交易商协会视情节轻重可给予有关自律处分。涉嫌违反相关法律法规的，交易商协会将移交有关部门处理。

## 第七章 附 则

**第三十六条 【解释权】**

本指引由**交易商协会秘书处**负责解释。

**第三十七条 【生效时间】**

本指引自发布之日起施行。

**附：**

**《个人住房抵押贷款资产支持证券信息披露表格体系》**

为促进信贷资产证券化产品信息披露的标准化和规范化，进一步增强信息披露的可操作性，提升市场信息披露质量，依据《信贷资产证券化试点管理办法》（中国人民银行公告〔2005〕第7号）、《资产支持证券信息披露规则》（中国人民银行公告〔2005〕第14号）、《信贷资产证券化基础资产池信息披露有关事项》（中国人民银行公告〔2007〕第16号）、《关于进一步扩大信贷资产证券化试点有关事项的通知》（银发〔2012〕127号）、《信贷资产支持证券发行管理有关事宜》（中国人民银行公告〔2015〕第7号）、《个人住房抵押贷款资产支持证券信息披露指引（试行）》（中国银行间市场交易商协会公告〔2015〕第10号）等有关规定制定本《个人住房抵押贷款资产支持证券信息披露表格体系》（简称《房贷表格体系》）。

**一、使用说明**

（一）《房贷表格体系》包括注册申请报告、发行说明书、受托机构报告和重大事件报告书四个部分，信息披露表格列示的内容是对注册申请报告、发行说明书、受托机构报告和重大事件报告书的最低信息披露要求。

1. 注册申请报告列示发起人注册发行个人住房抵押贷款资产支持证券应披露的相关材料。

注册申请报告应至少包括以下七个方面的内容：

（1）扉页、目录、注册基本信息；

（2）风险提示及风险披露；

（3）参与机构①信息；

（4）交易条款信息；

（5）基础资产筛选标准；

（6）历史数据信息；

（7）信息披露安排。

2. 发行说明书列示发行人发行任意一期个人住房抵押贷款资产支持证券应披露的相关材料。

发行说明书应至少包括以下八个方面的内容：

（1）扉页、目录、发行基本信息；

---

① 受托机构、发起机构以及其他为证券化提供服务的机构，下同。

（2）风险提示及风险披露；

（3）交易结构信息；

（4）基础资产总体信息；

（5）基础资产分布信息；

（6）证券基础信息；

（7）中介机构意见；

（8）证券后续安排。

3. 受托机构报告列示受托机构在已发行的个人住房抵押贷款资产支持证券存续期内，根据合同约定在每一个本息兑付日前应披露的相关材料，并在每年出具年度受托机构报告。

受托机构报告书应至少包括以下四方面内容：

（1）扉页、目录、存续基本信息；

（2）证券概况；

（3）资产池情况；

（4）基础资产存续期总体信息。

4. 重大事件报告书列示已发行的个人住房抵押贷款资产支持证券存续期内的重大事件触发情况，受托机构应该在事件触发后三个工作日内及时披露相关信息。

重大事件报告书包括对个人住房抵押贷款资产支持证券投资价值有实质性影响的所有临时性重大事件。

（二）受托机构、发起机构、为证券化提供服务的机构及其经办人员应按有关法律法规、规范性文件要求，编写注册、发行及存续期相关文件，发表专业意见，并对所出具的相关文件和意见承担相应法律责任。

1. 会计师事务所应依据相关规定进行尽职调查及相关专业服务，在会计意见书中对相关事项发表明确意见，对年度受托机构报告进行审计并出具审计报告。

2. 律师事务所应在充分尽职调查的基础上，在法律意见书中对相关事项发表明确意见。

3. 信用评级机构应依据《中国人民银行信用评级管理指导意见》等有关规定出具评级报告。

4. 证券发行前受托机构应按指引要求，填报注册申请报告、发行说明书，证券发行后受托机构应按指引要求填报受托机构报告、重大事件报告书。

（三）受托机构应按以下要求填写表格：

1. 注册申请报告和发行说明书：应依据“适用范围”项下所列示的不同情形，填报所选表格内容，涉及到金额和时间的均需要标明单位。

2. 受托机构报告和重大事件报告书：应依据“适用范围”项下所列示的不同情形，填报所选表格内容，涉及到金额和时间的均需要标明单位。

3. 页码：应将披露内容所在文件的具体页码范围填写在“页码”项下。例如：注册申请报告中“投资风险提示”部分位于第5-9页，则在填写注册申请表时，应在“页码”项下对应的行处填写“5-9”。

4. 备注：需要说明的特殊事项，应根据实际情况，在对应的“备注”项下进行说明。

（四）不适用情形说明若本表格某些具体要求对个别基础资产确实不适用的，发起机构和受托机构可根据实际情况，在不影响披露内容完整性、不影响投资者进行重要投资风险判断的前提下做出适当修改，但应在相关信息披露文件中做出说明。

## 二、注册申请报告

| 注册申请报告 | | | |
|---|---|---|---|
| 序号 | 内　容 | 页码 | 备注 |
| **Z-0** | **扉页、目录、注册基本信息** | | |
| Z-0-1 | 信贷资产支持证券名称 | | 见附件1 |
| Z-0-2 | 基础资产类型 | | 见附件1 |
| Z-0-3 | 信贷资产支持证券发行安排——写明本次注册的总金额及预计的发行期数及交易场所，如有必要可列明各期证券的发行时间段。 | | 见附件1 |
| Z-0-4 | 发行方式可选择招标或簿记建档，拟采用簿记建档发行的，应说明采用簿记建档发行的必要性，定价、配售的具体原则和方式，以及防范操作风险和不正当利益输送的措施。 | | |
| Z-0-5 | 目录——标明各章、节的标题及相应的页码。 | | |
| **Z-1** | **投资风险提示** | | |
| Z-1-1 | 注册环节可预见的投资者面临的风险，例如早偿风险、信用风险、抵押物价值波动风险等，不同项目可根据实际情况列明。 | | |
| **Z-2** | **参与机构信息②** | | |

② 本章参与机构信息受托机构可在注册申请报告、发行说明书中选择其一进行披露，原则上为了提高发行效率本章内容应在注册申请报告中披露，若注册环节时内容不确定可放到发行环节披露，其中有关受托机构的选任标准及程序和受托机构名称需要在注册环节披露；在发行环节发生变化的，需要在发行说明书中补充披露，在表格体系备注中说明，并将变化部分向监管机构报备。

续表

| | | | |
|---|---|---|---|
| Z-2-1 | 各参与机构的选任标准及程序——信贷资产证券化业务中对相关参与机构，包含受托机构、主承销商、联席主承销商（如有）、贷款服务机构、资金保管机构、信用评级机构、会计师事务所、律师事务所的选择标准及程序，包括但不限于参与机构的选任原则、选任标准与选任程序。 | | |
| Z-2-2 | 各参与机构名单。所披露的内容包括但不限于各参与机构的名称、注册地址、法定代表人、联系人、联系电话、传真、邮政编码、网址、基本情况简介、各参与机构的证券化经验、违约记录申明及机构之间的关联关系等。注册时受托机构必须唯一，其他参与机构可多选。 | | |
| Z-2-3 | 发起机构资产证券化业务管理办法摘要——明确发起机构资产证券化业务的制度和流程，包括但不限于对业务管理办法的总述、相关参与机构描述、各部门职责、资产证券化业务发起的内部流程等。 | | |
| Z-2-4 | 发起机构资产证券化业务操作规程摘要——明确发起机构资产证券化业务的具体操作规程，包括但不限于对操作规程的总述、发起机构启动资产证券化业务的具体操作流程，例如基础资产池构建及尽职调查、交易结构设计、法律文件准备、定价发行、投资管理及会计处理、证券化信贷资产质量管理、风险监督与管理、合同管理等内容。 | | |
| Z-2-5 | 发起机构资产证券化住房贷款服务管理办法摘要 —明确发起机构作为资产的提供方贷款形成的标准、程序、以及其他影响贷款质量的制度规定，例如对管理办法的总述、各部门职责与分工、贷款服务方案的确定、贷款服务管理的内容以及授信内部评分的具体标准、抵押房产评估方法等，此外，应附上授信审核时借款人填写的授信申请表模板。 | | |
| Z-2-6 | 贷款服务机构资产证券化住房贷款服务管理办法摘要③——贷款服务机构信贷资产证券化贷款服务管理办法等相关管理办法的介绍，包括但不限于内部评级制度、授信额度确定办法、贷前调查办法、信贷审批流程、贷款发放、贷后管理办法、贷款担保审核方法、违约贷款处置程序、抵押物房产处置方法等。 | | |
| Z-2-7 | 受托机构对信托财产的投资管理安排——明确受托机构对信托财产的具体投资管理安排，包括但不限于受托机构对信托财产账户中的资金进行投资运用的投资范围、标准、原则及方式等。 | | |

③ 若发起机构与贷款服务机构为同一家机构，则贷款管理办法可合并撰写，覆盖Z-2-5与Z-2-6中的全部内容。

续表

| | | | |
|---|---|---|---|
| Z-3 | **交易条款信息**④ | | |
| Z-3-1 | 交易结构及各当事方的主要权利与义务——明确各参与机构在交易文件中确定的权力和义务。包含受托机构、发起机构、贷款服务机构、资金保管机构、主承销商、联席主承销商（如有）。 | | |
| Z-3-2 | 预计信托账户设置——交易中账户的开立情况，如信托收款账户（本金分账户、收入分账户）、信托付款账户、混同专用账、抵销专用账、服务转移和通知专用账、税收专用账的设置情况等，各项目可根据实际情况披露，发行环节如有调整，需要在发行说明书中说明。 | | |
| Z-3-3 | 各交易条款设置—例如回购交易条款、赎回交易条款、终止交易条款等，若在结构设计上涉及到其他类似的交易条款，可按以上规则进行披露。 | | |
| Z-3-4 | 各触发条件设置—例如违约事件触发条件、加速清偿事件触发条件、权利完善事件触发条件、个别通知事件触发条件等，若在结构设计上涉及到其他类似的触发条件，可按以上规则进行披露。 | | |
| Z-4 | **基础资产筛选标准** | | |
| Z-4-1 | 合格标准——明确该期入池资产的合格标准，即选定入池资产的硬性标准，不符合该标准的资产应予以赎回，或不能入池。原则上包括但不限于以下信息：是否出现本息逾期、贷款币种、是否涉及诉讼、贷款五级分类、合同到期期限范围、还款计划是否明确、抵押物所在城市的要求等。 | | |
| Z-4-2 | 资产保证——指委托人在约定中所做的关于资产池以及每一笔贷款在初始起算日和信托财产交付日的状况的全部陈述和保证。 | | |
| Z-5 | **历史数据信息** | | |

④ 本章交易结构信息受托机构可在注册申请报告、发行说明书中选择其一进行披露，原则上为了提高发行效率本章内容应在注册申请报告中披露，若注册环节时内容不确定可放到发行环节披露；在发行环节发生变化的，需要在发行说明书中补充披露，在表格体系备注中说明，并将变化部分向监管机构报备。

续表

| | | | |
|---|---|---|---|
| Z-5-1 | 动态数据信息⑤——每期期初笔数、期初余额、新增贷款金额、部分早偿金额、全部早偿金额、正常金额、拖欠1-30天金额、拖欠31-60天金额、拖欠61-90天金额、拖欠91-120天金额、拖欠120天以上金额等。 | | 见附件2 |
| Z-5-2 | 静态数据信息⑥——每个静态池的期初笔数、期初余额、部分早偿金额、全部早偿金额、正常金额、拖欠1-30天金额、拖欠31-60天金额、拖欠61-90天金额、拖欠91-120天金额、拖欠120天以上金额等。 | | 见附件3 |
| **Z-6** | **信息披露安排** | | |
| Z-6-1 | 发行及存续期的信息披露要求、披露方式、途径及内容，明确特殊事件发生后的信息披露机制，以及其他影响产品风险及投资者判断的信息披露安排。 | | |

**附件1：注册基本信息**

| | |
|---|---|
| 信贷资产支持证券名称 | |
| 基础资产类型 | |
| 注册总金额 | |
| 发行期数 | |
| 交易场所 | |
| 注册有效期 | |

**附件2：动态数据信息**

| 报告期末 | 期初笔数 | 期初金额 | 新增贷款金额 | 早偿金额 | 正常还款金额 | 拖欠1-30天金额 | 拖欠31-60天金额 | 拖欠61-90天金额 | 拖欠91-120天金额 | 拖欠120天以上额 |
|---|---|---|---|---|---|---|---|---|---|---|
| 2010/1/31⑦ | | | | | | | | | | |
| 2010/2/28 | | | | | | | | | | |

⑤ 受托机构应披露发起机构个人住房抵押贷款至少十年的完整数据，经营不足十年的，应提供自开始经营时的完整数据。

⑥ 原则上每个经营季度随机抽取一个月度静态池数据，此处对于房贷证券化产品可以在发行环节披露，披露时点由发起机构自主选择。

⑦ 案例日期仅举例用，实际日期请根据项目实际情况确定。

续表

| 报告期末 | 期初笔数 | 期初金额 | 新增贷款金额 | 早偿金额 | 正常还款金额 | 拖欠1－30天金额 | 拖欠31－60天金额 | 拖欠61－90天金额 | 拖欠91－120天金额 | 拖欠120天以上额 |
|---|---|---|---|---|---|---|---|---|---|---|
| 2010/3/31 | | | | | | | | | | |
| 2010/4/30⑧ | | | | | | | | | | |

附件3：静态数据信息

| 静态池⑨ | 报告期末 | 期初笔数 | 期初金额 | 早偿金额 | 正常还款金额 | 拖欠1－30天金额 | 拖欠31－60天金额 | 拖欠61－90天金额 | 拖欠91－120天金额 | 拖欠120天以上金额 |
|---|---|---|---|---|---|---|---|---|---|---|
| 2013/1/31⑩ | 2013/1/31 | | | | | | | | | |
| 2013/1/31 | 2013/2/28 | | | | | | | | | |
| 2013/1/31 | 2013/3/31 | | | | | | | | | |
| 2013/1/31 | 2013/4/30 | | | | | | | | | |

## 三、发行说明书

| 发行说明书 | | | |
|---|---|---|---|
| 序号 | 内　容 | 页码 | 备注 |
| **F－0** | **扉页、目录、发行基本信息** | | |
| F－0－1 | 各参与机构名称，包括但不限于发起机构及受托机构 | | |
| F－0－2 | 证券概况——证券的基本情况，包括交易结构分档情况、各档证券金额、占比、利率形式和信用评级。 | | |
| F－0－3 | 目录——标明各章、节的标题及相应的页码。 | | |

⑧ 原则上不得早于提交信息披露材料日期6个月以上，例如2015年4月提交注册申请报告，动态池的最后一期数据应至少保证在2014年10月以后。

⑨ 当月发放的所有与拟入池资产相同类型贷款归集的静态池。

⑩ 案例日期仅举例用，实际日期请根据项目实际情况确定。

续表

| | | | |
|---|---|---|---|
| F－0－4 | 重要提示——经银监会和人民银行批准发行、确认内容真实、证券仅代表“信托资产”受益权（应明确说明与发起机构和其他机构无关），投资者应认真阅读信息披露文件，监管部门不对价值以及风险进行判断。 | | |
| F－1 | **投资风险提示** | | |
| F－1－1 | 发行环节可预见的投资者面临的风险，例如资产池集中度风险、交易结构风险、区域风险（如三四线城市占比高）或发生重大不利变化风险等。 | | |
| F－2 | **交易结构信息⑪** | | |
| F－2－1 | 交易结构示意图——指资产支持证券发行的基本交易结构和各方之间的法律关系框架图，包括发起机构、受托机构、资金保管机构、登记结算机构、承销机构的具体交易过程以及法律关系框架 | | 见附件1 |
| F－2－2 | 中介机构简介⑫——信贷资产证券化业务中各中介机构的简介，包含主承销商、联席主承销商（如有）、贷款服务机构、资金保管机构、信用评级机构、会计师事务所、律师事务所等。 | | |
| F－2－3 | 参与机构权利与义务⑬——明确发起机构、贷款服务机构、受托机构、资金保管机构、主承销商、登记托管机构、承销团成员等参与机构，根据约定条款确定的权利和义务，用于规范各机构资产证券化业务的开展。 | | |
| F－2－4 | 现金流分配机制——证券本金和利息在正常、违约、加速清偿等模式下的分配机制与顺序，通过图示的形式体现账户之间资金的流动和事件变化对分配顺序的影响。 | | 见附件2⑭ |
| F－2－5 | 信用增进措施—证券的信用增进方式，例如超额利差、优先级次级结构、超额抵押、外部增信等，各项目可根据实际情况披露。 | | |
| F－2－6 | 资产支持证券持有人大会的组织形式与权利——包括但不限于持有人大会的组成、会议召集、表决权、会议方式、全体同意事项、特别决议事项等。 | | |

⑪ 交易结构信息若固定不变可在注册时一次性披露，发行环节免于披露，若发行环节出现变动则需要重新补充披露，并就变化部分向监管机构报备。

⑫ 原则上可在注册申请时披露，若发行环节有所更新可在此披露。

⑬ 原则上可在注册申请时披露，若发行环节有所更新可在此披露。

⑭ 不同触发事件下的分配机制图。

续表

| | | | |
|---|---|---|---|
| F－2－7 | 现金流归集表——正常情景下，指按摊还计划对每个收款期间现金流进行归集，不考虑早偿、拖欠、违约、回收等情况。 | | 见附件3 |
| **F－3** | **基础资产总体信息⑮** | | |
| F－3－1 | 入池资产笔数与金额特征——资产的入池总笔数、总户数、合同总金额、入池总金额、借款人平均未偿本金余额、单笔贷款最高本金余额、单笔贷款平均本金余额等。 | | |
| F－3－2 | 入池资产期限特征——资产的入池加权平均合同期限、加权平均剩余期限、加权平均账龄⑯、贷款最长剩余期限、贷款最短剩余期限等。 | | |
| F－3－3 | 入池资产利率特征——资产的入池加权平均贷款利率、最高贷款利率和最低贷款利率。 | | |
| F－3－4 | 入池资产抵押物特征——资产的入池抵押住房初始评估⑰价值合计、加权平均初始⑱贷款价值比、入池抵押住房一二线城市占比（详见附件国家统计局标准）、资产池抵押新房占比等。（初始贷款价值比（即LTV）＝初始起算日贷款未偿本金余额/抵质押物初始评估价值） | | 见附件4 |
| F－3－5 | 入池资产借款人特征——资产借款人的加权平均年龄⑲、30－40岁借款人贷款的金额占比、借款人⑳加权平均年收入㉑、借款人加权平均收入债务比。（收入债务比（即DTI）＝借款人年收入/初始起算日贷款未偿本金余额） | | |
| **F－4** | **基础资产分布信息** | | |
| F－4－1 | 贷款分布——入池资产的未偿本金余额分布、贷款五级分类分布、贷款利率类型分布、贷款利率分布、贷款合同期限分布、贷款账龄分布、贷款剩余期限分布、还款方式分布、贷款类型分布㉒。 | | |
| F－4－2 | 借款人分布——入池资产的年龄分布、收入分布、职业分布、地区分布、信用分数分布。 | | |
| F－4－3 | 抵押物分布——入池资产的抵押住房初始贷款价值比分布、抵押住房地区分布、新房二手房分布。 | | |

⑮ 各项目根据实际情况注明数值及单位。

⑯ 请标明计算加权平均账龄的计算公式。

⑰ 若入池资产抵押住房为新房，则为合同价值，下同。

⑱ 指初始起算日。

⑲ 表格中所有与年龄相关的统计信息均指的是初始起算日的借款人年龄。

⑳ 指承债主体，个人和家庭均可，以实际法律关系为准。

㉑ 收入统计需要注明取得方式。

㉒ 由于不同发起机构的贷款类型名称有所差别，所以可在附注中对名称进行解释。

续表

| | | | |
|---|---|---|---|
| **F－5** | **证券基础信息** | | |
| F－5－1 | 费用信息——由信托财产支付的费用，应该列明费用科目明细。 | | |
| F－5－2 | 日期信息——与证券设立、存续、兑付相关的日期类信息，包括但不限于初始起算日、信托设立日、首次偿付日、结息日、计算日、支付日、回收款转付日、服务机构报告日、资金保管机构报告日、受托人报告日、法定到期日等。 | | |
| F－5－3 | 证券信息——包括各档证券的名称、各档证券的金额、各档证券的票面利率类型、各档证券的信用级别、预期还本日（若为固定摊还型）、预期到期日等，拟采用簿记建档方式发行的证券，说明簿记建档场所安排及场所具体地址。 | | |
| F－5－4 | 风险自留信息——发起机构对各档证券的持有比例。 | | |
| **F－6** | **中介机构意见** | | |
| F－6－1 | 尽职调查意见及法律意见摘要——指相关参与机构对基础资产合法合规性等尽职调查情况出具的尽职调查意见，包括但不限于尽职调查的过程、尽职调查的结果、尽职调查的结论、对“信贷资产”合法合规性的判断等。律师事务所对证券化的合法性、有效性问题出具的法律意见，包括但不限于法律依据、交易文件及信托设立的合法有效性、信贷资产转让的合法有效性、破产风险对信托财产的影响，发行、销售及持有资产支持证券的合法有效性等。 | | |
| F－6－2 | 交易概况与会计意见摘要——指根据相关会计准则，对基础资产出表与否的判断，包括但不限于适用的准则、管理层的判断、会计师事务所的意见等。 | | |
| F－6－3 | 信用评级机构的假设与分析摘要——包括但不限于评级的基本假设、逻辑思路、基础资产和交易结构分析结果（包括优势与关注中的核心内容）、信用级别等。 | | |
| **F－7** | **证券后续安排** | | |
| F－7－1 | 证券跟踪评级安排——指在受评证券信用等级有效期内，对受评证券的信用状况进行持续跟踪监测，并每年出具评级报告。 | | |
| F－7－2 | 证券信息披露安排——存续期的信息披露要求、披露方式、途径及内容，明确特殊事件发生后的信息披露机制，以及其他影响产品风险及投资者判断的信息披露安排。受托机构需在发行说明书显著位置载明投资者在个人住房抵押贷款资产支持证券存续期内查阅基础资产池具体信息的途径和方法。 | | |

**附件1：交易结构图㉓**

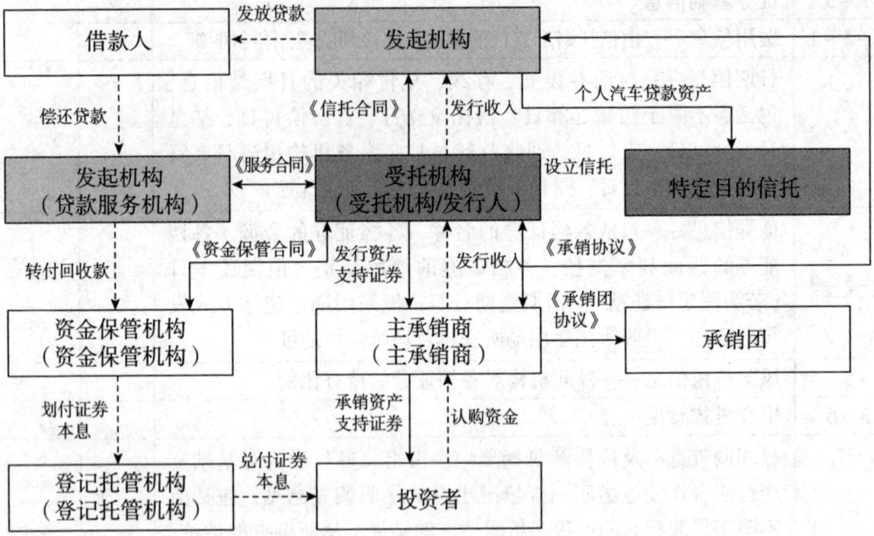


**附件2：现金流分配机制㉔**

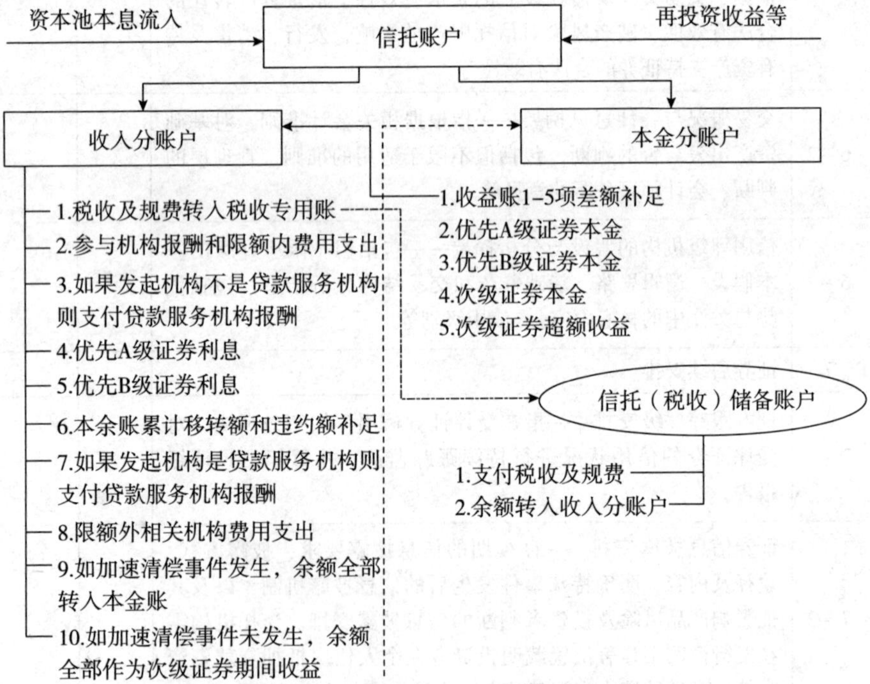


㉓ 此图仅作为案例参考，各项目可根据实际情况进行调整，原则上需说明机构间的关系。

㉔ 此图仅作为案例参考，各项目可根据实际情况进行调整，原则上需说明现金流分配顺序。

**附件3：**

| 信托核算日 | 期初本金总余额 | 本期应收本金 | 本期应收利息 | 期末本金总余额 |
|---|---|---|---|---|
| 2014/6/26[25] | | | | |
| 2014/6/30 | | | | |
| 2014/7/31 | | | | |
| 2014/8/31 | | | | |
| 2014/9/30 | | | | |
| 2014/10/31 | | | | |
| 2014/11/30 | | | | |
| 2014/12/31 | | | | |
| 2015/1/31 | | | | |
| 2015/2/28 | | | | |
| 2015/3/31 | | | | |
| 2015/4/30 | | | | |
| 2015/5/31 | | | | |
| 2015/6/30 | | | | |
| 2015/7/31 | | | | |
| 2015/8/31 | | | | |
| 2015/9/30 | | | | |

**附件4：国家统计局一二线城市名单**

| | |
|---|---|
| 一线城市 | 北京、上海、广州、深圳 |
| 二线城市 | 天津、石家庄、太原、呼和浩特、沈阳、大连、长春、哈尔滨、南京、杭州、宁波、合肥、福州、厦门、南昌、济南、青岛、郑州、武汉、长沙、南宁、海口、重庆、成都、贵阳、昆明、西安、兰州、西宁、银川、乌鲁木齐 |

四、受托机构报告

| 序号 | 内　容 | 备注 |
|---|---|---|
| S-0 | **扉页、目录、存续基本信息** | |
| S-0-1 | 资产支持证券与受托机构名称 | |

㉕ 此日期为初始起算日。

续表

| | | |
|---|---|---|
| S－0－2 | 受托机构报告期数与报告出具日期 | |
| S－0－3 | 受托人关于出具受托机构报告的声明 | |
| S－0－4 | 目录——标明各章、节的标题及相应的页码。 | |
| S－0－5 | 机构介绍——受托机构、贷款服务机构、资金保管机构、登记托管机构的名称、地址和联系方式。 | 见附件1 |
| S－1 | **证券概况** | |
| S－1－1 | 证券日期概况——证券的信托设立日、本报告期的期初日期与期末日期以及证券的计息方式。 | 见附件2 |
| S－1－2 | 各档证券本金、利息还款情况——各档证券的信托设立日的证券余额、报告期初的证券余额、本期还款金额、报告期末的证券余额及还款比例；各档证券的执行利率、利息的支付金额、本金的支付金额、单位面值的利息本金支付金额、总支付金额。 | 见附件3、附件4 |
| S－2 | **资产池情况** | |
| S－2－1 | 资产池整体表现情况——资产池的正常贷款、拖欠1－30天贷款、拖欠31－60天贷款、拖欠61－90天贷款、拖欠90天以上贷款的金额及占比情况、回购或替换贷款笔数金额及占比、违约贷款目前的处置情况，当期有回购贷款的需要在附注中说明原因。 | 见附件5<br>见附件6 |
| S－2－2 | 累计违约率—交易文件中定义的累计违约率在报告期的期末值。 | 见附件7 |
| S－2－3 | 现金流归集表—报告期时点，正常情景下，指按摊还计划对每个收款期间现金流进行归集，不考虑早偿、拖欠、违约、回收等情况。若在此报告时点已经发生的早偿贷款则应该从现金流摊还计划表中剔除。 | 见附件8 |
| S－2－4 | 资产池现金流入情况——上次报告期及本次报告期资产池利息的正常回收金额、提前偿还金额、拖欠金额、违约回收金额、其他收入、合格投资金额；上次报告期及本次报告期资产池本金的正常回收金额、提前偿还金额、拖欠金额、违约回收金额、其他收入、上期转存金额。 | 见附件9 |
| S－2－5 | 证券兑付情况——上次报告期及本次报告期信托财产支付的总费用金额和总利息支出金额，原则上应包括证券税费与规费的支出金额、受托费支出金额、贷款服务费支出金额、资金保管费支出金额、其他费用支出金额、证券利息总支出金额；上次报告期及本次报告期证券本金支出金额、次级超额收益支出金额及转存下期金额。 | 见附件9 |
| S－3 | **基础资产存续期总体信息** | |

续表

| | | |
|---|---|---|
| S－3－1 | 入池资产笔数与金额特征——初始起算日及本次报告期期初期末的资产的入池总笔数、总户数、入池总金额、单笔贷款最高本金余额、单笔贷款平均本金余额等。 | 见附件 10 |
| S－3－2 | 入池资产期限特征——初始起算日及本次报告期初期期末资产的入池加权平均合同期限、加权平均剩余期限、加权平均账龄、贷款最长到期期限、贷款最短到期期限等。 | 见附件 11 |
| S－3－3 | 入池资产利率特征——初始起算日及本次报告期期初期末资产的入池加权平均贷款利率、最高贷款利率和最低贷款利率。 | 见附件 12 |

**附件 1：**

| 机构类别 | 机构名称 | 机构地址 | 联系电话 |
|---|---|---|---|
| 受托机构 | | | |
| 贷款服务机构 | | | |
| 资金保管机构 | | | |
| 登记托管机构 | | | |

**附件 2：**

| | |
|---|---|
| 信托设立日 | |
| 本期期初日 | |
| 本期期末日 | |
| 计息方式㉖ | |

**附件 3：**

| 证券名称 | 信托设立日余额 | 本期期初余额 | 本期本金还款 | 本期期末余额 | 还款比例 |
|---|---|---|---|---|---|
| 优先 A－1 档 | | | | | |
| 优先 A－2 档 | | | | | |
| 优先 A－3 档 | | | | | |
| 优先 A－4 档 | | | | | |
| 优先 B 档 | | | | | |
| 次级档 | | | | | |

㉖ 30/360 或实际天数/实际天数等。

附件4：

| 证券名称 | 证券执行利率 | 利息支付金额㉗ | 每100元支付利息 | 本金支付金额 | 每100元支付本金 | 总支付金额 |
|---|---|---|---|---|---|---|
| 优先A-1档 | | | | | | |
| 优先A-2档 | | | | | | |
| 优先A-3档 | | | | | | |
| 优先A-4档 | | | | | | |
| 优先B档 | | | | | | |
| 次级档 | | | | | | |
| 总计 | | | | | | |

附件5：

| 科　目 | 笔数 | 笔数占比 | 金额 | 金额占比 |
|---|---|---|---|---|
| 正常贷款 | | | | |
| 拖欠1-30天贷款 | | | | |
| 拖欠31-60天贷款 | | | | |
| 拖欠61-90天贷款 | | | | |
| 拖欠90天以上贷款 | | | | |
| 回购或替换贷款 | | | | |

附件6：

| 处置状态 | 违约贷款笔数 | 占初始起算日笔数占比 | 违约贷款金额 | 占初始起算日金额占比 |
|---|---|---|---|---|
| 非诉讼类处置 | | | | |
| 诉讼类处置： | | | | |
| （1）进入诉讼准备程序 | | | | |
| （2）进入法庭受理程序 | | | | |
| （3）进入执行拍卖程序 | | | | |
| 经处置已核销 | | | | |
| 汇总 | | | | |

㉗ 次级档利息收入指期间收益。

附件 7[28]：

| 期数 | 信托核算日 | 累计违约率 |
|---|---|---|
| 第 1 期 | 2015/8/31 | |
| 第 2 期 | 2015/9/30 | |
| 第 3 期 | 2015/10/31 | |
| 第 4 期 | 2015/11/30 | |
| 第 5 期 | 2015/12/31 | |
| 第 6 期 | 2016/1/31 | |
| 第 7 期 | 2016/2/28 | |
| 第 8 期 | 2016/3/31 | |
| 第 9 期 | 2016/4/30 | |
| 第 10 期 | 2016/5/31 | |
| 第 11 期 | 2016/6/30 | |
| 第 12 期 | 2016/7/31 | |

附件 8：现金流归集表

| 信托核算日 | 期初本金总余额 | 本期应收本金 | 本期应收利息 | 期末本金总余额 |
|---|---|---|---|---|
| 2014/8/30[29] | | | | |
| 2014/9/30 | | | | |
| 2014/10/31 | | | | |
| 2014/11/30 | | | | |
| 2014/12/31 | | | | |
| 2015/1/31 | | | | |
| 2015/2/28 | | | | |
| 2015/3/31 | | | | |
| 2015/4/30 | | | | |
| 2015/5/31 | | | | |
| 2015/6/30 | | | | |
| 2015/7/31 | | | | |
| 2015/8/31 | | | | |
| 2015/9/30 | | | | |

㉘ 每次报告期进行一次更新。

㉙ 此日期为报告期期末日期。

**附件9：**

<table>
<tr><td></td><td colspan="2">科目</td><td>上次报告期</td><td>本次报告期</td></tr>
<tr><td rowspan="8">收入账</td><td rowspan="5">利息</td><td>正常回收</td><td></td><td></td></tr>
<tr><td>提前偿还</td><td></td><td></td></tr>
<tr><td>拖欠金额</td><td></td><td></td></tr>
<tr><td>违约回收</td><td></td><td></td></tr>
<tr><td>合计</td><td></td><td></td></tr>
<tr><td colspan="2">其他收入</td><td></td><td></td></tr>
<tr><td colspan="2">合格投资</td><td></td><td></td></tr>
<tr><td colspan="2">合计</td><td></td><td></td></tr>
<tr><td rowspan="8">本金账</td><td rowspan="5">本金</td><td>正常回收</td><td></td><td></td></tr>
<tr><td>提前偿还</td><td></td><td></td></tr>
<tr><td>拖欠金额</td><td></td><td></td></tr>
<tr><td>违约回收</td><td></td><td></td></tr>
<tr><td>合计</td><td></td><td></td></tr>
<tr><td colspan="2">其他收入</td><td></td><td></td></tr>
<tr><td colspan="2">上期转存</td><td></td><td></td></tr>
<tr><td colspan="2">合计</td><td></td><td></td></tr>
<tr><td></td><td colspan="2">科目</td><td>上次报告期</td><td>本次报告期</td></tr>
<tr><td rowspan="4">税费支出</td><td colspan="2">税支出</td><td></td><td></td></tr>
<tr><td colspan="2">服务总费用支出</td><td></td><td></td></tr>
<tr><td colspan="2">其他费用支出[30]</td><td></td><td></td></tr>
<tr><td colspan="2">证券利息总支出</td><td></td><td></td></tr>
<tr><td rowspan="2">本金支出</td><td colspan="2">证券本金总支出</td><td></td><td></td></tr>
<tr><td colspan="2">次级档超额收益</td><td></td><td></td></tr>
</table>

**附件10：**

| | 初始起算日 | 上次报告期 | 本次报告期 |
|---|---|---|---|
| 总笔数 | | | |
| 总户数 | | | |
| 未偿本金余额 | | | |

---

㉚ 需要列明产生其他费用的理由。

续表

| | | | |
|---|---|---|---|
| 单笔贷款最高本金余额 | | | |
| 单笔贷款平均本金余额 | | | |

附件11：

| | 初始起算日 | 上次报告期 | 本次报告期 |
|---|---|---|---|
| 加权平均合同期限 | | | |
| 加权平均剩余期限 | | | |
| 加权平均账龄 | | | |
| 单笔贷款最长到期期限 | | | |
| 单笔贷款最短到期期限 | | | |

附件12：

| | 初始起算日 | 上次报告期 | 本次报告期 |
|---|---|---|---|
| 加权平均贷款利率 | | | |
| 最高贷款利率 | | | |
| 最低贷款利率 | | | |

五、重大事件报告书

| 序号 | 内容 | 备注 |
|---|---|---|
| **E-1** | **资产存续期重大事件** | |
| E-1-1 | 重大事件——报告期内若触发例如加速清偿事件、违约事件、权利完善事件、个别通知事件、资产赎回事件、清仓回购事件、丧失清偿能力事件、受托机构终止事件、重大不利变化事件、重大不利影响事件、受托人解任事件、贷款服务机构解任事件、资金保管机构解任事件、资产支持证券持有大会及其他影响证券年本息兑付或投资者利益的事项的，需要在事件触发三个工作日内披露。不同项目设定的其他重大事件请依据此原则进行披露。 | 见附件1 |

附件1：

| 事件 | 是否发生 | 备注 |
|---|---|---|
| 加速清偿事件 | | |
| 违约事件 | | |
| 权利完善事件 | | |
| 个别通知事件 | | |

续表

| | | |
|---|---|---|
| 资产赎回事件 | | |
| 清仓回购事件 | | |
| 丧失清偿能力事件 | | |
| 受托机构终止事件 | | |
| 重大不利变化事件 | | |
| 重大不利影响事件 | | |
| 受托人解任事件 | | |
| 贷款服务机构解任事件 | | |
| 资金报告机构解任事件 | | |
| 资产支持证券持有人大会 | | |
| 其他影响证券本息兑付或投资者利益的事项 | | |

### 2.3.3 《棚户区改造项目贷款资产支持证券信息披露指引（试行）》(2015年8月3日　中国银行间市场交易商协会公告〔2015〕16号)

【重点提示】

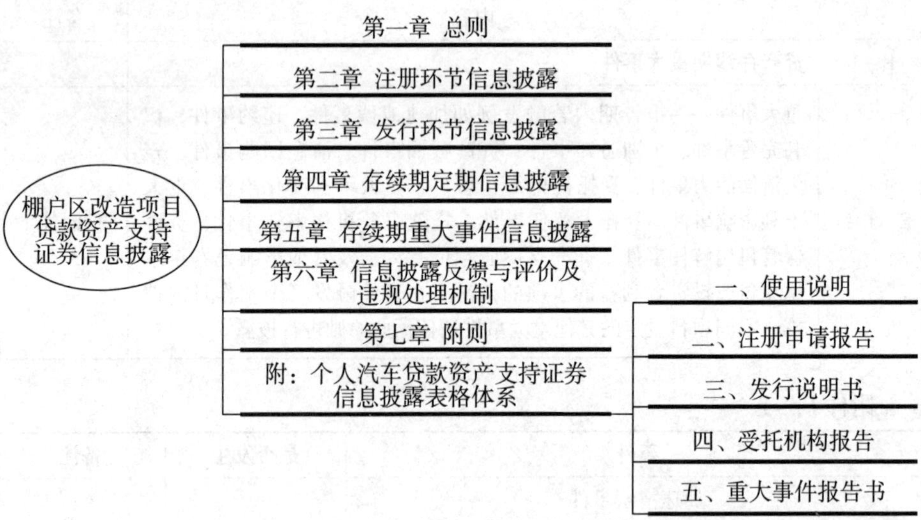

**【文件内容】**

## 第一章　总　　则

第一条　【制定依据】

为**规范棚户区改造项目贷款（以下简称“棚改贷款”）**资产支持证券信息披露行为，维护投资者合法权益，促进信贷资产证券化市场规范健康发展，根据《中国人民银行关于信贷资产支持证券发行管理有关事宜的公告》（中国人民银行公告〔2015〕第7号）等有关规定和自律规范，制定本指引。

**第二条　【产品定义】**

本指引所称棚改贷款资产支持证券，**是指在中国境内，银行业金融机构作为发起机构，将棚改贷款信托给受托机构，由受托机构以资产支持证券的形式向投资机构发行受益证券，以该棚改贷款所产生的现金支付资产支持证券收益的证券化融资**工具。

棚改贷款是指对纳入国家计划的棚户区改造项目发放的用于棚改征地拆迁、安置住房筹集和配套基础设施建设等方面的贷款。棚改贷款应当符合法律法规规定，权属明确，能够产生可预期的现金流。

以注册方式发行的棚改贷款资产支持证券的信息披露适用本指引，以其他方式发行的棚改贷款资产支持证券的信息披露参照本指引执行。

**第三条　【自律管理】**

**中国银行间市场交易商协会（以下简称交易商协会）**对棚改贷款资产支持证券信息披露等工作开展自律管理。

**第四条　【信息披露责任】**

受托机构和发起机构应切实履行信息披露职责，保证**信息披露真实、准确、完整、及时，不得有虚假记载、误导性陈述和重大遗漏**，并**承担主体责任**。

发起机构和接受受托机构委托为证券化提供服务的机构应按照信托合同和服务合同等相关约定，及时向受托机构提供相关报告，并保证所提供信息真实、准确、完整。

本指引所称的为证券化提供服务的机构包括但不限于承销机构、贷款服务机构、资金保管机构、信用评级机构、律师事务所、会计师事务所、信用增进机构等。

**第五条　【中介机构尽职履责】**

承销机构、信用评级机构、律师事务所、会计师事务所及其他为证券化提供服务的机构应按合同约定切实履行尽职调查责任，依法披露信息，**对所出具的专业报告和专业意见负责**。

**第六条 【投资者风险自担】**

投资者应对披露的信息进行独立分析，独立判断棚改贷款资产支持证券投资价值，**自行承担投资风险**。

**第七条 【信息披露内容】**

受托机构、发起机构及为证券化提供服务的机构应根据本指引及相关表格体系要求，在**注册环节**、**发行环节**及**存续期**充分披露棚改贷款资产支持证券相关信息。

**第八条 【信息披露渠道】**

受托机构、发起机构及为证券化提供服务的机构应通过**交易商协会信息披露服务系统、中国货币网、中国债券信息网、与交易商协会信息披露服务系统直连模板化披露的北京金融资产交易所官方网站及交易商协会认可的其他方式**进行棚改贷款资产支持证券相关信息披露。信息披露相关服务平台应及时以书面形式将违反信息披露规定的行为向中国人民银行报告、同时告知交易商协会，并向市场公告。

信息披露相关服务平台应严格按照银行间市场法律法规及交易商协会相关自律规范文件要求，规范开展信息披露工作，不断完善信息披露基础设施，提高技术支持、信息披露服务和信息安全管理水平。

**第九条 【信息保密义务】**

受托机构、发起机构及为证券化提供服务的机构、全国银行间同业拆借中心、中央国债登记结算有限责任公司、北京金融资产交易所及其他相关知情人在**信息披露前不得泄露拟披露的信息**。

**第十条 【信息披露豁免】**

因**涉及国家机密、技术性困难或其他客观原因**确实无法披露相关信息的，相关信息披露义务人应对无法披露信息的情况及原因进行说明，向投资者披露情况说明书并向中国人民银行报告，同时告知交易商协会。

## 第二章 注册环节信息披露

**第十一条 【注册文件】**

受托机构、发起机构应在棚改贷款资产支持证券**接受注册后十个工作日内**，披露注册申请报告等文件。

注册申请报告包括但不限于以下内容：

（一）棚改贷款资产支持证券名称、资产类型、注册额度、分期发行安排等基本信息；

（二）发行方式可选择招标或簿记建档；拟采用簿记建档发行的，应说明采用簿记建档发行的必要性，定价、配售的具体原则和方式，以及防范操作风险和不正当利益输送的措施；

（三）风险提示及风险披露；

（四）受托机构、发起机构及其他为证券化提供服务的机构信息，发起机构证券化的信贷资产发放程序、审核标准、担保形式、管理办法、过往表现、违约贷款处置程序及方法等，贷款服务机构管理证券化信贷资产的方法、标准；

（五）交易结构及各当事方的主要权利与义务等信息；

（六）棚改贷款入池筛选标准；

（七）发行及存续期的信息披露安排。

**第十二条　【风险提示】**

受托机构应在注册申请报告显著位置提示投资者：**投资者购买本期棚改贷款资产支持证券，应当认真阅读本文件及有关的信息披露文件，进行独立的投资判断。主管部门对本期证券发行的注册，并不表明对本期证券的投资价值作出了任何评价，也不表明对本期证券的投资风险作出了任何判断。**

**第十三条　【风险披露】**

受托机构应在注册申请报告中充分披露棚改贷款资产支持证券可能存在的投资风险，包括但不限于**早偿风险**、**信用风险**、**流动性风险**、**法律风险**等。

**第十四条　【信息披露精简原则】**

**在注册环节已披露的信息**，如受托机构、发起机构及其他为证券化提供服务的机构信息、交易结构信息等，**在发行环节及存续期内可免于披露**，鼓励在注册环节披露更多信息。若注册环节已披露的前述信息发生变化、需要变更的，应在发行时披露变更后的信息，并向中国人民银行报告，同时告知交易商协会。

**第十五条　【投资者保护机制】**

受托机构应在注册申请报告或发行说明书中披露**各档投资者保护机制**，包括但不限于：

（一）各档证券的支付顺序变化（如类似加速清偿事件以及违约事件触发后的支付顺序）；

（二）基础资产现金流恶化或其它可能影响投资者利益等情况的应对措施；

（三）优先档证券发生违约后的债权及权益保障及清偿安排；

（四）发生基础资产权属争议时的解决机制；

（五）持有人大会的召开条件、议事程序等安排；

（六）其他投资者保护措施或相关安排。

## 第三章　发行环节信息披露

**第十六条　【发行文件】**

受托机构和发起机构应至少于**发行日前五个工作日**，披露**信托公告**、**发行说明**

书、评级报告、募集办法和承销团成员名单等文件。

发行说明书包括但不限于以下内容：

（一）本次发行棚改贷款资产支持证券名称、受托机构、发起机构以及其他为证券化提供服务的机构名称、分档情况等发行基本信息；

（二）风险提示及风险披露；

（三）交易结构信息；

（四）棚改贷款入池资产总体特征；

（五）棚改贷款入池资产分布信息；

（六）证券基础信息；

（七）其他为证券化提供服务的机构的专业意见；

（八）跟踪评级及后续信息披露安排。

第十七条 【风险提示】

受托机构应在发行说明书显著位置提示投资者：**投资者购买本期棚改贷款资产支持证券，应当认真阅读本文件及有关的信息披露文件，进行独立的投资判断。主管部门对本期证券发行的备案，并不表明对本期证券的投资价值作出了任何评价，也不表明对本期证券的投资风险作出了任何判断。**

受托机构需在发行说明书显著位置提示投资者：**本期棚改贷款资产支持证券仅代表特定目的信托受益权的相应份额，不是发起机构、特定目的信托受托机构或任何其他机构的负债，投资机构的追索权仅限于信托财产。**

第十八条 【风险披露】

受托机构应在发行说明书中充分披露本次发行棚改贷款资产支持证券的投资风险，包括但不限于**信用风险、交易结构风险、集中度风险、流动性风险、利率风险、操作风险、法律风险、交易对手方的违约风险和发生重大不利变化风险**等。

第十九条 【交易结构】

受托机构应在发行说明书中披露本期发行棚改贷款资产支持证券的交易结构信息，包括但不限于**本期发行交易结构示意图、受托机构、发起机构以及其他为证券化提供服务的机构简介、受托机构、发起机构以及其他为证券化提供服务的机构权利与义务、本次发行现金流分配机制、本期发行信用增进措施、资产支持证券持有人大会的组织形式与权利**等。

第二十条 【基础资产总体信息】

受托机构应在发行说明书中披露本次发行棚改贷款资产支持证券的基础资产总体信息，包括但不限于**入池资产笔数与金额特征、入池资产期限特征、利率特征、抵（质）押物特征、借款人特征**等。

受托机构应从棚改贷款资产支持证券基础资产特性出发，重点披露**入池抵（质）押资产初始评估价值合计、加权平均初始贷款价值比**等信息。

**第二十一条 【基础资产分布信息】**

受托机构应在发行说明书中披露本期发行棚改贷款资产支持证券的入池棚改贷款资产分布信息，包括但不限于**贷款分布、借款人分布、抵（质）押物分布**。

受托机构应从棚改贷款资产支持证券基础资产特性出发，重点披露**入池资产的抵（质）押资产初始贷款价值比分布**等信息。

**第二十二条 【发行结果信息披露】**

受托机构应在每期棚改贷款资产支持证券发行结束的**当日或次一工作日**公布资产支持证券发行情况。

**第二十三条 【发行环节信息披露查阅途径】**

受托机构需在发行说明书显著位置载明投资者在棚改贷款资产支持证券发行期间和存续期内**查阅基础资产池具体信息的途径和方法**。

## 第四章 存续期定期信息披露

**第二十四条 【定期披露】**

在棚改贷款资产支持证券存续期内，受托机构应依据贷款服务机构和资金保管机构提供的贷款服务报告和资金保管报告，按照本指引及相关表格体系的要求，在每期资产支持证券**本息兑付日的三个工作日前**披露受托机构报告；**每年4月30日前**披露经具有从事证券期货相关业务资格的会计师审计的上年度受托机构报告。

对于信托设立不足二个月的，受托机构可以不编制年度受托机构报告。

**第二十五条 【受托机构报告】**

受托机构报告应当包括但不限于以下内容：

（一）**受托机构和证券化服务机构的名称、地址；**

（二）**资产支持证券基本信息；**

（三）**各档次证券的本息兑付及税费支付情况；**

（四）**本期资产池表现情况，包括资产池整体表现、累计违约率、现金流归集表、资产池现金流入情况等；**

（五）**基础资产存续期总体信息，包括入池资产笔数与金额特征、期限特征、利率特征等；**

（六）**内外部信用增进情况说明；**

（七）**资产池中进入法律诉讼程序的棚改贷款情况，法律诉讼程序进展**等。

**第二十六条 【跟踪评级】**

受托机构应与信用评级机构就棚改贷款资产支持证券跟踪评级的有关安排作出

约定，并应于资产支持证券存续期内每年的7月31日前向投资者披露上年度的跟踪评级报告。

## 第五章 存续期重大事件信息披露

第二十七条 【重大事件信息披露】

在发生可能对棚改贷款资产支持证券投资价值有实质性影响的临时性重大事件时，受托机构应在事发后三个工作日内披露相关信息，并向交易商协会报告。

前款所称重大事件包括但不限于以下事项：

（一）发生或预期将发生受托机构不能按时兑付棚改贷款资产支持证券本息等影响投资者利益的事项；

（二）受托机构和证券化服务机构发生影响棚改贷款资产支持证券投资价值的违法、违规或违约事件；

（三）棚改贷款资产支持证券受托机构及其他为证券化提供服务的机构发生变更；

（四）棚改贷款资产支持证券的信用评级发生不利变化；

（五）受托机构和其他为证券化提供服务的机构或者基础资产涉及法律纠纷，可能影响按时分配收益。

（六）受托机构、发起机构或其他为证券化提供服务的机构的经营情况发生重大变化，或者作出减资、合并、分立、解散、申请破产等决定，可能降低其从事证券化业务水平，对棚改贷款资产支持证券投资者利益造成严重不利影响的；

（七）信托合同规定应公告的其他事项；

（八）中国人民银行和中国银行业监督管理委员会等监管部门规定应公告的其他事项；

（九）法律、行政法规规定应公告的其他事项。

第二十八条 【其他重大事件】

本指引前条列举的重大事件是重大事件信息披露的最低要求，可能影响各档次证券本息兑付的其他重大事件，受托机构也应依据本指引在事发后三个工作日内予以及时披露。

第二十九条 【重大事件进展持续披露机制】

受托机构披露重大事件后，已披露的重大事件出现可能对棚改贷款资产支持证券的投资价值产生较大影响的进展或者变化的，应当在上述进展或者变化出现之日起三个工作日内披露进展或者变化情况。

第三十条 【持有人大会信息披露】

召开资产支持证券持有人大会，召集人应至少提前三十日公布资产支持证券持有人大会的召开时间、地点、会议形式、审议事项、议事程序和表决方式等事项，并于大会结束后十日内披露大会决议。

## 第六章　信息披露反馈与评价及违规处理机制

**第三十一条　【投资者信息披露反馈机制】**

交易商协会建立信息披露的市场意见征集和反馈机制，跟踪监测棚改贷款资产支持证券信息披露情况。

**第三十二条　【信息披露评价机制】**

交易商协会根据棚改贷款资产支持证券信息披露情况和市场成员的反馈意见，遵循公平、公正、公开原则，组织市场成员对信息披露工作进行评价。

**第三十三条　【评价结果运用】**

交易商协会及时向市场公布信息披露评价结果，并及时向中国人民银行报告。

**第三十四条　【不合规情况报告和自律处分】**

交易商协会在对信息披露情况跟踪监测和评价过程中，对不能按相关规定进行信息披露的情况，及时向中国人民银行报告。

对于未按本指引履行相应职责的受托机构、发起机构及其他为证券化提供服务的机构，经调查核实后，交易商协会视情节轻重可给予有关自律处分。涉嫌违反相关法律法规的，交易商协会将移交有关部门处理。

## 第七章　附　　则

**第三十五条　【解释权】**

本指引由交易商协会秘书处负责解释。

**第三十六条　【生效时间】**

本指引自发布之日起施行。

附：棚户区改造项目贷款资产支持证券信息披露表格体系

**附：**

### 《棚户区改造项目贷款资产支持证券信息披露表格体系》

为促进信贷资产证券化产品信息披露的标准化和规范化，进一步增强信息披露的可操作性，提升市场信息披露质量，依据《信贷资产证券化试点管理办法》（中国人民银行公告〔2005〕第7号）、《资产支持证券信息披露规则》（中国人民银行公告〔2005〕第14号）、《信贷资产证券化基础资产池信息披露有关事项》（中国人民银行公告〔2007〕第16号）、《关于进一步扩大信贷资产证券化试点有关事项的通知》（银发〔2012〕127号）、《信贷资产支持证券发行管理有关事宜》（中国人民银行公告〔2015〕第7号）、《棚户区改造项目贷款资产支持证券信息披露指引

(试行)》(中国银行间市场交易商协会公告〔2015〕第16号)等有关规定制定本《棚户区改造项目贷款资产支持证券信息披露表格体系》(简称《棚改贷款表格体系》)。

一、使用说明

(一)《棚改贷款表格体系》包括注册申请报告、发行说明书、受托机构报告和重大事件报告书四个部分，信息披露表格列示的内容是对注册申请报告、发行说明书、受托机构报告和重大事件报告书的最低信息披露要求。

1. 注册申请报告列示发起人注册发行棚改贷款资产支持证券应披露的相关材料。

注册申请报告应至少包括以下六个方面的内容：

(1) 扉页、目录、注册基本信息；

(2) 风险提示及风险披露；

(3) 参与机构①信息；

(4) 交易条款信息；

(5) 基础资产筛选标准；

(6) 信息披露安排。

2. 发行说明书列示发行人发行任意一期棚改贷款资产支持

证券应披露的相关材料。发行说明书应至少包括以下八个方面的内容：

(1) 扉页、目录、发行基本信息；

(2) 风险提示及风险披露；

(3) 交易结构信息；

(4) 基础资产总体信息；

(5) 基础资产分布信息；

(6) 证券基础信息；

(7) 中介机构意见；

(8) 证券后续安排。

3. 受托机构报告列示受托机构在已发行的棚改贷款资产支持证券存续期内，根据合同约定在每一个本息兑付日前应披露的相关材料，并在每年出具年度受托机构报告。

受托机构报告书应至少包括以下四方面内容：

(1) 扉页、目录、存续基本信息；

---

① 受托机构、发起机构以及其他为证券化提供服务的机构，下同。

（2）证券概况；

（3）资产池情况；

（4）基础资产存续期总体信息。

4. 重大事件报告书列示已发行的棚改贷款资产支持证券存续期内的重大事件触发情况，受托机构应该在事件触发后三个工作日内及时披露相关信息。

重大事件报告书包括对棚改贷款资产支持证券投资价值有实质性影响的所有临时性重大事件。

（二）受托机构、发起机构、为证券化提供服务的机构及其经办人员应按有关法律法规、规范性文件要求，编写注册、发行及存续期相关文件，发表专业意见，并对所出具的相关文件和意见承担相应法律责任。

1. 会计师事务所应依据相关规定进行尽职调查及相关专业服务，在会计意见书中对相关事项发表明确意见，对年度受托机构报告进行审计并出具审计报告。

2. 律师事务所应在充分尽职调查的基础上，在法律意见书中对相关事项发表明确意见。

3. 信用评级机构应依据《中国人民银行信用评级管理指导意见》等有关规定出具评级报告。

4. 证券发行前受托机构应按指引要求，填报注册申请报告、发行说明书，证券发行后受托机构应按指引要求填报受托机构报告、重大事件报告书。

（三）受托机构应按以下要求填写表格：

1. 注册申请报告和发行说明书：应依据“适用范围”项下所列示的不同情形，填报所选表格内容，涉及到金额和时间的均需要标明单位。

2. 受托机构报告和重大事件报告书：应依据“适用范围”项下所列示的不同情形，填报所选表格内容，涉及到金额和时间的均需要标明单位。

3. 页码：应将披露内容所在文件的具体页码范围填写在“页码”项下。例如：注册申请报告中“投资风险提示”部分位于第5－9页，则在填写注册申请表时，应在“页码”项下对应的行处填写“5－9”。

4. 备注：需要说明的特殊事项，应根据实际情况，在对应的“备注”项下进行说明。

（四）不适用情形说明

若本表格某些具体要求对个别基础资产确实不适用的，发起机构和受托机构可根据实际情况，在不影响披露内容完整性、不影响投资者进行重要投资风险判断的前提下做出适当修改，但应在相关信息披露文件中做出说明。

## 二、注册申请报告

| 注册申请报告 | | | |
|---|---|---|---|
| 序号 | 内　容 | 页码 | 备注 |
| **Z-0** | **扉页、目录、注册基本信息** | | |
| Z-0-1 | 信贷资产支持证券名称 | | 见附件1 |
| Z-0-2 | 信贷资产支持证券类型 | | 见附件1 |
| Z-0-3 | 信贷资产支持证券发行安排——写明本次注册的总金额及预计的发行期数及交易场所，如有必要可列明各期证券的发行时间段。 | | 见附件1 |
| Z-0-4 | 发行方式可选择招标或簿记建档，拟采用簿记建档发行的，应说明采用簿记建档发行的必要性，定价、配售的具体原则和方式，以及防范操作风险和不正当利益输送的措施。 | | |
| Z-0-5 | 目录——标明各章、节的标题及相应的页码。 | | |
| **Z-1** | **投资风险提示** | | |
| Z-1-1 | 注册环节可预见的投资者面临的风险，包括但不限于早偿风险、信用风险等，不同项目可根据实际情况列明。 | | |
| **Z-2** | **参与机构信息②** | | |
| Z-2-1 | 各参与机构的选任标准及程序——信贷资产证券化业务中对相关参与机构，包含受托机构、主承销商、联席主承销商（如有）、贷款服务机构、资金保管机构、信用评级机构、会计师事务所、律师事务所的选择标准及程序，包括但不限于参与机构的选任原则、选任标准与选任程序。 | | |
| Z-2-2 | 各参与机构名单。所披露的内容包括但不限于各参与机构的名称、注册地址、法定代表人、联系人、联系电话、传真、邮政编码、网址、基本情况简介、各参与机构的证券化经验、违约记录申明及机构之间的关联关系等。注册时受托机构必须唯一，其他参与机构可多选。 | | |
| Z-2-3 | 发起机构资产证券化业务管理办法摘要——明确发起机构资产证券化业务的制度和流程，包括但不限于对业务管理办法的总述、相关参与机构描述、各部门职责、资产证券化业务发起的内部流程等。 | | |

② 本章参与机构信息受托机构可在注册申请报告、发行说明书中选择其一进行披露，原则上为了提高发行效率本章内容应在注册申请报告中披露，若注册环节时内容不确定可放到发行环节披露，其中有关受托机构的选任标准及程序和受托机构名称需要在注册环节披露；在发行环节发生变化的，需要在发行说明书中补充披露，在表格体系备注中说明，并将变化部分向监管机构报备。

续表

| | | | |
|---|---|---|---|
| Z-2-4 | 发起机构资产证券化业务操作规程摘要——明确发起机构资产证券化业务的具体操作规程，包括但不限于对操作规程的总述、发起机构启动资产证券化业务的具体操作流程，例如基础资产池构建及尽职调查、交易结构设计、法律文件准备、定价发行、投资管理及会计处理、证券化信贷资产质量管理、风险监督与管理、合同管理等内容。 | | |
| Z-2-5 | 发起机构资产证券化棚改贷款管理办法摘要——明确发起机构作为资产的提供方，其贷款形成的标准、程序、以及其他影响贷款质量的制度规定，例如对管理办法的总述、各部门职责与分工、贷款发放程序、内部评级制度、授信评审标准（包括借款人评审、项目评审、信用结构等）、贷后管理办法。 | | |
| Z-2-6 | 贷款服务机构资产证券化棚改贷款服务管理办法摘要③——贷款服务机构信贷资产证券化贷款服务管理办法等相关管理办法的介绍，例如内部评级制度、贷款发放和回收、贷款担保管理方法、违约贷款处置程序、抵（质）押资产处置方法等。 | | |
| Z-2-7 | 受托机构对信托财产的投资管理安排——明确受托机构对信托财产的具体投资管理安排，包括但不限于受托机构对信托财产账户中的资金进行投资运用的投资范围、标准、原则及方式等。 | | |
| **Z-3** | **交易条款信息④** | | |
| Z-3-1 | 交易结构及各当事方的主要权利与义务——明确各参与机构在交易文件中确定的权利和义务。包含受托机构、发起机构、贷款服务机构、资金保管机构、主承销商、联席主承销商（如有）。 | | |
| Z-3-2 | 预计信托账户设置——交易中账户的开立情况，如信托收款账户（本金分账户、收入分账户）、信托付款账户、混同专用账、抵销专用账、服务转移和通知专用账、税收专用账的设置情况等，各项目可根据实际情况披露，发行环节如有调整，需要在发行说明书中说明。 | | |
| Z-3-3 | 各交易条款设置—例如回购交易条款、赎回交易条款、终止交易条款等，若在结构设计上涉及到其他类似的交易条款，可按以上规则进行披露。 | | |

③ 若发起机构与贷款服务机构为同一家机构，则贷款管理办法可合并撰写，覆盖Z-2-5与Z-2-6中的全部内容。

④ 本章交易结构信息受托机构可在注册申请报告、发行说明书中选择其一进行披露，原则上为了提高发行效率本章内容应在注册申请报告中披露，若注册环节时内容不确定可放到发行环节披露；在发行环节发生变化的，需要在发行说明书中补充披露，在表格体系备注中说明，并将变化部分向监管机构报备。

续表

| | | | |
|---|---|---|---|
| Z-3-4 | 各触发条件设置—例如违约事件触发条件、加速清偿事件触发条件、权利完善事件触发条件、个别通知事件触发条件等，若在结构设计上涉及到其他类似的触发条件，可按以上规则进行披露。 | | |
| **Z-4** | **基础资产筛选标准** | | |
| Z-4-1 | 合格标准——明确该期入池资产的合格标准，即选定入池资产的硬性标准，不符合该标准的资产应予以赎回，或不能入池。原则上包括但不限于以下信息：是否出现本息逾期、贷款币种、是否涉及诉讼、贷款五级分类、合同到期期限范围、还款计划是否明确等。 | | |
| Z-4-2 | 资产保证——指委托人在约定中所做的关于资产池以及每一笔贷款在初始起算日和信托财产交付日的状况的全部陈述和保证。 | | |
| **Z-5** | **信息披露安排** | | |
| Z-5-1 | 发行及存续期的信息披露要求、披露方式、途径及内容，明确特殊事件发生后的信息披露机制，以及其他影响产品风险及投资者判断的信息披露安排。 | | |

**附件1：注册基本信息**

| | |
|---|---|
| 信贷资产支持证券名称 | |
| 基础资产类型 | |
| 注册总金额 | |
| 发行期数 | |
| 交易场所 | |
| 注册有效期 | |

三、发行说明书

| 发行说明书 | | | |
|---|---|---|---|
| 序号 | 内容 | 页码 | 备注 |
| **F-0** | **扉页、目录、发行基本信息** | | |
| F-0-1 | 各参与机构名称，包括但不限于发起机构及受托机构 | | |
| F-0-2 | 证券概况——证券的基本情况，包括交易结构分档情况、各档证券金额、占比、利率形式和信用评级。 | | |
| F-0-3 | 目录——标明各章、节的标题及相应的页码。 | | |

续表

| | | | |
|---|---|---|---|
| F－0－4 | 重要提示——经银监会和人民银行批准发行、确认内容真实、证券仅代表“信托资产”受益权（应明确说明与发起机构和其他机构无关），投资者应认真阅读信息披露文件，监管部门不对价值以及风险进行判断。 | | |
| **F－1** | **投资风险提示** | | |
| F－1－1 | 发行环节可预见的投资者面临的风险，包括但不限于资产池集中度风险、交易结构风险或发生重大不利变化风险等。 | | |
| **F－2** | **交易结构信息**⑤ | | |
| F－2－1 | 交易结构示意图——指资产支持证券发行的基本交易结构和各方之间的法律关系框架图，包括发起机构、受托机构、资金保管机构、登记结算机构、承销机构的具体交易过程以及法律关系框架 | | 见附件1 |
| F－2－2 | 中介机构简介⑥——信贷资产证券化业务中各中介机构的简介，包含主承销商、联席主承销商（如有）、贷款服务机构、资金保管机构、信用评级机构、会计师事务所、律师事务所等。 | | |
| F－2－3 | 参与机构权利与义务⑦——明确发起机构、贷款服务机构、受托机构、资金保管机构、主承销商、登记托管机构、承销团成员等参与机构，根据约定条款确定的权利和义务，用于规范各机构资产证券化业务的开展。 | | |
| F－2－4 | 现金流分配机制——证券本金和利息在正常、违约、加速清偿等模式下的分配机制与顺序，通过图示的形式体现账户之间资金的流动和事件变化对分配顺序的影响。 | | 见附件2⑧ |
| F－2－5 | 信用增进措施—证券的信用增进方式，例如超额利差、优先级次级结构、超额抵押、外部增信等，各项目可根据实际情况披露。 | | |
| F－2－6 | 资产支持证券持有人大会的组织形式与权利——包括但不限于持有人大会的组成、会议召集、表决权、会议方式、全体同意事项、特别决议事项等。 | | |
| F－2－7 | 现金流归集表——正常情景下，指按摊还计划对每个收款期间现金流进行归集，不考虑早偿、拖欠、违约、回收等情况。 | | 见附件3 |

⑤ 交易结构信息若固定不变可在注册时一次性披露，发行环节免于披露，若发行环节出现变动则需要重新补充披露，并就变化部分向监管机构报备。

⑥ 原则上可在注册申请时披露，若发行环节有所更新可在此披露。

⑦ 原则上可在注册申请时披露，若发行环节有所更新可在此披露。

⑧ 不同触发事件下的分配机制图。

续表

| | | | |
|---|---|---|---|
| F－3 | **基础资产总体信息**⑨ | | |
| F－3－1 | 入池资产笔数与金额特征——入池总笔数、总户数、合同总金额、入池总金额、借款人平均未偿本金余额、单笔贷款最高本金余额、单笔贷款平均本金余额等。 | | |
| F－3－2 | 入池资产期限特征——入池加权平均合同期限、加权平均剩余期限、加权平均账龄⑩、贷款最长剩余期限、贷款最短剩余期限等。 | | |
| F－3－3 | 入池资产利率特征——入池加权平均贷款利率、最高贷款利率和最低贷款利率。 | | |
| F－3－4 | 入池资产抵（质）押物特征——入池抵（质）押资产初始评估价值合计、加权平均初始⑪贷款价值比。(初始贷款价值比(即LTV）＝初始起算日贷款未偿本金余额/抵（质）押物初始评估价值)。 | | |
| F－3－5 | 入池资产借款人特征——前五大借款人未偿本金余额占比、前十大借款人未偿本金余额占比。 | | |
| F－4 | **基础资产分布信息** | | |
| F－4－1 | 贷款分布——入池资产的未偿本金余额分布、贷款五级分类分布、贷款利率类型分布、贷款利率分布、贷款合同期限分布、贷款账龄分布、贷款剩余期限分布、贷款担保方式分布、基础资产信用等级分布、还款来源分布。 | | |
| F－4－2 | 借款人分布——入池资产的借款人信用等级分布、借款人行业分布、借款人地区分布。 | | |
| F－4－3 | 抵（质）押物分布——入池资产的抵（质）押资产初始贷款价值比分布。 | | |
| F－5 | **证券基础信息** | | |
| F－5－1 | 费用信息——由信托财产支付的费用，应该列明费用科目明细。 | | |
| F－5－2 | 日期信息——与证券设立、存续、兑付相关的日期类信息，包括但不限于初始起算日、信托设立日、首次偿付日、结息日、计算日、支付日、回收款转付日、服务机构报告日、资金保管机构报告日、受托人报告日、法定到期日等。 | | |

⑨ 各项目根据实际情况注明数值及单位。

⑩ 请标明计算加权平均账龄的计算公式。

⑪ 指初始起算日。

续表

| | | | |
|---|---|---|---|
| F－5－3 | 证券信息——包括各档证券的名称、各档证券的金额、各档证券的票面利率类型、各档证券的信用级别、预期还本日（若为固定摊还型）、预期到期日等，拟采用簿记建档方式发行的证券，说明簿记建档场所安排及场所具体地址。 | | |
| F－5－4 | 风险自留信息——发起机构对各档证券的持有比例。 | | |
| **F－6** | **中介机构意见** | | |
| F－6－1 | 尽职调查意见及法律意见摘要——指相关参与机构对基础资产合法合规性等尽职调查情况出具的尽职调查意见，包括但不限于尽职调查的过程、尽职调查的结果、尽职调查的结论、对信贷资产合法合规性的判断等。律师事务所对证券化的合法性、有效性问题出具的法律意见，包括但不限于法律依据、交易文件及信托设立的合法有效性、信贷资产转让的合法有效性、破产风险对信托财产的影响，发行、销售及持有资产支持证券的合法有效性等。 | | |
| F－6－2 | 交易概况与会计意见摘要——指根据相关会计准则，对基础资产出表与否的判断，包括但不限于适用的准则、管理层的判断、会计师事务所的意见等。 | | |
| F－6－3 | 信用评级机构的假设与分析摘要——包括但不限于评级的基本假设、逻辑思路、基础资产和交易结构分析结果（包括优势与关注中的核心内容）、信用级别等。 | | |
| **F－7** | **证券后续安排** | | |
| F－7－1 | 证券跟踪评级安排——指在受评证券信用等级有效期内，对受评证券的信用状况进行持续跟踪监测，并每年出具评级报告。 | | |
| F－7－2 | 证券信息披露安排——存续期的信息披露要求、披露方式、途径及内容，明确特殊事件发生后的信息披露机制，以及其他影响产品风险及投资者判断的信息披露安排。受托机构需在发行说明书显著位置载明投资者在棚改贷款资产支持证券存续期内查阅基础资产池具体信息的途径和方法。 | | |

## 附件1：交易结构图[⑫]

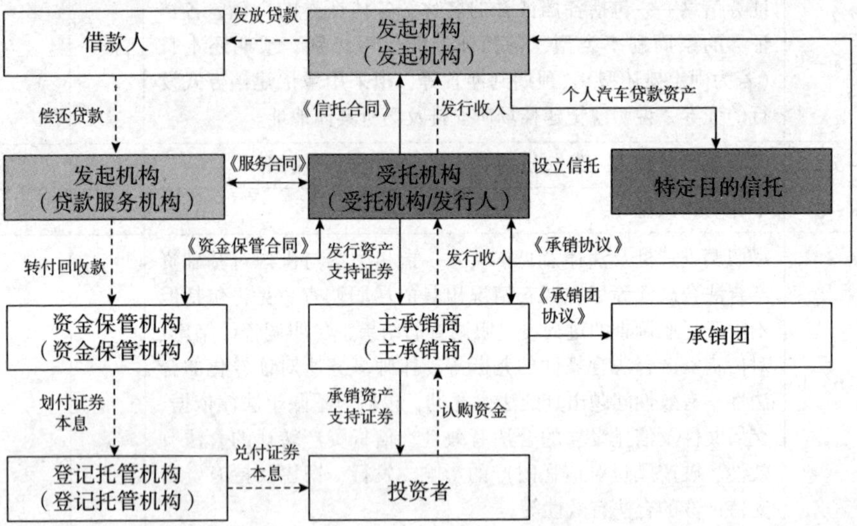


## 附件2：现金流分配机制[⑬]

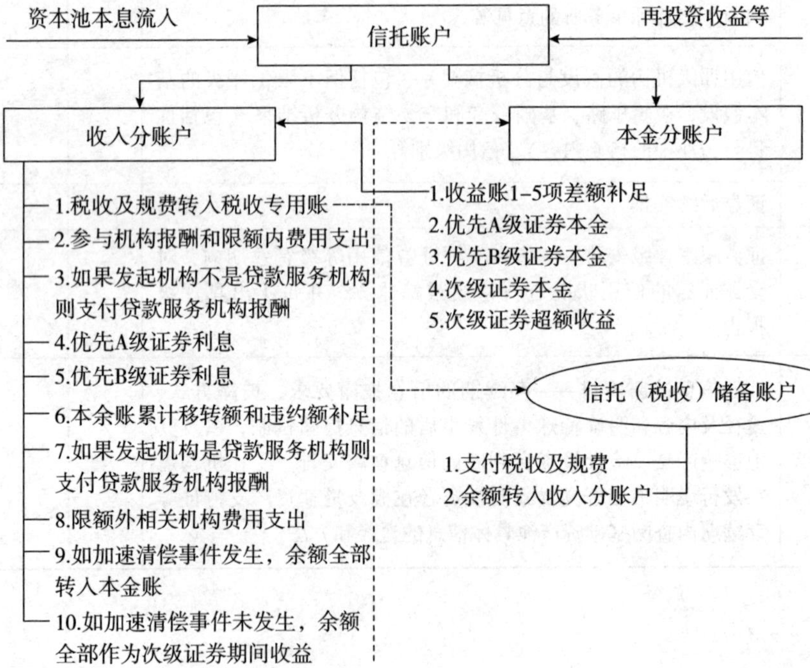


⑫ 此图仅作为案例参考，各项目可根据实际情况进行调整，原则上需说明机构间的关系。

⑬ 此图仅作为案例参考，各项目可根据实际情况进行调整，原则上需说明现金流分配顺序。

**附件3：现金流归集表**

| 信托核算日 | 期初本金总余额 | 本期应收本金 | 本期应收利息 | 期末本金总余额 |
|---|---|---|---|---|
| 2014/6/26[14] | | | | |
| 2014/6/30 | | | | |
| 2014/9/30 | | | | |
| 2014/12/31 | | | | |
| 2015/3/31 | | | | |
| 2015/6/30 | | | | |
| 2015/9/30 | | | | |

四、受托机构报告

| 序号 | 内　容 | 备注 |
|---|---|---|
| S-0 | **扉页、目录、存续基本信息** | |
| S-0-1 | 资产支持证券与受托机构名称 | |
| S-0-2 | 受托机构报告期数与报告出具日期 | |
| S-0-3 | 受托人关于出具受托机构报告的声明 | |
| S-0-4 | 目录——标明各章、节的标题及相应的页码。 | |
| S-0-5 | 机构介绍——受托机构、贷款服务机构、资金保管机构、登记托管机构的名称、地址和联系方式。 | 见附件1 |
| S-1 | **证券概况** | |
| S-1-1 | 证券日期概况——证券的信托设立日、本报告期的期初日期与期末日期以及证券的计息方式。 | 见附件2 |
| S-1-2 | 各档证券本金、利息还款情况——各档证券的信托设立日的证券余额、报告期初的证券余额、本期还款金额、报告期末的证券余额及还款比例；各档证券的执行利率、利息的支付金额、本金的支付金额、单位面值的利息本金支付金额、总支付金额。 | 见附件3、附件4 |
| S-2 | **资产池情况** | |
| S-2-1 | 资产池整体表现情况——资产池的正常贷款、拖欠90天至1年、及1年以上贷款的金额及占比情况、回购或替换贷款笔数金额及占比、违约贷款目前的处置情况，当期有回购贷款的需要在附注中说明原因。 | 见附件5、见附件6 |

⑭ 此日期为初始起算日。

续表

| | | |
|---|---|---|
| S－2－2 | 累计违约率—交易文件中定义的累计违约率在报告期的期末值。 | 见附件7 |
| S－2－3 | 现金流归集表—报告期时点，正常情景下，指按摊还计划对每个收款期间现金流进行归集，不考虑早偿、拖欠、违约、回收等情况。若在此报告时点已经发生的早偿贷款则应该从现金流摊还计划表中剔除。 | 见附件8 |
| S－2－4 | 资产池现金流入情况——上次报告期及本次报告期资产池利息的正常回收金额、提前偿还金额、拖欠金额、违约回收金额、其他收入、合格投资金额；上次报告期及本次报告期资产池本金的正常回收金额、提前偿还金额、拖欠金额、违约回收金额、其他收入、上期转存金额。 | 见附件9 |
| S－2－5 | 证券兑付情况——上次报告期及本次报告期信托财产支付的总费用金额和总利息支出金额，原则上应包括证券税费与规费的支出金额、受托费支出金额、贷款服务费支出金额、资金保管费支出金额、其他费用支出金额、证券利息总支出金额；上次报告期及本次报告期证券本金支出金额、次级超额收益支出金额及转存下期金额。 | 见附件9 |
| S－3 | **基础资产存续期总体信息** | |
| S－3－1 | 入池资产笔数与金额特征——初始起算日及本次报告期期初期末的资产的入池总笔数、总户数、入池总金额、单笔贷款最高本金余额、单笔贷款平均本金余额等。 | 见附件10 |
| S－3－2 | 入池资产期限特征——初始起算日及本次报告期初期期末资产的入池加权平均合同期限、加权平均剩余期限、加权平均账龄、贷款最长到期期限、贷款最短到期期限等。 | 见附件11 |
| S－3－3 | 入池资产利率特征——初始起算日及本次报告期期初期末资产的入池加权平均贷款利率、最高贷款利率和最低贷款利率。 | 见附件12 |

**附件1：**

| 机构类别 | 机构名称 | 机构地址 | 联系电话 |
|---|---|---|---|
| 受托机构 | | | |
| 贷款服务机构 | | | |
| 资金保管机构 | | | |
| 登记托管机构 | | | |

附件2：

| | |
|---|---|
| 信托设立日 | |
| 本期期初日 | |
| 本期期末日 | |
| 计息方式⑮ | |

附件3：

| 证券名称 | 信托设立日余额 | 本期期初余额 | 本期本金还款 | 本期期末余额 | 还款比例 |
|---|---|---|---|---|---|
| 优先A-1档 | | | | | |
| 优先A-2档 | | | | | |
| 优先A-3档 | | | | | |
| 优先A-4档 | | | | | |
| 优先B档 | | | | | |
| 次级档 | | | | | |

附件4：

| 证券名称 | 证券执行利率 | 利息支付金额⑯ | 每100元支付利息 | 本金支付金额 | 每100元支付本金 | 总支付金额 |
|---|---|---|---|---|---|---|
| 优先A-1档 | | | | | | |
| 优先A-2档 | | | | | | |
| 优先A-3档 | | | | | | |
| 优先A-4档 | | | | | | |
| 优先B档 | | | | | | |
| 次级档 | | | | | | |
| 总计 | | | | | | |

附件5：

| 科　目 | 笔数 | 笔数占比 | 金额 | 金额占比 |
|---|---|---|---|---|
| 正常贷款 | | | | |
| 拖欠90天-1年贷款 | | | | |

⑮ 30/360或实际天数/实际天数等。

⑯ 次级档利息收入指期间收益。

续表

| | | | | |
|---|---|---|---|---|
| 拖欠1年以上贷款 | | | | |
| 回购或替换贷款 | | | | |

附件6：

| 处置状态 | 违约贷款笔数 | 占初始起算日笔数占比 | 违约贷款金额 | 占初始起算日金额占比 |
|---|---|---|---|---|
| 非诉讼类处置 | | | | |
| 诉讼类处置： | | | | |
| （1）进入诉讼准备程序 | | | | |
| （2）进入法庭受理程序 | | | | |
| （3）进入执行拍卖程序 | | | | |
| 经处置已核销 | | | | |
| 汇总 | | | | |

附件7[17]：

| 期数 | 信托核算日 | 累计违约率 |
|---|---|---|
| 第1期 | 2015/9/30 | |
| 第2期 | 2015/12/31 | |
| 第3期 | 2016/3/31 | |
| 第4期 | 2016/6/30 | |

附件8：现金流归集表

| 信托核算日 | 期初本金总余额 | 本期应收本金 | 本期应收利息 | 期末本金总余额 |
|---|---|---|---|---|
| 2014/9/30 | | | | |
| 2014/12/31 | | | | |
| 2015/3/31 | | | | |
| 2015/6/30 | | | | |
| 2015/9/30 | | | | |

⑰ 每次报告期进行一次更新。

**附件9：**

| | 科目 | | 上次报告期 | 本次报告期 |
|---|---|---|---|---|
| 收入账 | 利息 | 正常回收 | | |
| | | 提前偿还 | | |
| | | 拖欠金额 | | |
| | | 违约回收 | | |
| | | 合计 | | |
| | 其他收入 | | | |
| | 合格投资 | | | |
| | 合计 | | | |
| 本金账 | 本金 | 正常回收 | | |
| | | 提前偿还 | | |
| | | 拖欠金额 | | |
| | | 违约回收 | | |
| | | 合计 | | |
| | 其他收入 | | | |
| | 上期转存 | | | |
| | 合计 | | | |
| | 科目 | | 上次报告期 | 本次报告期 |
| 税费支出 | 税支出 | | | |
| | 服务总费用支出 | | | |
| | 其他费用支出⑱ | | | |
| | 证券利息总支出 | | | |
| 本金支出 | 证券本金总支出 | | | |
| | 次级档超额收益 | | | |

⑱ 需要列明产生其他费用的理由。

附件 10：

| | 初始起算日 | 上次报告期 | 本次报告期 |
|---|---|---|---|
| 总笔数 | | | |
| 总户数 | | | |
| 未偿本金余额 | | | |
| 单笔贷款最高本金余额 | | | |
| 单笔贷款平均本金余额 | | | |

附件 11：

| | 初始起算日 | 上次报告期 | 本次报告期 |
|---|---|---|---|
| 加权平均合同期限 | | | |
| 加权平均剩余期限 | | | |
| 加权平均账龄 | | | |
| 单笔贷款最长到期期限 | | | |
| 单笔贷款最短到期期限 | | | |

附件 12：

| | 初始起算日 | 上次报告期 | 本次报告期 |
|---|---|---|---|
| 加权平均贷款利率 | | | |
| 最高贷款利率 | | | |
| 最低贷款利率 | | | |

五、重大事件报告书

| 序号 | 内容 | 备注 |
|---|---|---|
| E－1 | **资产存续期重大事件** | |
| E－1－1 | 重大事件——报告期内若触发例如加速清偿事件、违约事件、权利完善事件、个别通知事件、资产赎回事件、清仓回购事件、丧失清偿能力事件、受托机构终止事件、重大不利变化事件、重大不利影响事件、受托人解任事件、贷款服务机构解任事件、资金保管机构解任事件、资产支持证券持有大会及其他影响证券年本息兑付或投资者利益的事项的，需要在事件触发三个工作日内披露。不同项目设定的其他重大事件请依据此原则进行披露。 | 见附件 1 |

附件 1：

| 事件 | 是否发生 | 备注 |
| --- | --- | --- |
| 加速清偿事件 | | |
| 违约事件 | | |
| 权利完善事件 | | |
| 个别通知事件 | | |
| 资产赎回事件 | | |
| 清仓回购事件 | | |
| 丧失清偿能力事件 | | |
| 受托机构终止事件 | | |
| 重大不利变化事件 | | |
| 重大不利影响事件 | | |
| 受托人解任事件 | | |
| 贷款服务机构解任事件 | | |
| 资金报告机构解任事件 | | |
| 资产支持证券持有人大会 | | |
| 其他影响证券本息兑付或投资者利益的事项 | | |

## 2.3.4 《个人消费贷款资产支持证券信息披露指引（试行）》(2015 年 9 月 30 日　中国银行间市场交易商协会公告〔2015〕20 号附件)

**【重点提示】**

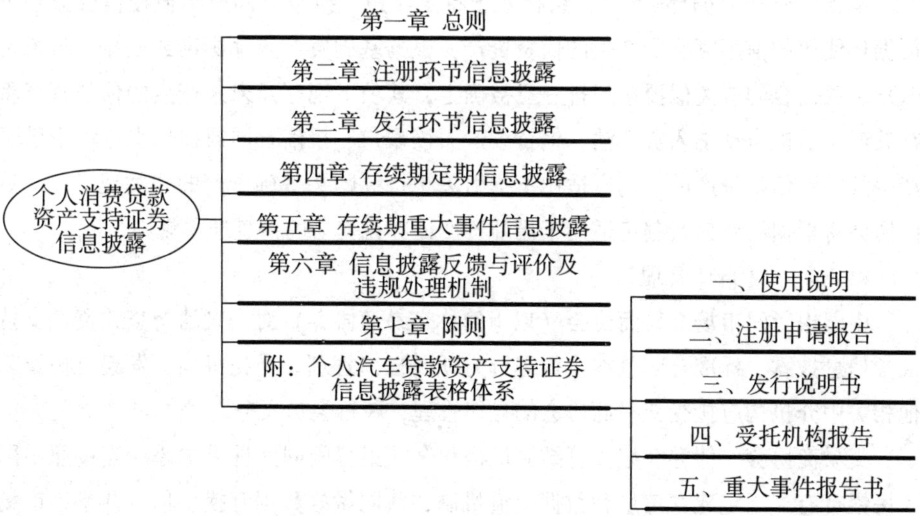

【文件内容】

## 第一章 总 则

第一条 【制定依据与适用范围】

为**规范个人消费贷款资产支持证券信息披露行为**，维护投资者合法权益，促进信贷资产证券化市场规范健康发展，根据《中国人民银行关于信贷资产支持证券发行管理有关事宜的公告》（中国人民银行公告〔2015〕第7号）等有关规定和自律规范，制定本指引。

以注册方式发行的个人消费贷款资产支持证券的信息披露适用本指引，以其他方式发行的个人消费贷款资产支持证券的信息披露参照本指引执行。

第二条 【产品定义】

本指引所称个人消费贷款资产支持证券，是**指在中国境内，商业银行、消费金融公司等金融机构作为发起机构，将非循环资产类型的个人消费贷款信托给受托机构，由受托机构以资产支持证券的形式向投资机构发行证券，以该个人消费贷款资产池所产生的现金支付资产支持证券本金和收益的证券化融资工具**。

个人消费贷款应当符合法律法规规定，权属明确，能够产生可预期的现金流。

以个人汽车贷款、个人住房抵押贷款为基础资产的资产支持证券，如涉及持续购买基础资产的有关安排，而相关信息披露规则对持续购买基础资产的信息披露无特殊规定的，参照本指引的相关规定执行。本指引所称“**持续购买”，系指受托机构在信托设立后的存续期间内，将本金回收款（可以包括超额收益）根据交易合同规定的标准再次或多次购买新的合格基础资产纳入资产池，不包括基础资产本身为循环资产的情形**。

本指引所称“**循环资产”，系指基于特定账户、授信合同或类似授信安排项下可循环使用的信用额度所产生的信贷资产，根据基础资产入池标准或安排，该特定账户、授信合同或类似授信安排一旦被确定，其项下现存及未来产生的信贷资产将在其产生后被自动纳入资产池**；但持续购买该账户、授信合同或授信安排项下已经产生的特定信贷资产的，仍应适用本指引关于持续购买基础资产的相关规定。交易商协会将根据需要另行制定适用于循环资产证券化交易的信息披露规则。

第三条 【自律管理】

**中国银行间市场交易商协会（以下简称交易商协会）**对个人消费贷款资产支持证券信息披露、标准合同范本执行等行为开展自律管理。受托机构、发起机构及其他相关中介机构应接受交易商协会的自律管理，履行会员义务。

交易商协会、债券登记托管结算机构和全国银行间同业拆借中心应当按照中国人民银行有关规定建立**信息和数据交流机制**，共同做好数据互换、信息共享、市场监测等工作。

第四条 【信息披露责任】

受托机构和发起机构应切实履行信息披露职责，保证**信息披露真实、准确、完整、及时，不得有虚假记载、误导性陈述和重大遗漏**，并**承担主体责任**。

发起机构和接受受托机构委托为证券化提供服务的机构应按照信托合同和服务合同等相关约定，及时向受托机构提供相关报告，并保证所提供信息真实、准确、完整。

本指引所称的为证券化提供服务的机构包括但不限于**承销机构、贷款服务机构、资金保管机构、信用评级机构、律师事务所、会计师事务所、信用增进机构**等。

第五条 【中介机构尽职履责】

为证券化提供服务的机构应按合同约定切实履行尽职调查责任，依法披露信息，**对所出具的专业报告和专业意见负责**。

第六条 【投资者风险自担】

投资者应对披露的信息进行独立分析，独立判断个人消费贷款资产支持证券投资价值，**自行承担投资风险**。

第七条 【信息披露内容】

受托机构、发起机构及为证券化提供服务的机构应根据本指引及相关表格体系要求，在**注册环节、发行环节及存续期**充分披露个人消费贷款资产支持证券相关信息。

第八条 【信息披露渠道】

受托机构、发起机构及为证券化提供服务的机构应通过**交易商协会信息披露服务系统、中国货币网、中国债券信息网、与交易商协会信息披露服务系统直连模板化披露的北京金融资产交易所官方网站及交易商协会认可的其他方式**进行个人消费贷款资产支持证券相关信息披露。信息披露相关服务平台应及时以书面形式将违反信息披露规定的行为向中国人民银行报告，同时告知交易商协会，并向市场公告。信息披露相关服务平台应严格按照银行间市场法律法规及交易商协会相关自律规范文件要求，规范开展信息披露工作，不断完善信息披露基础设施，提高技术支持、信息披露服务和信息安全管理水平。

第九条 【信息保密义务】

受托机构、发起机构、为证券化提供服务的机构、全国银行间同业拆借中心、中央国债登记结算有限责任公司、北京金融资产交易所及其他**相关知情人在信息披露前不得泄露拟披露的信息**。

第十条 【信息披露豁免】

因**涉及国家秘密、技术性困难或其他客观原因**确实无法披露相关信息的，相关信息披露义务人应对无法披露信息的情况及原因进行说明，向投资者披露情况说明书并向中国人民银行报告，同时告知交易商协会。

## 第二章 注册环节信息披露

第十一条 【注册文件】

受托机构、发起机构应在个人消费贷款资产支持证券**接受注册后10个工作日内**，披露注册申请报告等文件。

注册申请报告包括但不限于以下内容：

（一）个人消费贷款资产支持证券名称、资产类型、是否采用持续购买结构的说明、注册额度、分期发行安排等基本信息；

（二）发行方式可选择招标或簿记建档；拟采用簿记建档发行的，应说明采用簿记建档发行的必要性，定价、配售的具体原则和方式，以及防范操作风险和不正当利益输送的措施；

（三）风险提示及风险披露；

（四）受托机构、发起机构及为证券化提供服务的机构信息，发起机构证券化的信贷资产发放程序、审核标准、担保形式、管理办法、过往表现、违约贷款处置程序及方法等，贷款服务机构管理证券化信贷资产的方法、标准；

（五）交易结构及各当事方的主要权利与义务等信息；

（六）个人消费贷款入池筛选标准；

（七）发起机构个人消费贷款历史数据信息；

（八）发行及存续期的信息披露安排。如采用持续购买结构的，还需在注册基本信息、参与机构信息、交易条款信息、基础资产筛选标准、历史数据信息等部分，按照附件表格体系的要求披露持续购买的相关信息。

第十二条 【风险提示】

受托机构应在注册申请报告显著位置提示投资者：**投资者购买本期个人消费贷款资产支持证券，应当认真阅读本文件及有关的信息披露文件，进行独立的投资判断。主管部门对本期证券发行的注册，并不表明对本期证券的投资价值作出了任何评价，也不表明对本期证券的投资风险作出了任何判断。**

第十三条 【风险披露】

受托机构应在注册申请报告中充分披露个人消费贷款资产支持证券可能存在的投资风险，包括但不限于**早偿风险、信用风险、流动性风险、法律风险**等。

第十四条 【历史数据信息】

受托机构应在注册申请报告中披露发起机构个人消费贷款资产的历史数据信息，包括但不限于动态数据信息、静态数据信息等。

受托机构应披露发起机构个人消费贷款**至少5年的完整数据**，经营不足5年的，应提供自开始经营时起的完整数据。

第十五条 【信息披露精简原则】

**在注册环节已披露的信息**，如受托机构、发起机构及为证券化提供服务的机构信息、交易条款信息等，**在发行环节及存续期内可免于披露**，鼓励在注册环节披露更多信息。若注册环节已披露的前述信息发生变化或需要变更的，应在发行环节披露变更后的信息，并向中国人民银行报告，同时告知交易商协会。

第十六条 【投资者保护机制】

受托机构应在注册申请报告或发行说明书中披露**各档投资者保护机制**，包括但不限于：

（一）各档证券的支付顺序变化（如类似加速清偿事件以及违约事件触发后的支付顺序）；

（二）基础资产现金流恶化或其它可能影响投资者利益等情况的应对措施；

（三）优先档证券发生违约后的债权及权益保障及清偿安排；

（四）发生基础资产权属争议时的解决机制；

（五）持有人大会的召开条件、议事程序等安排；

（六）其他投资者保护措施或相关安排。

## 第三章 发行环节信息披露

第十七条 【发行文件】

受托机构和发起机构应至少于**发行日前5个工作日**，披露信托公告、发行说明书、评级报告、募集办法和承销团成员名单等文件。

发行说明书包括但不限于以下内容：

（一）本次发行个人消费贷款资产支持证券名称、受托机构、发起机构以及为证券化提供服务的机构名称、分档情况等发行基本信息；

（二）风险提示及风险披露；

（三）交易结构信息；

（四）个人消费贷款入池资产总体信息；

（五）个人消费贷款入池资产分布信息；

（六）证券基础信息；

（七）为证券化提供服务的机构的专业意见；

（八）跟踪评级及后续信息披露安排。如采用持续购买结构的，还需在交易结构信息、基础资产总体信息、基础资产分布信息、证券基础信息等部分，按照附件表格体系的要求披露持续购买的相关信息。

第十八条 【风险提示】

受托机构应在发行说明书显著位置提示投资者：**投资者购买本期个人消费贷款资产支持证券，应当认真阅读本文件及有关的信息披露文件，进行独立的投资判断。主管部门对本期证券发行的备案、核准或注册，并不表明对本期证券的投资价值作出了任何评价，也不表明对本期证券的投资风险作出了任何判断**。

受托机构需在发行说明书显著位置提示投资者：**本期个人消费贷款资产支持证券仅代表特定目的信托受益权的相应份额，不是发起机构、特定目的信托受托机构或任何其他机构的负债，投资机构的追索权仅限于信托财产**。

第十九条 【风险披露】

受托机构应在发行说明书中充分披露本期发行个人消费贷款资产支持证券的投资风险，包括但不限于：**信用风险、交易结构风险、早偿风险、集中度风险、流动性风险、利率风险、操作风险、法律风险、交易对手方的违约风险和发生重大不利变化风险**等。

第二十条 【交易结构】

受托机构应在发行说明书中披露本期发行个人消费贷款资产支持证券的交易结构信息，包括但不限于**本期发行交易结构示意图、受托机构、发起机构以及为证券化提供服务的机构简介、受托机构、发起机构以及为证券化提供服务的机构权利与义务、本期发行的现金流分配机制、本期发行信用增进措施、资产支持证券持有人大会的组织形式与权利**等。

第二十一条 【基础资产总体信息】

受托机构应在发行说明书中披露本期发行个人消费贷款资产支持证券的基础资产总体信息，包括但不限于**入池资产笔数与金额特征、入池资产期限特征、利率特征、借款人特征、抵（质）押物特征（如有）、入池资产贷款用途**等。

个人消费贷款入池资产如设置抵（质）押的，还需重点披露**入池资产抵（质）押物的初始评估价值合计、加权平均初始贷款价值比**等信息。

第二十二条 【基础资产分布信息】

受托机构应在发行说明书中披露本期发行个人消费贷款资产支持证券的入池个人消费贷款资产分布信息，包括但不限于**贷款分布、借款人分布、抵（质）押物分布（如有）**。

个人消费贷款入池资产如设置抵（质）押的，还需重点披露**入池资产抵（质）押物的初始贷款价值比分布**等信息。

第二十三条 【发行结果信息披露】

受托机构应在每期个人消费贷款资产支持证券**发行结束的当日或次一工作日**公布资产支持证券发行情况。

第二十四条 【发行环节信息披露查阅途径】

受托机构需在发行说明书显著位置载明投资者在个人消费贷款资产支持证券发行期间和存续期内**查阅基础资产池具体信息的途径和方法**。对标准化程度较高的信息，鼓励受托机构通过交易商协会指定的信息披露服务平台向投资者提供。

## 第四章 存续期定期信息披露

第二十五条 【定期披露】

在个人消费贷款资产支持证券存续期内，受托机构应依据贷款服务机构和资金保管机构提供的贷款服务报告和资金保管报告，按照本指引及相关表格体系的要求，按月披露受托机构报告，具体披露时间为每期资产支持证券**本息兑付日的3个工作日前**；**每年4月30日前**披露经具有从事证券期货相关业务资格的会计师审计的上年度受托机构报告。

对于信托设立不足2个月的，受托机构可以不编制年度受托机构报告。

第二十六条 【受托机构报告】

受托机构报告应当包括但不限于以下内容：

**（一）受托机构和为证券化提供服务机构的名称、地址；**

**（二）资产支持证券基本信息；**

**（三）各档次证券的本息兑付及税费支付情况；**

**（四）本期资产池表现情况，包括资产池整体表现、累计违约率、现金流归集表、资产池现金流入情况等；**

**（五）基础资产存续期总体信息，包括入池资产笔数与金额特征、期限特征、利率特征、抵（质）押物特征、借款人特征、贷款用途等；**

**（六）内外部信用增进情况说明；**

**（七）资产池中进入法律诉讼程序的个人消费贷款情况，法律诉讼程序进展等。**

如采用持续购买结构的，还需按照附件表格体系的要求披露基础资产存续期分布信息、存续期基础资产持续购买情况及持续购买分布等信息。

第二十七条 【跟踪评级】

受托机构应与信用评级机构就个人消费贷款资产支持证券跟踪评级的有关安排作出约定，并应于资产支持证券存续期内的**每年7月31日前**向投资者披露上年度的跟踪评级报告。

## 第五章 存续期重大事件信息披露

第二十八条 【重大事件信息披露】

在发生可能对个人消费贷款资产支持证券投资价值有实质性影响的临时性重大事件时，受托机构应在**事发后3个工作日内**披露相关信息，并向交易商协会报告。

前款所称重大事件包括但不限于以下事项：

（一）发生或预期将发生受托机构不能按时兑付个人消费贷款资产支持证券本息等影响投资者利益的事项；

（二）受托机构和为证券化提供服务的机构发生影响个人消费贷款资产支持证券投资价值的违法、违规或违约事件；

（三）个人消费贷款资产支持证券受托机构及为证券化提供服务的机构发生变更；

（四）个人消费贷款资产支持证券的信用评级发生不利变化；

（五）受托机构和为证券化提供服务的机构或者基础资产涉及法律纠纷，可能影响交易文件约定的正常分配收益；

（六）受托机构、发起机构或为证券化提供服务的机构的经营情况发生重大变化，或者作出减资、合并、分立、解散、申请破产等决定，可能降低其从事证券化业务水平，对个人消费贷款资产支持证券投资者利益造成严重不利影响的；

（七）信托合同规定应公告的其他事项；

（八）中国人民银行和中国银行业监督管理委员会等监管部门规定应公告的其他事项；

（九）法律、行政法规规定应公告的其他事项。

第二十九条 【其他重大事件】

本指引前条列举的重大事件是重大事件信息披露的最低要求，可能影响各档次证券本息兑付的其他重大事件，受托机构也应依据本指引在**事发后3个工作日内**予以及时披露。

第三十条 【重大事件进展持续披露机制】

受托机构披露重大事件后，已披露的重大事件出现可能对个人消费贷款资产支持证券的投资价值产生较大影响的进展或者变化的，应当**在上述进展或者变化出现之日起3个工作日内**披露进展或者变化情况。

第三十一条 【持有人大会信息披露】

召开资产支持证券持有人大会，召集人应至少**提前10日**公布资产支持证券持有人大会的召开时间、地点、会议形式、审议事项、议事程序和表决方式等事项，并于**大会结束后10日内**披露大会决议。

## 第六章 信息披露评价与反馈机制

第三十二条 【信息披露跟踪监测】

交易商协会建立专门邮箱、电话、传真等信息披露的**市场意见征集和反馈机制**，跟踪监测个人消费贷款资产支持证券信息披露工作情况。

第三十三条　【相关机构报告义务】

发起机构、受托机构及为证券化提供服务的机构发现相关信息披露义务人未及时履行披露义务或存在违反法律、法规或自律规则行为的，应及时**向交易商协会报告**。

第三十四条　【信息披露评价机制】

交易商协会根据个人消费贷款资产支持证券信息披露情况和市场成员的反馈意见，遵循**公平、公正、公开原则**，定期或不定期组织投资机构、发起机构、

受托机构及为证券化提供服务的机构等市场成员代表对信息披露工作进行评价。

第三十五条　【评价结果运用】

交易商协会及时向市场公布信息披露评价结果，并及时**向中国人民银行报告**。

第三十六条　【不合规情况报告和自律处分】

交易商协会在信息披露情况跟踪监测和评价过程中，对不能按相关规定进行信息披露的情况，及时**向中国人民银行报告**。

对于未按本指引履行相应职责的受托机构、发起机构及为证券化提供服务的机构，经调查核实后，**交易商协会视情节轻重可给予有关自律处分**。涉嫌违反相关法律法规的，交易商协会将移交中国人民银行等有关部门处理。

## 第七章　附　　则

第三十七条　【解释权】

本指引由**交易商协会秘书处**负责解释。

第三十八条　【生效时间】

本指引**自发布之日**起施行。

附：个人消费贷款资产支持证券信息披露表格体系

附：

### 个人消费贷款资产支持证券信息披露表格体系

为规范个人消费贷款资产支持证券信息披露行为，维护投资者合法权益，促进信贷资产证券化市场规范健康发展，根据《中国人民银行关于信贷资产支持证券发行管理有关事宜的公告》（中国人民银行公告〔2015〕第7号）、《个人消费贷款资产支持证券信息披露指引（试行）》（中国银行间市场交易商协会公告〔2015〕第20号）等有关规定和自律规范制定本《个人消费贷款资产支持证券信息披露表格体系》（简称《消费贷表格体系》）。

## 一、使用说明

（一）《消费贷表格体系》包括注册申请报告、发行说明书、受托机构报告和重大事件报告书四个部分，信息披露表格列示的内容是对注册申请报告、发行说明书、受托机构报告和重大事件报告书的最低信息披露要求。

1. 注册申请报告列示发起人注册发行个人消费贷款资产支持证券应披露相关材料。

注册申请报告应至少包括以下七个方面的内容：

（1）扉页、目录、注册基本信息；

（2）风险提示及风险披露；

（3）参与机构[19]信息；

（4）交易条款信息；

（5）基础资产筛选标准；

（6）历史数据信息；

（7）信息披露安排。如采用持续购买结构的，还需在注册基本信息、参与机构信息、交易条款信息、基础资产筛选标准、历史数据信息等部分，按照附件表格体系的要求披露持续购买的相关信息。

2. 发行说明书列示发行人发行任意一期个人消费贷款资产支持证券应披露的相关材料。

发行说明书应至少包括以下八个方面的内容：

（1）扉页、目录、发行基本信息；

（2）风险提示及风险披露；

（3）交易结构信息；

（4）基础资产总体信息；

（5）基础资产分布信息；

（6）证券基础信息；

（7）中介机构意见；

（8）证券后续安排。如采用持续购买结构的，还需在交易结构信息、基础资产总体信息基础资产分布信息、证券基础信息等部分，按照附件表格体系的要求披露持续购买的相关信息。

3. 受托机构报告列示受托机构在已发行的个人消费贷款资产支持证券存续期内，根据指引及本表格体系规定应披露的相关材料，并在每年出具年度受托机构

---

[19] 受托机构、发起机构以及其他为证券化提供服务的机构，下同。

报告。

受托机构报告应至少包括以下四方面内容：

（1）扉页、目录、存续基本信息；

（2）证券概况；

（3）资产池情况；

（4）基础资产存续期总体信息。如采用持续购买结构的，还需按照附件表格体系的要求披露基础资产存续期分布信息、存续期基础资产持续购买情况及持续购买分布等信息。

4. 重大事件报告书列示已发行的，并存续期内的重大事件触发情况，受托机构应该在事件触发后3个工作日内及时披露相关信息。

重大事件报告书包括对个人消费贷款资产支持证券投资价值有实质性影响的所有临时性重大事件。

（二）受托机构、发起机构、为证券化提供服务的机构及其经办人员应按有关法律法规、规范性文件要求，编写注册、发行及存续期相关文件，发表专业意见，并对所出具的相关文件和意见承担相应法律责任。

1. 会计师事务所应依据相关规定进行尽职调查及相关专业服务，在会计意见书中对相关事项发表明确意见，对年度受托机构报告进行审计并出具审计报告。

2. 律师事务所应在充分尽职调查的基础上，在法律意见书中对相关事项发表明确意见。

3. 信用评级机构应依据《中国人民银行信用评级管理指导意见》等有关规定出具评级报告。

4. 证券发行前受托机构应按指引要求，填报注册申请报告、发行说明书，证券发行后受托机构应按指引要求填报受托机构报告、重大事件报告书。

（三）受托机构应按以下要求填写表格：1、注册申请报告和发行说明书：应依据“适用范围”项下所列示的不同情形，填报所选表格内容，涉及到金额和时间的均需要标明单位。

2. 受托机构报告和重大事件报告书：应依据“适用范围”项下所列示的不同情形，填报所选表格内容，涉及到金额和时间的均需要标明单位。

3. 页码：应将披露内容所在文件的具体页码范围填写在“页码”项下。例如：注册申请报告中“投资风险提示”部分位于第5－9页，则在填写注册申请表时，应在“页码”项下对应的行处填写“5－9”。

4. 备注：需要说明的特殊事项，应根据实际情况，在对应的“备注”项下进行说明。

（四）不适用情形说明若本表格某些具体要求对个别基础资产确实不适用的，发起

机构和受托机构可根据实际情况，在不影响披露内容完整性、不影响投资者进行重要投资风险判断的前提下做出适当修改，但应在相关信息披露文件中做出说明。

二、注册申请报告

| 注册申请报告 | | | |
|---|---|---|---|
| 序号 | 内 容 | 页码 | 备注 |
| **Z－0** | **扉页、目录、注册基本信息** | | |
| Z－0－1 | 信贷资产支持证券名称 | | 见附件1 |
| Z－0－2 | 基础资产类型[20] | | 见附件1 |
| Z－0－3 | 信贷资产支持证券发行安排——写明本次注册的总金额及预计的发行期数及交易场所，如有必要可列明各期证券的发行时间段。 | | 见附件1 |
| Z－0－4 | 发行方式可选择招标或簿记建档，拟采用簿记建档发行的，应说明采用簿记建档发行的必要性，定价、配售的具体原则和方式，以及防范操作风险和不正当利益输送的措施。 | | |
| Z－0－5 | 目录——标明各章、节的标题及相应的页码。 | | |
| **Z－1** | **投资风险提示** | | |
| Z－1－1 | 注册环节可预见的投资者面临的风险，例如早偿风险、信用风险等，不同项目可根据实际情况列明。 | | |
| **Z－2** | **参与机构信息[21]** | | |
| Z－2－1 | 各参与机构的选任标准及程序——信贷资产证券化业务中对相关参与机构，包含受托机构、主承销商、联席主承销商（如有）、贷款服务机构、资金保管机构、信用评级机构、会计师事务所、律师事务所的选择标准及程序，包括但不限于参与机构的选任原则、选任标准与选任程序。 | | |
| Z－2－2 | 各参与机构名单。所披露的内容包括但不限于各参与机构的名称、注册地址、法定代表人、联系人、联系电话、传真、邮政编码、网址、基本情况简介、各参与机构的证券化经验、违约记录申明及机构之间的关联关系等。注册时受托机构必须唯一，其他参与机构可多选。 | | |

⑳ 本指引所指个人消费贷款如涉及持续购买结构需注明。

㉑ 本章参与机构信息受托机构可在注册申请报告、发行说明书中选择其一进行披露，原则上为了提高发行效率本章内容应在注册申请报告中披露，若注册环节时内容不确定可放到发行环节披露，其中有关受托机构的选任标准及程序和受托机构名称需要在注册环节披露；在发行环节发生变化的，需要在发行说明书中补充披露，在表格体系备注中说明，并将变化部分向监管机构报备。

续表

| | | | |
|---|---|---|---|
| Z－2－3 | 发起机构资产证券化业务管理办法摘要——明确发起机构资产证券化业务的制度和流程，包括但不限于对业务管理办法的总述、相关参与机构描述、各部门职责、资产证券化业务发起的内部流程等。 | | |
| Z－2－4 | 发起机构资产证券化业务操作规程摘要——明确发起机构资产证券化业务的具体操作规程，包括但不限于对操作规程的总述、发起机构启动资产证券化业务的具体操作流程，例如基础资产池构建及尽职调查、交易结构设计、法律文件准备、定价发行、投资管理及会计处理、证券化信贷资产质量管理、风险监督与管理、合同管理等内容。 | | |
| Z－2－5 | 发起机构资产证券化消费贷款服务管理办法摘要——明确发起机构作为资产的提供方贷款形成的标准、程序、以及其他影响贷款质量的制度规定，例如对管理办法的总述、各部门职责与分工、贷款方案的确定、贷款管理的内容以及授信内部评分的具体标准、消费贷款整体信用分数分布、持续购买的系统测试报告（如涉及持续购买结构，如不能提供系统测试报告，提供如何保证持续购买期间持续购买正常运行的说明，包括但不限于运行速度、混同风险的防范、不良与追缴情况的说明等）等，此外，应附上授信审核时借款人填写的授信申请表模板。 | | |
| Z－2－6 | 贷款服务机构资产证券化消费贷款服务管理办法摘要㉒——贷款服务机构信贷资产证券化贷款服务管理办法等相关管理办法的介绍，包括但不限于内部评级制度、授信额度确定办法、贷前调查办法、信贷审批流程、贷款发放、贷后管理办法、贷款担保审核方法、违约贷款处置程序等。 | | |
| Z－2－7 | 受托机构对信托财产的投资管理安排——明确受托机构对信托财产的具体投资管理安排，包括但不限于受托机构对信托财产账户中的资金进行投资运用的投资范围、标准、原则及方式等。此外，提供持续购买的系统测试报告（如涉及持续购买结构，如不能提供系统测试报告，提供如何保证持续购买期间持续购买正常运行的说明，包括但不限于运行速度、混同风险的防范、不良与追缴情况的说明等）。 | | |
| **Z－3** | **交易条款信息㉓** | | |

㉒ 若发起机构与贷款服务机构为同一家机构，则贷款管理办法可合并撰写，覆盖Z－2－5与Z－2－6中的全部内容

㉓ 本章交易结构信息受托机构可在注册申请书、发行说明书中选择其一进行披露，原则上为了提高发行效率本章内容应在注册申请书中披露，若注册环节时内容不确定可放到发行环节披露；在发行环节发生变化的，需要在发行说明书中补充披露，在表格体系备注中说明，并将变化部分向监管机构报备。

续表

| | | | |
|---|---|---|---|
| Z－3－1 | 交易结构及各当事方的主要权利与义务——明确各参与机构在交易文件中确定的权利和义务。包含受托机构、发起机构、贷款服务机构、资金保管机构、主承销商、联席主承销商（如有）。 | | |
| Z－3－2 | 预计信托账户设置——交易中账户的开立情况，如信托收款账户（本金分账户、收入分账户）、信托付款账户、混同专用账、抵销专用账、服务转移和通知专用账、税收专用账的设置情况等，各项目可根据实际情况披露，发行环节如有调整，需要在发行说明书中说明。 | | |
| Z－3－3 | 各交易条款设置—例如回购交易条款、赎回交易条款、终止交易条款等，若在结构设计上涉及到其他类似的交易条款，可按以上规则进行披露。此外，若涉及持续购买结构，提供持续购买期间保证充足购买率的条款，或提供持续购买期间如何保证充足购买率的情况说明。 | | |
| Z－3－4 | 各触发条件设置—例如违约事件触发条件、加速清偿事件触发条件、权利完善事件触发条件、个别通知事件触发条件、提前结束持续购买期触发条件（如有）等，若在结构设计上涉及到其他类似的触发条件，可按以上规则进行披露。 | | |
| **Z－4** | **基础资产筛选标准** | | |
| Z－4－1 | 合格标准——明确该期入池资产的合格标准，即初始入池资产的硬性标准，不符合该标准的资产应予以赎回，或不能入池。原则上包括但不限于以下信息：是否出现本息逾期，贷款币种、贷款品种（或用途）、是否涉及诉讼、贷款五级分类、合同到期期限范围、还款计划是否明确等。 | | |
| Z－4－2 | 持续期资产入池合格标准㉔—明确在持续购买期中，持续购买资产的合格标准，即在持续购买期中，持续购买资产的硬性标准，不符合该标准的资产不能入池。原则上包括但不限于以下信息：是否出现本息逾期，贷款币种、贷款品种（或用途）、是否涉及诉讼、贷款五级分类、合同到期期限范围、还款计划是否明确等。 | | |
| Z－4－3 | 资产保证——指委托人在约定中所做的关于资产池以及每一笔贷款在初始起算日、信托财产交付日、持续购买基准日（如有）、持续购买日（如有）的状况的全部陈述和保证。 | | |

㉔ 若项目涉及持续购买结构，则需披露该项信息。如在发行环节持续购买期资产入池合格标准有变化，则需在发行环节披露新的持续购买期资产入池合格标准。

续表

| | | | |
|---|---|---|---|
| Z-5 | **历史数据信息**[25] | | |
| Z-5-1 | 动态数据信息[26]——每期期初笔数、期初余额、新增贷款金额、早偿金额、正常金额、拖欠 1-30 天金额、拖欠 31-60 天金额、拖欠 61-90 天金额、拖欠 91-120 天金额、拖欠 120 天以上金额等。如涉及持续购买结构，需提供每期还款本金、利息金额、费用金额（如手续费等）。 | | 见附件 2 |
| Z-5-2 | 静态数据信息[27]——每个静态池的期初笔数、期初余额、早偿金额、正常金额、拖欠 1-30 天金额、拖欠 31-60 天金额、拖欠 61-90 天金额、拖欠 91-120 天金额、拖欠 120 天以上金额等。如涉及持续购买结构，需提供每期还款本金、利息金额、费用金额（如手续费等）。 | | 见附件 3 |
| Z-6 | **信息披露安排** | | |
| Z-6-1 | 发行及存续期的信息披露要求、披露方式、途径及内容，明确特殊事件发生后的信息披露机制，以及其他影响产品风险及投资者判断的信息披露安排。 | | |

## 附件 1：注册基本信息

| | |
|---|---|
| 信贷资产支持证券名称 | |
| 基础资产类型 | |
| 注册总金额 | |
| 发行期数 | |
| 交易场所 | |
| 注册有效期 | |

---

㉕ 要求提取的历史数据消费贷款类型与拟入池资产池的消费贷款类型保持一致，若资产池含多种消费类型贷款，则分开提取对应的历史数据贷款情况。

㉖ 受托机构应披露发起机构个人消费贷款至少 5 年的完整数据，经营不足 5 年的，应提供自开始经营时的完整数据。

㉗ 原则上每个经营季度随机抽取一个月度静态池数据。

附件2：动态数据信息[28]

| 报告期末 | 期初笔数 | 期初金额 | 新增贷款金额 | 早偿金额 | 正常还款金额 | 拖欠1－30天金额 | 拖欠31－60天金额 | 拖欠61－90天金额 | 拖欠91－120天金额 | 拖欠120天以上额 |
|---|---|---|---|---|---|---|---|---|---|---|
| 2010/1/31[29] | | | | | | | | | | |
| 2010/2/28 | | | | | | | | | | |
| 2010/3/31 | | | | | | | | | | |
| 2010/4/30[30] | | | | | | | | | | |

附件3：静态数据信息[31]

| 静态池[32] | 报告期末 | 期初笔数 | 期初金额 | 早偿金额 | 正常还款金额 | 拖欠1－30天金额 | 拖欠31－60天金额 | 拖欠61－90天金额 | 拖欠91－120天金额 | 拖欠120天以上金额 |
|---|---|---|---|---|---|---|---|---|---|---|
| 2013/1/31[33] | 2013/1/31 | | | | | | | | | |
| 2013/1/31 | 2013/2/28 | | | | | | | | | |
| 2013/1/31 | 2013/3/31 | | | | | | | | | |
| 2013/1/31 | 2013/4/30 | | | | | | | | | |

[28] 无法披露的指标可用相似指标替代，并说明原因及可行性。

[29] 案例日期仅举例用，实际日期请根据项目实际情况确定。

[30] 原则上不得早于提交信息披露材料日期6个月以上，例如2015年4月提交注册申请报告，动态池的最后一期数据应至少保证在2014年10月以后。

[31] 无法披露的指标可用相似指标替代，并说明原因及可行性。

[32] 当月发放的所有与拟入池资产相同类型贷款归集的静态池。

[33] 案例日期仅举例用，实际日期请根据项目实际情况确定。

三、发行说明书

| 发行说明书 | | | |
|---|---|---|---|
| 序号 | 内　容 | 页码 | 备注 |
| **F-0** | **扉页、目录、发行基本信息** | | |
| F-0-1 | 各参与机构名称，包括但不限于发起机构及受托机构。 | | |
| F-0-2 | 证券概况——证券的基本情况，包括交易结构分档情况、各档证券金额、占比、利率形式和信用评级。 | | |
| F-0-3 | 目录——标明各章、节的标题及相应的页码。 | | |
| F-0-4 | 重要提示——经银监会和人民银行批准发行、确认内容真实、证券仅代表“信托资产”受益权（应明确说明与发起机构和其他机构无关），投资者应认真阅读信息披露文件，监管部门不对价值以及风险进行判断。 | | |
| **F-1** | **投资风险提示** | | |
| F-1-1 | 发行环节可预见的投资者面临的风险，例如资产池集中度风险、交易结构风险或发生重大不利变化风险等。 | | |
| **F-2** | **交易结构信息㉞** | | |
| F-2-1 | 交易结构示意图——指资产支持证券发行的基本交易结构和各方之间的法律关系框架图，包括发起机构、受托机构、资金保管机构、登记结算机构、承销机构之间的具体交易过程以及法律关系框架 | | 见附件1 |
| F-2-2 | 参与机构简介㉟——信贷资产证券化业务中各参与机构的简介，包含主承销商、联席主承销商（如有）、贷款服务机构、受托机构、资金保管机构、登记托管机构、信用评级机构、会计师事务所、律师事务所等。 | | |
| F-2-3 | 参与机构权利与义务㊱——明确发起机构、贷款服务机构、受托机构、资金保管机构、主承销商、登记托管机构、承销团成员等参与机构，根据约定条款确定的权利和义务，用于规范各机构资产证券化业务的开展。 | | |

㉞ 交易结构信息若固定不变可在注册时一次性披露，发行环节免于披露，若发行环节出现变动则需要重新补充披露，并就变化部分向监管机构报备。

㉟ 原则上可在注册申请时披露，若发行环节有变化应在此披露。

㊱ 原则上可在注册申请时披露，若发行环节有变化应在此披露。

续表

| | | |
|---|---|---|
| F-2-4 | 现金流分配机制——证券本金和利息在正常、违约、加速清偿、持续购买（如有）等模式下的分配机制与顺序，通过图示的形式体现账户之间资金的流动和事件变化对分配顺序的影响。 | 见附件2㊲ |
| F-2-5 | 信用增进措施—证券的信用增进方式，例如超额利差、优先级次级结构、超额抵押、外部增信等，各项目可根据实际情况披露。 | |
| F-2-6 | 资产支持证券持有人大会的组织形式与权利——包括但不限于持有人大会的组成、会议召集、表决权、会议方式、全体同意事项、特别决议事项等。 | |
| F-2-7 | 现金流归集表㊳——正常情景下，指按摊还计划对每个收款期间现金流进行归集，不考虑早偿、拖欠、违约、回收等情况。 | 见附件3 |
| **F-3** | **基础资产总体信息㊴** | |
| F-3-1 | 入池资产笔数与金额特征——资产的入池总笔数、总户数、合同总金额、入池总金额、借款人平均未偿本金余额、单笔贷款最高本金余额、单笔贷款平均本金余额等。 | |
| F-3-2 | 入池资产期限特征——资产的入池加权平均合同期限、加权平均剩余期限、加权平均账龄㊵、贷款最长剩余期限、贷款最短剩余期限等。 | |
| F-3-3 | 入池资产利率特征㊶——资产的入池加权平均贷款利率、最高贷款利率和最低贷款利率。 | |
| F-3-4 | 入池资产抵（质）押物特征㊷——资产的入池抵（质）押物初始评估价值合计、加权平均初始㊸贷款价值比等。（初始贷款价值比（即LTV）=初始起算日贷款未偿本金余额/抵（质）押物初始评估价值） | |

㊲ 不同触发事件下的分配机制图。

㊳ 如涉及持续购买结构，需披露现金流归集的假设条件。

㊴ 各项目根据实际情况注明数值及单位。如涉及持续购买结构，并且未在发行前确定初始资产池，则需披露参照资产池信息。参照资产池是按合格标准和发行规模确定的资产池，并非初始购买的资产池，仅作为初始购买的资产池的参照。

㊵ 请标明计算加权平均账龄的计算公式。

㊶ 若包含手续费等其他费用回收款，一并披露。

㊷ 若入池资产无抵（质）押，则免于披露。

㊸ 指初始起算日。

续表

| | | |
|---|---|---|
| F－3－5 | 入池资产借款人特征——资产借款人的加权平均年龄[44]、30－40岁借款人贷款的金额占比、借款人[45]加权平均年收入[46]、借款人加权平均收入债务比[47]。（收入债务比（即DTI）＝借款人年收入/初始起算日贷款未偿本金余额） | |
| F－3－6 | 入池资产贷款用途—入池贷款的用途与投向，如住房装修、医疗、旅游、购买耐用消费品、其他[48]等，贷款用途应披露到具体的消费领域。 | |
| **F－4** | **基础资产分布信息** | |
| F－4－1 | 贷款分布——入池资产的未偿本金余额分布、贷款五级分类分布、贷款利率类型分布、贷款利率分布、担保情况分布、贷款合同期限分布、贷款账龄分布、贷款剩余期限分布、还款方式分布、贷款消费用途分布[49]、贷款类型分布[50]。 | |
| F－4－2 | 借款人分布——入池资产的年龄分布、收入分布、职业分布、地区分布、信用分数分布。 | |
| **F－5** | **证券基础信息** | |
| F－5－1 | 费用信息——由信托财产支付的费用，应该列明费用科目明细。 | |
| F－5－2 | 日期信息——与证券设立、存续、兑付相关的日期类信息，包括但不限于初始起算日、信托设立日、首次偿付日、结息日、计算日、支付日、回收款转付日、服务机构报告日、资金保管机构报告日、受托人报告日、持续购买基准日（如有）、持续购买日（如有）、持续购买终止日（如有）、法定到期日等。 | |
| F－5－3 | 证券信息——包括各档证券的名称、各档证券的金额、各档证券的票面利率类型、各档证券的信用级别、预期还本日（若为固定摊还型）、预期到期日等，拟采用簿记建档方式发行的证券，说明簿记建档场所安排及场所具体地址。 | |
| F－5－4 | 风险自留信息——发起机构对各档证券的持有比例。 | |
| **F－6** | **中介机构意见** | |

[44] 表格中所有与年龄相关的统计信息均指的是初始起算日的借款人年龄。

[45] 指承债主体，个人和家庭均可，以实际法律关系为准。

[46] 收入统计需要注明取得方式。

[47] 如认为现有数据支持的收入债务比不能反应真实情况，可进行补充说明。

[48] 若为其他，应对可能的贷款投向进行说明。

[49] 贷款用途应具体到消费领域。

[50] 由于不同发起机构的贷款类型名称有所差别，所以可在附注中对名称进行解释。

续表

| | | |
|---|---|---|
| F－6－1 | 尽职调查意见及法律意见摘要——指相关参与机构对基础资产合法合规性等尽职调查情况出具的尽职调查意见，包括但不限于尽职调查的过程、尽职调查的结果、尽职调查的结论、对“信贷资产”合法合规性的判断等。律师事务所对证券化的合法性、有效性问题出具的法律意见，包括但不限于法律依据、交易文件及信托设立的合法有效性、信贷资产转让的合法有效性、破产风险对信托财产的影响，发行、销售及持有资产支持证券的合法有效性等。 | |
| F－6－2 | 交易概况与会计意见摘要——指根据相关会计准则，对基础资产出表与否的判断，包括但不限于适用的准则、管理层的判断、会计师事务所的意见等。 | |
| F－6－3 | 信用评级机构的假设与分析摘要——包括但不限于评级的基本假设、逻辑思路、基础资产和交易结构分析结果（包括优势与关注中的核心内容）、信用级别等。 | |
| **F－7** | **证券后续安排** | |
| F－7－1 | 证券跟踪评级安排——指在受评证券信用等级有效期内，对受评证券的信用状况进行持续跟踪监测，并每年出具评级报告。 | |
| F－7－2 | 证券信息披露安排——存续期的信息披露要求、披露方式、途径及内容，明确特殊事件发生后的信息披露机制，以及其他影响产品风险及投资者判断的信息披露安排。受托机构需在发行说明书显著位置载明投资者在个人消费贷款资产支持证券存续期内查阅基础资产池具体信息的途径和方法。 | |

**附件1：交易结构图**[51]

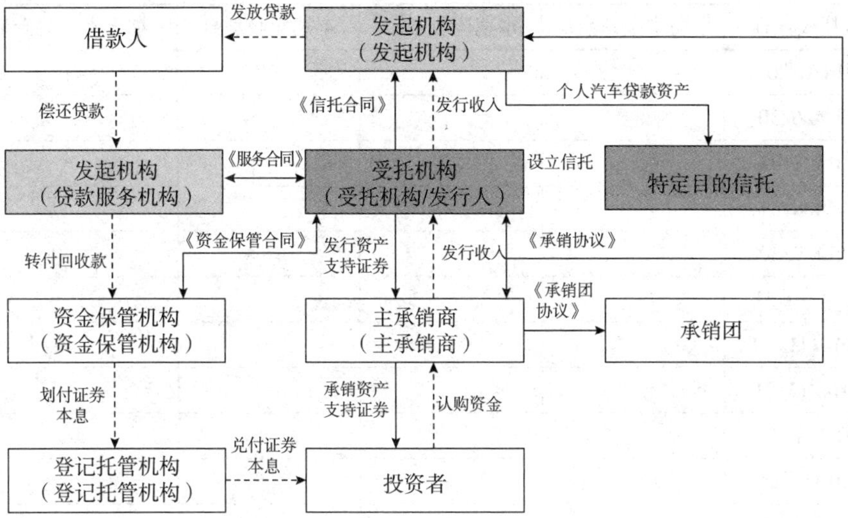


**附件2：现金流分配机制**[52]

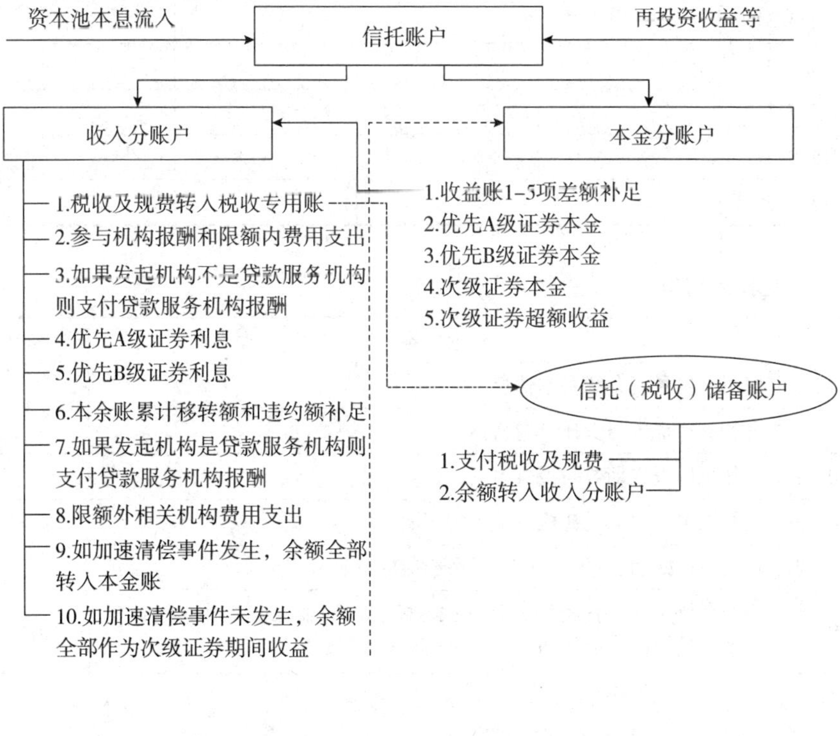


---

[51] 此图仅作为案例参考，各项目可根据实际情况进行调整，原则上需说明机构间的关系。

[52] 此图仅作为案例参考，各项目可根据实际情况进行调整，原则上需说明现金流分配顺序。

附件3：现金流归集表

| 信托核算日 | 期初本金总余额 | 本期应收本金 | 本期应收利息 | 期末本金总余额 |
|---|---|---|---|---|
| 2014/6/26[53] | | | | |
| 2014/6/30 | | | | |
| 2014/7/31 | | | | |
| 2014/8/31 | | | | |
| 2014/9/30 | | | | |
| 2014/10/31 | | | | |
| 2014/11/30 | | | | |
| 2014/12/31 | | | | |
| 2015/1/31 | | | | |
| 2015/2/28 | | | | |
| 2015/3/31 | | | | |
| 2015/4/30 | | | | |
| 2015/5/31 | | | | |
| 2015/6/30 | | | | |
| 2015/7/31 | | | | |
| 2015/8/31 | | | | |
| 2015/9/30 | | | | |

四、受托机构报告

| 序号 | 内　容 | 备注 |
|---|---|---|
| S-0 | **扉页、目录、存续基本信息** | |
| S-0-1 | 资产支持证券与受托机构名称。 | |
| S-0-2 | 受托机构报告期数与报告出具日期。 | |
| S-0-3 | 受托人关于出具受托机构报告的声明。 | |
| S-0-4 | 目录——标明各章、节的标题及相应的页码。 | |
| S-0-5 | 机构介绍——受托机构、贷款服务机构、资金保管机构、登记托管机构的名称、地址和联系方式。 | 见附件1 |

[53] 此日期为初始起算日。

续表

| | | |
|---|---|---|
| S-1 | **证券概况** | |
| S-1-1 | 证券日期概况——证券的信托设立日、本报告期的期初日期与期末日期以及证券的计息方式。 | 见附件2 |
| S-1-2 | 各档证券本金、利息还款情况——各档证券的信托设立日的证券余额、报告期初的证券余额、本期还款金额、报告期末的证券余额及还款比例；各档证券的执行利率、利息的支付金额、本金的支付金额、单位面值的利息本金支付金额、总支付金额。 | 见附件3、附件4 |
| S-2 | **资产池情况** | |
| S-2-1 | 资产池整体表现情况——资产池的正常贷款、拖欠1-30天贷款、拖欠31-60天贷款、拖欠61-90天贷款、拖欠90天以上贷款、回购或替换贷款笔数金额及占比、合格资产余额占比[54]、违约贷款目前的处置情况，当期有回购贷款的需要在附注中说明原因。 | 见附件5<br>见附件6 |
| S-2-2 | 累计违约率[55]—交易文件中定义的累计违约率在报告期的期末值。 | 见附件7 |
| S-2-3 | 现金流归集表[56]—报告期时点，正常情景下，指按摊还计划对每个收款期间现金流进行归集，不考虑早偿、拖欠、违约、回收等情况。若在此报告时点已经发生的早偿贷款则应该从现金流摊还计划表中剔除。 | 见附件8 |
| S-2-4 | 资产池现金流入情况——上次报告期及本次报告期资产池利息的正常回收金额、提前偿还金额、拖欠金额、违约回收金额、其他收入、合格投资金额；上次报告期及本次报告期资产池本金的正常回收金额、提前偿还金额、拖欠金额、违约回收金额、其他收入、上期转存金额、 | 见附件9 |
| S-2-5 | 证券兑付情况——上次报告期及本次报告期信托财产支付的总费用金额和总利息支出金额，原则上应包括证券税费与规费的支出金额、受托费支出金额、贷款服务费支出金额、资金保管费支出金额、其他费用支出金额、证券利息总支出金额；上次报告期及本次报告期证券本金支出金额、次级超额收益支出金额及转存下期金额。 | 见附件9 |

[54] 合格资产余额占比=符合合格标准的资产金额/期初本金总额。

[55] 如有涉及加速清偿事件、违约事件、提前结束持续购买期事件等的其他资产池指标，应一并披露。

[56] 如涉及持续购买结构，需披露现金流归集的假设条件。

续表

| | | |
|---|---|---|
| S－3 | **基础资产存续期总体信息**[57] | |
| S－3－1 | 入池资产笔数与金额特征——初始起算日及本次报告期初期末的资产的入池总笔数、总户数、入池总金额、单笔贷款最高本金余额、单笔贷款平均本金余额、担保[58]贷款金额等。 | 见附件10 |
| S－3－2 | 入池资产期限特征——初始起算日及本次报告期初期末资产的入池加权平均合同期限、加权平均剩余期限、加权平均账龄、贷款最长到期期限、贷款最短到期期限等。 | 见附件11 |
| S－3－3 | 入池资产利率特征[59]——初始起算日及本次报告期初期末资产的入池加权平均贷款利率、最高贷款利率和最低贷款利率。 | 见附件12 |
| S－3－4 | 入池资产抵（质）押物特征[60]——初始起算日及本次报告期初期末的资产的入池抵（质）押物初始评估价值合计、加权平均初始[61]贷款价值比等。（初始贷款价值比（即LTV）＝初始起算日贷款未偿本金余额/抵（质）押物初始评估价值） | |
| S－3－5 | 入池资产借款人特征——初始起算日及本次报告期初期末的资产借款人的加权平均年龄[62]、30－40岁借款人贷款的金额占比、借款人[63]加权平均年收入[64]、借款人加权平均收入债务比[65]。（收入债务比（即DTI）＝借款人年收入/初始起算日贷款未偿本金余额） | |
| S－3－6 | 入池资产贷款用途—初始起算日及本次报告期初期末的入池贷款的用途与投向，如住房装修、医疗、旅游、购买耐用消费品、其他[66]等，贷款用途应披露到具体的消费领域。 | |

---

[57] 如不涉及持续购买结构，则S－3－4、S－3－5、S－3－6项免于披露。

[58] 包括保证和抵（质）押。

[59] 若包含手续费等其他费用回收，一并披露。

[60] 若入池资产无抵（质）押，则免于披露。

[61] 指初始起算日。

[62] 表格中所有与年龄相关的统计信息均指的是初始起算日的借款人年龄。

[63] 指承债主体，个人和家庭均可，以实际法律关系为准。

[64] 收入统计需要注明取得方式。

[65] 如认为现有数据支持的收入债务比不能反应真实情况，可进行补充说明。

[66] 若为其他，应对可能的贷款投向进行说明。

续表

| | | |
|---|---|---|
| S－4 | **基础资产存续期分布信息**[67] | |
| S－4－1 | 贷款分布——初始起算日及本次报告期初期末的入池资产的未偿本金余额分布、贷款五级分类分布、贷款利率类型分布、贷款利率分布、担保情况分布、贷款合同期限分布、贷款账龄分布、贷款剩余期限分布、还款方式分布、贷款消费用途分布[68]、贷款类型分布[69]。 | |
| S－4－2 | 借款人分布——初始起算日及本次报告期初期末的入池资产的年龄分布、收入分布、职业分布、地区分布、信用分数分布。 | |
| S－5 | **存续期基础资产持续购买总体情况**[70] | |
| S－5－1 | 资产池持续运营情况—本报告期间持续购买次数、持续购买基础资产本金总额、持续购买基础资产笔数。 | 见附件 13 |
| S－5－2 | 持续购买资产期限特征——本报告期间持续购买资产的入池加权平均合同期限、加权平均剩余期限、加权平均账龄、贷款最长到期期限、贷款最短到期期限等。 | 见附件 14 |
| S－5－3 | 持续购买资产利率特征[71]——本报告期间持续购买资产的入池加权平均贷款利率、最高贷款利率和最低贷款利率。 | 见附件 15 |
| S－5－4 | 持续购买资产抵（质）押物特征[72]——本报告期间持续购买资产的入池抵（质）押物初始评估价值合计、加权平均初始[73]贷款价值比等。（初始贷款价值比（即 LTV）＝初始起算日贷款未偿本金余额/抵（质）押物初始评估价值） | |
| S－5－5 | 持续购买资产借款人特征——本报告期间持续购买资产借款人的加权平均年龄[74]、30　40 岁借款人贷款的金额占比、借款人[75]加权平均年收入[76]、借款人加权平均收入债务比[77]。（收入债务比（即 DTI）＝借款人年收入/初始起算日贷款未偿本金余额） | |

---

[67] 如不涉及持续购买结构，则该项免于披露；如持续购买期间距上次披露时点累计购买资产占比小于 10%，可选择性披露该项。其中，在持续购买期间，持续购买资产占比＝持续购买基础资产本金总额/期初本金总余额。

[68] 贷款用途应具体到消费领域。

[69] 由于不同发起机构的贷款类型名称有所差别，所以可在附注中对名称进行解释。

[70] 如不涉及持续购买结构，则该项免于披露。

[71] 若包含手续费等其他费用回收，一并披露。

[72] 若入池资产无抵（质）押，则免于披露。

[73] 指初始起算日。

[74] 表格中所有与年龄相关的统计信息均指的是初始起算日的借款人年龄。

[75] 指承债主体，个人和家庭均可，以实际法律关系为准。

[76] 收入统计需要注明取得方式。

[77] 如认为现有数据支持的收入债务比不能反应真实情况，可进行补充说明。

续表

| | | |
|---|---|---|
| S－5－6 | 持续购买资产贷款用途—本报告期间持续购买贷款的用途与投向，如住房装修、医疗、旅游、购买耐用消费品等，贷款用途应披露到具体的消费领域。 | |
| S－6 | **存续期基础资产持续购买分布信息**[78] | |
| S－6－1 | 贷款分布——本报告期间持续购买资产的未偿本金余额分布、贷款五级分类分布、贷款利率类型分布、贷款利率分布、担保情况分布、贷款合同期限分布、贷款账龄分布、贷款剩余期限分布、还款方式分布、贷款消费用途分布[79]、贷款类型分布[80]。 | |
| S－6－2 | 借款人分布——本报告期间持续购买资产的年龄分布、收入分布、职业分布、地区分布、信用分数分布。 | |

**附件1：**

| 机构类别 | 机构名称 | 机构地址 | 联系电话 |
|---|---|---|---|
| 受托机构 | | | |
| 贷款服务机构 | | | |
| 资金保管机构 | | | |
| 登记托管机构 | | | |

**附件2：**

| | |
|---|---|
| 信托设立日 | |
| 本期期初日 | |
| 本期期末日 | |
| 计息方式[81] | |

---

[78] 如不涉及持续购买结构，则该项免于披露；如持续购买期间距上次披露时点累计购买资产占比小于10%，可选择性披露该项。其中，在持续购买期间，持续购买资产占比＝持续购买基础资产本金总额/期初本金总余额。

[79] 贷款用途应具体到消费领域。

[80] 由于不同发起机构的贷款类型名称有所差别，所以可在附注中对名称进行解释。

[81] 30/360或实际天数/实际天数等。

**附件3：**

| 证券名称 | 信托设立日余额 | 本期期初余额 | 本期本金还款 | 本期期末余额 | 还款比例 |
| --- | --- | --- | --- | --- | --- |
| 优先A－1档 | | | | | |
| 优先A－2档 | | | | | |
| 优先A－3档 | | | | | |
| 优先A－4档 | | | | | |
| 优先B档 | | | | | |
| 次级档 | | | | | |

**附件4：**

| 证券名称 | 证券执行利率 | 利息支付金额[82] | 每100元支付利息 | 本金支付金额 | 每100元支付本金 | 总支付金额 |
| --- | --- | --- | --- | --- | --- | --- |
| 优先A－1档 | | | | | | |
| 优先A－2档 | | | | | | |
| 优先A－3档 | | | | | | |
| 优先A－4档 | | | | | | |
| 优先B档 | | | | | | |
| 次级档 | | | | | | |
| 总计 | | | | | | |

**附件5：**

| 科　目 | 笔数 | 笔数占比 | 金额 | 金额占比 |
| --- | --- | --- | --- | --- |
| 正常贷款 | | | | |
| 拖欠1－30天贷款 | | | | |
| 拖欠31－60天贷款 | | | | |
| 拖欠61－90天贷款 | | | | |
| 拖欠90天以上贷款 | | | | |
| 回购或替换贷款 | | | | |

---

[82] 次级档利息收入指期间收益。

附件6：

| 处置状态 | 违约贷款笔数 | 占初始起算日笔数占比 | 违约贷款金额 | 占初始起算日金额占比 |
|---|---|---|---|---|
| 非诉讼类处置 | | | | |
| 诉讼类处置： | | | | |
| （1）进入诉讼准备程序 | | | | |
| （2）进入法庭受理程序 | | | | |
| （3）进入执行拍卖程序 | | | | |
| 经处置已核销 | | | | |
| 汇总 | | | | |

附件7[83]：

| 期数 | 信托核算日 | 累计违约率 |
|---|---|---|
| 第1期 | 2015/8/31 | |
| 第2期 | 2015/9/30 | |
| 第3期 | 2015/10/31 | |
| 第4期 | 2015/11/30 | |
| 第5期 | 2015/12/31 | |
| 第6期 | 2016/1/31 | |
| 第7期 | 2016/2/28 | |
| 第8期 | 2016/3/31 | |
| 第9期 | 2016/4/30 | |
| 第10期 | 2016/5/31 | |
| 第11期 | 2016/6/30 | |
| 第12期 | 2016/7/31 | |

[83] 每次报告期进行一次更新。如涉及持续购买结构，在持续购买期，累计违约率＝累计违约金额/期初金额，在非持续购买期，累计违约率＝累计违约金额/持续购买期结束时资产池金额，且若交易文件中定义的累计违约率与上式相异，则另需披露交易文件定义的累计违约率计算方法，并按附件7格式披露各期按交易文件定义的累计违约率。

## 附件 8：现金流归集表

| 信托核算日 | 期初本金总余额 | 本期应收本金 | 本期应收利息 | 期末本金总余额 |
|---|---|---|---|---|
| 2014/8/30[84] | | | | |
| 2014/9/30 | | | | |
| 2014/10/31 | | | | |
| 2014/11/30 | | | | |
| 2014/12/31 | | | | |
| 2015/1/31 | | | | |
| 2015/2/28 | | | | |
| 2015/3/31 | | | | |
| 2015/4/30 | | | | |
| 2015/5/31 | | | | |
| 2015/6/30 | | | | |
| 2015/7/31 | | | | |
| 2015/8/31 | | | | |
| 2015/9/30 | | | | |

## 附件 9：

| | 科目 | | 上次报告期 | 本次报告期 |
|---|---|---|---|---|
| 收入账 | 利息 | 正常回收 | | |
| | | 提前偿还 | | |
| | | 拖欠金额 | | |
| | | 违约回收 | | |
| | | 合计 | | |
| | 其他收入 | | | |
| | 合格投资 | | | |
| | 合计 | | | |

[84] 此日期为报告期期末日期。

续表

| 科目 | | | 上次报告期 | 本次报告期 |
|---|---|---|---|---|
| 本金账 | 本金 | 正常回收 | | |
| | | 提前偿还 | | |
| | | 拖欠金额 | | |
| | | 违约回收 | | |
| | | 合计 | | |
| | 其他收入 | | | |
| | 上期转存 | | | |
| | 合计 | | | |
| | 科目 | | 上次报告期 | 本次报告期 |
| 税费支出 | 税支出 | | | |
| | 服务总费用支出 | | | |
| | 其他费用支出[85] 68 | | | |
| | 证券利息总支出 | | | |
| 本金支出 | 证券本金总支出 | | | |
| | 次级档超额收益 | | | |

**附件10：**

| | 初始起算日 | 上次报告期 | 本次报告期 |
|---|---|---|---|
| 总笔数 | | | |
| 总户数 | | | |
| 未偿本金余额 | | | |
| 单笔贷款最高本金余额 | | | |
| 单笔贷款平均本金余额 | | | |
| 担保贷款本金余额 | | | |

[85] 需要列明产生其他费用的理由。

附件 11：

| | 初始起算日 | 上次报告期 | 本次报告期 |
|---|---|---|---|
| 加权平均合同期限 | | | |
| 加权平均剩余期限 | | | |
| 加权平均账龄 | | | |
| 单笔贷款最长到期期限 | | | |
| 单笔贷款最短到期期限 | | | |

附件 12：

| | 初始起算日 | 上次报告期 | 本次报告期 |
|---|---|---|---|
| 加权平均贷款利率 | | | |
| 最高贷款利率 | | | |
| 最低贷款利率 | | | |

附件 13：

| | 上次报告期 | 本次报告期 |
|---|---|---|
| 购买总笔数 | | |
| 购买总本金余额 | | |
| 购买次数 | | |

附件 14：

| | 上次报告期 | 本次报告期 |
|---|---|---|
| 购买资产加权平均合同期限 | | |
| 购买资产加权平均剩余期限 | | |
| 购买资产加权平均账龄 | | |
| 购买资产单笔贷款最长到期期限 | | |
| 购买资产单笔贷款最短到期期限 | | |

附件 15：

| | 上次报告期 | 本次报告期 |
|---|---|---|
| 购买资产加权平均贷款利率 | | |
| 购买资产最高贷款利率 | | |
| 购买资产最低贷款利率 | | |

五、重大事件报告书

| 序号 | 内容 | 备注 |
| --- | --- | --- |
| E－1 | **资产存续期重大事件** | |
| E－1－1 | 重大事件——报告期内若触发例如加速清偿事件、违约事件、权利完善事件、个别通知事件、提前结束持续购买期事件、资产赎回事件、清仓回购事件、丧失清偿能力事件、受托机构终止事件、重大不利变化事件、重大不利影响事件、受托人解任事件、贷款服务机构解任事件、资金保管机构解任事件、资产支持证券持有大会及其他影响证券年本息兑付或投资者利益的事项的，需要在事件触发 3 个工作日内披露。不同项目设定的其他重大事件请依据此原则进行披露。 | 见附件 1 |

**附件 1：**

| **事件** | **是否发生** | **备注** |
| --- | --- | --- |
| 加速清偿事件 | | |
| 违约事件 | | |
| 权利完善事件 | | |
| 个别通知事件 | | |
| 提前结束持续购买期事件 | | |
| 资产赎回事件 | | |
| 清仓回购事件 | | |
| 丧失清偿能力事件 | | |
| 受托机构终止事件 | | |
| 重大不利变化事件 | | |
| 重大不利影响事件 | | |
| 受托人解任事件 | | |
| 贷款服务机构解任事件 | | |
| 资金报告机构解任事件 | | |
| 资产支持证券持有人大会 | | |
| 其他影响证券本息兑付或投资者利益的事项 | | |

## 2.3.5 《不良贷款资产支持证券信息披露指引（试行）》（2016年4月19日 中国银行间市场交易商协会公告〔2016〕10号附件）

【重点提示】

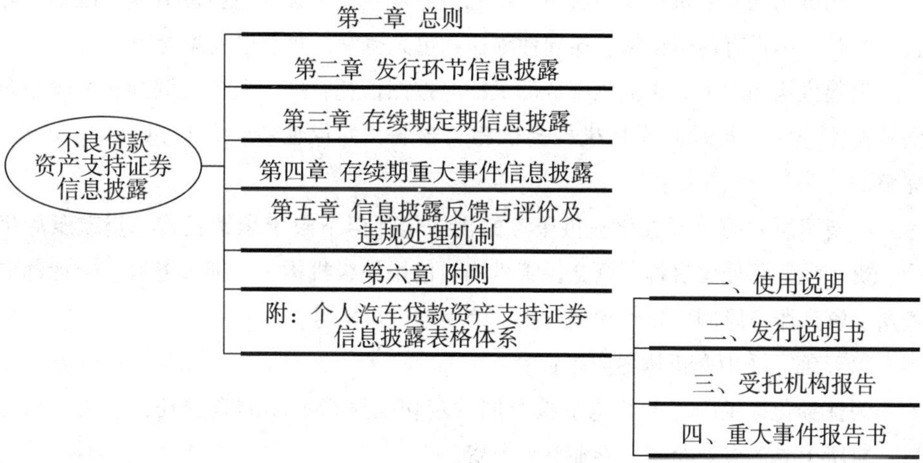


【文件内容】

### 第一章　总　　则

第一条　【制定依据与适用范围】

为规范**不良贷款资产支持证券信息披露**行为，维护投资者合法权益，促进信贷资产证券化市场规范健康发展，根据《中国人民银行关于信贷资产支持证券发行管理有关事宜的公告》（中国人民银行公告〔2015〕第7号）等有关规定和自律规范，制定本指引。

第二条　【产品定义】

本指引所称不良贷款资产支持证券，是指在中国境内，**银行业金融机构及其他经监管部门认定的金融机构**作为发起机构，将**不良贷款**信托给受托机构，由受托机构以资产支持证券的形式向投资机构发行**受益证券**，以**该不良贷款所产生的现金**支付资产支持证券收益的证券化融资工具。

不良贷款应当符合法律法规规定，权属明确，能够产生**可预期的现金流**或**通过执行担保获得收入**。

第三条　【自律管理】

**中国银行间市场交易商协会（以下简称交易商协会）**对不良贷款资产支持证券信息披露行为开展自律管理。受托机构、发起机构及其他相关中介机构应接受交易商协会的自律管理，履行会员义务。

**交易商协会、债券登记托管结算机构和全国银行间同业拆借中心**应当按照中国人民银行有关规定建立信息和数据交流机制，共同做好数据互换、信息共享、市场监测等工作。

第四条 【信息披露责任】

受托机构和发起机构应切实履行信息披露职责，保证信息披露**真实、准确、完整、及时，不得有虚假记载、误导性陈述和重大遗漏**，并**承担主体责任**。

发起机构和为证券化提供服务的机构应按照信托合同、服务合同和相关聘用合同等相关约定，及时向受托机构提供相关报告，并保证所提供信息真实、准确、完整。

本指引所称的为证券化提供服务的机构包括但不限于**承销机构、贷款服务机构、资产池实际处置机构、资金保管机构、信用评级机构、律师事务所、会计师事务所、资产服务顾问、资产评估机构、信用增进机构**等。

第五条 【中介机构尽职履责】

为证券化提供服务的机构应按合同约定切实**履行尽职调查责任**，依法披露信息，**对所出具的专业报告和专业意见负责**。

第六条 【投资者风险自担】

投资者应对披露的信息进行独立分析，独立判断不良贷款资产支持证券投资价值，**自行承担投资风险**。

第七条 【信息披露内容】

受托机构、发起机构及为证券化提供服务的机构应根据本指引及相关表格体系要求，在**发行环节及存续期**充分披露不良贷款资产支持证券相关信息。

第八条 【信息披露渠道】

受托机构、发起机构及为证券化提供服务的机构应通过**交易商协会信息披露服务系统、中国货币网、中国债券信息网、北京金融资产交易所网站及交易商协会认可的其他方式**进行不良贷款资产支持证券相关信息披露。信息披露相关服务平台应及时以书面形式将违反信息披露规定的行为向中国人民银行报告，同时告知交易商协会，并向市场公告。

信息披露相关服务平台应严格按照银行间市场法律法规及交易商协会相关自律规范文件要求，规范开展信息披露工作，不断完善信息披露基础设施，提高技术支持、信息披露服务和信息安全管理水平。

第九条 【信息保密义务】

受托机构、发起机构、为证券化提供服务的机构、全国银行间同业拆借中心、中央国债登记结算有限责任公司、北京金融资产交易所及其他相关知情人**在信息披**

露前不得泄露拟披露的信息。

第十条 【信息披露豁免】

因涉及国家秘密、技术性困难或其他客观原因确实无法披露相关信息的，相关信息披露义务人应对无法披露信息的情况及原因进行说明，向投资者披露情况说明书并向中国人民银行报告，同时告知交易商协会。

## 第二章 发行环节信息披露

第十一条 【发行文件】

受托机构和发起机构应至少于发行日前五个工作日，披露信托公告、发行说明书、评级报告、募集办法和承销团成员名单等文件。

发行说明书包括但不限于以下内容：

（一）扉页、目录、本次发行不良贷款资产支持证券基本信息；

（二）风险提示及风险披露；

（三）参与机构信息；

（四）发起机构及为证券化提供服务的机构相关经验及历史数据（如有）；

（五）交易结构信息；

（六）基础资产筛选标准和资产保证；

（七）基础资产价值评估相关的尽职调查程序及方法、资产估值程序及回收预测依据；

（八）基础资产总体信息；

（九）基础资产分布信息及预计回收情况；

（十）不良贷款资产支持证券基础信息；

（十一）中介机构意见；

（十二）跟踪评级及后续信息披露安排。

第十二条 【风险提示】

受托机构应在发行说明书显著位置提示投资者：**投资者购买本期不良贷款资产支持证券，应当认真阅读本文件及有关的信息披露文件，进行独立的投资判断。主管部门对本期证券发行的备案或核准，并不表明对本期证券的投资价值作出了任何评价，也不表明对本期证券的投资风险作出了任何判断。**

受托机构需在发行说明书显著位置提示投资者：**本期不良贷款资产支持证券仅代表特定目的的信托受益权的相应份额，不是发起机构、特定目的的信托受托机构或任何其他机构的负债，投资机构的追索权仅限于信托财产。**

第十三条 【风险披露】

受托机构应在发行说明书中充分披露不良贷款资产支持证券可能存在的投资风

险，包括但不限于**现金流实际回收不足的风险、现金流回收时间波动的风险、利率风险、政策风险、操作风险**等。

第十四条 【历史数据信息】

受托机构应在发行说明书中披露发起机构不良贷款情况，**发起机构、贷款服务机构、资产服务顾问（如有）及资产池实际处置机构不良贷款证券化相关经验和历史数据**。

如果发行后明确资产服务顾问的，受托机构应在发行结果公告中补充披露上述信息。

第十五条 【投资者保护机制】

受托机构应在发行说明书中披露**各档投资者保护机制**，包括但不限于：

（一）各档证券的**支付顺序变化**（如类似加速清偿事件以及违约事件触发后的支付顺序）；

（二）**基础资产现金流恶化**或其它可能影响投资者利益等情况的应对措施；

（三）**优先档**证券发生**违约后的债权及权益保障及清偿安排**；

（四）发生基础资产权属争议时的**解决机制**；

（五）持有人大会的召开条件、议事程序等安排；

（六）其他投资者保护措施或相关安排。

第十六条 【交易结构】

受托机构应在发行说明书中披露本期发行不良贷款资产支持证券的交易结构信息，包括但不限于**本期发行交易结构示意图、中介机构简介、参与机构权利与义务、信托账户设置、各交易条款设置、各触发条件设置及解决机制、本期发行的现金流分配机制、信用增进措施、资产支持证券持有人大会的组织形式与权利**等。

第十七条 【基础资产筛选标准及资产保证】

受托机构应在发行说明书中披露本期发行不良贷款资产支持证券的基础资产筛选标准，包括但不限于**债权合法有效性、贷款分类情况、贷款币种、单个借款人在发起机构的所有贷款是否全部入池**等，并明确**入池每笔贷款在初始起算日和信托财产交付日的状况的全部陈述和保证**。

第十八条 【基础资产价值评估相关的尽职调查程序和方法、资产估值程序及回收预测依据】

受托机构应在发行说明书中披露**本期发行不良贷款资产支持证券基础资产价值评估相关的尽职调查程序和方法、资产估值程序及回收预测依据**等。

第十九条 【基础资产总体信息】

受托机构应在发行说明书中披露**本期发行不良贷款资产支持证券的基础资产总**

**体信息，包括但不限于入池资产笔数、金额与期限特征、入池资产抵（质）押特征、入池资产借款人特征、借款人基础信息**等。

第二十条　【基础资产分布信息及预计回收情况】

受托机构应在发行说明书中披露**本期发行不良贷款资产支持证券的基础资产分布信息及预计回收情况，包括但不限于贷款分布、借款人分布、抵（质）押物分布、预测回收率分布表、现金流回收预测表**等。

第二十一条　【发行结果信息披露】

受托机构应在每期不良贷款资产支持证券**发行结束的当日或次一工作日**公布资产支持证券发行情况。

第二十二条　【发行环节信息披露查阅途径】

受托机构需在发行说明书显著位置载明投资者在不良贷款资产支持证券发行期间和存续期内**查阅基础资产池具体信息的途径和方法**。对标准化程度较高的信息，鼓励受托机构通过交易商协会指定的信息披露方式制作并披露相关文件。

## 第三章　存续期定期信息披露

第二十三条　【定期披露】

在不良贷款资产支持证券存续期内，受托机构应依据贷款服务机构和资金保管机构提供的贷款服务报告和资金保管报告，按照本指引及相关表格体系的要求在每期资产支持证券**本息兑付日的三个工作日前**披露受托机构报告。**每年4月30日、8月31日前**分别披露上年度受托机构报告（经具有从事证券期货相关业务资格的会计师事务所审计的）和半年度受托机构报告。本息兑付频率为**每年两次或两次以上的**，可不编制半年度受托机构报告。

对于信托设立**不足两个月的**，受托机构可以不编制年度和半年度受托机构报告。

第二十四条　【受托机构报告】

受托机构报告应当**包括但不限于**以下内容：

（一）扉页、目录、受托机构报告基本信息；

（二）总信托账户及各信托子账户本期核算情况；

（三）证券日期及各档证券本息兑付情况；

（四）资产池表现情况，包括资产池整体表现情况、资产池现金流入情况、资产池现金流出情况及预计资产池未来表现情况等；

（五）信用增进方式及各信用增进方式的具体情况。

第二十五条　【跟踪评级】

受托机构应与信用评级机构就不良贷款资产支持证券跟踪评级的有关安排作出

约定，并应于资产支持证券存续期内的**每年7月31日前**向投资者披露上年度的跟踪评级报告。

## 第四章　存续期重大事件信息披露

第二十六条　【重大事件信息披露】

在发生可能对不良贷款资产支持证券投资价值有实质性影响的临时性重大事件时，受托机构应在**事发后三个工作日内**披露相关信息，并向交易商协会报告。

前款所称重大事件包括但不限于以下事项：

（一）发生或预期将发生受托机构不能按时兑付不良贷款资产支持证券本息等影响投资者利益的事项；

（二）受托机构和为证券化提供服务的机构发生影响不良贷款资产支持证券投资价值的违法、违规或违约事件；

（三）不良贷款资产支持证券受托机构及为证券化提供服务的机构发生变更；

（四）不良贷款资产支持证券的信用评级发生不利变化；

（五）受托机构、为证券化提供服务的机构及基础资产发生可能影响正常收益分配的法律纠纷；

（六）受托机构、发起机构或为证券化提供服务的机构的经营情况发生重大变化，或者作出减资、合并、分立、解散、申请破产等决定，可能降低其从事证券化业务水平，对不良贷款资产支持证券投资者利益造成严重不利影响的；

（七）信托合同规定应公告的其他事项；

（八）中国人民银行和中国银行业监督管理委员会等监管部门规定应公告的其他事项；

（九）法律、行政法规规定应公告的其他事项。

第二十七条　【其他重大事件】

本指引前条列举的重大事件是重大事件信息披露的最低要求，可能影响各档次证券本息兑付的其他重大事件，受托机构也应依据本指引在**事发后三个工作日**内予以及时披露。

第二十八条　【重大事件进展持续披露机制】

受托机构披露重大事件后，已披露的重大事件出现可能对不良贷款资产支持证券的投资价值产生较大影响的进展或者变化的，应当在**上述进展或者变化出现之日起三个工作日内**披露进展或者变化情况。

第二十九条　【持有人大会信息披露】

召开资产支持证券持有人大会，召集人应至少**提前10日**公布资产支持证券持有人大会的召开时间、地点、会议形式、审议事项、议事程序和表决方式等事项，并于大会结束后10日内披露大会决议。

## 第五章 信息披露评价与反馈机制

第三十条 【信息披露跟踪监测】

交易商协会建立专门邮箱、电话、传真等信息披露的市场意见征集和反馈机制，跟踪监测不良贷款资产支持证券信息披露工作情况。

第三十一条 【相关机构报告义务】

发起机构、受托机构及为证券化提供服务的机构发现相关信息披露义务人未及时履行披露义务或存在违反法律、法规或自律规则行为的，应及时向交易商协会报告。

第三十二条 【信息披露评价机制】

交易商协会根据不良贷款资产支持证券信息披露情况和市场成员的反馈意见，遵循公平、公正、公开原则，定期或不定期组织投资机构、发起机构、受托机构及为证券化提供服务的机构等市场成员代表对信息披露工作进行评价。

第三十三条 【评价结果运用】

交易商协会及时向市场公布信息披露评价结果，并及时向中国人民银行报告。

第三十四条 【不合规情况报告和自律处分】

交易商协会在信息披露情况跟踪监测和评价过程中，对不能按相关规定进行信息披露的情况，及时向中国人民银行报告。

对于未按本指引履行相应职责的受托机构、发起机构及为证券化提供服务的机构，经调查核实后，交易商协会视情节轻重可给予有关自律处分。涉嫌违反相关法律法规的，交易商协会将移交中国人民银行等有关部门处理。

## 第六章 附 则

第三十五条 【解释权】

本指引由交易商协会秘书处负责解释。

第三十六条 【生效时间】

本指引自发布之日起施行。

附：不良贷款资产支持证券信息披露表格体系

**附：**

### 不良贷款资产支持证券信息披露表格体系

为规范不良贷款资产支持证券信息披露行为，维护投资者合法权益，促进信贷资产证券化市场规范健康发展，根据《中国人民银行关于信贷资产支持证券发行管理有关事宜的公告》（中国人民银行公告〔2015〕第7号）、《不良贷款资产支持证券信息披露指引（试行）》（中国银行间市场交易商协会公告〔2016〕第10号）等有关规定和自律规范制定本《不良贷款资产支持证券信息披露表格体系》（简称《不良贷款表格体系》）。

一、使用说明

（一）《不良贷款表格体系》包括发行说明书、受托机构报告和重大事件报告书三个部分，信息披露表格列示的内容是对发行说明书、受托机构报告和重大事件报告书的最低信息披露要求。

1. 发行说明书应至少包括以下十二个方面的内容：

（1）扉页、目录、本次发行不良贷款资产支持证券基本信息；

（2）风险提示及风险披露；

（3）参与机构信息；

（4）发起机构及为证券化提供服务的机构相关经验及历史数据（如有）；

（5）交易结构信息；

（6）基础资产筛选标准和资产保证；

（7）基础资产价值评估相关的尽职调查程序及方法、资产估值程序及回收预测依据；

（8）基础资产总体信息；

（9）基础资产分布信息及预计回收情况；

（10）不良贷款资产支持证券基础信息；

（11）中介机构意见；

（12）跟踪评级及后续信息披露安排。

2. 受托机构报告列示受托机构在已发行的不良贷款资产支持证券存续期内，根据指引及本表格体系规定应披露的相关材料，并出具受托机构报告。

受托机构报告应至少包括以下五方面内容：

（1）扉页、目录、受托机构报告基本信息；

（2）总信托账户及各信托子账户本期核算情况；

（3）证券日期及各档证券本息兑付情况；

（4）资产池表现情况，包括资产池整体表现情况、资产池现金流入情况、资产池现金流出情况及预计资产池未来表现情况等；

（5）信用增进方式及各信用增进方式的具体情况。

3. 重大事件报告书列示已发行的，并存续期内的重大事件触发情况，受托机构应该在事件触发后三个工作日内及时披露相关信息。

重大事件报告书包括对不良贷款资产支持证券投资价值有实质性影响的所有重

大事件。

（二）受托机构、发起机构、为证券化提供服务的机构及其经办人员应按有关法律法规、规范性文件要求，编写发行及存续期相关文件，发表专业意见，并对所出具的相关文件和意见承担相应法律责任。

1. 会计师事务所应依据相关规定进行尽职调查及相关专业服务，在会计意见书中对相关事项发表明确意见，对年度受托机构报告进行审计并出具审计报告。

2. 律师事务所应在充分尽职调查的基础上，在法律意见书中对相关事项发表明确意见。

3. 信用评级机构应依据《中国人民银行信用评级管理指导意见》等有关规定出具评级报告。

4. 证券发行前受托机构应按指引要求，填报发行说明书，证券发行后受托机构应按指引要求填报受托机构报告、重大事件报告书。

（三）受托机构应按以下要求填写表格：

1. 发行说明书：应依据“适用范围”项下所列示的不同情形，填报所选表格内容，涉及到金额和时间的均需要标明单位。

2. 受托机构报告和重大事件报告书：应依据“适用范围”项下所列示的不同情形，填报所选表格内容，涉及到金额和时间的均需要标明单位。

3. 页码：应将披露内容所在文件的具体页码范围填写在“页码”项下。

4. 备注：需要说明的特殊事项，应根据实际情况，在对应的“备注”项下进行说明。

（四）不适用情形说明

若本表格某些具体要求对个别基础资产确实不适用的，发起机构和受托机构可根据实际情况，在不影响披露内容完整性、不影响投资者进行重要投资风险判断的前提下做出适当修改，但应在相关信息披露文件中做出说明。

**二、发行说明书**

| 发行说明书 | | | |
|---|---|---|---|
| 序号 | 内　容 | 页码 | 备注 |
| **F－0** | **扉页、目录、发行基本信息** | | |
| F－0－1 | 资产支持证券的名称、基础资产类型、发行说明书的公布日期。 | | |
| F－0－2 | 各参与机构名称，包括但不限于发起机构及受托机构。 | | |
| F－0－3 | 证券概况——证券的基本情况，包括交易结构分档情况、各档证券金额及占比、利率形式、信用评级、发行交易场所、发行方式。 | | |

续表

| | | | |
|---|---|---|---|
| F-0-4 | 目录——标明各章、节的标题及相应的页码。 | | |
| F-0-5 | 重要提示——经银监会和人民银行批准发行、确认内容真实、证券仅代表"信托资产"受益权（应明确说明与发起机构和其他机构无关），投资者应认真阅读信息披露文件，监管部门不对价值以及风险进行判断。 | | |
| **F-1** | **风险提示及风险披露** | | |
| F-1-1 | 发行环节可预见的投资者面临的风险，包括但不限于现金流实际回收不足的风险、现金流回收时间不确定的风险、利率风险、政策风险、操作风险等，不同项目可根据实际情况列明。 | | |
| **F-2** | **参与机构信息** | | |
| F-2-1 | 各参与机构的选任标准及程序——信贷资产证券化业务中对相关参与机构，包含受托机构、主承销商、联席主承销商(如有)、贷款服务机构、资金保管机构、信用评级机构、会计师事务所、律师事务所、资产服务顾问①（如有）、资产评估机构（如有）等的选择标准及程序，包括但不限于参与机构的选任原则、选任标准与选任程序。 | | |
| F-2-2 | 各参与机构名单——所披露的内容包括但不限于各参与机构的名称、注册地址、法定代表人、联系人、联系电话、传真、邮政编码、网址等基本情况。 | | |
| F-2-3 | 发起机构资产证券化业务管理办法摘要——明确发起机构资产证券化业务的制度和流程，包括但不限于对业务管理办法的总述、相关参与机构描述、各部门职责、资产证券化业务发起的内部流程等。 | | |
| F-2-4 | 发起机构资产证券化业务操作规程摘要——明确发起机构资产证券化业务的具体操作规程，包括但不限于对操作规程的总述、发起机构启动资产证券化业务的具体操作流程，例如基础资产池构建及尽职调查、交易结构设计、法律文件准备、定价发行、投资管理及会计处理、证券化信贷资产质量管理、风险监督与管理、合同管理等内容。 | | |

① 若证券设有资产服务顾问，但发行阶段暂未确定具体机构的，需在发行结果公告中按 F-2-2、F-3-3、F-4-2 要求进行相关信息的披露。

续表

| | | | |
|---|---|---|---|
| F-2-5 | 发起机构相关类型贷款②管理办法摘要——明确发起机构作为资产的提供方，其贷款形成的标准、程序、以及其他影响贷款质量的制度规定，可包括对管理办法的总述、各部门职责与分工、贷款形成程序、内部评级制度或授信内部评分的标准、授信评审标准（包括借款人评审、项目评审等）、贷后管理办法、五级分类的划分标准等。 | | |
| F-2-6 | 贷款服务机构资产证券化不良贷款相关服务管理办法摘要——贷款服务机构不良资产证券化贷款服务相关管理办法等可能影响资产池后续管理质量的相关制度介绍，可包括内部责任分工、服务流程、突发事件处理机制、管理资产池的原则、与管理贷款服务机构自有资产的异同等。 | | |
| F-2-7 | 受托机构对信托财产的投资管理安排——明确受托机构对信托财产的具体投资管理安排，包括但不限于受托机构对信托财产账户中的资金进行投资运用的投资范围、标准、原则及方式等。 | | |
| F-2-8 | 资产池实际处置机构选聘、管理相关办法及其证券化不良贷款处置相关管理办法摘要——若贷款服务机构将资产池实际处置工作进一步委托的，需披露委托清收机构的选聘、管理、考核等的相关原则、机制；另有条件的可披露实际委托处置机构证券化资产处置相关管理办法摘要，如各部门主要职责及分工、不良贷款的处置流程及手段、不良贷款处置的考核和监督机制等。 | | |
| **F-3** | **发起机构及为证券化提供服务的机构相关经验及历史数据** | | |
| F-3-1 | 发起机构不良贷款相关情况、不良贷款证券化相关经验及历史数据——发起机构近五年③与证券化不良贷款相关④的贷款情况（包括但不限于五级分类贷款金额及占比、不良率⑤等），以及曾担任不良贷款证券化产品发起机构的经验（如有）。 | | |
| F-3-2 | 贷款服务机构不良贷款证券化相关经验（如有）及历史数据——贷款服务机构曾担任不良贷款证券化产品贷款服务机构的经验（如有），例如相关证券的兑付情况、处置回收情况等。 | | |

② 根据本次发行的不良贷款所属种类，披露相应种类的贷款管理办法摘要

③ 经营不足五年的，应提供自开始经营时的完整数据。

④ “相关”指提供的历史数据应与证券化的不良贷款具有一致或相似的特征，相关特征可包括贷款种类、区域分布、不良贷款来源等多个维度或部分维度。

⑤ 提供不良率的计算公式。

续表

| | | | |
|---|---|---|---|
| F－3－3 | 资产服务顾问（如有）不良贷款证券化相关经验介绍—曾担任资产服务顾问的经验介绍（如有），例如相关证券中承担的义务、权利等。 | | |
| F－3－4 | 资产池实际处置机构不良贷款处置经验及相关历史数据——若贷款服务机构将资产池实际处置工作进一步委托的，有条件的需披露实际处置机构不良贷款处置团队情况（包括但不限于人员设置情况、从事不良贷款处置的年限、主要服务客户、不良贷款处置经验等）以及曾担任不良贷款证券化产品实际处置责任的经验（如有）。 | | |
| **F－4** | **交易结构信息** | | |
| F－4－1 | 交易结构示意图——指资产支持证券发行的基本交易结构和各方之间的法律关系框架图，包括发起机构、受托机构、资金保管机构、登记结算机构、承销机构之间的具体交易过程以及法律关系框架。 | | 见附件1 |
| F－4－2 | 中介机构简介——信贷资产证券化业务中各中介机构的简介，包含主承销商、联席主承销商（如有）、贷款服务机构、受托机构、资金保管机构、登记托管机构、信用评级机构、会计师事务所、律师事务所、资产服务顾问（如有）、资产评估机构（如有）等。 | | |
| F－4－3 | 参与机构权利与义务——明确主承销商、联席主承销商（如有）、贷款服务机构、受托机构、资金保管机构、登记托管机构、信用评级机构、会计师事务所、律师事务所、资产服务顾问（如有）、资产评估机构（如有）等参与机构，根据约定条款确定的权利和义务，用于规范各机构资产证券化业务的开展。 | | |
| F－4－4 | 信托账户设置——交易中信托账户的开立情况，例如回收款账户、处置费用账户、可分配现金账户及各二级账户下三级账户的设置情况等。各项目应根据实际信托账户设置情况披露。 | | |
| F－4－5 | 各交易条款设置—例如回购交易条款、赎回交易条款、终止交易条款等，若在结构设计上涉及到其他类似的交易条款，可按以上规则进行披露。 | | |
| F－4－6 | 各触发条件设置、触发后各方责任及解决机制—例如违约事件触发条件、权利完善事件触发条件、个别通知事件触发条件等触发条件及触发后各方责任、解决机制，若在结构设计上涉及到其他类似的触发条件，可按以上规则进行披露。 | | |

续表

| | | | |
|---|---|---|---|
| F-4-7 | 现金流分配机制——证券本金和利息在正常、违约等模式下的分配机制与顺序，通过图示的形式体现账户之间资金的流动和事件变化对分配顺序的影响。 | | 见附件2 |
| F-4-8 | 信用增进措施—证券的信用增进方式，例如超额利差、优先级次级结构、流动性储备账户、超额抵押、外部增信等，各项目可根据实际情况披露。 | | |
| F-4-9 | 资产支持证券持有人大会的组织形式与权利——包括但不限于持有人大会的组成、会议召集、表决权、会议方式、全体同意事项、特别决议事项等。 | | |
| **F-5** | **基础资产筛选标准和资产保证** | | |
| F-5-1 | 筛选标准——明确该期入池资产的标准，即选定入池资产的硬性标准，不符合该标准的资产应予以赎回，或不能入池。原则上包括但不限于以下信息：债权合法有效性、贷款五级分类、贷款币种、单个借款人在发起机构的所有贷款是否全部入池⑥等。 | | |
| F-5-2 | 资产保证——指委托人在约定中所做的关于资产池以及每一笔贷款在初始起算日和信托财产交付日的状况的全部陈述和保证。 | | |
| **F-6** | **基础资产价值评估相关的尽职调查程序及方法、资产估值程序及回收预测依据** | | |
| F-6-1 | 本次资产池评估相关的尽职调查所采用的程序及方法。 | | |
| F-6-2 | 本发行说明书所采用的资产池预计回收情况的来源，本次证券预计资产池回收情况时所采用的假设、方法及具体步骤。本次证券发行说明书所有涉及预计回收金额、预计回收时间等相关数值需保持披露口径一致。 | | |
| **F-7** | **基础资产总体信息⑦** | | |
| F-7-1 | 入池资产笔数、金额与期限特征—资产的入池总笔数、总户数、合同总金额、入池本息和、预计回收总额、借款人平均未偿本息余额以及平均预计回收总额、单一借款人最高未偿本息余额以及单一借款人最高预计回收金额⑧、加权平均逾期期限⑨等。 | | |

⑥ 若有未全部入池的资产，应披露相关信息，可包括相应资产的未入池未偿本金余额、抵质押物是否重合（若有重合的应披露相应抵质押物顺位）等情况。

⑦ 各项目根据实际情况注明数值及单位。

⑧ 若单一借款人最高未偿本息余额占比小于1%可免于披露。

⑨ 说明贷款进入逾期起始时点的确定标准，按入池贷款未偿本息余额进行加权。

续表

| | | | |
|---|---|---|---|
| F-7-2 | 入池资产抵（质）押物特征—资产的入池抵（质）押资产初始评估价值合计⑩、加权平均初始抵押率⑪、基础资产抵（质）押贷款未偿本息占比，预计抵（质）押物回收金额占总预计回收金额比例。 | | |
| F-7-3 | 入池资产借款人特征—若入池资产为对公类贷款，则披露前五大借款人未偿本息余额占比、前十大借款人未偿本息余额占比、前五大借款人预计回收金额占预计总回收金额比例、前十大借款人预计回收金额占预计总回收金额比例。若入池资产为个人类贷款，则披露借款人加权⑫平均年龄、借款人加权平均收入、借款人加权平均⑬获得的授信额度等。 | | |
| F-7-4 | 借款人基础信息—若入池资产为对公贷款，主要披露所有入池贷款的贷款编号、未偿本息余额、地区、行业、担保方式等信息。若入池资产为个人类贷款，则需披露贷款合同编号。 | | |
| **F-8⑭** | **基础资产分布信息及预计回收情况** | | |
| F-8-1 | 贷款分布——入池资产的未偿本息余额金额分布、贷款五级分类分布、贷款担保方式分布、贷款逾期时间分布。分布信息按贷款笔数及占比、未偿本息余额及占比、预计回收金额及占比三种口径进行统计。 | | |
| F-8-2 | 借款人分布——入池资产的借款人地区分布，若入池资产为对公类贷款还需披露借款人行业分布，若入池资产为个人类贷款需披露能够反映借款人信用资质相关指标的分布信息，可包括借款人年龄分布、职业分布、收入分布、借款人获得的授信额度分布等。分布信息按贷款笔数及占比、未偿本息余额及占比、预计回收金额及占比三种口径进行统计。 | | |
| F-8-3 | 抵（质）押物分布——入池资产的抵（质）押资产初始抵押率分布、抵押率⑮分布、抵（质）押物地区分布，若入池资产为对公类贷款还需披露抵（质）押物类型分布。分布信息按贷款笔数及占比、未偿本息余额及占比、预计回收金额及占比三种口径进行统计。 | | |

⑩ 初始评估价值，指银行放贷时评估所得的抵质押物评估价值。若存在追加抵质押物或抵质押物已部分处 置等情况，需加以说明。

⑪ 初始抵押率 = 抵（质）押物初始评估价值/贷款发放日合同金额。

⑫ 按入池贷款未偿本息余额进行加权。

⑬ 按入池贷款未偿本息余额进行加权。

⑭ F8-1～F8-4 相关披露信息中，若入池资产为个人类贷款的，所采用的回收率预测评估方法无法提供以“预 计回收金额及占比”为口径的部分相关分布信息，需解释说明。

⑮ 抵押率＝入池时抵（质）押物评估价值/初始起算日贷款未偿本金余额，若入池时的抵质押物评估价值较难取得，可用抵（质）押物初始评估价值替代。

续表

| | | | |
|---|---|---|---|
| F-8-4 | 预测回收率分布表。 | | 见附件3 |
| F-8-5 | 现金流回收预测表—依据历史回收情况以及资产池资产特征给出的未来资产回收现金流预测表。 | | 见附件4 |
| F-8-6 | 单一借款人入池贷款预计回收金额占比超过1%⑯，应披露借款人相关信息、贷款担保措施及相关信息、预计回收金额等。 | | 见附件5 |
| **F-9** | **不良贷款资产支持证券基础信息** | | |
| F-9-1 | 费用信息——由信托财产支付的费用，应该列明费用科目明细，包括但不限于处置费用、顾问费、超额奖励服务费。 | | |
| F-9-2 | 日期信息——与证券设立、存续、兑付相关的日期类信息，包括但不限于初始起算日、簿记建档日（如有）、信托生效日、计算日、处置费用分配日、信托分配日、受托机构报告日、支付日、计息日、结息日、法定到期日等。 | | |
| F-9-3 | 证券信息——包括各档证券的名称、各档证券的金额、各档证券的票面利率类型、各档证券的信用级别、预期还本日（若为固定摊还型）、预期到期日等。拟采用簿记建档方式发行的证券，说明簿记建档场所安排及场所具体地址。 | | |
| F-9-4 | 风险自留信息——发起机构对各档证券的持有比例。 | | |
| **F-10** | **中介机构意见** | | |
| F-10-1 | 尽职调查意见及法律意见摘要——指相关参与机构对基础资产合法合规性等尽职调查情况出具的尽职调查意见，包括但不限于尽职调查的过程、尽职调查的结果、尽职调查的结论、对"信贷资产"合法、合规、有效性的判断等。尽职调查的结论，须包含影响项目资产项下主债权或担保权利有效性和诉讼时效的以及会最终影响本户清收的法律风险中具有代表性的因素；律师事务所对证券化的合法性、有效性问题出具的法律意见，包括但不限于法律依据、交易文件及信托设立的合法有效性、信贷资产转让的合法有效性、破产风险对信托财产的影响，发行、销售及持有资产支持证券的合法有效性等。 | | |
| F-10-2 | 交易概况与会计意见摘要——指根据相关会计准则，对基础资产出表与否的判断，包括但不限于适用的准则、管理层的判断、会计师事务所的意见等。 | | |
| F-10-3 | 信用评级机构所用的假设与分析摘要——包括但不限于估计资产池回收金额及时间所用的假设、依据、方法；评级方法的基本假设、逻辑思路；基础资产和交易结构分析结果（包括优势与关注中的核心内容）；信用级别等。 | | |

⑯ 若符合"入池贷款预计回收金额占比超过1%"的单一借款人数量超过20家，则按要求对占比前20家 的借款人进行信息披露。

续表

| | | | |
|---|---|---|---|
| F－10－4 | 资产评估机构（如有）所用的假设与分析摘要——包括但不限于评估资产池回收金额、时间所用的假设、依据、方法，对资产池整体回收情况的评价等。 | | |
| **F－11** | **跟踪评级及后续信息披露安排** | | |
| F－11－1 | 证券跟踪评级安排——指在受评证券信用等级有效期内，对受评证券的信用状况进行持续跟踪监测，并每年出具评级报告。 | | |
| F－11－2 | 证券后续信息披露安排——存续期的信息披露要求、披露方式、途径及内容，明确特殊事件发生后的信息披露机制，以及其他影响产品风险及投资者判断的信息披露安排。受托机构需在发行说明书显著位置载明投资者在不良贷款支持证券存续期内查阅基础资产池具体信息的途径和方法。 | | |

**附件1：交易结构图**⑰

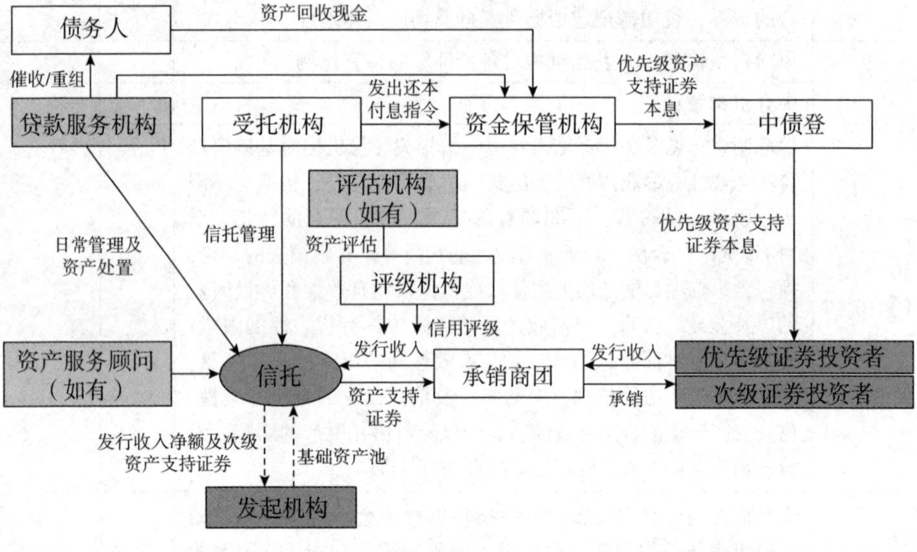


⑰ 此图仅作为案例参考，各项目可根据实际情况进行调整，原则上需说明机构间的关系。

**附件2：现金流分配机制**[18]

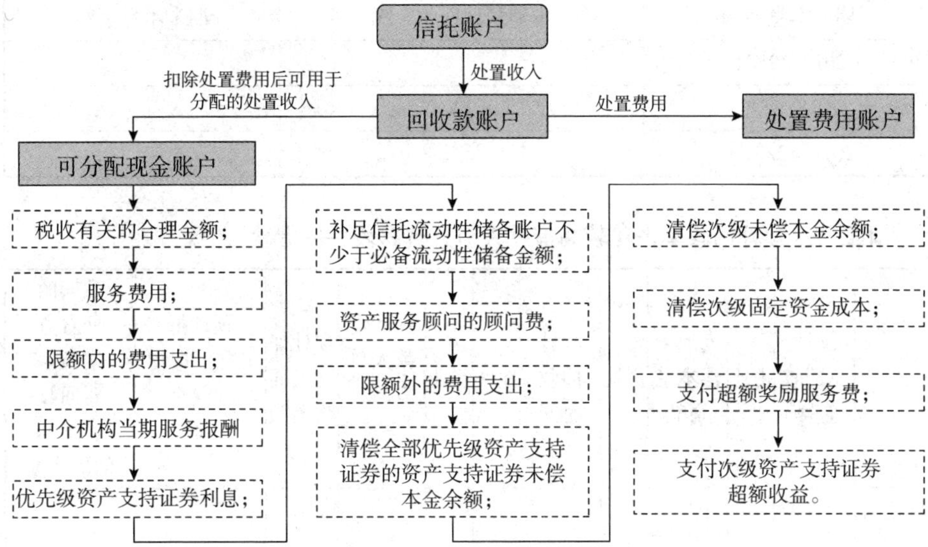


**附件3：预测回收率分布表**

| 回收率（%） | 借款人户数 | 占比 | 未偿本息余额 | 占比 | 预测回收金额 | 占比 |
|---|---|---|---|---|---|---|
| 〔0，10） | | | | | | |
| 〔10，20） | | | | | | |
| 〔20，30） | | | | | | |
| 〔30，40） | | | | | | |
| 〔40，50） | | | | | | |
| 〔50，60） | | | | | | |
| 〔60，100〕 | | | | | | |

**附件4：资产回收现金流预测表**

| 期初本息余额 | 本期预计回收金额 | 期末本息余额 |
|---|---|---|
| 2016/1/6[19] | | |
| 2016/6/30 | | |
| 2016/12/31 | | |
| 2017/6/30 | | |

⑱ 此图仅作为案例参考，各项目可根据实际情况进行调整，原则上需说明现金流分配顺序。

⑲ 此日期设置为实际的初始起算日。

续表

| 期初本息余额 | 本期预计回收金额 | 期末本息余额 |
|---|---|---|
| 2017/12/31 | | |
| 2018/6/30 | | |
| 2018/12/31⑳ | | |

**附件5：预计回收率占比较高借款人信息披露表——借款人信息㉑**

| | 预计总回收金额 | 占比 | 入池未偿本息余额 | 占比 | 预计回收时间 | 地区 | 行业 | 预计借款人自身回收金额 | 预计保证人回收金额 | 预计抵（质）押物回收金额 | 预期的处置方案及主要回收贡献的估值依据 |
|---|---|---|---|---|---|---|---|---|---|---|---|
| 借款人编号1 | | | | | | | | | | | |
| 借款人编号2 | | | | | | | | | | | |
| … | | | | | | | | | | | |
| 借款人编号20 | | | | | | | | | | | |
| 合计 | | | | | | | | | | | |

三、受托机构报告

| 受托机构报告 | | |
|---|---|---|
| 序号 | 内　容 | 备注 |
| **S-0** | **扉页、目录、受托机构报告基本信息** | |
| S-0-1 | 资产支持证券与受托机构名称。 | |
| S-0-2 | 受托机构报告期数与报告出具日期。 | |
| S-0-3 | 受托人关于出具受托机构报告的声明。 | |
| S-0-4 | 目录——标明各章、节的标题及相应的页码。 | |

⑳ 按资产池预计的总回收期限进行详尽披露。

㉑ 本表主要目的是披露资产池前20大回收贡献借款人主要回收来源估值的相关依据，因涉及内容信息角度，且不同资产池特征差异较大，实际披露时可根据项目的具体情况对表 格样式进行调整或重新构造。

续表

| | | |
|---|---|---|
| S－0－5 | 机构介绍——受托机构、贷款服务机构、资金保管机构、资产服务顾问（如有）的名称、地址和联系方式。 | 见附件1 |
| **S－1** | **信托账户本期核算情况** | |
| S－1－1 | 总信托账户本期核算情况——本核算期的期初余额、现金流出总额、现金流入总额、期末余额。 | |
| S－1－2 | 各信托子账户的本期核算情况—本核算期内回收款账户的期初余额、本期收入、本期支出、期末余额。 | |
| **S－2** | **证券日期及各档证券本息兑付情况** | |
| S－2－1 | 证券日期概况——证券的信托设立日、本报告期（包括报告期初日期、报告期末日期）、本次证券计息期（包括计息期初日期、计息期末日期）、本次支付日以及证券的计息方式。 | 见附件2 |
| S－2－2 | 各档证券本息兑付情况——包括但不限于各档证券的资产支持证券代码、发行总额、是否按时兑付、票面利率、本期兑付前本金值、本期兑付本金总额、本息兑付后剩余本金值、付息金额、本期利息是否延迟支付等。 | 见附件3 |
| **S－3** | **资产池表现情况** | |
| S－3－1 | 资产池整体表现情况—基准日时，资产池内拥有借款人户数、贷款笔数以及贷款本息余额。截止本回收期末，资产池内剩余借款人户数、贷款笔数、贷款本息余额及处置状态分布。回购或替换贷款笔数金额及占比㉒。 | 见附件4、附件5 |
| S－3－2 | 资产池现金流入情况——本次报告期资产池的回收金额，包括处置中以及本期处置完毕贷款的情况（包括但不限于户数及占比、期初本息金额及占比、回收情况等内容）、其他收入、合格投资金额等。 | 见附件6 |
| S－3－3 | 资产池现金流出情况——本次报告期资产池的税费支付以及证券兑付等情况，包括但不限于本次报告期信托财产税费支出情况，包括但不限于营业税金及附加、代理兑付费、处置费用、服务机构报酬（包括受托机构、资金保管机构、评级机构、审计机构等的报酬）、其他费用支付、证券利息支出、证券本金支出、次级超额收益支出、转存下期金额等。 | |
| S－3－4 | 预计资产池未来表现情况。 | 见附件7 |
| **S－4** | **信用增进情况** | |
| S－4－1 | 信用增进情况——本期证券采用的信用增进方式及各信用增进方式具体情况，例如：采用采取优先/次级证券结构的增进方式，则需要披露各档证券剩余本金金额以及占比；采用设立信托准备金账户的增进方式，则需要披露各信托准备金账户的期末余额等。 | |

㉒ 当期有回购贷款的需要在附注中说明原因。

附件1：机构介绍

| 机构类别 | 机构名称 | 机构地址 | 联系电话 |
|---|---|---|---|
| 受托机构 | | | |
| 贷款服务机构 | | | |
| 资金保管机构 | | | |
| 资产服务顾问 | | | |

附件2：证券日期概况

| | |
|---|---|
| 信托设立日 | |
| 本期期初日 | |
| 本期期末日 | |
| 本期起息日 | |
| 本期结息日 | |
| 本期支付日 | |
| 计息方式㉓ | |

附件3：本息兑付情况

| | 优先档证券 | 次级档证券 |
|---|---|---|
| 证券代码 | | |
| 发行总额 | | |
| 是否按时兑付 | | |
| 票面利率 | | |
| 本期兑付前本金值 | | |
| 本期兑付本金额 | | |
| 本期兑付本金总额 | | |
| 本息兑付后剩余本金值 | | |
| 付息金额 | | |
| 本期利息是否延迟支付 | | |

㉓ 30/360或实际天数/实际天数等。

附件4：资产池整体表现情况表

| 资产池情况 | 借款人户数 | 贷款笔数 | 贷款本息余额 | 回购或替换 | | |
|---|---|---|---|---|---|---|
| | | | | 贷款笔数 | 贷款金额 | 贷款占比 |
| 基准日 | | | | | | |
| 本期报告期 | | | | | | |

附件5：资产池整体表现情况——资产池处置状态分布

| 贷款情况 | 借款人户数 | 占比 | 期初未偿本息余额 | 占比 |
|---|---|---|---|---|
| 处置中 | | | | |
| 累计处置完毕 | | | | |

附件6：资产池现金流入情况——处置状态分布及现金流入

| 贷款情况 | 本期回收金额 | 累计回收金额 | 预计回收金额 | 回收率 |
|---|---|---|---|---|
| 处置中 | | | | – |
| 本期处置完毕 | | | – | |

附件7：资产回收现金流预测表

| 信托核算日 | 期初本息余额 | 本期预计回收金额 | 期末本息余额 |
|---|---|---|---|
| 2016/12/31㉔ | | | |
| 2017/6/30 | | | |
| 2017/12/31 | | | |
| 2018/6/30 | | | |
| 2018/12/31㉕ | | | |

㉔ 此日期为此受托报告出具日期。

㉕ 按资产池预计的总回收期限进行详尽披露。

四、重大事件报告书

| 序号 | 内容 | 页码 | 标注 |
| --- | --- | --- | --- |
| **E-1** | **资产存续期重大事件** | | |
| E-1-1 | 重大事件——报告期内若触发交易文件中约定的相关事件，可包括违约事件、权利完善事件、个别通知事件、资产赎回事件、清仓回购事件、丧失清偿能力事件、受托机构终止事件、重大不利变化事件、重大不利影响事件、受托人解任事件、贷款服务机构解任事件、资金保管机构解任事件、资产支持证券持有大会及其他影响证券年本息兑付或投资者利益的事项的，需要在事件触发三个工作日内披露。不同项目设定的其他重大事件请依据此原则进行披露。 | | |

## 2.3.6 《微小企业贷款资产支持证券信息披露指引（2018版）》（2018年10月8日 中国银行间市场交易商协会公告〔2018〕24号）

**【重点提示】**

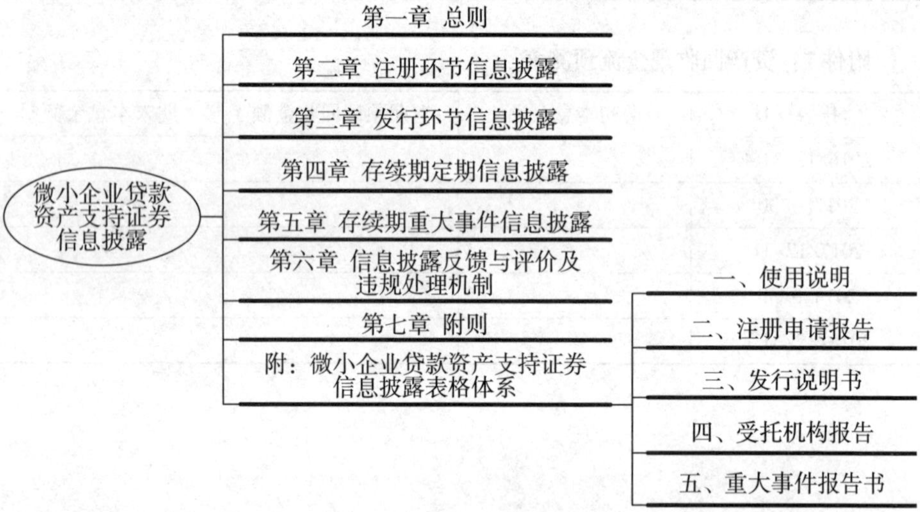


**【文件内容】**

### 第一章 总 则

第一条 【制定依据与适用范围】为规范微小企业贷款资产支持证券信息披露行为，维护投资者合法权益，促进信贷资产证券化市场规范健康发展，根据《中国人民银行关于信贷资产支持证券发行管理有关事宜的公告》（中国人民银行公告〔2015〕第7号）等有关规定和自律规范，制定本指引。

**以注册方式发行的微小企业贷款资产支持证券的信息披露**适用本指引，以其他方式发行的微小企业贷款资产支持证券的信息披露参照本指引执行。

第二条　【产品定义】本指引所称微小企业贷款资产支持证券，是指在中国境内，**银行业金融机构及其他经监管部门认定的**金融机构作为发起机构，将**非循环资产类型的微小企业贷款**信托给受托机构，由受托机构以资产支持证券的形式向投资人发行证券，以**该微小企业贷款资产池所产生的现金**支付资产支持证券本金和收益的证券化融资工具。

本指引所称微小企业贷款，系指**银行或其他金融机构按照相关规定对符合条件的微小企业或个人发放的用于生产经营性活动的贷款**，具体包含**小型企业贷款、微型企业贷款、个体工商户经营性贷款、小微企业主经营性贷款**。

作为证券化基础资产的微小企业贷款应当具备较高同质性且符合以下分散度要求：**借款人单户授信不超过500万，或单一借款人入池贷款合同金额在资产池贷款合同金额中的占比不超过1/1000**。

微小企业贷款应当符合法律法规规定，权属明确，能够产生可预期的现金流。

本指引所称**循环资产，系指基于特定账户、授信合同或类似授信安排项下可循环使用的信用额度所产生的信贷资产**。

第三条　【持续购买交易结构】微小企业贷款资产支持证券如涉及持续购买基础资产的有关安排，且相关信息披露规则对持续购买基础资产的信息披露无特殊规定的，参照《个人消费贷款资产支持证券信息披露指引（试行）》的相关规定执行。

本指引所称**“持续购买”，系指受托机构在信托设立后的存续期间内，将本息回收款及孳息根据交易合同规定的标准再次或多次购买新的合格基础资产纳入资产池**。

第四条　【自律管理】**中国银行间市场交易商协会**（以下简称交易商协会）对微小企业贷款资产支持证券信息披露、标准合同范本执行等行为开展自律管理。受托机构、发起机构及其他相关中介机构应接受交易商协会的自律管理。

**交易商协会、债券登记托管结算机构和全国银行间同业拆借中心**应当按照中国人民银行有关规定建立信息和数据交流机制，共同做好数据互换、信息共享、市场监测等工作。

第五条　【信息披露责任】受托机构和发起机构应切实履行信息披露职责，保证信息披露真实、准确、完整、及时，不得有虚假记载、误导性陈述和重大遗漏，并承担主体责任。

发起机构和接受受托机构委托为证券化提供服务的机构应按照信托合同和服务

合同等相关约定，及时向受托机构提供相关报告，并保证所提供信息**真实、准确、完整**。

本指引所称的为证券化提供服务的机构包括但不限于承销机构、贷款服务机构、资金保管机构、信用评级机构、律师事务所、会计师事务所、信用增进机构等。

第六条　【中介机构尽职履责】为证券化提供服务的机构应按合同约定切实履行尽职调查责任，依法披露信息，**对所出具的专业报告和专业意见负责**。

第七条　【投资者风险自担】投资者应对披露的信息进行独立分析，**独立判断微小企业贷款资产支持证券投资价值，自行承担投资风险**。

第八条　【信息披露内容】受托机构、发起机构及为证券化提供服务的机构应根据本指引及相关表格体系要求，在注册环节、发行环节及存续期充分披露微小企业贷款资产支持证券相关信息。

第九条　【信息披露渠道】受托机构、发起机构及为证券化提供服务的机构应通过**交易商协会信息披露服务系统、中国货币网、中国债券信息网、北京金融资产交易所网站及交易商协会认可的其他方式**进行微小企业贷款资产支持证券相关信息披露。信息披露相关服务平台应及时以书面形式将违反信息披露规定的行为向中国人民银行报告，同时告知交易商协会，并向市场公告。

信息披露相关服务平台应严格按照银行间市场法律法规及交易商协会相关自律规范文件要求，规范开展信息披露工作，不断完善信息披露基础设施，提高技术支持、信息披露服务和信息安全管理水平。

第十条　【信息保密义务】受托机构、发起机构、为证券化提供服务的机构、全国银行间同业拆借中心、中央国债登记结算有限责任公司、北京金融资产交易所及其他相关知情人在信息披露前不得向市场泄露拟披露的信息。

第十一条　【信息披露豁免】因**涉及国家秘密、技术性困难或其他客观原因**确实无法披露相关信息的，相关信息披露义务人应对无法披露信息的情况及原因进行说明，向投资者披露情况说明书并向中国人民银行报告，同时告知交易商协会。

## 第二章　注册环节信息披露

第十二条　【注册文件】受托机构、发起机构应在微小企业贷款资产支持证券接受注册后 10 个工作日内，披露注册申请报告等文件。

注册申请报告包括但不限于以下内容：

**（一）微小企业贷款资产支持证券名称、资产类型、是否采用持续购买结构的说明、注册额度、分期发行安排等基本信息；**

**（二）发行方式可选择招标或簿记建档；拟采用簿记建档发行的，应说明采用**

**簿记建档发行的必要性，定价、配售的具体原则和方式，以及防范操作风险和不正当利益输送的措施；**

**（三）风险提示及风险披露；**

**（四）受托机构、发起机构及为证券化提供服务的机构信息，发起机构证券化的信贷资产发放程序、审核标准、担保形式、管理办法、过往表现、违约贷款处置程序及方法等，贷款服务机构管理证券化信贷资产的方法、标准，受托机构对信托财产的投资管理安排等；**

**（五）交易结构及各当事方的主要权利与义务等信息；**

**（六）微小企业贷款入池筛选标准；**

**（七）发起机构微小企业贷款历史数据信息；**

**（八）发行及存续期的信息披露安排。**

第十三条　【风险提示】受托机构应在注册申请报告显著位置

提示投资者：投资者购买本期微小企业贷款资产支持证券，应当认真阅读本文件及有关的信息披露文件，进行独立的投资判断。主管部门对本期证券发行的注册，并不表明对本期证券的投资价值做出了任何评价，也不表明对木期证券的投资风险做出了任何判断。

第十四条　【风险披露】受托机构应在注册申请报告中充分披露微小企业贷款资产支持证券可能存在的投资风险，包括但不限于利率风险、早偿风险、流动性风险、信用风险、法律风险等。

第十五条　【历史数据信息】受托机构应在注册申请报告中披露发起机构微小企业贷款资产的历史数据信息，包括但不限于动态数据信息、静态数据信息、静态池逐笔信息、历史监管指标等。

**受托机构应披露发起机构微小企业贷款至少5年的月度完整数据，经营不足5年的，应提供自开始经营时起的月度完整数据。原则上每个经营季度至少随机抽取一个月度静态池数据。**

第十六条　【信息披露精简原则】在注册环节已披露的信息，如受托机构、发起机构及为证券化提供服务的机构信息、交易条款信息等，在发行环节及存续期内可免于披露，鼓励在注册环节披露更多信息。若注册环节已披露的前述信息发生变化或需要变更的，应在发行环节披露变更后的信息，并向中国人民银行报告，同时告知交易商协会。

第十七条　【投资者保护机制】受托机构应在注册申请报告或发行说明书中披露各档投资者保护机制，包括但不限于：

**（一）各档证券的支付顺序变化（如类似加速清偿事件以及违约事件触发后的**

支付顺序)；

（二）基础资产现金流恶化或其它可能影响投资者利益等情况的应对措施；

（三）优先档证券发生违约后的债权及权益保障及清偿安排；

（四）发生基础资产权属争议时的解决机制；

（五）持有人大会的召开条件、议事程序等安排；

（六）其他投资者保护措施或相关安排。

## 第三章　发行环节信息披露

第十八条　【发行文件】受托机构和发起机构应至少于发行日前5个工作日，披露信托公告、发行说明书、评级报告、募集办法和承销团成员名单等文件。

发行说明书包括但不限于以下内容：

（一）本次发行微小企业贷款资产支持证券名称、受托机构、发起机构以及为证券化提供服务的机构名称、分档情况等发行基本信息；

（二）风险提示及风险披露；

（三）交易结构信息；

（四）微小企业贷款入池资产总体信息；

（五）微小企业贷款入池资产分布信息；

（六）证券基础信息；

（七）为证券化提供服务的中介机构的专业意见；

（八）证券跟踪评级及后续信息披露安排；

（九）投资者保护机制。

第十九条　【风险提示】受托机构应在发行说明书显著位置提示投资者：投资者购买本期微小企业贷款资产支持证券，应当认真阅读本文件及有关的信息披露文件，进行独立的投资判断。主管部门对本期证券发行的备案、核准或注册，并不表明对本期证券的投资价值做出了任何评价，也不表明对本期证券的投资风险做出了任何判断。

受托机构需在发行说明书显著位置提示投资者：本期微小企业贷款资产支持证券仅代表特定目的的信托受益权的相应份额，不是发起机构、特定目的的信托受托机构或任何其他机构的负债，投资机构的追索权仅限于信托财产。

第二十条　【风险披露】受托机构应在发行说明书中充分披露本期发行微小企业贷款资产支持证券的投资风险，包括但不限于：信用风险、早偿风险、流动性风险、利率风险、操作风险、法律风险、集中度风险、交易结构风险、交易对手方的违约风险和发生重大不利变化风险等。

第二十一条　【交易结构】受托机构应在发行说明书中披露本期发行微小企业

贷款资产支持证券的交易结构信息，包括但不限于**本期发行交易结构示意图、受托机构、发起机构以及为证券化提供服务的机构简介、受托机构、发起机构以及为证券化提供服务的机构权利与义务、本期发行的现金流分配机制、本期发行信用增进措施、资产支持证券持有人大会的组织形式与权利、现金流归集表等**。

第二十二条 【基础资产总体信息】受托机构应在发行说明书中披露本期发行微小企业贷款资产支持证券的基础资产总体信息，包括但不限于**入池资产笔数与金额特征、入池资产期限特征、利率特征、抵（质）押物特征（如有）、借款人特征等**。

微小企业贷款入池资产如设置抵（质）押的，还需重点披露抵（质）押物的初始评估价值合计、入池贷款中含抵（质）押贷款的未偿本金余额占比、初始抵押率等信息。

第二十三条 【基础资产分布信息】受托机构应在发行说明书中披露本期发行微小企业贷款资产支持证券的入池微小企业贷款资产分布信息，包括但不限于贷款分布、借款人分布、入池资产贷款行业及用途、抵（质）押物分布（如有）。

微小企业贷款入池资产如设置抵（质）押的，还需重点披露入池资产抵（质）押物的初始抵押率分布等信息。

第二十四条 【发行结果信息披露】受托机构应在每期微小企业贷款资产支持证券**发行结束的当日或次一工作日**公布资产支持证券发行情况。

第二十五条 【发行环节信息披露查阅途径】受托机构需在发行说明书显著位置载明投资者在微小企业贷款资产支持证券发行期间和存续期内查阅基础资产池具体信息的途径和方法。对标准化程度较高的信息，鼓励受托机构通过交易商协会指定的信息披露服务平台向投资者提供。

## 第四章 存续期定期信息披露

第二十六条 【定期披露】在微小企业贷款资产支持证券存续期内，受托机构应依据贷款服务机构和资金保管机构提供的贷款服务报告和资金保管报告，按照本指引及相关表格体系的要求，于每期资产支持证券本息兑付日的3个工作日前披露受托机构报告。每年4月30日、8月31日前分别披露上年度受托机构报告（经具有从事证券期货相关业务资格的会计师事务所审计）和半年度受托机构报告。本息兑付频率为每年两次或两次以上的，可不编制半年度受托机构报告。

对于信托设立不足2个月的，受托机构可以不编制年度受托机构报告。

第二十七条 【受托机构报告】受托机构报告应当包括但不限于以下内容：

**（一）受托机构和为证券化提供服务机构的名称、地址；**

**（二）资产支持证券基本信息；**

（三）各档次证券的本息兑付及税费支付情况；

（四）本期资产池表现情况，包括资产池整体表现、累计违约率、现金流归集表、资产池现金流入情况等；

（五）基础资产存续期总体信息，包括入池资产笔数与金额特征、期限特征、利率特征等；

（六）内外部信用增进情况说明；

（七）资产池中进入法律诉讼程序的微小企业贷款情况，法律诉讼程序进展等。

第二十八条 【跟踪评级】受托机构应与信用评级机构就微小企业贷款资产支持证券跟踪评级的有关安排做出约定，并应于资产支持证券存续期内的每年7月31日前向投资者披露上年度的跟踪评级报告。本年度发行的资产支持证券当年无需披露跟踪评级报告。

## 第五章 存续期重大事件信息披露

第二十九条 【重大事件信息披露】在发生可能对微小企业贷款资产支持证券投资价值有实质性影响的临时性重大事件时，受托机构应在事发后3个工作日内披露相关信息，并向交易商协会报告。

前款所称重大事件包括但不限于以下事项：

（一）发生或已预期到将发生受托机构不能按时兑付微小企业贷款资产支持证券本息等影响投资者利益的事项；

（二）受托机构和为证券化提供服务的机构发生影响微小企业贷款资产支持证券投资价值的违法、违规或违约事件；

（三）微小企业贷款资产支持证券受托机构及为证券化提供服务的机构发生变更；

（四）微小企业贷款资产支持证券的信用评级发生不利变化；

（五）受托机构和为证券化提供服务的机构或者基础资产涉及法律纠纷，可能影响交易文件约定的正常分配收益的；

（六）受托机构、发起机构或为证券化提供服务的机构的经营情况发生重大变化，或者做出减资、合并、分立、解散、申请破产等决定，可能降低其从事证券化业务水平，对微小企业贷款资产支持证券投资者利益造成严重不利影响的；

（七）信托合同规定应公告的其他事项；

（八）中国人民银行和中国银行保险监督管理委员会等监管部门规定应公告的其他事项；

（九）法律、行政法规规定应公告的其他事项。

**（十）包括但不限于重大事件报告书中涉及的其他可能对证券投资者利益造成严重不利影响的事件。**

第三十条　【其他重大事件】本指引前条列举的重大事件是重大事件信息披露的最低要求，可能影响各档次证券本息兑付的其他重大事件，受托机构也应依据本指引在事发后3个工作日内予以及时披露。

第三十一条　【重大事件进展持续披露机制】受托机构披露重大事件后，已披露的重大事件出现可能对微小企业贷款资产支持证券的投资价值产生较大影响的进展或者变化的，应当在上述进展或者变化出现之日起3个工作日内披露进展或者变化情况。

第三十二条　【持有人大会信息披露】召开资产支持证券持有人大会，召集人应至少提前10个工作日公布资产支持证券持有人大会的召开时间、地点、会议形式、审议事项、议事程序和表决方式等事项，并于大会结束后10个工作日内披露大会决议。

## 第六章　信息披露评价与反馈机制

第三十三条　【信息披露跟踪监测】交易商协会建立专门邮箱、电话、传真等信息披露的市场意见征集和反馈机制，跟踪监测微小企业贷款资产支持证券信息披露工作情况。

第三十四条　【相关机构报告义务】发起机构、受托机构及为证券化提供服务的机构发现相关信息披露义务人未按照自律规则要求履行信息披露义务的，应及时向交易商协会报告。

第三十五条　【信息披露评价机制】交易商协会根据微小企业贷款资产支持证券信息披露情况和市场成员的反馈意见，遵循公平、公正、公开原则，定期或不定期组织投资机构、发起机构、受托机构及为证券化提供服务的机构等市场成员代表对信息披露工作进行评价。

第三十六条　【评价结果运用】交易商协会及时向市场公布信息披露评价结果，并及时向中国人民银行报告。

第三十七条　【不合规情况报告和自律处分】**交易商协会在信息披露情况跟踪监测和评价过程中，对不能按相关规定进行信息披露的情况，及时向中国人民银行报告。**

**对于未按本指引履行相应职责的受托机构、发起机构及为证券化提供服务的机构，经调查核实后，交易商协会视情节轻重可给予有关自律处分。涉嫌违反相关法律法规的，交易商协会将移交中国人民银行等有关部门处理。**

## 第七章　附　　则

第三十八条　【解释权】本指引由交易商协会秘书处负责解释。

第三十九条 【生效时间】本指引自发布之日起施行。

附：微小企业贷款资产支持证券信息披露表格体系

**附：**

**微小企业贷款资产支持证券信息披露表格体系**

为规范微小企业贷款资产支持证券信息披露行为，维护投资者合法权益，促进信贷资产证券化市场规范健康发展，根据《中国人民银行关于信贷资产支持证券发行管理有关事宜的公告》(中国人民银行公告〔2015〕第7号)、《微小企业贷款资产支持证券信息披露指引（2018版)》（中国银行间市场交易商协会公告〔2018〕第24号）等有关规定和自律规范制定本《微小企业贷款资产支持证券信息披露表格体系》(简称《微小贷表格体系》)。

一、使用说明

(一)《微小贷表格体系》包括注册申请报告、发行说明书、受托机构报告和重大事件报告书四个部分，信息披露表格列示的内容是对注册申请报告、发行说明书、受托机构报告和重大事件报告书的最低信息披露要求。

1. 注册申请报告列示发起人注册发行微小企业贷款资产支持证券应披露相关材料。

注册申请报告应至少包括以下七个方面的内容：

**(1) 扉页、目录、注册基本信息；**

**(2) 投资风险提示，主要指证券注册环节可预见的风险；**

**(3) 参与机构①信息；**

**(4) 交易条款信息；**

**(5) 基础资产筛选标准；**

**(4) 基础资产总体信息；**

**(5) 基础资产分布信息；**

**(6) 历史数据信息；**

**(7) 信息披露安排。**

2. 发行说明书列示发行人发行任意一期微小企业贷款资产支持证券应披露的相关材料。发行说明书应至少包括以下九个方面的内容：

**(1) 扉页、目录、发行基本信息；**

---

① 受托机构、发起机构以及其他为证券化提供服务的机构，下同。若注册环节时内容不确定可放到发行环节披露，其中有关发起机构、受托机构的信息需要在注册环节披露。

（2）投资风险提示，主要指证券发行环节可预见的风险；

（3）交易结构信息；

（4）基础资产总体信息；

（5）基础资产分布信息；

（6）证券基础信息；

（7）中介机构意见；

（8）证券后续安排；

（9）投资者保护机制。

3. 受托机构报告列示受托机构在已发行的微小企业贷款资产支持证券存续期内，根据指引及本表格体系规定应披露的相关材料，并在每年出具年度受托机构报告。

受托机构报告应至少包括以下五方面内容：

（1）扉页、目录、存续基本信息；

（2）证券概况；

（3）资产池情况；

（4）基础资产存续期总体信息；

（5）基础资产存续期分布信息。

4. 重大事件报告书列示已发行的微小企业贷款资产支持证券存续期内的重大事件触发情况，受托机构应该在事件触发后3个工作日内及时披露相关信息。

重大事件报告书包括对微小企业贷款资产支持证券投资价值有实质性影响的所有临时性重大事件。

（二）受托机构、发起机构、为证券化提供服务的机构及其经办人员应按有关法律法规、规范性文件要求，编写注册、发行及存续期相关文件，发表专业意见，并对所出具的相关文件和意见承担相应法律责任。

1. 会计师事务所应依据相关规定进行尽职调查及相关专业服务，在会计意见书中对相关事项发表明确意见，对年度受托机构报告进行审计并出具审计报告。

2. 律师事务所应在充分尽职调查的基础上，在法律意见书中对相关事项发表明确意见。

3. 信用评级机构应依据《中国人民银行信用评级管理指导意见》等有关规定出具评级报告。

4. 证券发行前受托机构应按指引要求，填报注册申请报告、发行说明书，证券发行后受托机构应按指引要求填报受托机构报告、重大事件报告书。

（三）受托机构应按以下要求填写表格：

1. 注册申请报告和发行说明书：应依据“适用范围”项下所列示的不同情形，填报所选表格内容，涉及到金额和时间的均需要标明单位。

2. 受托机构报告和重大事件报告书：应依据“适用范围”项下所列示的不同情形，填报所选表格内容，涉及到金额和时间的均需要标明单位。

3. 页码：应将披露内容所在文件的具体页码范围填写在“页码”项下。例如：注册申请报告中“投资风险提示”部分位于第5－9页，则在填写注册申请表时，应在“页码”项下对应的行处填写“5－9”。

4. 备注：需要说明的特殊事项，应根据实际情况，在对应的“备注”项下进行说明。

（四）不适用情形说明

**若本表格某些具体要求对个别基础资产确实不适用的，发起机构和受托机构可根据实际情况，在不影响披露内容完整性、不影响投资者进行重要投资风险判断的前提下做出适当修改，但应在相关信息披露文件中做出说明。**

二、注册申请报告

| 注册申请报告 | | | |
|---|---|---|---|
| 序号 | 内 容 | 页码 | 备注 |
| Z－0 | 扉页、目录、注册基本信息 | | |
| Z－0－1 | 信贷资产支持证券名称 | | 见附件1 |
| Z－0－2 | 基础资产类型② | | 见附件1 |
| Z－0－3 | 信贷资产支持证券发行安排——写明本次注册的总金额及预计的发行期数及交易场所，如有必要可列明各期证券的发行时间段。 | | 见附件1 |
| Z－0－4 | 发行方式可选择招标或簿记建档，拟采用簿记建档发行的，应说明采用簿记建档发行的必要性，定价、配售的具体原则和方式，以及防范操作风险和不正当利益输送的措施。 | | |
| Z－0－5 | 目录——标明各章、节的标题及相应的页码。 | | |
| Z－1 | 投资风险提示 | | |
| Z－1－1 | 注册环节可预见的投资者面临的风险，例如利率风险、早偿风险、流动性风险、信用风险、法律变更风险、追索权仅限于信托财产的风险、交易参与方违约风险等，不同项目可根据实际情况列明。 | | |

② 按照小型企业贷款、微型企业贷款、个体工商户经营性贷款、小微企业主经营性贷款进行分类。

续表

| | | | |
|---|---|---|---|
| Z－2 | 参与机构信息③ | | |
| Z－2－1 | 各参与机构的选任标准及程序——信贷资产证券化业务中对相关参与机构，包含受托机构、主承销商、联席主承销商（如有）、贷款服务机构、资金保管机构、信用评级机构、会计师事务所、律师事务所的选择标准及程序，包括但不限于参与机构的选任原则、选任标准与选任程序。 | | |
| Z－2－2 | 各参与机构名单——所披露的内容包括但不限于各参与机构的名称、注册地址、法定代表人、联系人、联系电话、传真、邮政编码、网址、基本情况简介、各参与机构的证券化经验、违约记录申明及机构之间的关联关系等。注册时受托机构必须唯一，其他参与机构可多选。 | | |
| Z－2－3 | 发起机构资产证券化业务管理办法摘要——明确发起机构资产证券化业务的制度和流程，包括但不限于对业务管理办法的总述、相关参与机构描述、各部门职责、资产证券化业务发起的内部流程等。 | | |
| Z－2－4 | 发起机构资产证券化业务操作规程摘要——明确发起机构资产证券化业务的具体操作规程，包括但不限于对操作规程的总述、发起机构启动资产证券化业务的具体操作流程，例如基础资产池构建及尽职调查、交易结构设计、法律文件准备、定价发行、投资管理及会计处理、证券化信贷资产质量管理、风险监督与管理、合同管理等内容。 | | |
| Z－2－5 | 发起机构资产证券化微小企业贷款服务管理办法摘要——明确发起机构作为资产的提供方贷款形成的标准、程序、以及其他影响贷款质量的制度规定，例如对管理办法的总述、各部门职责与分工、贷款审批政策（如贷款审批标准、行业准入负面清单、近五年贷款审批标准的修订情况等）、贷款管理的内容以及授信内部评分的具体标准、微小企业贷款整体信用分数分布等，此外，应附上授信审核时借款人填写的授信申请表模板④ | | |

③ 本章参与机构信息受托机构可在注册申请报告、发行说明书中选择其一进行披露，原则上为了提高发行效率本章内容应在注册申请报告中披露，若注册环节时内容不确定可放到发行环节披露，其中有关受托机构的选任标准及程序和受托机构名称需要在注册环节披露；在发行环节发生变化的，需要在发行说明书中补充披露，在表格体系备注中说明，并将变化部分向监管机构报备。

④ 需区分企业贷款与个人经营类贷款。

续表

| | | | |
|---|---|---|---|
| Z-2-6 | 贷款服务机构资产证券化微小企业贷款服务管理办法摘要⑤——贷款服务机构信贷资产证券化贷款服务管理办法等相关管理办法的介绍，包括但不限于内部审批制度、授信额度确定办法、贷前调查办法、信贷审批流程、贷款发放、贷后管理办法、贷款担保审核方法、违约贷款处置程序等。 | | |
| Z-2-7 | 受托机构对信托财产的投资管理安排——明确受托机构对信托财产的具体投资管理安排，包括但不限于受托机构对信托财产账户中的资金进行投资运用的投资范围、标准、原则及方式等。 | | |
| Z-3 | 交易条款信息⑥ | | |
| Z-3-1 | 交易结构及各当事方的主要权利与义务——明确各参与机构在交易文件中确定的权利和义务。包含受托机构、发起机构、贷款服务机构、资金保管机构、主承销商、联席主承销商(如有)。 | | |
| Z-3-2 | 预计信托账户设置——交易中账户的开立情况，如信托收款账户（本金分账户、收入分账户）、信托付款账户、混同专用账、抵销专用账、服务转移和通知专用账、税收专用账、流动性储备账的设置情况等，各项目可根据实际情况披露，发行环节如有调整，需要在发行说明书中说明。 | | |
| Z-3-3 | 各交易条款设置—例如回购交易条款、赎回交易条款、终止交易条款等，若在结构设计上涉及到其他类似的交易条款，可按以上规则进行披露。 | | |
| Z-3-4 | 各触发条件设置—例如违约事件触发条件、加速清偿事件触发条件、权利完善事件触发条件、个别通知事件触发条件等，若在结构设计上涉及到其他类似的触发条件，可按以上规则进行披露。 | | |
| Z-4 | 基础资产筛选标准 | | |

⑤ 若发起机构与贷款服务机构为同一家机构，则贷款管理办法可合并撰写，覆盖Z-2-5与Z-2-6中的全部内容。

⑥ 本章交易结构信息受托机构可在注册申请书、发行说明书中选择其一进行披露，原则上为了提高发行效率本章内容应在注册申请书中披露，若注册环节时内容不确定可放到发行环节披露；在发行环节发生变化的，需要在发行说明书中补充披露，在表格体系备注中说明，并将变化部分向监管机构报备。

续表

| | | | |
|---|---|---|---|
| Z-4-1 | 合格标准——明确该期入池资产的合格标准，即初始入池资产的硬性标准，不符合该标准的资产应予以赎回，或不能入池。原则上包括但不限于以下信息：借款企业信用状况⑦、借款人或实际控制人资信情况⑧、是否出现本息逾期，贷款类型⑨、担保情况、币种、贷款用途、贷款五级分类、合同到期期限范围、还款计划是否明确、是否涉及诉讼等。 | | |
| Z-4-2 | 资产保证——指委托人在约定中所做的关于资产池以及每一笔贷款在初始起算日、信托财产交付日的状况的全部陈述和保证。 | | |
| Z-5 | 历史数据信息⑩ | | |
| Z-5-1 | 动态数据信息⑪——每期期初笔数、期初余额、新增贷款金额、早偿金额、正常金额、拖欠1-30天金额、拖欠31-60天金额、拖欠61-90天金额、拖欠91-120天金额、拖欠120天以上金额等。 | | 见附件2 |
| Z-5-2 | 静态数据信息⑫——每个静态池的期初笔数、期初余额、早偿金额、正常金额、拖欠1-30天金额、拖欠31-60天金额、拖欠61-90天金额、拖欠91-120天金额、拖欠120天以上金额等。 | | 见附件3 |
| Z-5-3 | 静态池逐笔信息⑬—每笔贷款的基础信息及还款情况，若入池资产为企业贷款，包括但不限于借款人行业、地区、授信额度、合同总金额、总资产、总负债、营业收入、还款方式、贷款期限、信用评分等⑭；若入池资产为个人经营类贷款，包括但不限于借款人行业、地区、年龄、收入⑮、授信额度、合同总金额、信用评分、还款方式、贷款期限等。<br>静态池数据不少于5000笔⑯。 | | 见附件4-1/附件4-2 |

⑦ 可根据发起机构的实际授信政策制定标准，例如信用评分、征信记录、经营流水、纳税、水电费、海关报表等。

⑧ 个人经营类贷款披露借款人情况，企业贷款披露实际控制人情况，可根据发起机构的实际授信政策制定标准，例如个人情况、信用记录情况、个人资产情况、对外担保情况等。

⑨ 按照小型企业贷款、微型企业贷款、个体工商户经营性贷款、小微企业主经营性贷款进行分类。

⑩ 要求提取的历史数据贷款类型与拟入池资产池的贷款类型保持一致，若资产池含多种类型贷款，则分开提取对应的历史数据贷款情况。

⑪ 受托机构应披露发起机构微小企业贷款至少5年的完整数据（月度为单位），经营不足5年的，应提供自开始经营时的月度完整数据。

⑫ 原则上每个经营季度至少随机抽取一个月度静态池数据。

⑬ 根据拟入池资产的实际情况及发起机构授信管理办法，可补充提供其他能够反映贷款信用质量的信息。该部分信息披露可通过刻录光盘等电子媒介披露。

⑭ 无法提供涉及资产负债表、利润表和现金流量表相关数据的，可根据实际情况补充披露相关信息。

⑮ 若无法提供收入信息，可根据发起机构的实际授信政策，提供其他能反映借款人经济实力或资产水平的数据，如经营流水、财产证明。

⑯ 若单个静态池数据少于5000笔，披露全部数据；若大于5000笔，可仅披露5000笔数据信息。

续表

| | | | |
|---|---|---|---|
| Z-6 | 信息披露安排 | | |
| Z-6-1 | 发行及存续期的信息披露要求、披露方式、途径及内容，明确特殊事件发生后的信息披露机制，以及其他影响产品风险及投资者判断的信息披露安排。 | | |

附件1：注册基本信息

| | |
|---|---|
| 信贷资产支持证券名称 | |
| 基础资产类型 | |
| 注册总金额 | |
| 发行期数 | |
| 交易场所 | |
| 注册有效期 | |

附件2：动态数据信息

| 报告期末 | 期初笔数 | 期初金额 | 新增贷款金额 | 早偿金额 | 正常还款金额 | 拖欠1-30天金额 | 拖欠31-60天金额 | 拖欠61-90天金额 | 拖欠91-120天金额 | 拖欠120天以上额 |
|---|---|---|---|---|---|---|---|---|---|---|
| 2016/1/31⑰ | | | | | | | | | | |
| 2016/2/29 | | | | | | | | | | |
| 2016/3/31 | | | | | | | | | | |
| 2016/4/30⑱ | | | | | | | | | | |

⑰ 案例日期仅举例用，实际日期请根据项目实际情况确定。

⑱ 原则上不得早于提交信息披露材料日期6个月以上，例如2016年8月提交注册申请报告，动态池的最后一期数据应至少保证在2016年2月以后。

附件 3：静态数据信息

| 静态池 | 报告期末 | 期初笔数 | 期初金额 | 早偿金额 | 正常还款金额 | 拖欠 1 – 30 天金额 | 拖欠 31 – 60 天金额 | 拖欠 61 – 90 天金额 | 拖欠 91 – 120 天金额 | 拖欠 120 天以上金额 |
|---|---|---|---|---|---|---|---|---|---|---|
| 2016/1/31[19] | 2016/1/31 | | | | | | | | | |
| 2016/1/31 | 2016/2/29 | | | | | | | | | |
| 2016/1/31 | 2016/3/31 | | | | | | | | | |
| 2016/1/31 | 2016/4/30 | | | | | | | | | |

附件 4 – 1：静态池逐笔信息（企业）

| 贷款 ID | 未偿本金余额 | 贷款发放日 | 贷款到期日 | 还款方式 | 利率 | 行业 | 地区 | 授信额度 | 信用评分 | 总资产 | 总负债 | 营业收入 |
|---|---|---|---|---|---|---|---|---|---|---|---|---|
| 010256892 | | | | | | | | | | | | |
| 010256893 | | | | | | | | | | | | |
| | | | | | | | | | | | | |
| | | | | | | | | | | | | |

附件 4 – 2：静态池逐笔信息（个人）

| 贷款 ID | 未偿本金余额 | 贷款发放日 | 贷款到期日 | 还款方式 | 利率 | 行业 | 地区 | 授信额度 | 信用评分 | 年龄 | 收入 |
|---|---|---|---|---|---|---|---|---|---|---|---|
| 010256892 | | | | | | | | | | | |
| 010256893 | | | | | | | | | | | |
| | | | | | | | | | | | |
| | | | | | | | | | | | |

---

⑲ 案例日期仅举例用，实际日期请根据项目实际情况确定。

三、发行说明书

| 发行说明书 | | | |
|---|---|---|---|
| 序号 | 内　容 | 页码 | 备注 |
| F-0 | 扉页、目录、发行基本信息 | | |
| F-0-1 | 各参与机构名称，包括但不限于发起机构及受托机构。 | | |
| F-0-2 | 证券概况——证券的基本情况，包括交易结构分档情况、各档证券金额、占比、利率形式和信用评级。 | | |
| F-0-3 | 目录——标明各章、节的标题及相应的页码。 | | |
| F-0-4 | 重要提示——经银保监会和人民银行批准发行、确认内容真实、证券仅代表“信托资产”受益权（应明确说明与发起机构和其他机构无关），投资者应认真阅读信息披露文件，监管部门不对价值以及风险进行判断。 | | |
| F-1 | 投资风险提示 | | |
| F-1-1 | 发行环节可预见的投资者面临的风险，例如资产池集中度风险、入池贷款违约风险、抵押权无法办理变更登记风险、附属担保权益相关受益人未变更引致的风险、抵质押物贬值风险、操作风险、交易结构风险或发生重大不利变化风险等。 | | |
| F-2 | 交易结构信息⑳ | | |
| F-2-1 | 交易结构示意图——指资产支持证券发行的基本交易结构和各方之间的法律关系框架图，包括发起机构、受托机构、资金保管机构、登记结算机构、承销机构之间的具体交易过程以及法律关系框架 | | 见附件1 |
| F-2-2 | 参与机构简介㉑——信贷资产证券化业务中各参与机构的简介，包含主承销商、联席主承销商（如有）、贷款服务机构、受托机构、资金保管机构、登记托管机构、信用评级机构、会计师事务所、律师事务所等。 | | |
| F-2-3 | 参与机构权利与义务㉒——明确发起机构、贷款服务机构、受托机构、资金保管机构、主承销商、登记托管机构、承销团成员等参与机构，根据约定条款确定的权利和义务，用于规范各机构资产证券化业务的开展。 | | |
| F-2-4 | 发起机构资产管理办法-入池资产执行的贷款审批政策，同银行现行贷款审批政策的差别，如入池资产中贷款是否含有后续新增的禁止进入行业。 | | |

⑳ 交易结构信息若固定不变可在注册时一次性披露，发行环节免于披露，若发行环节出现变动则需要重新补充披露，并就变化部分向监管机构报备。

㉑ 原则上可在注册申请时披露，若发行环节有变化应在此披露。

㉒ 原则上可在注册申请时披露，若发行环节有变化应在此披露。

续表

| | | | |
|---|---|---|---|
| F-2-5 | 现金流分配机制——证券本金和利息在正常、违约、加速清偿等模式下的分配机制与顺序，通过图示的形式体现账户之间资金的流动和事件变化对分配顺序的影响。 | | 见附件2㉓ |
| F-2-6 | 信用增进措施—证券的信用增进方式，例如超额利差、优先级次级结构、超额抵押、外部增信等，各项目可根据实际情况披露。 | | |
| F-2-7 | 资产支持证券持有人大会的组织形式与权利——包括但不限于持有人大会的组成、会议召集、表决权、会议方式、全体同意事项、特别决议事项等。 | | |
| F-2-8 | 现金流归集表——正常情景下，指按摊还计划对每个收款期间现金流进行归集，不考虑早偿、拖欠、违约、回收等情况。 | | 见附件3 |
| F-3 | 基础资产总体信息㉔ | | |
| F-3-1 | 入池资产笔数与金额特征——资产的入池总笔数、总户数、合同总金额、入池总金额、借款人平均未偿本金余额、单笔贷款最高本金余额、单笔贷款平均本金余额、贷款本息偿付方式等。 | | |
| F-3-2 | 入池资产期限特征——资产的入池加权平均合同期限、加权平均剩余期限、加权平均账龄㉕、贷款最长剩余期限、贷款最短剩余期限等。 | | |
| F-3-3 | 入池资产利率特征㉖——资产的入池加权平均贷款利率、最高贷款利率和最低贷款利率。 | | |
| F-3-4 | 入池资产担保特征㉗—具有担保的入池贷款笔数及金额占比、资产的入池抵（质）押物初始评估价值合计、入池贷款中含抵质押贷款的未偿本金余额占比、初始抵押率（抵押率=初始起算日抵（质）押物初始评估价值/贷款未偿本金余额）。 | | |
| F-3-5 | 入池资产借款人特征㉘——资产借款人的加权平均年龄㉙、借款人㉚加权平均年收入㉛、借款人加权平均收入债务比㉜。（收入债务比（即DTI）=借款人年收入/初始起算日贷款未偿本金余额） | | |

㉓ 不同触发事件下的分配机制图。

㉔ 各项目根据实际情况注明数值及单位。

㉕ 请标明计算加权平均账龄的计算公式。

㉖ 若包含手续费等其他费用回收款，一并披露。

㉗ 若入池资产无抵（质）押，则免于披露。

㉘ 按个人经营类贷款和企业贷款分别披露披露借款人特征和实际控制人特征。可根据拟入池资产的实际情况及发起机构的授信管理办法，提供能够反映借款人信用资质的指标。

㉙ 表格中所有与年龄相关的统计信息均指的是初始起算日的借款人的年龄。

㉚ 指承债主体，个人和家庭均可，以实际法律关系为准。

㉛ 收入统计需要注明取得方式。若无法提供收入信息，可根据发起机构的实际授信政策，提供其他能反映借款人信用情况的信息，例如个人或家庭资产情况、信用记录、对外担保情况。

㉜ 如认为现有数据支持的收入债务比不能反应真实情况，可进行补充说明。

续表

| | | | |
|---|---|---|---|
| F－3－6 | 入池资产借款企业特征—根据实际授信政策，说明授信时点企业是否提供下列能反映借款企业真实经营能力和财务状况的信息和数据，例如能提供资产负债表、完整的经营流水、财产证明、纳税证明、水电费单、海关报表等文件的企业占比。 | | |
| F－4 | 基础资产分布信息 | | |
| F－4－1 | 贷款分布㉝——入池资产的未偿本金余额分布、贷款五级分类分布、贷款利率类型分布、贷款利率分布、担保情况分布、贷款合同期限分布、贷款账龄分布、贷款剩余期限分布、贷款发放日期分布、借款人分布（需按企业贷款和个人经营类贷款分类列示）、还款方式分布、贷款类型㉞、历史累积逾期天数分布。 | | |
| F－4－2 | 借款人分布㉟—若入池资产为企业贷款，则披露借款企业信用状况分布、年收入或其他经营能力指标分布、地区分布。若入池资产为个人经营类贷款，则披露借款人的年龄分布、收入分布、地区分布、信用状况分布。 | | |
| F－4－3 | 行业分布－入池贷款行业分布㊱及入池贷款的用途，例如购买设备、厂房、原材料、补充流动资金、项目贷款等。 | | |
| F－4－4 | 担保分布——入池资产的担保类型分布㊲、抵（质）押资产初始抵押率分布、抵押率㊳分布、抵（质）押物地区分布，若入池资产为企业贷款，还需披露抵（质）押物类型分布。分布信息按贷款笔数及占比、未偿本金余额及占比、预计回收金额及占比三种口径进行统计。 | | |
| F－5 | 证券基础信息 | | |
| F－5－1 | 费用信息——由信托财产支付的费用，应该列明费用科目明细。 | | |

㉝ 需列明合同金额及占比、入池未偿本金金额及占比、笔数及占比等。

㉞ 按照小型企业贷款、微型企业贷款、个体工商户经营性贷款、小微企业主经营性贷款进行分类。

㉟ 根据拟入池资产的实际情况及发起机构授信管理办法，可补充提供其他能够反映贷款信用质量的信息。

㊱ 使用国标或其他行业分类的，请注明。

㊲ 如涉及保证担保的，须注明入池资产借款人是否涉及互保等情况。

㊳ 抵押率＝入池时抵（质）押物评估价值/初始起算日贷款未偿本息余额，若入池时的抵质押物评估价值较难取得，可用抵（质）押物初始评估价值替代。

续表

| | | | |
|---|---|---|---|
| F-5-2 | 日期信息——与证券设立、存续、兑付相关的日期类信息，包括但不限于初始起算日、信托设立日、首次偿付日、结息日、计算日、支付日、回收款转付日、服务机构报告日、资金保管机构报告日、受托人报告日、法定到期日等。 | | |
| F-5-3 | 证券信息——包括各档证券的名称、各档证券的金额、各档证券的票面利率类型、各档证券的信用级别、预期还本日（若为固定摊还型）、预期到期日等，拟采用簿记建档方式发行的证券，说明簿记建档场所安排及场所具体地址。 | | |
| F-5-4 | 风险自留信息——发起机构对各档证券的持有比例。 | | |
| F-6 | 中介机构意见 | | |
| F-6-1 | 尽职调查意见及法律意见摘要——指相关参与机构对基础资产合法合规性等尽职调查情况出具的尽职调查意见，包括但不限于尽职调查的过程、尽职调查的结果、尽职调查的结论、对“信贷资产”合法合规性的判断等。律师事务所对证券化的合法性、有效性问题出具的法律意见，包括但不限于法律依据、交易文件及信托设立的合法有效性、信贷资产转让的合法有效性、破产风险对信托财产的影响，发行、销售及持有资产支持证券的合法有效性等。 | | |
| F-6-2 | 交易概况与会计意见及税务意见摘要——指根据相关会计准则，对基础资产出表与否的判断，包括但不限于适用的准则、管理层的判断、会计师事务所的意见等；税务意见书编制基础和各税种的实际征收情况。 | | |
| F-6-3 | 信用评级机构的假设与分析摘要——包括但不限于评级的基本假设、逻辑思路、基础资产和交易结构分析结果（包括优势与关注中的核心内容）、信用级别等。 | | |
| F-7 | 证券后续安排 | | |
| F-7-1 | 证券跟踪评级安排——指在受评证券信用等级有效期内，对受评证券的信用状况进行持续跟踪监测，并每年出具评级报告。 | | |
| F-7-2 | 证券信息披露安排——存续期的信息披露要求、披露方式、途径及内容，明确特殊事件发生后的信息披露机制，以及其他影响产品风险及投资者判断的信息披露 | | |
| | 安排。受托机构需在发行说明书显著位置载明投资者在微小企业贷款资产支持证券存续期内查阅基础资产池具体信息的途径和方法。 | | |

续表

| | | | |
|---|---|---|---|
| F－8 | 投资者保护机制㊴ | | |
| F－8－1 | （一）各档证券的支付顺序变化（如类似加速清偿事件以及违约事件触发后的支付顺序）；<br>（二）基础资产现金流恶化或其它可能影响投资者利益等情况的应对措施；<br>（三）优先档证券发生违约后的债权及权益保障及清偿安排；<br>（四）发生基础资产权属争议时的解决机制；<br>（五）持有人大会的召开条件、议事程序等安排；<br>（六）其他投资者保护措施或相关安排。 | | |

附件1：交易结构图㊵

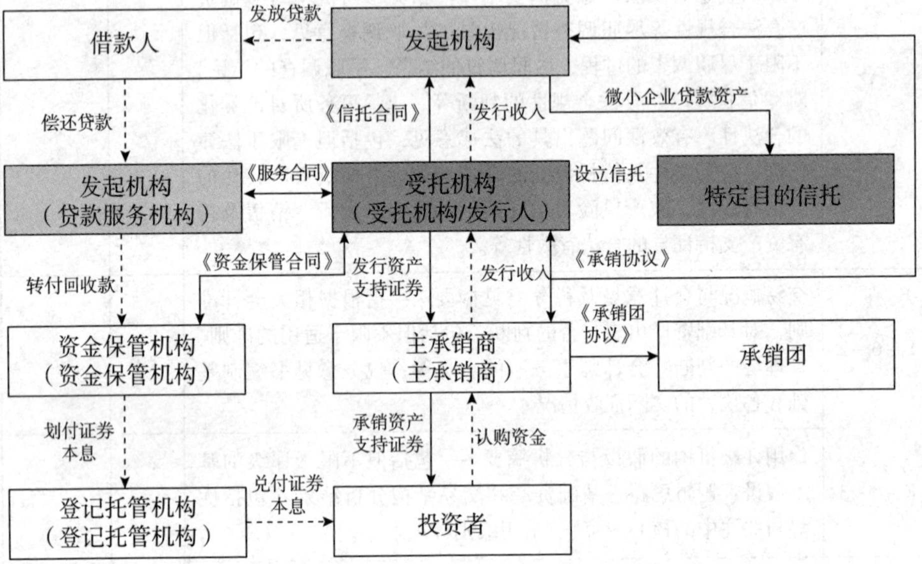


㊴ 如相关内容已在注册申请报告、发行说明书的其他章节予以披露的，此处可进行援引。

㊵ 此图仅作为案例参考，各项目可根据实际情况进行调整，原则上需说明机构间的关系。

附件 2：现金流分配机制[41]

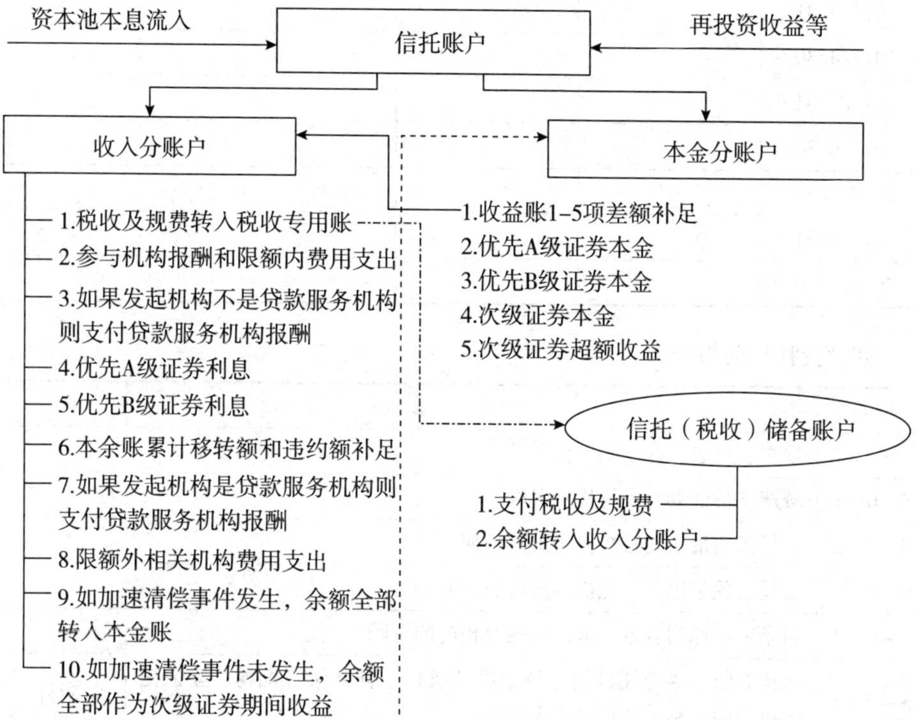


附件 3：现金流归集表

| 信托核算日 | 期初本金总余额 | 本期应收本金 | 本期应收利息 | 期末本金总余额 |
|---|---|---|---|---|
| 2016/6/26[42] | | | | |
| 2016/6/30 | | | | |
| 2016/7/31 | | | | |
| 2016/8/31 | | | | |
| 2016/9/30 | | | | |
| 2016/10/31 | | | | |
| 2016/11/30 | | | | |
| 2016/12/31 | | | | |
| 2017/1/31 | | | | |
| 2017/2/28 | | | | |

---

[41] 此图仅作为案例参考，各项目可根据实际情况进行调整，原则上需说明现金流分配顺序。

[42] 此日期为初始起算日。

续表

| | | | | |
|---|---|---|---|---|
| 2017/3/31 | | | | |
| 2017/4/30 | | | | |
| 2017/5/31 | | | | |
| 2017/6/30 | | | | |
| 2017/7/31 | | | | |
| 2017/8/31 | | | | |
| 2017/9/30 | | | | |

四、受托机构报告

| 序号 | 内容 | 备注 |
|---|---|---|
| S-0 | 扉页、目录、存续基本信息 | |
| S-0-1 | 资产支持证券与受托机构名称。 | |
| S-0-2 | 受托机构报告期数与报告出具日期。 | |
| S-0-3 | 受托人关于出具受托机构报告的声明。 | |
| S-0-4 | 目录——标明各章、节的标题及相应的页码。 | |
| S-0-5 | 机构介绍——受托机构、贷款服务机构、资金保管机构、登记托管机构的名称、地址和联系方式。 | 见附件1 |
| S-1 | 证券概况 | |
| S-1-1 | 证券日期概况——证券的信托设立日、本报告期的期初日期与期末日期以及证券的计息方式。 | 见附件2 |
| S-1-2 | 各档证券本金、利息还款情况——各档证券的信托设立日的证券余额、报告期初的证券余额、本期还款金额、报告期末的证券余额及还款比例；各档证券的执行利率、利息的支付金额、本金的支付金额、单位面值的利息本金支付金额、总支付金额。 | 见附件3、附件4 |
| S-2 | 资产池情况 | |
| S-2-1 | 资产池整体表现情况——资产池的正常贷款、拖欠1-30天贷款、拖欠31-60天贷款、拖欠61-90天贷款、拖欠90天以上贷款、回购或替换贷款笔数金额及占比、合格资产余额占比㊸、违约贷款目前的处置情况，当期有回购贷款的需要在附注中说明原因。 | 见附件5<br>见附件6 |
| S-2-2 | 累计违约率㊹—交易文件中定义的累计违约率在报告期的期末值。 | 见附件7 |

㊸ 合格资产余额占比=符合合格标准的资产金额/期初本金总额。

㊹ 需分别披露资产池整体累计违约率与个人经营类贷款累计违约率；如有涉及加速清偿事件、违约事件等的其他资产池指标，应一并披露。

续表

| | | |
|---|---|---|
| S-2-3 | 现金流归集表—报告期时点，正常情景下，指按摊还计划对每个收款期间现金流进行归集，不考虑早偿、拖欠、违约、回收等情况。若在此报告时点已经发生的早偿贷款则应该从现金流摊还计划表中剔除。 | 见附件8 |
| S-2-4 | 资产池现金流入情况——上次报告期及本次报告期资产池利息的正常回收金额、提前偿还金额、拖欠金额、违约回收金额、其他收入、合格投资金额；上次报告期及本次报告期资产池本金的正常回收金额、提前偿还金额、拖欠金额、违约回收金额、其他收入、上期转存金额、 | 见附件9 |
| S-2-5 | 证券兑付情况——上次报告期及本次报告期信托财产支付的总费用金额和总利息支出金额，原则上应包括证券税费与规费的支出金额、受托费支出金额、贷款服务费支出金额、资金保管费支出金额、其他费用支出金额、证券利息总支出金额；上次报告期及本次报告期证券本金支出金额、次级超额收益支出金额及转存下期金额。 | 见附件9 |
| S-3 | 基础资产存续期总体信息 | |
| S-3-1 | 入池资产笔数与金额特征——初始起算日及本次报告期初期末的资产的入池总笔数、总户数、入池总金额、单笔贷款最高本金余额、单笔贷款平均本金余额、担保[45]贷款金额等。 | 见附件10 |
| S-3-2 | 入池资产期限特征——初始起算日及本次报告期初期末资产的入池加权平均合同期限、加权平均剩余期限、加权平均账龄、贷款最长到期期限、贷款最短到期期限等。 | 见附件11 |
| S-3-3 | 入池资产利率特征[46]——初始起算日及本次报告期初期末资产的入池加权平均贷款利率、最高贷款利率和最低贷款利率。 | 见附件12 |
| S-3-4 | 借款人分布（企业贷款或个人经营类贷款）情况 | 见附件13 |

附件1：

| 机构类别 | 机构名称 | 机构地址 | 联系电话 |
|---|---|---|---|
| 受托机构 | | | |
| 贷款服务机构 | | | |
| 资金保管机构 | | | |
| 登记托管机构 | | | |

---

[45] 包括保证和抵（质）押。

[46] 若包含手续费等其他费用回收，一并披露。

附件2：

| | |
|---|---|
| 信托设立日 | |
| 本期期初日 | |
| 本期期末日 | |
| 计息方式㊼ | |

附件3：

| 证券名称 | 信托设立日余额 | 本期期初余额 | 本期本金还款 | 本期期末余额 | 还款比例 |
|---|---|---|---|---|---|
| 优先A－1档 | | | | | |
| 优先A－2档 | | | | | |
| 优先A－3档 | | | | | |
| 优先A－4档 | | | | | |
| 优先B档 | | | | | |
| 次级档 | | | | | |

附件4：

| 证券名称 | 证券执行利率 | 利息支付金额㊽ | 每100元支付利息 | 本金支付金额 | 每100元支付本金 | 总支付金额 |
|---|---|---|---|---|---|---|
| 优先A－1档 | | | | | | |
| 优先A－2档 | | | | | | |
| 优先A－3档 | | | | | | |
| 优先A－4档 | | | | | | |
| 优先B档 | | | | | | |
| 次级档 | | | | | | |
| 总计 | | | | | | |

㊼ 30/360或实际天数/实际天数等。

㊽ 次级档利息收入指期间收益。

附件5：

| 科　目[49] | 笔数 | 笔数占比 | 金额 | 金额占比 |
|---|---|---|---|---|
| 正常贷款 | | | | |
| 拖欠1－30天贷款 | | | | |
| 拖欠31－60天贷款 | | | | |
| 拖欠61－90天贷款 | | | | |
| 拖欠90天以上贷款 | | | | |
| 回购或替换贷款 | | | | |

附件6：

| 处置状态 | 违约贷款笔数 | 占初始起算日笔数占比 | 违约贷款金额 | 占初始起算日金额占比 |
|---|---|---|---|---|
| 非诉讼类处置 | | | | |
| 诉讼类处置： | | | | |
| （1）进入诉讼准备程序 | | | | |
| （2）进入法庭受理程序 | | | | |
| （3）进入执行拍卖程序 | | | | |
| 经处置已核销 | | | | |
| 汇总 | | | | |

附件7[50]：

| 期数 | 信托核算日 | 资产池累计违约率 | 资产池累计违约金额 | 个人经营类贷款累计违约率 | 个人经营类贷款累计违约金额 |
|---|---|---|---|---|---|
| 第1期 | 2015/8/31 | | | | |
| 第2期 | 2015/9/30 | | | | |
| 第3期 | 2015/10/31 | | | | |
| 第4期 | 2015/11/30 | | | | |
| 第5期 | 2015/12/31 | | | | |

[49] 此处的拖欠贷款指本金拖欠金额，分期贷款的风险暴露逾期部分（包括本金、利息以及罚息等）全部偿还后逾期期数可调整为零（即正常贷款），部分还款情况下风险暴露情况未变化，逾期期数不可缩减。

[50] 每次报告期进行一次更新。

续表

| | | | | | |
|---|---|---|---|---|---|
| 第 6 期 | 2016/1/31 | | | | |
| 第 7 期 | 2016/2/29 | | | | |
| 第 8 期 | 2016/3/31 | | | | |
| 第 9 期 | 2016/4/30 | | | | |
| 第 10 期 | 2016/5/31 | | | | |
| 第 11 期 | 2016/6/30 | | | | |
| 第 12 期 | 2016/7/31 | | | | |

附件 8：现金流归集表

| 计算日 | 期初本金总余额 | 本期应收本金 | 本期应收利息 | 期末本金总余额 |
|---|---|---|---|---|
| 2014/8/30[51] | | | | |
| 2014/9/30 | | | | |
| 2014/10/31 | | | | |
| 2014/11/30 | | | | |
| 2014/12/31 | | | | |
| 2015/1/31 | | | | |
| 2015/2/28 | | | | |
| 2015/3/31 | | | | |
| 2015/4/30 | | | | |
| 2015/5/31 | | | | |
| 2015/6/30 | | | | |
| 2015/7/31 | | | | |
| 2015/8/31 | | | | |
| 2015/9/30 | | | | |

---

[51] 此日期为报告期下一期期末日期。

附件9：

| | 科目 | | 上次报告期 | 本次报告期 |
|---|---|---|---|---|
| 收入账 | 利息 | 正常回收 | | |
| | | 全额提前偿还 | | |
| | | 部分提前偿还 | | |
| | | 拖欠金额 | | |
| | | 违约回收 | | |
| | | 合计 | | |
| | 其他收入 | | | |
| | 合格投资 | | | |
| 本金账 | 本金 | 合计 正常回收 | | |
| | | 全额提前偿还 | | |
| | | 部分提前偿还 | | |
| | | 拖欠金额 | | |
| | | 违约回收 | | |
| | | 合计 | | |
| | 其他收入 | | | |
| | 上期转存 | | | |
| | 合计 | | | |
| | 科目 | | 上次报告期 | 本次报告期 |
| 税费支出 | 税支出 | | | |
| | 服务费总支出 | | | |
| | 其他费用支出[52] | | | |
| 证券兑付支出 | 证券利息总支出 | | | |
| | 证券本金总支出 | | | |
| | 次级档超额收益 | | | |

[52] 需要列明产生其他费用的理由。

附件 10：

| | 初始起算日 | 上次报告期 | 本次报告期 |
|---|---|---|---|
| 总笔数 | | | |
| 总户数 | | | |
| 未偿本金余额 | | | |
| 单笔贷款最高本金余额 | | | |
| 单笔贷款平均本金余额 | | | |
| 担保贷款本金余额 | | | |

附件 11：

| | 初始起算日 | 上次报告期 | 本次报告期 |
|---|---|---|---|
| 加权平均合同期限 | | | |
| 加权平均剩余期限 | | | |
| 加权平均账龄 | | | |
| 单笔贷款最长到期期限 | | | |
| 单笔贷款最短到期期限 | | | |

附件 12：

| | 初始起算日 | 上次报告期 | 本次报告期 |
|---|---|---|---|
| 加权平均贷款利率 | | | |
| 最高贷款利率 | | | |
| 最低贷款利率 | | | |

附件 13

| 债务人类型 | 初始起算日入池金额（万元） | 初始起算日入池金额占比（%） | 本次报告期末贷款笔数 | 本次报告期末贷款笔数占比（%） | 本次报告期末未偿金额（万元） | 本次报告期末未偿金额占比（%） |
|---|---|---|---|---|---|---|
| 企业贷款 | | | | | | |
| 个人经营类贷款 | | | | | | |

五、重大事件报告书

| 序号 | 内容 | 备注 |
|---|---|---|
| E－1 | 资产存续期重大事件 | |
| E－1－1 | 重大事件——报告期内若触发例如加速清偿事件、违约事件、权利完善事件、个别通知事件、资产赎回事件、清仓回购事件、丧失清偿能力事件、受托机构终止事件、重大不利变化事件、重大不利影响事件、受托人解任事件、贷款服务机构解任事件、资金保管机构解任事件、资产支持证券持有大会及其他影响证券年本息兑付或投资者利益的事项的，需要在事件触发3个工作日内披露。不同项目设定的其他重大事件请依据此原则进行披露。 | 见附件1 |

附件1：

| 事件 | 是否发生 | 备注 |
|---|---|---|
| 加速清偿事件 | | |
| 违约事件 | | |
| 权利完善事件 | | |
| 个别通知事件 | | |
| 资产赎回事件 | | |
| 清仓回购事件 | | |
| 丧失清偿能力事件 | | |
| 受托机构终止事件 | | |
| 重大不利变化事件 | | |
| 重大不利影响事件 | | |
| 受托人解任事件 | | |
| 贷款服务机构解任事件 | | |
| 资金报告机构解任事件 | | |
| 资产支持证券持有人大会 | | |
| 其他影响证券本息兑付或投资者利益的事项 | | |

## 2.3.7 《中国银行间市场交易商协会个人消费类贷款资产支持证券信息披露指引（2019版）》（2019年2月1日 中国银行间市场交易商协会公告〔2019〕3号）

【重点提示】

本指引是为了进一步规范个人消费类贷款资产证券化业务，提升消费类信贷资产支持证券标准化、透明化水平，充分发挥信贷资产证券化服务实体经济的积极作用而制定。由交易商协会组织市场成员根据中国人民银行公告〔2015〕第7号文件要求及相关法律法规规定完成，共7章37条。本《指引》在总结前期试点经验基础上，充分借鉴国际经验，进一步明确了**循环类型的个人消费类贷款资产支持证券信息披露安排**。本文将从基本概念、注册环节信息披露、发行环节信息披露、存续期定期信息披露、存续期重大事件信息披露、信息披露评价与反馈机制等6个方面来解读如下：

【文件内容】

### 第一章 总 则

第一条 【制定依据与适用范围】

为规范个人消费类贷款资产支持证券信息披露行为，维护投资者合法权益，促进信贷资产证券化市场规范健康发展，根据中国人民银行公告［2015］第7号文件等有关规定和自律规范，制定本指引。

**以注册方式发行的个人消费类贷款资产支持证券的信息披露**适用本指引，**以其他方式**发行的个人消费类贷款资产支持证券的信息披露**参照**本指引执行。

第二条 【产品定义】

本指引所称个人消费类贷款资产支持证券，是指在中国境内，商业银行、消费金融公司等金融机构作为发起机构，将个人消费类贷款信托给受托机构，由受托机构以资产支持证券的形式向投资机构发行证券，以该个人消费类贷款资产池所产生的现金支付资产支持证券本金和收益的证券化融资工具。

个人消费类贷款应当符合法律法规规定，权属明确，能够产生可预期的现金流，包括循环资产和非循环资产。循环资产应为信用卡账户贷款或经金融管理部门认可的其他资产。

第三条 【持续购买】

个人消费类贷款资产支持证券可以对基础资产进行持续购买安排。本指引所称持续购买，是指受托机构在信托设立后的存续期间内，将本金回收款或本息回收款

（可以包括超额收益）根据交易合同规定的标准再次或多次购买新的合格基础资产纳入资金池。

如采用持续购买结构，受托机构和发起机构等应按照附件表格体系的要求披露持续购买的相关信息。

以个人汽车贷款、个人住房抵押贷款等为基础资产的资产支持证券，涉及持续购买基础资产的有关安排，而相关信息披露规则对持续购买基础资产的信息披露无特殊规定的，参照本指引的相关规定执行。

第四条 【自律管理】

中国银行间市场交易商协会（以下简称交易商协会）对个人消费类贷款资产支持证券信息披露、标准合同文本制定、后续评价等相关业务开展自律管理。受托机构、发起机构及其他相关中介机构应接受交易商协会的自律管理。

交易商协会、债券登记托管结算机构和全国银行间同业拆借中心应当按照中国人民银行有关规定建立信息和数据交流机制，共同做好数据互换、信息共享、市场监测等工作。

第五条 【信息披露责任】受托机构和发起机构应切实履行信息披露职责，保证信息披露真实、准确、完整、及时，不得有虚假记载、误导性陈述和重大遗漏，并承担主体责任。

发起机构和接受受托机构委托为证券化提供服务的机构应按照信托合同、服务合同和资金保管合同等相关约定，及时向受托机构提供相关报告，并保证所提供信息真实、准确、完整。

本指引所称的为证券化提供服务的机构包括但不限于承销机构、贷款服务机构、资金保管机构、信用评级机构、律师事务所、会计师事务所、信用增进机构等。

第六条 【中介机构尽职履责】

为证券化提供服务的机构应按合同约定切实履行尽职调查责任，依法披露信息，对所出具的专业报告和专业意见负责。

第七条 【投资者风险自担】

投资者应对披露的信息进行独立分析，独立判断个人消费类贷款资产支持证券投资价值，自行承担投资风险。

第八条 【信息披露内容】

受托机构、发起机构及为证券化提供服务的机构应根据本指引及相关表格体系要求，在注册环节、发行环节及存续期充分披露个人消费类贷款资产支持证券相关信息。

第九条 【信息披露渠道】

受托机构、发起机构及为证券化提供服务的机构应通过交易商协会综合业务和信息服务平台信息披露服务系统、中国货币网、中国债券信息网、北京金融资产交易所网站及交易商协会认可的其他方式进行个人消费类贷款资产支持证券相关信息披露。信息披露相关服务平台应及时以书面形式将违反信息披露规定的行为向中国人民银行报告、同时告知交易商协会，并向市场公告。

信息披露相关服务平台应严格按照银行间市场法律法规及交易商协会相关自律规范文件要求，规范开展信息披露工作，不断完善信息披露基础设施，提高技术支持、信息披露服务和信息安全管理水平。

第十条 【信息保密义务】

受托机构、发起机构、为证券化提供服务的机构、全国银行间同业拆借中心、中央国债登记结算有限责任公司、北京金融资产交易所及其他相关知情人在信息披露前不得泄露拟披露的信息。

第十一条 【信息披露豁免】

因涉及国家秘密、技术性困难或其他客观原因确实无法披露相关信息的，相关信息披露义务人应对无法披露信息的情况及原因进行说明，向投资者披露情况说明书并向中国人民银行报告，同时告知交易商协会。

## 第二章 注册环节信息披露

第十二条 【注册文件】

受托机构、发起机构应在个人消费类贷款资产支持证券接受注册后10个工作日内，披露注册申请报告等文件。

注册申请报告包括但不限于以下内容：

（一）个人消费类贷款资产支持证券名称、资产类型、是否采用持续购买结构的说明、注册额度、分期发行安排等基本信息；

（二）发行方式可选择招标或簿记建档；拟采用簿记建档发行的，应说明采用簿记建档发行的必要性，定价、配售的具体原则和方式，以及防范操作风险和不正当利益输送的措施；

（三）风险提示及风险披露；

（四）受托机构、发起机构及为证券化提供服务的机构信息，发起机构证券化的信贷资产发放程序、审核标准、担保形式、管理办法、过往表现、违约贷款处置程序及方法等，贷款服务机构管理证券化信贷资产的方法、标准；

（五）交易结构及各当事方的主要权利与义务等信息；

（六）个人消费类贷款入池筛选标准；

（七）发起机构个人消费类贷款历史数据信息；

（八）发行及存续期的信息披露安排。

第十三条 【风险提示】

受托机构应在注册申请报告显著位置提示投资者：投资者购买本期个人消费类贷款资产支持证券，应当认真阅读本文件及有关的信息披露文件，进行独立的投资判断。主管部门对本期证券发行的注册，并不表明对本期证券的投资价值作出了任何评价，也不表明对本期证券的投资风险作出了任何判断。

第十四条 【风险披露】

受托机构应在注册申请报告中充分披露个人消费类贷款资产支持证券可能存在的投资风险，包括但不限于利率风险、政策风险、法律风险、信用风险、操作风险、流动性风险、早偿风险、追索权仅限于信托财产的风险、交易参与方违约风险等。

第十五条 【历史数据信息】

受托机构应在注册申请报告中披露发起机构个人消费类贷款资产的历史数据信息，包括但不限于动态数据信息、静态数据信息等。

受托机构应披露发起机构个人消费类贷款至少5年的完整数据，经营不足5年的，应提供自开始经营时起的完整数据。

第十六条 【信息披露精简原则】

在注册环节已披露的信息，如受托机构、发起机构及为证券化提供服务的机构信息、交易条款信息等，在发行环节及存续期内可免于披露，鼓励在注册环节披露更多信息。若注册环节已披露的前述信息发生变化或需要变更的，应在发行环节披露变更后的信息，并向中国人民银行报告，同时告知交易商协会。

第十七条 【投资者保护机制】

受托机构应在注册申请报告或发行说明书中披露各档投资者保护机制，包括但不限于：

（一）各档证券的支付顺序变化（如类似加速清偿事件以及违约事件触发后的支付顺序）；

（二）基础资产现金流恶化或其它可能影响投资者利益等情况的应对措施；

（三）优先档证券发生违约后的权益保障及清偿安排；

（四）发生基础资产权属争议时的解决机制；

（五）持有人大会的召开条件、议事程序等安排；

（六）其他投资者保护措施或相关安排。

## 第三章 发行环节信息披露

第十八条 【发行文件】

受托机构和发起机构应至少于发行日前5个工作日，披露信托公告、发行说明书、评级报告、募集办法和承销团成员名单等文件。

发行说明书包括但不限于以下内容：

（一）本次发行个人消费类贷款资产支持证券名称、受托机构、发起机构以及为证券化提供服务的机构名称、分档情况等发行基本信息；

（二）风险提示及风险披露；

（三）交易结构信息；

（四）个人消费类贷款入池资产总体信息；

（五）个人消费类贷款入池资产分布信息；

（六）证券基础信息；

（七）为证券化提供服务的机构的专业意见；

（八）跟踪评级及后续信息披露安排。

第十九条 【风险提示】

受托机构应在发行说明书显著位置提示投资者：投资者购买本期个人消费类贷款资产支持证券，应当认真阅读本文件及有关的信息披露文件，进行独立的投资判断。主管部门对本期证券发行的备案、核准或注册，并不表明对本期证券的投资价值作出了任何评价，也不表明对本期证券的投资风险作出了任何判断。

受托机构需在发行说明书显著位置提示投资者：本期个人消费类贷款资产支持证券仅代表特定目的信托受益权的相应份额，不是发起机构、特定目的信托受托机构或任何其他机构的负债，投资机构的追索权仅限于信托财产。

第二十条 【风险披露】

受托机构应在发行说明书中充分披露本期发行个人消费类贷款资产支持证券的投资风险，包括但不限于：交易结构风险、集中度风险、发生重大不利变化风险等。

第二十一条 【交易结构】

受托机构应在发行说明书中披露本期发行个人消费类贷款资产支持证券的交易结构信息，包括但不限于本期发行交易结构示意图、受托机构、发起机构以及为证券化提供服务的机构简介、受托机构、发起机构以及为证券化提供服务的机构权利与义务、本期发行的现金流分配机制、本期发行信用增进措施、资产支持证券持有人大会的组织形式与权利、现金流归集表等。

第二十二条 【基础资产总体信息】

受托机构应在发行说明书中披露本期发行个人消费类贷款资产支持证券的基础资产总体信息，包括但不限于入池资产笔数（或账户数）及金额特征、期限特征、利率特征、借款人特征、抵（质）押物特征（如有）、入池资产贷款用途（如有）等。

个人消费类贷款入池资产如设置抵（质）押的，还需重点披露入池资产抵（质）押物的初始评估价值合计、加权平均初始贷款价值比等信息。

第二十三条 【基础资产分布信息】

受托机构应在发行说明书中披露本期发行个人消费类贷款资产支持证券的入池个人消费类贷款资产分布信息，包括但不限于贷款分布、借款人分布、抵（质）押物分布（如有）。

个人消费类贷款入池资产如设置抵（质）押的，还需重点披露入池资产抵（质）押物的初始贷款价值比分布等信息。

第二十四条 【发行结果信息披露】

受托机构应在每期个人消费类贷款资产支持证券发行结束的当日或次一工作日公布资产支持证券发行情况。

第二十五条 【发行环节信息披露查阅途径】

受托机构需在发行说明书显著位置载明投资者在个人消费类贷款资产支持证券发行期间和存续期内查阅基础资产池具体信息的途径和方法。

## 第四章 存续期定期信息披露

第二十六条 【定期披露】

在个人消费类贷款资产支持证券存续期内，受托机构应依据贷款服务机构和资金保管机构提供的贷款服务报告和资金保管报告，按照本指引及相关表格体系的要求，至少每月披露一次受托机构报告，具体披露时间为每期资产支持证券本息兑付日的3个工作日前；每年4月30日前披露经具有从事证券期货相关业务资格的会计师审计的上年度受托机构报告。

对于信托设立不足2个月的，受托机构可以不编制年度受托机构报告。

第二十七条 【受托机构报告】

受托机构报告应当包括但不限于以下内容：

（一）受托机构和为证券化提供服务机构的名称、地址；

（二）资产支持证券基本信息；

（三）各档次证券的本息兑付及税费支付情况；

（四）本期资产池表现情况，包括资产池整体表现、累计违约率、现金流归集表、资产池现金流入情况等；

（五）基础资产存续期总体信息，包括入池资产笔数（或账户数）与金额特征、期限特征、利率特征、抵（质）押物特征（如有）、借款人特征、贷款用途等；

（六）基础资产存续期分布信息，包括入池资产分布、借款人分布和抵（质）押物分布（如有）等。

（七）内外部信用增进情况说明；

（八）资产池中进入法律诉讼程序的个人消费类贷款情况，法律诉讼程序进展等。

第二十八条 【跟踪评级】

受托机构应与信用评级机构就个人消费类贷款资产支持证券跟踪评级的有关安排作出约定，并应于资产支持证券存续期内的每年7月31日前向投资者披露上年度的跟踪评级报告。本年度发行的资产支持证券当年无需披露跟踪评级报告。

## 第五章 存续期重大事件信息披露

第二十九条 【重大事件信息披露】

在发生可能对个人消费类贷款资产支持证券投资价值有实质性影响的临时性重大事件时，受托机构应在事发后3个工作日内披露相关信息，并向交易商协会报告。

前款所称重大事件包括但不限于以下事项：

（一）发生或已预期到将发生受托机构不能按时兑付个人消费类贷款资产支持证券本息的事项；

（二）受托机构和为证券化提供服务的机构发生影响个人消费类贷款资产支持证券投资价值的违法、违规或违约事件；

（三）个人消费类贷款资产支持证券受托机构及为证券化提供服务的机构发生变更；

（四）个人消费类贷款资产支持证券的信用评级发生不利变化；

（五）受托机构和为证券化提供服务的机构或者基础资产涉及法律纠纷，可能影响交易文件约定的正常分配收益；

（六）受托机构、发起机构或为证券化提供服务的机构的经营情况发生重大变化，或者作出减资、合并、分立、解散、申请破产等决定，可能降低其从事证券化业务水平，对个人消费类贷款资产支持证券投资者利益造成严重不利影响的；

（七）信托合同规定应公告的其他事项；

（八）中国人民银行和中国银行保险监督管理委员会等监管部门规定应公告的其他事项；

（九）法律、行政法规规定应公告的其他事项；

（十）包括但不限于重大事件报告书中涉及的其他可能对证券投资者利益造成严重不利影响的事件。

第三十条 【重大事件进展持续披露机制】

已披露的重大事件出现可能对个人消费类贷款资产支持证券的投资价值产生较大影响的进展或者变化的，受托机构应当在上述进展或者变化出现之日起3个工作日内披露进展或者变化情况。

第三十一条 【持有人大会信息披露】

召开资产支持证券持有人大会，召集人应至少提前30日公布资产支持证券持有人大会的召开时间、地点、会议形式、审议事项、议事程序和表决方式等事项，并于大会结束后10日内披露大会决议。

## 第六章 信息披露评价与反馈机制

第三十二条 【投资者信息披露反馈机制】

交易商协会建立信息披露的市场意见征集和反馈机制，跟踪监测个人消费类贷款资产支持证券信息披露情况。

第三十三条 【信息披露评价机制】

交易商协会根据个人消费类贷款资产支持证券信息披露情况和市场成员的反馈意见，遵循公平、公正、公开原则，组织市场成员对信息披露工作进行评价。

第三十四条 【评价结果运用】

交易商协会及时向市场公布信息披露评价结果，并及时向中国人民银行报告。

第三十五条 【不合规情况报告和自律处分】

交易商协会在信息披露情况跟踪监测和评价过程中，对不能按相关规定进行信息披露的情况，及时向中国人民银行报告。对于未按本指引履行相应职责的受托机构、发起机构及为证券化提供服务的机构，经调查核实后，交易商协会视情节轻重可给予有关自律处分。涉嫌违反相关法律法规的，交易商协会将移交有关部门处理。

## 第七章 附 则

第三十六条 【解释权】

本指引由交易商协会秘书处负责解释。

第三十七条 【生效时间】

本指引自发布之日起施行。

**附：**

### 个人消费类贷款资产支持证券信息披露表格体系

为规范个人消费类贷款资产支持证券信息披露行为，维护投资者合法权益，促进信贷资产证券化市场规范健康发展，根据中国人民银行公告〔2015〕第7号文件、《个人消费类贷款资产支持证券信息披露指引（2019版）》（中国银行间市场交易商协会公告〔2019〕3号）等有关规定和自律规范制定本《个人消费类贷款资产支持证券信息披露表格体系》（以下简称《消费贷表格体系》）。

一、使用说明

（一）《消费贷表格体系》信息披露文件包括注册申请报告、发行说明书、受托机构报告和重大事件报告书四个部分，信息披露表格列示的内容是对注册申请报告、发行说明书、受托机构报告和重大事件报告书的最低信息披露要求。其中，注册申请报告和发行说明书采用“母表+子表”的形式，受托机构报告仅包含子表；母表为必选，子表为可选，相关机构应按照个人消费类贷款资产证券化的基础资产类型选择相应子表。涉及其他交易结构的，交易商协会将另行制定相应的信息披露要求。

1. 注册申请报告列示发起人注册发行个人消费类贷款资产支持证券应披露相关材料。

注册申请报告应至少包括以下7个方面的内容：

（1）扉页、目录、注册基本信息；

（2）风险提示及风险披露；

（3）参与机构[①]信息；

（4）交易条款信息；

（5）基础资产筛选标准；

（6）历史数据信息；

（7）信息披露安排。

2. 发行说明书列示发行人发行任意一期个人消费类贷款资产支持证券应披露的相关材料。

发行说明书应至少包括以下8个方面的内容：

（1）扉页、目录、发行基本信息；

（2）风险提示及风险披露；

（3）交易结构信息；

（4）基础资产总体信息；

（5）基础资产分布信息；

（6）证券基础信息；

① 受托机构、发起机构以及其他为证券化提供服务的机构，下同。

（7）中介机构意见；

（8）证券后续安排。

3. 受托机构报告列示受托机构在已发行的个人消费类贷款资产支持证券存续期内，根据合同约定在每一个本息兑付日前应披露的相关材料，并在每年出具年度受托机构报告。

受托机构报告应至少包括以下4个方面内容：

（1）扉页、目录、存续基本信息；

（2）证券概况；

（3）资产池情况；

（4）基础资产存续期总体信息。

4. 重大事件报告书列示已发行的，并存续期内的重大事件触发情况，受托机构应该在事件触发后3个工作日内及时披露相关信息。

重大事件报告书包括对个人消费类贷款资产支持证券投资价值有实质性影响的所有临时性重大事件。

（二）受托机构、发起机构、为证券化提供服务的机构及其经办人员应按有关法律法规、规范性文件要求，编写注册、发行及存续期相关文件，发表专业意见，并对所出具的相关文件和意见承担相应法律责任。

1. 会计师事务所应依据相关规定进行尽职调查及相关专业服务，在会计意见书中对相关事项发表明确意见，对年度受托机构报告进行审计并出具审计报告。

2. 律师事务所应在充分尽职调查的基础上，在法律意见书中对相关事项发表明确意见。

3. 信用评级机构应依据《中国人民银行信用评级管理指导意见》等有关规定出具评级报告。

4. 证券发行前受托机构应按指引要求，填报注册申请报告、发行说明书，证券发行后受托机构应按指引要求填报受托机构报告、重大事件报告书。

（三）受托机构应按以下要求填写表格：

1. 注册申请报告和发行说明书：应依据“适用范围”项下所列示的不同情形，填报所选表格内容，涉及到金额和时间的均需要标明单位。

2. 受托机构报告和重大事件报告书：应依据“适用范围”项下所列示的不同情形，填报所选表格内容，涉及到金额和时间的均需要标明单位。

3. 页码：应将披露内容所在文件的具体页码范围填写在“页码”项下。例如：注册申请报告中“投资风险提示”部分位于第5－9页，则在填写注册申请表时，应在“页码”项下对应的行处填写“5－9”。

4. 备注：需要说明的特殊事项，应根据实际情况，在对应的“备注”项下进行说明。

（四）不适用情形说明

若本表格某些具体要求对个别基础资产确实不适用的，发起机构和受托机构可根据实际情况，在不影响披露内容完整性、不影响投资者进行重要投资风险判断的前提下做出适当修改，但应在相关信息披露文件中做出说明。

二、注册申请报告

（一）母表

| 序号 | 内容 | 页码 | 备注 |
|---|---|---|---|
| Z-0 | 扉页、目录、注册基本信息 | | |
| Z-0-1 | 信贷资产支持证券名称。 | | 见附件1 |
| Z-0-2 | 基础资产类型②。 | | 见附件1 |
| Z-0-3 | 是否采用持续购买结构的说明。 | | 见附件1 |
| Z-0-4 | 信贷资产支持证券发行安排——写明本次注册的总金额及预计的发行期数及交易场所，如有必要可列明各期证券的发行时间段。 | | 见附件1 |
| Z-0-5 | 发行方式可选择招标或簿记建档，拟采用簿记建档发行的，应说明采用簿记建档发行的必要性，定价、配售的具体原则和方式，以及防范操作风险和不正当利益输送的措施。 | | |
| Z-0-6 | 目录——标明各章、节的标题及相应的页码。 | | |
| Z-1 | 投资风险提示 | | |
| Z-1-1 | 注册环节可预见的投资者面临的风险，例如利率风险、政策风险、法律风险、信用风险、操作风险、流动性风险、早偿风险、债权请求权仅限于信托财产的风险、交易参与方违约风险等，不同项目可根据实际情况列明。 | | |
| Z-2 | 参与机构信息③ | | |

② 本指引所指个人消费类贷款需注明循环资产或非循环资产。

③ 本章参与机构信息受托机构可在注册申请报告、发行说明书中选择其一进行披露，原则上为了提高发行效率本章内容应在注册申请报告中披露，若注册环节时内容不确定可放到发行环节披露，其中有关受托机构的选任标准及程序和受托机构名称需要在注册环节披露；在发行环节发生变化的，需要在发行说明书中补充披露，在表格体系备注中说明，并将变化部分向监管机构报备。

续表

| 序号 | 内容 | 页码 | 备注 |
| --- | --- | --- | --- |
| Z-2-1 | 各参与机构的选任标准及程序——信贷资产证券化业务中对相关参与机构，包含受托机构、主承销商、联席主承销商（如有）、贷款服务机构、资金保管机构、信用评级机构、会计师事务所、律师事务所的选择标准及程序，包括但不限于参与机构的选任原则、选任标准与选任程序。 | | |
| Z-2-2 | 各参与机构名单。所披露的内容包括但不限于各参与机构的名称、注册地址、法定代表人、联系人、联系电话、传真、邮政编码、网址、基本情况简介、各参与机构的证券化经验、违约记录申明及机构之间的关联关系等。<br>注册时受托机构必须唯一，其他参与机构可多选。 | | |
| Z-2-3 | 发起机构资产证券化业务管理办法摘要——明确发起机构资产证券化业务的制度和流程，包括但不限于对业务管理办法的总述、相关参与机构描述、各部门职责、资产证券化业务发起的内部流程等。 | | |
| Z-2-4 | 发起机构资产证券化业务操作规程摘要——明确发起机构资产证券化业务的具体操作规程，包括但不限于对操作规程的总述、发起机构启动资产证券化业务的具体操作流程，例如基础资产池构建及尽职调查、交易结构设计、法律文件准备、定价发行、投资管理及会计处理、证券化信贷资产质量管理、风险监督与管理、合同管理等内容。 | | |
| Z-2-5 | 发起机构资产证券化消费贷款服务管理办法摘要——明确发起机构作为资产的提供方贷款形成的标准、程序、以及其他影响贷款质量的制度规定，例如对管理办法的总述、各部门职责与分工、贷款方案的确定、贷款管理的内容以及授信内部评分的具体标准、消费贷款整体信用分数分布等，此外，应附上授信审核时借款人填写的授信申请表模板。<br>涉及持续购买的，还应披露持续购买的系统测试报告及如何保证持续购买期间正常运行的说明，包括但不限于持续购买运行机制、持续购买效率保证措施、混同风险的防范、违约处置、信息披露安排等。 | | |
| Z-2-6 | 贷款服务机构资产证券化消费贷款服务管理办法摘要④——贷款服务机构信贷资产证券化贷款服务管理办法等相关管理办法的介绍，包括但不限于内部评级制度、授信额度确定办法、贷前调查办法、信贷审批流程、贷款发放、贷后管理办法、贷款担保审核方法、违约贷款处置程序等。 | | |

④ 若发起机构与贷款服务机构为同一家机构，则贷款管理办法可合并撰写，覆盖Z-2-5与Z-2-6中的全部内容。

续表

| 序号 | 内容 | 页码 | 备注 |
| --- | --- | --- | --- |
| Z－2－7 | 受托机构对信托财产的投资管理安排——明确受托机构对信托财产的具体投资管理安排，包括但不限于受托机构对信托财产账户中的资金进行投资运用的投资范围、标准、原则及方式等。<br>涉及持续购买的，还应披露持续购买的系统测试报告及如何保证持续购买期间正常运行的说明，包括但不限于持续购买的投资原则、持续购买运行机制、持续购买效率保证措施、混同风险的防范、违约处置、信息披露安排等。 | | |
| Z－3 | 交易条款信息⑤ | | |
| Z－3－1 | 交易结构及各当事方的主要权利与义务——明确各参与机构在交易文件中确定的权利和义务。包含受托机构、发起机构、贷款服务机构、资金保管机构、主承销商、联席主承销商（如有）。 | | |
| Z－3－2 | 预计信托账户设置——交易中账户的开立情况，如信托收款账户（本金分账户、收入分账户）、信托付款账户、混同专用账、抵销专用账、服务转移和通知专用账、税收专用账的设置情况等，各项目可根据实际情况披露，发行环节如有调整，需要在发行说明书中说明。 | | |
| Z－3－3 | 各交易条款设置—例如回购交易条款、赎回交易条款、终止交易条款等，若在结构设计上涉及到其他类似的交易条款，可按以上规则进行披露。 | | |
| Z－3－4 | 各触发条件设置—例如违约事件触发条件、加速清偿事件触发条件、权利完善事件触发条件、个别通知事件触发条件、提前结束持续购买期触发条件（如有）等，若在结构设计上涉及到其他类似的触发条件，可按以上规则进行披露。 | | |
| Z－4 | 基础资产筛选标准 | | |
| Z－4－1 | 披露初始入池资产的合格标准。 | | |
| Z－4－2 | 披露持续期资产入池合格标准⑥。 | | |
| Z－4－3 | 披露资产保证。 | | |

⑤ 本章交易结构信息受托机构可在注册申请书、发行说明书中选择其一进行披露，原则上为了提高发行效率本章内容应在注册申请书中披露，若注册环节时内容不确定可放到发行环节披露；在发行环节发生变化的，需要在发行说明书中补充披露，在表格体系备注中说明，并将变化部分向监管机构报备。

⑥ 若项目涉及持续购买结构，则需披露该项信息。如在发行环节持续购买期资产入池合格标准有变化，则需在发行环节披露新的持续购买期资产入池合格标准。

续表

| 序号 | 内容 | 页码 | 备注 |
|---|---|---|---|
| Z－5 | 历史数据信息⑦ | | |
| Z－5－1 | 披露动态数据信息⑧。 | | |
| Z－5－2 | 披露静态数据信息⑨。 | | |
| Z－6 | 信息披露安排 | | |
| Z－6－1 | 发行及存续期的信息披露要求、披露方式、途径及内容，明确特殊事件发生后的信息披露机制，以及其他影响产品风险及投资者判断的信息披露安排。 | | |

（二）子表1－非循环资产

| 序号 | 内容 | 页码 | 备注 |
|---|---|---|---|
| FZ－1 | 投资风险提示 | | |
| FZ－1－1 | 在Z－1－1中，增加披露非循环资产持续购买风险。 | | |
| FZ－2 | 交易条款信息 | | |
| FZ－2－1 | 在Z－3－3中，增加披露非循环资产持续购买结构，提供持续购买相关条款，例如持续购买期间保证充足购买率的条款等。 | | |
| FZ－3 | 基础资产筛选标准 | | |
| FZ－3－1 | 在Z－4－1中，披露非循环资产合格标准——明确该期入池资产的合格标准，即初始入池资产的硬性标准，不符合该标准的资产应予以赎回，或不能入池。原则上包括但不限于以下信息：是否出现本息逾期，贷款币种、贷款品种（或用途）、是否涉及诉讼、贷款五级分类、合同到期期限、贷款剩余期限、贷款利率或手续费率、还款计划是否明确等。 | | |

⑦ 受托机构应披露发起机构个人消费类贷款至少五年的完整数据，经营不足五年的，应提供自开始经营时的完整数据。

⑧ 受托机构应披露发起机构个人消费类贷款至少五年的完整数据，经营不足五年的，应提供自开始经营时的完整数据。

⑨ 原则上每个经营季度随机抽取一个月度静态池数据。

续表

| 序号 | 内容 | 页码 | 备注 |
|---|---|---|---|
| FZ－3－2 | 在Z－4－2中，披露非循环资产持续期资产入池合格标准—明确在持续购买期中，持续购买资产的合格标准，即在持续购买期中，持续购买资产的硬性标准，不符合该标准的资产不能入池。原则上包括但不限于以下信息：是否出现本息逾期，贷款币种、贷款品种（或用途）、是否涉及诉讼、贷款五级分类、合同到期期限、贷款剩余期限、贷款利率或手续费率、还款计划是否明确等。 | | |
| FZ－3－3 | 在Z－4－3中，披露资产保证——指委托人在约定中所做的关于资产池以及每一笔贷款在初始起算日、信托财产交付日、持续购买基准日（如有）、持续购买日（如有）的状况的全部陈述和保证。 | | |
| FZ－4 | 历史数据信息 | | |
| FZ－4－1 | 在Z－5－1中，披露非循环资产动态数据信息——每期期初笔数、期初余额、新增贷款金额、早偿金额、正常金额、拖欠1－30天金额、拖欠31－60天金额、拖欠61－90天金额、拖欠91－120天金额、拖欠120天以上金额等。<br>如涉及持续购买结构，需提供每期还款本金、利息金额、费用金额（如手续费等）。 | | 见附件2－1 |
| FZ－4－2 | 在Z－5－2中，披露非循环资产静态数据信息——每个静态池的期初笔数、期初余额、早偿金额、正常金额、拖欠1－30天金额、拖欠31－60天金额、拖欠61－90天金额、拖欠91－120天金额、拖欠120天以上金额等。如涉及持续购买结构，需提供每期还款本金、利息金额、费用金额（如手续费等）。 | | 见附件3－1 |

（三）子表2－循环资产

| 序号 | 内容 | 页码 | 备注 |
|---|---|---|---|
| XZ－0 | 扉页、目录、注册基本信息 | | |
| XZ－0－1 | 在Z－0－3中，增加披露发起机构已发行及尚处于存续期的循环资产类个人消费类贷款资产支持证券的规模、期数、比例⑩。如无，请注明。 | | |

⑩ 分子为发起机构已发行及尚处于存续期的循环资产类个人消费类贷款资产支持证券的规模，分母为报告时点发起机构个人消费类贷款现存总规模。

续表

| 序号 | 内容 | 页码 | 备注 |
| --- | --- | --- | --- |
| XZ－1 | 投资风险提示 | | |
| XZ－1－1 | 在Z－1－1中，增加披露交易结构风险、循环资产风险（例如入池资产规模、收益率及期限不确定性风险等）、持续购买风险等。 | | |
| XZ－2 | 参与机构信息 | | |
| XZ－2－1 | 在Z－2－5中，披露循环资产及持续购买相关的系统测试报告及如何保证循环资产持续购买期间正常运行的说明中补充发行证券规模稳定性的保证措施、循环期内账户新增与删减规则。 | | |
| XZ－2－2 | 在Z－2－7中，披露循环资产及持续购买相关的系统测试报告及如何保证循环资产持续购买期间正常运行的说明中补充发行证券规模稳定性的保证措施、循环期内账户新增与删减规则。 | | |
| XZ－3 | 交易条款信息 | | |
| XZ－3－1 | 在Z－3－3中，增加披露循环资产及持续购买结构相关条款，例如保证发行证券规模稳定性的条款、持续购买期间保证充足购买率的条款等。 | | |
| XZ－4 | 基础资产筛选标准 | | |
| XZ－4－1 | 在Z－4－1中，披露循环资产合格标准——入池资产应为符合特定标准的账户项下资产，特定标准的披露内容原则上包括但不限于以下信息：账户开设时间、当前最大授信额度、账户是否出现本息逾期、账户历史最长逾期期限、账户逾期次数、累计逾期期限、账户资产币种、账户涉及业务类型⑪、是否涉及诉讼、账户收益率及计算方式、账户下贷款五级分类、借款人行为评分等标准。 | | |
| XZ－4－2 | 在Z－4－2中，披露循环资产持续购买期资产入池合格标准—持续购买资产应为符合特定标准的账户项下资产，特定标准的披露内容原则上包括但不限于以下信息：账户开设时间、当前最大授信额度、账户是否出现本息逾期、账户历史最长逾期期限、账户资产币种、账户涉及业务类型⑫、是否涉及诉讼、账户收益率及计算方式、账户下贷款五级分类、借款人行为评分等标准。 | | |

⑪ 由于不同发起机构的贷款类型名称有所差别，所以可在附注中对名称进行解释；需注明未来是否可新增业务类型以及新增业务类型的入池原则等。

⑫ 由于不同发起机构的贷款类型名称有所差别，所以可在附注中对名称进行解释；需注明未来是否可新增业务类型以及新增业务类型的入池原则等。

续表

| 序号 | 内容 | 页码 | 备注 |
|---|---|---|---|
| XZ-4-3 | 在Z-4-3中，披露资产保证——指委托人在约定中所做的关于资产池以及每一笔贷款在初始起算日、信托财产交付日、持续购买基准日（如有）、持续购买日（如有）的状况的全部陈述和保证。 | | |
| XZ-5 | 历史数据信息⑬ | | |
| XZ-5-1 | 在Z-5-1中，披露循环资产动态数据信息——每期期初账户数、期初未偿本金余额、新增交易金额、正常金额⑭、逾期1-30天账户未偿本金余额、逾期31-60天账户未偿本金余额、逾期61-90天账户未偿本金余额、逾期91-120天账户未偿本金余额、逾期120天以上账户未偿本金余额、每期还款本金、利息及费用金额。 | | 见附件2-2 |
| XZ-5-2 | 在Z-5-2中，披露循环资产静态数据信息——每期期初账户数、期初未偿本金总额、新增交易金额、正常金额⑮、逾期1-30天账户未偿本金余额、逾期31-60天账户未偿本金余额、逾期61-90天账户未偿本金余额、逾期91-120天账户未偿本金余额、逾期120天以上账户未偿本金余额、每期还款本金、利息及费用金额。 | | 见附件3-2 |

**附件1：注册基本信息**

| | |
|---|---|
| 信贷资产支持证券名称 | |
| 基础资产类型 | 账单分期/现金分期/全账户/其他消费贷款类型 |
| 是否采用持续购买结构 | |
| 注册总金额 | |
| 发行期数 | |
| 交易场所 | |
| 注册有效期 | |

⑬ 动态数据信息和静态数据信息的选取应覆盖个人消费贷款的高峰期（如“双十一”、新年假期）和非高峰期。

⑭ 期末处于正常状态的未偿本金余额。

⑮ 月末处于正常状态的未偿本金余额。

**附件2-1：动态数据信息⑯**

| 报告期末 | 期初笔数 | 期初金额 | 新增贷款金额 | 早偿金额 | 正常金额 | 拖欠1-30天金额 | 拖欠31-60天金额 | 拖欠61-90天金额 | 拖欠91-120天金额 | 拖欠120天以上金额 | 还款本金⑰ | 利息金额 | 费用金额 |
|---|---|---|---|---|---|---|---|---|---|---|---|---|---|
| 2010/1/31⑱ | | | | | | | | | | | | | |
| 2010/2/28 | | | | | | | | | | | | | |
| 2010/3/31 | | | | | | | | | | | | | |
| 2010/4/30⑲ | | | | | | | | | | | | | |

**附件3-1：静态数据信息⑳**

| 静态池 | 报告期末 | 期初笔数 | 期初金额 | 早偿金额 | 正常金额 | 拖欠1-30天金额 | 拖欠31-60天金额 | 拖欠61-90天金额 | 拖欠91-120天金额 | 拖欠120天以上金额 | 还款本金㉑ | 利息金额 | 费用金额 |
|---|---|---|---|---|---|---|---|---|---|---|---|---|---|
| 2013/1/31㉒ | 2013/1/31 | | | | | | | | | | | | |
| 2013/1/31 | 2013/2/28 | | | | | | | | | | | | |
| 2013/1/31 | 2013/3/31 | | | | | | | | | | | | |
| 2013/1/31 | 2013/4/30 | | | | | | | | | | | | |

---

⑯ 无法披露的指标可用相似指标替代，并说明原因及可行性。

⑰ 如不涉及持续购买结构，此项及右侧各项免于披露。

⑱ 案例日期仅举例用，实际日期请根据项目实际情况确定。

⑲ 原则上不得早于提交信息披露材料日期6个月以上，例如2015年4月提交注册申请报告，动态池的最后一期数据应至少保证在2014年10月以后。

⑳ 无法披露的指标可用相似指标替代，并说明原因及可行性。

㉑ 如不涉及持续购买结构，此项及右侧各项免于披露。

㉒ 案例日期仅举例用，实际日期请根据项目实际情况确定。

附件 2－2：动态数据信息㉓

| 报告期末 | 期初账户数 | 期初未偿本金总额 | 新增交易金额 | 正常金额 | 逾期1－30天账户未偿本金余额 | 逾期31－60天账户未偿本金余额 | 逾期61－90天账户未偿本金余额 | 逾期91－120天账户未偿本金余额 | 逾期120天以上账户未偿本金余额 | 还款本金 | 利息及费用金额 |
|---|---|---|---|---|---|---|---|---|---|---|---|
| 2010/1/31㉔ | | | | | | | | | | | |
| 2010/2/28 | | | | | | | | | | | |
| 2010/3/31 | | | | | | | | | | | |
| 2010/4/30㉕ | | | | | | | | | | | |

附件 3－2：静态数据信息㉖

| 静态池 | 报告期末 | 期初账户数 | 期初未偿本金总额 | 新增交易金额 | 正常金额 | 逾期1－30天账户未偿本金余额 | 逾期31－60天账户未偿本金余额 | 逾期61－90天账户未偿本金余额 | 逾期91－120天账户未偿本金余额 | 逾期120天以上账户未偿本金余额 | 还款本金 | 利息及费用金额 |
|---|---|---|---|---|---|---|---|---|---|---|---|---|
| 2013/1/31㉗ | 2013/1/31 | | | | | | | | | | | |
| 2013/1/31 | 2013/2/28 | | | | | | | | | | | |
| 2013/1/31 | 2013/3/31 | | | | | | | | | | | |
| 2013/1/31 | 2013/4/30 | | | | | | | | | | | |

三、发行说明书

（一）母表

| 序号 | 内容 | 页码 | 备注 |
|---|---|---|---|
| F－0 | 扉页、目录、发行基本信息 | | |
| F－0－1 | 各参与机构名称，包括但不限于发起机构及受托机构。 | | |

㉓ 无法披露的指标可用相似指标替代，并说明原因及可行性。

㉔ 案例日期仅举例用，实际日期请根据项目实际情况确定。

㉕ 原则上不得早于提交信息披露材料日期6个月以上，例如2015年4月提交注册申请报告，动态池的最后一期数据应至少保证在2014年10月以后。

㉖ 无法披露的指标可用相似指标替代，并说明原因及可行性。

㉗ 案例日期仅举例用，实际日期请根据项目实际情况确定。

续表

| 序号 | 内容 | 页码 | 备注 |
|---|---|---|---|
| F-0-2 | 证券概况——证券的基本情况，包括交易结构分档情况、各档证券金额、占比、利率形式和信用评级。 | | |
| F-0-3 | 基础资产类型—披露本次发行的证券的基础资产类型，基础资产的类型包括账单分期/现金分期/全账户/现金贷等其他类型。 | | |
| F-0-4 | 目录——标明各章、节的标题及相应的页码。 | | |
| F-0-5 | 重要提示——经银保监会和人民银行批准发行、确认内容真实、证券仅代表“信托资产”受益权（应明确说明与发起机构和其他机构无关），投资者应认真阅读信息披露文件，监管部门不对价值以及风险进行判断。 | | |
| F-1 | 投资风险提示 | | |
| F-1-1 | 发行环节可预见的投资者面临的风险，例如资产池集中度风险、交易结构风险或发生重大不利变化风险等。 | | |
| F-2 | 交易结构信息㉘ | | |
| F-2-1 | 交易结构示意图——指资产支持证券发行的基本交易结构和各方之间的法律关系框架图，包括发起机构、受托机构、资金保管机构、登记结算机构、承销机构之间的具体交易过程以及法律关系框架。 | | 见附件1 |
| F-2-2 | 参与机构简介㉙——信贷资产证券化业务中各参与机构的简介，包含主承销商、联席主承销商（如有）、贷款服务机构、受托机构、资金保管机构、登记托管机构、信用评级机构、会计师事务所、律师事务所等。 | | |
| F-2-3 | 参与机构权利与义务㉚——明确发起机构、贷款服务机构、受托机构、资金保管机构、主承销商、登记托管机构、承销团成员等参与机构，根据约定条款确定的权利和义务，用于规范各机构资产证券化业务的开展。 | | |
| F-2-4 | 现金流分配机制——证券本金和利息在正常、违约、加速清偿等模式下的分配机制与顺序，通过图示的形式体现账户之间资金的流动和事件变化对分配顺序的影响。 | | 见附件2㉛ |

㉘ 交易结构信息若固定不变可在注册时一次性披露，发行环节免于披露，若发行环节出现变动则需要重新补充披露，并就变化部分向监管机构报备。

㉙ 原则上可在注册申请时披露，若发行环节有变化应在此披露。

㉚ 原则上可在注册申请时披露，若发行环节有变化应在此披露。

㉛ 不同触发事件下的分配机制图。

续表

| 序号 | 内容 | 页码 | 备注 |
|---|---|---|---|
| F-2-5 | 信用增进措施—证券的信用增进方式，例如超额利差、优先级次级结构、超额抵押、外部增信等，各项目可根据实际情况披露。 | | |
| F-2-6 | 资产支持证券持有人大会的组织形式与权利——包括但不限于持有人大会的组成、会议召集、表决权、会议方式、全体同意事项、特别决议事项等。 | | |
| F-2-7 | 现金流归集表——正常情景下，指按摊还计划对每个收款期间现金流进行归集，不考虑早偿、拖欠、违约、回收等情况。 | | 见附件3 |
| F-3 | 基础资产总体信息 | | |
| F-3-1 | 入池资产数量特征。 | | |
| F-3-2 | 入池资产期限特征。 | | |
| F-3-3 | 入池资产利率特征㉜。 | | |
| F-3-4 | 入池资产抵（质）押物特征㉝——资产的入池抵（质）押物初始评估价值合计、加权平均初始㉞贷款价值比等。（初始贷款价值比（即LTV）=初始起算日贷款未偿本金余额/抵（质）押物初始评估价值） | | |
| F-3-5 | 入池资产借款人特征——资产借款人的加权平均年龄㉟、30-40岁借款人贷款的金额占比、借款人㊱加权平均年收入㊲、借款人加权平均收入债务比㊳。（收入债务比（即DTI）=借款人年收入/初始起算日贷款未偿本金余额） | | |
| F-3-6 | 入池资产贷款用途。 | | |
| F-4 | 基础资产分布信息 | | |
| F-4-1 | 入池资产分布 | | |
| F-4-2 | 借款人分布——入池资产涉及的借款人的年龄分布、收入分布、职业分布、地区分布、行为评分分布。 | | |
| F-4-3 | 抵（质）押物分布（如有）。 | | |

㉜ 若包含手续费等其他费用回收款，一并披露
㉝ 若入池资产无抵（质）押，则免于披露。
㉞ 指初始起算日。
㉟ 表格中所有与年龄相关的统计信息均指的是初始起算日的借款人年龄。
㊱ 指承债主体，个人和家庭均可，以实际法律关系为准。
㊲ 收入统计需要注明取得方式。
㊳ 如认为现有数据支持的收入债务比不能反应真实情况，可进行补充说明。

续表

| 序号 | 内容 | 页码 | 备注 |
|---|---|---|---|
| F-5 | 证券基础信息 | | |
| F-5-1 | 费用信息——由信托财产支付的费用，应该列明费用科目明细。 | | |
| F-5-2 | 日期信息——与证券设立、存续、兑付相关的日期类信息，包括但不限于初始起算日、信托设立日、首次偿付日、结息日、计算日、支付日、回收款转付日、服务机构报告日、资金保管机构报告日、受托人报告日、持续购买基准日（如有）、持续购买日（如有）、持续购买终止日（如有）、法定到期日等。 | | |
| F-5-3 | 证券信息——包括各档证券的名称、各档证券的金额、各档证券的票面利率类型、各档证券的信用级别、预期还本日（若为固定摊还型）、预期到期日及计算依据等，拟采用簿记建档方式发行的证券，说明簿记建档场所安排及场所具体地址。 | | |
| F-5-4 | 风险自留信息——发起机构对各档证券的持有比例。 | | |
| F-6 | 中介机构意见 | | |
| F-6-1 | 尽职调查意见及法律意见摘要——指相关参与机构对基础资产合法合规性等尽职调查情况出具的尽职调查意见，包括但不限于尽职调查的过程、尽职调查的结果、尽职调查的结论、对“信贷资产”合法合规性的判断等。<br>律师事务所对证券化的合法性、有效性问题出具的法律意见，包括但不限于法律依据、交易文件及信托设立的合法有效性、信贷资产转让的合法有效性、破产风险对信托财产的影响，发行、销售及持有资产支持证券的合法有效性等。 | | |
| F-6-2 | 交易概况与会计意见摘要——指根据相关会计准则，对基础资产出表与否的判断，包括但不限于适用的准则、管理层的判断、会计师事务所的意见等。 | | |
| F-6-3 | 信用评级机构的假设与分析摘要——包括但不限于评级的基本假设、逻辑思路、基础资产和交易结构分析结果（包括优势与关注中的核心内容）、信用级别等。 | | |
| F-7 | 证券后续安排 | | |
| F-7-1 | 证券跟踪评级安排——指在受评证券信用等级有效期内，对受评证券的信用状况进行持续跟踪监测，并每年出具评级报告。 | | |
| F-7-2 | 证券信息披露安排——存续期的信息披露要求、披露方式、途径及内容，明确特殊事件发生后的信息披露机制，以及其他影响产品风险及投资者判断的信息披露安排。受托机构需在发行说明书显著位置载明投资者在个人消费类贷款资产支持证券存续期内查阅基础资产池具体信息的途径和方法。 | | |

（二）子表1－非循环资产

| 序号 | 内容 | 页码 | 备注 |
| --- | --- | --- | --- |
| FF－1 | 投资风险提示 | | |
| FF－1－1 | 在F－1－1中，增加披露非循环资产持续购买风险。 | | |
| FF－2 | 交易结构信息 | | |
| FF－2－1 | 在F－2－4中，增加披露持续购买模式下的分配机制与顺序。 | | |
| FF－2－2 | 在F－2－7中，增加披露非循环资产池存续期现金流归集情况，需披露现金流归集的假设条件和计算规则，若后期假设或规则变化应说明变化的原因及影响。 | | |
| FF－3 | 基础资产总体信息㊴ | | |
| FF－3－1 | 在F－3－1中，披露入池非循环资产笔数与金额特征——资产的入池总笔数、总户数、合同总金额、入池总金额、借款人平均未偿本金余额、单笔贷款最高本金余额、单笔贷款平均本金余额等。 | | |
| FF－3－2 | 在F－3－2中，披露入池非循环资产期限特征——资产的入池加权平均合同期限、加权平均剩余期限、加权平均账龄㊵、贷款最长剩余期限、贷款最短剩余期限等。 | | |
| FF－3－3 | 在F－3－3中，披露入池非循环资产利率特征——资产的入池加权平均贷款利率、最高贷款利率和最低贷款利率。 | | |
| FF－3－4 | 在F－3－6中，披露入池非循环资产贷款用途—入池贷款的用途与投向，如住房装修、医疗、旅游、购买耐用消费品、其他㊶等，贷款用途应披露到具体的消费领域。 | | |
| FF－4 | 基础资产分布信息 | | |
| FF－4－1 | 在F－4－1中，披露入池非循环资产分布——入池资产的未偿本金余额分布、贷款五级分类分布、贷款利率类型分布、贷款利率分布、担保㊷情况分布、贷款合同期限分布、贷款账龄分布、贷款剩余期限分布、还款方式分布、贷款消费用途分布㊸、贷款类型分布㊹。 | | |

㊴ 各项目根据实际情况注明数值及单位。如涉及非循环资产持续购买结构，并且未在发行前确定初始资产池，则需披露参照资产池信息。参照资产池是按合格标准和发行规模确定的资产池，并非初始购买的资产池，仅作为初始购买的资产池的参照。

㊵ 请标明计算加权平均账龄的计算公式。

㊶ 若为其他，应对可能的贷款投向进行说明。

㊷ 包括保证和抵（质）押。

㊸ 贷款用途应具体到消费领域。

㊹ 由于不同发起机构的贷款类型名称有所差别，所以可在附注中对名称进行解释。

（三）子表2－循环资产

| 序号 | 内容 | 页码 | 备注 |
|---|---|---|---|
| XF－1 | 投资风险提示 | | |
| XF－1－1 | 在F－1－1中，增加披露循环资产风险（例如入池资产规模、收益率及期限不确定性风险等）、持续购买风险等。 | | |
| XF－2 | 交易结构信息 | | |
| XF－2－1 | 在F－2－1中，进一步披露发起机构为保证证券发行规模稳定而持有的信托受益权比例范围。(如有) | | |
| XF－2－2 | 在F－2－4中，增加披露循环资产持续购买模式下的分配机制与顺序。 | | |
| XF－2－3 | 在F－2－7中，增加披露循环资产池存续期现金流归集情况，需披露现金流归集的假设条件和计算规则，若后期假设或规则变化应说明变化的原因及影响。 | | |
| XF－3 | 基础资产总体信息 | | |
| XF－3－1 | 在F－3－1中，披露入池循环资产账户数与金额特征——资产的入池总户数、入池未偿本金总额、借款人平均未偿本金余额、单个账户最高未偿本金余额、单个账户平均未偿本金余额等，单个账户最大授信额度、单个账户平均授信额度㊺。 | | |
| XF－3－2 | 在F－3－2中，披露入池循环资产期限特征——加权平均账户创建时间、分期类贷款期限特征（加权平均合同期限、加权平均剩余期限、加权平均账龄㊻、贷款最长剩余期限、贷款最短剩余期限）等。 | | |
| XF－3－3 | 在F－3－3中，披露入池循环资产利率特征——过去3个月入池账户年化收益率㊼的均值，入池账户中过去3个月年化收益率的最高值和最低值。 | | |
| XF－4 | 基础资产分布信息 | | |

㊺ 循环资产存在一个借款人拥有多个账户情况的，单个账户最大授信额度、单个账户平均授信额度可以按照单个借款人最大授信额度、单个借款人平均授信额度进行披露。

㊻ 请标明计算加权平均账龄的计算公式。

㊼ 第i个账户的月均收益率＝$(X_{i1}+X_{i2}+X_{i3})/3$，其中$X_{i1}$、$X_{i2}$、$X_{i3}$分别为该账户第1至3月的实际收益率，不满3个月的，自贷款发放日开始统计。

续表

| 序号 | 内容 | 页码 | 备注 |
|---|---|---|---|
| XF－4－1 | 在F－4－1中，披露入池循环资产分布——入池账户最大授信额度分布、账户未偿本金余额分布、贷款业务类型[48]分布、贷款五级分类分布、过去3个月全部入池账户实际的月均收益率分布[49]、贷款担保[50]情况分布、账户创建时间分布、分期类贷款期限分布（合同期限分布、账龄分布、剩余期限分布）。 | | |

附件1：交易结构图[51]

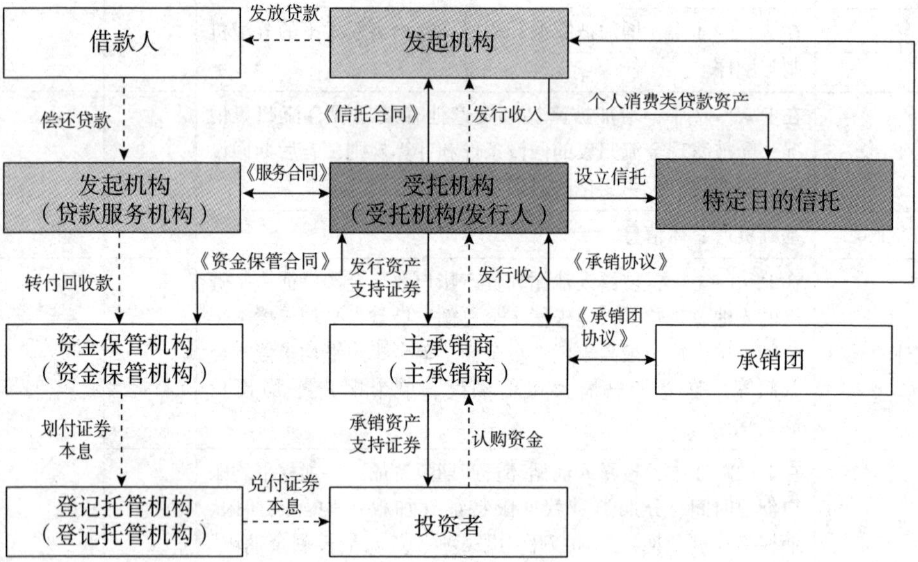


⑱ 由于不同发起机构的贷款类型名称有所差别，所以可在附注中对名称进行解释。

⑲ 第i个账户的月均收益率＝（$X_{i1}+X_{i2}+X_{i3}$）/3，其中$X_{i1}$、$X_{i2}$、$X_{i3}$分别为该账户第1至3月的实际收益率，不满3个月的，自贷款发放日开始统计。

⑳ 包括保证和抵（质）押。

㉑ 此图仅作为案例参考，各项目可根据实际情况进行调整，原则上需说明机构间的关系。

附件2：现金流分配机制[52]

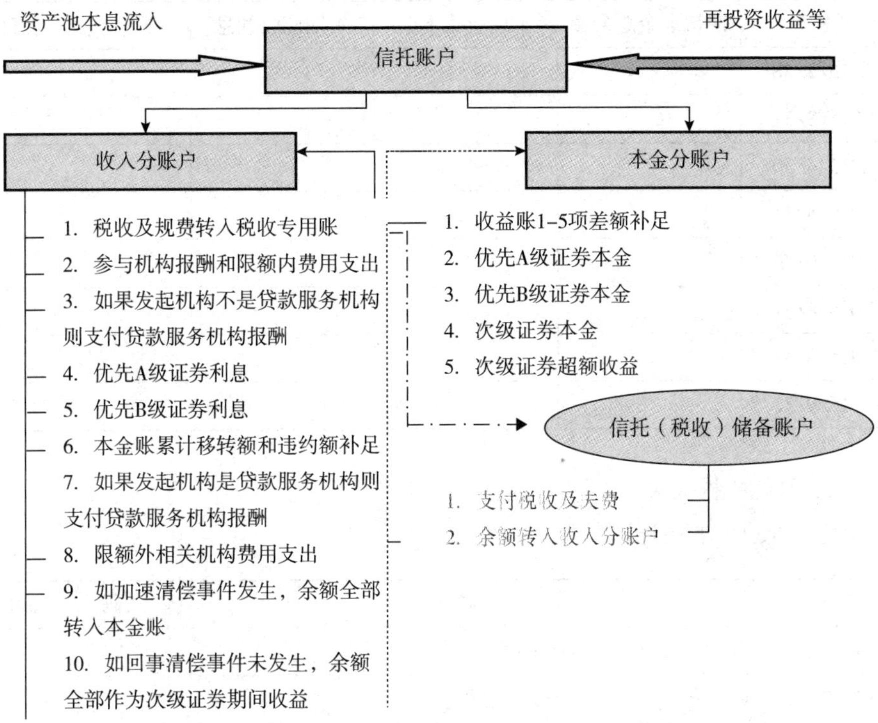


**附件3：现金流归集表**

| 信托核算日 | 期初本金总余额 | 本期应收本金 | 本期应收利息 | 期末本金总余额 |
|---|---|---|---|---|
| 2014/6/26[53] | | | | |
| 2014/6/30 | | | | |
| 2014/7/31 | | | | |
| 2014/8/31 | | | | |
| 2014/9/30 | | | | |
| 2014/10/31 | | | | |
| 2014/11/30 | | | | |
| 2014/12/31 | | | | |
| 2015/1/31 | | | | |

---

[52] 此图仅作为案例参考，各项目可根据实际情况进行调整，原则上需说明现金流分配顺序。

[53] 此日期为初始起算日。

续表

| 信托核算日 | 期初本金总余额 | 本期应收本金 | 本期应收利息 | 期末本金总余额 |
|---|---|---|---|---|
| 2015/2/28 | | | | |
| 2015/3/31 | | | | |
| 2015/4/30 | | | | |
| 2015/5/31 | | | | |
| 2015/6/30 | | | | |
| 2015/7/31 | | | | |
| 2015/8/31 | | | | |
| 2015/9/30 | | | | |

四、受托机构报告

（一）表1－非循环资产

| 序号 | 内容 | 页码 | 备注 |
|---|---|---|---|
| FS－0 | 扉页、目录、存续基本信息 | | |
| FS－0－1 | 资产支持证券与受托机构名称。 | | |
| FS－0－2 | 受托机构报告期数与报告出具日期。 | | |
| FS－0－3 | 受托人关于出具受托机构报告的声明。 | | |
| FS－0－4 | 目录——标明各章、节的标题及相应的页码。 | | |
| FS－0－5 | 机构介绍——受托机构、贷款服务机构、资金保管机构、登记托管机构的名称、地址和联系方式。 | | 见附件1 |
| FS－1 | 证券概况 | | |
| FS－1－1 | 证券日期概况——证券的信托设立日、本报告期的期初日期与期末日期以及证券的计息方式。 | | 见附件2 |
| FS－1－2 | 各档证券本金、利息还款情况——各档证券的信托设立日的证券余额、报告期初的证券余额、本期还款金额、报告期末的证券余额及还款比例；各档证券的执行利率、利息的支付金额、本金的支付金额、单位面值的利息本金支付金额、总支付金额。 | | 见附件3、附件4 |
| FS－2 | 资产池情况 | | |

续表

| 序号 | 内容 | 页码 | 备注 |
| --- | --- | --- | --- |
| FS－2－1 | 非循环资产池整体表现情况——资产池的正常贷款、拖欠1－30天贷款、拖欠31－60天贷款、拖欠61－90天贷款、拖欠90天以上贷款、回购或替换贷款笔数金额及占比、合格资产笔数余额及占比[54]、违约贷款目前的处置情况，当期有回购贷款的需要在附注中说明原因。 |  | 见附件5、附件6 |
| FS－2－2 | 累计违约率[55]—交易文件中定义的累计违约率在报告期的期末值。 |  | 见附件7 |
| FS－2－3 | 非循环资产现金流归集表[56]—报告期时点，正常情景下，指按摊还计划对每个收款期间现金流进行归集，不考虑早偿、拖欠、违约等情况。若在此报告时点已经发生违约的贷款则应该从现金流摊还计划表中剔除。 |  | 见附件8 |
| FS－2－4 | 资产池现金流入情况——上次报告期及本次报告期资产池利息的正常回收金额、提前偿还金额、拖欠金额、违约回收金额、其他收入、合格投资金额；上次报告期及本次报告期资产池本金的正常回收金额、提前偿还金额、拖欠金额、违约回收金额、其他收入、上期转存金额。 |  | 见附件9 |
| FS－2－5 | 证券兑付情况——上次报告期及本次报告期信托财产支付的总费用金额和总利息支出金额，原则上应包括证券税费与规费的支出金额、受托费支出金额、贷款服务费支出金额、资金保管费支出金额、其他费用支出金额、证券利息总支出金额；上次报告期及本次报告期证券本金支出金额、次级超额收益支出金额及转存下期金额。 |  | 见附件9 |
| FS－3 | 基础资产存续期总体信息[57] |  |  |
| FS－3－1 | 入池非循环资产笔数与金额特征——初始起算日及本次报告期初期末的资产的入池总笔数、总户数、入池总金额、单笔贷款最高本金余额、单笔贷款平均本金余额、担保[58]贷款金额等。 |  | 见附件10 |

[54] 合格资产余额占比＝符合合格标准的资产金额/期初本金总额。

[55] 如有涉及加速清偿事件、违约事件、提前结束持续购买期事件等的其他资产池指标，应一并披露。

[56] 如涉及持续购买结构，需披露现金流归集的假设条件和计算规则，若后期假设或规则变化应说明变化的原因及影响。

[57] 如不涉及持续购买结构，则FS－3－4、FS－3－5、FS－3－6项免于披露。

[58] 包括保证和抵（质）押。

续表

| 序号 | 内容 | 页码 | 备注 |
|---|---|---|---|
| FS－3－2 | 入池非循环资产期限特征——初始起算日及本次报告期初期末资产的入池加权平均合同期限、加权平均剩余期限、加权平均账龄、贷款最长到期期限、贷款最短到期期限等。 | | 见附件11 |
| FS－3－3 | 入池非循环资产利率特征⑲——初始起算日及本次报告期初期末资产的入池加权平均贷款利率、最高贷款利率和最低贷款利率。 | | 见附件12 |
| FS－3－4 | 入池资产抵（质）押物特征⑳——初始起算日及本次报告期初期末的资产的入池抵（质）押物初始评估价值合计、加权平均初始㉑贷款价值比等。（初始贷款价值比（即LTV）＝初始起算日贷款未偿本金余额/抵（质）押物初始评估价值） | | |
| FS－3－5 | 入池资产借款人特征——初始起算日及本次报告期初期末的资产借款人的加权平均年龄㉒、30－40岁借款人贷款的金额占比、借款人㉓加权平均年收入㉔、借款人加权平均收入债务比㉕。（收入债务比（即DTI）＝借款人年收入/初始起算日贷款未偿本金余额） | | |
| FS－3－6 | 入池非循环资产贷款用途—初始起算日及本次报告期初期末的入池贷款的用途与投向，如住房装修、医疗、旅游、购买耐用消费品、其他㉖等，贷款用途应披露到具体的消费领域。 | | |
| FS－4 | 基础资产存续期分布信息㉗ | | |

---

⑲ 若包含手续费等其他费用回收，一并披露。

⑳ 若入池资产无抵（质）押，则免于披露。

㉑ 指初始起算日。

㉒ 表格中所有与年龄相关的统计信息均指的是初始起算日的借款人年龄。

㉓ 指承债主体，个人和家庭均可，以实际法律关系为准。

㉔ 收入统计需要注明取得方式。

㉕ 如认为现有数据支持的收入债务比不能反应真实情况，可进行补充说明。

㉖ 若为其他，应对可能的贷款投向进行说明。

㉗ 如不涉及持续购买结构，则该项免于披露；如持续购买期间距上次披露时点累计购买资产占比小于10%，可选择性披露该项。其中，在持续购买期间，持续购买资产占比＝持续购买基础资产本金总额/期初本金总余额。

续表

| 序号 | 内容 | 页码 | 备注 |
| --- | --- | --- | --- |
| FS－4－1 | 入池非循环资产分布——初始起算日及本次报告期初期末的入池资产的未偿本金余额分布、贷款五级分类分布、贷款利率类型分布、贷款利率分布、担保[68]情况分布、贷款合同期限分布、贷款账龄分布、贷款剩余期限分布、还款方式分布、贷款消费用途分布[69]、贷款类型分布[70]。 | | |
| FS－4－2 | 借款人分布——初始起算日及本次报告期初期末的入池资产的年龄分布、收入分布、职业分布、地区分布、信用分数分布。 | | |
| FS－4－3 | 抵（质）押物分布（如有）。 | | |
| FS－5 | 存续期基础资产持续购买总体情况[71] | | |
| FS－5－1 | 非循环资产池持续运营情况—本报告期间持续购买次数、持续购买基础资产本金总额、持续购买基础资产笔数、购买率[72]。 | | 见附件13 |
| FS－5－2 | 持续购买的非循环资产期限特征——本报告期间持续购买资产的入池加权平均合同期限、加权平均剩余期限、加权平均账龄、贷款最长到期期限、贷款最短到期期限等。 | | 见附件14 |
| FS－5－3 | 持续购买的非循环资产利率特征[73]——本报告期间持续购买资产的入池加权平均贷款利率、最高贷款利率和最低贷款利率。 | | 见附件15 |
| FS－5－4 | 持续购买资产抵（质）押物特征[74]——本报告期间持续购买资产的入池抵（质）押物初始评估价值合计、加权平均初始[75]贷款价值比等。（初始贷款价值比（即LTV）＝初始起算日贷款未偿本金余额/抵（质）押物初始评估价值） | | |

---

[68] 包括保证和抵（质）押。

[69] 贷款用途应具体到消费领域。

[70] 由于不同发起机构的贷款类型名称有所差别，所以可在附注中对名称进行解释。

[71] 如不涉及持续购买结构，则该项免于披露。

[72] 需披露购买率计算公式。

[73] 若包含手续费等其他费用回收，一并披露。

[74] 若入池资产无抵（质）押，则免于披露。

[75] 指初始起算日。

续表

| 序号 | 内容 | 页码 | 备注 |
|---|---|---|---|
| FS－5－5 | 持续购买资产借款人特征——本报告期间持续购买资产借款人的加权平均年龄⑯、30－40岁借款人贷款的金额占比、借款人⑰加权平均年收入⑱、借款人加权平均收入债务比⑲。（收入债务比（即DTI）=借款人年收入/初始起算日贷款未偿本金余额） | | |
| FS－5－6 | 持续购买资产贷款用途—本报告期间持续购买贷款的用途与投向，如住房装修、医疗、旅游、购买耐用消费品等，贷款用途应披露到具体的消费领域。 | | |
| FS－6 | 存续期基础资产持续购买分布信息⑳ | | |
| FS－6－1 | 非循环资产分布——本报告期间持续购买资产的未偿本金余额分布、贷款五级分类分布、贷款利率类型分布、贷款利率分布、担保㉑情况分布、贷款合同期限分布、贷款账龄分布、贷款剩余期限分布、还款方式分布、贷款消费用途分布㉒、贷款类型分布㉓。 | | |
| FS－6－2 | 借款人分布——本报告期间持续购买资产的年龄分布、收入分布、职业分布、地区分布、信用分数分布。 | | |

附件1：

| 机构类别 | 机构名称 | 机构地址 | 联系电话 |
|---|---|---|---|
| 受托机构 | | | |
| 贷款服务机构 | | | |
| 资金保管机构 | | | |
| 登记托管机构 | | | |

---

⑯ 表格中所有与年龄相关的统计信息均指的是初始起算日的借款人年龄。

⑰ 指承债主体，个人和家庭均可，以实际法律关系为准。

⑱ 收入统计需要注明取得方式。

⑲ 如认为现有数据支持的收入债务比不能反应真实情况，可进行补充说明。

⑳ 如不涉及持续购买结构，则该项免于披露；如持续购买期间距上次披露时点累计购买资产占比小于10%，可选择性披露该项。其中，在持续购买期间，持续购买资产占比=持续购买基础资产本金总额/期初本金总余额。

㉑ 包括保证和抵（质）押。

㉒ 贷款用途应具体到消费领域。

㉓ 由于不同发起机构的贷款类型名称有所差别，所以可在附注中对名称进行解释。

附件2：

| | |
|---|---|
| 信托设立日 | |
| 本期期初日 | |
| 本期期末日 | |
| 计息方式[84] | |

附件3：

| 证券名称 | 信托设立日余额 | 本期期初余额 | 本期本金还款 | 本期期末余额 | 还款比例 |
|---|---|---|---|---|---|
| 优先A－1档 | | | | | |
| 优先A－2档 | | | | | |
| 优先A－3档 | | | | | |
| 优先A－4档 | | | | | |
| 优先B档 | | | | | |
| 次级档 | | | | | |

附件4：

| 证券名称 | 证券执行利率 | 利息支付金额[85] | 每100元支付利息 | 本金支付金额 | 每100元支付本金 | 总支付金额 |
|---|---|---|---|---|---|---|
| 优先A－1档 | | | | | | |
| 优先A－2档 | | | | | | |
| 优先A－3档 | | | | | | |
| 优先A－4档 | | | | | | |
| 优先B档 | | | | | | |
| 次级档 | | | | | | |
| 总计 | | | | | | |

[84] 30/360或实际天数/实际天数等。

[85] 次级档利息收入指期间收益。

附件5：

| 科目 | 笔数 | 笔数占比 | 金额 | 金额占比 |
|---|---|---|---|---|
| 正常贷款 | | | | |
| 拖欠1－30天贷款 | | | | |
| 拖欠31－60天贷款 | | | | |
| 拖欠61－90天贷款 | | | | |
| 拖欠90天以上贷款 | | | | |
| 回购或替换贷款 | | | | |
| 合格资产[86] | | | | |

附件6：

| 处置状态 | 违约贷款笔数 | 占初始起算日笔数占比 | 违约贷款金额 | 占初始起算日金额占比 |
|---|---|---|---|---|
| 非诉讼类处置 | | | | |
| 诉讼类处置： | | | | |
| （1）进入诉讼准备程序 | | | | |
| （2）进入法庭受理程序 | | | | |
| （3）进入执行拍卖程序 | | | | |
| 经处置已核销 | | | | |
| 汇总 | | | | |

附件7[87]：

| 期数 | 信托核算日 | 累计违约率 |
|---|---|---|
| 第1期 | 2015/8/31 | |
| 第2期 | 2015/9/30 | |

---

[86] 合格资产应符合交易文件中关于合格资产的定义与要求。

[87] 每次报告期进行一次更新。如涉及持续购买结构，在持续购买期，累计违约率＝累计违约金额/期初金额，在非持续购买期，累计违约率＝累计违约金额/持续购买期结束时资产池金额，且若交易文件中定义的累计违约率与上式相异，则另需披露交易文件定义的累计违约率计算方法，并按附件7格式披露各期按交易文件定义的累计违约率。

续表

| 期数 | 信托核算日 | 累计违约率 |
|---|---|---|
| 第 3 期 | 2015/10/31 | |
| 第 4 期 | 2015/11/30 | |
| 第 5 期 | 2015/12/31 | |
| 第 6 期 | 2016/1/31 | |
| 第 7 期 | 2016/2/28 | |
| 第 8 期 | 2016/3/31 | |
| 第 9 期 | 2016/4/30 | |
| 第 10 期 | 2016/5/31 | |
| 第 11 期 | 2016/6/30 | |
| 第 12 期 | 2016/7/31 | |

附件 8：现金流归集表

| 信托核算日 | 期初本金总余额 | 本期应收本金 | 本期应收利息 | 期末本金总余额 |
|---|---|---|---|---|
| 2014/8/30[88] | | | | |
| 2014/9/30 | | | | |
| 2014/10/31 | | | | |
| 2014/11/30 | | | | |
| 2014/12/31 | | | | |
| 2015/1/31 | | | | |
| 2015/2/28 | | | | |
| 2015/3/31 | | | | |
| 2015/4/30 | | | | |
| 2015/5/31 | | | | |
| 2015/6/30 | | | | |
| 2015/7/31 | | | | |
| 2015/8/31 | | | | |
| 2015/9/30 | | | | |

[88] 此日期为报告期期末日期。

附件9：

| 本次报告期 | 科目 | | | 上次报告期 |
|---|---|---|---|---|
| 收入账 | 利息 | | | |
| | 其他收入 | | | |
| | 合格投资 | | | |
| | 合计 | | | |
| | 正常回收 | | | |
| | 提前偿还 | | | |
| | 拖欠金额 | | | |
| | 违约回收 | | | |
| 本金账 | 本金 | 合计正常回收 | | |
| | | 提前偿还 | | |
| | | 拖欠金额 | | |
| | | 违约回收 | | |
| | | 合计 | | |
| | 其他收入 | | | |
| | 上期转存 | | | |
| | 合计 | | | |
| | 科目 | | 上次报告期 | 本次报告期 |
| 税费支出 | 税支出 | | | |
| | 服务总费用支出[89] | | | |
| | 其他费用支出[90] | | | |
| | 证券利息总支出 | | | |
| 本金支出 | 证券本金总支出<br>次级档超额收益 | | | |

---

[89] 包含贷款服务费、资金保管费、登记托管费，持续及清算审计费、跟踪评级费用及必要的法律服务费用等费用。

[90] 需要列明产生其他费用的理由。

附件 10：

| | 初始起算日 | 上次报告期 | 本次报告期 |
|---|---|---|---|
| 总笔数 | | | |
| 总户数 | | | |
| 未偿本金余额 | | | |
| 单笔贷款最高本金余额 | | | |
| 单笔贷款平均本金余额 | | | |
| 担保[91]贷款本金余额 | | | |

附件 11：

| | 初始起算日 | 上次报告期 | 本次报告期 |
|---|---|---|---|
| 加权平均合同期限 | | | |
| 加权平均剩余期限 | | | |
| 加权平均账龄 | | | |
| 单笔贷款最长到期期限 | | | |
| 单笔贷款最短到期期限 | | | |

附件 12：

| | 初始起算日 | 上次报告期 | 本次报告期 |
|---|---|---|---|
| 加权平均贷款利率 | | | |
| 最高贷款利率 | | | |
| 最低贷款利率 | | | |

附件 13：

| | 上次报告期 | 本次报告期 |
|---|---|---|
| 购买次数 | | |
| 购买总本金余额 | | |
| 购买总笔数 | | |
| 购买率 | | |

[91] 包括保证和抵（质）押。

附件 14：

| | 上次报告期 | 本次报告期 |
|---|---|---|
| 购买资产加权平均合同期限 | | |
| 购买资产加权平均剩余期限 | | |
| 购买资产加权平均账龄 | | |
| 购买资产单笔贷款最长到期期限 | | |
| 购买资产单笔贷款最短到期期限 | | |

附件 15：

| | 上次报告期 | 本次报告期 |
|---|---|---|
| 购买资产加权平均贷款利率 | | |
| 购买资产最高贷款利率 | | |
| 购买资产最低贷款利率 | | |

（二）表 2－循环资产

| 序号 | 内容 | 页码 | 备注 |
|---|---|---|---|
| XS－0 | 扉页、目录、存续基本信息 | | |
| XS－0－1 | 资产支持证券与受托机构名称。 | | |
| XS－0－2 | 受托机构报告期数与报告出具日期。 | | |
| XS－0－3 | 受托人关于出具受托机构报告的声明。 | | |
| XS－0－4 | 目录——标明各章、节的标题及相应的页码。 | | |
| XS－0－5 | 机构介绍——受托机构、贷款服务机构、资金保管机构、登记托管机构的名称、地址和联系方式。 | | 见附件 1 |
| XS－1 | 证券概况 | | |
| XS－1－1 | 证券日期概况——证券的信托设立日、本报告期的期初日期与期末日期以及证券的计息方式。 | | 见附件 2 |
| XS－1－2 | 各档证券本金、利息还款情况——各档证券的信托设立日的证券余额、报告期初的证券余额、本期还款金额、报告期末的证券余额及还款比例；各档证券的执行利率、利息的支付金额、本金的支付金额、单位面值的利息本金支付金额、总支付金额。 | | 见附件 3、附件 4 |

续表

| 序号 | 内容 | 页码 | 备注 |
|---|---|---|---|
| XS-2 | 资产池情况 | | |
| XS-2-1 | 循环资产池整体表现情况——资产池的正常账户、逾期1-30天账户未偿本金余额、逾期31-60天账户未偿本金余额、逾期61-90天账户未偿本金余额、逾期91天以上账户未偿本金余额、回购或替换账户数余额及占比、合格账户数余额及占比[92]、违约账户目前的处置情况，当期有回购账户的需要在附注中说明原因。 | | |
| XS-2-2 | 累计违约率[93]—交易文件中定义的累计违约率在报告期的期末值。 | | 见附件7 |
| XS-2-3 | 循环资产现金流归集表[94]——报告期时点，正常情景下，指按摊还计划对每个收款期间现金流进行归集，不考虑未来资产池早偿、拖欠、违约等情况。若在此报告时点已经发生违约的账户则应该从现金流摊还计划表中剔除。 | | 见附件8 |
| XS-2-4 | 资产池现金流入情况——上次报告期及本次报告期资产池利息的正常回收金额、拖欠金额、违约回收金额、其他收入、合格投资金额；上次报告期及本次报告期资产池本金的正常回收金额、拖欠金额、违约回收金额、其他收入、上期转存金额；披露上次报告期及本次报告期发起人收到的利息（不包含证券自持部分），发起人收到的本金（不包含证券自持的部分）以及发起人所占信托受益权份额（不包含证券自持部分）。 | | 见附件9 |
| XS-2-5 | 证券兑付情况——上次报告期及本次报告期信托财产支付的总费用金额和总利息支出金额，原则上应包括证券税费与规费的支出金额、受托费支出金额、贷款服务费支出金额、资金保管费支出金额、其他费用支出金额、证券利息总支出金额；上次报告期及本次报告期证券本金支出金额、次级超额收益支出金额及转存下期金额。 | | 见附件9 |
| XS-3 | 基础资产存续期总体信息[95] | | |

[92] 合格账户余额占比=符合合格标准的账户下未偿本金余额/期初资产池未偿本金总额。

[93] 如有涉及加速清偿事件、违约事件、提前结束持续购买期事件等的其他资产池指标，应一并披露。

[94] 需披露现金流归集的假设条件和计算规则，若后期假设或规则变化应说明变化的原因及影响。

[95] 如不涉及持续购买结构，则S-3-4、S-3-5、S-3-6项免于披露。

续表

| 序号 | 内容 | 页码 | 备注 |
|---|---|---|---|
| XS-3-1 | 入池循环资产账户数与金额特征——初始起算日及本次报告期初期末的资产的入池总账户数、入池未偿本金总额、单个账户最高本金余额、单个账户平均未偿本金余额、担保[96]贷款金额等。 | | 见附件10 |
| XS-3-2 | 入池循环资产期限特征——初始起算日及本次报告期初期末入池资产的加权平均账户创建时间、分期类贷款期限特征（加权平均合同期限、加权平均剩余期限、加权平均账龄、最长到期期限、最短到期期限）。 | | 见附件11 |
| XS-3-3 | 入池循环资产利率特征——在初始起算日及本次报告期初期末时点，全部入池账户过去一个月年化收益率均值，过去一个月年化收益率的最高和最低值。 | | 见附件12 |
| XS-3-4 | 入池资产抵（质）押物特征[97]——初始起算日及本次报告期初期末的资产的入池抵（质）押物初始评估价值合计、加权平均初始[98]贷款价值比等。（初始贷款价值比（即LTV）=初始起算日贷款未偿本金余额/抵（质）押物初始评估价值） | | |
| XS-3-5 | 入池资产借款人特征——初始起算日及本次报告期初期末的资产借款人的加权平均年龄[99]、30-40岁借款人贷款的金额占比、借款人[100]加权平均年收入[101]、借款人加权平均收入债务比[102]。（收入债务比（即DTI）=借款人年收入/初始起算日贷款未偿本金余额） | | |
| XS-4 | 基础资产存续期分布信息[103] | | |

[96] 包括保证和抵（质）押。

[97] 若入池资产无抵（质）押，则免于披露。

[98] 指初始起算日。

[99] 表格中所有与年龄相关的统计信息均指的是初始起算日的借款人年龄。

[100] 指承债主体，个人和家庭均可，以实际法律关系为准。

[101] 收入统计需要注明取得方式。

[102] 如认为现有数据支持的收入债务比不能反应真实情况，可进行补充说明。

[103] 如不涉及持续购买结构，则该项免于披露；如持续购买期间距上次披露时点累计购买资产占比小于10%，可选择性披露该项。其中，在持续购买期间，持续购买资产占比=持续购买基础资产本金总额/期初本金总余额。

续表

| 序号 | 内容 | 页码 | 备注 |
|---|---|---|---|
| XS－4－1 | 入池循环资产分布——初始起算日及本次报告期初期末的入池账户[104]最大授信额度分布、账户未偿本金余额分布、贷款业务类型[105]分布、贷款五级分类分布、全部入池账户实际的当月收益率分布、全部类型贷款利率分布、贷款担保[106]情况分布、账户创建时间分布、分期类贷款期限分布（合同期限分布、账龄分布、剩余期限分布）。 | | |
| XS－4－2 | 借款人分布——初始起算日及本次报告期初期末的入池资产的年龄分布、收入分布、职业分布、地区分布、信用分数分布。 | | |
| XS－4－3 | 抵（质）押物分布（如有）。 | | |
| XS－5 | 存续期基础资产持续购买总体情况[107] | | |
| XS－5－1 | 循环资产池持续运营情况——本报告期间持续购买次数、持续购买基础资产本金总额、新购买账户数（如有）、删除账户数（如有）、购买率[108]。 | | 见附件13 |
| XS－5－2 | 持续购买的循环资产期限特征—分期类贷款期限特征（加权平均合同期限、加权平均剩余期限、加权平均账龄、贷款最长剩余期限、贷款最短剩余期限）等；对于新增账户入池，需披露新入池账户加权平均账户创建时间。 | | 见附件14 |
| XS－5－3 | 持续购买的循环资产利率特征[109]——本报告期间持续购买的各业务类型贷款的加权平均贷款利率、最高贷款利率和最低贷款利率；对于新增账户入池，需披露过去3个月新入池账户实际的月均收益率的均值，新入池账户中过去3个月最高月均收益率和最低月均收益率[110]。 | | 见附件15 |

[104] 存在一个借款人拥有多个账户情况的，可以按借款人进行披露

[105] 由于不同发起机构的贷款类型名称有所差别，所以可在附注中对名称进行解释。

[106] 包括保证和抵（质）押。

[107] 如不涉及持续购买结构，则该项免于披露。

[108] 需披露购买率计算公式。

[109] 若包含手续费等其他费用回收，一并披露。

[110] 第i个账户的月均收益率＝（$X_{i1}+X_{i2}+X_{i3}$）/3，其中$X_{i1}$、$X_{i2}$、$X_{i3}$分别为该账户第1至3月的实际收益率，不满3个月的，自贷款发放日开始统计。

续表

| 序号 | 内容 | 页码 | 备注 |
|---|---|---|---|
| XS－5－4 | 持续购买资产抵（质）押物特征⑪——本报告期间持续购买资产的入池抵（质）押物初始评估价值合计、加权平均初始⑫贷款价值比等。（初始贷款价值比（即 LTV）＝初始起算日贷款未偿本金余额/抵（质）押物初始评估价值） | | |
| XS－5－5 | 持续购买资产借款人特征——本报告期间持续购买资产借款人的加权平均年龄⑬、30－40 岁借款人贷款的金额占比、借款人⑭加权平均年收入⑮、借款人加权平均收入债务比⑯。（收入债务比（即 DTI）＝借款人年收入/初始起算日贷款未偿本金余额） | | |
| XS－5－5 | 持续购买资产的逾期情况——本报告期间持续购买资产的逾期天数、逾期次数和逾期金额等。 | | |
| XS－6 | 存续期基础资产持续购买分布信息⑰ | | |
| XS－6－1 | 循环资产分布——本报告期间持续购买贷款的业务类型分布、五级分类分布、分期类贷款期限分布（合同期限分布、账龄分布、剩余期限分布）、全部业务类型贷款各自的贷款利率分布、贷款担保⑱情况分布；对于新增账户入池，需披露入池账户最大授信额度分布、账户未偿本金余额分布、过去 3 个月全部入池账户实际的月均收益率分布⑲、账户创建时间分布。 | | |
| XS－6－2 | 借款人分布——本报告期间持续购买资产的年龄分布、收入分布、职业分布、地区分布、信用分数分布。 | | |

---

⑪ 若入池资产无抵（质）押，则免于披露。

⑫ 指初始起算日。

⑬ 表格中所有与年龄相关的统计信息均指的是初始起算日的借款人年龄。

⑭ 指承债主体，个人和家庭均可，以实际法律关系为准。

⑮ 收入统计需要注明取得方式。

⑯ 如认为现有数据支持的收入债务比不能反应真实情况，可进行补充说明。

⑰ 如不涉及持续购买结构，则该项免于披露；如持续购买期间距上次披露时点累计购买资产占比小于 10%，可选择性披露该项。其中，在持续购买期间，持续购买资产占比＝持续购买基础资产本金总额/期初本金总余额。

⑱ 包括保证和抵（质）押。

⑲ 第 i 个账户的月均收益率＝（$X_{i1}+X_{i2}+X_{i3}$）/3，其中 $X_{i1}$、$X_{i2}$、$X_{i3}$ 分别为该账户第 1 至 3 月的实际收益率，不满 3 个月的，自贷款发放日开始统计。

附件1：

| 机构类别 | 机构名称 | 机构地址 | 联系电话 |
|---|---|---|---|
| 受托机构 | | | |
| 贷款服务机构 | | | |
| 资金保管机构 | | | |
| 登记托管机构 | | | |

附件2：

| | |
|---|---|
| 信托设立日 | |
| 本期期初日 | |
| 本期期末日 | |
| 计息方式⑳ | |

附件3：

| 证券名称 | 信托设立日余额 | 本期期初余额 | 本期本金还款 | 本期期末余额 | 还款比例 |
|---|---|---|---|---|---|
| 优先A－1档 | | | | | |
| 优先A－2档 | | | | | |
| 优先A－3档 | | | | | |
| 优先A－4档 | | | | | |
| 优先B档 | | | | | |
| 次级档 | | | | | |

附件4：

| 证券名称 | 证券执行利率 | 利息支付金额㉑ | 每100元支付利息 | 本金支付金额 | 每100元支付本金 | 总支付金额 |
|---|---|---|---|---|---|---|
| 优先A－1档 | | | | | | |
| 优先A－2档 | | | | | | |
| 优先A－3档 | | | | | | |

⑳ 30/360或实际天数/实际天数等。

㉑ 次级档利息收入指期间收益。

续表

| 证券名称 | 证券执行利率 | 利息支付金额 | 每100元支付利息 | 本金支付金额 | 每100元支付本金 | 总支付金额 |
|---|---|---|---|---|---|---|
| 优先A-4档 | | | | | | |
| 优先B档 | | | | | | |
| 次级档 | | | | | | |
| 总计 | | | | | | |

附件5：

| 科目 | 账户数 | 账户数占比 | 未偿本金余额 | 余额占比 |
|---|---|---|---|---|
| 正常账户 | | | | |
| 逾期1-30天账户 | | | | |
| 逾期31-60天账户 | | | | |
| 逾期61-90天账户 | | | | |
| 逾期90天以上账户 | | | | |
| 回购或替换账户 | | | | |
| 合格账户[122] | | | | |

附件6：

| 处置状态 | 违约账户数 | 占初始起算日账户数比例 | 违约账户未偿本金余额 | 占初始起算日资产池未偿本金总额比例 |
|---|---|---|---|---|
| 非诉讼类处置 | | | | |
| 诉讼类处置： | | | | |
| (1) 进入诉讼准备程序 | | | | |
| (2) 进入法庭受理程序 | | | | |
| (3) 进入执行拍卖程序 | | | | |
| 经处置已核销 | | | | |
| 汇总 | | | | |

[122] 合格资产应符合交易文件中关于合格资产的定义与要求。

附件7[123]：

| 期数 | 信托核算日 | 累计违约率 |
|---|---|---|
| 第1期 | 2015/8/31 | |
| 第2期 | 2015/9/30 | |
| 第3期 | 2015/10/31 | |
| 第4期 | 2015/11/30 | |
| 第5期 | 2015/12/31 | |
| 第6期 | 2016/1/31 | |
| 第7期 | 2016/2/28 | |
| 第8期 | 2016/3/31 | |
| 第9期 | 2016/4/30 | |
| 第10期 | 2016/5/31 | |
| 第11期 | 2016/6/30 | |
| 第12期 | 2016/7/31 | |

附件8：现金流归集表

| 信托核算日 | 期初本金总余额 | 本期应收本金 | 本期应收利息 | 期末本金总余额 |
|---|---|---|---|---|
| 2014/8/30[124] | | | | |
| 2014/9/30 | | | | |
| 2014/10/31 | | | | |
| 2014/11/30 | | | | |
| 2014/12/31 | | | | |
| 2015/1/31 | | | | |
| 2015/2/28 | | | | |
| 2015/3/31 | | | | |
| 2015/4/30 | | | | |
| 2015/5/31 | | | | |

[123] 每次报告期进行一次更新。如涉及持续购买结构，在持续购买期，累计违约率＝累计违约金额/期初金额，在非持续购买期，累计违约率＝累计违约金额/持续购买期结束时资产池金额，且若交易文件中定义的累计违约率与上式相异，则另需披露交易文件定义的累计违约率计算方法，并按附件7格式披露各期按交易文件定义的累计违约率。

[124] 此日期为报告期期末日期。

续表

| 信托核算日 | 期初本金总余额 | 本期应收本金 | 本期应收利息 | 期末本金总余额 |
|---|---|---|---|---|
| 2015/6/30 | | | | |
| 2015/7/31 | | | | |
| 2015/8/31 | | | | |
| 2015/9/30 | | | | |

附件9：

<table>
<tr><td></td><td colspan="2">科目</td><td>上次报告期</td><td>本次报告期</td></tr>
<tr><td rowspan="7">收入账</td><td rowspan="4">利息</td><td>正常回收</td><td rowspan="7"></td><td rowspan="7"></td></tr>
<tr><td>拖欠金额</td></tr>
<tr><td>违约回收</td></tr>
<tr><td>合计</td></tr>
<tr><td colspan="2">其他收入</td></tr>
<tr><td colspan="2">合格投资</td></tr>
<tr><td colspan="2">合计</td></tr>
<tr><td rowspan="7">本金账</td><td rowspan="4">本金</td><td>正常回收</td><td rowspan="7"></td><td rowspan="7"></td></tr>
<tr><td>拖欠金额</td></tr>
<tr><td>违约回收</td></tr>
<tr><td>合计</td></tr>
<tr><td colspan="2">其他收入</td></tr>
<tr><td colspan="2">上期转存</td></tr>
<tr><td colspan="2">合计</td></tr>
<tr><td></td><td colspan="2">科目</td><td>上次报告期</td><td>本次报告期</td></tr>
<tr><td></td><td colspan="2">税支出</td><td></td><td></td></tr>
</table>

续表

| | 科目 | 上次报告期 | 本次报告期 |
|---|---|---|---|
| 税费支出 | 服务总费用支出[125] | | |
| | 其他费用支出[126] | | |
| | 证券利息总支出 | | |
| | 发起人收到的利息（不含证券自持带来的利息收入） | | |
| 本金支出 | 证券本金总支出 | | |
| | 次级档超额收益 | | |
| | 发起人收到的本金（不含证券自持带来的本金收入） | | |
| 发起人所占信托受益权份额（不含证券自持部分） | | | |

附件10：

| | 初始起算日 | 上次报告期 | 本次报告期 |
|---|---|---|---|
| 总帐户数 | | | |
| 未偿本金余额 | | | |
| 单个账户最高本金余额 | | | |
| 单个账户平均未偿本金余额 | | | |
| 担保[127]贷款未偿本金余额 | | | |

[125] 包含贷款服务费、资金保管费、登记托管费，持续及清算审计费、跟踪评级费用及必要的法律服务费用等费用。

[126] 需要列明产生其他费用的理由。

[127] 包括保证和抵（质）押。

附件 11：

| | 初始起算日 | 上次报告期 | 本次报告期 |
|---|---|---|---|
| 加权平均账户创建时间[128] | | | |
| 分期类贷款加权平均合同期限 | | | |
| 分期类贷款加权平均剩余期限 | | | |
| 分期类贷款加权平均账龄 | | | |
| 分期类单笔贷款最长到期期限 | | | |
| 分期类单笔贷款最短到期期限 | | | |

附件 12：

| | 初始起算日 | 上次报告期 | 本次报告期 |
|---|---|---|---|
| 过去 1 个月全部入池账户实际月均收益率均值 | | | |
| 入池账户中过去 1 个月最高月均收益率 | | | |
| 入池账户中过去 1 个月最低月均收益率 | | | |

附件 13：

| | 上次报告期 | 本次报告期 |
|---|---|---|
| 购买次数 | | |
| 购买总本金余额 | | |
| 新购买账户数（如有） | | |
| 删除账户数（如有） | | |
| 购买率[129] | | |

[128] 存在一个借款人拥有多个账户情况的，本项按照借款人加权平均开户时间披露

[129] 需披露购买率公式，可参考如下公式：$购买率=\frac{\sum 本收款期间每个持续购买日实际持续购买的金额}{\sum 本收款期间每个持续购买日可用于持续购买的金额}$

附件 14：

| | 上次报告期 | 本次报告期 |
|---|---|---|
| 购买分期类资产加权平均剩余期限 | | |
| 购买分期类资产加权平均账龄 | | |
| 购买分期类资产单笔贷款最长到期期限 | | |
| 购买分期类资产单笔贷款最短到期期限 | | |
| 新入池账户加权平均账户创建时间 | | |

附件 15：

| | 上次报告期 | 本次报告期 |
|---|---|---|
| 购买××类贷款加权平均贷款利率 | | |
| 购买××类贷款最高贷款利益 | | |
| 购买××类贷款最低贷款利率 | | |
| 过去 3 个月新入池账户实际的月均收益率均值 | | |
| 新入池账户中过去 3 个月最高月均收益率 | | |
| 新入池账户中过去 3 个月最低月均收益率 | | |

五、重大事件报告书

| 序号 | 内容 | 页码 | 备注 |
|---|---|---|---|
| E－1 | 资产存续期重大事件 | | |
| E－1－1 | 重大事件——报告期内若触发例如加速清偿事件、违约事件、权利完善事件、个别通知事件、提前结束持续购买期事件、资产赎回事件、清仓回购事件、丧失清偿能力事件、受托机构终止事件、重大不利变化事件、重大不利影响事件、受托人解任事件、贷款服务机构解任事件、资金保管机构解任事件、资产支持证券持有大会及其他影响证券年本息兑付或投资者利益的事项，需要在事件触发 3 个工作日内披露。不同项目设定的其他重大事件请依据此原则进行披露。<br>基础资产为循环资产的，在循环期进行的常规资产处置行为可不作为“资产存续期重大事件”予以披露。 | | 见附件 1 |

附件 1：

| 事件 | 是否发生 | 备注 |
| --- | --- | --- |
| 加速清偿事件 | | |
| 违约事件 | | |
| 权利完善事件 | | |
| 个别通知事件 | | |
| 提前结束持续购买期事件 | | |
| 持续购买资产占比每变动 10% 事件 | | |
| 资产赎回事件 | | |
| 清仓回购事件 | | |
| 丧失清偿能力事件 | | |
| 受托机构终止事件 | | |
| 重大不利变化事件 | | |
| 重大不利影响事件 | | |
| 受托人解任事件 | | |
| 贷款服务机构解任事件 | | |
| 资金报告机构解任事件 | | |
| 资产支持证券持有人大会 | | |
| 其他影响证券本息兑付或投资者利益的事项 | | |

## 2.4 中央国债登记结算有限责任公司

### 2.4.1 《资产支持证券发行登记与托管结算业务操作规则》(2005年8月15日 中债函字〔2005〕第37号)

【重点提示】

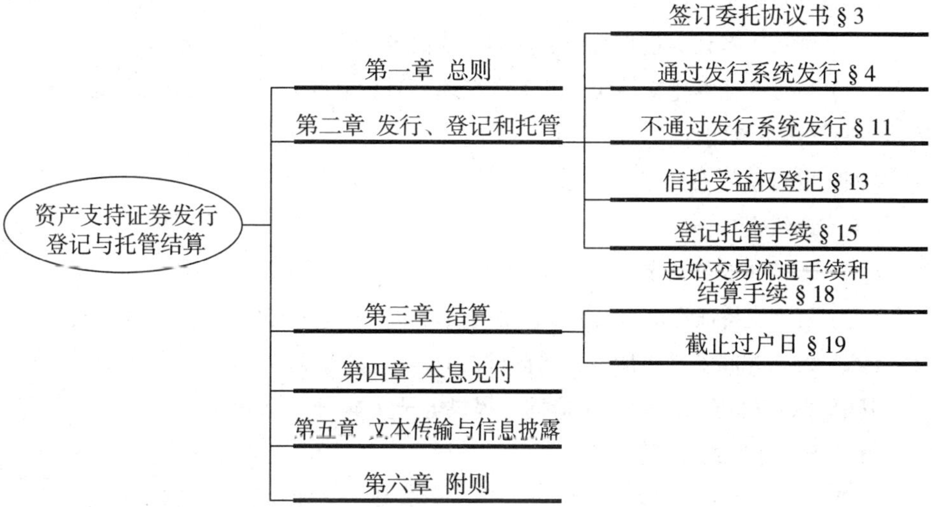


【文件内容】

#### 第一章 总 则

第一条 【制定目的】

为规范资产支持证券的发行、登记、托管、结算以及兑付行为，保护投资者的合法权益，根据《信贷资产证券化试点管理办法》（中国人民银行公告〔2005〕第7号）、《全国银行间债券市场金融债券发行管理办法》（中国人民银行令〔2005〕第1号）、《全国银行间债券市场债券交易管理办法》（中国人民银行令〔2000〕第2号）和《全国银行间债券市场债券交易流通审核规则》（中国人民银行公告〔2004〕第19号）等有关规定，制定本规则。

第二条 【服务主体】

中央国债登记结算有限责任公司（以下简称“中央结算公司”）为资产支持证券提供登记、托管、结算和兑付资金代理拨付等服务。

## 第二章 发行、登记和托管

第三条 【签订委托协议书】

受托机构在发行资产支持证券前，应与中央结算公司签订**《资产支持证券登记托管和代理兑付委托协议书》**。

第四条 【通过发行系统招标发行应提交的文件】

资产支持证券通过中国人民银行债券发行系统（以下简称“发行系统”）招标发行的，受托机构应**不迟于计划招标日前的第六个工作日**，向中央结算公司提交下列书面文件：

（一）发行批文复印件；

（二）资产支持证券信托合同文件的主要内容；

（三）与资产证券化交易相关的资产管理（贷款服务）、资金托管（资金保管）、承销等协议文本复印件；

（四）发行说明书；

（五）评级报告；

（六）承销团成员名单；

（七）资产支持证券操作人员授权书暨预留印鉴卡（一式两份，见附件一）；

（八）发行时间安排申请书（见附件二）。

其中**（四）、（五）、（六）项应同时提供电子文本**。

第五条 【形式核实】

中央结算公司对第四条规定的文件进行**形式核实**，如发现有误则反馈受托机构修改，无误则办理以下手续：

（一）为受托机构开立发行账户（受托机构首次发行的）；

（二）为授权人员设置操作权限；

（三）出具**《发行时间安排通知书》**（见附件三）。

第六条 【招标公告送达与发布】

招标发行时间确定后，受托机构应**不迟于招标日前的第三个工作日**将招标公告送达中央结算公司，当日，中央结算公司通过**中国债券信息网**发布。

第七条 【券种注册】

招标前，中央结算公司编制**资产支持证券代码**，在发行系统办理券种注册。同期各档次的资产支持证券作为独立券种**分别注册**。

第八条 【记录中标承销额度】

招标当日，受托机构应根据招标公告的约定时间进行招标和中标确认，中央结算公司根据**受托机构签章的中标确认书**记录承销人的中标承销额度。

第九条 【分销认购】

承销人**在承销额度内进行资产支持证券分销**，承销人应与分销认购人签订分销认购协议。

第十条 【分销过户手续办理】

承销人分销资产支持证券应办理分销过户手续。分销过户手续以书面指令或以**中央债券簿记系统（以下简称“簿记系统”）电子指令**方式办理。

通过书面指令方式办理分销过户手续的，承销人应提交承销人签章的“**发行分销过户指令一览表**”（见附件四）。中央结算公司据此办理过户手续；通过簿记系统电子指令办理分销过户手续的，承销人应向簿记系统发送分销过户指令，簿记系统根据指令进行过户处理。

分销过户手续完成后，中央结算公司通过簿记系统向承销人和分销认购人反馈**分销过户通知单**。

第十一条 【不通过发行系统发行应提供的文件】

资产支持证券**不通过发行系统发行的**，受托机构应于发行前向中央结算公司提供以下书面文件：

（一）发行批文复印件；

（二）资产支持证券信托合同文件的主要内容；

（三）与资产证券化交易相关的资产管理（贷款服务）、资金托管（资金保管）、承销等协议文本复印件；

（四）发行说明书；

（五）评级报告；

（六）承销团成员名单；

（七）资产支持证券操作人员授权书暨预留印鉴卡（一式两份，见附件一）；

其中（四）、（五）、（六）**项应同时提供电子文本**。

第十二条 【不通过发行系统发行的承销额度】

资产支持证券不通过发行系统发行，但受托机构在**提交承销团成员名单中附载承销额度的**，中央结算公司据此在簿记系统记录承销人的承销额度。分销过户手续按照本章第九、十条的规定办理。

第十三条 【信托受益权登记日】

资产支持证券**缴款截止日的次一个工作日**为信托受益权登记日。

第十四条 【发行成功受托机构应提交的文件】

资产支持证券发行成功的，受托机构应于**信托受益权登记日 15：00 前**，向中央结算公司提供以下书面文件：

（一）**发行结果公告**（附电子文本）；

（二）受托机构签章的《**资产支持证券发行款到账确认书**》（见附件五）；其中，未通过发行系统发行、在提交的承销团成员名单中未附承销额度的资产支持证券，受托机构应提供《**资产支持证券持有人名单**》（见附件六）。

第十五条　【登记托管手续】

中央结算公司接到第十四条所述的文件后，办理以下手续：

（一）在簿记系统办理**资产支持证券信托受益权确认手续**，或根据《资产支持证券持有人名单》**将持有人持有的资产支持证券记入持有人托管账户**，信托受益权关系成立，发行登记托管手续完成；

（二）向受托机构出具《**资产支持证券登记托管手续完成确认书**》（见附件七）。

第十六条　【托管服务费拨付】

资产支持证券托管手续完成后**五个工作日内**，受托机构应将相应登记托管服务费拨付至中央结算公司指定资金账户。

第十七条　【发行失败的注销手续】

资产支持证券发行失败的，受托机构应**不迟于发行结束后的次一工作日**向中央结算公司提供发行结果公告（附电子文本）。中央结算公司据此办理资产支持证券注销手续。

## 第三章　结　　算

第十八条　【起始交易流通手续和结算的规定】

资产支持证券起始交易流通的手续按照《**全国银行间债券市场债券交易流通审核规则**》的规定执行；结算按照《**全国银行间债券市场债券交易管理办法**》的规定执行。

第十九条　【截止过户日】

资产支持证券**预期到期日前的第三个工作日**为截止过户日。

## 第四章　本息兑付

第二十条　【信托受益权登记日】

**本息兑付日（t日）前一个工作日（即t－1日）**，为资产支持证券的信托受益权登记日。信托受益权登记日日终的资产支持证券持有人为受益人，享有当期本息兑付收益。

第二十一条　【本息兑付受托机构应提交的文件】

受托机构应**不迟于t－5日**向中央结算公司提交下列文件：

（一）**资产支持证券兑付付息通知单**（见附件八，以下简称兑付付息通知单）；

（二）当期《**受托机构报告**》电子文本。

第二十二条　【受托机构划出本息兑付资金】

受托机构应于**本息兑付日前一个工作日**（t-1日）**上午9：00前**，将本息兑付资金向中央结算公司的资金账户划出。

第二十三条　【计算当期本金及利息金额】

**t-1日日终**，中央结算公司根据受托机构提交的**兑付付息通知单以及簿记系统账务记载**，计算将向证券受益人支付的当期本金及利息金额。

第二十四条　【中央结算公司划出本息兑付资金】

中央结算公司**不迟于本息兑付日**（t日）**14：00**，将受托机构划入的本息兑付资金向受益人资金账户划出；同时，簿记系统根据本次本金应付金额进行**除本处理**，即按每百元面额资产支持证券的兑付本金资金额减少其本金值。

第二十五条　【兑付、付息手续完成确认书】

**t+2日内**，中央结算公司向受托机构出具《**资产支持证券兑付、付息手续完成确认书**》（见附件九）。

第二十六条　【代理兑付、付息服务费】

**t+3日内**，受托机构向中央结算公司**支付代理兑付、付息服务费**。

第二十七条　【异常兑付情形】

发生以下异常兑付情况的，中央结算公司将通过中国债券信息网发布《**兑付非标准意见书**》（见附件十），并向中国人民银行报告，同时通知全国银行间同业拆借中心（以下简称同业拆借中心）：

（一）**受托机构在t-4日未提供《受托机构报告》**或**《兑付付息通知单》**的；

（二）**《受托机构报告》中未明确逾期兑付，但在t-1日16：30前仍未将兑付款项足额汇至中央结算公司的**。

第二十八条　【逾期或提前兑付】

受托机构逾期或者提前发生兑付的，**比照本章条款办理**。

## 第五章　文本传输与信息披露

第二十九条　【发行说明书、评级报告、募集办法和承销团成员名单】

受托机构应不迟于**发行前第六个工作日**向中央结算公司提供发行说明书、评级报告、募集办法和承销团成员名单，中央结算公司于**发行前的第五个工作日**在中国债券信息网进行公告。

第三十条　【发行结果公告】

中央结算公司在**收到发行结果公告文件当日**在中国债券信息网进行公告。

第三十一条　【交易流通要素公告】

资产支持证券获准在全国银行间债券市场交易流通后，受托机构应及时将**人民**

**银行的批准文件**复印件交中央结算公司。中央结算公司收到后据此**编制资产支持证券交易流通要素**发送至同业拆借中心，并于**次一个工作日**在**中国债券信息网**发布资产支持证券交易流通要素公告。

第三十二条 【受托机构报告公告】

受托机构应于**本息兑付日前的第五个工作日**（t－5日）向中央结算公司提供《受托机构报告》，中央结算公司于**本息兑付日前的第四个工作日**（t－4）日在中国债券信息网进行公告。

第三十三条 【公章与电子文件格式】

受托机构向中央结算公司提交的书面文件**一律加盖受托机构公章**。

受托机构**预留经办部门印鉴的**，书面文件中的受托机构公章可以经办部门印章代替。

受托机构向中央结算公司提交的电子文件应采用pdf格式，包含受托机构全称和jpg图片格式的单位签章。电子文件中的单位签章不应以经办部门印章代替。

受托机构应**逐项提供独立的电子文件**，不应将数个书面文件的内容合并为一个电子文件。

第三十四条 【电话确认】

受托机构以电子邮件、邮寄或者传真方式提交文件的，受托机构**应通过电话予以确认**。

第三十五条 【特定对象信息披露】

受托机构按照有关规定需要面向特定对象披露信息的，应**单独提交相关电子文件**，并在文件中**显著位置指明具体披露对象**。

受托机构未指明披露对象的，视同向所有投资者信息披露。

## 第六章 附 则

第三十六条 【未尽事宜】

本规则未尽事宜按《**中国人民银行关于资产支持证券交易结算有关事项的公告**》（中国人民银行公告〔2005〕第15号）、《**资产支持证券信息披露规则**》（中国人民银行公告〔2005〕第14号）等有关规定执行。

第三十七条 【解释权归属】

本规则由**中央结算公司**负责解释。

第三十八条 【批准主体】

本规则经**中国人民银行**批准后实行。

附件一：

## 资产支持证券业务操作人员授权书暨预留印鉴卡

中央国债登记结算有限责任公司：

我公司拟发行资产支持证券，特授权以下人员代表我公司进行发行、登记及信息披露事宜相关业务操作，该操作所产生的结果由我公司承担所有责任。

对于被注销授权的人员，请你公司在收到本授权书后办理注销手续。被注销授权人员自注销之日起不再代表我公司办理有关业务操作，对其操作所引发的后果我公司不承担责任。

| | | | |
|---|---|---|---|
| 使用发行系统招标经办部门 | | 经办中门公章印模 | |
| 经办人姓名 | 身份证件号 | 操作授权 | |
| | | | |
| | | | |
| | | | |
| | | | |
| 证券登记及信息披露经办部门 | | 经办部门公章印模 | |
| 经办人姓名 | 身份证件号 | 操作授权 | 注销授权 |
| | | | |
| | | | |
| | | | |
| | | | |

注：本卡提交一式两份。根据授权性质，操作授权栏填联系电话，注销授权栏填注销。

法人代表签章：(单位公章)

授权日期：______年____月____日

附件二：

## 资产支持证券发行时间安排申请书

中央国债登记结算有限责任公司：

我公司计划利用中国人民银行债券发行系统招标发行资产支持证券，现根据中国人民银行相关管理办法向你公司申请安排发行日期，并将相关材料提交如下：

资产支持证券名称：

人民银行批准文号：

| 项目<br>档次 | 面额（万元） | 信用评级及报告文号 | 预期期限 | 发行方式 | 付息利息计算方式 | 拟招标日期时间 | 缴款截止日 | 起息日预期到期日 |
|---|---|---|---|---|---|---|---|---|
| 第一档 | | | | | | | | |
| 第二档 | | | | | | | | |
| 第三档 | | | | | | | | |
| 第四档 | | | | | | | | |
| 合计 | | | | | | | | |

联系人：__________ 电话：__________ 传真：__________

说明：1. 发行方式可在以下所列方式中选择其中之一填写，采用其它方式的请标注说明。

☐ 数量招标

☐ 利差招标

☐ 利率（价格）统一价位招标

☐ 利率（价格）多重价位招标

☐ 簿记建档

☐ 定向私募

2. 付息利息计算方式在以下所列方式中选择其一。

☐ 按各付息期实际天数计算

☐ 按年付息次数平均分配

其它相关附件：

1. 发行说明书及电子文本；
2. 处于有效期内的信用评级报告复印件及电子文本；
3. 投标人名单及联系方式的书面文件及电子文本；
4. 发行批文复印件；
5. 资产证券化委托、资产管理、资产托管、承销等相关协议文本复印件；
6. 发行招标业务操作人员授权书暨预留印鉴卡。

申请机构：__________

（单位公章）

申请日期：　年　月　日

**附件三：**

## 资产支持证券发行时间安排通知书

中债发［××××年］第××号

你公司提交的“资产支持证券发行时间安排申请书”及相关文件收悉。根据中国人民银行有关规定，现将具体发行日期和时间通知如下：

| 项目<br>档次 | 资产支持证券名称 | 资产支持证券代码 | 发行说明书等公告日 | 发行招标日期及时间 | 发行缴款截止日 | 信托受益权登记日 | 招标结果公告日 | 备注 |
|---|---|---|---|---|---|---|---|---|
| | | | | | | | | |
| | | | | | | | | |
| | | | | | | | | |
| | | | | | | | | |

说明：不通过发行系统招标的其它档次资产支持证券，请按发行说明书公布的发行时间组织发行事宜。

（中央结算公司）

______年____月____日

**附件四：**

## 资产支持证券发行分销过户指令一览表

中央国债登记结算有限责任公司：

请将我公司承销的资产支持证券（证券代码：）面额万元从我公司托管账户（账号：）按照下表所列面额过户到指定的认购单位托管账户。

| 序号 | 认购单位名称 | 托管账号 | 分销价格（元/百元面值） | 分销证券面额（万元） |
|---|---|---|---|---|
| 1 | | | | |
| 2 | | | | |
| 3 | | | | |
| 4 | | | | |
| 5 | | | | |
| 6 | | | | |
| 7 | | | | |
| 8 | | | | |

续表

| | | | | |
|---|---|---|---|---|
| 9 | | | | |
| 10 | | | | |
| 合计 | | | | |

备注：认购单位名称应用全称，托管账号写全，正确，分销价格应如实填写，不可空缺。

密押：__________ 填表：__________复核：__________

承销单位业务章

____年___月___日

附件五：

**资产支持证券发行款到账确认书**

中央国债登记结算有限责任公司：

我公司发行的资产支持证券________（名称）发行款已全部到账。

特此确认。

（受托机构章）

____年___月___日

附件六：

**资产支持证券持有人名单**

资产支持证券名称：实际发行面额：

票面年利率：发行价格：

| 认购人名称 | 托管账号 | 承销商名称 | 绵款金额（万元面值） | 认购面额（万元面值） | 备注 |
|---|---|---|---|---|---|
| | | | | | |
| | | | | | |
| | | | | | |
| | | | | | |
| | | | | | |
| | | | | | |
| | | | | | |
| | | | | | |

（受托机构章）

____年___月___日

**附件七：**

## 资产支持证券登记托管手续完成确认书

__________（受托机构名称）：

你公司于______年____月____日发行的以下资产支持证券已于______年____月____日在我公司中央债券综合业务系统完成登记托管手续。

资产支持证券资产池名称：

| 档次 | 第一档 | 第二档 | 第三档 | 第四档 |
| --- | --- | --- | --- | --- |
| 资产支持证券名称 | | | | |
| 简称 | | | | |
| 资产支持证券代码 | | | | |
| 发行总额 | | | | |
| 托管总额 | | | | |
| 起息日、预期到期日 | | | | |
| 付息频率（次/年） | | | | |
| 期限 | | | | |
| 计息方式 | | | | |
| 年利率 | | | | |

特别说明：根据我公司与你公司签订的《资产支持证券登记托管和代理兑付委托协议书》，你公司应支付发行登记服务费为______元，请于______年____月____日前拨付到以下账户：

资金账户（汇入行名称）：______中央结算公司______

（清算行行号：901100011115；电子联行行号：099951）

收款人账号：222

收款人名称：中央国债登记结算有限责任公司

特此确认。

（中央结算公司）

______年____月____日

附件八：

## 资产支持证券兑付付息通知单

中央国债登记结算有限责任公司：

在你公司中央债券综合业务系统登记托管的以下资产支持证券于______年____月____日办理兑付手续，现将本次兑付事项通知如下：________________

本次兑付、付息资产支持证券资产池名称：

| 档次 | 第一档 | 第二档 | 第三档 | 第四档 |
|---|---|---|---|---|
| 资产支持证券代码 | 是 | 是 | 是 | 是 |
| 发行总额 | 否<br>拟拨付时间 | 否<br>拟拨付时间 | 否<br>拟拨付时间 | 否<br>拟拨付时间 |
| 是否按时兑付 | | | | |
| | | | | |
| 标面利率（%） | | | | |
| 本次兑付前本金值<br>（元/百元面额） | | | | |
| 本次兑付本金额（元/百元面额） | | | | |
| 本次兑付本金总额（元） | | | | |
| 本次兑付后剩余本金值<br>（元/百元面额） | | | | |
| 本次付息执行利率（%） | | | | |
| 付息金额（元） | | | | |
| 合计（元） | | | | |

我公司将于规定时间将以上资金划付到你公司指定的资金账户。请你公司于指定兑付付息日办理向持有人拨付本息手续。

以上信息我公司将同时在中国债券信息网向持有人公告。

（受托机构章）

______年____月____日

附件九：

## 资产支持证券代理兑付手续完成确认书

（受托机构名称）：

你公司发行并在我公司中央债券综合业务系统登记托管的以下资产支持证券已完成本次代理兑付手续。

| 档次 | 第一档 | 第二档 | 第三档 | 第四档 |
|---|---|---|---|---|
| 资产支持证券代码 | | | | |
| 发行总额 | | | | |
| 兑付公告拨付时间 | 年　月　日 | 年　月　日 | 年　月　日 | 年　月　日 |
| 票面利率（%） | | | | |
| 本次兑付本金额（元/百元面额） | | | | |
| 本次付息执行利率（%） | | | | |
| 本次兑付后剩余本金值（元/百元面额） | | | | |
| 兑付本金总额（元） | | | | |
| 付息金额（元） | | | | |
| 合计（元） | | | | |

特别说明：根据我公司与你公司签订的《资产支持证券登记托管和代理兑付委托协议书》，你公司应支付发行登记服务费为＿＿元，请于＿＿＿年＿＿月＿＿日前拨付到以下账户：

资金账户（汇入行名称）：中央结算公司

（清算行行号：901100011115；　电子联行行号：099951）

收款人账号：222

收款人名称：中央国债登记结算有限责任公司

特此确认。

（中央结算公司）

＿＿＿年＿＿月＿＿日

附件十：

## 兑付非标准意见书

（受托机构名称）于______年____月____日发行的资产支持证券______________（代码）于______年____月____日支付本、息。

受托机构未按规定履行有关兑付手续。未履行事项为：

| |
|---|
| 未按《信息披露通知》要求披露兑付公告信息；<br>未在规定时间内提供《兑付付息通知单》；<br>未在规定时间内将资产支持证券兑付付息资金拨付至中央结算公司资金账户；<br>未按兑付公告信息列明金额足额将资产支持证券兑付付息资金拨付至中央结算公司资金账户；<br>未按《兑付付息通知单》列明金额足额将资产支持证券兑付付息资金拨付至中央结算公司资金账户。 |

现予以公告。

（中央结算公司）

______年____月____日

## 2.5 银行间市场清算所股份有限公司

### 2.5.1 《关于信贷资产支持证券登记托管、清算结算业务的公告》(2012 年 7 月 2 日 清算所公告〔2012〕7 号)

**【重点提示】**

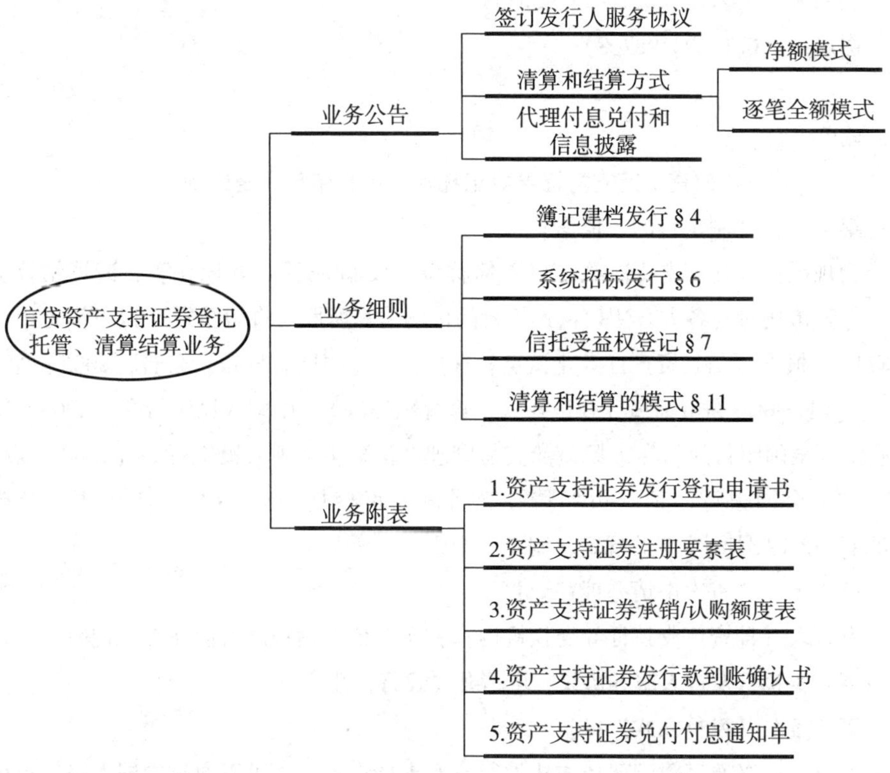


**【文件内容】**

经中国人民银行批准，自即日起，**银行间市场清算所股份有限公司（以下简称上海清算所）**开办信贷资产支持证券（以下简称资产支持证券）的登记托管、清算结算业务。现就有关事宜公告如下：

一、资产支持证券受托机构（以下简称发行人）首次申请办理资产支持证券登记时，应与上海清算所签订**发行人服务协议**，申请**开立发行人账户**。发行人应在发行前向上海清算所提交当期发行文件、发行登记申请书等发行登记所需材料，上海清算所据此办理资产支持证券的初始登记。

二、上海清算所为资产支持证券交易提供清算和结算服务。**净额模式的清算和结算**，按照《银行间债券市场现券交易净额清算业务规则（试行）》及相关规定办理；**逐笔全额模式的清算和结算**，按照《银行间市场清算所股份有限公司超短期融资券登记结算业务规则（试行）》第五章“超短期融资券交易的结算”相关规定办理。

三、上海清算所为资产支持证券发行人提供**代理付息兑付和信息披露服务**，具体程序按相关规定办理。

四、本公告未尽事宜，参照上海清算所相关规定执行。

联系人：王艺丹（021－23198675）

谢晨燕（021－23198708）

**附件**

**信贷资产支持证券登记托管、清算结算业务细则**

**第一条** 【制定目的与依据】

为规范信贷资产支持证券（以下简称资产支持证券）登记托管、清算结算业务，保障市场参与各方合法权益，银行间市场清算所股份有限公司（以下简称上海清算所）根据《信贷资产证券化试点管理办法》（中国人民银行公告〔2005〕第7号）、《银行间债券市场债券登记托管结算管理办法》（中国人民银行令〔2009〕第1号）、《全国银行间债券市场债券交易管理办法》（中国人民银行令〔2000〕第2号）和《全国银行间债券市场债券交易流通审核规则》（中国人民银行公告〔2004〕第19号）等有关规定，制定本细则。

**第二条** 【首次申请办理登记】

发行人（即资产支持证券受托机构）首次申请办理资产支持证券登记时，应与上海清算所签订**发行人服务协议**，申请开立**发行人账户**。

**第三条** 【发行方式选择】

发行人可以通过**簿记建档方式**发行资产支持证券，也可以通过**中国人民银行债券发行系统招标发行**资产支持证券。

发行人应在发行日前五个工作日上午10点前，向上海清算所送达加盖发行人公章的当期发行文件（包括发行说明书、评级报告、募集办法、承销团名单等）PDF电子版，通过上海清算所网站进行公告。

**分期发行资产支持证券的**，其第一期的信息披露按前款的有关规定执行；自第二期起，发行人只需在每期资产支持证券发行前五个工作日提交补充发行说明书PDF电子版。

**第四条** 【簿记建档发行】

采用簿记建档方式发行资产支持证券的，发行人应在**缴款日12：00前**，向上海清算所提交以下材料：

（一）发行批文复印件；

（二）资产支持证券信托合同文件的主要内容；

（三）与资产证券化交易相关的资产管理（贷款服务）、资金托管（资金保管）、承销等协议文本复印件；

（四）《资产支持证券发行登记申请书》；

（五）《资产支持证券注册要素表》；

（六）《资产支持证券承销/认购额度表》。

其中，**有分销安排的，发行人应在分销时点前提交上述文件**。上海清算所对上述材料进行形式查阅，配发资产支持证券代码，确定资产支持证券简称。同期同档次的资产支持证券，代码及简称均单独确定。

**第五条** 【分销办理】

在发行人规定的分销期内，承销团成员及其认购人可通过**上海清算所客户端提交分销指令**，办理资产支持证券的分销。上海清算所根据合法有效的分销指令办理分销额度的结算和登记。

**第六条** 【系统招标发行】

采用系统招标方式发行资产支持证券的，发行人应在**缴款日12：00前**，向上海清算所提交第四条中除第六项外的其他材料。

招标发行的有关要求和程序，按照中国人民银行债券发行系统的规定办理。

**第七条** 【信托受益权登记】

采用簿记建档方式发行的，发行人应在**信托受益权登记日17：00前**，向上海清算所提交《**固定收益产品发行款到账确认书**》，上海清算所据此办理资产支持证券的初始登记；信托受益权登记日17：00后提交的，上海清算所于次一工作日办理资产支持证券的初始登记。采用系统招标方式发行的，上海清算所根据**确权结果**，于信托受益权登记日办理资产支持证券的初始登记。登记完毕后，上海清算所向发行人出具初始登记证明书。

对发行人明确的发行款未到账的额度，上海清算所将根据发行公告、发行人与承销商的协议约定及发行人申请，进行相关处理。

**第八条** 【发行结果公告】

资产支持证券发行成功的，发行人应于**信托受益权登记日17：00前**，向上海清算所提供加盖发行人公章的《**发行结果公告**》**PDF电子版**，通过上海清算所网站进行公告。

资产支持证券发行失败的，发行人应不迟于**发行结束后的次一工作日**向上海清算所提供加盖公章的发行结果公告 PDF 电子版。上海清算所据此办理资产支持证券注销手续。

**第九条** 【申请交易流通】

资产支持证券发行人**申请已发行的资产支持证券在银行间市场交易流通**的，应按照《全国银行间债券市场债券交易流通审核规则》（中国人民银行公告〔2004〕第 19 号）、《资产支持证券在银行间债券市场的登记托管、交易和结算等有关事项公告》（中国人民银行公告〔2005〕15 号）的要求，向人民银行提出申请。

**第十条** 【交易流通办理程序】

上海清算所为资产支持证券交易提供清算和结算服务。发行人应及时向上海清算所提供中国人民银行同意资产支持证券交易流通的**批准文件复印件**、**交易流通公告**。上海清算所于收到发行人材料的**次一工作日**通过网站披露相关信息，确定交易流通要素，同时将交易流通要素信息发送全国银行间同业拆借中心，第三个工作日起资产支持证券可交易流通。

**第十一条** 【清算和结算的模式】

在上海清算所登记的资产支持证券交易的清算和结算，**既可以按照净额模式进行，也可以按照逐笔全额模式进行**。净额模式的清算和结算，按照《银行间债券市场现券交易净额清算业务规则（试行）》及相关规定办理；逐笔全额模式的清算和结算，按照《银行间市场清算所股份有限公司超短期融资券登记结算业务规则（试行）》第五章“超短期融资券交易的结算”相关规定办理。

**第十二条** 【截止过户日】

资产支持证券**预期到期日前的第三个工作日**为截止过户日，终止交易流通。

**第十三条** 【代理付息和兑付服务】

上海清算所为资产支持证券发行人提供**代理付息和兑付服务**。

**第十四条** 【权益登记日】

**付息兑付日前一个工作日**，为资产支持证券权益登记日。**登记日日终**的资产支持证券持有人，享有当期付息兑付收益。

**第十五条** 【代理付息兑付资金划付】

资产支持证券存续期间，**付息兑付的日期**、**付息兑付金额**由发行人确定。上海清算所根据发行人确定的日期，在收到足额付息兑付资金后，代为办理资产支持证券付息兑付资金的划付。

**第十六条** 【付息兑付提交的文件】

发行人应于**付息兑付日5个工作日前**，向上海清算所提交下列文件：

（一）资产支持证券付息兑付通知单；

（二）当期《受托机构报告》电子文本。

上海清算所根据发行人上述文件，于资产支持证券权益登记日日终，计算各持有人应收本期本金和利息，并通过客户端通知相关持有人。

**第十七条** 【付息兑付时限】

发行人应于付息兑付日**前一个工作日16:00**前，将付息兑付资金划付至上海清算所指定的资金账户。

上海清算所在确认发行人本期应付资金足额后，于**付息兑付日**向资产支持证券持有人支付相应的付息兑付资金，如**付息兑付日为非工作日的，顺延至下一工作日**。同时，上海清算所登记托管系统根据本次本金应付金额进行除本处理，按每百元面额资产支持证券的兑付本金资金额减少其本金值。

**第十八条** 【付息兑付完成确认】

付息兑付完成后，上海清算所向发行人出具《**资产支持证券兑付、付息手续完成确认书**》。

**第十九条** 【未及时足额划付资金的责任】

发行人未及时足额划付付息兑付资金，导致持有人未能收到相关款项的，**所有责任由发行人承担**，发行人应及时通过上海清算所网站及相关媒体向市场公告。

**第二十条** 【提供信息披露服务】

上海清算所可为发行人提供信息披露服务。资产支持证券信息披露的要求，按照《**资产支持证券信息披露规则**》（中国人民银行公告〔2005〕第14号）、上海清算所发布的实施细则及其他有关规定执行。

**第二十一条** 【收费项目和收费标准】

资产支持证券登记托管、清算结算服务的收费项目及收费标准，按照上海清算所《**登记结算业务收费办法（试行）**》执行。

**第二十二条** 【解释权归属】

本细则由**上海清算所**负责解释，自**公布之日**起实行。

附：1. 资产支持证券发行登记申请书

2. 资产支持证券注册要素表

3. 资产支持证券承销/认购额度表

4. 资产支持证券发行款到账确认书

5. 资产支持证券兑付付息通知单

**附 1**

## 资产支持证券发行登记申请书

银行间市场清算所股份有限公司：

根据中国人民银行核准的资产支持证券发行额度，我单位拟发行____（填写产品全称），现向贵公司申请办理发行登记。

我单位承诺：遵守法律、行政法规、规章和银行间市场清算所股份有限公司的相关规定，申请材料真实、准确、完整，并将按照规定办理相关手续。贵公司可以通过贵公司网站公布上述资产支持证券发行说明书和我单位提交的其它发行披露文件。

单位全称：

单位简称：

在上海清算所的发行人账号：

获批准发行额度：

| | 第一档 | 第二档 | 第三档 | 第四档 |
|---|---|---|---|---|
| 本次申请发行额度（亿元） | | | | |

法定代表人或授权代表签字或盖章：

单位公章：

年 月 日

**附 2**

## 资产支持证券注册要素表

（**说明**：1. 请根据实际发行情况填写以下要素，确保所填内容真实准确完整，且与发行文件内容一致。2. 不同档次的资产支持证券，分别填写不同的注册要素表；3. 有单选或多选项，请在□中打勾或涂黑■。4. 注明“必填”的，请如实填写。注明“清算所填写”的，可不填。）

| **一、基本信息** | | |
|---|---|---|
| 1. 产品代码 | | 清算所填写 |
| 2. 产品简称 | | 清算所填写 |
| 3. 产品全称 | | 必填 |
| 4. 核准文件编号 | | 必填 |
| 5. 发行人全称 | | 必填 |
| 6. 发行人账户账号 | | 必填 |

续表

| | | |
|---|---|---|
| 7. 发起人全称 | | 必填 |
| 8. 贷款服务机构全称 | | 必填 |
| 9. 资金保管机构全称 | | 必填 |
| 10. 交易管理人机构全称 | | 必填 |
| 11. 主承销商全称 | | 必填 |
| 12. 资产池全称 | | 必填 |
| 13. 资产规模（万元） | | 必填 |
| 14. 资产种类 | □信贷资产 □住房抵押贷款<br>□其他：__________ | 必填 |
| 15. 证券化方式 | □信托 □资产<br>□其他：__________ | 必填 |
| 16. 发行开始日： 年 月 日 | | 必填 |
| 17. 发行结束日： 年 月 日 | | 必填 |
| 18. 分销开始日： 年 月 日 | | 必填 |
| 19. 分销结束日： 年 月 日 | | 必填 |
| 21. 缴款截止日： 年 月 日 | | 必填 |
| 22. 信托受益权登记日： 年 月 日 | | 必填 |
| 23. 实际期限单位 | □年 □月 □日 | 必填 |
| 24. 实际期限 | | 必填 |
| 25. 加权平均期限单位 | □年 □月 □口 | 必填 |
| 26. 加权平均期限 | | 必填 |
| 27. 实际发行额（万元） | | 必填 |
| 28. 发行价格（元/百元） | | 必填 |
| 29. 预期到期日 | 年 月 日 | 必填 |
| 30. 法定到期日 | 年 月 日 | 必填 |
| 31. 起息日 | 年 月 日 | 必填 |
| 32. 发行时票面利率 | | 必填 |
| 33. 存续期内有无付息 | □有 □无 | 必填 |
| 34. 产品信用级别 | | 必填 |
| 35. 产品信用评级机构简称 | | 必填 |
| 36. 担保机构及信用级别 | | 如有必填 |
| 37. 担保机构评级机构简称 | | 如有必填 |

续表

| 二、计息信息 | | |
|---|---|---|
| 38. 计息方式 | □附息固定利率 □附息浮动利率<br>□贴现式 | 必填 |
| 39. 非闰年计息天数 | □365/365 | 附息券填写 |
| 40. 闰年计息天数 | □A/A　□A/365　□365/365 | 附息券填写 |
| 41. 首次付息日 | 年　月　日 | 附息券填写 |
| 42. 付息频率（月/次） | | 附息券填写。到期一次还本付息的，填写0 |
| 43. 利息分配方式 | □ 平均分配□ 按实际天数分配 | 附息券填写 |
| 附息浮动券填写 | | |
| 44. 基准利率种类 | | |
| 45. 初始基准利率 | | |
| 46. 发行时利差 | | |
| 47. 利率上限 | | |
| 48. 利率下限 | | |
| 49. 首次基准利率确定日 | 年　月　日 | |
| 50. 首次基准利率生效日 | 年　月　日 | |
| 51. 基准利率确定规则 | | |
| 三、声明 | | |
| 兹声明：以上所填内容真实有效，请按以上信息办理登记手续，现予以确认。<br>发行人联系人：＿＿＿＿＿　固定电话：＿＿＿＿＿　手机：＿＿＿＿＿<br>主承销商联系人：＿＿＿＿＿　固定电话：＿＿＿＿＿　手机：＿＿＿＿＿<br>其他说明（如有）：<br><br>(发行人公章或授权部门章)<br>＿＿＿年＿＿月＿＿日 | | |

附 3

## 资产支持证券承销/认购额度表

银行间市场清算所股份有限公司：

现将我单位发行的＿（填写产品全称）＿发行结果通知如下，请贵公司据此办理承销/认购额度登记：

<table>
<tr><td colspan="5">发行人全称：＿＿＿＿ 发行人账户账号：＿＿＿＿</td></tr>
<tr><td rowspan="9">第一档</td><td colspan="4">产品简称：＿＿＿＿ 产品代码：＿＿＿＿</td></tr>
<tr><td>序号</td><td>持有人全称</td><td>持有人账号</td><td>承销/认购金额（万元）</td></tr>
<tr><td>1</td><td></td><td></td><td></td></tr>
<tr><td>2</td><td></td><td></td><td></td></tr>
<tr><td>3</td><td></td><td></td><td></td></tr>
<tr><td>4</td><td></td><td></td><td></td></tr>
<tr><td colspan="3">合计（万元）</td><td></td></tr>
<tr><td colspan="3">未成功发行额度（万元）</td><td></td></tr>
<tr><td colspan="3">计划发行额度（万元）</td><td></td></tr>
<tr><td rowspan="9">第二档</td><td colspan="4">产品简称：＿＿＿＿ 产品代码：＿＿＿＿</td></tr>
<tr><td>序号</td><td>持有人全称</td><td>持有人账号</td><td>承销/认购金额（万元）</td></tr>
<tr><td>1</td><td></td><td></td><td></td></tr>
<tr><td>2</td><td></td><td></td><td></td></tr>
<tr><td>3</td><td></td><td></td><td></td></tr>
<tr><td>4</td><td></td><td></td><td></td></tr>
<tr><td colspan="3">合计（万元）</td><td></td></tr>
<tr><td colspan="3">未成功发行额度（万元）</td><td></td></tr>
<tr><td colspan="3">计划发行额度（万元）</td><td></td></tr>
</table>

续表

| | | | | |
|---|---|---|---|---|
| 第三档 | 产品简称：__________ 产品代码：__________ | | | |
| | 序号 | 持有人全称 | 持有人账号 | 承销/认购金额（万元） |
| | 1 | | | |
| | 2 | | | |
| | 3 | | | |
| | 4 | | | |
| | 合计（万元） | | | |
| | 未成功发行额度（万元） | | | |
| | 计划发行额度（万元） | | | |
| 第四档 | 产品简称：__________ 产品代码：__________ | | | |
| | 序号 | 持有人全称 | 持有人账号 | 承销/认购金额（万元） |
| | 1 | | | |
| | 2 | | | |
| | 3 | | | |
| | 4 | | | |
| | 合计（万元） | | | |
| | 未成功发行额度（万元） | | | |
| | 计划发行额度（万元） | | | |

（注：栏位不够可自行添加，超过一页请在每一页右下角注明页数及总页数）

发行人：

（发行人公章或授权部门章）

______年____月____日

附4

## 资产支持证券发行款到账确认书

| | |
|---|---|
| 发行人全称： | 发行人账户账号： |

银行间市场清算所股份有限公司：

我单位发行的__（填写产品全称）__发行款到账情况如下，请贵公司按此办理相关登记手续：

□全部到账。

□部分到账，请贵公司为已到账的部分办理登记手续，并将未到账的额度转至主承销商持有人账户进行包销。未到账部分明细如下：

<table>
<tr><td rowspan="15">第一档</td><td colspan="4">产品简称：__________　产品代码：__________</td></tr>
<tr><td colspan="4">一、请列示负责包销的主承销商并指定其对未到账额度的包销数量：</td></tr>
<tr><td>序号</td><td>主承销商全称</td><td>持有人账号</td><td>包销面额（万元）</td></tr>
<tr><td>1</td><td></td><td></td><td></td></tr>
<tr><td>2</td><td></td><td></td><td></td></tr>
<tr><td>3</td><td></td><td></td><td></td></tr>
<tr><td>4</td><td></td><td></td><td></td></tr>
<tr><td colspan="3">合　计</td><td></td></tr>
<tr><td colspan="4">二、请列示未到账部分的情况：</td></tr>
<tr><td>序号</td><td>认购人全称</td><td>持有人账号</td><td>未到账面额（万元）</td></tr>
<tr><td>1</td><td></td><td></td><td></td></tr>
<tr><td>2</td><td></td><td></td><td></td></tr>
<tr><td>3</td><td></td><td></td><td></td></tr>
<tr><td>4</td><td></td><td></td><td></td></tr>
<tr><td colspan="3">合　计</td><td></td></tr>
<tr><td rowspan="15">第二档</td><td colspan="4">产品简称：__________　产品代码：__________</td></tr>
<tr><td colspan="4">一、请列示负责包销的主承销商并指定其对未到账额度的包销数量：</td></tr>
<tr><td>序号</td><td>主承销商全称</td><td>持有人账号</td><td>包销面额（万元）</td></tr>
<tr><td>1</td><td></td><td></td><td></td></tr>
<tr><td>2</td><td></td><td></td><td></td></tr>
<tr><td>3</td><td></td><td></td><td></td></tr>
<tr><td>4</td><td></td><td></td><td></td></tr>
<tr><td colspan="3">合　计</td><td></td></tr>
<tr><td colspan="4">二、请列示未到账部分的情况：</td></tr>
<tr><td>序号</td><td>认购人全称</td><td>持有人账号</td><td>未到账面额（万元）</td></tr>
<tr><td>1</td><td></td><td></td><td></td></tr>
<tr><td>2</td><td></td><td></td><td></td></tr>
<tr><td>3</td><td></td><td></td><td></td></tr>
<tr><td>4</td><td></td><td></td><td></td></tr>
<tr><td colspan="3">合　计</td><td></td></tr>
</table>

续表

<table>
<tr><td rowspan="16">第三档</td><td colspan="4">产品简称：__________ 产品代码：__________</td></tr>
<tr><td colspan="4">一、请列示负责包销的主承销商并指定其对未到账额度的包销数量：</td></tr>
<tr><td>序号</td><td>主承销商全称</td><td>持有人账号</td><td>包销面额（万元）</td></tr>
<tr><td>1</td><td></td><td></td><td></td></tr>
<tr><td>2</td><td></td><td></td><td></td></tr>
<tr><td>3</td><td></td><td></td><td></td></tr>
<tr><td>4</td><td></td><td></td><td></td></tr>
<tr><td colspan="3">合　计</td><td></td></tr>
<tr><td colspan="4">二、请列示未到账部分的情况：</td></tr>
<tr><td>序号</td><td>认购人全称</td><td>持有人账号</td><td>未到账面额（万元）</td></tr>
<tr><td>1</td><td></td><td></td><td></td></tr>
<tr><td>2</td><td></td><td></td><td></td></tr>
<tr><td>3</td><td></td><td></td><td></td></tr>
<tr><td>4</td><td></td><td></td><td></td></tr>
<tr><td colspan="3">合　计</td><td></td></tr>
<tr><td colspan="4"></td></tr>
<tr><td rowspan="15">第四档</td><td colspan="4">产品简称：__________ 产品代码：__________</td></tr>
<tr><td colspan="4">一、请列示负责包销的主承销商并指定其对未到账额度的包销数量：</td></tr>
<tr><td>序号</td><td>主承销商全称</td><td>持有人账号</td><td>包销面额（万元）</td></tr>
<tr><td>1</td><td></td><td></td><td></td></tr>
<tr><td>2</td><td></td><td></td><td></td></tr>
<tr><td>3</td><td></td><td></td><td></td></tr>
<tr><td>4</td><td></td><td></td><td></td></tr>
<tr><td colspan="3">合　计</td><td></td></tr>
<tr><td colspan="4">二、请列示未到账部分的情况：</td></tr>
<tr><td>序号</td><td>认购人全称</td><td>持有人账号</td><td>未到账面额（万元）</td></tr>
<tr><td>1</td><td></td><td></td><td></td></tr>
<tr><td>2</td><td></td><td></td><td></td></tr>
<tr><td>3</td><td></td><td></td><td></td></tr>
<tr><td>4</td><td></td><td></td><td></td></tr>
<tr><td colspan="3">合　计</td><td></td></tr>
</table>

（注：栏位不够可自行添加，超过一页请在每一页右下角注明页数及总页数）

（发行人公章或授权部门章）

______年____月____日

附 5

## 资产支持证券兑付付息通知单

银行间市场清算所股份有限公司：

我单位在贵公司登记托管的以下资产支持证券将于______年____月____日办理兑付付息手续，现将本次兑付付息事项通知如下：

本次兑付、付息资产支持证券全称：

| | 第一档 | 第二档 | 第三档 | 第四档 |
|---|---|---|---|---|
| 证券代码 | | | | |
| 发行总额（元） | | | | |
| 是否按时兑付 | □是<br>□否 | □是<br>□否 | □是<br>□否 | □是<br>□否 |
| 拟支付时间（年月日） | | | | |
| 本期票面利率（%） | | | | |
| 本次兑付前本金值（元/百元面额） | | | | |
| 本次兑付本金值（元/百元面额） | | | | |
| 本次兑付后本金值（元/百元面额） | | | | |
| 本次兑付本金总额（元） | | | | |
| 本次付息执行利率（%） | | | | |
| 本次付息总金额（元） | | | | |
| 合计（元） | | | | |

（注：栏位不够可自行添加，超过一页请在每一页右下角注明页数及总页数）

我单位将于规定时间将以上资金合计________________元划付到贵公司指定的资金账户。请贵公司于指定兑付付息日办理向持有人拨付本息手续。

以上信息我单位将同时在上海清算所网站向持有人公告。

（受托机构章）

______年____月____日

# 2.6 银行业信贷资产登记流转中心

## 2.6.1 《银行业信贷资产登记流转中心信贷资产登记流转业务规则》(2019年1月16日 银登字〔2019〕3号)

本规则是规范信贷资产登记流转业务的基本规则，包含9个章节52个条文内容，本书将从基础规定、登记流转、信息披露、风险管理4个方面整理如下：

【重点提示】

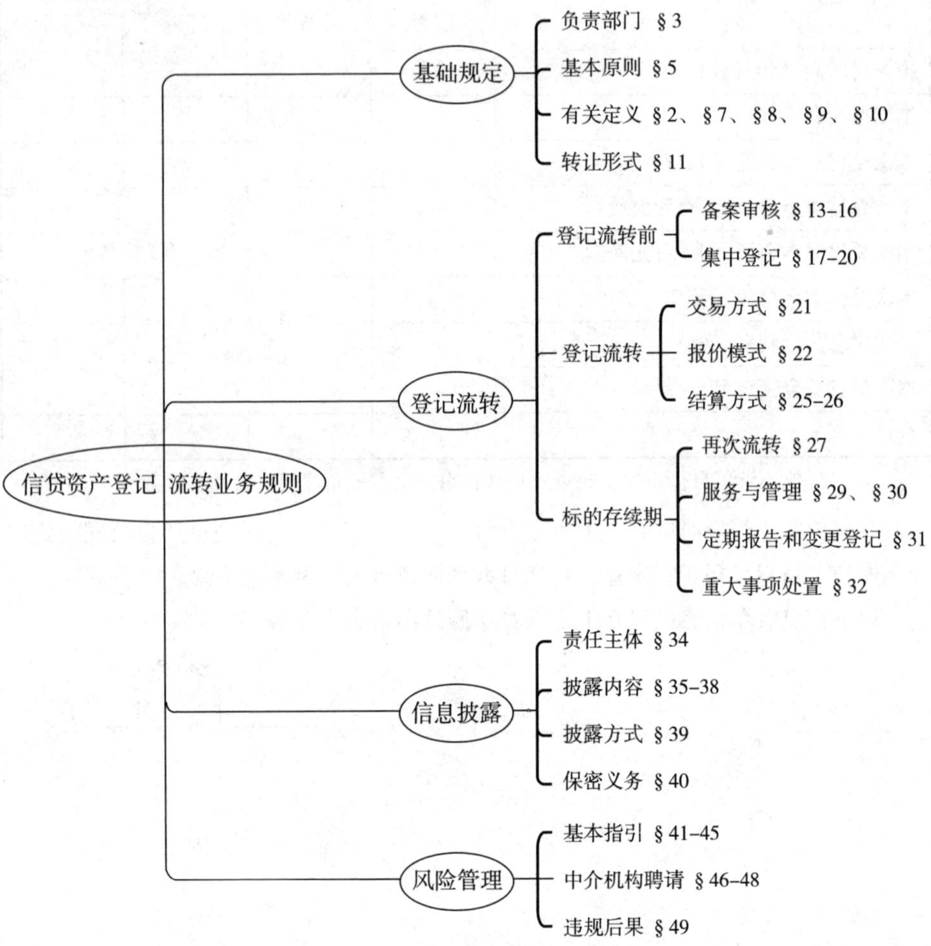

**【文件内容】**

## 第一章　总则

第一条【制定目的】

为规范信贷资产登记流转业务，防范金融风险，保护投资者及相关当事人的合法权益，制定本规则。

第二条【定义】

**本规则所指信贷资产登记流转业务，**系指由出让方将其持有的信贷资产或其对应的受（收）益权等非证券类债权资产作为流转标的，通过银行业信贷资产登记流转中心（以下简称“银登中心”）业务系统集中登记并进行转让，流转标的项下的权益和风险按法律规定、合同约定由受让方继受的业务活动。

第三条【负责部门】

为信贷资产登记流转业务提供相应专业服务的中介机构包括但不限于信用评级机构、资产评估机构、会计师事务所、律师事务所等，应按照相关法律法规、交易文件及本指引的规定做好新型披露工作。

信用评级机构、资产估值与指数编制机构、资产评估机构出具的相应专业意见应披露其业务基本方法和基本模型等。

第四条【协议及合同的签署】

银登中心负责组织流转主体及相关各方共同起草、签订**《信贷资产登记流转业务主协议》**（以下简称《主协议》），共同起草、修订**标准合同文本**。

**《主协议》**是明确流转主体及相关各方权利义务、规范信贷资产登记流转业务的法律文件。**信贷资产流转业务的流转主体均须签署《主协议》**。

第五条【基本原则】

信贷资产登记流转业务的流转主体及相关各方应遵守银保监会相关监管规定，按照**公平协商、真实透明、风险自担、合规守约的原则**开展信贷资产登记流转业务。

第六条【如实申报义务】

流转主体及相关各方在向银登中心提交的信贷资产登记流转业务**相关材料中不得存在虚假记载、误导性陈述和重大遗漏，并对其所提交材料的真实性、准确性、完整性和有效性承担完全法律责任。**

## 第二章　流转主体与流转标的

**第七条【流转主体】**

**信贷资产登记流转业务中的流转主体**系指出让方和受让方。**出让方**系指流转标的的卖方。**受让方**系指流转标的的买方。

第八条【业务账户】

**流转主体应在银登中心按实名制原则开立业务账户。**业务账户分为资产账户和资金账户。

**资产账户**系指银登中心为流转主体开立的用以登记其所持有流转标的数量及相关信息的电子簿记账户。

**资金账户**系指银登中心为流转主体开立的用于办理流转标的结算、付息兑付等相关事宜的账户。

第九条【流转标的】

流转标的系指贷款（金融机构的自营贷款、信托贷款、银团贷款等）、应收账款等**信贷资产的债权**，或以其作为底层资产相对应的信托受益权、债权收益权等**非证券类债权资产**。

第十条【底层资产】

底层资产系指在以各类受（收）益权等资产作为流转标的的情形中，**为流转标的偿付提供现金流支持的基础资产**，包括但不限于贷款（金融机构的自营贷款、信托贷款、银团贷款等）、应收账款等非证券类债权资产及其附属担保权益，以及监管机构认可的其他信贷资产。

**底层资产须合法合规、真实有效**，资金投向符合国家产业政策和相关监管要求，五级分类严格符合相关监管规定。国家政策和相关监管制度不允许流转的，从其规定。

第十一条【转让形式】

**信贷资产登记流转业务可采用债权直接转让、债权收益权转让、信托受益权转让等形式进行。**

**债权直接转让**，系指出让方直接将其持有的信贷资产及其附属担保权益作为流转标的转让给受让方。

**债权收益权转让**，系指出让方以底层资产所产生的全部收益的权利作为流转标的，依据相关法律法规将其转让给受让方。该债权收益权应等分化、可交易。

**信托受益权转让**，系指出让方将符合相关要求的合格底层资产委托给信托公司成立自益财产权信托，并作为受益人依据相关法律法规将其持有的信托受益权转让给受让方。该信托受益权应等分化、可交易。

第十二条【交易结构应简单明晰】

信贷资产登记流转业务的交易结构应简单明晰，资金端与资产端**均不得存在多层嵌套、故意拉长业务链条的情形。**

## 第三章　备案审核

第十三条【备案受理机关】

**银登中心**按照银保监会相关要求，统一受理信贷资产登记流转业务备案申请。

第十四条【备案材料】

出让方在信贷资产登记流转前须向银登中心提交以下备案材料：

（一）加盖公章的备案报告；

（二）底层资产相关材料，包括贷款合同、借据、还款凭证、担保合同等；

（三）流转标的相关材料，包括资产服务合同、信托合同等；

（四）第三方机构意见书，包括法律意见书、会计意见书、信用评级报告等；

（五）银登中心规定的其他文件。

第十五条【备案审核】

银登中心按照监管要求，成立由金融机构专家、律师、会计师、银登中心相关人员等组成的备案审核委员会，**从交易结构、基础资产、投资者范围、信息披露等方面，对拟开展的信贷资产登记流转业务进行表面合规性审核**。银登中心备案审核委员会对备案材料进行审核，**不代表对其投资价值及投资风险做实质性判断**。

第十六条【审核结果与期限】

对于备案材料完备且符合相关监管规定的，予以备案。原则上自接受符合要求的备案材料之日起**5 个工作日内**出具备案通知书，**备案有效期 1 个月**。

对于备案材料不完备或不符合监管规定的，由出让方予以补正；补正后仍不完备或不符合监管规定的，予以驳回。

## 第四章　集中登记

第十七条【办理集中登记】

信贷资产流转前，出让方应通过银登中心集中登记系统提交相应的登记材料，办理集中登记，**登记完成后方可流转**。

第十八条【集中登记内容】

信贷资产集中登记包括对流转标的及其对应的底层资产的要素信息进行格式化记载，对权利人持有的流转标的进行簿记，对流转标的及其对应的底层资产的基础文件等进行电子化存储。

第十九条【集中登记流程】

出让方应在流转前**至少 3 个工作日**通过银登中心集中登记系统录入资产信息、上传材料并提交登记。银登中心对信贷资产的关键要素信息予以核对，为已通过核对的信贷资产配发统一代码，作为信贷资产流转标的的**唯一标识**。

第二十条【资产账户的记载结果】

**资产账户的记载结果即为流转主体持有流转标的的证明，如无其他相反证据证明，流转主体持有流转标的数额以资产账户中的记载结果为准**。

## 第五章 流转结算

第二十一条【交易方式】

完成登记后，流转主体应按以下交易方式在银登中心流转平台进行流转：

（一）**协议转让**，系指交易双方已就流转标的的交易价格、交易数量等达成初步意向，并通过银登中心流转平台达成交易的交易方式。

（二）**挂牌转让**，系指出让方通过银登中心流转平台寻找潜在受让方促成交易意向，并通过银登中心流转平台达成交易的交易方式。

（三）**监管部门认可的其他交易方式**。

第二十二条【报价模式】

**挂牌转让的报价模式包括常规报价、竞争性报价和点击成交。**

**常规报价模式下**，出让方应通过银登中心流转平台**向不少于三家的潜在受让方**发布挂牌资产信息，**交易双方可在挂牌截止日前的任一时间点完成报价和报价确认**。

**竞争性报价模式下**，出让方应通过银登中心流转平台**向不少于三家的潜在受让方**发布挂牌资产信息，挂牌信息展示时间**不得短于1个工作日。交易双方须在挂牌截止日当天指定时间段内完成报价和报价确认**。

**点击成交模式下**，出让方应通过银登中心流转平台**向全市场**发布挂牌资产信息，明确资产价格，**受让方可在挂牌截止前按此价格购买资产**。

第二十三条【公平定价原则】

流转主体应坚持公平定价原则，**以中债金融估值中心有限公司与银登中心联合发布的估值结果为公允定价参考**。

第二十四条【采用标准转让协议进行交易】

**流转主体应采用内嵌于银登中心流转平台的标准转让协议进行交易，并通过银登中心流转平台签署该转让协议。**

在协议转让方式下，流转主体可采用由其自行协商确定的转让协议文本，但须将该转让协议上传银登中心流转平台，转让协议应以双方在银登中心流转平台达成交易作为生效的必要条件。在其他交易方式下，流转主体均应采用标准转让协议。

交易达成后，银登中心出具附转让协议的成交确认书，作为流转交易已达成、转让协议已生效的证明文件。

第二十五条【办理结算】

交易达成后，流转主体应通过银登中心及时办理结算，并**以银登中心出具的结算单作为结算完成的证明和会计入账依据**。

第二十六条【结算方式】

**结算方式包括 DAP 结算和 DVP 结算**。

**DAP 结算**系指在结算日由受让方将资金足额支付给出让方，出让方收到相应资金后，通过银登中心系统发送资金收讫确认指令，银登中心据此于结算日办理信贷资产结算的结算方式。

**DVP 结算**系指在交易达成后，在双方指定的结算日，信贷资产结算和转让资金支付同步进行并互为条件的结算方式。

第二十七条【存续期内的再次流转】

在流转标的存续期内，流转主体拟将其持有的流转标的进行再次流转的，应提交再次流转申请和信贷资产确认声明文件，并按银登中心要求通过流转平台进行流转。

第二十八条【平台运营时间】

银登中心流转平台运营时间为**法定工作日的 9：00 至 17：00**，信贷资产流转结算应在银登中心流转平台运营时间内进行。

## 第六章　存续期管理

第二十九条【服务与管理】

银登中心为流转标的提供独立托管服务，对其全生命周期进行管理，同时向参与信贷资产登记流转业务的相关方提供变更登记、持有人名册查询、代理付息兑付等服务。

第三十条【资产服务机构】

出让方、受让方或其他相关方应**以资产服务合同的形式确定资产服务机构**，由资产服务机构负责底层资产的后续管理等工作，定期向银登中心提交资产服务机构报告及资产要素信息表，并依据资产服务机构报告内容向银登中心申请办理变更登记。

第三十一条【定期报告义务及变更登记申请】

**以债权收益权转让、信托受益权转让模式开展信贷资产流转业务的**，受托机构应定期向银登中心提交受托机构报告及资产要素信息表，并依据受托机构报告内容向银登中心申请办理变更登记。

第三十二条【重大事项的处置】

如发生可能或已经对流转标的及其底层资产投资价值有实质性影响的**重大事项，资产服务机构或受托机构应及时向银登中心申请办理变更登记**。

第三十三条【信贷资产托管及代理兑付服务协议】

银登中心与受托机构或资产服务机构签署《信贷资产托管及代理兑付服务协议》后，为流转标的办理代理付息兑付等相关事宜。

## 第七章 信息披露

第三十四条【信息披露指引和责任主体】

信贷资产登记流转业务的信息披露责任主体应按照相关法律法规、交易文件以及本规则的规定，切实履行信息披露职责，**保证信息披露的真实性、准确性、充分性、完整性、及时性，不得存在虚假记载、误导性陈述和重大遗漏等情形。信息披露责任主体包括但不限于出让方、资产服务机构、受托机构等。**

第三十五条【应当披露的信息】

出让方应在交易达成前向受让方披露以下信息：

（一）**流转标的信息**：要素信息，包括但不限于流转标的类型、规模、期限、预期收益率、交易结构、增信措施等；基础文件，包括但不限于与流转标的相对应的贷款合同、信托合同、资产服务合同等；

（二）**底层资产信息**：要素信息，包括但不限于底层资产类型、规模、期限、利率、担保情况或增信措施、债务人信息等；基础文件，包括但不限于贷款合同或其他融资合同、借款凭证等；

（三）**中介机构出具的相应专业意见**：如法律意见书、会计意见书、信用评级报告、估值报告等；

（四）**其他相关信息**。

第三十六条【信贷资产转让结果公告】

转让完成后，出让方应于**5 个工作日内**发布《信贷资产转让结果公告》。

第三十七条【存续期内的报告发布】

存续期内，资产服务机构及受托机构应按相关交易文件约定的格式与内容于流转标的兑付日前，向流转标的和/或底层资产持有人发布资产服务机构报告及受托机构报告，**发布频率不低于每季度一次**。

第三十八条【重大事项信息披露公告】

如发生可能或已经对流转标的及其底层资产投资价值有实质性影响的重大事项，**资产服务机构或受托机构应在事发后 3 个工作日内发布《重大事项信息披露公告》，并向相关流转标的和/或底层资产持有人披露详细信息。**

第三十九条【信息披露方式】

信贷资产登记流转业务信息披露**应通过银登中心业务系统、银登网（www. yindeng. com. cn）或银登中心认可的其他方式进行**。

第四十条【保密义务】

流转主体及相关各方对于获得的流转标的信息、交易信息等负有保密义务，**应严格遵守银登中心有关信息披露的要求，不得将该等信息用于其他目的。**

## 第八章 风险管理

第四十一条【交易必须真实合法合规】

信贷资产流转交易必须真实合法合规，**出让方不得承担任何显性或隐性的回购义务，交易各方不得签署任何形式的抽屉协议**。信贷资产的投资者应持续满足监管部门关于合格投资者的相关要求。

第四十二条【信贷资产转移确认】

交易各方须严格按照国家会计制度和准则的相关规定，进行信贷资产转移确认，并做相应的会计核算和账务处理。

第四十三条【审慎评估和准确计量】

银行业金融机构应根据交易的经济实质，全面考虑信贷资产流转前后的风险转移和风险暴露变化情况，进行审慎评估和准确计量，根据相关监管要求计提资本。

第四十四条【计提拨备】

银行业金融机构须严格按照《商业银行贷款损失准备管理办法》、《银行贷款损失准备计提指引》和《金融企业准备金计提管理办法》等相关规定，按照会计处理和风险实际承担情况计提拨备。

第四十五条【制定信贷资产登记流转业务制度】

流转主体及相关各方应制定信贷资产登记流转业务制度，在业务开展过程中，应充分识别和评估可能面临的各类风险，建立和完善业务操作程序、尽职调查规范、审核审批授权及内部控制要求，**将信贷资产流转纳入其全面风险管理制度**。

第四十六条【聘请中介机构】

**对于引入结构化设计开展信贷资产登记流转业务的**，须聘请律师事务所、会计师事务所、外部资信评级机构等中介机构出具法律意见书、会计意见书、信用评级报告。**如流转标的或底层资产为不良资产**，应聘请资产评估机构对流转标的或底层资产出具价值评估报告。

第四十七条【中介机构的资格与职责】

参与信贷资产登记流转业务的律师事务所、会计师事务所、外部资信评级机构等中介机构，**须取得相关执业资格**，并根据相关法律法规及规范性文件规定以及相关合同的约定，**遵守诚实、守信、独立、勤勉、尽责的原则切实严格履行职责，并对所出具的专业报告和专业意见负责**。

第四十八条【资金保管机构的职责】

**对于引入结构化设计开展信贷资产登记流转业务的**，须聘请相应资金保管机构负责保管信托资金，**且出让方和和贷款管理人不得担任同一交易的资金保管机构**。资金保管机构应为每项结构化信贷资产流转业务的信托资金**单独设帐，单独管理**，并将所报关的信托资金与其自有资金和管理的其他资产**严格分开管理**。

第四十九条【违反规则的后果】

对于违反本规则的，银登中心视情况予以**批评**、**通报**，**或暂停交易**。

**第九章 附则**

第五十条【细则制定及信贷资产收益权转让业务】

相关业务细则由银登中心另行制定。信贷资产收益权转让业务按照《银行业信贷资产登记流转中心信贷资产收益权转让业务规则（试行）》执行。

第五十一条【解释及修订主体】

本规则由银登中心负责解释、修订。

第五十二条【实施日期】

本规则自发布之日起实施。

## 2.6.2 《信贷资产登记流转业务法律尽职调查报告内容与格式指引》(2019年1月5日 银登字〔2019〕4号，附件1)

**【重点提示】**

4号文中，银登中心明确了信贷资产登记流转业务中法律尽职调查报告的内容与格式。根据附件1的要求，法律尽调报告必须从尽调情况概述、审查内容、调查结论、和风险揭示4个方面展开。

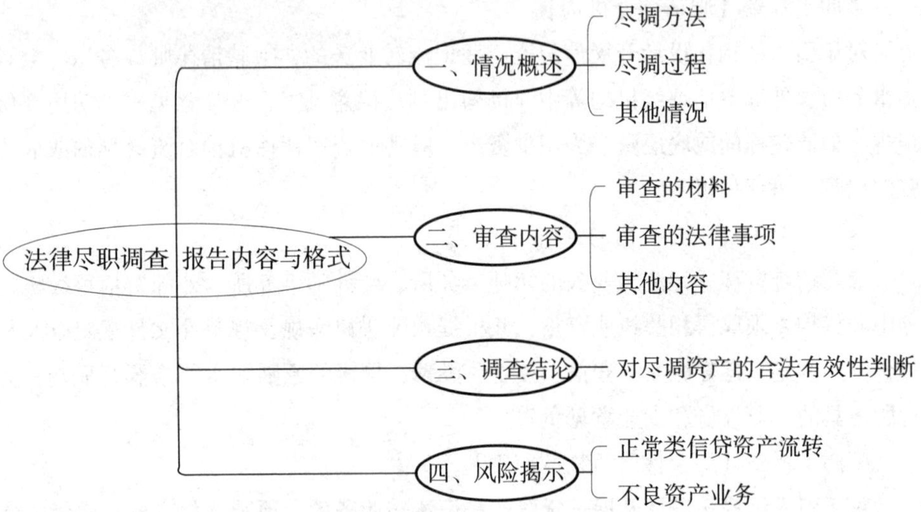

**【文件内容】**

**一、法律尽职调查情况概述**

包括但不限于尽职调查的方法、过程等。如采用抽样尽调的，具体说明资产池的整体情况、抽样尽调的方法、抽样维度、抽样资产的代表性，并针对样本资产出具具体尽调意见。

**二、法律尽职调查的审查内容**

包括但不限于尽调审查的材料、审查的法律事项等。尽调要点包括贷款债权合法有效性、借款人情况、担保人情况、附属担保权益合法有效性、贷款及附属担保权益转让的限制情况、贷款的还款情况、贷款涉及的诉讼、仲裁或执行程序情况等，对于不良贷款，还应包括抵质押物的查封、扣押、冻结、租赁情况、诉讼时效及保证期间等。相关要点信息可列表提供。

**三、法律尽职调查的结论**

对尽调资产（如采用抽样尽调的，仅针对样本资产，抽样比例应体现样本的代表性）的合法有效性判断，主要包括但不限于以下内容：

（一）贷款债权的合法有效性；

（二）附属担保权益的合法有效性；

（三）贷款债权和附属担保权益是否存在权利限制（如转让限制）、权利负担，以及相应权利限制、权利负担（如有）的解除情况；

（四）借款人、担保人的合法存续状况；

（五）贷款债权和附属担保权益是否涉及诉讼、强制执行等司法程序，是否涉及仲裁程序。

**四、风险揭示**

对于正常类信贷资产流转，按照尽调结果客观披露存在的风险（如有）。对于涉及不良资产的业务，应当揭示的风险包括但不限于以下各项：

（一）主债权诉讼时效期间是否届满；

（二）保证担保的期间是否届满；

（三）影响主债权合法有效性和实现的相关风险情况；

（四）影响附属担保权益合法有效性和实现的相关风险情况；

（五）信贷资产涉及的诉讼、仲裁、执行等程序的情况；

（六）抵质押财产是否涉及查封、扣押、冻结等司法程序及是否存在租赁情形。

**至少由两名经办律师签章，并由该律师事务所加盖公章、签署日期。**

## 2.6.3 《信贷资产登记流转业务法律意见书内容与格式指引》(2019年1月15日 银登字〔2019〕4号，附件2)

**【重点提示】**

4号文中，银登中心明确了信贷资产登记流转业务中法律意见书的内容与格式。附件2分别阐述了信贷资产债权转让、信贷资产信托受益权转让、信贷资产收益权转让3种情形下法律意见书的内容与格式要求。

**【文件内容】**

### 第一部分 信贷资产债权转让适用

一、交易结构概述

包括交易结构安排及主要交易文件及其核心内容。

二、资产的合法有效性

（一）法律尽职调查的方法及过程（可另行出具单独的尽调报告）。

（二）资产（如采用抽样尽调的，仅针对样本资产）总体描述及合法有效性判断（可另行出具单独的尽调报告），主要包括但不限于以下内容：

1. 贷款债权的合法有效性；

2. 附属担保权益的合法有效性；

3. 贷款债权和附属担保权益是否存在权利限制（如转让限制）、权利负担，以及相应权利限制、权利负担（如有）的解除情况；

4. 借款人、担保人的合法存续状况；

5. 贷款债权和附属担保权益是否涉及诉讼、强制执行等司法程序，是否涉及仲裁程序。

三、相关参与主体的资质与内部授权审批情况

四、交易文件的合法有效性

五、信贷资产债权转让的合法有效性

（一）转让程序的合法有效性。

（二）如信贷资产负有限制转让等权利限制和权利负担的，相应权利限制和权利负担解除情况，如担保贷款债权的保证合同约定债权和/或保证担保转让需事先通知保证人并取得保证人同意的，需披露取得保证人书面同意的情况。

（三）通知债务人、担保人的安排；如贷款债权转让时未逐一通知债务人、担保人的，应披露相应法律风险与缓释措施。

（四）抵质押权转移登记或质押财产交付安排；如贷款债权转让时未逐一办理抵质押权转移登记或质押财产交付手续的，应披露相应法律风险与缓释措施。

（五）信贷资产债权转让的增信措施（如有）。

六、结论

## 第二部分 信贷资产信托受益权转让适用

一、交易结构概述

包括交易结构安排及主要交易文件及其核心内容。

二、信托财产的合法有效性

（一）法律尽职调查的方法及过程（可另行出具单独的尽调报告）。

（二）底层资产（如采用抽样尽调的，仅针对样本资产）总体描述及合法有效性判断（可另行出具单独的尽调报告），主要包括但不限于以下内容：

1. 贷款债权的合法有效性；

2. 附属担保权益的合法有效性；

3. 贷款债权和附属担保权益是否存在权利限制（如转让限制）、权利负担，以及相应权利限制、权利负担（如有）的解除情况；

4. 借款人、担保人的合法存续状况；

5. 贷款债权和附属担保权益是否涉及诉讼、强制执行等司法程序，是否涉及仲裁程序。

三、相关参与主体的资质与内部授权审批情况

（一）委托人的资质与内部授权审批情况。

（二）受托人的资质与内部授权审批情况。

（三）资产服务机构的资质与内部授权审批情况。

（四）资金保管机构的资质。

四、交易文件的合法有效性

五、信托设立的合法有效性

包括但不限于对信托目的、信托成立和生效条件等的合法有效性判断。如信贷资产负有限制转让等权利限制和权利负担的，相应权利限制和权利负担解除情况。

六、信托财产的破产隔离

七、信托受益权转让的合法有效性

八、结论

## 第三部分　信贷资产收益权转让适用

一、交易结构概述

包括交易结构安排及主要交易文件及其核心内容。

二、底层资产的合法有效性

（一）法律尽职调查的方法及过程（可另行出具单独的尽调报告）。

（二）底层资产（如采用抽样尽调的，仅针对样本资产）总体描述及合法有效性判断（可另行出具单独的尽调报告），主要包括但不限于以下内容：

1. 贷款债权的合法有效性；

2. 附属担保权益的合法有效性；

3. 贷款债权和附属担保权益是否存在权利限制、权利负担，以及相应权利限制、权利负担（如有）的解除情况；

4. 借款人、担保人的合法存续状况；

5. 贷款债权和附属担保权益是否涉及诉讼、强制执行等司法程序，是否涉及仲裁程序。

三、相关参与主体的资质与内部授权审批情况

（一）出让方的资质与内部授权审批情况。

（二）受托人的资质与内部授权审批情况。

（三）资产服务机构的资质与内部授权审批情况。

（四）资金保管机构的资质。

四、交易文件的合法有效性

五、信托设立的合法有效性

包括但不限于对信托目的、信托成立和生效条件等的合法有效性判断。

六、委托人、受托人等相关方的破产风险对信托财产的影响

七、信贷资产收益权转让安排的合法有效性

（一）信贷资产收益权转让的合法有效性。

（二）信托资金投资的合法性。

（三）如信贷资产收益权负有限制转让等权利限制和权利负担的，相应权利限制和权利负担解除情况。

八、结论

至少由两名经办律师签章，并由该律师事务所加盖公章、签署日期。

## 2.6.4 《信贷资产登记流转业务会计意见书内容与格式指引》（2019年1月15日 银登字〔2019〕4号，附件3）

**【重点提示】**

4号文中，银登中心明确了信贷资产登记流转业务中会计意见书的内容与格式。根据附件3的要求，会计意见书须包括交易背景、交易架构、会计处理、意见评论等7个方面的内容。

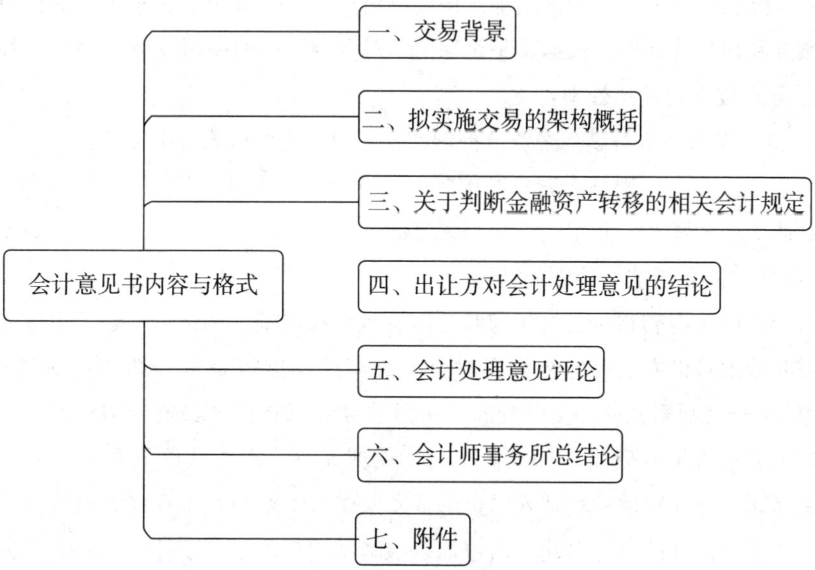


**【文件内容】**

一、交易背景

包括但不限于本次交易的参与主体、底层资产类型、交易规模、涉及交易规则、涉及会计准则等。

二、拟实施交易的架构概括

（一）交易主体

（二）需查阅的项目交易文件

（三）交易结构

三、关于判断金融资产转移的相关会计规定

（一）判断是否合并转入方（含特定目的信托等结构化主体）

（二）判断是否满足金融资产转移的形式要件

《企业会计准则第 23 号——金融资产转移》第六条，金融资产转移包括两种情形：一是“收款权的转移”；二是“现金流量过手”，须满足“不垫款”、“不挪用”、“不延误”三原则。

（三）评估风险和报酬的转移程度

如满足金融资产转移的形式要件，转出方进一步应用第 23 号准则第七条，评估其保留被转移金融资产所有权上的风险和报酬的程度（通常称为“风险和报酬测试”），并分别按下列情形处理：

如果转移了几乎所有风险和报酬的，应当终止确认该金融资产；如果保留了几乎所有风险和报酬的，应当继续确认该金融资产；如果既没有转移也没有保留几乎所有风险和报酬的，应当根据其是否保留了对金融资产的控制（通常称为“控制测试”），分别按下列情形处理：

1. 转出方未保留对该金融资产控制的，应当终止确认该金融资产；

2. 转出方保留了对该金融资产控制的，应当按照其继续涉入该金融资产的程度继续确认该金融资产，并相应确认相关负债。

（四）判断是否实现控制的转移

对于“既没有转移也没有保留几乎所有风险和报酬”的情形，是否可以实现出表，需要依据转出方是否已经放弃对金融资产控制进行判定（即“控制测试”）。根据第 23 号准则第九条，企业判断是否已放弃对所转移金融资产的控制时，应当注重转入方出售该金融资产的实际能力。具体而言，需要从以下两个层面进行分析：一是转入方能够单独将转入的金融资产整体出售给与其不存在关联方关系的第三方，且没有额外的条件对此项出售加以限制（“额外限制条件”）；二是转入方是否能够将转入的金融资产整体转让给不存在关联方关系的第三方，应当关注该金融资产是否存在市场，如果不存在市场，即使合同约定转入方有权处置金融资产，也不表明转入方具备“实际能力”。

四、出让方对会计处理意见的结论（出让方应根据相关规定确定是否运用 2017 年修订的企业会计准则）

（一）出让方是否将被投资方纳入合并范围（“被投资方”指特殊目的信托、债权受让方、债权收益权受让方等）及拟定的会计处理分析

1. 出让方对被投资方是否具有权力。

2. 出让方是否通过参与被投资方的相关活动而享有可变回报。

3. 出让方是否有能力运用对被投资方的权力影响其回报金额。

（二）出让方是否终止确认相关拟转让的金融资产及拟定的会计处理分析

1. 出让方是否满足金融资产转移条件。

2. 出让方是否转移金融资产的风险和报酬。

3. 出让方是否放弃对被转让金融资产的控制（如适用）。

五、会计处理意见评论

（一）出让方是否将被投资方纳入合并范围（“被投资方”指特殊目的信托、债权受让方、债权收益权受让方等）

1. 参照的企业会计准则规定——《企业会计准则第 33 号——合并财务报表》

2. 会计师事务所对下述问题的评论

（1）出让方对被投资方是否具有权力。

（2）出让方是否通过参与被投资方的相关活动而享有可变回报。

（3）出让方是否有能力运用对被投资方的权力影响其回报金额。

3. 会计师事务所根据准则第 XX 条得出结论

（二）出让方是否终止确认相关金融资产

1. 参照的企业会计准则规定——《企业会计准则第 23 号——金融资产转移》及“过手测试”分析

2. 会计师事务所对下述问题的评论

（1）出让方是否满足金融资产转移条件。

（2）出让方是否转移金融资产的风险和报酬。

（3）出让方是否放弃对被转让金融资产的控制（如适用）。

3. 会计师事务所根据准则第 XX 条得出结论

六、会计师事务所总结论

七、附件

应包括：XXX 项目交易风险计量模型和测算结果（对于不出表的结构以及满足显而易见转移金融资产所有权上几乎所有的风险和报酬的结构可免于提供，比如同时满足出让方未保留任何次级权益份额、未收取浮动服务报酬、收取的固定报酬不在分配顺序中位于最末位的）。

## 2.7 上海市律师协会

### 2.7.1 《上海市律师协会（试行）律师办理信贷资产证券化法律业务操作指引》(2018 年 12 月 7 日)

【重点提示】

作为舶来品，与西方成熟市场相比，我国的资产证券化业务仍处于起步阶段，目前，各地律师协会对相关业务操作鲜有较为系统的梳理、阐述。因此，上海市律师协会撰写了《（试行）律师办理信贷资产证券化法律业务操作指引》。本指引共有 9 个章节 80 个条文内容，本文将从基本概念、尽职调查、方案设计、法律意见书、信息披露、监管体系、运营清算及其他等 7 个方面整理如下：

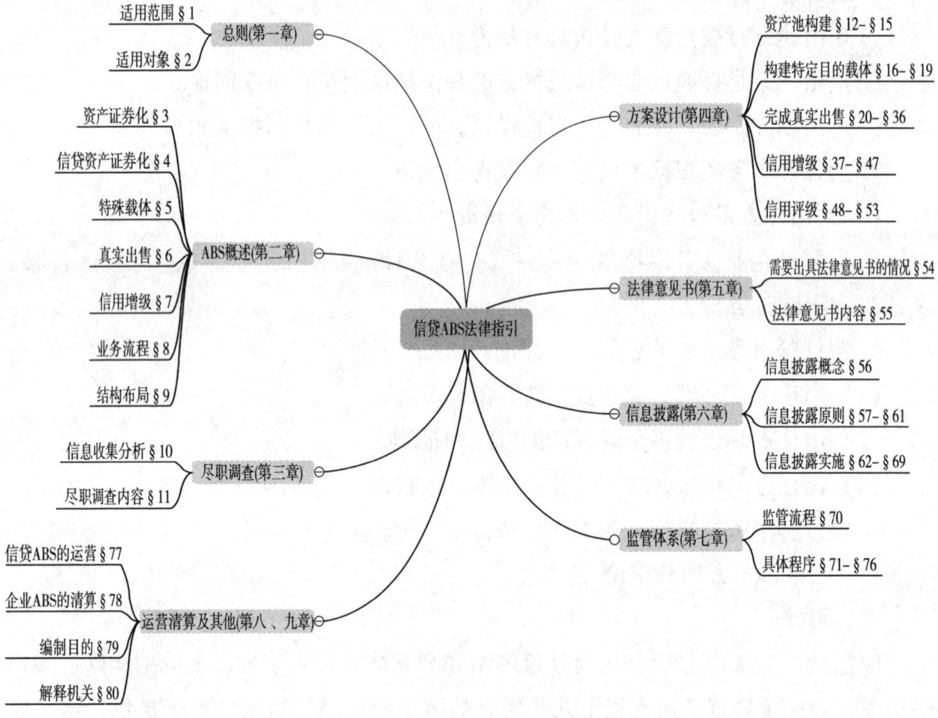


【文件内容】

#### 第一章 总 则

第一条 【适用范围】

**本指引所称信贷资产证券化法律业务**是指律师依法接受委托，为信贷资产证券化的各主体（发起机构、受托机构等）解决信贷资产证券化相关的法律问题，在信贷资产证券化法律业务中能提供的**服务包括但不限于**：

（1）对资产证券化发起机构、受托机构、资产池等**尽职调查**；

（2）信贷资产证券化**方案设计**；

（3）起草、拟定信贷资产证券化信托**合同及相关法律文书**；

（4）出具信贷资产证券化业务必须的**法律意见书**；

（5）针对证券化产品发行后资产池的**管理**、**维护**、**清算**等。

第二条　【适用对象】

本指引**主要适用于信贷资产证券化法律业务中的非诉讼业务**，不适用于非信贷资产证券化法律业务，以及与证券化产品发行后资产池的管理有关的诉讼、仲裁等争议解决业务。

## 第二章　资产证券化概述

### 第一节　相关概念

第三条　【资产证券化】

**资产证券化业务**，是指以基础资产所产生的现金流为偿付支持，通过结构化等方式进行信用增级，在此基础上发行资产支持证券的业务活动。

第四条　【信贷资产证券化】

**信贷资产证券化**是指银行业金融机构作为资产证券化的发起机构，以名下信贷资产作为基础资产，法定使用特殊目的信托（SPT）作为特殊目的载体（SPV），发行的资产证券化产品。当前的监管主体为中国人民银行（央行）与中国银行业监督委员会（银监会）。

第五条　【特殊目的载体】

**特殊目的载体**（**SPV, Special Purpose Vehicle**）是一个为实现风险隔离而设立的特殊目的实体，通常表现为特殊目的信托（SPT, Special Purpose Trust）、特殊目的公司（SPC, Special Purpose Company）、有限合伙（LLP, Limited Liability Partnership）等。通过限制特殊目的载体的业务范围，设定其唯一的经营目的等方式，将风险锁定在特殊目的载体下，以实现资产证券化产品的风险隔离。

当前，规范信贷资产证券化的部门规章确定使用特殊目的信托作为其固定的特殊目的载体形式。

第六条　【真实出售】

**即所出售的资产在发起人破产时不作为其法定财产参与清算，基础资产不列入其清算范围，从而达到“破产隔离”的目的**。实践中，根据基础资产的性质，其对应的法定权属变动要件不同，部分基础资产法律上无法实现“真实出售”。

第七条　【信用增级】

**信用增级**是指发起人通过内部或外部信用增级措施，吸引投资者以降低融资成本。

## 第二节　信贷资产证券化业务概述

第八条　【业务流程】

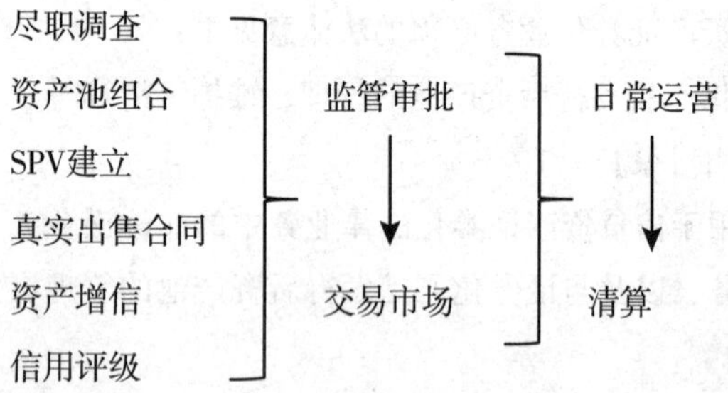


第九条　【结构布局】

下图为资产证券化最为基础的交易结构，在实践中交易结构往往更为复杂。

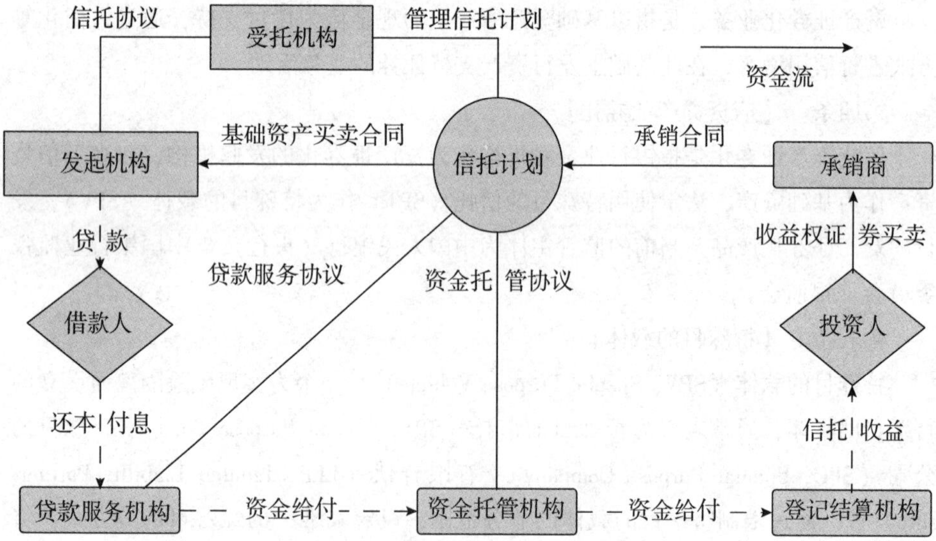


# 第三章　信贷资产证券化尽职调查

第十条　【信息收集分析】

对原始权益人、基础资产的法律状况以及其他项目参与人的资质与权限的相关信息不了解，往往会导致资产证券化方案设计的不公平，或者可执行性不强，或者因为违反法律法规而无效。为了给委托人设计一个合适的信贷资产证券化方案以及出具有法律效应的法律意见书，维护信贷资产证券化产品投资人的利益，在方案设计之前由**专业律师对原始权益人、基础资产的法律状况以及其他项目参与人的资质与权限进行尽职调查**，是非常有必要的。

第十一条　【尽职调查内容】

律师在前期尽职调查阶段的法律服务内容主要包括：

（一）收集特定原始权益人的**公开资料和企业资信情况、设立情况、存续情况、股权结构、治理结构、行业特征；主营业务、财务状况**；与基础资产相关的**业务情况**等信息。

（二）收集**资产服务机构、资产托管人、信托资产受托人、提供信用增级机构、重要债务人以及其他重要业务参与人的设立、存续信息**；股权结构、治理结构；业务资质、资信水平等。

（三）收集**基础资产的法律权属、转让的合法性、基础资产的运营状况或现金流历史记录**。

（四）在此基础上进行**信息整理和分析**，从基础资产未来提供稳定现金流等方面考察有无重大障碍影响信贷资产证券化的正常进行。综合研究相关法律、法规、企业政策，**对信贷资产证券化的可行性进行法律论证，寻求相应资产证券化行为的法律依据**。

（五）就信贷资产证券化可能涉及的**具体行政审批程序进行调查**，结合前期调查的相关内容，发现是否存在阻碍特定原始权益人进行信贷资产证券化行为的情况。

## 第四章　信贷资产证券化方案设计

### 第一节　资产池构建

第十二条　【资产池构建】

律师在为信贷资产证券化发起人构建资产池时，应考虑法律法规的相关规定，保证组合打包成为资产池的基础资产**具备较高同质性、产生稳定的现金流、符合政策性优质资产以及产业导向、涉及权属明确等条件**。

第十三条　【同质性】

基础资产同质性要求**基础信贷资产所涉及的法律关系具有相当的标准化程度**。这些法律关系主要包括支付条件、风险因子、违约条件、现金流结构、收益水平等。具有较高同质性的基础资产，组合构建为资产池，**有利于现金流的预测以及稳定性，提高信用评级等级**。

第十四条　【稳定可预测的现金流】

**具有稳定的、可预测的现金流是资产证券化基础资产的根本特点，即通过发起**

**人一定时间的持有，能够较为轻易地获取该基础资产的损失率和违约率等信息**。具有稳定可预测现金流的基础资产才具有证券化可能，促使投资人进行投资，而独立于发起人本身的资信问题。基于这样的原因，基础资产选择中有许多不成文的选择标准。例如，选取借款人地域分布范围较广的基础资产构建资产池以防止地区性事件冲击证券化产品；保证基础资产现金流持续时间长于资产证券化存续期以确保在资产证券化存续期内现金流的稳定、可预测。

第十五条　【符合政策导向】

资产证券化在我国发展的时间不长，投资者平均的风险识别能力较低，央行、银监会均要求进行资产证券化发行的基础资产为比较好的资产。同时，资产证券化产品发行也要注重于**国家产业政策的密切配合**，政府主管部门鼓励金融机构选择**符合国家产业导向**的信贷资产，构建多元化的信贷资产证券化产品。

## 第二节　构建特定目的载体

第十六条　【资产证券化的风险隔离】

理论上，资产证券化业务的风险隔离通常分为两个步骤：首先，**构建特殊目的载体（SPV），该特殊目的载体（SPV）作为破产隔离的载体**；然后，**将基础资产转移给该特殊目的载体（SPV），实现资产的“真实出售”**。

第十七条　【特殊目的信托（SPT）结构】

根据相关法律、法规、部门规章的规定，**我国信贷资产证券化的特殊目的载体（SPV）固定为特殊目的信托（SPT）**。同时，由于我国《信托法》并未授予信托计划法人地位，只能通过受托机构来管理信托资产的日常运营。故在实践中，信贷资产证券化的**风险隔离模式为发起机构与受托机构签订信托合同，并由受托机构设立信托计划转移基础资产**。该过程并不明显区分特殊目的载体（SPV）设立与资产的“真实出售”。

第十八条　【受托机构的选任标准和程序】

**受托机构是整个信贷资产证券化业务的核心**，信贷资产证券化的发行、日常运营维护、清算以及大部分信息披露的义务均归于受托机构。故《金融机构信贷资产证券化试点监督管理办法》（银监会令2005年第3号）规定**银行业金融机构作为信贷资产证券化发起机构，应当具有适当的特定目的信托受托机构选任标准和程序**。

第十九条　【信托财产独立】

**保证信托财产独立是保证特殊目的信托破产隔离的重要条件**，主要体现在以下方面：

（1）**受托机构因承诺信托而取得的信贷资产是信托财产财产**，独立于发起机构、受托机构、贷款服务机构、资金保管机构、证券登记托管机构及其他为证券化交易提供服务的机构的固有财产。

(2) 受托机构、贷款服务机构、资金保管机构及其他为证券化交易提供服务的机构**因特定目的的信托财产的管理、运用或其他情形而取得的财产和收益，归入信托财产**。

(3) 发起机构、受托机构、贷款服务机构、资金保管机构、证券登记托管机构及其他为证券化交易提供服务的机构因依法解散、被依法撤销或者被依法宣告破产等原因进行清算的，**信托财产不属于其清算财产**。

(4) 受托机构管理运用、处分信托财产所产生的债权，**不得与**发起机构、受托机构、贷款服务机构、资金保管机构、证券登记托管机构及其他为证券化交易提供服务机构的**固有财产产生的债务相抵销**；受托机构管理运用、处分不同信托财产所产生的债权债务，**不得相互抵销**。

### 第三节　完成真实出售

第二十条　【真实出售】

资产证券化的“真实出售”，是指**发起人将特定资产以及该资产的相关风险和收益，全部转让给特殊目的载体（SPV）**。从结果上来看，完成了真实出售的基础资产，不负有来自发起人的债权人、股东的追索权；另一方面，投资者对其投资收益权的追索权也仅限于基础资产。

第二十一条　【真实出售的判断标准】

实践中，基础资产是否完成了“真实出售”主要参考因素有：**资产是否“出表”**、经转让基础资产**是否仍附有追索权**、基础资产**转让合同效力**、基础资产转让**合同内容（双方权利义务）是否完整**、是否完成对借款人的通知等。

第二十二条　【真实性原则】

银监会明确禁止基础资产的非真实转移。**转出方不得安排任何显性或隐性的回购条款；转让双方不得采取签订回购协议、即期买断加远期回购等方式规避监管**。

第二十三条　【整体性原则】

转让的信贷资产应当包括**全部未偿还本金及应收利息**，不得有下列情形：

（一）将未偿还本金与应收利息分开；

（二）**按一定比例分割**未偿还本金或应收利息；

（三）将未偿还本金及应收利息**整体按比例进行分割**；

（四）将未偿还本金或应收利息进行**期限分割**。

银行业金融机构转让银团贷款的，转出方在进行转让时，应**优先整体转让给其他银团贷款成员**；如其他银团贷款成员均无意愿接受转让，且对转出方将其转给银团贷款成员之外的银行业金融机构无异议，转出方可将其整体转让给银团贷款成员之外的银行业金融机构。

第二十四条 【洁净转让原则】

实现资产的**真实、完全转让，风险的真实、完全转移**。

信贷资产转入方应当与信贷资产的借款方重新签订协议，确认变更后的债权债务关系。

拟转让的信贷资产有保证人的，转出方在信贷资产转让前，**应当征求保证人意见**，保证人同意后，可进行转让；如保证人不同意，转出方应和借款人协商，更换保证人或提供新的抵质押物，以实现信贷资产的安全转让。

拟转让的信贷资产有抵质押物的，应当**完成抵质押物变更登记手续**或将质物移交占有、交付，确保担保物权有效转移。

银行业金融机构在签订信贷资产转让协议时，**应当明确双方权利和义务**，转出方应当向转入方提供资产转让业务涉及的法律文件和其他相关资料；转入方应当行使信贷资产的日常贷后管理职责。

第二十五条 【资产出表】

**“出表”是指资产证券化的基础资产从发起机构的财务报表（资产负债表）中剥离**。《关于进一步加强信贷资产证券化业务管理工作的通知》（银监办发［2008］23 号）明确要求信贷资产证券化的基础资产满足“出表”的要求。通过基础资产是否“出表”一定程度上能够判断基础资产是否完成“真实出售”。

第二十六条 【追索权不必然排除真实出售】

根据实践中基础资产上所保留追索权的程度与性质，判断转让是否为真实出售，**追索权的存在并不必然排除真实销售可能性**。例如，回购权、赎回权缺失被认为是出售，特殊目的载体（SPV）对资产剩余有追索权为真实出售，定价机制如浮动机制被认定为融资担保，特殊目的载体（SPV）对证券化资产剩余的价值

第二十七条 【赎回条款】

赎回条款系发起机构的一项义务，即受**托机构若发现作为信托财产的信贷资产在入库起算日不符合信托合同约定的范围、种类、标准和状况，应当要求发起机构赎回或置换**。

赎回条款必须约定在信贷资产转让合同中，是我国信贷资产证券化判断真实出售的**必要条件**。

第二十八条 【清仓回购条款】

清仓回购是指在**全部偿还资产池资产或者资产支持证券之前，赎回证券化风险暴露的一种选择权**。清仓回购的通常做法是在资产池或者资产支持证券余额降至一定的水平之后，赎回剩余的证券化风险暴露。

信贷基础资产转让合同**不强制要求包括清仓回购条款**。清仓回购条款系发起机构的一项权利，当约定的前提条件成就时，并不必然导致清仓回购行为发生。

第二十九条 【保证合同有效】

律师在协助订立信贷资产证券化有关基础资产转让的合同时，应**着重避免相关合同因违反合同法或其他法律强制性规定而无效的情况**。例如，合同订立时对价有失公允、显失公平致使转让合同无效。转让合同无效，因基础资产权利回溯，将严重损害资产证券化产品投资者的利益。

第三十条 【信托合同权利义务结构】

**发起人权利**：获得对价，免于追索

**发起人义务**：基础资产的合法权益人有出售权利，承诺不存在其他债务负担抵押负担，上述承诺不实，履行回购义务，并赔偿损失

**SPV 权利**：取得所有权及从权利，为投资人礼仪管理支配基础资产，发起人破产免于基础资产之上的主张

**SPV 义务**：支付购买基础资产的对价给发起人，独立自主管理资产

第三十一条 【信托合同内容强制规定】

发起机构应与受托机构签订信托合同，载明下列事项：

（一）**信托目的**；

（二）**发起机构、受托机构的名称、住所**；

（三）**受益人范围和确定办法**；

（四）信托财产的**范围、种类、标准和状况**；

（五）本办法第十四条规定的**赎回或置换条款**；

（六）受益人取得**信托利益的形式、方法**；

（七）**信托期限**；

（八）信托财产的**管理方法**；

（九）发起机构、受托机构的**权利与义务**；

（十）接受受托机构委托**代理信托事务的机构的职责**；

（十一）受托机构的**报酬**；

（十二）资产支持证券持有人大会的**组织形式与权力**；

（十三）新受托机构的**选任方式**；

（十四）信托**终止事由**。

第三十二条 【履行债权转让的通知义务】

信贷资产证券化中基础资产转让的过程系发起机构将其对借款人的债权转让给特殊目的信托（SPT）。根据我国合同法规定，债权人转让权利的，应当通知债务

人。未经通知，该转让对债务人不发生效力。

根据央行、银监会的相关规定，**发起机构可以通过在全国性媒体上发布公告，达到通知借款人的效果**。该通告途径已经过我国司法判例确认。

实践中，也有发起机构在前期借款**合同中先行约定，无需通知，债权转让即对债务人产生效力。**

第三十三条　【担保权变更】

作为基础资产转让洁净转让原则的要求之一，**完成基础资产之上担保权的转移也是一种判断是否构成“真实出售”的标准**。

一方面，在基础资产不能保证稳定的现金流时，受托机构得以主张该担保权减少或避免证券化产品投资者的利益受到损害。

另一方面，完成担保权变更能够避免因受托机构以外的主体主张该权利而获得优先于受托机构的受偿权，减损证券化产品投资者的利益。

第三十四条　【信贷资产担保权从属性】

根据我国《合同法》的相关规定，债权人转让权利的，受让人取得与债券有关的从权利，这里的从权利既包括债权也包括物权。担保权作为民法体系中最为典型的从权利，除最高额抵押、最高额担保外，其天然具有**移转上的从属性**。

第三十五条　【信贷资产担保物权变动】

虽然担保物权作为一种从权利，具有移转上的从属性。但由于物权对世权的性质，法律对其采取了严格的公示主义。

抵押权上，**不动产抵押权变动须经登记生效；动产抵押权变动，采取登记对抗主义**，即未经登记不得对抗善意第三人。

质权上，根据物权法定原理，我国当前并不允许在不动产上设立质权。动产质权的变动，通常采用交付生效主义；但权力质权变动如无权利凭证，须经登记生效。

第三十六条　【信贷资产担保物权变动的实践】

由于信贷资产的基础资产是大量债权打包转移，无论是通过交付还是登记生效的担保物权，一一转让将大大增加基础资产转让的成本，如此低效益的行为并不符合资产证券化业务开展的根本目的。

故在当前的实践中，**除住房抵押贷款证券化外，普遍做法是基础资产转移时，暂不变更登记或不交付，待需要时在法定期限内完成登记变更**。如仅因委托机构或出质人之过错未能完成登记变更，委托机构将承担相应的违约责任。

建设部针对信贷资产证券化出台了相关规定允许批量办理住房抵押变更登记，平衡了办理抵押权变更登记的成本与投资人权益保障之间的关系。

## 第四节 信用增级

第三十七条 【鼓励信用增级】

央行、银监会的相关负责人在答记者问时，曾明确表示信贷资产证券化**鼓励使用信用增级**。同时《金融机构信贷资产证券化试点监督管理办法》规定的信贷资产证券化业务计划书也应当包括信贷资产证券化交易的内外部信用增级方式及相关合同草案。

第三十八条 【信用增级的方式】

信贷资产证券化相关规范文件明确了信用增级方式分为内部信用增级措施与外部信用增级措施。

**内部信用增级措施**是指通过对资产池的构建设计以及在各交易档次间调剂风险，较为常见的方式有：**分层结构、超额抵押、现金抵押账户、利差账户**等。

**外部信用增级措施**是指利用资产之外的资源对资产证券化交易进行信用增级，主要表现为来自发起人、第三方担保人或保险公司的保证。当前常见的外部信用增级措施有：**备用信用证、担保、保险**等。

一、内部信用增级措施

第三十九条 【分层结构】

分层结构是指根据设定不同的受偿顺序，**将证券化产品分为不同档次证券的一种内部增信方式**。得益于其**执行成本较低**，在实践中被普遍使用。其原理是，较低档次的证券优先于较高档次的证券承担损失，以降低较高档次证券的风险级别。

另外，《关于进一步扩大信贷资产证券化试点有关事项的通知》（银发［2012］127号）中规定，发起机构应当**至少持有发行规模5%的最低档次证券**。将这一部分的风险转回发起机构。

第四十条 【超额抵押】

通过控制发行证券**票面价值低于资产池价值的方式来达成超额抵押**，这部分的差额将**首先承担风险**。

第四十一条 【现金账户抵押】

由发起人或第三方在**证券发行时将资金存入一个独立的账户**，即现金抵押账户。其中资金可以**视为抵押给了证券投资人**，在基础资产现金流不能支付本息时，使用该账户中的资金来弥补不足。其中“现金”也可以是如商业票据等具有较高质量的高流动性短期现金流产品。

第四十二条 【利差账户】

利差账户资金来源于信贷资产利息收入和其他证券化交易收入减去资产支持证券利息支出和其他证券化交易费用之后所形成的**超额利差，用于弥补信贷资产证券**

**化业务活动中可能产生的损失**。

第四十三条　【储备账户引起的风险暴露】

商业银行因从事信贷资产证券化业务而形成的风险暴露称为证券化风险暴露。证券化风险暴露包括但不限于资产支持证券和信用增级。**储备账户如果作为发起机构的资产，应当视同于证券化风险暴露**。此处的储备账户包括但不限于**现金抵押账户和利差账户**。

商业银行作为信贷资产证券化发起机构、信用增级机构、投资机构或者贷款服务机构等从事信贷资产证券化业务，**只要产生了证券化风险暴露，就应当计提相应的资本**。

**银监会有权根据信贷资产证券化业务的经济实质**，判断商业银行是否持有证券化风险暴露，并**确定应当如何计提资本**。

二、外部信用增级措施

第四十四条　【备用信用证】

备用信用证，也被称为担保信用证，指**一般由银行出具的不以清偿商品交易价款为目的，而以贷款融资或担保债务偿还为目的所开立的信用证**。在满足约定前提的情况下，无条件偿付。信用证作为一种银行信用，其开立成本较高，根据承兑行的信用决定增信效果。通常情况下，资产证券化顺利履行，备用信用证“备而不用”，**作为一种风险规避的补充手段**。

第四十五条　【担保】

担保即担保人通过保证、定金、抵押、留置、质押等我国《物权法》《担保法》规定的担保方式向投资人做出担保，**在现金流不足等约定事项发生时承担相应的担保责任以减少证券化产品投资者的风险**。根据担保主体的不同，资产证券化通常将担保分为内部担保与外部担保。

**担保人为发起人及其关联方的为内部担保；担保人为外部主体的为外部担保**。

第四十六条　【外部担保人之禁止规定】

根据我国《担保法》的明确规定，政府组织在我国被禁止对外提供担保，故**政府组织不能作为资产证券化信用增级中的外部担保主体**。

根据《有效防范企业债担保风险的意见》的相关要求，我国**银行主体原则上不对信托计划出具银行担保**，在实践中，银行通常难以成为信贷资产证券化的外部担保主体。

第四十七条　【保险】

作为外部增信方式的保险是指**保险公司发行保险单，对证券化产品的本息按期支付进行保险**。通常，保险人对于违约金、罚息、复利、损害赔偿金与被保险人的间接损失不提供保险，**仅针对贷款本金及利息提供保险服务**。

## 第五节 信用评级

第四十八条 【信用评级】

信用评级是资产证券化的一个关键环节。具有评级资质的机构将根据当前的相关评级标准从**偿还债务能力、受经济环境影响程度、违约风险以及分层结构**等角度对证券化产品进行评级。评级结果是投资者规划投资决策的一个重要衡量因素。

第四十九条 【初始评级与跟踪评级】

对信贷资产证券化产品的评级分为初始评级与跟踪评。

**初始评级，即在发行信贷资产证券化产品前，受托机构须出具评级机构提供的评级报告。**

**跟踪评级，即证券化产品在清算前，应定期对该产品进行信用评级并出具相应的评级报告。**根据《资产支持证券信息披露规则》（中国人民银行公告〔2005〕第14号），受托机构须在每年7月31日前对外披露该年的跟踪评级报告。

第五十条 【双评级机构原则】

资产支持证券在全国银行间债券市场发行与交易初始评级**应当聘请两家具有评级资质的资信评级机构，进行持续信用评级**，并按照有关政策规定在申请发行资产支持证券时**向金融监管部门提交两家评级机构的评级报告**。

第五十一条 【投资者付费模式】

央行、银监会曾表态鼓励探索采取多元化信用评级方式，支持对资产支持证券采用**投资者付费模式进行信用评级**。应用投资者付费模能够**减少发行人付费模式中存在的“道德风险”**。

第五十二条 【最低档和定向发行的证券免于评级】

资产支持证券可以向投资者定向发行。**定向发行资产支持证券可免于信用评级**。定向发行的资产支持证券只能在认购人之间转让。

采用**分层结构的信贷资产支持证券，其最低档次证券发行可免于信用评级。**

**发起机构根据银监会规定持有的发行规模5%以上的最低档次证券**，该部分证券化产品同时属于定向发行证券与最低档次证券，为**最常见的免于评级的证券类型**。

第五十三条 【特定借款人的信用评级】

特定借款人是指**单一借款人**的入池贷款本金余额占资产池比例**超过15%**，或某**一借款人及其关联方**的入池贷款本金余额占资产池比例**超过20%**。受托机构应披露特定借款人的名称、贷款用途、担保或抵押情况、经营情况、基本财务信息及信用评级或相关信用状况。

## 第五章 信贷资产证券化的法律意见书

第五十四条 【需要出具法律意见书的情况】

根据央行、银监会的有关规定。受托机构与发起机构须**在产品审批备案阶段与交易市场发行阶段出具符合要求的法律意见书**。其中审批备案阶段的法律意见书为发起机构在计算风险加权资产时扣减被证券化的信贷资产的依据之一。

第五十五条 【法律意见书的主要内容】

根据《信贷资产证券化基础资产池信息披露有关事项公告》（中国人民银行［2007］第16号）的规定，律师在信贷资产证券化业务中出具法律意见书应主要包括以下内容：

1. 对基础资产池合法合规性进行尽**职调查的情况、过程和结果的简要说明**；

2. 对基础资产池**合法合规性所做出的判断**；

3. 对该基础资产池**是否可依法设立信托做出的判断**。

## 第六章 信贷资产证券化的信息披露

第五十六条 【信息披露】

证券化投资者以**信息披露内容为主要依据**之一，判断投资风险，做出最终的投资行为。完善的信息披露体制也是一个**市场成熟的标志**之一。

一、信息披露的原则

第五十七条 【信息披露的原则】

《信贷资产证券化试点管理办法》规定，受托机构应保证**信息披露真实、准确、完整、及时，不得有虚假记载、误导性陈述和重大遗漏**。信贷资产证券化过程中的信息披露应满足**真实性原则、完整性原则、准确性原则与及时性原则**。

第五十八条 【真实性原则】

即信息披露义务人披露的信息必须是**客观真实的，不得有虚假记载**。

第五十九条 【完整性原则】

又称充分性原则，即信息披露义务人披露信息时**不得有重大遗漏**。

第六十条 【准确性原则】

即信息披露义务人披露信息时必须**准确表达信息内容，不得有误导性陈述，不得刊载具有祝贺性、广告性和恭维性的词句**。

第六十一条 【及时性原则】

即具有法定披露期间的披露事项，应在**期限内完成信息披露**；有披露必要的重要信息，应在发生后**合理时间内及时进行披露**。

二、信息披露的实施

第六十二条 【信息披露的对象】

信贷资产证券化中信息披露的默认**对象为所有投资者**。向特定对象**定向发行的，披露对象应限于认购人**。受托机构如需向特定对象披露信息，应在披露文件**显著位置指明具体披露对象**。受托机构未指明披露对象的，视同向所有投资者信息披露。

第六十三条 【信息披露的内容概览】

信贷资产证券化产品**发行前，需要披露发行说明书、评级报告、募集办法、承销团成员名单，如进行招标发行，还须披露招标公告**等；

在**发行结束后，需要披露发行结果公告、资产支持证券交易流通要素公告**；

在证券化产品**运营维护阶段**，需要披露**贷款服务报告、资金保管报告、跟踪评级报告、付息公告、受托机构报告和临时性重大事件报告**等；

在产品**清算阶段**，当前的法律法规规章**暂无**明确的信息披露要求。

在上述披露内容中，**发行说明书、评级报告、跟踪评级报告、付息公告、受托机构报告、临时重大事件报告、贷款服务报告、资金保管报告**等为信息披露的重点，此中内容的信息将对投资者的决策产生**重大影响**。

第六十四条 【发行说明书】

根据银监会及央行的共同规定，发行说明书应当包括以下内容：

1. 发行机构（受托机构）、发起机构、贷款服务机构、资金保管机构、证券登记托管机构及其他为证券化交易提供服务的**机构的名称、住所**

2. 发起机构**简介和财务状况概要**

3. 发起机构、受托机构、贷款服务机构和资金保管机构在**以往证券化交易中的经验及违约记录申明**

4. 交易结构及当事方的主要**权利与义务**

5. 资产支持证券持有人大会的**组织形式与权力**

6. 交易各方的**关联关系申明**

7. 信托合同、贷款服务合同和资金保管合同等**相关法律文件的主要内容**

8. 贷款发放程序、审核标准、担保形式、管理方法、违约贷款处置程序及方法

9. 设立特定目的信托的信贷资产**选择标准和统计信息**

10. 信托财产现金流需要支付的**税费清单**，各种税费支付来源和支付优先顺序

11. 发行的资产支持证券的**分档情况**，各档次的本金数额、信用等级、票面利率、预计期限和本息偿付优先顺序

12. 资产支持证券的内外部**信用提升方式**

13. 信用评级机构出具的资产支持证券**信用评级报告概要**及有关持续跟踪评级安排的说明

14. 执业律师出具的**法律意见书概要**

15. **选择性或强制性的赎回或终止条款**，如清仓回购条款

16. 各档次资产支持证券的**利率敏感度分析**；在给定提前还款率下，各档次资产支持证券的收益率和加权平均期限的变化情况

17. **投资风险提示**

18. 注册会计师出具的该交易的**税收安排意见书**

19. 证券存续期内**信息披露内容及取得方式**

20. 中国人民银行规定载明的其他事项

第六十五条 【资产支持证券持有人大会】

资产支持证券持有人大会的组织形式与权力为发行说明书的披露内容之一，召集人应至少**提前三十日公布**资产支持证券持有人大会的召开**时间**、**地点**、**会议形式**、**审议事项**、**议事程序和表决方式等事项**，并于大会**结束后十日内披露大会决议**。

第六十五条【年度受托机构报告】

受托机构应于**每年4月30日前公布**经**注册会计师审计**的上年度年度受托机构报告。

第六十六条 【受托机构报告】

资产支持证券存续期内，**受托机构**应在每期资产支持证券**本息兑付日的三个工作日前公布受托机构报告**，反映当期资产支持证券对应的资产池状况和各档次资产支持证券对应的本息兑付信息。

第六十七条 【受托机构报告的编制要求】

根据中国人民银行公告〔2005〕第14号《资产支持证券信息披露规则》，受托机构报告应包含以下内容：

一、受托机构和证券化服务**机构的名称**、**地址**

二、**各档次证券的本息兑付情况**，包括各档次证券入库时点的本金金额、本期期初及期末的本金余额、证券票面利率、本期本金和利息支付情况、本期利息迟付情况、本期本金损失情况以及评级情况等

三、**本期资产池统计特征说明**，包括贷款余额、贷款数目、加权平均贷款利率和加权平均剩余期限等

四、**本期的资产池本金细项分列**（含正常还本金额、本金提前结清金额、部分提前还本金额、处置回收本金金额及回购贷款本金金额等）和**利息**（含税费支出）细项分列的说明

五、资产池**提前还款**、**拖欠**、**违约**、**处置**、**处置回收及损失等情况**

六、**内外部信用增级情况说明**

七、资产池中进入**法律诉讼程序的信托资产情况**；法律诉讼程序进度

八、依信托合同所进行许可投资之**投资收入或损失之总金额等情况**

九、其他情况说明

第六十八条　【临时性重大事件报告】

信贷资产证券化相关规定中主要通过列举的方式确定重大事件的类型，当前确定的重大事件需要报告的情况主要有：

（一）中国人民银行公告〔2005〕第14号《资产支持证券信息披露规则》规定：

在发生可能对资产支持证券投资价值有**实质性影响的临时性重大事件**时，受托机构应在事发后的**三个工作日内**向**同业中心和中央结算公司**提交信息披露材料，并向**中国人民银行报告**。本条所称重大事件包括但不限于以下事项：

1. **发生或预期**将发生受托机构**不能按时兑付**资产支持证券**本息**等影响投资者利益的事项；

2. **受托机构和证券化服务机构**发生影响资产支持证券投资价值的**违法、违规或违约事件**；

3. 资产支持证券**第三方担保人主体发生变更**；

4. 资产支持证券的**信用评级发生变化**；

5. 信托合同规定应公告的其他事项；

6. 中国人民银行和中国银行业监督管理委员会等监管部门规定应公告的其他事项；

7. 法律、行政法规规定应公告的其他事项。

（二）银监会令2005年第3号《金融机构信贷资产证券化试点监督管理办法》规定：

受托机构应当在下列事项发生后**五个工作日内**向银监会报告：

1. 作为信托财产的**信贷资产质量发生重大变化**，可能无法按时向投资机构支付资产支持证券收益；

2. **受托机构、贷款服务机构、资金保管机构违反有关法律**、行政法规、部门规章的规定或者信贷资产证券化**相关法律文件约定**，可能会影响资产支持证券收益的按时支付；

3. **外部信用增级机构发生变更**；

4. 资产支持证券和其他证券化**风险暴露的信用评级发生变化**；

5. **发生清仓回购**；

6. 银监会规定的其他可能导致信贷资产证券化业务活动产生重大损失的事项。

（三）中国人民银行公告［2015］第9号《调整银行间债券市场债券交易流通有关管理政策公告》规定：

对于影响债券按期偿付的重大事件，发行人（即受托机构）应在**第一时间**通过同业拆借中心、债券登记托管结算机构向市场参与者公告，包括但不限于以下事项：

1. 发生**重大债务或未能清偿到期债务的违约**情况；
2. 发生**重大亏损或遭受重大损失**；
3. **发行人减资、合并、分立、解散、托管、停业、申请破产的**；
4. **涉及发行人的重大诉讼**；
5. **涉及担保人主体发生变更或经营、财务发生重大变化的情况**（如属担保发行）；
6. 中国人民银行规定的其他重大事项。

第六十九条　【相关服务机构变更】

当前列举式的临时性重大事件中并不包括信贷资产证券化相关服务机构变更。但相关法规较为零散地规定，信贷资产证券化进程中，**受托机构、贷款服务机构、资金保管机构更换的**，均须在**5日内**报告银监会。如**贷款服务机构发生变化**，同时应当**及时通知借款人**。

## 第七章　信贷资产证券化的监管体系

第七十条　【信贷资产证券化产品监管流程】

当前，对于信贷资产证券化的监管流程及监管主体大致如右图所示。

发行机构与受托机构须先后在银监会、央行获得证券化业务资格并申请注册，方可从事信贷资产证券化相关活动。

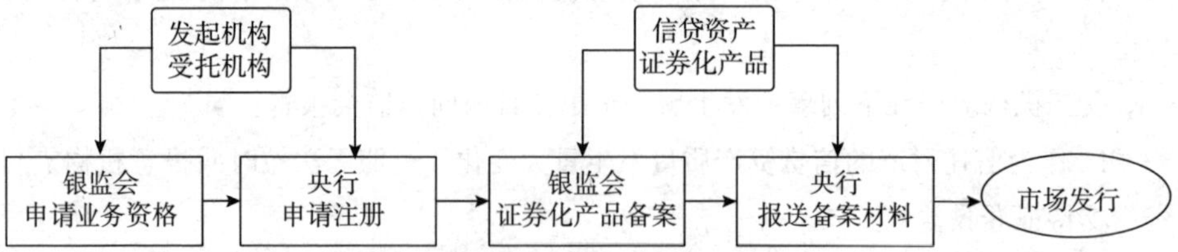


拟发行的信贷资产证券化产品亦须分别于**银监会、央行进行产品备案**，方可在交易市场进行发行。

第七十一条　【业务资格申请】

**未经银监会批准，金融机构不得作为信贷资产证券化发起机构或者特定目的信托受托机构从事信贷资产证券化业务活动。**

对已发行过信贷资产支持证券的银行业金融机构，银监会豁免其资格审批，但仍需履行相应手续。

第七十二条 【发起机构的审批条件】

银行业金融机构作为信贷资产证券化发起机构，通过设立特定目的信托转让信贷资产，应根据《金融机构信贷资产证券化试点监督管理办法》（银监会令2005年第3号）向银监会提供材料，具备以下条件：

（一）具有良好的社会信誉和经营业绩，最近三年内没有重大违法、违规行为；

（二）具有良好的公司治理、风险管理体系和内部控制；

（三）对开办信贷资产证券化业务具有合理的目标定位和明确的战略规划，并且符合其总体经营目标和发展战略；

（四）具有适当的特定目的信托受托机构选任标准和程序；

（五）具有开办信贷资产证券化业务所需要的专业人员、业务处理系统、会计核算系统、管理信息系统以及风险管理和内部控制制度；

（六）最近三年内没有从事信贷资产证券化业务的不良记录；

（七）银监会规定的其他审慎性条件。

第七十三条 【受托机构的审批条件】

信托投资公司担任特定目的信托受托机构，应根据《金融机构信贷资产证券化试点监督管理办法》（银监会令2005年第3号）向银监会提供材料，具备以下条件：

（一）根据国家有关规定完成重新登记三年以上；

（二）注册资本不低于五亿元人民币，并且最近三年年末的净资产不低于五亿元人民币；

（三）自营业务资产状况和流动性良好，符合有关监管要求；

（四）原有存款性负债业务全部清理完毕，没有发生新的存款性负债或者以信托等业务名义办理的变相负债业务；

（五）具有良好的社会信誉和经营业绩，到期信托项目全部按合同约定顺利完成，没有挪用信托财产的不良记录，并且最近三年内没有重大违法、违规行为；

（六）具有良好的公司治理、信托业务操作流程、风险管理体系和内部控制；

（七）具有履行特定目的信托受托机构职责所需要的专业人员、业务处理系统、会计核算系统、管理信息系统以及风险管理和内部控制制度；

（八）已按照规定披露公司年度报告；

（九）银监会规定的其他审慎性条件。

第七十四条 【央行注册】

已经取得监管部门相关业务资格、发行过信贷资产支持证券且能够按规定披露信息的受托机构和发起机构可以向**中国人民银行申请注册**，并在注册**有效期内自主分期发行**信贷资产支持证券。申请注册发行的证券化信贷资产应具有较高的同质性。

第七十五条 【银监会备案】

银行业金融机构在**完成备案登记后可开展资产支持证券的发行工作**。已备案产品需**在三个月内完成发行，三个月内未完成发行的须重新备案**。

于银监会进行信贷资产化产品备案需要提供登记材料如下：

1. 信贷资产证券化项目**备案登记表**(附件二)；

2. 由发起机构和受托机构联合签署的**项目备案报告**；

3. 信贷资产证券化**项目计划书**；

4. **信托合同、贷款服务合同、资金保管合同及其他相关法律文件草案**；

5. 执业律师出具的**法律意见书草案**、注册会计师出具的**会计意见书草案**、资信评级机构出具的**信用评级报告草案**及有关**持续跟踪评级安排的说明**；

6. 受托机构在信托财产收益支付的**间隔期内**，对信托财产收益进行**投资管理的原则及方式说明**；

7. 发起机构信贷资产证券化业务**资格的批复或相关证明文件**；

8. **特定目的信托受托机构资格的批复**；

9. 银监会要求的其他文件和材料。

第七十六条 【央行备案】

在注册有效期内，受托机构和发起机构可自主选择信贷资产支持证券发行时机，在按有关规定进行产品发行**信息披露前5个工作日**，将**最终的发行说明书、评级报告及所有最终的相关法律文件和信贷资产支持证券发行登记表**(详见《关于信贷资产支持证券发行管理有关事宜的公告》) **送中国人民银行备案**。

## 第八章 信贷资产证券化的发行、运营、清算

**第七十七条 【信贷资产证券化的运营】**

**在资产证券化产品的运营阶段**，律师的主要业务为，**协助履行信息披露义务、协助资产日常管理与催收、通过诉讼或仲裁等途径减少专项计划的违约风险**。其中，协助履行信息披露义务请参考本指引第六章相关内容及各现行相关法律、法规、自律规则。

对于证券化产品的日常管理、催收、争议解决等业务，并不明显具有资产证券化业务的特点，本指引不再赘述。

第七十八条 【企业资产证券化的清算】

对于证券化产品的清算过程中律师协助出具《清算报告》等业务，并不明显具有资产证券化业务的特点，本指引不再赘述。

## 第九章 附 则

第七十九条 【编制目的】

本指引由上海市律师协会金融工具业务研究委员会起草，其目的是为了**向本市律师提供信贷资产证券化业务方面的借鉴经验**，并非强制性或规范性规定，基于届时有效的法律、行政法规、部门规章及规范性文件制定而成，供律师在**从事上市公司股权激励法律业务中参考使用。**

第八十条 【解释机关】

本指引由上海市律师协会金融工具业务研究委员会负责解释、修订和补充。

# 3.PPP 项目资产证券化

## 3.1 中央部委

### 3.1.1 《国家发展改革委 中国证监会关于推进传统基础设施领域政府和社会资本合作（PPP）项目资产证券化相关工作的通知》(2016 年 12 月 21 日 发改投资〔2016〕2698 号)

【重点提示】

这个文件是对国家顶层设计投融资体制改革的响应，主要是明确了重点推进资产证券化的 PPP 项目范围。

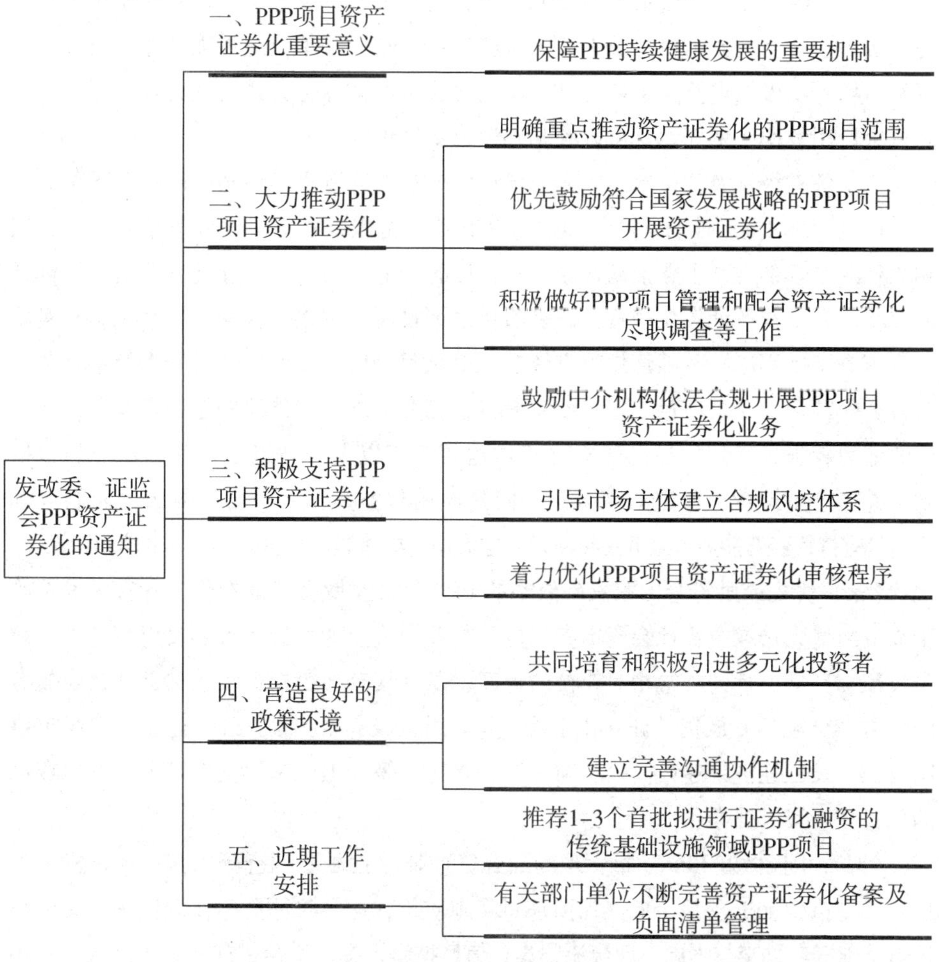

**【文件内容】**

各省、自治区、直辖市、计划单列市发展改革委，新疆生产建设兵团发展改革委，中国证监会各派出机构，上海证券交易所、深圳证券交易所，中国证券业协会，中国证券投资基金业协会：

为贯彻落实《中共中央 国务院关于深化投融资体制改革的意见》（中发〔2016〕18号）、《国务院关于创新重点领域投融资机制鼓励社会投资的指导意见》（国发〔2014〕60号）等文件精神，推动政府和社会资本合作（PPP）项目融资方式创新，更好吸引社会资本参与，现就推进传统基础设施领域PPP项目资产证券化工作通知如下。

一、充分认识PPP项目资产证券化的重要意义

（一）PPP项目资产证券化是保障PPP持续健康发展的重要机制。资产证券化是基础设施领域重要融资方式之一，对盘活PPP项目存量资产、加快社会投资者的资金回收、吸引更多社会资本参与PPP项目建设具有重要意义。各省级发展改革委与中国证监会当地派出机构及上海、深圳证券交易所等单位应加强合作，充分依托资本市场，积极推进符合条件的PPP项目通过资产证券化方式实现市场化融资，提高资金使用效率，更好地支持传统基础设施项目建设。

二、各省级发展改革部门应大力推动传统基础设施领域PPP项目资产证券化

（二）**明确重点推动资产证券化的PPP项目范围**。各省级发展改革委应当会同相关行业主管部门，重点推动符合下列条件的PPP项目在上海证券交易所、深圳证券交易所开展资产证券化融资：**一是项目已严格履行审批、核准、备案手续和实施方案审查审批程序，并签订规范有效的PPP项目合同**，政府、社会资本及项目各参与方合作顺畅；**二是项目工程建设质量符合相关标准，能持续安全稳定运营，项目履约能力较强；三是项目已建成并正常运营2年以上，已建立合理的投资回报机制，并已产生持续、稳定的现金流；四是原始权益人信用稳健，内部控制制度健全，具有持续经营能力，最近三年未发生重大违约或虚假信息披露，无不良信用记录**。

（三）**优先鼓励符合国家发展战略的PPP项目开展资产证券化**。各省级发展改革委应当**优先选取主要社会资本参与方为行业龙头企业，处于市场发育程度高、政府负债水平低、社会资本相对充裕的地区，以及具有稳定投资收益和良好社会效益的优质PPP项目**开展资产证券化示范工作。鼓励支持**“一带一路”建设、京津冀协同发展、长江经济带建设，以及新一轮东北地区等老工业基地振兴**等国家发展战略的项目开展资产证券化。

（四）**积极做好PPP项目管理和配合资产证券化尽职调查等工作**。项目实施单位要严格执行PPP项目合同，保障项目实施质量，切实履行资产证券化法律文件约定的**基础资产移交与隔离、现金流归集、信息披露、提供增信措施**等相关义务，并积

极配合相关中介机构做好 PPP 项目资产证券化业务尽职调查。各地发展改革部门和相关行业主管部门等要按职责分工加强监督管理，督促项目实施单位做好相关工作。

三、证券监管部门及自律组织应积极支持 PPP 项目资产证券化

（五）着力优化 PPP 项目资产证券化审核程序。上海证券交易所、深圳证券交易所、中国证券投资基金业协会应按照规定对申报的 PPP 项目资产证券化产品进行审核、备案和持续监管。**证券交易所、中国证券投资基金业协会等单位应建立专门的业务受理、审核及备案绿色通道，专人专岗负责**，提高国家发展改革委优选的 PPP 项目相关资产证券化产品审核、挂牌和备案的工作效率。

（六）引导市场主体建立合规风控体系。中国证监会系统相关单位应积极配合发展改革部门加大 PPP 项目资产证券化业务的宣传和培训力度，普及资产证券化业务规则及监管要求等相关知识，推动 PPP 项目相关责任方建立健全资产证券化业务的合规、风控与管理体系。

（七）鼓励中介机构依法合规开展 PPP 项目资产证券化业务。中国证监会鼓励支持相关中介机构积极参与 PPP 项目资产证券化业务，并督促其勤勉尽责，严格遵守执业规范和监管要求，切实履行尽职调查、保障基础资产安全、现金流归集、收益分配、信息披露等管理人职责，在强化内部控制与风险管理的基础上，不断提高执业质量和服务能力。

四、营造良好的政策环境

（八）共同培育和积极引进多元化投资者。国家发展改革委与中国证监会将共同努力，积极引入城镇化建设基金、基础设施投资基金、产业投资基金、不动产基金以及证券投资基金、证券资产管理产品等各类市场资金投资 PPP 项目资产证券化产品，推进建立多元化、可持续的 PPP 项目资产证券化的资金支持机制。**中国证监会将积极研究推出主要投资于资产支持证券的证券投资基金，并会同国家发展改革委及有关部门共同推动不动产投资信托基金（REITs），进一步支持传统基础设施项目建设。**

（九）建立完善沟通协作机制。国家发展改革委与中国证监会将加强沟通协作，及时共享 PPP 项目信息，协调解决资产证券化过程中存在的问题与困难。中国证监会、国家发展改革委及相关部门将共同推动建立针对 PPP 项目资产证券化的风险监测、违约处置机制和市场化增信机制，研究完善相关信息披露及存续期管理要求，确保资产证券化的 PPP 项目信息披露公开透明，项目有序实施，接受社会和市场监督。各省级发展改革委与中国证监会当地派出机构应当建立信息共享及违约处置的联席工作机制，推动 PPP 项目证券化产品稳定运营。

五、近期工作安排

请各省级发展改革委于 2017 年 2 月 17 日前，推荐 1 – 3 个首批拟进行证券化融

资的传统基础设施领域PPP项目，正式行文报送国家发展改革委。国家发展改革委将从中选取符合条件的PPP项目，加强支持辅导，力争尽快发行PPP项目证券化产品，并及时总结经验、交流推广。

请中国证监会各派出机构、上海证券交易所、深圳证券交易所、中国证券业协会、中国证券投资基金业协会等有关部门单位做好支持配合工作，推动传统基础设施领域PPP项目资产证券化融资平稳健康发展，并依据传统基础设施领域PPP项目资产证券化执行情况，不断完善资产证券化备案及负面清单管理。

### 3.1.2 《财政部、中国人民银行、中国证监会关于规范开展政府和社会资本合作项目资产证券化有关事宜的通知》（2017年6月7日 财金〔2017〕55号）

**【重点提示】**

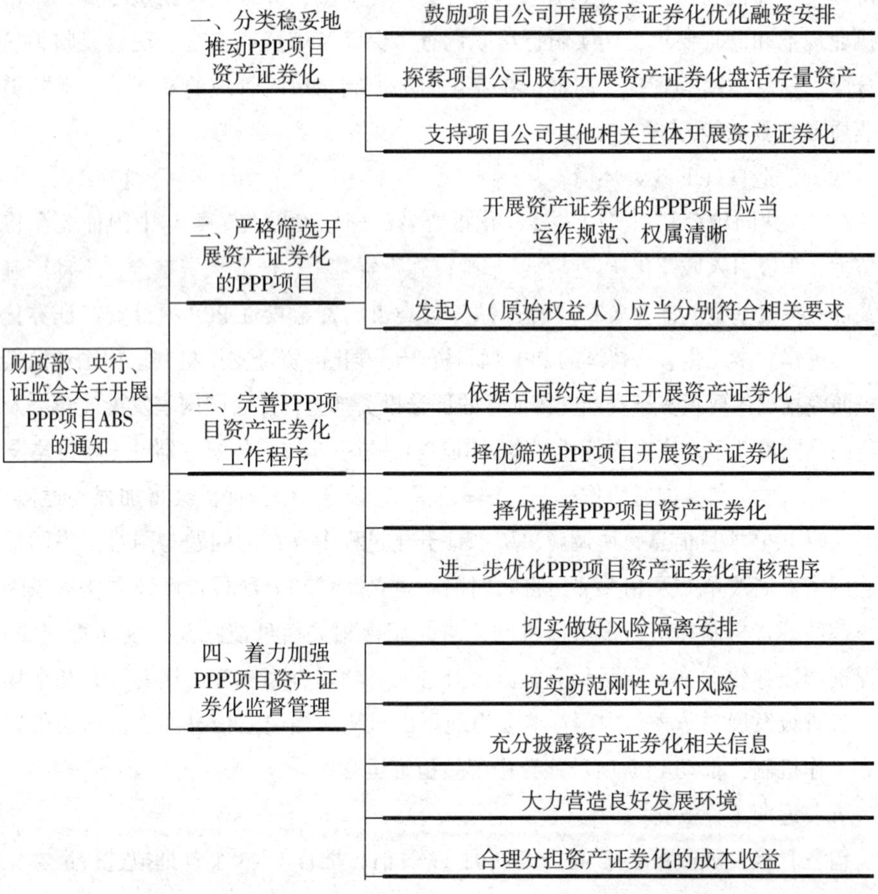

本文主要从分类、筛选、程序、监督四个方面完善和规范 PPP 资产证券化制度。

一、分类

| 序号 | 发起人（原始权益人） | 项目阶段 | 基础资产 | 备注 |
|---|---|---|---|---|
| 1 | 项目公司 | 建设期 | PPP 合同约定的未来收益权 | 无 |
| | | 运营期 | 收益权、合同债权 | 如申请资产证券化绿色通道的，需建成运营 2 年以上 |
| 2 | 项目公司股东 | 建成运营 2 年后 | 能够带来现金流的股权 | 控股股东发行规模不得超过股权带来现金流现值的 50%<br>其他股东发行规模不得超过股权带来现金流现值的 70% |
| 3 | 项目公司其他相关主体（债权人、承包商） | 运营期 | 合同债权、收益权 | 无 |

二、筛选

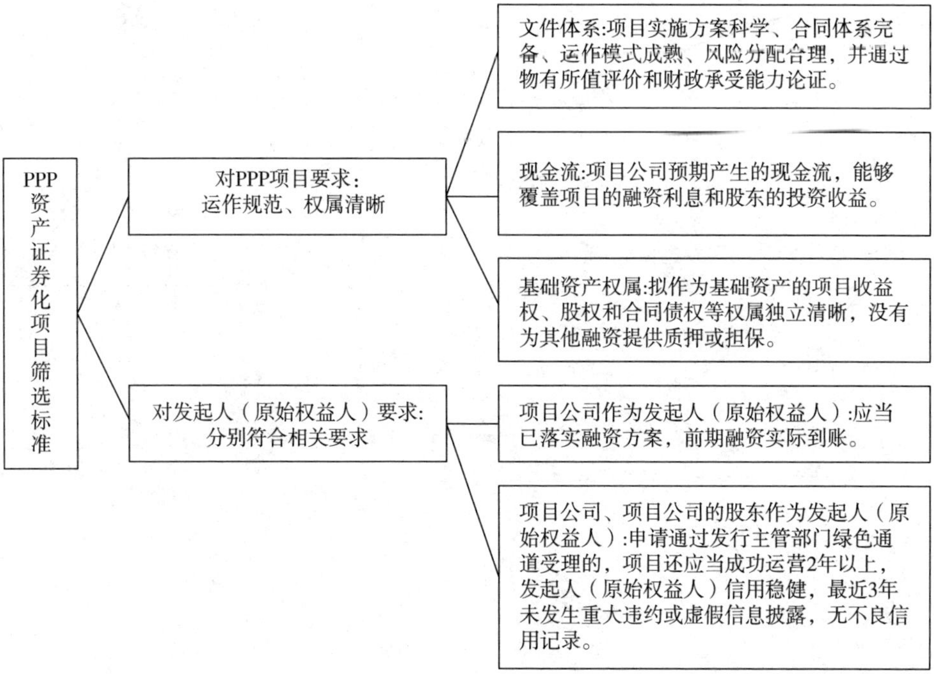

三、程序

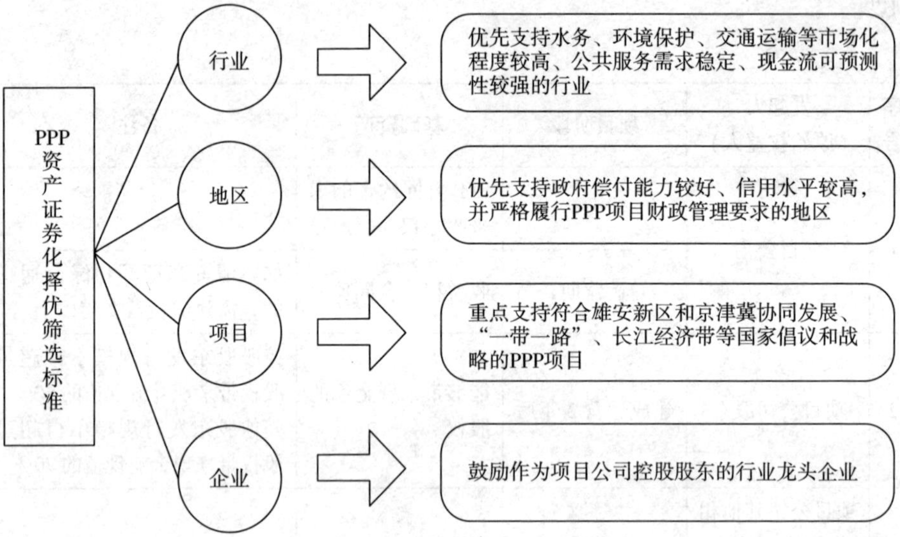
PPP资产证券化择优筛选标准
行业
优先支持水务、环境保护、交通运输等市场化程度较高、公共服务需求稳定、现金流可预测性较强的行业
地区
优先支持政府偿付能力较好、信用水平较高，并严格履行PPP项目财政管理要求的地区
项目
重点支持符合雄安新区和京津冀协同发展、“一带一路”、长江经济带等国家倡议和战略的PPP项目
企业
鼓励作为项目公司控股股东的行业龙头企业

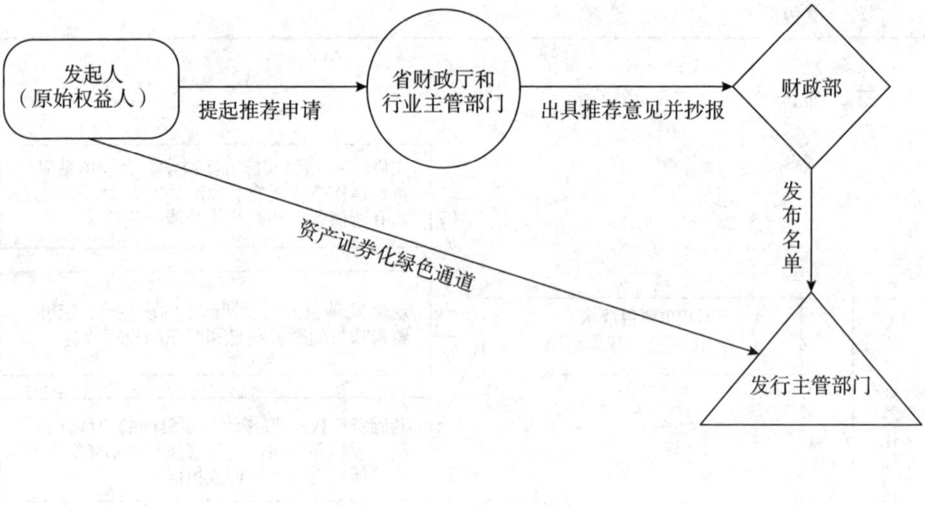
发起人（原始权益人）
提起推荐申请
省财政厅和行业主管部门
出具推荐意见并抄报
财政部
发布名单
资产证券化绿色通道
发行主管部门

四、监督

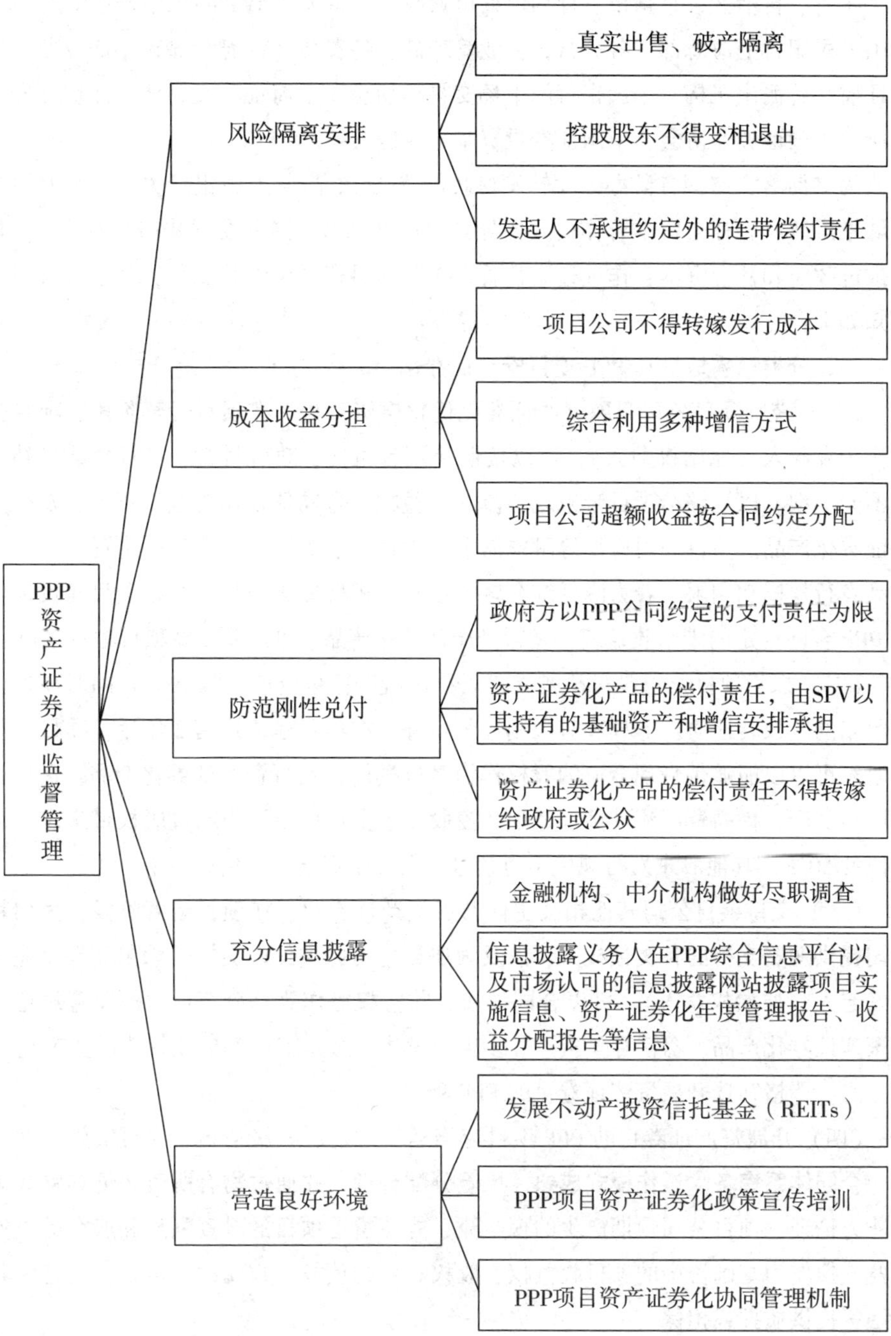
PPP资产证券化监督管理
风险隔离安排
真实出售、破产隔离
控股股东不得变相退出
发起人不承担约定外的连带偿付责任
成本收益分担
项目公司不得转嫁发行成本
综合利用多种增信方式
项目公司超额收益按合同约定分配
防范刚性兑付
政府方以PPP合同约定的支付责任为限
资产证券化产品的偿付责任，由SPV以其持有的基础资产和增信安排承担
资产证券化产品的偿付责任不得转嫁给政府或公众
充分信息披露
金融机构、中介机构做好尽职调查
信息披露义务人在PPP综合信息平台以及市场认可的信息披露网站披露项目实施信息、资产证券化年度管理报告、收益分配报告等信息
营造良好环境
发展不动产投资信托基金（REITs）
PPP项目资产证券化政策宣传培训
PPP项目资产证券化协同管理机制

## 【文件内容】

各省、自治区、直辖市、计划单列市财政厅（局），新疆生产建设兵团财务局，中国人民银行上海总部、各分行、营业管理部、各省会（首府）城市中心支行，中国证监会各派出机构，中国银行间市场交易商协会，上海证券交易所、深圳证券交易所，中国证券业协会，中国证券投资基金业协会：

为贯彻落实《国务院办公厅转发财政部 发展改革委 人民银行关于在公共服务领域推广政府和社会资本合作模式指导意见的通知》（国办发〔2015〕42号），规范推进政府和社会资本合作（以下简称PPP）项目资产证券化工作，现就有关事宜通知如下：

一、分类稳妥地推动PPP项目资产证券化

（一）鼓励项目公司开展资产证券化优化融资安排。**在项目运营阶段，项目公司作为发起人（原始权益人），可以按照使用者付费、政府付费、可行性缺口补助等不同类型，以能够给项目带来现金流的收益权、合同债权作为基础资产，发行资产证券化产品**。项目公司应统筹融资需求、项目收益等因素，合理确定资产证券化产品发行规模和期限，着力降低综合融资成本。积极探索项目公司在项目建设期依托PPP合同约定的未来收益权，发行资产证券化产品，进一步拓宽项目融资渠道。

（二）探索项目公司股东开展资产证券化盘活存量资产。除PPP合同对项目公司股东的股权转让质押等权利有限制性约定外，**在项目建成运营2年后，项目公司的股东可以以能够带来现金流的股权作为基础资产**，发行资产证券化产品，盘活存量股权资产，提高资产流动性。其中，**控股股东发行规模不得超过股权带来现金流现值的50%，其他股东发行规模不得超过股权带来现金流现值的70%**。

（三）支持项目公司其他相关主体开展资产证券化。**在项目运营阶段，为项目公司提供融资支持的各类债权人，以及为项目公司提供建设支持的承包商等企业作为发起人（原始权益人），可以合同债权、收益权等作为基础资产，按监管规定发行资产证券化产品**，盘活存量资产，多渠道筹集资金，支持PPP项目建设实施。

二、严格筛选开展资产证券化的PPP项目

（四）开展资产证券化的PPP项目应当运作规范、权属清晰。项目**实施方案科学、合同体系完备、运作模式成熟、风险分配合理，并通过物有所值评价和财政承受能力论证**。项目公司预期产生的现金流，**能够覆盖项目的融资利息和股东的投资收益**。拟作为基础资产的项目收益权、股权和合同债权等权属独立清晰，**没有为其他融资提供质押或担保**。

（五）发起人（原始权益人）应当分别符合相关要求。项目公司作为发起人（原始权益人）的，应当已落实融资方案，**前期融资实际到账**。项目公司、项目公司的股东作为发起人（原始权益人）申请通过发行主管部门绿色通道受理的，**项目还应当成功运营2年以上**，发起人（原始权益人）信用稳健，最近三年未发生重大违约或虚假信息披露，无不良信用记录。

三、完善 PPP 项目资产证券化工作程序

（六）依据合同约定自主开展资产证券化。政府方和社会资本方应在 PPP 合同中，通过适当的方式约定相关各方的资产证券化权利和义务，发起人（原始权益人）可按照合同约定自主决定开展资产证券化，向发行主管部门提交发行申请。PPP 项目相关各方应按合同约定，配合接受尽职调查，提供相关材料，协助开展资产证券化产品的方案设计和信用评级等工作。

（七）择优筛选 PPP 项目开展资产证券化。优先支持**水务、环境保护、交通运输等市场化程度较高、公共服务需求稳定、现金流可预测性较强的行业开展资产证券化**。优先支持政府偿付能力较好、信用水平较高，并严格履行 PPP 项目财政管理要求的地区开展资产证券化。**重点支持符合雄安新区和京津冀协同发展、"一带一路"、长江经济带等国家战略的 PPP 项目开展资产证券化。鼓励作为项目公司控股股东的行业龙头企业开展资产证券化**，盘活存量项目资产，提高公共服务供给能力。

（八）择优推荐 PPP 项目资产证券化。省级财政部门可会同行业主管部门择优推荐资产证券化项目。PPP 项目资产证券化发起人（原始权益人）可在向发行主管部门提交申请前，自主向省级财政部门和行业主管部门提出推荐申请。**申请材料包括但不限于 PPP 项目实施方案、PPP 合同、物有所值评价报告和财政承受能力论证报告、项目运营年报，以及项目资产证券化方案说明书、交易结构图、法律意见书等**。省级财政部门可会同行业主管部门，按照有关监管规定和本通知要求，出具推荐意见并抄报财政部。

（九）进一步优化 PPP 项目资产证券化审核程序。发行主管部门应根据资产证券化业务规定，对申报的 PPP 项目进行审核和监管。对于各省级财政部门推荐的项目和中国政企合作支持基金投资的项目，**中国银行间市场交易商协会、证券交易所、中国证券投资基金业协会等单位要研究建立受理、审核及备案的绿色通道，专人专岗负责，提高注册、备案、审核、发行和挂牌的工作效率**。要根据 PPP 项目证券化开展情况，进一步完善资产证券化制度体系，指导有关单位研究完善自律规则及负面清单。

四、着力加强 PPP 项目资产证券化监督管理

（十）切实做好风险隔离安排。PPP 项目资产证券化的发起人（原始权益人），要严格按照资产证券化规则与相关方案、合同约定，合理设计资产证券化产品的发

行交易结构，通过特殊目的载体（SPV）和必要的增信措施，坚持真实出售、破产隔离原则，在基础资产与发起人（原始权益人）资产之间做好风险隔离。发起人（原始权益人）要配合中介机构履行基础资产移交、现金流归集、信息披露、提供增信措施等相关义务，**不得通过资产证券化改变控股股东对PPP项目公司的实际控制权和项目运营责任，实现变相“退出”，影响公共服务供给的持续性和稳定性。**资产证券化产品如出现偿付困难，发起人（原始权益人）应按照资产证券化合同约定与投资人妥善解决，**发起人（原始权益人）不承担约定以外的连带偿付责任。**

（十一）合理分担资产证券化的成本收益。**PPP项目公司资产证券化的发行成本应当由项目公司按照合同约定承担，不得将发行成本转嫁给政府和社会资本方。**鼓励PPP项目公司及其股东通过加强日常运营维护管理或者提供合理支持，为基础资产产生预期现金流提供必要的保障，PPP项目公司及其股东可综合采取担保、持有次级等多种方式进行增信，避免单一增信方式增加对项目公司或股东的负担。PPP项目公司通过发行资产证券化产品优化负债结构的，节省综合融资成本带来的超额收益，应按照合同约定进行分配。

（十二）切实防范刚性兑付风险。PPP项目所在地财政部门要会同行业主管部门加强项目全生命周期的合同履约管理，**以PPP合同约定的支付责任为限，严格按照项目绩效评价结果进行支付（含使用者付费项目）**，保障社会资本方获得合理回报。资产证券化产品的偿付责任，由特殊目的载体（SPV）以其持有的基础资产和增信安排承担，不得将资产证券化产品的偿付责任转嫁给政府或公众，并影响公共服务的持续稳定供给。

（十三）充分披露资产证券化相关信息。金融机构、中介服务机构等应做好尽职调查，确保PPP项目资产证券化业务符合相关政策要求。PPP项目资产证券化的发起人（原始权益人）、管理人及其他信息披露义务人应当严格按照资产证券化业务相关规定，在PPP综合信息平台以及市场认可的信息披露网站，披露项目实施信息、资产证券化年度管理报告、收益分配报告等信息，确保项目实施和资产证券化业务公开透明、有序实施，接受社会和市场监督。

（十四）大力营造良好发展环境。建立多元化、可持续的资金保障机制，推动不动产投资信托基金（REITs）发展，鼓励各类市场资金投资PPP项目资产证券化产品。加大PPP项目资产证券化政策宣传培训力度，提高各方资产证券化业务操作能力。财政部、中国人民银行、中国证监会建立完善PPP项目资产证券化协同管理机制，加强沟通合作，实现PPP项目实施和风险监测信息共享。省级财政部门和中国人民银行、中国证监会当地派出机构要高度重视，认真组织实施，切实做好PPP项目资产证券化相关工作，推动PPP项目资产证券化持续健康发展。

# 3.2 上海证券交易所

## 3.2.1 《上海证券交易所关于推进传统基础设施领域政府和社会资本合作（PPP）项目资产证券化业务的通知》（2017年2月17日）

**【重点提示】**

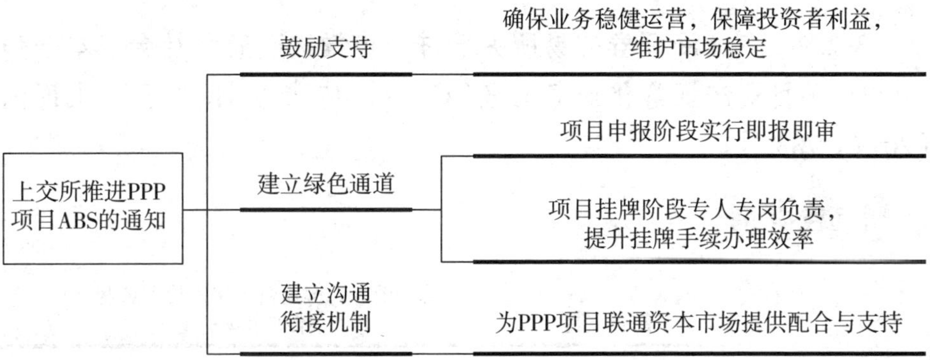


**【文件内容】**

各市场参与人：

为贯彻落实《国家发展改革委 中国证监会关于推进传统基础设施领域政府和社会资本合作（PPP）项目资产证券化相关工作的通知》（发改投资〔2016〕2698号）等文件精神，推动政府和社会资本合作（PPP）项目融资方式创新，提升服务实体经济能力，上海证券交易所（以下简称本所）根据《证券公司及基金管理公司子公司资产证券化业务管理规定》、《上海证券交易所资产证券化业务指引》等相关规定，就推进 PPP 项目资产证券化业务有关事项通知如下：

一、本所鼓励支持 PPP 项目企业及相关中介机构依法积极开展 PPP 项目资产证券化业务。各相关方应勤勉尽责，严格遵守执业规范和监管要求，切实履行尽职调查、信息披露、现金流归集、收益分配和风险防控等职责，确保业务稳健运营，保障投资者利益，维护市场稳定。

二、本所成立 PPP 项目资产证券化工作小组，明确专人负责落实，对于符合条件的优质 PPP 项目资产证券化产品建立绿色通道，提升受理、评审和挂牌转让工作效率。**项目申报阶段实行即报即审，受理后 5 个工作日内出具反馈意见，管理人提交反馈回复确认后 3 个工作日内召开工作小组会议，明确是否符合挂牌要求。项目**

**挂牌阶段专人专岗负责，提升挂牌手续办理效率。**

三、根据统一安排，本所建立与证监会、发改委、基金业协会、证券业协会和其他交易场所的沟通衔接机制，积极推进符合条件的项目通过资产证券化方式实现市场化融资，为 PPP 项目联通资本市场提供配合与支持。

本所 PPP 项目资产证券化工作小组联系人：贺锐骁，电话：021－50186162；徐承志，电话：021－50185671；胡双力，电话：021－50185107。资产证券化业务专用邮箱：sseabs@ sse. com. cn。

特此通知。

### 3.2.2 《上海证券交易所关于进一步推进政府和社会资本合作（PPP）项目资产证券化业务的通知》（2017 年 7 月 21 日 上证函〔2017〕783 号）

**【重点提示】**

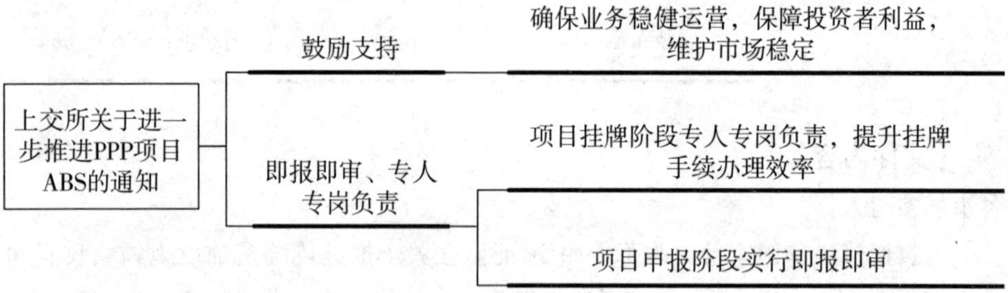


**【文件内容】**

各市场参与人：

为贯彻落实《财政部人民银行证监会关于规范开展政府和社会资本合作项目资产证券化有关事宜的通知》（财金〔2017〕55 号）等文件精神，进一步推进 PPP 项目资产证券化业务，提升服务实体经济能力，上海证券交易所（以下简称本所）根据《证券公司及基金管理公司子公司资产证券化业务管理规定》《上海证券交易所资产证券化业务指引》《上海证券交易所资产支持证券挂牌条件确认业务指引》等相关规定，就有关事项通知如下：

一、本所鼓励支持**PPP 项目公司、项目公司股东、项目公司其他相关主体及相关中介机构**依法积极开展 PPP 项目资产证券化业务。各相关方应勤勉尽责，严格遵守执业规范和监管要求，确保业务稳健运营，保障投资者利益，维护市场稳定。

二、对于各省级财政部门推荐的项目、中国政企合作支持基金投资的项目及其他符合条件的优质 PPP 项目，提升受理、评审和挂牌转让工作效率，实行“**即报即审、专人专岗负责**”。对于申报项目，**受理后 5 个交易日内出具反馈意见，管理人提交反馈回复确认后 3 个交易日内召开工作小组会议，明确是否符合挂牌要求**。项目挂牌阶段专人专岗负责，提升挂牌手续办理效率。

三、本所 PPP 项目资产证券化工作小组联系人

项目审查：贺锐骁，电话：021 -50186162；徐承志，电话：021 -50185671；胡双力，电话：021 -50185107；

市场推广：汤毅，电话：021 -50186311；刘韶珺，电话：021 -50496510；

资产证券化业务专用邮箱：sseabs@ sse. com. cn。

## 3.2.3 《上海证券交易所政府和社会资本合作（PPP）项目资产支持证券挂牌条件确认指南》（2017 年 10 月 19 日）

### 【重点提示】

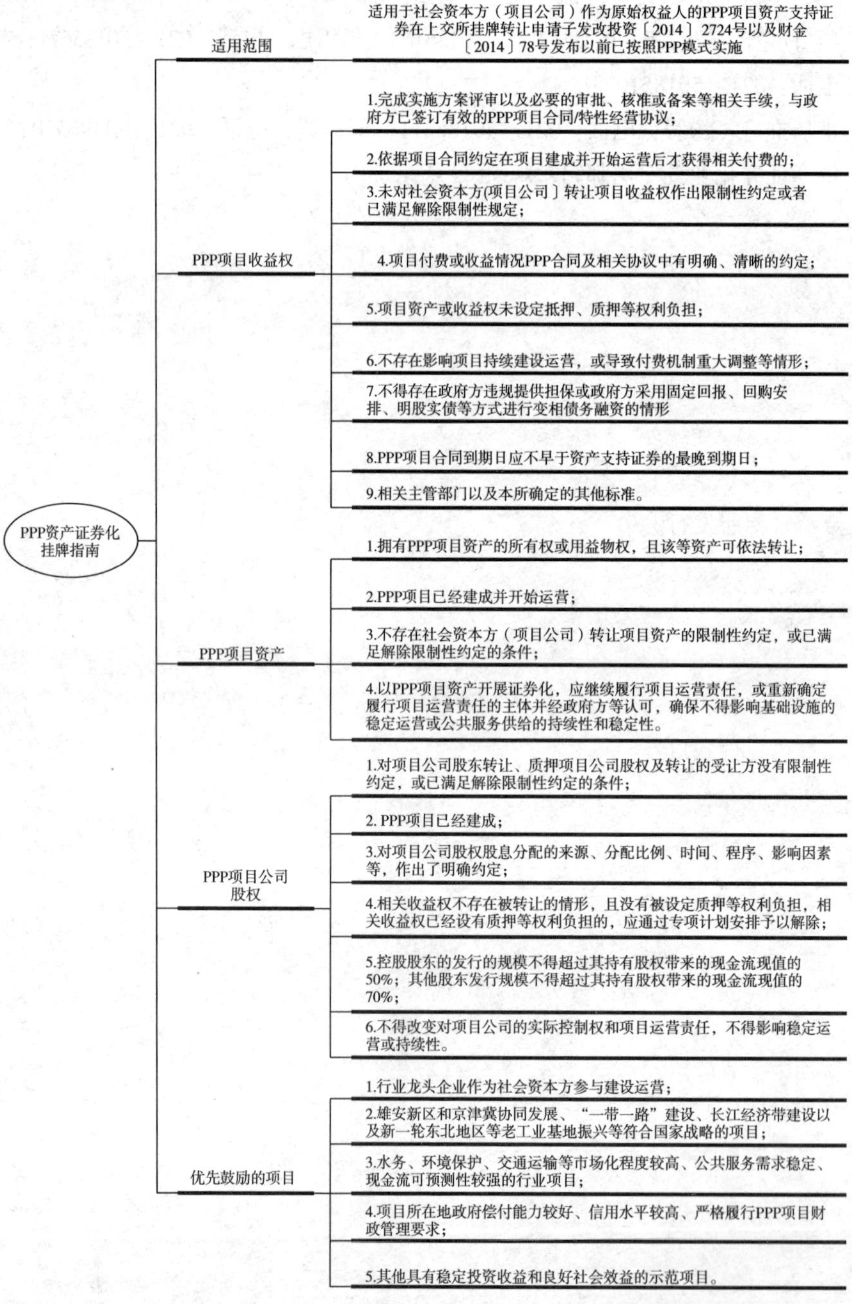

【文件内容】

第一条 【制定依据】

为规范发展政府和社会资本合作项目（以下简称 PPP 项目）资产证券化业务，便于管理人和原始权益 人等参与机构开展业务和加强风险管理，保护投资者合法权益，促进资产证券化业务健康发展，根据《中共中央 国务院关于深 化投融资体制改革的意见》（中发〔2016〕18 号）、《证券公司 及基金管理公司子公司资产证券化业务管理规定》（证监会公告〔2014〕49 号）、《国家发展改革委 中国证监会关于推进传统基础设施领域政府和社会资本合作（PPP）项目资产证券化相关 工作的通知》（发改投资〔2016〕2698 号）、《财政部 中国人民银行 中国证监会关于规范开展政府和社会资本合作项目资产 证券化有关事宜的通知》（财金〔2017〕55 号）、《上海证券 交易所资产支持证券挂牌条件确认业务指引》（上证发〔2017〕28 号）等相关规定，制定本指南。

第二条 【产品定义】

本指南所称 PPP 项目资产支持证券，**是指证券公司、基金管理公司子公司作为管埋人，通过设立资产 支持专项计划（以下简称“专项计划”）开展资产证券化业务，以 PPP 项目收益权、PPP 项目资产、PPP 项目公司股权等为基础资产或基础资产现金流来源所发行的资产支持证券。**

PPP 项目收益权**是在基础设施和公共服务领域开展政府和社会资本合作过程中，社会资本方（项目公司）与政府方签订 PPP 项目合同等协议，投资建设基础设施、提供相关公共产品或服务，并依据合同和有关规定享有的取得相应收益的权利，包括收费权、收益权、合同债权等。**PPP 项目收益主要表现形式为使用者付费、政府付费或可行性缺口补助等。

PPP 项目资产是在基础设施和公共服务领域开展政府和社会资本合作过程中，社会资本方（项目公司）与政府方签订 PPP 项 目合同等协议，并依据合同和有关规定享有所有权或用益物权的 项目设施或其他资产，包括项目公司运营所需的动产（机器、设 备等）、不动产（土地使用权、厂房、管道等）等。

PPP 项目公司股权**是在基础设施和公共服务领域开展政府和社会资本合作过程中，社会资本方出资组建项目公司开展 PPP 项 目的实施，并依据股东协议和项目公司章程等享有的资产收益、参与重大决策和选择管理者等权利。**

第三条 【适用范围】

**本指南适用于社会资本方（项目公司）作为原始权益人的 PPP 项目资产支持证券在上海证券交易所（以 下简称“本所”）挂牌转让申请。**在《国家发展和改革委员会关 于开展政府和社会资本合作的指导意见》（发改投资〔2014〕2724 号）及

《关于推广运用政府和社会资本合作模式有关问题的通知》（财金〔2014〕76 号）发布以前已按照 PPP 模式实施并事先明确 约定收益规则的项目开展资产证券化，以及其他 PPP 项目主要参 与方，如提供融资的融资方、承包商等，以与 PPP 项目相关的基 础资产或基础资产现金流来源开展资产证券化，申请在本所挂牌 的，参照本指南执行。

第四条 【基础资产合格标准 – PPP 项目收益权】

社会资本方（项目公司）以 PPP 项目收益权作为基础资产开展证券化，原始权益人初始入池和后续循环购买入池（如有）的基础资产在基准 日、专项计划设立日和循环购买日（如有）除满足基础资产合格 标准的一般要求外，还需要符合以下特别要求：

1. **PPP 项目已按规定完成 PPP 项目实施方案评审以及必要的审批、核准或备案等相关手续，社会资本方（项目公司）与政府 方已签订有效的 PPP 项目合同；**在能源、交通运输、水利、环境 保护、市政工程等特定领域需要政府实施特许经营的，已按规定 完成特许经营项目实施方案审定，**特许经营者与政府方已签订有 效的特许经营协议。**

2. PPP 项目涉及新建或存量项目改建、依据项目合同约定在项目建成并开始运营后才获得相关付费的，**社会资本方（项目公司）应完成项目建设或改建，按相关规定或合同约定经验收或政 府方认可，并开始运营，有权按照规定或约定获得收益。**

3. **PPP 项目合同、融资合同未对社会资本方（项目公司）转让项目收益权作出限制性约定，或社会资本方（项目公司）已满 足解除限制性约定的条件。**

4. **PPP 项目收益权相关的项目付费或收益情况 PPP 合同及相关协议中有明确、清晰的约定。**政府付费模式下，政府付费应 纳入本级或本级以上政府财政预算、政府财政规划。可行性缺口 补助模式下，可行性缺口补助涉及使用财政资金、政府投资资金 的，应纳入本级或本级以上政府财政预算、政府财政规划。

5. **PPP 项目资产或收益权未设定抵押、质押等权利负担。**已经设有抵押、质押等权利负担的，通过专项计划安排能够予以解 除，如偿还相关融资、取得相关融资方解除抵押、质押的同意等。

6. **社会资本方（项目公司）与政府方不存在因 PPP 项目合同的重大违约、不可抗力因素影响项目持续建设运营，或导致付费 机制重大调整等情形；也不存在因 PPP 项目合同或相关合同及其 他重大纠纷而影响项目持续建设运营，或可能导致付费机制重大调整的协商、调解、仲裁或诉讼等情形。**

7. **PPP 项目不得存在政府方违规提供担保，或政府方采用固定回报、回购安排、明股实债等方式进行变相债务融资情形。**

8. PPP 项目合同到期日应不早于资产支持证券的最晚到期日。

9. 相关主管部门以及本所确定的其他标准。

第五条 【建设期 PPP 项目收益权资产证券化的特殊规定】

PPP 项目公司依据项目合同约定在项目建设期即开始获得相关付费的，可探索在项目建设期以未来收益作为基础资产，并合理设 置资产证券化产品规模。

第六条 【基础资产合格标准 - PPP 项目资产】

社会资本方（项目公司）以 PPP 项目资产作为基础资产开展证券化，除符合第四 条关于 PPP 项目收益权的合格标准外，还需符合以下要求：

1. PPP 项目合同等约定社会资本方（项目公司）拥有 PPP 项目资产的所有权或用益物权，且该等资产可依法转让。

2. PPP 项目已经建成并开始运营。

3. PPP 项目合同、融资合同等不存在社会资本方（项目公司）转让项目资产的限制性约定，或已满足解除限制性约定的条件。

4. 社会资本方（项目公司）以 PPP 项目资产开展证券化，应继续履行项目运营责任，或重新确定履行项目运营责任的主体并 经政府方等认可，确保不得影响基础设施的稳定运营或公共服务 供给的持续性和稳定性。

第七条 【基础资产合格标准 - PPP 项目公司股权】

社会资本方以 PPP 项目公司股权作为基础资产开展证券化，除符合上述 PPP 项目收益权的合格标准外，还需符合以下要求：

1. PPP 项目合同、项目公司股东协议或公司章程等对项目公司股东转让、质押项目公司股权及转让的受让方没有限制性约定，或已满足解除限制性约定的条件。

2. PPP 项目已经建成。

3. PPP 项目公司股东协议、公司章程等对项目公司股权股息分配的来源、分配比例、时间、程序、影响因素等，作出了明确约定。

4. PPP 项目公司股权股息分配来源于 PPP 项目收益或其他收益的，相关收益权不存在被转让的情形，且没有被设定质押等权利负担。相关收益权已经设有质押等权利负担的，应通过专项计划安排予以解除，如回购收益权、偿还相关融资、取得相关融资方解除质押的同意等。

5. PPP 项目公司控股股东以项目公司股权作为基础资产发行资产支持证券的规模不得超过其持有股权带来的现金流现值的 50%；其他股东发行规模不得超过其持有股权带来的现金流现值的 70%。

6. PPP 项目公司控股股东以持有的项目公司股权发行资产支持证券，不得改变对项目公司的实际控制权和项目运营责任，不得影响基础设施的稳定运营或公共服

**务供给的持续性和稳定性。**

第八条 【原始权益人的特别要求】

社会资本方（项目公司）应具有持续经营能力，内部控制制度健全，最近三年未发生重大违约或虚假信息披露，无不良信用记录。

第九条 【优先鼓励的项目】

鼓励社会资本方（项目公司）开展下列PPP项目资产证券化：

1. **行业龙头企业作为社会资本方参与建设运营；**

2. **雄安新区和京津冀协同发展、“一带一路”建设、长江经济带建设以及新一轮东北地区等老工业基地振兴等符合国家战略的项目；**

3. **水务、环境保护、交通运输等市场化程度较高、公共服务需求稳定、现金流可预测性较强的行业项目；**

4. **项目所在地政府偿付能力较好、信用水平较高、严格履行PPP项目财政管理要求；**

5. **其他具有稳定投资收益和良好社会效益的示范项目。**

社会资本方（项目公司）可以以其建设运营的多个PPP项目中具有同质性的基础资产组成基础资产池开展证券化；可以将综合性PPP项目中权属清晰、现金流独立的部分子项目资产单独开展证券化。

本所对**PPP项目主管部门推荐的项目和中国政企合作支持基金投资的项目**的资产证券化建立受理、审核绿色通道，专人专岗负责，提高受理、审核、挂牌的工作效率。

第十条 【解释权】

本指南为开放性指南，将根据业务发展情况不定期修订并发布更新版本。本所对本指南保留最终解释权。

第十一条 【生效时间】

本指南自发布之日起施行。

名词解释：

政府和社会资本合作（Public - Private Partnerships，简称PPP），是指政府采取竞争性方式择优选择具有投资、运营管理能力的社会资本方，双方按照平等协商原则订立合同，明确责权利关系，由社会资本方提供公共产品或服务，政府向社会资本方支付相应对价，社会资本方获得合理收益的合作模式。PPP采取建设 - 运营 - 移交（BOT）、建设 - 拥有 - 运营（BOO）、建设 - 拥有 - 运营 - 移交（BOOT）、转让 - 运营 - 移交（TOT）、改建 - 运营 - 移交（ROT）、委托运营（O&M）等运营方式。

政府方，是指组织实施 PPP 项目并代表政府签署 PPP 项目合同的政府及其所属部门或事业单位。

社会资本方，是指依法设立且有效存续的具有法人资格的企业，包括国有企业、民营企业、外国企业、外商投资企业、混合所有制企业，原则上不包括本级政府所属融资平台公司。社会资本方是 PPP 项目的实际投资人，实践中，社会资本方通常不会直接作为 PPP 项目的实施主体，而会专门针对该项目成立项目公司，作为 PPP 项目合同及项目其他相关合同的签约主体，负责项目具体实施。

项目公司，是依法设立的自主运营、自负盈亏的具有独立法人资格的经营实体。项目公司可以由社会资本方（可以是一家企业，也可以是多家企业组成的联合体）出资设立，也可以由政府和社会资本方共同出资设立。

PPP 项目合同，是指政府方与社会资本方（项目公司）依法就 PPP 项目合作所订立的合同，是政府方与社会资本方之间合理分配项目风险，明确双方权利义务关系以及 PPP 项目的交易结构，以保障双方能够依据合同约定合理主张权利，妥善履行义务，确保项目全生命周期内的顺利实施的相关安排。PPP 项目合同是 PPP 整个合同体系的基础和核心。

使用者付费（User Charges），是指由最终消费用户直接付费购买公共产品和服务。社会资本方（项目公司）直接从最终用户处收取费用，以回收项目的建设和运营成本并获得合理收益。

政府付费（Government Payment），是指政府方直接付费购买公共产品和服务，政府方可以依据项目设施的可用性、产品或服务的使用量以及质量向项目公司付费。

可行性缺口补助（Viability Gap Funding），是指使用者付费不足以满足社会资本方（项目公司）成本回收和合理回报时，由政府方给予一定的经济补助，以弥补使用者付费之外的缺口部分。可行性缺口补助的形式可能包括土地划拨、投资入股、投资补助、价格补贴、优惠贷款、贷款贴息、放弃分红权、授予项目相关开发收益权等其中的一种或多种。

可用性付费（Availability Payment），是指政府方依据社会资本方（项目公司）所提供的项目设施或服务是否符合合同约定的标准和要求来付费。

使用量付费（Usage Payment），是指政府方依据社会资本方（项目公司）所提供的项目设施或服务的实际使用量来付费。

绩效付费（Performance Payment），是指政府方依据社会资本方（项目公司）所提供的公共产品或服务的质量付费。通常政府方与项目公司会明确约定项目的绩效标准，并将政府付费与项目公司的绩效表现挂钩。

## 3.2.4 《上海证券交易所政府和社会资本合作（PPP）项目资产支持证券信息披露指南》(2017 年 10 月 19 日)

【重点提示】

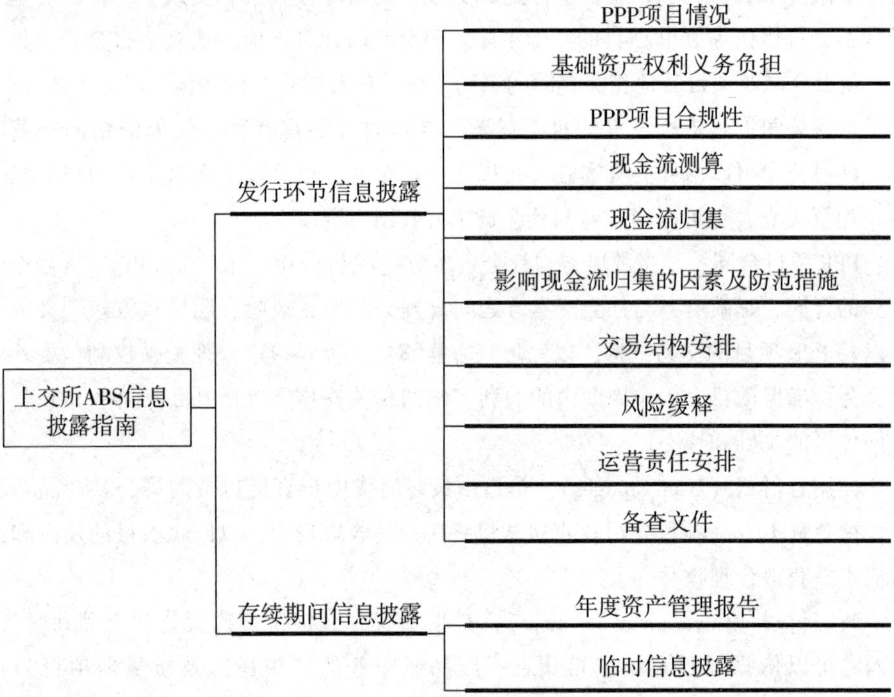


【文件内容】

### 第一章 总 则

第一条 【制定依据】

为规范发展政府和社会资本合作项目（以下简称 PPP 项目）资产证券化业务，便于管理人和原始权益人等参与机构开展业务和加强风险管理，保护投资者合法权益，促进资产证券化业务健康发展，根据《中共中央 国务院关于深 化投融资体制改革的意见》（中发〔2016〕18 号）、《证券公司及基金管理公司子公司资产证券化业务管理规定》（证监会公告〔2014〕49 号，以下简称《管理规定》）、《国家发展改革委 中国证监会关于推进传统基础设施领域政府和社会资本合作（PPP）项目资产证券化相关工作的通知》（发改投资〔2016〕2698 号）、《财政部 中国人民银行 中国证监会关于规范开展政府和社会资本合作项目资产证券化有关事宜的通知》（财金〔2017〕55 号）、《上海证券交易所资产支持证券挂牌条件确认业务指引》（上证发〔2017〕28 号）等相关规定，制定本指南。

第二条 【产品定义】

本指南所称 PPP 项目资产支持证券，是指证券公司、基金管理公司子公司作为管理人，通过设立资产支持专项计划（以下简称“专项计划”）开展资产证券化业务，以 PPP 项目收益权、PPP 项目资产、PPP 项目公司股权等为基础资产或基础资产现金流来源所发行的资产支持证券。

PPP 项目收益权是在基础设施和公共服务领域开展政府和社会资本合作过程中，社会资本方（项目公司）与政府方签订 PPP 项目合同等协议，投资建设基础设施、提供相关公共产品或服务，并依据合同和有关规定享有的取得相应收益的权利，包括收费权、收益权、合同债权等。PPP 项目收益主要表现形式为使用者付费、政府付费或可行性缺口补助等。

PPP 项目资产是在基础设施和公共服务领域开展政府和社会资本合作过程中，社会资本方（项目公司）与政府方签订 PPP 项目合同等协议，并依据合同和有关规定享有所有权或用益物权的项目设施或其他资产，包括项目公司运营所需的动产（机器、设备等）、不动产（土地使用权、厂房、管道等）等。

PPP 项目公司股权是在基础设施和公共服务领域开展政府和社会资本合作过程中，社会资本方出资组建项目公司开展 PPP 项目的实施，并依据股东协议和项目公司章程等享有的资产收益、参与重大决策和选择管理者等权利。

第三条 【适用范围】

本指南适用于社会资本方（项目公司）作为原始权益人的 PPP 项目资产支持证券在上海证券交易所（以下简称“本所”）挂牌转让的信息披露专项要求。在《国家发展和改革委员会关于开展政府和社会资本合作的指导意见》（发改投资〔2014〕2724 号）及《关于推广运用政府和社会资本合作模式有关问题的通知》（财金〔2014〕76 号）发布以前已按照 PPP 模式实施并事先明确约定收益规则的项目开展资产证券化，以及其他 PPP 项目主要参与方，如提供融资的融资方、承包商等，以与 PPP 项目相关的基础资产或基础资产现金流来源开展资产证券化，在本所挂牌转让的，参照本指南执行。

第四条 【信息披露责任】

管理人及其他信息披露义务人应当按照《管理规定》、《证券公司及基金管理公司子公司资产证券化业务信息披露指引》、《上海证券交易所资产证券化业务指南》、本指南的规定以及计划说明书的约定履行信息披露义务，及时、公平地披露可能对资产支持证券产生重大影响的信息，并保证所披露的信息真实、准确、完整，不得有虚假记载、误导性陈述或者重大遗漏。

**本指南所称其他信息披露义务人包括但不限于托管人、律师事务所、资信评级机构、资产服务机构、现金流预测分析机构、不动产评估机构等。**

第五条 【信息披露渠道】

资产支持证券在本所挂牌转让的，管理人及其他信息披露义务人应当在信息披露日前将披露文件报送本所。**本所于信息披露当日通过本所网站或以本所认可的其他方式向合格投资者披露信息。**

本所对管理人及其他信息披露义务人披露的信息进行形式审核，对其内容的真实性不承担责任。

第六条 【信息保密义务】

管理人、其他服务机构及登记托管机构等相关知情人在信息披露前不得泄露拟披露的信息。

## 第二章 发行环节信息披露

第七条 【PPP 项目情况 – PPP 项目收益权】

专项计划以 PPP 项目收益权作为基础资产的，计划说明书除按照资产支持证券一般要求进行编制和披露外，还应披露包括但不限于下述关于 PPP 项目建设、运营等相关信息：

**1. 项目识别、准备和采购情况，包括 PPP 项目实施方案评审，项目立项审批、核准或备案情况，财政承受能力论证报告及物有所值评价报告相关信息（如有），PPP 项目采购情况，PPP 项目合同签订情况、入库情况等。在能源、交通运输、水利、环境保护、市政工程等特定领域需要政府实施特许经营的，应披露是否已按规定完成特许经营项目实施方案审定，特许经营者与政府方已签订有效的特许经营协议。**

**2. 社会资本（项目公司）设立、运营情况，设立项目公司的，包括设立登记、股东认缴及实缴资本金、股权结构、增减资、项目公司内部控制情况、财务情况、提供履约担保情况等。PPP 项目公司股东以项目公司股权开展资产证券化的，还包括项目股东情况、项目公司股权股息的分配情况等。**

**3. 项目前期融资情况，包括融资机构名称、融资金额、融资结构及融资交割情况等。**

**4. 项目建设情况，包括项目建设进度、质量以及是否符合相关政策法规和 PPP 项目合同约定的标准和要求；PPP 项目涉及新建或存量项目改建后再运营并获得相关付费的，是否完成项目建设或改建，按相关规定或合同约定经验收或政府方认可，并开始运营等。**

**5. 项目运营情况，包括已运营时间、项目维护、运营情况以及是否符合相关政**

策法规和 PPP 项目合同约定的标准和要求。

6. 项目付费或收益情况。计划管理人应当依据不同的付费模式，披露 PPP 项目合同、政府相关文件中约定的项目付费及收益情况：

（1）使用者付费模式下，包括但不限于使用者范围、付费条件、付费标准、付费期间、影响付费的因素等。如涉及付费调整的，应当披露调整的条件、方法及程序；涉及新建竞争性项目或限制社会资本方（项目公司）超额利润的，应当披露相关约定。

（2）政府付费模式下，采取可用性付费的，应披露对可用性标准、付费标准、付费时间、不可用情形及扣减机制的约定；采取使用量付费的，应披露对公共服务使用量计算标准、付费标准、付费时间、扣减机制的约定；采用绩效付费的，应披露对绩效标准、绩效考核机制、付费标准、付费时间、扣减机制的约定。如涉及付费调整的，应披露调整的条件、方法及程序。应披露政府付费纳入本级政府财政预算、中期财政规划的相关情况。

（3）可行性缺口补助模式下，除了披露对使用者付费机制作出的约定外，还应当披露政府给予的可行性缺口补助形式、数额、时间等约定。可行性缺口补助涉及使用财政资金、政府投资资金的，应披露纳入本级政府财政预算、中期财政规划及政府投资计划的相关情况。

第八条 【PPP 项目情况－PPP 项目资产】

专项计划以 PPP 项目资产作为基础资产的，除按照 PPP 项目收益权的相关要求披露 PPP 项目建设、运营信息，还应当披露根据 PPP 项目合同等约定 PPP 项目资产权属情况。

第九条 【PPP 项目情况－PPP 项目公司股权】

专项计划以 PPP 项目公司股权作为基础资产的，除按照 PPP 项目收益权的相关要求披露 PPP 项目建设、运营信息，还应当披露 PPP 项目公司股东协议、公司章程等对项目公司股权股息分配的来源、分配比例、时间、程序、影响因素等作出的约定，项目公司已有股权股息的分配情况等。

第十条 【基础资产权利负担】

管理人应在计划说明书等发行文件中明确披露 PPP 项目合同、项目公司股东协议、融资合同中是否存在社会资本方（项目公司）转让基础资产的限制性约定，或披露是否已满足解除限制的条件、获得相关方转让基础资产的同意等。

基础资产已经设定的抵押、质押等权利负担，通过专项计划安排能够予以解除的，应披露偿还相关融资、取得相关融资方解除抵押、质押的同意的文件和相关信息。

基础资产对应的底层相关资产（如管道、设备、厂房、土地使用权等）存在抵押、质押等担保权益或其他权利限制情况的，**管理人应核查并在计划说明书中披露相关权利负担或限制是否可能导致底层资产被处置从而影响到原始权益人持续业务经营、现金流稳定和专项计划投资者利益，并设置相关风险缓释措施。**

第十一条 【PPP 项目合规性】

**管理人和律师事务所应核查 PPP 项目是否存在政府方违规提供担保，或政府方采用固定回报、回购安排、明股实债等方式进行变相债务融资的情形，并在相关发行文件中发表明确意见。**法律意见书除按照资产支持证券一般要求进行编制和披露外，**项目律师还应就基础资产是否符合 PPP 项目相关的合格标准、原始权益人的特别要求等发表明确意见。**

第十二条 【现金流测算 – PPP 项目收益权】

以 PPP 项目收益权作为基础资产的，专项计划应以 PPP 项目合同、政府相关文件为依据，综合评估 PPP 项目建设运营经济技术指标、付费模式和标准，参考相关历史数据或同类项目数据，**在计划说明书及相关发行文件中披露 PPP 项目收益现金流的测算过程及结果。**管理人应核查并披露 PPP 合同是否明确了因运营成本上升、市场需求下降等因素造成现金流回收低于预期的风险分担机制，并设置了补助机制等政府承诺和保障、购买保险等风险缓释措施。

使用者付费模式下，计划说明书及相关发行文件应披露测算 PPP 项目收益现金流所考虑的各种因素，包括但不限于：**使用者范围和未来数量变化、收费标准及其可能的调整、未能及时足额收取费用的情况、新建竞争性项目或限制社会资本方（项目公司）超额利润的情况等。**

政府付费模式下，计划说明书及相关发行文件应披露测算 PPP 项目收益现金流所考虑的各种因素，包括但不限于：**PPP 项目建设运营经济技术标准是否满足政府付费要求、付费标准及其可能的调整、未能及时足额收取费用的情况、绩效监控及其可能扣减付费的情况等。**

可行性缺口补助模式下，计划说明书及相关发行文件**应披露测算 PPP 项目未来现金流所考虑的相关影响使用者付费和政府付费现金流的因素，可行性缺口补助的条件、形式和能形成现金流的补助等。**

第十三条 【现金流测算 – PPP 项目资产、项目公司股权】

以 PPP 项目资产、项目公司股权作为基础资产的，除按上述 PPP 项目收益权测算现金流外，**应由专业机构出具独立的资产评估报告，考虑项目资产的价值变化情况、项目公司股权股息分配的其他来源等。**

第十四条 【现金流归集】 **管理人应在计划说明书等发行文件中确定并披露**

**各个账户环节、流入流出时间等。**基础资产现金流涉及从项目公司归集至原始权益人再转付至专项计划的，**应披露专项计划设置的现金流混同风险的防范机制及资产支持证券存续期间设置防范混同风险的持续检查机制等。**

第十五条　【影响现金流归集的因素及防范措施】

PPP 项目建设运营中存在尚未付清的融资负债、建设工程结算应付款或需要支付运营成本等情况的，**管理人应核查和分析上述负债偿还或运营成本支付是否对 PPP 项目资产现金流归集形成限制、是否可能导致现金流截留风险等作出判断，并在计划说明书中披露。**

管理人应在计划说明书中披露上述负债或需要支付运营成本的情况，与社会资本方（项目公司）确定并披露防范现金流截留风险的措施。上述防范措施包括但不限于：**不能防范截留风险的不纳入基础资产范围，在入池基础资产的现金流预测中扣减上述负债或运营成本总额；社会资本方（项目公司）承诺以自有资金偿还相关负债或支付运营成本；社会资本方（项目公司）提供有效的增信或防范截留风险的措施，在资产支持证券存续期间安排防范截留风险的持续检查机制等。**

第十六条　【交易结构安排】

管理人、社会资本方（项目公司）可以结合 PPP 项目运营情况、基础资产质量、现金流归集安排等设置并在计划说明书中披露差异化的交易结构和投资者保护措施，**包括但不限于优先次级分层、现金流超额覆盖、资产超额抵押、差额支付、外部担保、股东方流动性支持等信用增级措施，现金流归集路径和频率调整、加速清偿、原始权益人回购等投资者保护机制。**

第十七条　【风险缓释】

针对 PPP 项目实施中可能发生的下列事项，管理人和项目律师事务所应认真分析并根据 PPP 项目合同或其他相关合同约定的补救、处置方式，设置并在计划说明书中披露相应的交易结构安排，权利完善事件及其他投资者保护机制，保护投资者合法权益。涉及现金流变化的，应在现金流测算和归集中防范相关风险。

1. **社会资本方（项目公司）在 PPP 项目建设、运营中发生重大违约及合同约定的补救、处置方式。**如项目公司破产或资不抵债、未按项目合同约定完成融资、未在约定时间内完成建设或开始运营、未按照规定或约定的标准和要求提供产品或服务、违反合同约定的股权变更限制、未按合同约定为 PPP 项目或相关资产购买保险等。

2. **政府方在 PPP 项目建设、运营中发生重大违约及合同约定的补救、处置方式。**如未按合同约定付费或提供补助，未按约定完成项目审批、提供土地使用权及其他配套设施、防止不必要竞争性项目，自行决定征收征用或改变相关规定等。

3. 政治不可抗力事件及合同约定的补救、处置方式。如非因签约政府方原因导致且不在其控制下的征收征用、法律变更、未获审批等。

4. 自然不可抗力事件及合同约定的补救、处置方式。如地震、台风、洪水等自然灾害，武装冲突、骚乱、疫情等社会异常事件。

5. 政府方因PPP项目所提供的公共产品或服务已经不合适或者不再需要，或者会影响公共安全和公共利益而单方面决定接管、变更、终止项目及合同约定的补救、处置方式。

6. 其他影响PPP项目建设、运营以及社会资本方（项目公司）获得投资回报的情形。

第十八条 【运营责任安排】

社会资本方（项目公司）转让PPP项目收益权、项目资产及项目公司股权开展资产证券化，应在计划说明书、资产买卖协议、资产服务协议中明确，**社会资本方（项目公司）应继续承担项目的持续维护、运营责任，或对项目持续维护、运营责任作出合理安排并取得政府方认可，不得影响基础设施的稳定运营或公共服务供给的持续性和稳定性。**

第十九条 【备查文件】

管理人、社会资本方（项目公司）在提交PPP项目资产证券化申报文件时，除提交资产支持证券要求的申报文件外，还应提交下列文件作为备查文件并予以披露：

**1. 经评审或审核、审批的PPP项目实施方案。**

**2. 社会资本方（项目公司）与政府方签订的有效的PPP项目合同；需要政府实施特许经营的，特许经营者与政府方签订的有效的特许经营协议。**

**3. 政府付费机制下，主管部门出具的同意政府付费的证明文件及政府付费纳入政府财政预算、政府财政规划的相关文件。使用者付费机制下，主管部门等单位出具的相关收费文件或证明文件。经主管部门审核通过的物有所值评价报告（如有）、财政承受能力论证报告（如有）。**

**4. 项目公司股东协议、公司章程等。**

## 第三章 存续期间信息披露

第二十条 【年度资产管理报告】

**年度资产管理报告应就PPP项目实施情况、运营情况、是否达到规定或约定的运营标准和要求以及影响运营的其他情况，项目公司绩效情况、付费调整情况、使用者付费模式下项目实际收费情况、政府付费模式下实际付费情况、可行性缺口补助模式下实际收益情况以及影响项目收益的其他情况进行专项披露。**

第二十一条 【临时信息披露】

资产支持证券存续期间，发生下列影 PPP 项目建设运营、项目收益现金流和资产支持证券本息偿付的重大事项，管理人应在相关事项发生后两个交易日内及时进行临时信息披露：

1．发生本指南第十七条所列的事项，管理人应进行临时信息披露，并持续披露采取的相关补救、处置措施及其影响。

2. 发生 PPP 项目合同重大变更、补充，项目重大变更等影响项目建设运营的事项。

3. 发生收费价格、付费标准重大调整事项。

4. 其他影响 PPP 项目建设运营、项目收益现金流和资产支持证券本息偿付的重大事项。

## 第四章 附 则

第二十二条 【解释权】

本指南为开放性指南，将根据业务发展情况不定期修订并发布更新版本。本所对本指南保留最终解释权。

第二十三条 【生效时间】

本指南自发布之日起施行。

名词解释：（略）

## 3.3 深圳证券交易所

### 3.3.1 《深圳证券交易所关于推进传统基础设施领域政府和社会资本合作（PPP）项目资产证券化业务的通知》（2017 年 2 月 17 日 深证会〔2017〕46 号）

**【重点提示】**

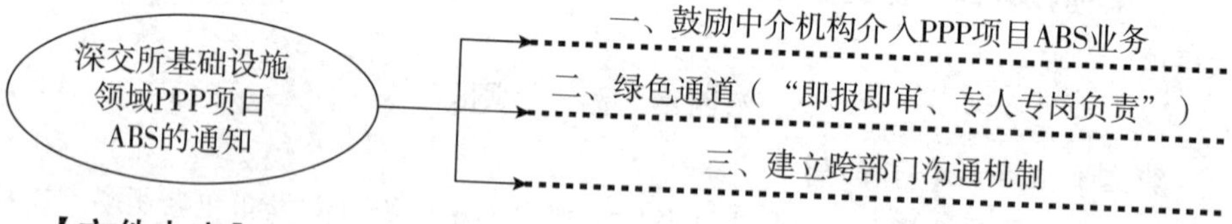


**【文件内容】**

各市场参与人：

为贯彻落实《国家发展改革委　中国证监会关于推进传统基础设施领域政府和社会资本合作（PPP）项目资产证券化相关工作的通知》（发改投资〔2016〕2698 号）等文件精神，推动政府和社会资本合作（PPP）项目融资方式创新，提升服务实体经济能力，深圳证券交易所（以下简称“本所”）根据《证券公司及基金管理公司子公司资产证券化业务管理规定》、《深圳证券交易所资产证券化业务指引（2014 年修订）》、《深圳证券交易所资产支持证券挂牌条件确认业务指引》等相关规定，就推进 PPP 项目资产证券化业务有关事项通知如下：

一、本所鼓励支持 PPP 项目企业及相关中介机构依法积极开展 PPP 项目资产证券化业务。各相关方应勤勉尽责，严格遵守执业规范和监管要求，切实履行尽职调查、信息披露、现金流归集、收益分配和风险防控等职责，确保业务稳健运营，保障投资者利益，维护市场稳定。

二、本所成立 PPP 项目资产证券化工作小组，明确专人落实相应职责，对于符合条件的优质 PPP 项目资产证券化产品，**提升受理、评审和挂牌转让工作效率，实行“即报即审、专人专岗负责”。对于申报项目，受理后 5 个交易日内出具反馈意见，管理人提交反馈回复确认后 3 个交易日内召开挂牌工作小组会议。**

三、根据统一安排，本所逐步建立与证监会、发改委、基金业协会、证券业协会和其他交易场所的沟通衔接机制，积极推进符合条件的项目通过资产证券化方式实现市场化融资，为 PPP 项目联通资本市场提供配合与支持。

四、本所 PPP 项目资产证券化工作小组联系人：卞超、张暕、沈冰洁、徐向江

联系电话：0755－88668481、0755－88668509、0755－88668353、0755－88668140

电子邮箱：abs@ szse. cn（资产证券化业务专用邮箱）

### 3. 3. 2　《深圳证券交易所关于进一步推进政府和社会资本合作（PPP）项目资产证券化业务的通知》（2017 年 7 月 21 日　深证会〔2017〕215 号）

**【重点提示】**

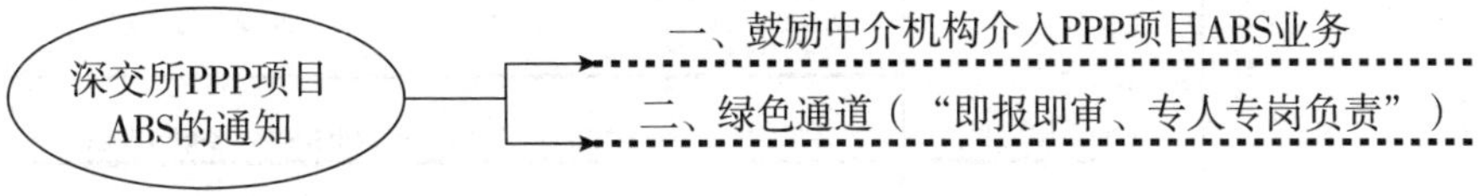


**【文件内容】**

各市场参与人：

为贯彻落实《财政部　人民银行　证监会关于规范开展政府和社会资本合作项目资产证券化有关事宜的通知》（财金〔2017〕55 号）等文件精神，进一步推进 PPP 项目资产证券化业务，提升服务实体经济能力，深圳证券交易所（以下简称“本所”）根据《证券公司及基金管理公司子公司资产证券化业务管理规定》《深圳证券交易所资产证券化业务指引（2014 年修订）》《深圳证券交易所资产支持证券挂牌条件确认业务指引》等相关规定，就有关事项通知如下：

一、本所鼓励支持**PPP 项目公司、项目公司股东、项目公司其他相关主体及相关中介机构依法积极开展 PPP 项目资产证券化业务**。各相关方应勤勉尽责，严格遵守执业规范和监管要求，确保业务稳健运营，保障投资者利益，维护市场稳定。

二、对于各省级财政部门推荐的项目、中国政企合作支持基金投资的项目以及其他符合条件的优质 PPP 项目，**提升受理、评审和挂牌转让工作效率，实行“即报即审、专人专岗负责”。对于申报项目，受理后 5 个交易日内出具反馈意见，管理人提交反馈回复确认后 3 个交易日内召开挂牌工作小组会议**。项目挂牌阶段专人专岗负责，提升挂牌手续办理效率。

三、本所 PPP 项目资产证券化工作小组联系人：卞超、张暕、沈冰洁、徐向江、郑文才

联系电话：0755－88668481、0755－88668509、0755－88668353、0755－88668140、0755－88668621

电子邮箱：abs@ szse. cn（资产证券化业务专用邮箱）

## 3.3.3 《深圳证券交易所政府和社会资本合作（PPP）项目资产支持证券挂牌条件确认指南》（2017 年 10 月 19 日）

### 【重点提示】

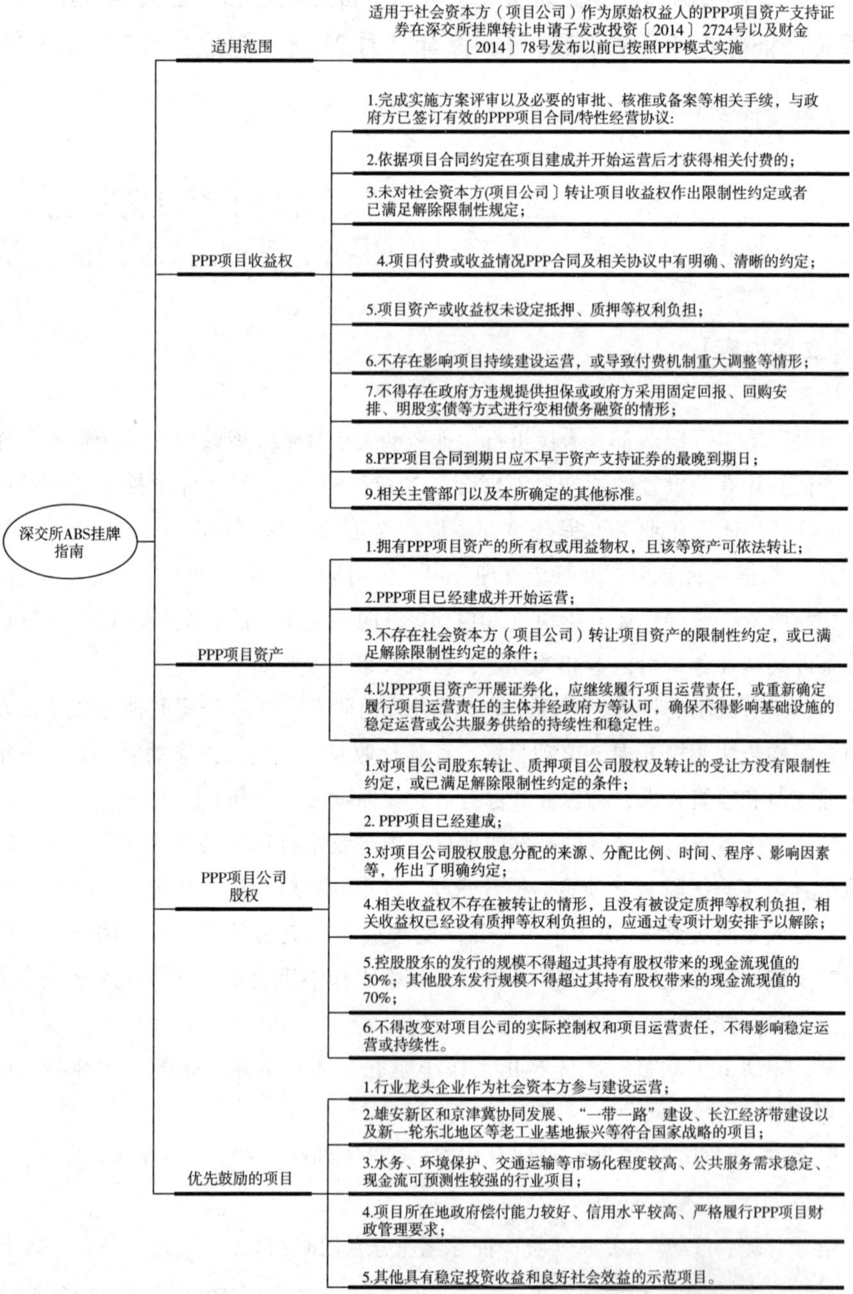

**【文件内容】**

第一条 【制定依据】

为规范发展政府和社会资本合作项目（以下简称“PPP 项目”）资产证券化业务，便于管理人和原始权益人等参与机构开展业务和加强风险管理，保护投资者合法权益，促进资产证券化业务健康发展，根据《中共中央国务院关于深化投融资体制改革的意见》（中发〔2016〕18 号）、《证券公司及基金管理公司子公司资产证券化业务管理规定》（证监会公告〔2014〕49 号）、《国家发展改革委 中国证监会关于推进传统基础设施领域政府和社会资本合作（PPP）项目资产证券化相关工作的通知》（发改投资〔2016〕2698 号）、《财政部 人民银行 证监会关于规范开展政府和社会资本合作项目资产证券化有关事宜的通知》（财金〔2017〕55 号）、《深圳证券交易所资产证券化业务指引（2014 年修订）》（深证会〔2014〕130 号）等相关规定，制定本指南。

第二条 【产品定义】

**本指南所称 PPP 项目资产支持证券，是指证券公司、基金管理公司子公司作为管理人，通过设立资产支持专项计划（以下简称“专项计划”）开展资产证券化业务，以 PPP 项目收益权、PPP 项目资产、PPP 项目公司股权等为基础资产或基础资产现金流来源所发行的资产支持证券。**

**PPP 项目收益权是在基础设施和公共服务领域开展政府和社会资本合作过程中，社会资本方（项目公司）与政府方签订 PPP 项目合同等协议，投资建设基础设施、提供相关公共产品或服务，并依据合同和有关规定享有的取得相应收益的权利，包括收费权、收益权、合同债权等。**PPP 项目收益主要表现形式为使用者付费、政府付费或可行性缺口补助等。

PPP 项目资产是在基础设施和公共服务领域开展政府和社会资本合作过程中，社会资本方（项目公司）与政府方签订 PPP 项目合同等协议，并依据合同和有关规定享有所有权或用益物权的项目设施或其他资产，包括项目公司运营所需的动产（机器、设备等）、不动产（土地使用权、厂房、管道等）等。

**PPP 项目公司股权是在基础设施和公共服务领域开展政府和社会资本合作过程中，社会资本方出资组建项目公司开展 PPP 项目的实施，并依据股东协议和项目公司章程等享有的资产收益、参与重大决策和选择管理者等权利。**

第三条 【适用范围】

**本指南适用于社会资本方（项目公司）作为原始权益人的 PPP 项目资产支持证券在深圳证券交易所（以下简称“本所”）挂牌转让申请。**在《国家发展和改革委员会关于开展政府和社会资本合作的指导意见》（发改投资〔2014〕2724 号）及

《关于推广运用政府和社会资本合作模式有关问题的通知》（财金〔2014〕76号）发布以前已按照PPP模式实施并事先明确约定收益规则的项目开展资产证券化，以及其他PPP项目主要参与方，如提供融资的融资方、承包商等，以与PPP项目相关的基础资产或基础资产现金流来源开展资产证券化，申请在本所挂牌的，参照本指南执行。

第四条　【基础资产合格标准－PPP项目收益权】

社会资本方（项目公司）以PPP项目收益权作为基础资产开展证券化，原始权益人初始入池和后续循环购买入池（如有）的基础资产在基准日、专项计划设立日和循环购买日（如有）除满足基础资产合格标准的一般要求外，还需要符合以下特别要求：

1. **PPP项目已按规定完成PPP项目实施方案评审以及必要的审批、核准或备案等相关手续，社会资本方（项目公司）与政府方已签订有效的PPP项目合同**；在能源、交通运输、水利、环境保护、市政工程等特定领域需要政府实施特许经营的，**已按规定完成特许经营项目实施方案审定，特许经营者与政府方已签订有效的特许经营协议。**

2. PPP项目涉及新建或存量项目改建、依据项目合同约定在项目建成并开始运营后才获得相关付费的，**社会资本方（项目公司）应完成项目建设或改建，按相关规定或合同约定经验收或政府方认可，并开始运营，有权按照规定或约定获得收益。**

3. PPP项目合同、融资合同**未对社会资本方（项目公司）转让项目收益权作出限制性约定，或社会资本方（项目公司）已满足解除限制性约定的条件。**

4. **PPP项目收益权相关的项目付费或收益情况在PPP合同及相关协议中有明确、清晰的约定。**政府付费模式下，政府付费应纳入本级或本级以上政府财政预算、政府财政规划。可行性缺口补助模式下，可行性缺口补助涉及使用财政资金、政府投资资金的，应纳入本级或本级以上政府财政预算、政府财政规划。

5. **PPP项目资产或收益权未设定抵押、质押等权利负担。**已经设有抵押、质押等权利负担的，通过专项计划安排能够予以解除，如偿还相关融资、取得相关融资方解除抵押、质押的同意等。

6. 社会资本方（项目公司）与政府方**不存在因PPP项目合同的重大违约、不可抗力因素影响项目持续建设运营，或导致付费机制重大调整等情形；也不存在因PPP项目合同或相关合同及其他重大纠纷而影响项目持续建设运营，或可能导致付费机制重大调整的协商、调解、仲裁或诉讼等情形。**

7. **PPP项目不得存在政府方违规提供担保，或政府方采用固定回报、回购安**

排、明股实债等方式进行变相债务融资情形。

8. PPP 项目合同到期日应不早于资产支持证券的最晚到期日。

9. 相关主管部门以及本所确定的其他标准。

第五条 【建设期 PPP 项目收益权资产证券化的特殊规定】

PPP 项目公司依据项目合同约定在项目建设期即开始获得相关付费的，可探索在项目建设期以未来收益作为基础资产，并合理设置资产证券化产品规模。

第六条 【基础资产合格标准 – PPP 项目资产】

社会资本方（项目公司）以 PPP 项目资产作为基础资产开展证券化，除符合第四条关于 PPP 项目收益权的合格标准外，还需符合以下要求：

1. PPP 项目合同等约定社会资本方（项目公司）拥有 PPP 项目资产的所有权或用益物权，且该等资产可依法转让。

2. PPP 项目已经建成并开始运营。

3. PPP 项目合同、融资合同等不存在社会资本方（项目公司）转让项目资产的限制性约定，或已满足解除限制性约定的条件。

4. 社会资本方（项目公司）以 PPP 项日资产开展证券化，应继续履行项目运营责任，或重新确定履行项目运营责任的主体并经政府方等认可，确保不得影响基础设施的稳定运营或公共服务供给的持续性和稳定性。

第七条 【基础资产合格标准 – PPP 项目公司股权】

社会资本方以 PPP 项目公司股权作为基础资产开展证券化，除符合上述 PPP 项目收益权的合格标准外，还需符合以下要求：

1. PPP 项目合同、项目公司股东协议或公司章程等对项目公司股东转让、质押项目公司股权及转让的受让方没有限制性约定，或已满足解除限制性约定的条件。

2. PPP 项目已经建成。

3. PPP 项目公司股东协议、公司章程等对项目公司股权股息分配的来源、分配比例、时间、程序、影响因素等，作出了明确约定。

4. PPP 项目公司股权股息分配来源于 PPP 项目收益或其他收益的，相关收益权不存在被转让的情形，且没有被设定质押等权利负担。相关收益权已经设有质押等权利负担的，应通过专项计划安排予以解除，如回购收益权、偿还相关融资、取得相关融资方解除质押的同意等。

5. PPP 项目公司控股股东以项目公司股权作为基础资产发行资产支持证券的规模不得超过其持有股权带来的现金流现值的 50%；其他股东发行规模不得超过其持有股权带来的现金流现值的 70%。

6. PPP 项目公司控股股东以持有的项目公司股权发行资产支持证券，不得改变

**对项目公司的实际控制权和项目运营责任，不得影响基础设施的稳定运营或公共服务供给的持续性和稳定性。**

第八条 【原始权益人的特别要求】

社会资本方（项目公司）应具有持续经营能力，内部控制制度健全，最近三年未发生重大违约或虚假信息披露，无不良信用记录。

第九条 【优先鼓励的项目】

鼓励社会资本方（项目公司）开展下列 PPP 项目资产证券化：

**1. 行业龙头企业作为社会资本方参与建设运营；**

**2. 雄安新区和京津冀协同发展、“一带一路”建设、长江经济带建设以及新一轮东北地区等老工业基地振兴等符合国家战略的项目；**

**3. 水务、环境保护、交通运输等市场化程度较高、公共服务需求稳定、现金流可预测性较强的行业项目；**

**4. 项目所在地政府偿付能力较好、信用水平较高、严格履行 PPP 项目财政管理要求；**

**5. 其他具有稳定投资收益和良好社会效益的示范项目。**

社会资本方（项目公司）可以以其建设运营的多个 PPP 项目中具有同质性的基础资产组成基础资产池开展证券化；可以将综合性 PPP 项目中权属清晰、现金流独立的部分子项目资产单独开展证券化。

本所对 PPP 项目主管部门推荐的项目和中国政企合作支持基金投资的项目的资产证券化实行“即报即审、专人专岗负责”，提高受理、审核、挂牌的工作效率。

第十条 【名词解释】

本指南下列用语的含义：

1. 政府和社会资本合作（Public - Private Partnerships，简称 PPP），是指政府采取竞争性方式择优选择具有投资、运营管理能力的社会资本方，双方按照平等协商原则订立合同，明确责权利关系，由社会资本方提供公共产品或服务，政府向社会资本方支付相应对价，社会资本方获得合理收益的合作模式。PPP 采取建设 - 运营 - 移交（BOT）、建设 - 拥有 - 运营（BOO）、建设 - 拥有 - 运营 - 移交（BOOT）、转让 - 运营 - 移交（TOT）、改建 - 运营 - 移交（ROT）、委托运营（O&M）等运营方式。

2. 政府方，是指组织实施 PPP 项目并代表政府签署 PPP 项目合同的政府及其所属部门或事业单位。

3. 社会资本方，是指依法设立且有效存续的具有法人资格的企业，包括国有企业、民营企业、外国企业、外商投资企业、混合所有制企业，原则上不包括本级政府所属融资平台公司。社会资本方是 PPP 项目的实际投资人，实践中，社会资本方通常不会直接作为 PPP 项目的实施主体，而会专门针对该项目成立项目公司，作为 PPP 项目合同及项目其他相关合同的签约主体，负责项目具体实施。

4. 项目公司，是指依法设立的自主运营、自负盈亏的具有独立法人资格的经营实体。项目公司可以由社会资本方（可以是一家企业，也可以是多家企业组成的联合体）出资设立，也可以由政府和社会资本方共同出资设立。

5. PPP 项目合同，是指政府方与社会资本方（项目公司）依法就 PPP 项目合作所订立的合同，是政府方与社会资本方之间合理分配项目风险，明确双方权利义务关系以及 PPP 项目的交易结构，以保障双方能够依据合同约定合理主张权利，妥善履行义务，确保项目全生命周期内的顺利实施。PPP 项目合同是 PPP 整个合同体系的基础和核心。

6. 使用者付费（User Charges），是指由最终消费用户直接付费购买公共产品和服务。社会资本方（项目公司）直接从最终用户处收取费用，以回收项目的建设和运营成本并获得合理收益。

7. 政府付费（Government Payment），是指政府方直接付费购买公共产品和服务，政府方可以依据项目设施的可用性、产品或服务的使用量以及质量向项目公司付费。

8. 可行性缺口补助（Viability Gap Funding），是指使用者付费不足以满足社会资本方（项目公司）成本回收和合理回报时，由政府方给予一定的经济补助，以弥补使用者付费之外的缺口部分。可行性缺口补助的形式可能包括土地划拨、投资入股、投资补助、价格补贴、优惠贷款、贷款贴息、放弃分红权、授予项目相关开发收益权等其中的一种或多种。

9. 可用性付费（Availability Payment），是指政府方依据社会资本方（项目公司）所提供的项目设施或服务是否符合合同约定的标准和要求来付费。

10. 使用量付费（Usage Payment），是指政府方主要依据社会资本方（项目公司）所提供的项目设施或服务的实际使用量来付费。

11. 绩效付费（Performance Payment），是指政府方依据社会资本方（项目公司）所提供的公共产品或服务的质量付费。通常政府方与项目公司会明确约定项目的绩效标准，并将政府付费与项目公司的绩效表现挂钩。

第十一条 【解释权】本所将根据业务发展情况不定期修订本指南并发布更新版本。本所对本指南保留最终解释权。

第十二条 【生效时间】本指南自发布之日起施行。

## 3.3.4 《深圳证券交易所政府和社会资本合作（PPP）项目资产支持证券信息披露指南》(2017 年10 月19 日)

【重点提示】

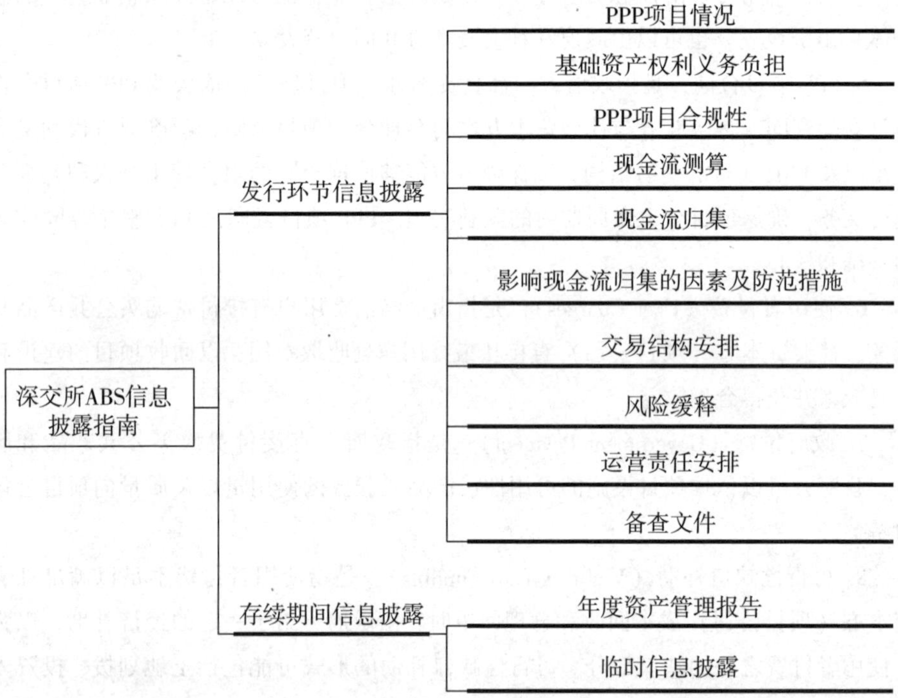


【文件内容】

### 第一章　总　　则

第一条　【制定依据】

为规范发展政府和社会资本合作项目（以下简称“PPP 项目”）资产证券化业务，便于管理人和原始权益人等参与机构开展业务和加强风险管理，保护投资者合法权益，促进资产证券化业务健康发展，根据《中共中央国务院关于深化投融资体制改革的意见》（中发〔2016〕18 号）、《证券公司及基金管理公司子公司资产证券化业务管理规定》（证监会公告〔2014〕49 号，以下简称“《管理规定》”）、《国家发展改革委　中国证监会关于推进传统基础设施领域政府和社会资本合作（PPP）项目资产证券化相关工作的通知》（发改投资〔2016〕2698 号）、《财政部　人民银行　证监会关于规范开展政府和社会资本合作项目资产证券化有关事宜的通知》（财金〔2017〕55 号）、《深圳证券交易所资产证券化业务指引（2014 年修订）》

（深证会〔2014〕130 号）等相关规定，制定本指南。

第二条 【产品定义】

本指南所称 PPP 项目资产支持证券，是指证券公司、基金管理公司子公司作为管理人，通过设立资产支持专项计划（以下简称“专项计划”）开展资产证券化业务，以 PPP 项目收益权、PPP 项目资产、PPP 项目公司股权等为基础资产或基础资产现金流来源所发行的资产支持证券。

PPP 项目收益权是在基础设施和公共服务领域开展政府和社会资本合作过程中，社会资本方（项目公司）与政府方签订 PPP 项目合同等协议，投资建设基础设施、提供相关公共产品或服务，并依据合同和有关规定享有的取得相应收益的权利，包括收费权、收益权、合同债权等。PPP 项目收益主要表现形式为使用者付费、政府付费或可行性缺口补助等。

PPP 项目资产是在基础设施和公共服务领域开展政府和社会资本合作过程中，社会资本方（项目公司）与政府方签订 PPP 项目合同等协议，并依据合同和有关规定享有所有权或用益物权的项目设施或其他资产，包括项目公司运营所需的动产（机器、设备等）、不动产（土地使用权、厂房、管道等）等。

PPP 项目公司股权是在基础设施和公共服务领域开展政府和社会资本合作过程中，社会资本方出资组建项目公司开展 PPP 项目的实施，并依据股东协议和项目公司章程等享有的资产收益、参与重大决策和选择管理者等权利。

第三条 【适用范围】

本指南适用于社会资本方（项目公司）作为原始权益人的 PPP 项目资产支持证券在深圳证券交易所（以下简称“本所”）挂牌转让的信息披露专项要求。在《国家发展和改革委员会关于开展政府和社会资本合作的指导意见》（发改投资〔2014〕2724 号）及《关于推广运用政府和社会资本合作模式有关问题的通知》（财金〔2014〕76 号）发布以前已按照 PPP 模式实施并事先明确约定收益规则的项目开展资产证券化，以及其他 PPP 项目主要参与方，如提供融资的融资方、承包商等，以与 PPP 项目相关的基础资产或基础资产现金流来源开展资产证券化，在本所挂牌转让的，参照本指南执行。

第四条 【信息披露责任】

管理人及其他信息披露义务人应当按照《管理规定》《证券公司及基金管理公司子公司资产证券化业务信息披露指引》《深圳证券交易所资产证券化业务指引（2014 年修订）》、本指南的规定以及计划说明书的约定履行信息披露义务，及时、公平地披露可能对资产支持证券产生重大影响的信息，并保证所披露的信息真实、准确、完整，不得有虚假记载、误导性陈述或者重大遗漏。

本指南所称其他信息披露义务人包括但不限于托管人、律师事务所、资信评级机构、资产服务机构、现金流预测分析机构、不动产评估机构等。

第五条 【信息披露渠道】

资产支持证券在本所挂牌转让的，管理人及其他信息披露义务人应当于规定时间内通过指定网站或以本所认可的其他方式向合格投资者披露信息。

第六条 【信息保密义务】

管理人、其他服务机构及登记托管机构等相关知情人在信息披露前不得泄露拟披露的信息。

## 第二章 发行环节信息披露

第七条 【PPP 项目情况 - PPP 项目收益权】

专项计划以 PPP 项目收益权作为基础资产的，计划说明书除按照资产支持证券一般要求进行编制和披露外，还应披露包括但不限于下述关于 PPP 项目建设、运营等相关信息：

1. 项目识别、准备和采购情况，包括 PPP 项目实施方案评审，项目立项审批、核准或备案情况，财政承受能力论证报告及物有所值评价报告相关信息（如有），PPP 项目采购情况，PPP 项目合同签订情况、入库情况等。在能源、交通运输、水利、环境保护、市政工程等特定领域需要政府实施特许经营的，应披露是否已按规定完成特许经营项目实施方案审定，特许经营者与政府方已签订有效的特许经营协议。

2. 社会资本（项目公司）设立、运营情况，设立项目公司的，包括设立登记、股东认缴及实缴资本金、股权结构、增减资、项目公司内部控制情况、财务情况、提供履约担保情况等。PPP 项目公司股东以项目公司股权开展资产证券化的，还包括项目股东情况、项目公司股权股息的分配情况等。

3. 项目前期融资情况，包括融资机构名称、融资金额、融资结构及融资交割情况等。

4. 项目建设情况，包括项目建设进度、质量以及是否符合相关政策法规和 PPP 项目合同约定的标准和要求；PPP 项目涉及新建或存量项目改建后再运营并获得相关付费的，是否完成项目建设或改建，按相关规定或合同约定经验收或政府方认可，并开始运营等。

5. 项目运营情况，包括已运营时间、项目维护、运营情况以及是否符合相关政策法规和 PPP 项目合同约定的标准和要求。

6. 项目付费或收益情况，包括不同的付费模式下 PPP 项目合同、政府相关文件中约定的项目付费及收益情况：

（1）使用者付费模式下，包括但不限于使用者范围、付费条件、付费标准、付费期间、影响付费的因素等。如涉及付费调整的，应当披露调整的条件、方法及程序；涉及新建竞争性项目或限制社会资本方（项目公司）超额利润的，应当披露相关约定。

（2）政府付费模式下，采取可用性付费的，应披露对可用性标准、付费标准、付费时间、不可用情形及扣减机制的约定；采取使用量付费的，应披露对公共服务使用量计算标准、付费标准、付费时间、扣减机制的约定；采用绩效付费的，应披露对绩效标准、绩效考核机制、付费标准、付费时间、扣减机制的约定。如涉及付费调整的，应披露调整的条件、方法及程序。应披露政府付费纳入本级政府财政预算、中期财政规划的相关情况。

（3）可行性缺口补助模式下，除了披露对使用者付费机制作出的约定外，还应当披露政府给予的可行性缺口补助形式、数额、时间等约定。可行性缺口补助涉及使用财政资金、政府投资资金的，应披露纳入本级政府财政预算、中期财政规划及政府投资计划的相关情况。

第八条 【PPP 项目情况－PPP 项目资产】

专项计划以 PPP 项目资产作为基础资产的，除按照 PPP 项目收益权的相关要求披露 PPP 项目建设、运营信息，还应当披露根据 PPP 项目合同等约定 PPP 项目资产权属情况。

第九条 【PPP 项目情况－PPP 项目公司股权】

专项计划以 PPP 项目公司股权作为基础资产的，除按照 PPP 项目收益权的相关要求披露 PPP 项目建设、运营信息，还应当披露 PPP 项目公司股东协议、公司章程等对项目公司股权股息分配的来源、分配比例、时间、程序、影响因素等作出的约定，项目公司已有股权股息的分配情况等。

第十条 【基础资产权利负担】

管理人应在计划说明书等发行文件中明确披露 PPP 项目合同、项目公司股东协议、融资合同中是否存在社会资本方（项目公司）转让基础资产的限制性约定，或披露是否已满足解除限制的条件、获得相关方转让基础资产的同意等。

基础资产已经设定的抵押、质押等权利负担，通过专项计划安排能够予以解除的，应披露偿还相关融资、取得相关融资方解除抵押、质押的同意的文件和相关信息。

基础资产对应的底层相关资产（如管道、设备、厂房、土地使用权等）存在抵押、质押等担保权益或其他权利限制情况的，管理人应核查并在计划说明书中披露相关权利负担或限制是否可能导致底层资产被处置从而影响到原始权益人持续业务经营、现金流稳定和专项计划投资者利益，并设置相关风险缓释措施。

第十一条 【PPP 项目合规性】

管理人和律师事务所应核查 PPP 项目是否存在政府方违规提供担保，或政府方采用固定回报、回购安排、明股实债等方式进行变相债务融资的情形，并在相关发行文件中发表明确意见。法律意见书除按照资产支持证券一般要求进行编制和披露外，项目律师还应就基础资产是否符合 PPP 项目相关的合格标准、原始权益人的特别要求等发表明确意见。

第十二条 【现金流测算 - PPP 项目收益权】

以 PPP 项目收益权作为基础资产的，专项计划应以 PPP 项目合同、政府相关文件为依据，综合评估 PPP 项目建设运营经济技术指标、付费模式和标准，参考相关历史数据或同类项目数据，在计划说明书及相关发行文件中披露 PPP 项目收益现金流的测算过程及结果。管理人应核查并披露 PPP 合同是否明确了因运营成本上升、市场需求下降等因素造成现金流回收低于预期的风险分担机制，并设置了补助机制等政府承诺和保障、购买保险等风险缓释措施。

使用者付费模式下，计划说明书及相关发行文件应披露测算 PPP 项目收益现金流所考虑的各种因素，包括但不限于：使用者范围和未来数量变化、收费标准及其可能的调整、未能及时足额收取费用的情况、新建竞争性项目或限制社会资本方（项目公司）超额利润的情况等。

政府付费模式下，计划说明书及相关发行文件应披露测算 PPP 项目收益现金流所考虑的各种因素，包括但不限于：PPP 项目建设运营经济技术标准是否满足政府付费要求、付费标准及其可能的调整、未能及时足额收取费用的情况、绩效监控及其可能扣减付费的情况等。

可行性缺口补助模式下，计划说明书及相关发行文件应披露测算 PPP 项目未来现金流所考虑的相关影响使用者付费和政府付费现金流的因素，可行性缺口补助的条件、形式和能形成现金流的补助等。

第十三条 【现金流测算 - PPP 项目资产、项目公司股权】

以 PPP 项目资产、项目公司股权作为基础资产的，除按上述 PPP 项目收益权测算现金流外，应由专业机构出具独立的资产评估报告，考虑项目资产的价值变化情况、项目公司股权股息分配的其他来源等。

第十四条 【现金流归集】

管理人应在计划说明书等发行文件中确定并披露各个账户环节、流入流出时间等。基础资产现金流涉及从项目公司归集至原始权益人再转付至专项计划的，应披露专项计划设置的现金流混同风险的防范机制及资产支持证券存续期间设置防范混

**同风险的持续检查机制等。**

第十五条 【影响现金流归集的因素及防范措施】

PPP 项目建设运营中存在尚未付清的融资负债、建设工程结算应付款或需要支付运营成本等情况的，**管理人应核查和分析上述负债偿还或运营成本支付是否对PPP 项目资产现金流归集形成限制、是否可能导致现金流截留风险等作出判断，并在计划说明书中披露。**

管理人应在计划说明书中披露上述负债或需要支付运营成本的情况，与社会资本方（项目公司）确定并披露防范现金流截留风险的措施。上述防范措施包括但不限于：**不能防范截留风险的不纳入基础资产范围，在入池基础资产的现金流预测中扣减上述负债或运营成本总额；社会资本方（项目公司）承诺以自有资金偿还相关负债或支付运营成本；社会资本方（项目公司）提供有效的增信或防范截留风险的措施，在资产支持证券存续期间安排防范截留风险的持续检查机制等。**

第十六条 【交易结构安排】

管理人、社会资本方（项目公司）可以结合 PPP 项目运营情况、基础资产质量、现金流归集安排等设置并在计划说明书中披露差异化的交易结构和投资者保护措施，**包括但不限于优先次级分层、现金流超额覆盖、资产超额抵押、差额支付、外部担保、股东方流动性支持等信用增级措施，现金流归集路径和频率调整、加速清偿、原始权益人回购等投资者保护机制。**

第十七条 【风险缓释】

针对 PPP 项目实施中可能发生的下列事项，管理人和项目律师事务所应当分析并根据 PPP 项目合同或其他相关合同约定的补救、处置方式，设置并在计划说明书中披露相应的交易结构安排，权利完善事件及其他投资者保护机制，保护投资者合法权益。涉及现金流变化的，应在现金流测算和归集中防范相关风险。

1. **社会资本方（项目公司）在 PPP 项目建设、运营中发生重大违约及合同约定的补救、处置方式。**如项目公司破产或资不抵债、未按项目合同约定完成融资、未在约定时间内完成建设或开始运营、未按照规定或约定的标准和要求提供产品或服务、违反合同约定的股权变更限制、未按合同约定为 PPP 项目或相关资产购买保险等。

2. **政府方在 PPP 项目建设、运营中发生重大违约及合同约定的补救、处置方式。**如未按合同约定付费或提供补助、未按约定完成项目审批、提供土地使用权、其他配套设施、防止不必要竞争性项目、自行决定征收征用或改变相关规定等。

3. **政治不可抗力事件及合同约定的补救、处置方式。**如非因签约政府方原因导致且不在其控制下的征收征用、法律变更、未获审批等。

4. **自然不可抗力**。事件及合同约定的补救、处置方式。如地震、台风、洪水等自然灾害，武装冲突、骚乱、疫情等社会异常事件。

**5. 政府方因PPP项目所提供的公共产品或服务已经不合适或者不再需要，或者会影响公共安全和公共利益而单方面决定接管、变更、终止项目及合同约定的补救、处置方式。**

6. 其他影响PPP项目建设、运营以及社会资本方（项目公司）获得投资回报的情形。

第十八条 【运营责任安排】

社会资本方（项目公司）转让PPP项目收益权、项目资产及项目公司股权开展资产证券化，应在计划说明书、资产买卖协议、资产服务协议中明确，**社会资本方（项目公司）应继续承担项目的持续维护、运营责任，或对项目持续维护、运营责任作出合理安排并取得政府方认可，不得影响基础设施的稳定运营或公共服务供给的持续性和稳定性。**

第十九条 【备查文件】

管理人、社会资本方（项目公司）在提交PPP项目资产证券化申报文件时，除提交资产支持证券要求的申报文件外，还应提交下列文件作为备查文件并予以披露：

**1. 经评审或审核、审批的PPP项目实施方案。**

**2. 社会资本方（项目公司）与政府方签订的有效的PPP项目合同；需要政府实施特许经营的，特许经营者与政府方签订的有效的特许经营协议。**

**3. 政府付费机制下，主管部门出具的同意政府付费的证明文件及政府付费纳入政府财政预算、政府财政规划的相关文件。使用者付费机制下，主管部门等单位出具的相关收费文件或证明文件。经主管部门审核通过的物有所值评价报告（如有）、财政承受能力论证报告（如有）。**

**4. 项目公司股东协议、公司章程等。**

## 第三章 存续期间信息披露

第二十条 【年度资产管理报告】

年度资产管理报告应就**PPP项目实施情况、运营情况、是否达到规定或约定的运营标准和要求以及影响运营的其他情况，项目公司绩效情况、付费调整情况、使用者付费模式下项目实际收费情况、政府付费模式下实际付费情况、可行性缺口补助模式下实际收益情况以及影响项目收益的其他情况进行专项披露。**

第二十一条 【临时信息披露】

资产支持证券存续期间，发生下列影响PPP项目建设运营、项目收益现金流和资产支持证券本息偿付的重大事项，管理人应在相关事项发生后两个交易日内及时进行临时信息披露：

**（1）发生本指南第十七条所列的事项，管理人应进行临时信息披露，并持续披露采取的相关补救、处置措施及其影响。**

**（2）发生 PPP 项目合同重大变更、补充，项目重大变更等影响项目建设运营的事项。**

**（3）发生收费价格、付费标准重大调整事项。**

**（4）其他影响 PPP 项目建设运营、项目收益现金流和资产支持证券本息偿付的重大事项。**

## 第四章　附　　则

第二十二条　【名词解释】

本指南下列用语的含义：

1. 政府和社会资本合作（Public – Private Partnerships，简称 PPP），是指政府采取竞争性方式择优选择具有投资、运营管理能力的社会资本方，双方按照平等协商原则订立合同，明确责权利关系，由社会资本方提供公共产品或服务，政府向社会资本方支付相应对价，社会资本方获得合理收益的合作模式。PPP 采取建设 – 运营 – 移交（BOT）、建设 – 拥有 – 运营（BOO）、建设 – 拥有 – 运营 – 移交（BOOT）、转让 – 运营 – 移交（TOT）、改建 – 运营 – 移交（ROT）、委托运营（O&M）等运营方式。

2. 政府方，是指组织实施 PPP 项目并代表政府签署 PPP 项目合同的政府及其所属部门或事业单位。

3. 社会资本方，是指依法设立且有效存续的具有法人资格的企业，包括国有企业、民营企业、外国企业、外商投资企业、混合所有制企业，原则上不包括本级政府所属融资平台公司。社会资本方是 PPP 项目的实际投资人，实践中，社会资本方通常不会直接作为 PPP 项目的实施主体，而会专门针对该项目成立项目公司，作为 PPP 项目合同及项目其他相关合同的签约主体，负责项目具体实施。

4. 项目公司，是指依法设立的自主运营、自负盈亏的具有独立法人资格的经营实体。项目公司可以由社会资本方（可以是一家企业，也可以是多家企业组成的联合体）出资设立，也可以由政府和社会资本方共同出资设立。

5. PPP 项目合同，是指政府方与社会资本方（项目公司）依法就 PPP 项目合作所订立的合同，是政府方与社会资本方之间合理分配项目风险，明确双方权利义务关系以及 PPP 项目的交易结构，以保障双方能够依据合同约定合理主张权利，妥善履行义务，确保项目全生命周期内的顺利实施。PPP 项目合同是 PPP 整个合同体系的基础和核心。

6. 使用者付费（User Charges），是指由最终消费用户直接付费购买公共产品和服务。社会资本方（项目公司）直接从最终用户处收取费用，以回收项目的建设和运营成本并获得合理收益。

7. 政府付费（Government Payment），是指政府方直接付费购买公共产品和服务，政府方可以依据项目设施的可用性、产品或服务的使用量以及质量向项目公司付费。

8. 可行性缺口补助（Viability Gap Funding），是指使用者付费不足以满足社会资本方（项目公司）成本回收和合理回报时，由政府方给予一定的经济补助，以弥补使用者付费之外的缺口部分。可行性缺口补助的形式可能包括土地划拨、投资入股、投资补助、价格补贴、优惠贷款、贷款贴息、放弃分红权、授予项目相关开发收益权等其中的一种或多种。

9. 可用性付费（Availability Payment），是指政府方依据社会资本方（项目公司）所提供的项目设施或服务是否符合合同约定的标准和要求来付费。

10. 使用量付费（Usage Payment），是指政府方主要依据社会资本方（项目公司）所提供的项目设施或服务的实际使用量来付费。

11. 绩效付费（Performance Payment），是指政府方依据社会资本方（项目公司）所提供的公共产品或服务的质量付费。通常政府方与项目公司会明确约定项目的绩效标准，并将政府付费与项目公司的绩效表现挂钩。

第二十三条　【解释权】本所将根据业务发展情况不定期修订本指南并发布更新版本。本所对本指南保留最终解释权。

第二十四条　【生效时间】本指南自发布之日起施行。

## 3.4 中国证券投资基金业协会

### 3.4.1 《中国证券投资基金业协会关于 PPP 项目资产证券化产品实施专人专岗备案的通知》(2017 年 2 月 17 日)

**【文件内容】**

各证券公司，基金公司子公司：

为贯彻落实《国家发展改革委　中国证监会关于推进传统基础设施领域政府和社会资本合作（PPP）项目资产证券化相关工作的通知》（以下简称《通知》），提高国家发展改革委优选的 PPP 项目资产证券化产品审核、挂牌和备案的工作效率，我会针对 PPP 项目资产证券化产品实施专人专岗备案管理，现就有关事项通知如下：

专项计划管理人按照《资产支持专项计划备案管理办法》（以下简称《备案管理办法》）的要求，**通过基金业协会备案管理系统以电子化方式报备 PPP 项目资产证券化产品，备案网址为：**ba. amac. org. cn。

针对符合《通知》要求的 PPP 项目资产证券化产品，我会指定专人负责，依据《备案管理办法》在备案标准不放松的前提下，即报即审、提高效率，加快备案速度，优先出具备案确认函。

中国证券投资基金业协会将全力配合证监会、交易所，落实《通知》工作，引导 PPP 项目资产证券化业务健康发展。

协会备案专员：周晓昭，刘恋

联系电话：010 - 66578320；010 - 66578337

电子邮箱：zczqh@ amac. org. cn

## 3.5 机构间私募产品报价与服务系统

### 3.5.1 《机构间私募产品报价与服务系统关于进一步推进政府和社会资本合作（PPP）项目资产证券化业务的通知》（2017年7月21日）

**【文件内容】**

各市场参与人：

为贯彻落实《财政部　人民银行　证监会关于规范开展政府和社会资本合作项目资产证券化有关事宜的通知》（财金〔2017〕55号）等文件精神，进一步推进PPP项目资产证券化业务，提升服务实体经济能力，中证机构间报价系统股份有限公司（以下简称“中证报价”）根据《证券公司及基金管理公司子公司资产证券化业务管理规定》、《机构间私募产品报价与服务系统资产证券化业务指引（试行）》等相关规定，就有关事项通知如下：

一、中证报价鼓励支持PPP项目公司、项目公司股东、项目公司其他相关主体及相关中介机构依法积极开展PPP项目资产证券化业务。各相关方应勤勉尽责，严格遵守执业规范和监管要求，确保业务稳健运营，保障投资者利益，维护市场稳定。

二、对于各省级财政部门推荐的项目、中国政企合作支持基金投资的项目以及其他符合条件的优质PPP项目，提升受理、评审和挂牌转让工作效率，实行“即报即审、专人专岗负责”。**对于申报项目，受理后5个交易日内出具反馈意见，管理人提交反馈回复确认后3个交易日内完成内部复审**。

三、中证报价将建立与证监会、财政部、基金业协会、证券业协会和其他交易场所的沟通衔接机制，积极推进符合条件的项目通过资产证券化方式实现市场化融资，为PPP项目联通资本市场提供配合与支持。

四、中证报价PPP项目资产证券化工作小组联系人及联系方式如下：

景雨露　010－83897872

夏贻斌　010－83897879

翁仕友　010－83897926

刘思严　010－83897891

电子邮箱：abs@sac.net.cn（资产证券化业务专用邮箱）

## 3.5.2 《机构间私募产品报价与服务系统政府和社会资本合作（PPP）项目资产支持证券挂牌条件确认指南》（2017 年 10 月 19 日）

### 【重点提示】

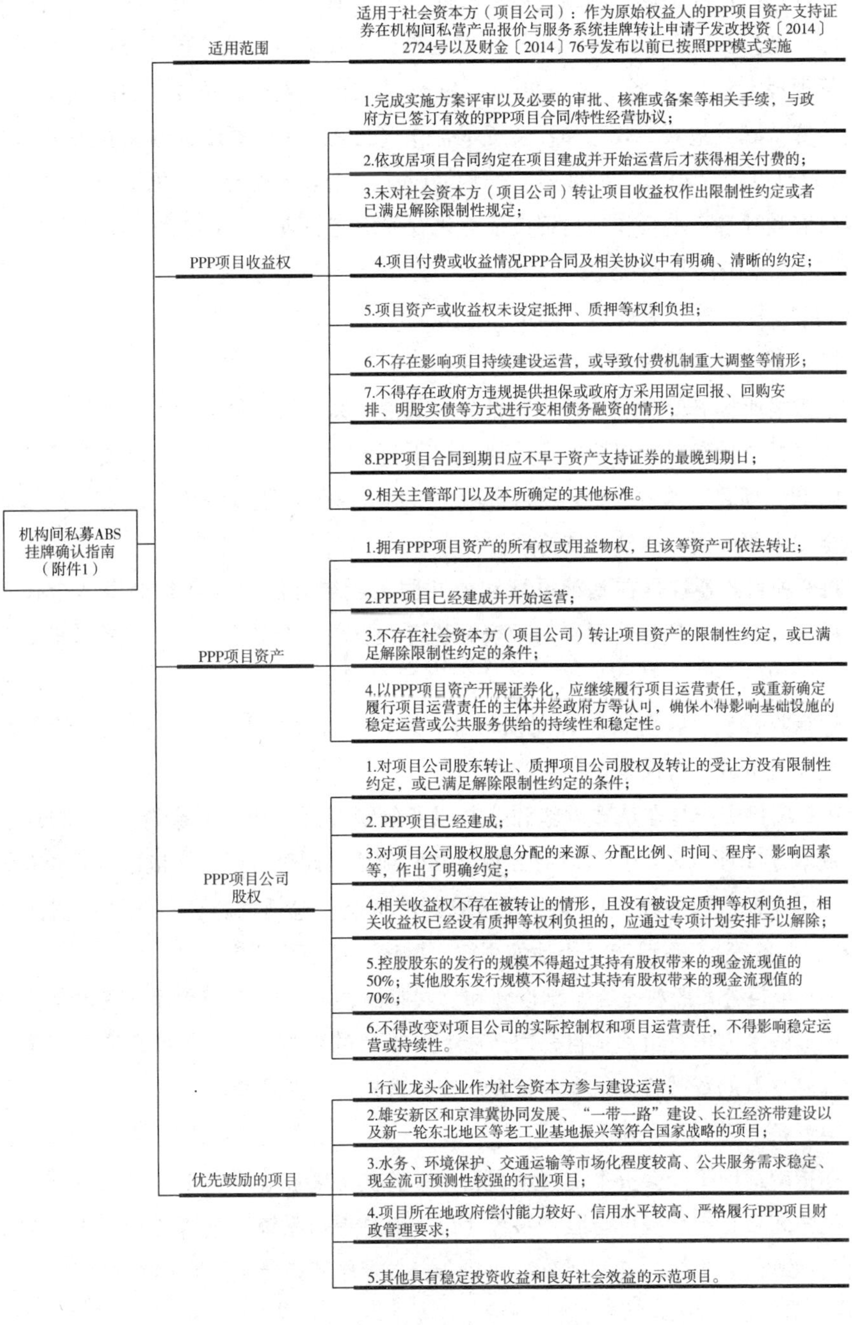

【文件内容】

第一条 【制定依据】

为规范发展政府和社会资本合作项目（以下简称 PPP 项目）资产证券化业务，便于管理人和原始权益人等参与机构开展业务和加强风险管理，保护投资者合法权益，促进资产证券化业务健康发展，根据《中共中央 国务院关于深化投融资体制改革的意见》（中发〔2016〕18 号）、《证券公司及基金管理公司子公司资产证券化业务管理规定》（证监会公告〔2014〕49 号）、《国家发展改革委 中国证监会关于推进传统基础设施领域政府和社会资本合作（PPP）项目资产证券化相关工作的通知》（发改投资〔2016〕2698 号）、《财政部 中国人民银行 中国证监会关于规范开展政府和社会资本合作项目资产证券化有关事宜的通知》（财金〔2017〕55 号）、《机构间私募产品报价与服务系统资产证券化业务指引（试行）》（中证协发〔2015〕36 号）等相关规定，制定本指南。

第二条 【产品定义】

**本指南所称 PPP 项目资产支持证券，是指证券公司、基金管理公司子公司作为管理人，通过设立资产支持专项计划（以下简称“专项计划”）开展资产证券化业务，以 PPP 项目收益权、PPP 项目资产、PPP 项目公司股权等为基础资产或基础资产现金流来源所发行的资产支持证券。**

**PPP 项目收益权是在基础设施和公共服务领域开展政府和社会资本合作过程中，社会资本方（项目公司）与政府方签订 PPP 项目合同等协议，投资建设基础设施、提供相关公共产品或服务，并依据合同和有关规定享有的取得相应收益的权利，包括收费权、收益权、合同债权等。**PPP 项目收益主要表现形式为使用者付费、政府付费或可行性缺口补助等。

**PPP 项目资产是在基础设施和公共服务领域开展政府和社会资本合作过程中，社会资本方（项目公司）与政府方签订 PPP 项目合同等协议，并依据合同和有关规定享有所有权或用益物权的项目设施或其他资产，包括项目公司运营所需的动产（机器、设备等）、不动产（土地使用权、厂房、管道等）等。**

**PPP 项目公司股权是在基础设施和公共服务领域开展政府和社会资本合作过程中，社会资本方出资组建项目公司开展 PPP 项目的实施，并依据股东协议和项目公司章程等享有的资产收益、参与重大决策和选择管理者等权利。**

第三条 【适用范围】

**本指南适用于社会资本方（项目公司）作为原始权益人的 PPP 项目资产支持证券在机构间私募产品报价与服务系统（以下简称报价系统）挂牌转让申请。**在《国家发展和改革委员会关于开展政府和社会资本合作的指导意见》（发改投资〔2014〕

2724 号）及《关于推广运用政府和社会资本合作模式有关问题的通知》（财金〔2014〕76 号）发布以前已按照 PPP 模式实施并事先明确约定收益规则的项目开展资产证券化，以及其他 PPP 项目主要参与方，如提供融资的融资方、承包商等，以与 PPP 项目相关的基础资产或基础资产现金流来源开展资产证券化，申请在报价系统挂牌的，参照本指南执行。

第四条 【基础资产合格标准 – PPP 项目收益权】

社会资本方（项目公司）以 PPP 项目收益权作为基础资产开展证券化，原始权益人初始入池和后续循环购买入池（如有）的基础资产在基准日、专项计划设立日和循环购买日（如有）除满足基础资产合格标准的一般要求外，还需要符合以下特别要求：

1. **PPP 项目已按规定完成 PPP 项目实施方案评审以及必要的审批、核准或备案等相关手续，社会资本方（项目公司）与政府方已签订有效的 PPP 项目合同**；在能源、交通运输、水利、环境保护、市政工程等特定领域需要政府实施特许经营的，**已按规定完成特许经营项目实施方案审定，特许经营者与政府方已签订有效的特许经营协议**。

2. PPP 项目涉及新建或存量项目改建、依据项目合同约定在项目建成并开始运营后才获得相关付费的，**社会资本方（项目公司）应完成项目建设或改建，按相关规定或合同约定经验收或政府方认可，并开始运营，有权按照规定或约定获得收益**。

3. PPP 项目合同、融资合同**未对社会资本方（项目公司）转让项目收益权作出限制性约定，或社会资本方（项目公司）已满足解除限制性约定的条件**。

4. **PPP 项目收益权相关的项目付费或收益情况在 PPP 合同及相关协议中有明确、清晰的约定**。政府付费模式下，政府付费应纳入本级或本级以上政府财政预算、政府财政规划。可行性缺口补助模式下，可行性缺口补助涉及使用财政资金、政府投资资金的，应纳入本级或本级以上政府财政预算、政府财政规划。

5. **PPP 项目资产或收益权未设定抵押、质押等权利负担**。已经设有抵押、质押等权利负担的，通过专项计划安排能够予以解除，如偿还相关融资、取得相关融资方解除抵押、质押的同意等。

6. 社会资本方（项目公司）与政府方**不存在因 PPP 项目合同的重大违约、不可抗力因素影响项目持续建设运营，或导致付费机制重大调整等情形；也不存在因 PPP 项目合同或相关合同及其他重大纠纷而影响项目持续建设运营，或可能导致付费机制重大调整的协商、调解、仲裁或诉讼等情形**。

7. **PPP 项目不得存在政府方违规提供担保，或政府方采用固定回报、回购安**

排、明股实债等方式进行变相债务融资情形。

8. PPP 项目合同到期日应不早于资产支持证券的最晚到期日。

9. 相关主管部门以及报价系统确定的其他标准。

第五条　【建设期 PPP 项目收益权资产证券化的特殊规定】

PPP 项目公司依据项目合同约定在项目建设期即开始获得相关付费的，可探索在项目建设期以未来收益作为基础资产，并合理设置资产证券化产品规模。

第六条　【基础资产合格标准－PPP 项目资产】

社会资本方（项目公司）以 PPP 项目资产作为基础资产开展证券化，除符合第四条关于 PPP 项目收益权的合格标准外，还需符合以下要求：

1. PPP 项目合同等约定社会资本方（项目公司）拥有 PPP 项目资产的所有权或用益物权，且该等资产可依法转让。

2. PPP 项目已经建成并开始运营。

3. PPP 项目合同、融资合同等不存在社会资本方（项目公司）转让项目资产的限制性约定，或已满足解除限制性约定的条件。

4. 社会资本方（项目公司）以 PPP 项目资产开展证券化，应继续履行项目运营责任，或重新确定履行项目运营责任的主体并经政府方等认可，确保不得影响基础设施的稳定运营或公共服务供给的持续性和稳定性。

第七条　【基础资产合格标准－PPP 项目公司股权】

社会资本方以 PPP 项目公司股权作为基础资产开展证券化，除符合上述 PPP 项目收益权的合格标准外，还需符合以下要求：

1 . PPP 项目合同、项目公司股东协议或公司章程等对项目公司股东转让、质押项目公司股权及转让的受让方没有限制性约定，或已满足解除限制性约定的条件。

2. PPP 项目已经建成。

3. PPP 项目公司股东协议、公司章程等对项目公司股权股息分配的来源、分配比例、时间、程序、影响因素等，作出了明确约定。

4. PPP 项目公司股权股息分配来源于 PPP 项目收益或其他收益的，相关收益权不存在被转让的情形，且没有被设定质押等权利负担。相关收益权已经设有质押等权利负担的，应通过专项计划安排予以解除，如回购收益权、偿还相关融资、取得相关融资方解除质押的同意等。

5. PPP 项目公司控股股东以项目公司股权作为基础资产发行资产支持证券的规模不得超过其持有股权带来的现金流现值的 50%；其他股东发行规模不得超过其持有股权带来的现金流现值的 70%。

6. PPP 项目公司控股股东以持有的项目公司股权发行资产支持证券，不得改变

**对项目公司的实际控制权和项目运营责任，不得影响基础设施的稳定运营或公共服务供给的持续性和稳定性。**

第八条 【原始权益人的特别要求】

社会资本方（项目公司）应具有持续经营能力，内部控制制度健全，最近三年未发生重大违约或虚假信息披露，无不良信用记录。

第九条 【优先鼓励的项目】

鼓励社会资本方（项目公司）开展下列 PPP 项目资产证券化：

**1. 行业龙头企业作为社会资本方参与建设运营；**

**2. 雄安新区和京津冀协同发展、“一带一路”建设、长江经济带建设以及新一轮东北地区等老工业基地振兴等符合国家战略的项目；**

**3. 水务、环境保护、交通运输等市场化程度较高、公共服务需求稳定、现金流可预测性较强的行业项目；**

**4. 项目所在地政府偿付能力较好、信用水平较高、严格履行 PPP 项目财政管理要求；**

**5. 其他具有稳定投资收益和良好社会效益的示范项目。**

社会资本方（项目公司）可以以其建设运营的多个 PPP 项目中具有同质性的基础资产组成基础资产池开展证券化；可以将综合性 PPP 项目中权属清晰、现金流独立的部分子项目资产单独开展证券化。

报价系统对 PPP 项目主管部门推荐的项目和中国政企合作支持基金投资的项目的资产证券化建立受理、审核绿色通道，专人专岗负责，提高受理、审核、挂牌的工作效率。

第十条 【解释权】

本指南为开放性指南，将根据业务发展情况不定期修订并发布更新版本。报价系统对本指南保留最终解释权。

第十一条 【生效日期 & 名词解释】

本指南自发布之日起施行。

名词解释：（略）

### 3.5.3 《机构间私募产品报价与服务系统政府和社会资本合作（PPP）项目资产支持证券信息披露指南》（2017 年 10 月 19 日）

【重点提示】

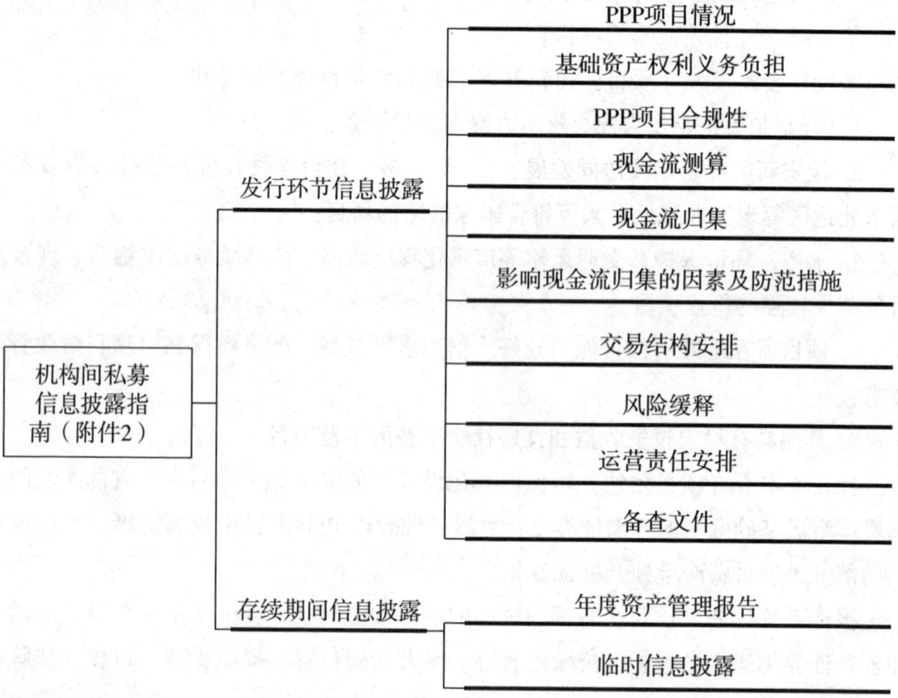


【文件内容】

#### 第一章　总　　则

第一条　【制定依据】

为规范发展政府和社会资本合作项目（以下简称 PPP 项目）资产证券化业务，便于管理人和原始权益人等参与机构开展业务和加强风险管理，保护投资者合法权益，促进资产证券化业务健康发展，根据《中共中央　国务院关于深化投融资体制改革的意见》（中发〔2016〕18 号）、《证券公司及基金管理公司子公司资产证券化业务管理规定》（证监会公告〔2014〕49 号，以下简称《管理规定》）、《国家发展改革委　中国证监会关于推进传统基础设施领域政府和社会资本合作（PPP）项目资产证券化相关工作的通知》（发改投资〔2016〕2698 号）、《财政部　中国人民银行　中国证监会关于规范开展政府和社会资本合作项目资产证券化有关事宜的通知》（财金〔2017〕55 号）、《机构间私募产品报价与服务系统资产证券化业务指引

（试行）》（中证协发〔2015〕36 号）等相关规定，制定本指南。

第二条 【产品定义】

本指南所称 PPP 项目资产支持证券，是指证券公司、基金管理公司子公司作为管理人，通过设立资产支持专项计划（以下简称"专项计划"）开展资产证券化业务，以 PPP 项目收益权、PPP 项目资产、PPP 项目公司股权等为基础资产或基础资产现金流来源所发行的资产支持证券。

PPP 项目收益权是在基础设施和公共服务领域开展政府和社会资本合作过程中，社会资本方（项目公司）与政府方签订 PPP 项目合同等协议，投资建设基础设施、提供相关公共产品或服务，并依据合同和有关规定享有的取得相应收益的权利，包括收费权、收益权、合同债权等。PPP 项目收益主要表现形式为使用者付费、政府付费或可行性缺口补助等。

PPP 项目资产是在基础设施和公共服务领域开展政府和社会资本合作过程中，社会资本方（项目公司）与政府方签订 PPP 项目合同等协议，并依据合同和有关规定享有所有权或用益物权的项目设施或其他资产，包括项目公司运营所需的动产（机器、设备等）、不动产（土地使用权、厂房、管道等）等。

PPP 项目公司股权是在基础设施和公共服务领域开展政府和社会资本合作过程中，社会资本方出资组建项目公司开展 PPP 项目的实施，并依据股东协议和项目公司章程等享有的资产收益、参与重大决策和选择管理者等权利。

第三条 【适用范围】

本指南适用于社会资本方（项目公司）作为原始权益人的 PPP 项目资产支持证券在机构间私募产品报价与服务系统（以下简称报价系统）挂牌转让的信息披露专项要求。在《国家发展和改革委员会关于开展政府和社会资本合作的指导意见》（发改投资〔2014〕2724 号）及《关于推广运用政府和社会资本合作模式有关问题的通知》（财金〔2014〕76 号）发布以前已按照 PPP 模式实施并事先明确约定收益规则的项目开展资产证券化，以及其他 PPP 项目主要参与方，如提供融资的融资方、承包商等，以与 PPP 项目相关的基础资产或基础资产现金流来源开展资产证券化，在报价系统挂牌转让的，参照本指南执行。

第四条 【信息披露责任】

管理人及其他信息披露义务人应当按照《管理规定》、《证券公司及基金管理公司子公司资产证券化业务信息披露指引》、《机构间私募产品报价与服务系统资产证券化业务指引（试行）》、本指南的规定以及计划说明书的约定履行信息披露义务，及时、公平地披露可能对资产支持证券产生重大影响的信息，并保证所披露的信息真实、准确、完整，不得有虚假记载、误导性陈述或者重大遗漏。

**本指南所称其他信息披露义务人包括但不限于托管人、律师事务所、资信评级机构、资产服务机构、现金流预测分析机构、不动产评估机构等。**

第五条 【信息披露渠道】

资产支持证券在报价系统挂牌转让的，管理人及其他信息披露义务人应当在信息披露日前将披露文件报送报价系统。**报价系统于信息披露当日通过报价系统网站或以报价系统认可的其他方式向合格投资者披露信息。**

报价系统对管理人及其他信息披露义务人披露的信息进行形式审核，对其内容的真实性不承担责任。

第六条 【信息保密义务】

管理人、其他服务机构及登记托管机构等相关知情人在信息披露前不得泄露拟披露的信息。

## 第二章 发行环节信息披露

第七条 【PPP 项目情况 - PPP 项目收益权】

专项计划以 PPP 项目收益权作为基础资产的，计划说明书除按照资产支持证券一般要求进行编制和披露外，还应披露包括但不限于下述关于 PPP 项目建设、运营等相关信息：

1. **项目识别、准备和采购情况，包括 PPP 项目实施方案评审，项目立项审批、核准或备案情况，财政承受能力论证报告及物有所值评价报告相关信息（如有），PPP 项目采购情况，PPP 项目合同签订情况、入库情况等。**在能源、交通运输、水利、环境保护、市政工程等特定领域需要政府实施特许经营的，**应披露是否已按规定完成特许经营项目实施方案审定，特许经营者与政府方已签订有效的特许经营协议。**

2. **社会资本（项目公司）设立、运营情况，设立项目公司的，包括设立登记、股东认缴及实缴资本金、股权结构、增减资、项目公司内部控制情况、财务情况、提供履约担保情况等。**PPP 项目公司股东以项目公司股权开展资产证券化的，**还包括项目股东情况、项目公司股权股息的分配情况等。**

3. **项目前期融资情况，包括融资机构名称、融资金额、融资结构及融资交割情况等。**

4. **项目建设情况，包括项目建设进度、质量以及是否符合相关政策法规和 PPP 项目合同约定的标准和要求；PPP 项目涉及新建或存量项目改建后再运营并获得相关付费的，是否完成项目建设或改建，按相关规定或合同约定经验收或政府方认可，并开始运营等。**

5. **项目运营情况，包括已运营时间、项目维护、运营情况以及是否符合相关**

政策法规和 PPP 项目合同约定的标准和要求。

6. 项目付费或收益情况。计划管理人应当依据不同的付费模式，披露 PPP 项目合同、政府相关文件中约定的项目付费及收益情况：

（1）使用者付费模式下，包括但不限于使用者范围、付费条件、付费标准、付费期间、影响付费的因素等。如涉及付费调整的，应当披露调整的条件、方法及程序；涉及新建竞争性项目或限制社会资本方（项目公司）超额利润的，应当披露相关约定。

（2）政府付费模式下，采取可用性付费的，应披露对可用性标准、付费标准、付费时间、不可用情形及扣减机制的约定；采取使用量付费的，应披露对公共服务使用量计算标准、付费标准、付费时间、扣减机制的约定；采用绩效付费的，应披露对绩效标准、绩效考核机制、付费标准、付费时间、扣减机制的约定。如涉及付费调整的，应披露调整的条件、方法及程序。应披露政府付费纳入本级政府财政预算、中期财政规划的相关情况。

（3）可行性缺口补助模式下，除了披露对使用者付费机制作出的约定外，还应当披露政府给予的可行性缺口补助形式、数额、时间等约定。可行性缺口补助涉及使用财政资金、政府投资资金的，应披露纳入本级政府财政预算、中期财政规划及政府投资计划的相关情况。

第八条 【PPP 项目情况 - PPP 项目资产】

专项计划以 PPP 项目资产作为基础资产的，除按照 PPP 项目收益权的相关要求披露 PPP 项目建设、运营信息，还应当披露根据 PPP 项目合同等约定 PPP 项目资产权属情况。

第九条 【PPP 项目情况 - PPP 项目公司股权】

专项计划以 PPP 项目公司股权作为基础资产的，除按照 PPP 项目收益权的相关要求披露 PPP 项目建设、运营信息，还应当披露 PPP 项目公司股东协议、公司章程等对项目公司股权股息分配的来源、分配比例、时间、程序、影响因素等作出的约定，项目公司已有股权股息的分配情况等。

第十条 【基础资产权利负担】

管理人应在计划说明书等发行文件中明确披露 PPP 项目合同、项目公司股东协议、融资合同中是否存在社会资本方（项目公司）转让基础资产的限制性约定，或披露是否已满足解除限制的条件、获得相关方转让基础资产的同意等。

基础资产已经设定的抵押、质押等权利负担，通过专项计划安排能够予以解除的，应披露偿还相关融资、取得相关融资方解除抵押、质押的同意的文件和相关信息。

基础资产对应的底层相关资产（如管道、设备、厂房、土地使用权等）存在抵押、质押等担保权益或其他权利限制情况的，**管理人应核查并在计划说明书中披露相关权利负担或限制是否可能导致底层资产被处置从而影响到原始权益人持续业务经营、现金流稳定和专项计划投资者利益，并设置相关风险缓释措施。**

第十一条 【PPP项目合规性】

**管理人和律师事务所应核查PPP项目是否存在政府方违规提供担保，或政府方采用固定回报、回购安排、明股实债等方式进行变相债务融资的情形，并在相关发行文件中发表明确意见。**法律意见书除按照资产支持证券一般要求进行编制和披露外，**项目律师还应就基础资产是否符合PPP项目相关的合格标准、原始权益人的特别要求等发表明确意见。**

第十二条 【现金流测算－PPP项目收益权】

以PPP项目收益权作为基础资产的，专项计划应以PPP项目合同、政府相关文件为依据，综合评估PPP项目建设运营经济技术指标、付费模式和标准，参考相关历史数据或同类项目数据，**在计划说明书及相关发行文件中披露PPP项目收益现金流的测算过程及结果。**管理人应核查并披露PPP合同是否**明确了因运营成本上升、市场需求下降等因素造成现金流回收低于预期的风险分担机制，并设置了补助机制等政府承诺和保障、购买保险等风险缓释措施。**

使用者付费模式下，计划说明书及相关发行文件应披露测算PPP项目收益现金流所考虑的各种因素，包括但不限于：**使用者范围和未来数量变化、收费标准及其可能的调整、未能及时足额收取费用的情况、新建竞争性项目或限制社会资本方（项目公司）超额利润的情况等。**

政府付费模式下，计划说明书及相关发行文件应披露测算PPP项目收益现金流所考虑的各种因素，包括但不限于：**PPP项目建设运营经济技术标准是否满足政府付费要求、付费标准及其可能的调整、未能及时足额收取费用的情况、绩效监控及其可能扣减付费的情况等。**

可行性缺口补助模式下，**计划说明书及相关发行文件应披露测算PPP项目未来现金流所考虑的相关影响使用者付费和政府付费现金流的因素，可行性缺口补助的条件、形式和能形成现金流的补助等。**

第十三条 【现金流测算－PPP项目资产、项目公司股权】

以PPP项目资产、项目公司股权作为基础资产的，除按上述PPP项目收益权测算现金流外，**应由专业机构出具独立的资产评估报告，考虑项目资产的价值变化情况、项目公司股权股息分配的其他来源等。**

第十四条 【现金流归集】

**管理人应在计划说明书等发行文件中确定并披露各个账户环节、流入流出时间等。**基础资产现金流涉及从项目公司归集至原始权益人再转付至专项计划的，**应披露专项计划设置的现金流混同风险的防范机制及资产支持证券存续期间设置防范混同风险的持续检查机制等。**

第十五条 【影响现金流归集的因素及防范措施】

PPP 项目建设运营中存在尚未付清的融资负债、建设工程结算应付款或需要支付运营成本等情况的，**管理人应核查和分析上述负债偿还或运营成本支付是否对 PPP 项目资产现金流归集形成限制、是否可能导致现金流截留风险等作出判断，并在计划说明书中披露。**

管理人应在计划说明书中披露上述负债或需要支付运营成本的情况，与社会资本方（项目公司）确定并披露防范现金流截留风险的措施。上述防范措施包括但不限于：**不能防范截留风险的不纳入基础资产范围，在入池基础资产的现金流预测中扣减上述负债或运营成本总额；社会资本方（项目公司）承诺以自有资金偿还相关负债或支付运营成本；社会资本方（项目公司）提供有效的增信或防范截留风险的措施，在资产支持证券存续期间安排防范截留风险的持续检查机制等。**

第十六条 【交易结构安排】

管理人、社会资本方（项目公司）可以结合 PPP 项目运营情况、基础资产质量、现金流归集安排等设置并在计划说明书中披露差异化的交易结构和投资者保护措施，**包括但不限于优先次级分层、现金流超额覆盖、资产超额抵押、差额支付、外部担保、股东方流动性支持等信用增级措施，现金流归集路径和频率调整、加速清偿、原始权益人回购等投资者保护机制。**

第十七条 【风险缓释】

针对 PPP 项目实施中可能发生的下列事项，管理人和项目律师事务所应认真分析并根据 PPP 项目合同或其他相关合同约定的补救、处置方式，设置并在计划说明书中披露相应的交易结构安排，权利完善事件及其他投资者保护机制，保护投资者合法权益。涉及现金流变化的，应在现金流测算和归集中防范相关风险。

1. **社会资本方（项目公司）在 PPP 项目建设、运营中发生重大违约及合同约定的补救、处置方式。**如项目公司破产或资不抵债、未按项目合同约定完成融资、未在约定时间内完成建设或开始运营、未按照规定或约定的标准和要求提供产品或服务、违反合同约定的股权变更限制、未按合同约定为 PPP 项目或相关资产购买保险等。

2. **政府方在 PPP 项目建设、运营中发生重大违约及合同约定的补救、处置方式。**如未按合同约定付费或提供补助、未按约定完成项目审批、提供土地使用权、其他配套设施、防止不必要竞争性项目、自行决定征收征用或改变相关规定等。

3. **政治不可抗力事件及合同约定的补救、处置方式**。如非因签约政府方原因导致且不在其控制下的征收征用、法律变更、未获审批等。

4. **自然不可抗力**。事件及合同约定的补救、处置方式。如地震、台风、洪水等自然灾害，武装冲突、骚乱、疫情等社会异常事件。

5. **政府方因 PPP 项目所提供的公共产品或服务已经不合适或者不再需要，或者会影响公共安全和公共利益而单方面决定接管、变更、终止项目及合同约定的补救、处置方式。**

6. 其他影响 PPP 项目建设、运营以及社会资本方（项目公司）获得投资回报的情形。

第十八条 【运营责任安排】

社会资本方（项目公司）转让 PPP 项目收益权、项目资产及项目公司股权开展资产证券化，应在计划说明书、资产买卖协议、资产服务协议中明确，**社会资本方（项目公司）应继续承担项目的持续维护、运营责任，或对项目持续维护、运营责任作出合理安排并取得政府方认可，不得影响基础设施的稳定运营或公共服务供给的持续性和稳定性。**

第十九条 【备查文件】

管理人、社会资本方（项目公司）在提交 PPP 项目资产证券化申报文件时，除提交资产支持证券要求的申报文件外，还应提交下列文件作为备查文件并予以披露：

1. **经评审或审核、审批的 PPP 项目实施方案。**

2. **社会资本方（项目公司）与政府方签订的有效的 PPP 项目合同；需要政府实施特许经营的，特许经营者与政府方签订的有效的特许经营协议。**

3. **政府付费机制下，主管部门出具的同意政府付费的证明文件及政府付费纳入政府财政预算、政府财政规划的相关文件。使用者付费机制下，主管部门等单位出具的相关收费文件或证明文件。经主管部门审核通过的物有所值评价报告（如有）、财政承受能力论证报告（如有）。**

4. **项目公司股东协议、公司章程等。**

## 第三章 存续期间信息披露

第二十条 【年度资产管理报告】

年度资产管理报告应就 **PPP 项目实施情况、运营情况、是否达到规定或约定的运营标准和要求以及影响运营的其他情况，项目公司绩效情况、付费调整情况、使用者付费模式下项目实际收费情况、政府付费模式下实际付费情况、可行性缺口补**

**助模式下实际收益情况以及影响项目收益的其他情况进行专项披露。**

第二十一条 【临时信息披露】

资产支持证券存续期间，发生下列影响 PPP 项目建设运营、项目收益现金流和资产支持证券本息偿付的重大事项，管理人应在相关事项发生后两个交易日内及时进行临时信息披露：

（1）**发生本指南第十七条所列的事项，管理人应进行临时信息披露，并持续披露采取的相关补救、处置措施及其影响。**

（2）**发生 PPP 项目合同重大变更、补充，项目重大变更等影响项目建设运营的事项。**

（3）**发生收费价格、付费标准重大调整事项。**

（4）其他影响 PPP 项目建设运营、项目收益现金流和资产支持证券本息偿付的重大事项。

## 第四章 附 则

第二十二条 【解释权】

本指南为开放性指南，将根据业务发展情况不定期修订并发布更新版本。报价系统对本指南保留最终解释权。

第二十三条 【生效时间 & 名词解释】

本指南自发布之日起施行。

名词解释：（略）

**图书在版编目（CIP）数据**

图解资产证券化政策法规指引与重点提示 / 余文恭主编．—北京：中国法制出版社，2019.9

ISBN 978-7-5216-0482-5

Ⅰ.①图… Ⅱ.①余… Ⅲ.①资产证券化-证券法-研究-中国 Ⅳ.①D922.287.4

中国版本图书馆 CIP 数据核字（2019）第 178374 号

**著作权登记号　图字：01-2019-4903**

策划/责任编辑　欧　丹　　　　封面设计　李　宁

**图解资产证券化政策法规指引与重点提示**

TUJIE ZICHAN ZHENGQUANHUA ZHENGCE FAGUI ZHIYIN YU ZHONGDIAN TISHI

主编/余文恭

经销/新华书店

印刷/三河市国英印务有限公司

开本/710 毫米×1000 毫米　16 开　　　　印张/52.25　字数/689 千

版次/2019 年 9 月第 1 版　　　　2019 年 9 月第 1 次印刷

中国法制出版社出版

书号 ISBN 978-7-5216-0482-5　　　　定价：135.00 元

北京西单横二条 2 号

邮政编码 100031　　　　传真：010-66031119

**网址：http：//www.zgfzs.com**　　　　**编辑部电话：010-66066621**

**市场营销部电话：010-66033393**　　　　**邮购部电话：010-66033288**

（如有印装质量问题，请与本社印务部联系调换。电话：010-66032926）